VERÖFFENTLICHUNGEN
DER WOLFRAM VON ESCHENBACH-GESELLSCHAFT

Herausgegeben von

RICARDA BAUSCHKE-HARTUNG · MATHIAS HERWEG · CORNELIA HERBERICHS

# WOLFRAM-STUDIEN

# XXVIII

Fragmente und Fragmentierungen

Neue Zugänge zur mittelalterlichen
deutschsprachigen Überlieferung
Freiburger Kolloquium 2023

In Verbindung mit
RICARDA BAUSCHKE-HARTUNG und MATHIAS HERWEG

herausgegeben von
CORNELIA HERBERICHS und ROBERT SCHÖLLER

unter Mitarbeit von
INCI BOZKAYA und CYRIL SENN

ERICH SCHMIDT VERLAG

**Bibliografische Information der Deutschen Nationalbibliothek**
Die Deutsche Nationalbibliothek verzeichnet diese Publikation
in der Deutschen Nationalbibliografie;
detaillierte bibliografische Daten sind im Internet über
http://dnb.d-nb.de abrufbar.

Weitere Informationen zu diesem Titel finden Sie im Internet unter
ESV.info/978-3-503-23968-9

Gedrucktes Werk: ISBN 978-3-503-23968-9
eBook: ISBN 978-3-503-23969-6

Alle Rechte vorbehalten
© Erich Schmidt Verlag GmbH & Co., Berlin 2024
www.ESV.info

Die Nutzung für das Text und Data Mining ist ausschließlich dem
Erich Schmidt Verlag GmbH & Co. KG vorbehalten. Der Verlag untersagt
eine Vervielfältigung gemäß § 44b UrhG ausdrücklich.

Satz: Thomas Ziegler, Tübingen
Herstellung: Druckerei C.H.BECK Nördlingen

## Inhalt

Vorwort . . . . . . . . . . . . . . . . . . . . . . . . . . 9

Cornelia Herberichs (Freiburg/Schweiz), Fragmente und
    Fragmentierungen. Einleitende Bemerkungen . . . . . . . . . . 13

### I Fragmentarität in mediävistischer Perspektive – Literaturgeschichtliche und literaturtheoretische Reflexionen

Michael Stolz (Bern), ‚Denkbruchstücke'. Fragmentarität als
    Gegenstand der mediävistischen Literaturwissenschaft . . . . . . 25

Jan-Dirk Müller (München), Fragment und Ganzheit im Mittelalter . 53

### II Ganzheit(en) – Textuelle Fragmentarität als hermeneutische Kategorie

Britta Bußmann / Albrecht Hausmann (Oldenburg), Fragmentarisches
    Erzählen. Zur Poetik narrativer Unabgeschlossenheit im
    ‚Parzival-Titurel'-Komplex Wolframs von Eschenbach . . . . . . 75

Julia Frick (Zürich), Vollständigkeit und Fragmentierung.
    Poetologische, mediale und pragmatische Bedingungen des
    Fragmentarischen am Beispiel von Konrads von Würzburg
    ‚Trojanerkrieg' . . . . . . . . . . . . . . . . . . . . . . . 109

Elke Brüggen (Bonn), Das Ende von Wolframs ‚Willehalm' . . . . . 133

### III Anschlüsse, Integrationen, Sammlungsverbünde

Norbert Kössinger (Bamberg), Die Teile und das Ganze? Die
    frühmittelalterliche Textüberlieferung im Fragment (8.–12. Jahr-
    hundert) und die Erzählungen der Literaturgeschichten – mit einem
    Ausblick auf die Fragmentüberlieferung des 13. Jahrhunderts . . . 161

Katja Weidner (Wien), Das Leid der Schneemutter.
    Der ‚Modus Liebinc [C]' und ein Fragment, das keines ist . . . . . 177

*Inhalt*

Stefan Abel (Bern), ‚Mantel' und ‚Erec'. Textallianzen in den Bearbeitungen des altfranzösischen ‚Lai du cort mantel' und von Chrétiens de Troyes ‚Érec et Énide' in Deutschland und Skandinavien  205

Eva Bauer (München), Sammlungskonzept und Fragmentierung. Die Wiener Sammelhandschrift Cod. Vind. 2696 . . . . . . . . .  243

Henrike Manuwald (Göttingen), ‚Trümmergeschiebe'? Zum Verhältnis von Ganzheit und Fragmentarität in der Überlieferung der ‚Vier Wachen der minnenden Seele' . . . . . . . . . . . . . . . . .  263

Lina Herz (Hamburg), ‚Arabel' *to be continued*? Überlegungen zur Fragmentierung serieller Texte . . . . . . . . . . . . . . . .  283

Katrin auf der Lake (Düsseldorf), Textverbünde(te). Überlegungen zum Textualitätsstatus von Fragment und Fortsetzung . . . . . . . .  301

## IV Fragmentierte Überlieferung – Zugänge zu historischen Textzuständen

Linus Möllenbrink (Heidelberg), Die Basler Fragmente des ‚Saelden Hort' als Beispiel für den literaturgeschichtlichen Erkenntniswert früher Handschriftenmakulatur (Basel, Universitätsbibliohek, Cod. N I 2:94) . . . . . . . . . . . . . . . . . . . . . . .  327

Beatrice Trînca (Berlin), Zensur und Fragment. Zu den deutschen Predigten Meister Eckharts in Mittelalter und Moderne (Paul Celan)  353

Nikolaus Henkel (Hamburg / Freiburg i. Br.), Ein ‚heimatloser' Quaternio. Eine unbeachtete deutsche Übersetzung des Osterhymnus des Venantius Fortunatus aus dem 15. Jahrhundert . . . . . . . .  379

## V Schnittstellen zwischen Gedächtnisinstitutionen und Universität – Aktuelle Herausforderungen der Fragmentforschung

Nathanael Busch / Daniel Könitz (Marburg), Verstextfragmente des 13. Jahrhunderts im Überblick . . . . . . . . . . . . . . . .  407

Christoph Mackert (Leipzig), Handschriftenfragmente im Niemandsland zwischen Bibliothek und Universität. Ein Parcours zu verteilten Kompetenzen anhand einiger Beispiele aus der Arbeit des Leipziger Handschriftenzentrums . . . . . . . . . . . . . . .  437

*Inhalt*

## VI Workshopbericht

Inci Bozkaya (Freiburg/Schweiz) / Lena Stockburger (Karlsruhe), Workshopbericht: ‚Fragmentologie – Aktuelle Ansätze der wissenschaftlichen Analyse mittelalterlicher Handschriftenfragmente mit einem anwendungsorientierten Praxisteil zur digitalen Erschließung'  471

Abkürzungsverzeichnis . . . . . . . . . . . . . . . . . . . . 479

Adressen . . . . . . . . . . . . . . . . . . . . . . . . . . 483

Abbildungen . . . . . . . . . . . . . . . . . . . . . . . . 485

# Vorwort

Der vorliegende Band versammelt die Beiträge zum achtundzwanzigsten Kolloquium der Wolfram von Eschenbach-Gesellschaft, das vom 13. bis 16. September 2023 im schweizerischen Freiburg stattfand.

Durchgeführt wurde die Tagung in Kooperation mit dem Mediävistischen Institut, dem Departement für Germanistik sowie dem Zentrum für Handschriftenforschung – Universität Freiburg. Dr. Martin Rohde und Julie Rohrbasser danke ich ganz besonders für ihren ebenso professionellen wie freundlichen Einsatz in allen Phasen der Vorbereitung und Durchführung der Tagung sowie Sylvia Kilchör für wertvolle Tipps und Ratschläge. Dem Team des Freiburger Lehrstuhls für Germanistische Mediävistik gilt ebenfalls ein herzlichster Dank: Im Vorfeld und während der Tagung jonglierten mit stets vorausschauendem und kreativem Management Dr. Inci Bozkaya, Cyril Senn, M.A., sowie PD Dr. Robert Schöller die Belange der Tagungsgäste. Das zuverlässige und enthusiastische Engagement der Freiburger Germanistikstudierenden Anna Castella, Luke Cooper, Julie Dietsche, Helene-Shirley Ermel, Louise Hendriks, Luc Murat und Denise Perroud hat viel zum Gelingen des Rahmenprogramms beigetragen, aber auch den besonderen Charme der Gastfreundschaft à la Fribourgeoise erlebbar gemacht. Den Mitarbeitenden des Rathauses danke ich sehr herzlich für die unkomplizierte Unterstützung beim Bespielen der historischen Räumlichkeiten. Dass uns diese zu einem tragbaren Preis überlassen wurden, verdanken wir dem Einsatz von Unicom-Leiter Marius Widmer sowie der Großzügigkeit des Kantons Freiburg.

Ein besonderer Dank geht natürlich an die Vortragenden, die vier Wochen vor Beginn des Kolloquiums allen Teilnehmenden Lektürevorlagen zur Verfügung gestellt haben. Die Pünktlichkeit und Zuverlässigkeit sowohl bei der Einreichung der Vorlagen wie auch bei der Einsendung der schriftlich überarbeiteten Beiträge bereits fünf Monate nach der Tagung verdient große Anerkennung. Ohne diese vorbildliche kollegiale Kooperation wäre das zügige Erscheinen des Bandes – knapp ein Jahr nach der Tagung – nicht möglich gewesen.

Herzlich gedankt sei zudem den Moderatorinnen und Moderatoren sowie schließlich allen Diskussionsteilnehmerinnen und -teilnehmern. Die Tagungsteilnehmenden haben sich auf das zeitaufwändige Studium der Lektürevorlagen im Vorfeld der Tagung eingelassen. Dieser intensiven Vorbereitung war es zu verdanken, dass auf dem Kolloquium selbst, nach jeweils einer kurzen Einfüh-

*Vorwort*

rung der Vortragenden, eine Diskussionszeit von rund 45 Minuten zur Verfügung stand. Es waren nicht zuletzt diese ausführlichen Gespräche, die den wissenschaftlichen Gewinn der Tagung ausgemacht haben.

Den Abschluss des Kolloquiums bildete ein Besuch der Tagungsgäste in der Abegg-Stiftung in Riggisberg/CH. Die instruktive Führung durch die Textilsammlung der Stiftung seitens Herrn Dr. Michael Peter eröffnete uns wertvolle Einblicke in fragmentarisch überlieferte Textilien aus der Spätantike und dem Mittelalter. Der Direktorin der Abegg-Stiftung, Frau Dr. Regula Schorta, danke ich für die großzügige und gastfreundliche Aufnahme der Tagungsgäste.

Der nunmehr zum fünften Mal stattfindende Workshop für junge Wissenschaftlerinnen und Wissenschaftler im Rahmen einer Wolfram-Tagung hat sich abermals als eine fruchtbare Gelegenheit erwiesen, auch den germanistischen Nachwuchs von den Themen des Kolloquiums profitieren zu lassen. Großer Dank für die Organisation und Durchführung des Workshops gebührt Dr. Inci Bozkaya und Lena Stockburger, M.A., die vor dem Beginn der eigentlichen Tagung unter dem Titel ‚Fragmentologie – Aktuelle Ansätze der wissenschaftlichen Analyse mittelalterlicher Handschriftenfragmente mit einem anwendungsorientierten Praxisteil zur digitalen Erschließung' Master-Studierenden, Doktorierenden und Postdocs in theoretische und praktische Aspekte der Fragmentforschung einführten. PD Dr. William Duba hat mit seinem beherzten Engagement für den Nachwuchs-Workshop ebenfalls maßgeblich zu dessen Gelingen beigetragen.

Ohne umfangreiche Zuwendungen und Förderungen hätten die Tagung, die beiden Abendvorträge sowie der Nachwuchsworkshop nicht stattfinden können. Dem Schweizerischen Nationalfonds, dem Aktionsfonds der Philosophischen Fakultät, der Zeno Karl Schindler Stiftung, dem Forschungsfonds zur Hundertjahrfeier ebenso wie dem Mediävistischen Institut meiner Universität danke ich für finanzielle Unterstützung. Ein weiterer Dank geht an das Museum für Kunst und Geschichte, Freiburg/CH, für die Möglichkeit, den stimmungsvollen mittelalterlichen Statuensaal für die beiden Abendvorträge von Prof. Dr. Michael Stolz und Prof. Dr. Jan-Dirk Müller nutzen zu dürfen.

Dr. Carina Lehnen vom Erich Schmidt Verlag in Berlin danke ich schließlich vielmals für ihre umsichtige Begleitung in allen Phasen der Publikation sowie Thomas Ziegler (Tübingen) für die gute und angenehme Zusammenarbeit bei der Erstellung des Satzes. Ein besonderer Dank geht an den Mitherausgeber PD Dr. Robert Schöller für seine gewissenhafte Hilfe beim Lektorat. Für die Drucklegung haben Dr. Inci Bozkaya und Cyril Senn, M.A., unterstützt von den Germanistikstudierenden und Hilfskräften Anne Castella, Luke Cooper, Louise Hendriks, Luc Murat, Denise Perroud, Romina Pignalosa und Melanie

*Vorwort*

Schmid, Perfektionismus beim Korrekturlesen walten lassen. Ihnen allen sei ganz herzlich gedankt.

Freiburg im Üechtland, im Juni 2024                        Cornelia Herberichs

# Fragmente und Fragmentierungen
## Einleitende Bemerkungen

### von Cornelia Herberichs

Die lange Überlieferungsgeschichte der mittelalterlichen Literatur ist geprägt von unzähligen Glücks-, aber auch nicht minder von bedauerlichen Unglücksfällen; enorme Bestände von Handschriften sind verloren gegangen, und bemerkenswert viele Texte haben sich nur bruchstückhaft erhalten und zu Unrecht wenig Aufmerksamkeit erfahren. Um gleichwohl ein möglichst adäquates Bild des Bestands und der Entwicklungen mittelalterlicher Literatur zu vermitteln, obliegt es der mediävistischen Literaturgeschichtsschreibung, auch das unvollständig Überlieferte ebenso aufmerksam wie konsequent mit zu berücksichtigen. Längst hat sich gezeigt, dass Fragmente eine überaus wichtige, wenn auch besonders anspruchsvolle und komplizierte Rolle für das Wissen um die deutschsprachige Literatur des Mittelalters und deren Geschichte spielen.

Aus diesen Gründen widmete sich das achtundzwanzigste Kolloquium der Wolfram von Eschenbach-Gesellschaft dem Erkenntniswert von mittelalterlichen Fragmenten. Die Wahl des Themas im Herbst 2021 auf der Rostocker (Online-)Mitgliederversammlung verdankte sich dem neu geschärften Bewusstsein innerhalb der Germanistischen Mediävistik für die Komplexität und Fragilität der Überlieferung mittelalterlicher Literatur. Hatte die Fokussierung der literaturwissenschaftlichen Forschung insbesondere auf ‚vollständige' Textzeugen durchaus ihre pragmatische Berechtigung, so prägte diese doch – allein schon, weil diese Handschriften zumeist als Grundlage für Editionen dienten – nachhaltig Textverständnis und Textkonzept(e) des Fachs. Daraus resultierte in verschiedenen Forschungsfeldern eine Vernachlässigung und Marginalisierung fragmentarisch überlieferter Texte. In den letzten Jahren sind erfreulicherweise neue Impulse zu registrieren für eine wachsende mediävistische Fragmentforschung.

Allerdings lag das Thema für das Kolloquium der Wolfram von Eschenbach-Gesellschaft auch deshalb nahe, weil sich gerade an das Œuvre des Namensgebers der Gesellschaft zahlreiche Fragen anschließen lassen, die sowohl dessen bruchstückhafte Überlieferung als auch einzelne, nicht vollendete, mithin Fragment gebliebene Werke betreffen. Studien spezifisch zu Wolframs Werken sowie zum Kontext der fragmentarischen Überlieferung deutschsprachiger Literatur des hohen und späten Mittelalters anzuregen, war eine der Verheißungen, die sich an die Tagungsvorbereitung knüpften.

Der im März 2023 veröffentlichte Aufruf zu Beiträgen griff deshalb in verschiedene Fragerichtungen aus. Um das Feld zu vermessen, wurde in der Ausschreibung begrifflich zwischen zwei Typen von Fragmenten grundsätzlich unterschieden, nämlich zwischen Handschriftenfragmenten ursprünglich vollständiger Codices, Faszikel, Inkunabeln oder Urkunden einerseits und Werkfragmenten, also unvollendeten Texten, deren Fertigstellung aus verschiedenen Gründen durch ihren Autor oder Bearbeiter selbst abgebrochen wurde, beziehungsweise (vermutlich) vollendeten Texten, die bereits im Mittelalter nur noch bruchstückhaft abgeschrieben wurden, andererseits.[1] Beide Typen von Fragmenten stellen die Germanistische Mediävistik vor komplexe Fragen bezüglich des Zusammenhangs von Literatur- und Überlieferungsgeschichte. Im Folgenden sei der Text der Ausschreibung mit den in ihm angesprochenen Themenfeldern inseriert:

## 1. Handschriftenfragmente

Der Großteil der Handschriften, welche die hochmittelalterliche höfische Literatur überliefern, ist nur fragmentarisch auf uns gekommen. Das gilt bekanntlich gattungsübergreifend gleichermaßen für die Artusdichtung, die Antikenromane und für die Heldenepik; doch auch Textzeugen religiöser Werke sind oftmals nur fragmentarisch erhalten. Diese Überlieferungssituation wirft Fragen auf, die sowohl die mittelalterliche Literatur- und Mediengeschichte als auch die Praxis der Textedition betreffen.

Erwünscht sind Beiträge zu Handschriftenfragmenten deutschsprachiger Dichtungen des hohen und späten Mittelalters, welche diesen wichtigen Untersuchungsfundus für die mediävistische Literaturgeschichtsschreibung fruchtbar machen und Einblicke in regionale, institutionelle und personelle Netzwerke des Literaturkontakts und -austauschs eröffnen. Vorschläge könnten sich innerhalb der folgenden drei Themenfelder verorten:

1.1) Neue Handschriftenfunde, die unser Wissen über Überlieferungsverhältnisse erweitern, sind oftmals Fragmentfunde. In textgeschichtlicher Perspektive ergeben sich daraus weitreichende Problemstellungen, beispielsweise wenn vollständige spätere Textzeugen signifikante Abweichungen zu den entsprechenden Passagen früherer fragmentarischer Textträger aufweisen (vgl. Viehhauser 2009). Handschriften aus dem

---

[1] In der Buchwissenschaft wird diese zweite Art von Fragment zuweilen als „literarische[s] Fragment[ ]" bezeichnet (Dora 2015, S. 56); vgl. auch die Begrifflichkeit in Kay Malcher / Stephan Müller / Katharina Philipowski / Antje Sablotny, Fragmentarität als Problem der Kultur- und Textwissenschaften. Eine Einleitung, in: Fragmentarität als Problem der Kultur- und Textwissenschaften, hg. v. dens. (MittelalterStudien 28), München 2013, S. 9–26, hier: 11.

Zeitraum der präsumtiven Entstehung hochmittelalterlicher deutschsprachiger Literatur beziehungsweise ihrer relativ frühen Überlieferung sind oftmals sogar ausschließlich fragmentarisch erhalten (z. B. ‚Erec', ‚Eneasroman', Herborts von Fritzlar ‚Liet von Troye'). Auch frühe Textzeugen der religiösen volkssprachigen Literatur, etwa der Gattung der Heiligenlegenden (Hamburger Fragmente der Ursula-Legende; Maria Saaler Fragmente der Veit-Legende) oder aus der Frühphase des volkssprachigen geistlichen Spiels (‚Osterspiel von Muri', ‚Kremsmünsterer Osterspielfragment') vermitteln uns nur ungenaue Konturen verlorener Texttraditionen. Trotz der zuweilen recht geringen Textbasis, die in Handschriftenbruchstücken vorliegen, geben die in Fragmenten erhaltenen Varianten oder Versionen Anlass, text- und mediengeschichtliche Entwicklungsmodelle zu entwerfen, die mitunter weitreichende literarhistorische Implikationen besitzen (siehe z. B. zur ‚Nibelungenlied'-Überlieferung J.-D. Müller 2020 und 2022; vgl. auch Bumke 1991, Glauch 2009 und 2013; zur Lyriküberlieferung siehe Worstbrock 1998).

1.2) Einige Texte der deutschsprachigen Literatur des Mittelalters sind ausschließlich durch Fragmente bezeugt, etwa gewisse sogenannte nachklassische Artusromane (‚Abor und das Meerweib', ‚Manuel und Amande', das niederdeutsche Loccumer Artusromanfragment, die ‚Kliges'-Bruchstücke, ‚Segremors', ‚Edolanz', ‚Vita Merline' u. a.). Die Beschäftigung mit diesen und weiteren, zum Teil auch umfangreichen Bruchstücken (‚Reinfried von Braunschweig', ‚Graf Rudolf'), vermag dazu beizutragen, verlorene literarische Traditionen zu rekonstruieren (vgl. Schiewer 1988, Brunner 1989). Andersprachige Handschriftenfragmente können in komparatistischer Perspektive relevant sein für unser Wissen über internationale Literatur- und Kulturkontakte (z. B. mittelniederländischer ‚Valentin und Namenlos', altenglische ‚Waldere'-Fragmente, jiddischer ‚Dukus Horant').

1.3) Die Fragmentierung einer Handschrift wie auch die Wiederverwendung von Fragmenten können direkt und indirekt Aufschlüsse über kulturhistorische Zusammenhänge erlauben (Duba / Flüeler 2018). Orte der Auffindung von als Einband, Auskleidung oder Textilfutter verwendeten Manuskriptfragmenten sind im Hinblick auf kulturelle und literarhistorische Verwerfungen zu untersuchen (vgl. Schöller 2009 zu den ‚Parzival'-Fragmenten 26 und 42). Ebenso bezeugt die Zusammenbindung von Fragmenten oder fragmentarischen Faszikeln in Sammelbänden sowohl eine Geschichte des Verlustes als auch eine solche der Aneignung und Konservierung von Handschriftenteilen; sie gilt es auf gruppenspezifische Interessen hin zu befragen. Von Bedeutung sind überdies paratextuelle Reflexionen von Schreibern oder Buchbindern auf den fragmentarischen Status eingebundener Texte oder Faszikel, die über zeitgenössische Perspektiven auf Handschriftenfragmente Auskunft geben. Nicht zuletzt berührt die Forschung zu Handschriftenfragmenten auch paläographische und kodikologische Fragen (Schneider 2014, Palmer 2021).

## 2. Werkfragmente

Einige der einflussreichsten Werke der deutschsprachigen Literatur des Mittelalters sind von ihren Autoren unvollendet hinterlassen worden. Mutmaßungen, ob der jeweilige Textabbruch einer konzeptionellen, poetologisch motivierten Entscheidung des

Autors geschuldet sei und mithin Analogien zur literarischen Fragment-Ästhetik der Romantik sowie weiteren Epochen der Moderne vorlägen, sind von der mediävistischen Forschung größtenteils zurückgewiesen worden (vgl. Glauch 2013). Ungeachtet der konkreten historischen Gründe, die den Textabbruch verursacht haben könnten – etwa der Tod des Autors, des Mäzens oder der Verlust der Vorlage –, verdient die von späteren Schreibern oder Textsammlern vorgenommene Einbettung von Texten, die offensichtlich unvollständig überliefert sind, in die jeweilige unmittelbare Mitüberlieferung besondere Aufmerksamkeit: So rücken Fragen nach kreativen Strategien von Bearbeitern und Textsammlern in den Fokus, die über den zeitgenössischen Umgang mit dem Fragmentcharakter dieser Texte und dessen Status Aufschluss geben. Ein kontextueller überlieferungsgeschichtlicher Fokus bietet sich ebenfalls für einen weiteren Typ von Werkfragmenten an, nämlich für jenen augenscheinlich unvollständiger Abschriften von Werken, deren handschriftliche Eintragung Resultat einer – sei es absichtsvollen, sei es zufälligen – Selektion und Fragmentierung ist.

Erwünscht sind Beiträge zum Fragmentstatus von Wolframs Werken, des ‚Willehalm' und des ‚Titurel', aber auch von weiteren deutschsprachigen Werken des hohen und späten Mittelalters und zur jeweiligen Stellung dieser Texte im Rahmen ihrer Überlieferung. Dabei bietet es sich an, auch generelle Fragen zum angemessenen hermeneutischen und texttheoretischen Umgang mit fragmentarisch überlieferten Texten und zur Historizität des literaturwissenschaftlichen Werkbegriffs zu behandeln sowie Methoden literarhistorischer Modellbildung zu diskutieren, welche die Niederschrift von Werkfragmenten im Kontext der Mitüberlieferung betreffen.

2.1) Während auf einige unvollendete literarische Werke mit Fortsetzungs- beziehungsweise Ergänzungsdichtungen reagiert wurde (‚Tristan', ‚Willehalm', Albrechts Weiterarbeit an den Wolfram-Texten im „Jüngeren Titurel"; vgl. auch Konrads ‚Trojaroman' und das ‚Buch von Troja I'), blieben andere Torsi ohne Fortsetzung (Rudolfs von Ems ‚Alexander'). Die Weitererzählungen reflektieren implizit, zum Teil auch explizit zeitgenössische Konzeptionen eines narrativen Werkganzen. Abgebrochene Texte können zudem durch Überlieferungsverbünde in ein neues, übergeordnetes Textganzes eingefügt werden, beispielsweise im Sinne einer Zyklusbildung oder der kalkulierten syntagmatischen Makrostruktur einer Sammlung (vgl. Strohschneider 1991a, Vetter 2018). Analoge Phänomene sind vor allem im Zusammenhang mit fragmentarischen Weltchroniken in geschichtstheoretischer Perspektive (Rudolfs von Ems ‚Weltchronik', ‚Christherre-Chronik') und im Zusammenhang mit Übersetzungen von fortgesetzten lateinischen historiographischen Fragmenten (z. B. ‚Mecklenburgische Reimchronik') von Interesse. Auch in komparatistischer sowie intertextueller Perspektive erweist sich die Beschäftigung mit Werkfragmenten als überaus aufschlussreich, wie etwa die Studien zu Wolframs kreativem Umgang mit dem Fragment des Chrétien'schen ‚Perceval' zeigen (Nellmann 1996, Abel 2018, Heinzle 2019).

2.2) Liegen fragmentierende Abschriften, Textentwürfe oder Auszüge aus Werken vor, so gilt es zu prüfen, ob es sich hier um einen überlieferungsbedingt fragmentarischen Text oder ein unvollendetes Werk handelt. Der unklare Status kann grundlegende gattungsgeschichtliche und -theoretische Fragen aufwerfen (z. B. die Frage, ob der ‚Ludus de Rege Aegypti' [CB 228] ein selbständiges, möglicherweise fragmentarisches Spiel oder Bestandteil des ‚Benediktbeurer Weihnachtsspiels' ist, vgl. Linke

1975). In überlieferungsgeschichtlicher Perspektive ist dabei vor allem die Frage nach der Signifikanz von Orten der Eintragung von Werkfragmenten relevant (vgl. den ‚Titurel' sowie den ‚Brief des Priesterkönigs Johannes' im ‚Ambraser Heldenbuch'; Konrads ‚Partonopier und Meliur'). Insbesondere Praktiken der textlichen Einbettung und Rahmung von Fragmenten (‚Der Mantel', ‚Erec') lassen sich auf ihre Programmatik hin untersuchen (Manuwald 2015, Masse 2020b). Die Überlieferung lyrischer Einzelstrophen (Henkel 2001) oder auch Federproben fragmentierter Texte (Gärtner 2003) können neue Einblicke in die Distributions- und Produktionsbedingungen volkssprachiger Handschriften eröffnen.

2.3) Auf texttheoretischer Ebene werfen unvollständig überlieferte Texte grundlegende Fragen nach historisch adäquaten Konzepten von ‚Werk', ‚narrativer Kohärenz' und ‚Fragmentarizität' unter den Bedingungen der semi-oralen Kultur des Mittelalters auf (Zumthor 1978, Schulz 2012). Poetologische und pragmatische Reflexionen über literarische Fragmente als unvollständige und bedeutungsoffene Texte wurden auch im Mittelalter angestellt: Diebstahlgeschichten, Reflexionen über die Fragilität der Überlieferung, architektonische Metaphern für die (Un-)Vollständigkeit von Werken zeugen von einem zeitgenössischen Diskurs über Fragmente als sowohl defizitäre wie auch autoritative Texte (vgl. Ulrichs von Türheim Prolog zur ‚Tristan'-Fortsetzung, den Epilog des ‚Rappoltsteiner Parzifal', Albrechts ‚Verfasserfragment', den Erzählerexkurs im ‚Eneasroman'). Auch auf der Handlungsebene können fragmentierte Texte, wie etwa die Erzählung auf der Hundeleine in Wolframs ‚Titurel', auf ihre poetologische Bedeutung für einen historischen Diskurs über Fragmente hin untersucht werden (Kiening/Köbele 1998).

Ziel der kommenden Tagung der Wolfram von Eschenbach-Gesellschaft ist es, trotz der Heterogenität der untersuchten Texte, Gattungen und Überlieferungssituationen von Handschriften- und Werkfragmenten übergreifende Fragestellungen zum Zusammenhang von Überlieferungs- und Literaturgeschichte zu diskutieren und diese miteinander zu vernetzen. Sie möchte auch Gelegenheit bieten für Beiträge, die – über die Relevanz von Einzelfallstudien hinausweisend – theoretische und methodische Impulse für den literaturwissenschaftlichen Umgang mit Fragmenten zu geben vermögen.

Die Rückmeldungen auf die Ausschreibung zeugten nicht nur von einem aktuell sehr lebendigen Interesse für die literatur- und kulturhistorische sowie textgeschichtliche Kontextualisierung von Handschriftenfragmenten, sie offenbarten auch eine augenscheinlich große Faszination für poetologische, ästhetische und narratologische Aspekte des Fragmentarischen.[2] Die erste Sektion des vorliegenden Bandes, ‚Fragmentarität in mediävistischer Perspektive – Li-

---

[2] Da bereits ein ausführlicher Tagungsbericht vorliegt, der die Beiträge zusammenfasst (Robert Schöller, Luke Cooper, Conference Report: Fragmente und Fragmentierungen. Neue Zugänge zur mittelalterlichen deutschsprachigen Überlieferung, Freiburg [CH], 13–16 September 2023. In: Fragmentology 6 [2023], S. 127–136, DOI: https://doi.org/10.24446/gygv), und da im Anschluss an die Aufsätze jeweils englische Abstracts über die zentralen Thesen der Beiträge informieren, kann in dieser Einleitung auf Zusammenfassungen verzichtet werden.

teraturgeschichtliche und literaturtheoretische Reflexionen', vereint die beiden Abendvorträge, die auf der Basis jeweils unterschiedlicher Textgrundlagen einen weiten Horizont an literaturgeschichtlichen und kulturtheoretischen Perspektiven sowie historischen Semantiken des Fragmentarischen eröffnen. Die Beiträge der zweiten Sektion ‚Ganzheit(en) – Textuelle Fragmentarität als hermeneutische Kategorie' stellen neben theoretischen auch methodische Überlegungen ins Zentrum, indem in Bezug auf verschiedene literarische Texte nach genuin literaturwissenschaftlichen Konzepten des Fragmentarischen gefragt wird. Die Aufsätze der dritten Sektion ‚Anschlüsse, Integrationen, Sammlungsverbünde' widmen sich einer spezifisch mediävistischen Kategorie der Fragmentforschung, indem Modi des ‚Fortsetzens' und Kombinierens im Fokus stehen: Die Weiterdichtungen fragmentarisch überlieferter Texte, wie beispielsweise des ‚Willehalm' Wolframs von Eschenbach, sowie Textverbünde, die durch Überlieferungsgemeinschaften entstehen, werfen in besonderer Weise Fragen nach adäquaten Konzepten von ‚Werk' und ‚Werkgrenzen' auf. Die vierte Sektion ‚Fragmentierte Überlieferung – Zugänge zu historischen Textzuständen' untersucht historische Kontexte und deren Aussagewert bezüglich konkreter Genesen sowie Praktiken volksprachiger fragmentarischer Überlieferung. Die fünfte Sektion ‚Schnittstellen zwischen Gedächtnisinstitutionen und Universität – Aktuelle Herausforderungen der Fragmentforschung' diskutiert strukturelle Rahmenbedingungen und Hindernisse für die mediävistische Fragmentforschung im Schnittfeld von universitären und außeruniversitären Projekten und Arbeitsfeldern. Der den Band abschließende ‚Workshopbericht' gibt Einblicke, welche Perspektiven die Fragmentforschung für junge Wissenschaftler:innen eröffnet.

Es wäre selbstredend vermessen, den wissenschaftlichen Ertrag des Kolloquiums als Ganzes, sowohl der schriftlichen Beiträge als auch der intensiven Diskussionen, in diesen einleitenden Bemerkungen bündeln zu wollen. Gewisse gemeinsame Anliegen, die sich herauskristallisiert haben, lassen sich aber durchaus festhalten. So hat sich gezeigt, dass eine am Fragmentarischen interessierte Literaturwissenschaft eine gesteigerte Aufmerksamkeit entwickelt für Konzepte wie ‚Vollständigkeit', ‚Abgeschlossenheit' und ‚Ganzheit' sowie für deren jeweilige Implikationen, die überaus heterogen sein können. Für die in der Ausschreibung getroffene begriffliche Unterscheidung zwischen ‚Werkfragmenten' und ‚Textfragmenten' zeigt sich, dass insbesondere die erste Kategorie aufgrund des weiten Spektrums mittelalterlicher Werk-Konzepte einer Ausdifferenzierung bedarf. Literatur, die im Spannungsfeld von Mündlichkeit und Schriftlichkeit entsteht und tradiert wird (Jan-Dirk Müller), deren Überlieferung sich unterschiedlichen pragmatischen Interessen verdankt wie etwa dem Schulunterricht (Nikolaus Henkel) oder der monastischen Tischlesung (Beatrice Trînca), ist nicht mit einem Werkbegriff beizukommen, wie ihn die Moderne entwickelt hat. Mit einer Reihe von Fallstudien macht der Sammelband aus unterschiedlichen

Blickwinkeln deutlich, dass im Kontext der mittelalterlichen Manuskriptkultur durch die Zusammenstellung von ursprünglich voneinander unabhängigen Texten oder Textversionen in einer Sammelhandschrift ein neuer ‚Werk'-Charakter entstehen kann (Stefan Abel, Eva Bauer, Katrin auf der Lake, Lina Herz). Weiterer Differenzierungsbedarf besteht für Begriffe wie ‚Ganzheit' und ‚Abgeschlossenheit', wenn sie in Bezug auf literarische Weltentwürfe verwendet werden (Michael Stolz). Notwendig ist ebenso die Diskussion der jeweiligen Gegenbegriffe, wie etwa ‚Unvollständigkeit' oder ‚Lückenhaftigkeit', um einen für fiktionale Welten adäquaten literaturwissenschaftlichen Zugriff auf das Fragmentarische (Britta Bußmann / Albrecht Hausmann) zu gewinnen. Die Terminologie literaturwissenschaftlicher Fragmentforschung vermag dabei zwar einerseits anzuschließen an die Nomenklatur verwandter Disziplinen, wie etwa der Archäologie, Kodikologie oder Kunstgeschichte; zugleich aber verdeutlichen verschiedene Beiträge, dass deren Konzepte für literaturwissenschaftliche Fragestellungen in Bezug auf die Poetik und Ästhetik literarischer Texte jeweils zu modifizieren sind (u. a. Julia Frick, Elke Brüggen, Henrike Manuwald). Nicht zuletzt kann eine produktive begriffliche Verunsicherung das Bewusstsein eben dafür schärfen, dass die Feststellung eines Fragmentstatus auf einer schieren Zuschreibung beruhen kann (Katja Weidner).

Was den zweiten zentralen Terminus der Tagung betrifft – jenen der ‚Handschriftenfragmente' –, so erscheint hier der Status der Fragmentarität, der sich aus dem physischen Beschädigtsein von Handschriften oder Codices ergibt, im Gegensatz zum Fall der ‚Werkfragmente' erst einmal fraglos. Die methodischen, theoretischen und begrifflichen Schwierigkeiten, die sich stellen, befinden sich indes auf anderen Ebenen. So erweist sich eine literaturgeschichtliche Einordnung von Fragmentfunden als überaus voraussetzungsreich und bedarf methodologisch historischer Differenzierung bezüglich der verschiedenen Epochen des langen Mittelalters (Norbert Kössinger). Gerade jene zur bloßen Materialgewinnung zerschnittenen und wiederverwendeten Fragmente verlangen von der germanistischen Forschung eine interdisziplinär angelegte Spurensuche (Linus Möllenbrink). Doch nicht nur zum Zweck der Rekonstruktion kultureller und historischer Hintergründe von Fragmentierungen ist interdisziplinäre Vernetzung notwendig; auch für die Kommunikation der wissenschaftlichen Erkenntnisse zu Fragmenten bedarf es einer gezielten Nutzung von Netzwerken: Mehr noch als andere Teilgebiete unseres Fachs muss sich die Fragmentforschung um die knappe Ressource Aufmerksamkeit bemühen; denn selbst im Falle spektakulärer Fragmentfunde prominenter Texte ist ihre Wahrnehmung sogar seitens der Scientific Community noch immer keine Selbstverständlichkeit (Christoph Mackert). Umso mehr gilt es zukünftig, auch die Erforschung von auf den ersten Blick wenig attraktiv und kaum grundstürzend erscheinenden Fragmentfunden anzuregen (Nathanael Busch / Daniel Könitz).[3]

---

[3] Vgl. hierzu bereits das Vorwort des Bandes ‚Fragment und Makulatur', das in der

*Cornelia Herberichs*

Die in den Wolfram-Studien XXVIII enthaltenen Beiträge reagieren in Bezug auf die oben angesprochenen terminologischen Fragen weder mit dem Vorschlag einer einheitlichen Begriffsverwendung, noch bedienen sie sich einer gemeinsamen Theorie, Methode oder apriorischen Typologie. Vielmehr lässt sich die Summe seiner Einzelbeiträge als Plädoyer dafür verstehen, auf der grundsätzlichen Frage zu insistieren, was die dezidierte Fokussierung auf das Fragmentarische eines Textes oder einer Handschrift an Erkenntnissen zutage fördern kann, aber auch und nicht zuletzt, wo die (Verstehens-)Grenzen im Falle fragmentarischer Überlieferung liegen. Der Band versteht sich deshalb als Anregung zu einem weiteren Nachdenken über Textabbrüche, über verschiedene Typen und Formen von ‚Vollständigkeit' und ‚Unvollständigkeit', ‚Ganzheit' und ‚Lückenhaftigkeit'. Wenn es zutrifft, dass die Faszination des Fragmentarischen als ein Signum unserer Gegenwart (Burdorf 2020) verstanden werden kann, die sich der Fragilität von Kultur(en) und Kulturleistungen zunehmend bewusster wird, mögen die Anregungen dieses Sammelbandes hoffentlich auf fruchtbaren Boden fallen und über den Horizont der Germanistischen Mediävistik hinaus Wirkung entfalten.

## Auswahlbibliographie

Stefan Abel, Kontaktphänomene in Wort und Bild. Das Verhältnis der Erfurter und Leipziger ‚Parzival'-Fragmente zur Überlieferung des altfranzösischen ‚Conte du Graal' und dessen ‚Erster Fortsetzung', in: ZfdA 147 (2018), S. 463–490.

Gesa Bonath / Helmut Lomnitzer, Verzeichnis der Fragment-Überlieferung von Wolframs ‚Parzival', in: Studien zu Wolfram von Eschenbach. Festschrift für Werner Schröder zum 75. Geburtstag, hg. v. Klaus Gärtner u. Joachim Heinzle, Tübingen 1989, S. 87–149.

Horst Brunner, Dichter ohne Werk. Zu einer überlieferungsbedingten Grenze mittelalterlicher Literaturgeschichte, in: Überlieferungsgeschichtliche Editionen und Studien zur deutschen Literatur des Mittelalters. Kurt Ruh zum 75. Geburtstag, hg. v. Konrad Kunze (Texte und Textgeschichte 31), Tübingen 1989, S. 1–31.

Joachim Bumke, Untersuchungen zur Überlieferungsgeschichte der höfischen Epik im 13. Jahrhundert. Die Herbort-Fragmente aus Skokloster. Mit einem Exkurs zur Textkritik der höfischen Romane, in: ZfdA 120 (1991), S. 257–304.

Dieter Burdorf, Zerbrechlichkeit. Über Fragmente in der Literatur (Kleine Schriften zur literarischen Ästhetik und Hermeneutik 12), Göttingen 2020.

Albrecht Classen, Der Text der nie enden will. Poetologische Überlegungen zu fragmentarischen Strukturen in mittelalterlichen und modernen Texten, in: LiLi 25 (1995), S. 83–113.

---

Forschung ein stärkeres Bewusstsein für die „Problembewältigung der Masse" (S. VII) von überlieferten Fragmenten anmahnt.

*Fragmente und Fragmentierungen*

Cornel Dora, Ruinen aus Pergament. Die Fragmentensammlung der Stiftsbibliothek St. Gallen, in: Fragment und Makulatur, S. 51–78.

William Duba / Christoph Flüeler, Fragments and Fragmentology. Editorial, in: Fragmentology 1 (2018), S. 1–5 (DOI: https://doi.org/10.24446/a04a).

Trude Ehlert, Zu den Quellen des ‚Waldecker Alexander'-Fragments, in: ZfdA 125 (1996), S. 87–92.

Fragment und Makulatur. Überlieferungsstörungen und Forschungsbedarf bei Kulturgut in Archiven und Bibliotheken, hg. v. Hanns Peter Neuheuser u. Wolfgang Schmitz (Buchwissenschaftliche Beiträge 91), Wiesbaden 2015.

Fragment und Totalität, hg. v. Lucien Dällenbach u. Christiaan L. Hart Nibbrig, Frankfurt a. M. 1984.

Fragmentarität als Problem der Kultur- und Textwissenschaften, hg. v. Kay Malcher, Stephan Müller, Katharina Philipowski u. Antje Sablotny (MittelalterStudien 28), München 2013.

Kurt Gärtner, Der Anfangsvers des ‚Gregorius' Hartmanns von Aue als Federprobe in der Trierer Handschrift von Konrads von Würzburg ‚Silvester', in: Literatur – Geschichte – Literaturgeschichte. Beiträge zur mediävistischen Literaturwissenschaft. Festschrift für Volker Honemann zum 60. Geburtstag, hg. v. Nine Miedema u. Rudolf Suntrup, Frankfurt a. M. 2003, S. 105–112.

Geschichte der Textüberlieferung der antiken und mittelalterlichen Literatur, 2 Bde, hg. v. Herbert Hunger u. a., Zürich 1961 u. 1964.

Sonja Glauch, Zweimal ‚Erec' am Anfang des deutschen Artusromans? Einige Folgerungen aus den neugefundenen Fragmenten, in: ZfdPh 128 (2009), S. 347–371.

Sonja Glauch, Wie macht man Fragmente? Schrift und Stimme als Träger des Fragmentarischen, in: Fragmentarität, S. 51–68.

Irene Hänsch, Mittelalterliche Fragmente und Fragmenttheorie der Moderne (am Beispiel des ‚Titurel' und des ‚Tristan'), in: Mittelalter-Rezeption II. Gesammelte Vorträge des 2. Salzburger Symposions ‚Die Rezeption des Mittelalters in Literatur, Bildender Kunst und Musik des 19. und 20. Jahrhunderts', hg. v. Jürgen Kühnel u. Hans-Dieter Mück (GAG 358), Göppingen 1982, S. 45–61.

Hartmann von Aue 1230–1517. Kulturgeschichtliche Perspektiven der handschriftlichen Überlieferung, hg. v. Margreth Egidi, Markus Greulich u. Marie-Sophie Masse (ZfdA. Beiheft 34), Stuttgart 2020.

Nikolaus Henkel, Vagierende Einzelstrophen in der Minnesang-Überlieferung. Zur Problematik des Autor- und Werkbegriffs um 1200, in: Fragen der Liedinterpretation, hg. v. Helga Ragotzky, Gisela Vollmann-Profe u. Gerhard Wolf, Stuttgart 2001, S. 13–39.

Franz-Josef Holznagel, Minnesang-Florilegien. Zur Lyriküberlieferung im ‚Rappoltsteiner Parzifal', im ‚Berner Hausbuch' und in der Berliner ‚Tristan'-Handschrift N, in: *Dâ hæret ouch geloube zuo*. Überlieferungs- und Echtheitsfragen zum Minnesang. Beiträge zum Festcolloquium für Günther Schweikle anläßlich seines 65. Geburtstages, hg. v. Rüdiger Krohn, Stuttgart / Leipzig 1995, S. 65–88.

Christian Kiening / Susanne Köbele, Wilde Minne. Metapher und Erzählwelt in Wolframs ‚Titurel', in: PBB 120 (1998), S. 234–265.

Hansjürgen Linke, Der Schluß des mittellateinischen Weihnachtsspiels aus Benediktbeuern, in: ZfdPh 94. Sonderheft (1975), S. 1–22.

Freimut Löser, Ein Walther-Fragment in Brno (Brünn). Neues zu *Si wunderwol gemachet wîp* (L 53, 25), in: Walther von der Vogelweide. Überlieferung, Deutung, Forschungsgeschichte. Mit einer Ergänzungsbibliographie 2005–2009 v. Manfred G. Scholz, hg. v. Thomas Bein (Walther-Studien 7), Frankfurt a. M. u. a. 2010, S. 9–38.

Henrike Manuwald, Der ‚Mantel' im ‚Ambraser Heldenbuch' und die Frage nach dem Stil, in: Literarischer Stil. Mittelalterliche Literatur zwischen Konvention und Innovation. XXII. Anglo-German Colloquium, hg. v. Elizabeth Andersen, Ricarda Bauschke-Hartung u. Silvia Reuvekamp, Berlin / Boston 2015, S. 445–464.

Marie-Sophie Masse, Die heißen Tränen von Königin Enite. Beobachtungen und Überlegungen zu den Zwettler ‚Erec'-Fragmenten, in: Hartmann von Aue 1230–1517, S. 77–92.

Marie-Sophie Masse, Translations de l'œuvre médiévale (XIIe-XVIe siècles). Érec et Énide – Erec – Ereck (Rezeptionskulturen in Literatur- und Mediengeschichte 15), Würzburg 2020.

Jan-Dirk Müller, Typen von Varianz in der Nibelungenüberlieferung, in: PBB 142 (2020), S. 354–387.

Jan-Dirk Müller, Lachmann, die Lachmannsche Methode und die Überlieferung des ‚Nibelungenliedes', in: Lachmanns Erbe. Editionsmethoden in klassischer Philologie und germanistischer Mediävistik, hg. v. Anna Kathrin Bleuler u. Oliver Primavesi (ZfdPh. Beiheft 19), Berlin 2022, S. 169–196.

Jan-Dirk Müller, Varianz – die Nibelungenfragmente. Überlieferung und Poetik des ‚Nibelungenliedes' im Übergang von Mündlichkeit zu Schriftlichkeit (Deutsche Literatur. Studien und Quellen 47), Berlin / Boston 2023.

Stephan Müller, Fragmente, die keine sind. Zu einem besonderen Status von Teilüberlieferung deutscher Texte im frühen Mittelalter, in: Fragmentarität, S. 69–73.

Eberhard Nellmann, Produktive Missverständnisse. Wolfram als Übersetzer Chrétiens, in: Übersetzten im Mittelalter. Cambridger Kolloquium 1994, hg. v. Joachim Heinzle, L. Peter Johnson u. Gisela Vollmann-Profe, Wolfram-Studien 14 (1996), S. 134–148.

Ulrich-Dieter Oppitz, Fragmente deutscher Rechtsbücher des Mittelalters, in: Sprache und Literatur des Mittelalters in den Niederen Landen. Gedenkschrift für Hartmut Beckers, hg. v. Volker Honemann (Niederdeutsche Studien 44), Köln / Weimar 1999, S. 217–230.

Nigel F. Palmer, Manuscripts for Reading. The Material Evidence for the Use of Manuscripts Containing Middle High German Narrative Verse, in: Orality and Literacy in the Middle Ages. Essays on a Conjunction and its Consequences in Honour of D. H. Green, ed. by Mark Chinca u. Christopher Young (Utrecht Studies in Medieval Literacy 12), Turnhout 2005, S. 67–102.

Nigel F. Palmer, Ein Zeugnis deutscher Kunstprosa aus dem späten 13. Jahrhundert. Zu den sonst nicht nachgewiesenen Textabschnitten der Moskauer Mechthild-Überlieferung, in: Deutsch-Russische Arbeitsgespräche zu mittelalterlichen Handschriften und Drucken in Russischen Bibliotheken, hg. v. Natalija Ganina, Klaus Klein, Catherine Sqiuires u. Jürgen Wolf, Stuttgart 2014, S. 97–138.

Nigel F. Palmer, Schriftlichkeit und Paläographie. Der Bardewiksche Codex im Kontext, in: Der Bardewiksche Codex des Lübischen Rechts von 1294, Bd. 2: Edition, Textanalyse, Entstehung und Hintergründe, hg. v. Natalija Ganina, Albrecht Cordes u. Jan Lokers, Oppenheim am Rhein 2021, S. 126–192.

Christine Putzo, Die Frauenfelder Fragmente von Konrad Flecks ‚Flore und Blanscheflur'. Zugleich ein Beitrag zur alemannischen Handschriftenüberlieferung des 13. Jahrhunderts, in: ZfdA 138 (2009), S. 312–343.

Sabine Rolle, Bruchstücke. Untersuchungen zur überlieferungsgeschichtlichen Einordnung einiger Fragmente von Wolframs ‚Parzival' (Erlanger Studien 123), Erlangen / Jena 2001.

Ruth Sassenhausen, Tendenzen frühromantischer Fragmentauffassung im Mittelalter? Versuch zur Loherangringeschichte im ‚Parzival' Wolframs von Eschenbach, in: Zeitschrift für Germanistik 15 (2005), S. 571–586.

Hans-Jochen Schiewer, *Ein ris ich dar vmbe abe brach / Von sinem wunder bovme*. Beobachtungen zur Überlieferung des nachklassischen Artusromans im 13. und 14. Jahrhundert, in: Deutsche Handschriften 1100–1400. Oxforder Kolloquium 1985, hg. v. Volker Honemann u. Nigel F. Palmer, Tübingen 1988, S. 222–278.

Karin Schneider, Die Fragmente mittelalterlicher deutscher Versdichtung der Bayerischen Staatsbibliothek München (Cgm 5249/1–79), (ZfdA. Beiheft 1), Stuttgart 1996.

Karin Schneider, Paläographie und Handschriftenkunde für Germanisten. Eine Einführung, 3. durchges. Aufl. (Sammlung kurzer Grammatiken germanischer Dialekte. B. Ergänzungsreihe 8), Berlin / Boston 2014.

Robert Schöller, Die Fassung *T des ‚Parzival' Wolframs von Eschenbach. Untersuchungen zur Überlieferung und zum Textprofil (Quellen und Forschungen zur Literatur- und Kulturgeschichte 56 [290]), Berlin / New York 2009.

Armin Schulz, Erzähltheorie in mediävistischer Perspektive. Studienausgabe, hg. v. Manuel Braun, Alexandra Dunkel u. Jan-Dirk Müller, Berlin / Boston 2012.

Stefan Seeber, Arthurische Sonderwege. Zur Rolle der Artuswelt bei Eilhart und in den ‚Tristan'-Fortsetzungen, in: Artusroman und Mythos, hg. v. Friedrich Wolfzettel, Cora Dietl u. Matthias Däumer (SIA 8), Berlin 2011, S. 145–164.

Michael Stolz, Chrétiens ‚Roman de Perceval' und Wolframs ‚Parzival'. Ihre Überlieferung und textkritische Erschließung, in: Wolframs ‚Parzival'-Roman im europäischen Kontext. Tübinger Kolloquium 2012, hg. v. Klaus Ridder, in Verbindung mit Susanne Köbele u. Eckart Conrad Lutz, Wolfram-Studien 23 (2014), S. 431–478.

Peter Strohschneider, Alternatives Erzählen. Interpretationen zu ‚Tristan'– und ‚Willehalm'-Fortsetzungen als Untersuchungen zur Geschichte und Theorie des höfischen Romans, Habil. masch., München 1991 (DOI: https://doi.org/10.5282/ubm/epub.24907).

Peter Strohschneider, Gotfrit-Fortsetzungen. Tristans Ende im 13. Jahrhundert und die Möglichkeiten nachklassischer Epik, in: DVjs 65 (1991), S. 70–98.

Peter Strohschneider, Art. ‚Fragment$_2$', in: ²RLW 1 (1997), S. 624f.

Angila Vetter, Textgeschichte(n). Retextualisierungsstrategien und Sinnproduktion in Sammlungsverbünden. Der ‚Willehalm' in kontextueller Lektüre (PhSt 268), Berlin 2018.

Gabriel Viehhauser-Mery, Die ‚Parzival'-Überlieferung am Ausgang des Manuskriptzeitalters. Handschriften der Lauberwerkstatt und der Straßburger Druck (Quellen und Forschungen zur Literatur- und Kulturgeschichte 55 [289]), Berlin / New York 2009.

Norbert Voorwinden, Das mittelniederländische Fragment ‚Van Bere Wisselauwe' und sein Verhältnis zur deutschen Heldensage, in: ABäG 41 (1995), S. 161–174.

Haiko Wandhoff, Fragment und Fragmenttheorie im höfischen Roman. Chrétien de Troyes – Hartmann von Aue – Heinrich von Veldeke, in: Hartmann von Aue 1230–1517, S. 93–116.

René Wetzel, Die handschriftliche Überlieferung des ‚Tristan' Gottfrieds von Strassburg. Untersucht an ihren Fragmenten (Germanistica Friburgensia 13), Freiburg i. Üe. 1992.

Jürgen Wolf, Handschriftenfragmente im Blick der germanistischen Forschung. Fragestellungen, Hilfsmittel, Projekte, in: Fragment und Makulatur, S. 223–230.

Franz Josef Worstbrock, Der Überlieferungsrang der Budapester Minnesang-Fragmente. Zur Historizität mittelalterlicher Textvarianz, in: Neue Wege der Mittelalter-Philologie. Landshuter Kolloquium 1996, hg. v. Joachim Heinzle, L. Peter Johnson u. Gisela Vollmann-Profe, Wolfram-Studien 15 (1998), S. 114–142.

Paul Zumthor, Le texte-fragment, in: Langue française 40 (1978), S. 75–82.

## Internetressourcen

BStK Online. Datenbank der althochdeutschen und altsächsischen Glossenhandschriften: https://glossen.germ-ling.uni-bamberg.de/pages/1

e-codices – Virtuelle Handschriftenbibliothek der Schweiz: https://www.e-codices.unifr.ch/de

Fragmentarium. Digital Reserach Laboratory for Medieval Manuscript Fragments: https://fragmentarium.ms/

Fragmentology. A Journal for the Study of Medieval Manuscript Fragments: https://www.fragmentology.ms/index

Handschriftencensus. Eine Bestandsaufnahme der handschriftlichen Überlieferung deutschsprachiger Texte des Mittelalters: https://handschriftencensus.de/

Handschriftenportal: https://handschriftenportal.de/

Inkunabelkatalog INKA: https://www.inka.uni-tuebingen.de/

Lyrik des deutschen Mittelalters. Digitale Edition: https://ldm-digital.de/

Maniculae. Beiträge zur Überlieferungsforschung mittelalerlicher Texte: https://www.maniculae.de/

‚Parzival'-Projekt: https://www.parzival.unibe.ch

Predigt im Kontext: https://pik.ku.de/

## ‚Denkbruchstücke'

### Fragmentarität als Gegenstand der mediävistischen Literaturwissenschaft

von Michael Stolz

### 1.

*Colligite fragmenta ne pereant* – ‚Sammelt die Bruchstücke auf, damit sie nicht verloren gehen'. Unter diesem Motto stellt Hartmann Schedel im späteren 15. Jahrhundert ein Konvolut (vorwiegend) von Einzelblättern aus dem Nachlass seines Vetters Hermann zusammen (München, Staatsbibl., Clm 224, fol. 1ʳ). In diesem Band sind diverse Aufzeichnungen des Arztes und Gelehrten Hermann Schedel, darunter zahlreiche Briefentwürfe, vereint.[1] Der Begriff der *fragmenta* zielt hier auf ‚Verstreutes', das konserviert werden soll, um nicht verloren zu gehen. Die dem ‚Fragment' eigene Idee des ‚Zerbrochenen' (von lat. *frangere*) ist dabei nicht dominant, es sei denn, man beziehe sie auf die Machart der einzelnen Texte. Wie sich an vielen Briefen Hermann Schedels zeigen lässt, bestehen diese nahezu ausschließlich aus Zitatbruchstücken, die den Vorlagen verschiedener italienischer Humanisten entstammen und dem aktuellen Anlass durch wenige Änderungen und Ergänzungen angepasst werden.[2]

Das offensichtlich auch für diese textuelle Praxis gewählte Motto, das Hartmann Schedel am Anfang des Codex eigenhändig notiert hat, ist biblischen Ursprungs: Mit dem vollen Wortlaut *colligite quae superaverunt fragmenta ne pereant* steht es im Johannes-Evangelium am Ende der Erzählung von der Speisung der Fünftausend (Io 6,12).[3] Früh wurde der Bericht von der wunderbaren Vermehrung der fünf Brote und zwei Fische allegorisch gedeutet. Der Schwerpunkt lag dabei auf dem Geheimnis der Eucharistie. Was die nach Johannes in

---

[1] Vgl. Catalogus codicum latinorum Bibliothecae Regiae Monacensis. Editio altera emendatior. T. 1.1, Codices num. 1–2329 compl. (Catalogus codicum manu scriptorum Bibliothecae Regiae Monacensis 3.1), München 1892, S. 54f.; Franz Josef Worstbrock, Imitatio in Augsburg. Zur Physiognomie des deutschen Frühhumanismus, in: ZfdA 129 (2000), S. 187–201, hier: 198.

[2] Vgl. ebd., S. 191–194.

[3] Zitiert nach Biblia sacra iuxta vulgatam versionem, hg. v. Robert Weber, 4., verb. Aufl., Stuttgart 1994.

zwölf Körben aufgelesenen Brocken (Io 6,13) betrifft, so findet sich auch eine Auslegungstradition, welche die *fragmenta* einerseits auf Gedanken und andererseits auf Texte bezieht. Die Forschung hat entsprechende Nachweise aus der geistlichen und der weltlichen Literatur erbracht.[4] Einen Fokus bietet dabei Petrarca, der seinerseits für die Schedels und deren oberdeutsches Umfeld kein Unbekannter war. An monastischen Idealen orientiert, bekennt Petrarca in seinen Briefen, dass er in ländlicher Abgeschiedenheit seine größeren und kleineren Vorhaben vorantreibe, indem er die ‚Bruchstücke bereits durchdachter Gedanken auflese': *cogitationum consumptarum fragmenta recolligo.*[5] Eine Arbeit an ‚Denkbruchstücken', so möchte man dieses Projekt benennen. Der Begriff der ‚Denkbruchstücke' steht im Titel dieses Beitrags, weil er in der Theoriebildung des 20. Jahrhunderts wiederkehrt und als solcher vielleicht dazu beitragen kann zu klären, was wir unter ‚Fragment' verstehen, wenn wir uns heute über diesen Begriff verständigen wollen. In diesem Sinne sind die folgenden Ausführungen in drei Abschnitte gegliedert: Es soll zunächst (2) ein Abriss der Begriffsbildung des ‚Fragmentarischen' versucht werden; es geht anschließend (3) um das Fragment als mediales Phänomen, als die bruchstückhafte Überlieferung eines verlorenen materiellen Ganzen; und es gilt schließlich (4), das Fragmentarische als kompositorisches Prinzip zu betrachten, als ein Konzept, das ein textlich einholbares Ganzes nicht zwangsläufig anstrebt oder zumindest nicht als primäres Ziel voraussetzt.[6]

## 2.

Für eine begriffliche Annäherung an das ‚Fragmentarische' lässt sich vorab bei Petrarca verweilen. Wie aus den vorangegangenen Ausführungen bereits deutlich wurde, bezieht sich Petrarca mit dem an Io 6,12 angelehnten Syntagma

---

[4] Vgl. Carmen Cardelle de Hartmann, Colligite fragmenta. Bedeutungserweiternde Rezeption eines johanneischen Motivs, in: Das Johannesevangelium in mittelalterlicher Rezeption, hg. v. ders. u. Jörg Frey (History of Biblical Exegesis), Tübingen (erscheint 2025).

[5] Francesco Petrarca, Familiarium rerum libri (‚Fam.'), XIII,6.2, in: Francesco Petrarca, Le Familiari, edizione critica per cura di Vittorio Rossi, 4 Bde, Firenze 1933–1942, Bd. 3, S. 71–79, hier: 72; ähnlich Fam. XVII,5.15: *vite brevis fragmenta consumerem,* ebd., S. 248–251, hier: 251 (angegeben sind jeweils die Seitenzahlen der einzelnen Briefe, gefolgt von den spezifischen Textstellen). Vgl. dazu A[nna] C. Dionisotti, On fragments in classical scholarship, in: Collecting Fragments – Fragmente sammeln, ed. by Glenn W. Most (Aporemata 1), Göttingen 1997, S. 1–33, hier: 16–18.

[6] Die Abschnitte 3 und 4 behandeln also einerseits die überlieferungsbedingte und andererseits die kompositorische (produktionsbedingte) Fragmentarität, eine Unterscheidung, wie sie etwa Kay Malcher / Stephan Müller / Katharina Philipowski / Antje Sablotny, Fragmentarität als Problem der Kultur- und Textwissenschaften. Eine Einleitung, in: Fragmentarität als Problem der Kultur- und Textwissenschaften, hg. v. dens. (MittelalterStudien 28), München 2013, S. 9–26, hier: 11, vornehmen.

*fragmenta recolligo* keineswegs auf das Sammeln von Bruchstücken einer beschädigten Textüberlieferung (dafür steht ihm und seinen Zeitgenossen der Begriff der *reliquiae* im Sinne von ‚Überbleibseln' zur Verfügung).[7] Von *fragmenta* spricht Petrarca hingegen einerseits im Zusammenhang mit den ruinösen Überresten der antiken Architektur (*ruinarum fragmenta*)[8] und andererseits im Zusammenhang mit den erwähnten ‚Denkbruchstücken'. Auf letztere kommt es hier an, denn sie haben auch eine textliche Dimension und damit – anders als die architektonischen Überreste – eine konsequent zeichenhafte, eine semiotische Funktion.

Deutlich wird dies etwa am Ende von Petrarcas Text ‚Secretum meum' (um 1347–1353), einem fiktiven Dialog, den Petrarca in der Figur des Franciscus mit dem Kirchenvater Augustinus führt.[9] Unter den dabei behandelten moralischen Themen lenkt das Gespräch im dritten Teil auf die beiden Hauptlaster des Franciscus ein: Liebe und Ruhmsucht – *amor et gloria*. Dabei artikuliert Franciscus den Wunsch, wieder ganz bei sich selbst zu sein und – erneut in Anlehnung an Johannes – die verstreuten Bruchstücke seiner Seele aufzusammeln: *sparsa anime fragmenta recolligam* (103, S. 398). Gleich darauf aber erfolgt, ganz am Ende des Dialogs, das Bekenntnis, dass Franciscus sein Verlangen nicht zügeln könne: *Sed desiderium frenare non valeo* (104, S. 398). Das Gespräch scheint damit sein Ziel verfehlt zu haben, das Projekt einer Läuterung des Franciscus bleibt abgebrochen, denn dessen Begehren weist bis zuletzt über die Grenzen des Dialogs hinaus. Dieses Transgredieren hat nun insofern eine textuelle Funktion, als sich das im ‚Secretum' thematisierte Verhältnis von Liebe und dichterischem Ruhm in der heute unter dem Titel ‚Canzoniere' bekannten Gedichtsammlung artikuliert, welche die Liebe zu Laura besingt (entstanden 1336–1374); Petrarca selbst gab dieser Sammlung den Titel ‚Rerum vulgarium fragmenta'.[10] Die im ‚Secretum' thematisierte Idee der verstreuten Bruchstücke der Seele kehrt dabei bezogen auf Texte wieder, denn gleich im ersten Sonett werden die Rezipienten als jene angesprochen, welche ‚in verstreuten Gedichten den Klang der Seufzer' des Dichters hören: *Voi ch'ascoltate in rime sparse il suono / di quei sospiri* (‚Canzoniere' 1, V. 1f.). Die ‚Denkbruch-

---

[7] Vgl. Dionisotti (Anm. 5), S. 15.
[8] Vgl. ebd., S. 16f., mit Zitaten aus Petrarca, Fam. VI,2.15, und XV,8.6 (in Petrarca, ‚Le Familiari' [Anm. 5], Bd. 2, S. 55–60, hier: 58; Bd. 3, S. 153–157, hier: 154).
[9] Francesco Petrarca, Secretum meum. Mein Geheimnis. Lateinisch – Deutsch, hg., übers. u. mit einem Nachwort v. Bernhard Huss u. Gerhard Regn, 2., neu bearb. Aufl. (excerpta classica 21), Mainz 2013. Dazu auch Cardelle de Hartmann (Anm. 4).
[10] Francesco Petrarca, Canzoniere, edizione commentata a cura di Marco Santagata, Milano 1996; danach die im Folgenden zitierte Ausgabe: Francesco Petrarca, Canzoniere. 50 Gedichte mit Kommentar. Italienisch – Deutsch, übers. u. hg. v. Peter Brockmeier (RUB 18378), Stuttgart 2006. Zum Titel ‚Rerum vulgarium fragmenta' ebd., S. 182, und Cardelle de Hartmann (Anm. 4).

stücke' des ‚Secretum' – die *sparsa anime fragmenta* – korrespondieren also mit den ‚verstreuten Gedichten' – mit den *rime sparse* in den ‚Rerum vulgarium fragmenta'. Vor dem Hintergrund der Johannes-Stelle zeigt sich, wie der Begriff des ‚Fragmentarischen' literarisch produktiv werden kann. Er bezieht sich auf den ‚offenen Schluss' des ‚Secretum' und auf eine damit korrespondierende textuelle Offenheit, die eine Ganzheit mitdenkt, ohne sie als einholbar vorauszusetzen: Denn das Auflesen der ‚Denkbruchstücke' ebenso wie das Anhören der *rime*, der volkssprachigen Dichtungen, vollzieht sich gegenüber dem Zustand einer Verstreutheit, der keineswegs zur Gänze aufgehoben werden muss.

In diesem Zusammenhang erscheint eine Eigenart des Berichts aus dem Johannes-Evangelium bedenkenswert: Die auf Jesu Geheiß aufgelesenen Brotbrocken sind dasjenige, was übrig bleibt: *quae superaverunt* (Io 6,12), *quae superfuerunt* (Io 6,13). Das Einsammeln der *fragmenta* in den zwölf Körben stellt also keine verlorene Ganzheit wieder her. Der Gedanke hat etwas Tröstliches: Nicht nur, dass auf diese Weise genug Nahrung für alle da ist – die wunderbare Vermehrung der Brote zeigt sich vielmehr gerade in der Brüchigkeit der Speise, die einer totalen Restitution keineswegs bedarf. Diesen Aspekt gilt es mitzubedenken, wenn im Folgenden weitere Stationen der Begriffsbildung in den Blick genommen werden. Und es versteht sich von selbst, dass dabei nur ausschnitthaft, also ebenfalls ‚fragmentarisch', verfahren werden kann.

Petrarcas Konzept der ‚Denkbruchstücke' findet sich im 18. Jahrhundert bei Johann Georg Hamann wieder, der eines seiner im Jahr 1758 angelegten Entwurfshefte ‚Brocken' nennt und in der zugehörigen Erläuterung auf die Stelle im Johannes-Evangelium anspielt:

> Wir leben hier von Brocken. Unsere Gedanken sind nichts als Fragmente. Ja unser Wissen ist Stückwerk. Ich denke mit göttl. Hülfe gegenwärtige Blätter zu einem solch[en] Korbe zu mach[en], worinn ich die Früchte meines Lesens und Nachdenkens in losen und vermischt[en] Gedanken sammlen will.[11]

Im ‚Korb' des Entwurfshefts gesammelt, bleiben die Gedanken weiterhin lose, das Zusammentragen bedarf der göttlichen Hilfe und es geschieht unter dem Vorzeichen, dass ‚unser Wissen Stückwerk' ist.

Blickt man auf weitere Zeugnisse des 18. Jahrhunderts, so gewinnt man den Eindruck, dass sich die bei Hamann formulierte Idee des ‚Stückwerks' zunehmend zur Idee einer Komplettierung von Ganzheit verschiebt. Das ‚Werden', die ‚Vollendung' sind Leitwörter, die sich in Aussagen finden, die nunmehr vom Kontext des Johannes-Evangeliums gänzlich losgelöst sind.

---

[11] Johann Georg Hamann, Brocken [postum 1821], in: ders., Londoner Schriften. Historisch-kritische Neuedition, hg. v. Oswald Bayer u. Bernd Weißenborn, München 1993, S. 404–417, hier: 407 (Zusätze in eckigen Klammern von den Herausgebern). Vgl. dazu Dieter Burdorf, Zerbrechlichkeit. Über Fragmente in der Literatur (Kleine Schriften zur literarischen Ästhetik und Hermeneutik 12), Göttingen 2020, S. 108.

*‚Denkbruchstücke'*

Kurz vor 1800 veröffentlicht Friedrich Schlegel in der Zeitschrift ‚Athenäum' jene Fragmente, in denen das Fragment selbst zum Thema wird. Die entsprechenden Aussagen zum Fragment-Begriff sind grundlegend und werden in der einschlägigen Forschung sowie in verschiedenen Beiträgen dieses Bandes thematisiert, sodass sie hier kaum ausführlich wiederholt zu werden brauchen. Basal ist Schlegels Unterscheidung zweier Dimensionen des Fragmentarischen: eine, die sich auf die Vergangenheit, und eine, die sich auf die Zukunft richte.[12] „Viele Werke der Alten sind Fragment geworden"[13] – diese Aussage Schlegels bezieht sich auf eine durch Überlieferungsbedingungen beeinträchtigte Textualität. „Viele Werke der Neuern sind es gleich bei der Entstehung"[14] – diese Aussage bezieht sich auf die Offenheit im kompositorischen Prozess; sie kann durch die Fährnisse äußerer Begleitumstände verursacht sein, zielt aber insbesondere auf eine prinzipielle Unabschließbarkeit künstlerischer Produktivität, für die werkbezogene Grenzen ein keineswegs zwingendes Limit darstellen. Die von Schlegel getroffene Unterscheidung einer – so ließe sich übersetzen – überlieferungsbedingten und einer kompositorischen (produktionsbedingten) Fragmentarität bietet eine hilfreiche Grundlage, an der sich noch gegenwärtige Definitionen des Fragmentarischen orientieren,[15] auch wenn sie im Einzelnen weiter differenzieren oder anders akzentuieren. Entscheidend scheint indes ein weiterer Aspekt in Schlegels Ausführungen, denn sie bemessen das Fragmentarische offenkundig an einem Parameter der Ganzheit. Berühmt ist der Vergleich des Fragments mit einem Igel. Wie dieser, so Schlegel, müsse das Fragment „gleich einem kleinen Kunstwerke von der umgebenden Welt ganz abgesondert und in sich selbst vollendet sein".[16] Dem Fragment selbst also wird hier die Eigenschaft des ‚Absoluten' und der Vollendung zugeschrieben, wie sie sonst nur dem als vollkommen gedachten Kunstwerk zukommt. Man hat beobachtet, dass Schlegel damit weniger das Fragment an sich als den Aphorismus, wie er ihn in den ‚Athenäums-Fragmenten' praktiziert, beschreibt.[17] An anderen Stellen ist von dem „subjektive[n] Keim eines werdenden Objekts" die Rede, den das Fragment als „vollkommnes Projekt" eines künftigen Werkganzen gewissermaßen in sich trage.[18] Das Fragment partizipiere dabei an einer

---

[12] Vgl. Friedrich Schlegel, Fragmente, in: ders., Charakteristiken und Kritiken I (1796–1801), hg. u. eingel. v. Hans Eichner (Kritische Friedrich-Schlegel-Ausgabe 1.2), München / Paderborn / Wien 1967, S. 165–255, ‚Athenäums-Fragmente', Nr. 22, S. 168f. Dazu Burdorf (Anm. 11), S. 109–114.
[13] Schlegel (Anm. 12), Nr. 24, S. 169.
[14] Ebd.
[15] Vgl. oben, Anm. 6.
[16] Schlegel (Anm. 12), Nr. 206, S. 197.
[17] Vgl. Burdorf (Anm. 11), S. 112f., 129.
[18] Schlegel (Anm. 12), Nr. 22, S. 168.

Beziehung zwischen dem Realen und dem Idealen; oder, wie es Schlegel formuliert: „der Sinn für Fragmente [...] [die sich in den Dimensionen von Vergangenheit und Zukunft bewegen, M. St.] sei der transzendentale Bestandteil des historischen Geistes".[19] Dieser in Schlegels Fragment-Definition nicht immer hinreichend beachtete Passus ist wichtig, weil er die Brücke zu einem Ringen um den Fragment-Begriff in den nachfolgenden Jahrhunderten schlägt.

Einen bedeutenden Fixpunkt gibt dabei Hegel mit seiner 1807 erschienenen ‚Phänomenologie des Geistes' ab, die gemäß der Vorrede das „Werden der *Wissenschaft überhaupt* oder des *Wissens*" zum Thema hat.[20] Für die Diskussion um das Fragment ist Hegel insofern relevant, als er in der Vorrede ‚das Wahre' als ‚das Ganze' definiert: „Das Ganze aber ist nur das durch seine Entwicklung sich vollendende Wesen."[21] Dies ist eine Gegenposition zu den erwähnten Auslegungen der Johannes-Stelle, die man auf die Formel bringen könnte, dass ‚das Wahre' nicht etwa ‚das Ganze', sondern ‚die gesammelten Überreste' seien. Es ergeben sich jedoch Beziehungen zu der am Konzept einer künftigen Vollendung orientierten Definition des Fragments bei Schlegel. In ihrer Radikalität stellt Hegels Aussage über ‚das Wahre' als ‚das Ganze' einen Reibungspunkt für die Auffassung des Fragmentarischen im 20. Jahrhundert dar. Theodor W. Adorno nimmt direkt darauf Bezug, wenn er in den ‚Minima Moralia' Hegels Konzept ins Gegenteil verkehrt und aphoristisch anmerkt: „Das Ganze ist das Unwahre."[22] In seiner postum erschienenen ‚Ästhetischen Theorie' formuliert Adorno diese Gegenposition zu Hegel in einer dialektischen Weise für das Fragment aus: „[D]as Bruchstück ist der Teil der Totalität des Werkes, welcher ihr widersteht".[23] In der Teilhabe an der Totalität des Werks gründet nach Adorno also zugleich das Widerständige, mit dem sich das Fragment der Totalität entgegenstellt. An einer anderen Stelle der ‚Ästhetischen Theorie' nennt Adorno das Fragmentarische der Kunstwerke ihr „Abgebrochensein".[24] ‚Abgebrochen' seien die Kunstwerke auch von der Transzendenz,[25] einem Bezug, den ihnen

---

[19] Ebd., S. 169.
[20] Georg Wilhelm Friedrich Hegel, Phänomenologie des Geistes, auf der Grundlage der Werke von 1832–1845 neu edierte Ausgabe, hg. v. Eva Moldenhauer u. Karl Markus Michel (Werke 3), Frankfurt a. M. 1970, S. 31, Hervorhebungen im Original.
[21] Ebd., S. 24. Davor der Satz: „Das Wahre ist das Ganze."
[22] Theodor W. Adorno, Minima Moralia. Reflexionen aus dem beschädigten Leben [1951], hg. v. Rolf Tiedemann (Gesammelte Schriften 4), Frankfurt a. M. [13]2021, Nr. 29, S. 55. Vgl. hierzu und zum Folgenden Ian Balfour, „The Whole is the Untrue": On the Necessity of the Fragment (after Adorno), in: The Fragment. An Incomplete History, ed. by William Tronzo, Los Angeles (CA) 2009, S. 82–91.
[23] Vgl. Theodor W. Adorno, Ästhetische Theorie [1970], hg. v. Rolf Tiedemann (Gesammelte Schriften 7), Frankfurt a. M. [8]2021, S. 74.
[24] Vgl. ebd., S. 191: „Das Rätselhafte der Kunstwerke ist ihr Abgebrochensein."
[25] Vgl. ebd.: „Wäre Transzendenz in ihnen zugegen, sie wären Mysterien, keine Rätsel; das sind sie, weil sie als Abgebrochene dementieren, was sie doch nicht sein wollen."

*‚Denkbruchstücke'*

Schlegel in den ‚Athenäums-Fragmenten' noch zugestanden hat. Vermutlich lassen sich in diesen Aussagen Grundzüge eines Verständnisses des Fragmentarischen im 20. Jahrhundert greifen. Das Fragment wird nicht kategorisch als anti-transzendental oder anti-totalitär definiert, sein Bezug zur Transzendenz und zur Totalität wird jedoch infrage gestellt. Es mag sein, dass sich in solchen Bestimmungen auch die existenziellen Erfahrungen eines Ausgeliefertseins an die als fragil wahrgenommenen Lebensbedingungen der Zeit spiegeln: Kriege, wirtschaftliche und soziale Krisen, die totalitären Zwänge durch industrielle und politische Systeme. Adorno entwickelt seine Thesen im amerikanischen Exil. Walter Benjamin prägt unter dem Eindruck des deutsch-sowjetischen Nichtangriffspakts das suggestive Bild vom Engel der Geschichte, der bei seinem rückwärtsgewandten Fortschreiten im Blick auf die Vergangenheit deren Fragmentarität wahrnimmt: „da sieht *er* eine einzige Katastrophe, die unablässig Trümmer auf Trümmer häuft".[26] Und in seinem während der Zeit der Weimarer Republik entstandenen Trauerspiel-Buch verwendet Benjamin den Begriff der „Denkbruchstücke[ ]", um damit Verfahren der vormodernen, insbesondere barocken Zitatmontage zu beschreiben.[27] In einem 1968 in der Zeitschrift ‚Merkur' erschienenen dreiteiligen Porträt hat Hannah Arendt diesen Begriff auf Walter Benjamin selbst und die ihm eigene Denk- bzw. Schreibweise angewandt.[28] Angelehnt an den Titel eines Gedichts von Baudelaire hebt sie dabei ein Denken in ‚correspondances' hervor, ein Denken in immanenten ‚Korrespondenzen', die sich stückweise gegenseitig erhellen (S. 57).[29] Sie nennt ein solches Denken metaphorisch und will es im „ursprünglichen, nicht allegorischen Sinne von *metapher[e]in*, ‚herübertragen', verstehen" (S. 61).[30] Der

---

[26] Walter Benjamin, Über den Begriff der Geschichte [postum 1942], in: ders., Gesammelte Schriften, hg. v. Rolf Tiedemann u. Hermann Schweppenhäuser, Bd. 1.2, Frankfurt a. M. 1974, S. 691–704, hier: 697. Vgl. auch Burdorf (Anm. 11), S. 80f., Hervorhebung im Original.

[27] Walter Benjamin, Ursprung des deutschen Trauerspiels [1928], in: ders., Gesammelte Schriften, hg. v. Rolf Tiedemann u. Hermann Schweppenhäuser, Bd. 1.1, Frankfurt a. M. 1974, S. 203–430, hier: 208.

[28] Merkur. Deutsche Zeitschrift für europäisches Denken 22 (1968), S. 50–65, 209–223 u. 305–315 [erschienen in den Heften 1/2, 3, 4 = Nr. 238–240, Januar bis April 1968]; vgl. jetzt (im Folgenden zitiert): Hannah Arendt, Walter Benjamin (Essay, 1968/71), in: Arendt und Benjamin. Texte, Briefe, Dokumente, hg. v. Detlev Schöttker u. Erdmut Wizisla, Frankfurt a. M. 2006, S. 45–97, hier: 86 u. 97.

[29] Nach Charles Baudelaire, ‚Correspondances', zitiert und besprochen in: Walter Benjamin, Charles Baudelaire. Ein Lyriker im Zeitalter des Hochkapitalismus, 2: Über einige Motive bei Baudelaire [1939/40], in: ders. (Anm. 26), S. 605–653, hier: 637–639. Arendt (Anm. 28), S. 61, 97, gebraucht dafür auch den Ausdruck ‚dichterisch denken'; dazu Detlev Schöttker, Konstruktiver Fragmentarismus. Form und Rezeption der Schriften Walter Benjamins, Frankfurt a. M. 1999, S. 11 mit Anm. 8.

[30] Ergänzung in Klammern von M. St. Der Fehler findet sich nur im Nachdruck, nicht im Originaltext (vgl. Anm. 28).

seit Schlegel diachron orientierte, auf Vergangenheit bzw. Zukunft bezogene Fragment-Begriff wird dabei synchron gewendet, denn – so Hannah Arendt – mit Walter Benjamins Arbeitsweise sei „an die Stelle der Tradierbarkeit der Vergangenheit ihre Zitierbarkeit getreten" (S. 85). Das Benjamin eigene Denken und Schreiben bestehe darin, dass Vergangenes im „Sammeln von Zitaten" und „Denkbruchstücken" (S. 86), in „Fragmente[n]" (S. 97) fassbar werde.

Mit den hier schlaglichtartig angeführten Stationen – Schlegel, Hegel, Adorno und dem aus der Perspektive von Hannah Arendt porträtierten Walter Benjamin – mag sich ein intellektueller Horizont abzeichnen, vor dem sich auch der literaturwissenschaftliche Fragment-Begriff profiliert hat, also die Auseinandersetzung mit textuellen Fragmenten. Einschlägige Abhandlungen nehmen unmittelbar auf die genannten Schriften Bezug oder setzen sie zumindest implizit voraus.[31] Sie behandeln die problematische Relation von Fragmentarität und Totalität, aber auch das Verhältnis von textueller Immanenz und Transzendenz, das heißt die Unabgeschlossenheit von Texten, die auf ein größeres textuell fassbares oder auch in der Materialität von Texten nicht fassbares Ganzes verweist. Oft wird ein dem Text eigener Fragmentstatus erst durch Textallianzen oder textexterne Ergänzungen markiert. Fortsetzungen etwa können sich an unabgeschlossene, aber auch an abgeschlossene Texte anlagern und diesen damit erst den Status der Unabgeschlossenheit, des Fragments, verleihen.[32] Fragmentarität erweist sich folglich als Phänomen einer in der Rezeption vorgenommenen Wahrnehmung und Zuschreibung – dies gilt für die zeitgenössische Rezeption ebenso wie für die aus historischer Distanz erfolgende, der Zeitgenossenschaft enthobene Beschäftigung mit Fragmenten.

Die literaturgeschichtlich orientierte Betrachtungsweise muss dabei in Rechnung stellen, dass der Status des Fragments von einer je historisch spezifischen Textualität abhängig ist. Bei mittelalterlichen Texten – darauf wurde in der Germanistischen Mediävistik mehrfach verwiesen – ist in der Regel eine an mündliche Performanz gebundene Vermittlung vorauszusetzen, in der Texte anders parzelliert werden, als dies in den an Schriftlichkeit gebundenen Rezeptionsformen späterer Zeiten der Fall ist.[33] Inwieweit der Fragment-Begriff dabei

---

[31] Vgl. stellvertretend: Fragment und Totalität, hg. v. Lucien Dällenbach u. Christiaan L. Hart Nibbrig (Edition Suhrkamp 1107), Frankfurt a. M. 1984; The Fragment (Anm. 22); Malcher / Müller / Philipowski / Sablotny (Anm. 6); Burdorf (Anm. 11).

[32] Vgl. dazu Peter Strohschneider, Alternatives Erzählen. Interpretationen zu ‚Tristan'- und ‚Willehalm'-Fortsetzungen als Untersuchungen zur Geschichte und Theorie des höfischen Romans. Habil. masch., München 1991, bes. S. 282 (DOI: https://doi.org/10.5282/ubm/epub.24907; sämtliche hier und im Folgenden angegebenen Internetseiten wurden letztmals am 30.03.2024 abgerufen).

[33] Vgl. z. B. Strohschneider (Anm. 32), S. 331f.; Sonja Glauch, Wie ‚macht' man Fragmente? Schrift und Stimme als Träger des Fragmentarischen, in: Fragmentarität (Anm. 6), S. 51–68, hier bes. 64–68.

terminologisch überhaupt sinnvoll anwendbar ist, ist umstritten. Auf diese Bedingungen historischer Textualität wird noch zurückzukommen sein.[34] Ehe nun im Folgenden konkrete Beispiele in den Blick zu nehmen sind, sollen zwei Beobachtungen angeschlossen werden:

Die eine bezieht sich auf die Tatsache, dass Fragmente, wenn sie als solche wahrgenommen werden, oftmals ein Verlangen nach Ergänzung, ja nach der Herstellung von Vollständigkeit wecken. Man hat in diesem Zusammenhang von der „Verheißungskraft" des Fragmentarischen gesprochen.[35] Das daraus resultierende Verlangen nach Komplettierung scheint sowohl für die zeitgenössische Rezeption – man denke an die erwähnten Fortsetzungen – als auch für den aktuellen Umgang mit Fragmenten zu gelten. Die Ergänzungsleistung verbleibt dabei häufig im Imaginären. Sie kann sich aber auch medial konkretisieren, indem das Fragment durch die als fehlend eingeschätzten Bestandteile ergänzt wird.

In diesem Zusammenhang ist – zum Zweiten – eine aktuelle, in den letzten Jahrzehnten angelaufene technische Entwicklung einzubeziehen, die es ermöglicht, kulturelle Artefakte in digitaler Form zu präsentieren. Diese mediale Innovation gibt der im 20. Jahrhundert um die Relationen von Fragmentarität und Totalität, von textuell-medialer Immanenz und Transzendenz kreisenden Diskussion nochmals eine andere Richtung, denn sie eröffnet auch für den Umgang mit Fragmenten neue Perspektiven, sei es für die überlieferungsbedingten oder auch für die kompositorischen Fragmente. Was in der Überlieferungstradition als unvollständig wahrgenommen wird, lässt sich durch digitale Simulationsverfahren vervollständigen. Der bei Schlegel bedeutsame Bezug zwischen dem Realen und dem Idealen verschiebt sich hier also auf einen Bezug zwischen dem Realen und dessen Simulation. Denn die an die erwähnte „Verheißungskraft" der Fragmente gekoppelten imaginären Ergänzungen lassen sich nunmehr in einer technischen Umsetzung medial vervollständigen. Experimentierfreudig zeigen sich in diesem Bereich gerade auch nicht primär textbasierte Nachbarwissenschaften wie die Kunstgeschichte und Archäologie, in denen Möglichkeiten und Grenzen der Restaurierung nicht nur eine wichtige Rolle spielen, sondern auch kontrovers diskutiert werden.[36] Zweifellos besteht

---

[34] Vgl. unten, S. 42f.
[35] Vgl. Burdorf (Anm. 11), S. 32; sowie bereits George Steiner, Das totale Fragment, in: Fragment und Totalität (Anm. 31), S. 18–29, hier: 25: „Das archaische Fragment trägt für uns die verheißungsvolle Andeutung einer verlorenen Totalität in sich."
[36] Vgl. stellvertretend Das Fragment im digitalen Zeitalter. Möglichkeiten und Grenzen neuer Techniken in der Restaurierung. The Fragment in the Digital Age. Opportunities and Limitations of New Conservation-Restauration Techniques, hg. v. Ursula Schädler-Saub u. Angela Weyer (Schriften des Hornemann Instituts 21), Berlin 2021, mit theoretischen Zugängen und konkreten Fallbeispielen. Darin bes. die Einleitung

an digitalen Rekonstruktionen, wie sie etwa die dreidimensionale Animation einer Engelsfigur von St. Michael in Hildesheim (Arkatur der Chorschranke, um 1190/1200) bietet, ein großes öffentliches Interesse.[37] Problematisch ist dabei, dass Rekonstruktionen dieser Art oftmals mit wissenschaftlichen Unsicherheiten und Zweifeln behaftet, also ihrerseits methodisch fragil sind. Wer solche Artefakte in den öffentlichen Raum setzt, prägt damit auch ein öffentliches Bewusstsein. Mitunter bleibt dabei in der breiten Rezeption unbeachtet, dass es sich um die mediale Konkretisation von Imaginationen handelt, deren faktuale und fachkundige Basis je nach Fall variieren kann.

Im Folgenden gilt es nunmehr die Phänomene der überlieferungsbedingten und der kompositorischen Fragmentarität näher zu betrachten. Die überlieferungsbedingte Fragmentarität soll dabei vorwiegend unter dem Aspekt einer Relation zur Ganzheit behandelt werden, die kompositorische Fragmentarität unter dem Aspekt eines über die Immanenz des Unvollendeten hinausweisenden, dieses gewissermaßen transzendierenden Erzählens. Die Beispiele, auf die hier – nicht zuletzt auf Wunsch der Herausgebenden des Sammelbands – zurückzugreifen ist, entstammen der hochmittelalterlichen Epik, insbesondere Wolfram von Eschenbach; genutzt werden Arbeitsergebnisse des Berner ‚Parzival'-Projekts.[38]

## 3.

Im Zusammenhang mit der überlieferungsbedingten Fragmentarität[39] ist dabei vorab an ein prominentes Zeugnis zu erinnern: den in der Stiftsbibliothek St. Gallen aufbewahrten Cod. 857 aus der Mitte des 13. Jahrhunderts.[40] Diese

---

von Ursula Schädler-Saub, Das Fragment zwischen realer und virtueller Ergänzung – zu den historischen und theoretischen Grundlagen und ihrer Bedeutung für unser heutiges Handeln, S. 17–43, hier: 34–37, mit einer kritischen Reflexion der „Macht digitaler Bilder" (S. 36) unter Berufung auf Theoretiker wie Jean Baudrillard und Gerhard Vinken.

[37] Vgl. Ursula Schädler-Saub / Angela Weyer, Zur Ethik der Digitalisierung in der Restaurierung. Einführung zur interdisziplinären Tagung und zum Tagungsband ‚Das Fragment im digitalen Zeitalter. Möglichkeiten und Grenzen neuer Techniken in der Restaurierung', in: Fragment im digitalen Zeitalter (Anm. 36), S. 11–16, hier: 12f.

[38] Digitaledition von Wolframs ‚Parzival'; vgl. https://parzival.unibe.ch/home.html.

[39] Vgl. zu dieser stellvertretend die einschlägigen Sammelbände Interpreting and Collecting Fragments of Medieval Books. Proceedings of the Seminar in the History of the Book to 1500 (Oxford, 1998), ed. by Linda L. Brownrigg and Margaret M. Smith, Los Altos Hills, CA / London 2000; Fragment und Makulatur. Überlieferungsstörungen und Forschungsbedarf bei Kulturgut in Archiven und Bibliotheken, hg. v. Hanns Peter Neuheuser u. Wolfgang Schmitz (Buchwissenschaftliche Beiträge 91), Wiesbaden 2015; Medieval Manuscript Fragments and Their Significance, ed. by A. S. G.

*‚Denkbruchstücke'*

älteste Sammelhandschrift höfischer Epik überliefert bekanntlich so bedeutende Dichtungen wie Wolframs ‚Parzival' und ‚Willehalm', das ‚Nibelungenlied' (Fassung *B) mit der ‚Klage' sowie Strickers ‚Karl der Große'. Ergänzt wird dieses weltlich orientierte Programm durch geistliche Verserzählungen: die ‚Kindheit Jesu' des Konrad von Fußesbrunnen und ‚Unser vrouwen hinvart' des Konrad von Heimesfurt.[41] Aus Gründen, die hier nicht näher zu erläutern sind, wurden diese Teile jedoch im 18. Jahrhundert aus dem Codex separiert und lagen diesem später lose bei. Anlässlich eines Besuchs in der Stiftsbibliothek im Jahr 1806 hat der Germanist Friedrich Heinrich von der Hagen dieses Konvolut wohl an sich genommen, ob „als Geschenk oder unrechtmäßig" lässt sich nicht mehr erweisen.[42] Jedenfalls gehörten die Blätter mit Konrads ‚Kindheit Jesu' zu von der Hagens Nachlass, und sie werden heute unter der Signatur mgf 1021 in der Staatsbibliothek Preußischer Kulturbesitz aufbewahrt. Die Zusammengehörigkeit mit dem Codex Sangallensis wurde in den 1980er-Jahren von Karin Schneider und Bernd Schirok mit einem kriminalistisch zu nennenden Spürsinn aufgedeckt, wobei paläographische, kodikologische und philologische Kompetenzen zusammenwirkten.[43] Durch einen glücklichen Zufall konnte dem Bestand wenig später auch noch ein Bruchstück von ‚Unser vrouwen hinvart' zugewiesen werden, das heute in der Badischen Landesbibliothek Karlsruhe liegt (Cod. K 2037).[44] Als sich im Jahr 2003 für das in seinen Anfängen stehende (damals Basler) ‚Parzival'-Projekt die Möglichkeit bot, in Kooperation mit der Stiftsbibliothek St. Gallen ein Digitalfaksimile des Codex 857

---

Edwards, Florilegium 35 (2018).

[40] Vgl. zur Handschrift Michael Stolz, Der Codex Sangallensis 857. Konturen einer bedeutenden mittelhochdeutschen Epenhandschrift, in: Parzival im Manuskript. Profile der Parzival-Überlieferung am Beispiel von fünf Handschriften des 13. bis 15. Jahrhunderts. Mit einem Beitrag von Richard F. Fasching, hg. v. Michael Stolz, Basel 2020, S. 17–76 (mit der einschlägigen Forschungsliteratur).

[41] Vgl. zum Folgenden ebd., S. 20–23.

[42] Vgl. Bernd Schirok, Einführung, in: Wolfram von Eschenbach, Willehalm. Abbildung des ‚Willehalm'-Teils von Codex St. Gallen 857 mit einem Beitrag zu neueren Forschungen zum Sangallensis und zum Verkaufskatalog von 1767, hg. v. dems. (Litterae 119), Göppingen 2000, S. IX–L, hier: XI.

[43] Vgl. Karin Schneider, Gotische Schriften in deutscher Sprache. Bd. 1.1: Vom späten 12. Jahrhundert bis um 1300. Textband, Wiesbaden 1987, S. 136; Bernd Schirok, Der Raub der ‚Kindheit Jesu'. Codex St. Gallen 857 und Konrad von Fußesbrunnen, in: ZfdA 116 (1987), S. 230–234; ders., Bodmer, v. d. Hagen und eine falsche Fährte. Nachforschungen zum Raub der ‚Kindheit Jesu', in: ZfdA 117 (1988), S. 224–232. Dazu Stolz (Anm. 40), S. 24.

[44] Vgl. Michael Redeker, Konrad von Heimesfurt und Konrad von Fußesbrunnen im Sangallensis 857, in: ZfdA 119 (1990), S. 170–175; Klaus Klein, Der Sangallensis 857, Konrad von Heimesfurt und Kommissar Zufall, in: ZfdA 123 (1994), S. 76–90. Dazu Stolz (Anm. 40), S. 24–26.

zu erstellen, wurde konsequent die Chance genutzt, die separierten Teile wenigstens virtuell wieder zusammenzuführen.[45]

Abbildung 1 zeigt links das letzte Blatt des Sangallensis (mit nachgetragenen Strophen des Dichters Friedrich von Sonnenburg) und rechts das erste Blatt der heute in Berlin befindlichen ‚Kindheit Jesu'. Wie sich erkennen lässt, liefert unter anderem der Abklatsch der Initiale auf dem heute letzten Blatt des Sangallensis einen Nachweis für die Zusammengehörigkeit der beiden Seiten.[46]

Die Vorteile einer solchen virtuellen Restitution wurden in den damals noch jungen Digital Humanities rasch erkannt und so entstanden auf internationaler Ebene Vorhaben, die sich eben diesem Ziel widmen. Ein bekanntes Beispiel ist das an der Universität Freiburg (Schweiz) begründete ‚Fragmentarium'-Projekt, das zugleich eine kritische Reflexion seiner selbst leistet, da sich paläographische Forschungen ja nie ausschließlich auf Fragmentarisches beschränken.[47] Erkennbar ist dabei das Begehren, eine verlorene Totalität ganz oder teilweise wiederherzustellen. – Dieses Verfahren bedarf freilich, wie gerade das Beispiel des Codex Sangallensis zeigt, einer Relativierung: Unter anderem an der Abnutzung der ersten Blätter der verschiedenen Epen (besonders etwa beim ‚Parzival' und dem ‚Nibelungenlied') lässt sich erkennen, dass die einzelnen Teile des Manuskripts einst in sogenannten ‚Booklets' separiert waren.[48] Zu welchem Zeitpunkt die Zusammenführung in das Format einer Sammelhandschrift erfolgte, ist ungeklärt (bereits im 13. Jahrhundert oder später?). Das Digitalfaksimile simuliert hier also eine Ganzheit, die historisch gesehen eine

---

[45] Vgl. Die St. Galler Nibelungenhandschrift [Epenhandschrift]: Parzival, Nibelungenlied und Klage, Karl, Willehalm. Faksimile des Codex 857 der Stiftsbibliothek St. Gallen und zugehöriger Fragmente. CD-ROM mit einem Begleitheft, hg. v. der Stiftsbibliothek St. Gallen und dem Basler Parzival-Projekt, Konzept und Einführung von Michael Stolz (Codices Electronici Sangallenses 1), St. Gallen 2003, 3., erw. Aufl. (2. Tausend), St. Gallen 2016; https://parzival.unibe.ch/cod857/Daten/index.html.

[46] Vgl. dazu Redeker (Anm. 44), S. 171.

[47] Vgl. die Projektseite https://fragmentarium.ms/ und die zugehörige Online-Zeitschrift ‚Fragmentology': https://www.fragmentology.ms/. Dazu William Duba / Christoph Flüeler, Fragments and Fragmentology. Editorial, in: Fragmentology 1 (2018), S. 1–5 (https://www.fragmentology.ms/issue/view/1–2018): „Insofar as fragments are considered from the perspective of the whole from which they came, there cannot be a separate field of Fragmentology." (S. 2) – „Fragmentology can never be wholly independent. Its transdisciplinary nature requires the collaboration of specialists trained in a range of fields, not just paleography, codicology, and diplomatics, but also the history of the printed book, the history of libraries, musicology, art history, intellectual history, digital humanities – in sum, most historical arts dealing with content on a page" (S. 3).

[48] Vgl. dazu Nigel F. Palmer, Der Codex Sangallensis 857: Zu den Fragen des Buchschmucks und der Datierung, in: Probleme der Parzival-Philologie. Marburger Kolloquium 1990, hg. v. Joachim Heinzle, L. Peter Johnson u. Gisela Vollmann-Profe, Wolfram-Studien 12 (1992), S. 15–31, hier: 19. Dazu Stolz (Anm. 40), S. 27f.

*‚Denkbruchstücke'*

zweifellos wichtige Station der Überlieferungsgeschichte abbildet, aber im Gebrauch der überlieferten Texte keineswegs zu jeder Zeit bestanden hat.

Mit dem nächsten Beispiel ist vorab noch bei dem Codex Sangallensis zu verweilen. Abbildung 2 enthält den Beginn der 5. Aventiure des ‚Nibelungenlieds' jeweils mit Transkription und in digitalisierter Abbildung, links aus der St. Galler Handschrift und rechts aus einem ebenfalls in Berlin aufbewahrten Fragment (Staatsbibl., Fragm. 44). Für beide Textzeugen lässt sich eine Zugehörigkeit zu demselben, jedoch nicht eindeutig lokalisierbaren Skriptorium nachweisen, das aufgrund der Schreibsprache jedenfalls im bairisch-alemannischen Alpenraum anzusiedeln ist.[49] Der Schreiber des Sangallensis (Hand III, links) verantwortet Teile des ‚Nibelungenlieds' sowie nahezu vollständig Wolframs ‚Parzival' und ‚Willehalm'; er gilt als der ‚Hauptschreiber' des Skriptoriums. Der Schreiber des Berliner Fragments lässt sich seinerseits im Sangallensis (als Hand IV) nachweisen, wo er am Anfang des ‚Nibelungenlieds' in Abwechslung mit dem Hauptschreiber einige Strophen eingetragen hat.[50] Die Gegenüberstellung des Sangallensis mit dem Fragment lässt Variationen in der Mise en page erkennen: Zweispaltigkeit im Sangallensis, Einspaltigkeit im Fragment; eine Zierinitiale auf Goldgrund nach byzantinischem Muster im Sangallensis, eine binnenornamental mit Wellenband und Treppendekor verzierte Initiale im Fragment. Auch auf der Textebene zeigen sich Unterschiede: So vertritt der Sangallensis die Fassung *B, das Fragment hingegen die Fassung *C des ‚Nibelungenlieds'. Erkennbar ist dies etwa an der nur im Fragment überlieferten Aventiure-Überschrift, die ein typisches Merkmal der Fassung *C darstellt, aber auch an zahlreichen Varianten, die in den Transkriptionen farblich und durch Fettmarkierungen hervorgehoben sind. Die Gegenüberstellung verdeutlicht hier Spielräume in Einrichtung und Textgestalt, die offensichtlich in ein und demselben Skriptorium bestanden haben. Die digitale Synopse der vollständig erhaltenen Handschrift und des Fragments gewährt dabei Einblicke in den mittelalterlichen Schreibbetrieb, aber auch in die Fassungsvarianz eines Textes wie des ‚Nibelungenlieds'.

Gerade bei solchen Einschätzungen zur Textgeschichte erweisen sich Fragmente als wichtige Dokumente der Überlieferung. Diese Möglichkeit wurde im ‚Parzival'-Projekt bei der Konstitution von Fassungstexten genutzt: Karl Lachmann unterscheidet in seiner Ausgabe bekanntlich die beiden Klassen D und G, wobei die Klasse D am Wortlaut des Sangallensis, die Klasse G am Wortlaut des Münchener Cgm 19 orientiert ist. Forschungen im Projekt ergaben, dass die beiden Klassen als Fassungen im Sinne des von Joachim Bumke Ende der 1990er-Jahre entwickelten Begriffs angesehen werden können und dass ihnen

---

[49] Vgl. Schneider (Anm. 43), S. 136; Stolz (Anm. 40), S. 26f.
[50] Vgl. zu den Schreiberhänden Stolz (Anm. 40), S. 42–49.

jeweils eine weitere Fassung zugeordnet werden kann: der Fassung *D die Fassung *m, der Fassung *G die Fassung *T.[51]

Abbildung 5 zeigt die editorische Umsetzung dieser Klassifizierung in einer Synopse von insgesamt vier Fassungstexten (zur Textstelle ausführlicher unten, S. 44ff.). In diesem Zusammenhang sei darauf verwiesen, dass die beiden *D und *G angegliederten Fassungen *m und *T überlieferungsgeschichtlich früh bezeugt sind. Eine Kernkomponente von Bumkes Fassungsbegriff besteht bekanntlich darin, dass sich Fassungen der höfischen Epik noch in Autornähe ausgeprägt und dann in der schriftlichen Tradierung verfestigt haben.[52] Dies lässt sich für Fassung *T mit dem ‚Parzival'-Fragment 26 exemplarisch zeigen: Während die Leithandschrift T aus dem späteren 13. Jahrhundert stammt, konnten die drei Bruchstücke München, Staatsbibl., Cgm 5249/3c, durch die paläographische Expertise von Karin Schneider noch ins spätere erste Viertel des 13. Jahrhunderts datiert werden.[53] Die Zuordnung von Fragmenten zu einem bestimmten Text und gar einer bestimmten Textfassung bedarf einiger philologischer Kleinarbeit. Dabei gilt es, aus einem retrospektiven Blickwinkel eine mitunter komplexe Überlieferungsgeschichte zu überschauen. Textanteile,

---

[51] Vgl. zur Einrichtung der Fassungsedition zuletzt Michael Stolz / Elke Brüggen, Fassungen, Übersetzung und Kommentar. Profile einer neuen Ausgabe von Wolframs ‚Parzival', in: Walther von der Vogelweide. Düsseldorfer Kolloquium 2018, hg. v. Ricarda Bauschke u. Veronika Hassel, Wolfram-Studien 26 (2020), S. 469–491, hier: 471–478; Michael Stolz, Der ‚lebende' Text. Mutationen in der ‚Parzival'-Überlieferung am Beispiel von Vorlage und Kopie (Handschriften V und V'), in: Lachmanns Erbe. Editionsmethoden in klassischer Philologie und germanistischer Mediävistik, hg. v. Anna Kathrin Bleuler u. Oliver Primavesi (ZfdPh. Beiheft 19), Berlin 2022, S. 585–614, hier: 591–602, mit Verweis auf Joachim Bumke, Die vier Fassungen der ‚Nibelungenklage'. Untersuchungen zur Überlieferungsgeschichte und Textkritik der höfischen Epik im 13. Jahrhundert (Quellen und Forschungen zur Literatur- und Kulturgeschichte 8 [242]), Berlin / New York 1996, S. 32: Fassungen als „‚gleichwertige Parallelversionen' [Stackmann]", die „sich einer stemmatologischen Bestimmung widersetz[en]" und in denen „ein unterschiedlicher Formulierungs- und Gestaltungswille sichtbar wird".

[52] Vgl. ebd.: „Für die Überlieferungsgeschichte der meisten höfischen Epen ist es kennzeichnend, daß sich relativ früh zwei oder mehrere Handschriftengruppen ausgebildet haben, die dann über Jahrhunderte fest geblieben sind."

[53] Vgl. Karin Schneider, Die deutschen Handschriften der Bayerischen Staatsbibliothek München. Die mittelalterlichen Fragmente Cgm 5249–5250 (Catalogus codicum manu scriptorum Bibliothecae Monacensis 5.8), Wiesbaden 2005, S. 23. Dazu und zur Fassung *T Robert Schöller, Die Fassung *T des ‚Parzival' Wolframs von Eschenbach. Untersuchungen zur Überlieferung und zum Textprofil (Quellen und Forschungen zur Literatur- und Kulturgeschichte N. F. 56 [290]), Berlin / New York 2009, bes. S. 60–74 u. 255–257. Online-Abbildungen: https://www.digitale-sammlungen.de/de/view/bsb00107437 (Bayerische Staatsbibliothek) und https://parzival.unibe.ch/parzdb/parzival.php?page=hand&handId=46&dreissiger=251 (Berner ‚Parzival'-Projekt).

*‚Denkbruchstücke'*

die in den Schnipseln von Fragment 26 stets weniger als einen Vers umfassen, müssen an einem vorhandenen Textbestand bemessen werden. Abbildung 3 zeigt eine Gegenüberstellung der Handschrift T und des Fragments 26, in der – vor dem Hintergrund der Gesamtüberlieferung des ‚Parzival' – gemeinsame fassungskonstitutive Varianten sichtbar werden: Vers 254,12 bezieht sich dabei (kurioserweise) ebenfalls auf Fragmentarisches. Es geht um das wiederhergestellte Gralsschwert, dessen Qualität – in den Worten der Sigune – als *ganz un(d/e) vester baz* beschrieben wird.[54] Fassungskonstitutiv sind hier der auf das wieder zusammengesetzte Gralsschwert bezogene Komparativ *vester* (gegenüber *sterker* in den übrigen Fassungen) sowie im folgenden Vers 254,13 die Pluralform *werdent* (der Text von Fragment 26 ist aufgrund mechanischen Textverlusts transkribiert als *:::|dint*; beides im Gegensatz zur Singularform der übrigen Fassungen).[55] Philologische Detailuntersuchungen deuten darauf hin, dass es sich bei Fassung *T um eine frühe Textredaktion handeln könnte, die in der Textgestalt der anderen Fassungen eine Überarbeitung erfahren hat; doch lässt sich eine letzte Gewissheit dabei nicht erbringen.[56] Unabhängig von solchen Überlegungen erscheint in diesem Zusammenhang die Betonung der rückschauenden Perspektive bedeutsam: Handschriften und Artefakte generell werden erst im Laufe ihrer Überlieferung durch beeinträchtigende Vorgänge wie Zerstörung oder Makulierung zu Fragmenten. Was von einem beschädigten Textzeugen übrig bleibt, muss in hypothetischen Verfahren auf ein Ganzes bezogen werden, sei es auf einen mutmaßlich ganzen Text oder ein mutmaßlich ganzes Trägermedium wie die Handschrift. Über deren Status – die einst überlieferte Textfassung oder den einst vorhandenen vollständigen Codex – lassen sich anhand der Unvollständigkeit und Brüchigkeit des Überlieferten nur vorläufige Schlussfolgerungen anstellen.

Mit einem letzten Beispiel zur überlieferungsbedingten Fragmentarität soll abschließend der gegenteilige Fall in den Blick genommen werden, der zugleich auf die kompositorische Fragmentarität überleiten kann: Es geht um eine vollständige Handschrift mit einem darin überlieferten vollständigen, ja in seiner Vollständigkeit überdeterminierten Text.

Abbildung 4 dokumentiert den Schluss von Wolframs ‚Parzival' in Codex Donaueschingen 97 der Badischen Landesbibliothek Karlsruhe. Es handelt sich

---

[54] In den Transkriptionen werden Abkürzungen in Klammern aufgelöst. Die Auflösung *vn(de)* bzw. *vn(d)* orientiert sich dabei an nicht abgekürzten Schreibungen in den jeweiligen Textzeugen.
[55] In der Transkription bezeichnen Doppelpunkte den Textverlust, der Längsstrich steht für Zeilenumbruch.
[56] Vgl. mit der gebotenen Vorsicht das Ergebnis der ertragreichen Untersuchung von Schöller (Anm. 53), S. 375: „Wolfram könnte [...] eine Erstfassung hergestellt haben, die noch nicht die Komplexität der späteren Fassungen aufwies." Ferner unten, S. 44ff.

um den ‚Rappolsteiner Parzifal', in dem Wolframs Dichtung durch Übersetzungen altfranzösischer ‚Conte du Graal'-Fortsetzungen ergänzt ist, den sogenannten ‚Nuwen Parzifal'; der Großteil davon findet sich zwischen Buch XIV und XV von Wolframs ‚Parzival' eingelagert.[57] Die Handschrift ist auf die Jahre 1331–1336 datiert und als Produkt eines Teams von Dichtern, Schreibern und einem Übersetzer ausgewiesen, die in und um Straßburg tätig waren. Mit dieser Machart werde, so hat man argumentiert, „nicht zwischen dem Werk und der Handschrift unterschieden. Die Handschrift ist das Werk".[58] Der Blick in das Manuskript bzw. das Digitalfaksimile verdeutlicht dabei einen Sachverhalt, der in der Druckedition so explizit nicht ausgewiesen ist und der auch in der Forschung mitunter nicht hinreichend Beachtung findet. Im Codex Donaueschingen 97 stehen zwei Epiloge unmittelbar hintereinander: Auf jenen von Wolframs ‚Parzival' folgt der Epilog, den einer der Straßburger Dichter, Philipp Colin, hinzugefügt hat.[59] Damit aber gehen auf ein und derselbigen Manuskriptseite auffällige Doppelungen einher. Denn es wird nun zweimal gesagt, dass die Stofftradition des ‚Parzival' *in túzsche lant* gelangt sei, einmal durch die Bearbeitung der angeblich von Kyot stammenden Vorlage (‚Parzival', 827,9, fol. 317$^{va}$) und einmal durch die Übertragung der französischen Fortsetzungen (Epilog, V. 25, fol. 317$^{vb}$, danach das Zitat). Dabei wird – wiederum zweimal – betont, dass der von *meister cristian*, also Chrétien de Troyes, unvollständig hinterlassene Text in den Vorlagen ‚vollendet' worden sei: Der Provenzale Kyot habe *endehaft* von Parzivals Gralssuche erzählt und damit der *auentúre endez zil* hergestellt (‚Parzival', 827,5/11, fol. 317$^{va}$); aber auch die mit dem Namen des Fortsetzers Manessier verbundenen Dichtungen hätten *allez zů eime ende broht* (Epilog, V. 16, fol. 317$^{va}$). Dass dieser gedoppelte Anspruch einer Vollendung noch steigerungsfähig ist, erweist sich im nächsten Umfeld des ‚Rappoltsteiner Parzifal'. Es existiert eine Teilabschrift des Codex Donaueschingen 97: Rom, Bibl. Casanatense, Ms. 1409. Darin sind nur der ‚Nuwe Parzifal' zusammen mit

---

[57] Vgl. zur Handschrift und zum Text zuletzt Richard F. Fasching, Original und Kopie des ‚Rappoltsteiner Parzifal'. Handschriftliche Überlieferung und Textgenese im 14. Jahrhundert, in: Parzival im Manuskript (Anm. 40), S. 145–273, hier: 145–201 (mit der weiteren Literatur). Dazu die Digitaledition: https://parzival.unibe.ch/rapp/ (nach den Transkriptionen dort die folgenden Zitate).

[58] Joachim Bumke, Autor und Werk. Beobachtungen und Überlegungen zur höfischen Epik (ausgehend von der Donaueschinger Parzivalhandschrift G$^8$), in: Philologie als Textwissenschaft. Alte und neue Horizonte, hg. v. Helmut Tervooren u. Horst Wenzel (ZfdPh 116. Sonderheft), Berlin 1997, S. 87–114, hier: 95.

[59] In der Ausgabe Parzifal von Claus Wisse und Philipp Colin. (1331–1336). Eine Ergänzung der Dichtung Wolframs von Eschenbach, zum ersten Male hg. v. Karl Schorbach (Elsässische Litteraturdenkmäler aus dem XIV.-XVII. Jahrhundert 5), Straßburg / London 1888, ist der Epilog des ‚Rappoltsteiner Parzifal' bezugslos ohne Wolframs Text abgedruckt (Sp. 845–858).

den letzten beiden Büchern von Wolframs ‚Parzival' enthalten.[60] Und es gibt gute Gründe für die Annahme, dass diese Überlieferungsgestalt nicht fragmentarisch ist, sondern offenbar einem geplanten Sammelkonzept entspricht. Dies zeigt sich daran, dass der Codex Casanatensis einem fränkischen Skriptorium des mittleren 14. Jahrhunderts zugewiesen werden konnte, in dem Wolfram und die Wolfram-Tradition regelrecht profilbildend waren.[61] Der in den Wirren des Dreißigjährigen Krieges (1623) aus dem Bestand der Heidelberger Palatina nach Rom gelangte Band weist (auf fol. 1$^r$–48$^v$) Schreiberidentität mit weiteren Handschriften auf, die heute unter anderem in der Universitätsbibliothek Heidelberg aufbewahrt werden. Dazu gehört Cpg 364, in dem Wolframs ‚Parzival' zusammen mit der Fortsetzung des ‚Lohengrin' überliefert ist. Vermutlich ist das Vorhandensein dieser Handschrift der Grund dafür, dass im Casanatensis die Mehrzahl der Bücher des ‚Parzival' aus dem ‚Rappoltsteiner Parzifal' (Codex Donaueschingen 97) nicht nochmals eigens abgeschrieben worden sind. Zu der sogenannten ‚Fränkischen Epenwerkstatt' gehören ferner ein Band mit Albrechts ‚Jüngerem Titurel' (Cpg 383) und einer, in dem Wolframs ‚Willehalm' zusammen mit den Ergänzungen der ‚Arabel' (Ulrichs von dem Türlin) und des ‚Rennewart' (Ulrichs von Türheim) überliefert ist (Cpg 404). Neben diesem auf die Vervollständigung aller drei epischen Dichtungen des Eschenbachers ausgerichteten Programm lassen sich dem Skriptorium außerhalb der Universitätsbibliothek Heidelberg aufbewahrte Fragmente von Heinrichs von dem Türlin ‚Crône' (Köln, Universitäts- und Stadtbibl., Cod. 5 P 62), von Rudolfs von Ems ‚Willehalm von Orlens' (Berlin, Staatsbibl., mgf 923 Nr. 25) und von Konrads von Würzburg ‚Trojanerkrieg' (Brüssel, Königl. Bibl., ms. IV 950,11) zuordnen. An diesen Bruchstücken kann der Grad an überlieferungsbedingter Vollständigkeit bemessen werden, den der Wolfram-Komplex hier – als Glücksfall der handschriftlichen Tradierung – einnimmt. Zugleich verdeutlichen die überdeterminierte Vollendung des ‚Parzival' in der Rappoltsteiner Version und deren Potenzierung im Programm der ‚Fränkischen ‚Epenwerkstatt', dass sich in der schriftlichen Überlieferung der nachhöfischen Zeit ein konsequenter Anspruch auf Komplettierung und Vollständigkeit ausmachen lässt. Parallelfälle wie die Überlieferung von Gottfrieds ‚Tristan' und seiner Fortsetzungen bestätigen dieses Bild.[62]

---

[60] Vgl. zur Handschrift und zum Text zuletzt Fasching (Anm. 57), S. 202–226, mit Nachweis und Analyse der Kopiervorgänge S. 202f. u. 227–271.
[61] Vgl. Richard F. Fasching, Neue Erkenntnisse zum ‚Nuwen Parzifal' und zu einer ‚Epenwerkstatt' des 14. Jahrhunderts, in: ZfdA 147 (2018), S. 491–509, und Fasching (Anm. 57), S. 218–226, mit Verzeichnis der neben Rom in Heidelberg, Berlin, Köln und Brüssel aufbewahrten Handschriften.
[62] Vgl. dazu Strohschneider (Anm. 32), zum Verhältnis von Fragmentarität und Fortsetzungen bes. S. 274–289; und ders., Gotfrit-Fortsetzungen. Tristans Ende im

## 4.

Dieser in der schriftlichen Tradition fassbare Anspruch auf Vollständigkeit soll nun abschließend mit einem Blick auf die Kommunikationsbedingungen der höfischen Epik problematisiert werden. Es geht dabei um die erwähnte kompositorische Fragmentarität und damit um ein Konzept, welches die immanente Erzählsituation übersteigt (oder – wenn man so möchte – transzendiert). Im Hinblick auf den ‚Parzival' wird ein ‚Mehr' an Erzähltem übrigens in Philipp Colins Epilog ausdrücklich erwähnt, wenn es heißt: *Der auentúre ist michels me / Denne ez in tútzsche geschriben ste* (Epilog, V. 13f.); anschließend erfolgt der Hinweis auf Manessiers Fortsetzung. Unabhängig von den Fortsetzungen veranschlagt auch Karl Lachmann in der Vorrede seiner Wolfram-Ausgabe von 1833 ein solches ‚Mehr', indem er vermutet, dass Wolfram einzelne Episoden und Handlungsstränge „mit verständiger wahl" aufgenommen und „manches aus[gelassen]" habe.[63] Auch wenn sich dies nicht beweisen lässt, zielt eine solche Vermutung auf die Wolframs ‚Parzival' eigene „Poetik narrativer Unabgeschlossenheit".[64] Wichtig sind in diesem Zusammenhang auch die Überlegungen von Paul Zumthor, der den mittelalterlichen Dichtungen grundsätzlich einen fragmentarischen Status zuspricht: „tout poème est fragment".[65] Er bemüht dabei seinerseits das Konzept der ‚Denkbruchstücke', indem er das gedanklich Stückhafte gegenüber dem Ganzen privilegiert: „Primat, dans la pensée, du morceau sur le tout".[66] Eine solche ‚Parzellierung', so Zumthor, würde suggerieren, dass es jenseits des Textes ein nicht näher bestimmtes Ganzes gebe: „qu'il y a, ailleurs, quelque totalité, la plupart du temps non déclarée".[67] Als Grund dafür nennt Zumthor die Tatsache, dass mittelalterliche volkssprachige Dich-

---

13. Jahrhundert und die Möglichkeiten nachklassischer Epik, in: DVjs 65 (1991), S. 70–98.

[63] Karl Lachmann, Vorrede, in: Wolfram von Eschenbach, hg. v. dems., Berlin 1833, S. V–XLIV, hier: XXV, gekürzt abgedruckt in: Wolfram von Eschenbach, Parzival. Studienausgabe. Mittelhochdeutscher Text nach der sechsten Ausgabe von Karl Lachmann. Übersetzung von Peter Knecht. Mit Einführungen zum Text der Lachmannschen Ausgabe und in Probleme der ‚Parzival'-Interpretation von Bernd Schirok, 2. Aufl., Berlin / New York 2003, S. XI–XXVII, hier: XXIV.

[64] Vgl. dazu den Beitrag von Britta Bußmann u. Albrecht Hausmann im vorliegenden Band.

[65] Paul Zumthor, Le Texte-fragment, in: Langue Française 40 (1978), S. 75–82, hier: 82. Dabei stellt Zumthor auch Bezüge zur modernen Literatur her, etwa zu Brecht: „On évoquerait en ceci, non sans raison, les vues de Brecht sur la fragmentarité, principe même de création" (S. 80). Vgl. zu Brechts Fragmentverständnis jetzt auch Brecht und das Fragment, hg. v. Astrid Oesmann u. Mathias Rothe (lfb Texte 11), Berlin 2020.

[66] Zumthor (Anm. 65), S. 81.

[67] Ebd.

tungen üblicherweise in Aufführungen vorgetragen würden, deren performativer Rahmen niemals die Ganzheit einer Erzählung einzufangen vermöge. In der Tat ist es schwer vorstellbar, dass ein Text wie Wolframs ‚Parzival' mit seinen nahezu 25 000 Versen in einem Guss im stillen Kämmerlein entstanden wäre, ohne dass es bereits im Entstehungsprozess zu Teillesungen und in diesem Kontext möglicherweise auch zu Teilveröffentlichungen gekommen wäre, die überlieferungsgeschichtlich freilich verloren und allenfalls an bestimmten Fugen und Inkonsistenzen des Textes erahnbar sind. So zeigt der ‚Parzival' deutliche Spuren von Überarbeitungen; Karl Bertau hat diesbezüglich von einem „Werk im Prozess" gesprochen und den Text mit einer „Wanderdüne", einem „geflickte[n] Hemd" verglichen.[68]

Ausgehend von der Fassungsedition zu Wolframs ‚Parzival' soll nunmehr eine solche Nahtstelle betrachtet werden. Im Blick auf Korrespondenzen in der varianten Überlieferung ist zu fragen, ob sich hier über eine intertextuelle Bezugnahme Perspektiven für eine Poetik kompositorischer Fragmentarität ergeben.

Die ausgewählte Textstelle findet sich am Ende von Buch VI, wo die Handlung von dem Protagonisten Parzival auf Gawan übergeht. Gemessen am Strukturschema des klassischen Artusromans befinden wir uns an der Überleitung vom ersten zum zweiten Handlungszyklus, also an jener Stelle, die mit Parzivals Verfluchung durch die Gralsbotin Kundrie krisenhaft besetzt ist. Die Zäsur ist auch durch zwei Dreißiger mit Epilog-Charakter und einen anschließenden Zwischenprolog, mit dem der Gawan-Teil in Buch VII beginnt, deutlich markiert. Im Hinblick auf den epilogartigen Einschnitt, den die beiden Dreißiger 336 und 337 setzen, hat man in der Forschung an eine Separatveröffentlichung der ersten Bücher des ‚Parzival' gedacht, die mit Buch VI geendet habe: Die Tatsache, dass sich in Wirnts von Grafenberg ‚Wigalois' ‚Parzival'-Zitate

---

[68] Karl Bertau, Deutsche Literatur im europäischen Mittelalter, Bd. 2: 1195–1220, München 1973, Zitate S. 787f., 793. – Diese Beobachtung ließe sich mit Ausführungen korrelieren, die Roland Barthes zur kompositorischen Fragmentarität von Marcel Prousts Roman ‚À la Recherche du temps perdu' angestellt hat: Nach Barthes „verfuhr Proust in seinem Schreiben anhand von Fragmenten, die nicht aufeinanderfolgten und deren mehrfache Versionen er auf mehrere Hefte verteilte". Diese „‚Aufwertung' des Fragments bei der Komposition" nennt Barthes ‚rhapsodisch' (nach griech. *rhaptein*, ‚[zusammen]nähen, zusammenflicken'); sie schaffe ein „kombinatorisches Ensemble", das eine grundlegende Eigenschaft des ‚Epischen' darstelle: „[D]as Epische bei Homer, bei Vergil und selbst bei Brecht ist eine Kunst des Fragments, der isolierten Stücke" (so ein Abschnitt aus Barthes' Vorlesungen ‚La Préparation du Roman' aus den Jahren 1978 bis 1980, dt.: ‚Die Vorbereitung des Romans', enthalten in: Roland Barthes, Proust. Aufsätze und Notizen, hg. v. Bernard Comment, aus dem Französischen von Horst Brühmann u. Bernd Schwibs, Berlin 2022, S. 186f.; zum Begriff ‚rhapsodisch' auch ebd., S. 146f.).

finden, die allesamt aus den ersten Büchern bis einschließlich Buch VI stammen, kann diese Vermutung stützen.[69] Einen weiteren Hinweis bietet auch der Umstand, dass die beiden Dreißiger 336 und 337 in den maßgeblichen Handschriften der Fassung *G fehlen, wie sich an der entsprechenden Aussparung in der dritten Spalte erkennen lässt. Mit ihrem abschließenden Charakter könnten beide Dreißiger im Zuge einer späteren Fortsetzung der Erzählung durch das folgende Buch VII als entbehrlich angesehen und deshalb eliminiert worden sein.[70]

In diesem Zusammenhang lohnt ein Blick auf den letzten Abschnitt von Dreißiger 337 (V. 23–30), dies vorab im Wortlaut der Fassung *T (in der äußersten rechten Spalte).[71] Der Erzähler gibt hier vor, seine Aufgabe an einen anderen abtreten zu wollen: Jemand möge die Geschichte fortsetzen, der sich mit Aventiure-Erzählungen auskenne, jemand, *der schône künne sprechen, / beidiu samnen unde brechen* (337,25f.) – jemand also, der sich auf schönes Vortragen verstehe und dabei sowohl die Kunst des Zusammenfügens als auch des Auseinander- oder Unterbrechens beherrsche. Rhetorisch ist das der Gestus einer Aposiopese, des bewussten Abbruchs einer Rede; in einem lehnsrechtlichen Analogon wäre an eine ‚diffidatio', die Aufkündigung eines Treueverhältnisses, zu denken.[72] Bereits im nächsten Vers (337,27) aber macht der Erzähler einen Rückzieher, rhetorisch gesehen erfolgt eine ‚Revocatio': ‚Ich selbst würde es euch gerne weiterhin kundtun', ‚ich selbst würde gerne weiterhin vortragen', lässt er das Publikum wissen, das er mit der Anrede *iu* direkt anspricht (eine

---

[69] Vgl. Eberhard Nellmann, ‚Parzival' (Buch I-VI) und ‚Wigalois'. Zur Frage der Teilveröffentlichung von Wolframs Roman, in: ZfdA 139 (2010), S. 135–152, mit Verweis auf die ältere Forschungsliteratur, bes. S. 145, Anm. 42.

[70] Vgl. ebd., S. 146, sowie Günter Kochendörfer u. Bernd Schirok, Maschinelle Textrekonstruktion. Theoretische Grundlegung, praktische Erprobung an einem Ausschnitt des ‚Parzival' Wolframs von Eschenbach und Diskussion der literaturgeschichtlichen Ergebnisse (GAG 185), Göppingen 1976, S. 5 u. 174.

[71] Schöller (Anm. 53), S. 159, weist darauf hin, dass der Wortlaut der Dreißiger 336 und 337 in Fassung *T „häufig von jene[m] der übrigen Handschriften ab[weicht]", was durch die folgenden Beobachtungen bestätigt wird.

[72] Vgl. zum Abschnitt Wolfram von Eschenbach, Parzival. Nach der Ausgabe Karl Lachmanns rev. und komm. von Eberhard Nellmann, übertr. von Dieter Kühn, 2 Bde (Bibliothek des Mittelalters 8.1/2 [Bibliothek deutscher Klassiker 110]), Frankfurt a. M. 1994, Kommentar, Bd. 2, S. 625f.; Nellmann (Anm. 69), S. 144f. Zum rhetorischen Begriff der Aposiopese (‚reticentia') vgl. Heinrich Lausberg, Handbuch der literarischen Rhetorik. Eine Grundlegung der Literaturwissenschaft, 4. Aufl., Stuttgart 2008, § 887–889; zum Begriff der ‚diffidatio' François Louis Ganshof, Was ist das Lehnswesen?, 6. erw. dt. Aufl., Darmstadt 1983, S. 103f., sowie Oliver Auge, Art. ‚Lehnrecht, Lehnswesen', in: Handwörterbuch zur deutschen Rechtsgeschichte, 2., völlig überarb. u. erw. Aufl., Bd. 3, Berlin 2016, Sp. 717–735, mit Kritik am klassischen historischen Modell des Lehnswesens: 721f.

Adressierung, die in der Fassung *m fehlt).[73] Die auf diese Weise angekündigte Fortsetzung ist allerdings an eine Bedingung geknüpft: Gebieten müsse dies ein ‚Mund', den andere Füße tragen als jene, die dem zum Ritter stilisierten Erzähler in seinen Steigbügeln baumeln. Angespielt wird damit auf die fragile Gunst einer unbekannten Dame, die auch an anderen Stellen des ‚Parzival' begegnet.[74]

Das Vokabular der Verse 337,23–27 in Fassung *T lässt aufhorchen: *âventiure erkennen – schône [...] sprechen – samnen unde brechen* –, aber auch das dem Publikum angebotene ‚Kundtun': Wäre es denkbar, diese Begriffe aus dem epilogartigen Dreißiger 337 mit einem anderen prominenten Paratext in Zusammenhang zu bringen, wie er im Prolog von Chrétiens ‚Erec et Enide' vorliegt?[75] Der französische Dichter propagiert dort bekanntlich sein poetisches Programm der *bele conjointure*, der schön komponierten Zusammenfügung (V. 14).[76] Die Terminologie beider Textabschnitte weist auffallende Ähnlichkeiten auf: Chrétiens *bele conjointure* lässt sich mit dem *schône [...] sprechen*[77] und dem im Folgevers erwähnten *samnen* vergleichen (337,25f.). Der dort begegnende Kontrastbegriff *brechen* (337,26) aber ist seinerseits mit dem von Chrétien kritisierten Verfahren der lohnabhängigen Spielleute vermittelbar, von denen es im französischen Text heißt, dass sie Erzählungen wie jene von Erec zu

---

[73] Vgl. zum Begriff der ‚revocatio' Heinrich Siekhaus, Revocatio – Studie zu einer Gestaltungsform des Minnesangs, in: DVjs 45 (1971), S. 237–251.

[74] Sie wird in der ‚Parzival'-Forschung auch als Gönnerin in Erwägung gezogen. Vgl. Joachim Bumke, Wolfram von Eschenbach, 8., völlig neu bearb. Aufl. (SM 36), Stuttgart / Weimar 2004, S. 18f.; Joachim Heinzle, Wolfram von Eschenbach. Dichter der ritterlichen Welt. Leben, Werke, Nachruhm, Basel / Berlin 2019, S. 32f.

[75] Im Folgenden zitiert nach Chrétien de Troyes, Erec und Enide, [mit dem Text der Ausgabe von Wendelin Foerster, 3. Aufl., Halle a. S. 1934] übers. u. eingel. v. Ingrid Kasten (Klassische Texte des romanischen Mittelalters 17), München 1979.

[76] Vgl. die Stelle im Kontext ebd., S. 12f., V. 13–22: *Et tret d'un conte d'avanture / Une mout bele conjointure, / Par qu'an puet prover et savoir / Que cil ne fet mie savoir, / Qui sa sciance n'abandone / Tant con Deus la grace l'an done. / D'Erec, le fil Lac, est li contes, / Que devant rois et devant contes / Depecier et corronpre suelent / Cil qui de conter vivre vuelent.* – ‚Und er stellt aus einer Abenteuergeschichte eine sehr schön geordnete Erzählung zusammen. Dadurch kann man beweisen und erfahren, dass einer nicht klug handelt, wenn er das, was Gott ihm an Wissen als Gabe verliehen hat, nicht preisgibt. Von Erec, dem Sohn Lacs, handelt die Geschichte, die jene vor Königen und Grafen zusammenhanglos zu erzählen und zu verderben pflegen, die vom Erzählen leben wollen.' Zum Konzept der *bele conjointure* zuletzt, mit Blick auf die umfangreiche Forschungsliteratur, Marie-Sophie Masse, Translations de l'œuvre médiévale (XII$^e$-XVI$^e$ siècles). Érec et Énide – Erec – Ereck (Rezeptionskulturen in Literatur- und Mediengeschichte 15), Würzburg 2020, S. 131–140.

[77] Das Adverb *schône* ist nur in Handschrift T belegt; die übrigen zu Fassung *T gehörenden Textzeugen bieten die Lesarten: *reine* (U) bzw. *reine wol* (W) und *rime* (V, auf Rasur, vgl. zu dieser Variante im Folgenden).

zerstückeln und zu verderben pflegen: *Depecier et corronpre suelent* (V. 21).[78] Die von Chrétien als stoffliche Basis der *bele conjointure* vorausgesetzte Aventiure-Erzählung (*conte d'avanture*, V. 13) begegnet ihrerseits in Wolframs Syntagma *âventiure erkennen* (337,24). Das *erkennen* korrespondiert dabei mit den Ausdrücken *prover et savoir*, mit denen Chrétien (in V. 15) zu ‚beweisen' und ‚erkennen' zu lassen versucht, dass derjenige unklug handle, der sein Wissen nicht preisgebe (*Qui sa sciance n'abandone*, V. 17). Mit diesem Topos der Verpflichtung, Wissen mitzuteilen, wird ein am Beginn des ‚Erec'-Prologs formulierter Gedanke aufgegriffen.[79] Er findet seinerseits eine Entsprechung in der an das Publikum gerichteten Aussage des ‚Parzival'-Erzählers: *ich tætez iu gerne vürbaz kunt* (337,27). Die Korrespondenzen zwischen Chrétiens ‚Erec'-Prolog und den Schlussversen am Ende von Buch VI sind damit insgesamt von hoher Dichte.

Blickt man von hier aus auf die übrigen Fassungen, so bestätigt und differenziert sich dieses Bild. Dargelegt sei dies an Fassung *D, welcher der Text des Codex Sangallensis zugrunde liegt. Das dort anzutreffende Syntagma *âventiure prüeven* (337,24, statt *âventiure erkennen* in *T) lässt sich mit Chrétiens *prover* (V. 15) vermitteln. Das Verbum *zerbrechen* (337,26) stellt mit seinem Präfix eine Intensivierung gegenüber den Formen *brechen* in den anderen Fassungen dar, passt damit aber semantisch gut zu dem Hendiadyoin der Verben *depecier et corronpre* bei Chrétien (V. 21). Eine deutlichere Abweichung bietet das Syntagma *rîme [...] sprechen* (337,25). Zusammen mit den spezifizierenden Infinitiven des Folgeverses – (*rîme*) *samnen unde brechen* (337,26) – ist es in der deutschen Verslehre kanonisch geworden, denn man bezieht die Aussage üblicherweise auf den Gleichlauf von Satzschluss und Reimpaarschluss (*samnen*) bzw. deren Trennung (*brechen*).[80] Nun ist freilich die Semantik der Pluralform *rîme* an

---

[78] Im deutschen Text erscheinen die Verben *samnen* und *brechen* dabei objektlos.
[79] So in der Eingangssentenz und den daran geknüpften Ausführungen, ebd., S. 12f., V. 1–8: *Li vilains dit an son respit / Que tel chose a l'an an despit, / Qui mout vaut miauz que l'an ne cuide. / Por ce fet bien, qui son estuide / Atorne a san, quel que il l'et; / Car qui son estuide antrelet, / Tost i puet tel chose teisir, / Qui mout vandroit puis a pleisir.* – ‚Der einfache Mann sagt in seinem Sprichwort, dass eine Sache, die man verachtet, viel mehr wert ist, als man annimmt. Darum handelt jener richtig, der seine Arbeit, um welche es sich auch handeln mag, mit Verstand ausführt; denn wer in seiner Arbeit nachlässig ist, dem widerfährt leicht, dass er eine Sache verschweigt, die später sehr gefallen würde.' – Vgl. zur Topik Ernst Robert Curtius, Europäische Literatur und lateinisches Mittelalter, Bern 1948, 10. Aufl. Bern / München 1984, S. 97–99.
[80] Der Wortlaut *samnen unde brechen* folgt der Ausgabe Nellmanns (Anm. 72), Bd. 1, S. 558; vgl. zur Deutung den Kommentar ebd., Bd. 2, S. 626: „Wird allgemein (ohne letzte Sicherheit) auf die Technik bezogen, paargereimte Verse syntaktisch zu verbinden bzw. zu trennen", mit Verweis auf Andreas Heusler, Deutsche Versgeschichte. Mit Einschluss des altenglischen und altnordischen Stabreimverses, Bd. 2, Teil III: Der altdeutsche Vers (Grundriss der germanischen Philologie 8.2), Berlin ²1956, § 596; vgl.

*‚Denkbruchstücke'*

dieser Stelle nicht ganz so eindeutig. Gemäß Werner Hoffmann dürfte das Wort *rîm*, das im Althochdeutschen in der Bedeutung ‚Zahl', ‚Reihe' belegt ist, im 12. Jahrhundert nochmals aus dem Französischen entlehnt worden sein, nunmehr in der Bedeutung ‚Vers'.[81] Der älteste Beleg dieses Gebrauchs findet sich im Epilog zum ersten Teil von Veldekes ‚Servatius' (um 1165/70), wo der Dichter sagt, dass er die Vita des Heiligen ‚in Versen gedichtet habe' (*in rymen dichte*; V. 3229).[82] Die Bedeutung ‚Vers' scheint im Mittelhochdeutschen neben der sich erst allmählich etablierenden Bedeutung ‚Reim' (im Sinne des Homoioteleuton) zu dominieren. Die Pluralform kann dabei in einer gewissen semantischen Offenheit ‚Verspaar', ‚Versgruppe' oder auch ‚Dichtung' bzw. ‚Abschnitt einer Dichtung' bezeichnen. Im Romanischen findet sich Entsprechendes; man denke an Petrarcas *rime sparse*, die im Kontext des oben erwähnten Sonetts nicht ‚Verse' oder ‚Verspaare', sondern die aus den Versen gebildeten ‚Gedichte' bedeuten.[83] Es erscheint damit nicht ausgeschlossen, die *rîme* in der erwähnten ‚Parzival'-Stelle als ‚Abschnitte' einer Dichtung zu verstehen, die es zu *samnen* bzw. zu *brechen* gelte. Dann aber wäre die Aussage auf die Parzellierung des Erzählten beziehbar, die Zumthor in seinem Konzept des fragmentarischen Textes so stark hervorhebt.

---

dort S. 136: „Den Namen *Reimbrechung* schöpft man aus Parz. 337,26 rîme (= Verse) beidiu samenen unde brechen (bald zusammenfassen, bald trennen)". Vgl. zu *brechen* auch Mittelhochdeutsches Wörterbuch. Im Auftrag der Akademie der Wissenschaften und der Literatur Mainz und der Akademie der Wissenschaften zu Göttingen, hg. v. Kurt Gärtner, Klaus Grubmüller u. Karl Stackmann, Bd. 1, Stuttgart 2013, Sp. 975–980, hier: 980: „*rîme ~: – ‚*Reimpaare syntaktisch trennen (durch Satzgrenze zwischen den Versen)' *der* [...] *rîme künne sprechen, / beidiu samnen unde brechen* Parz 337,26". Die Wendung *rîme brechen* in dieser Bedeutung wäre singulär; sie begegnet sonst nur im Sinne von ‚fehlerhaft bzw. nicht regelgerecht reimen' (vgl. Mittelhochdeutsches Wörterbuch, ebd., mit Nachweisen aus Heinrichs von Kröllwitz ‚Vaterunser' und Heinrichs von Hesler ‚Apokalypse'). Für die Bedeutung ‚Reimbrechung' verzeichnet das dem Mittelhochdeutschen Wörterbuch zugrunde liegende Korpus keine Belege, wie Ralf Plate (Universität Trier) auf Anfrage mitteilt: „Die uns aus der Metrik so vertraute Wendung *rîme* [...] *samenen unde brechen* scheint also einmalig zu sein" (Schreiben vom 31.08.2023). – Ein Sonderfall der ‚Reimbrechung' wäre das (nicht auf die syntaktische Trennung von Reimpaaren beschränkte) Enjambement, das Wolfram souverän zur Anwendung bringt. Vgl. Blanka Horacek, Die Kunst des Enjambements bei Wolfram von Eschenbach, in: ZfdA 85 (1954/55), S. 210–229; Bumke (Anm. 74), S. 29; Sabine Doering, Enjambement, in: ²RLW 1 (1997), S. 447–449, hier: 448.

[81] Vgl. hierzu und zum Folgenden Werner Hoffmann, Altdeutsche Metrik, 2., überarb. u. erg. Aufl. (SM M 64, Abt. E, Poetik), Stuttgart 1981, S. 64f.

[82] Zitiert nach: Henric van Veldeken, ‚Sente Servas', hg. u. übers. v. Jan Goossens, Rita Schlusemann u. Norbert Voorwinden (Bibliothek mittelniederländischer Literatur 3), Münster 2008.

[83] Vgl. oben, S. 27f.

Ein weiterer Aspekt ist in diesem Zusammenhang mit zu bedenken: In Chrétiens ‚Erec' findet sich eine markante Abschnittmarkierung, die ihrerseits mit der Begrifflichkeit des ‚Verses' operiert. Beim Abschluss der Jagd nach dem weißen Hirsch, steht der Vermerk: *Ci fine li premerains vers* – was sich hier nicht auf einen Einzelvers, sondern auf eine Erzähleinheit bezieht: ‚Hier endet der erste Erzählabschnitt, die erste Episode' (V. 1844).[84] Wäre es denkbar, dass Wolfram oder eine Person aus seinem Umkreis diese Stelle gekannt hat und dass das Syntagma *rîme* [...] *sprechen* am Ende von Buch VI eine solche Kenntnis reflektiert? In einer Zeit, in der die Semantik von mhd. *rîm* noch offen ist, erscheint eine solche Deutung, vielleicht auch im Sinne eines produktiven Missverständnisses,[85] nicht ausgeschlossen. Eine Vertrautheit mit Teilen des altfranzösischen ‚Erec' und weiterer Dichtungen Chrétiens bezeugen bekanntlich auch andere Abschnitte des ‚Parzival'.[86]

Sollte die hier angestellte Hypothese eines Bezugs zwischen dem Abschluss von Buch VI in Wolframs ‚Parzival' und Chrétiens ‚Erec'-Prolog tragfähig sein, so wäre zugleich zu ergründen, ob die erwähnten Textbruchstücke – das *erkennen* bzw. *prüeven* der *âventiure*, das *samnen* und *brechen* – nicht ihrerseits Bausteine einer in der deutschsprachigen Dichtung im Gefolge Chrétiens artikulier-

---

[84] Chrétien de Troyes, ‚Erec und Enide' (Anm. 75), S. 112. Dazu die Ausführungen in: Kristian von Troyes, Erec und Enide, Textausgabe mit Variantenauswahl, Einleitung, erklärenden Anmerkungen und vollständigem Glossar hg. v. Wendelin Foerster, 2., gänzlich umgearb. u. vermehrte Aufl., Halle a. S. 1909 [= 3. Aufl., Halle a. S. 1934], jeweils S. 196: „1) Vers, 2) Strofe, sowohl die gleichzeilige als auch 3) die Tirade [...]. Unser Fall 4) ‚Hauptteil eines Abenteuerromans' ist sonst noch nicht belegt." Vgl. auch Brigitte Burrichter, *Ici fenist li premiers vers* (‚Erec et Enide') – noch einmal zur Zweiteilung des Chrétienschen Artusromans, in: Erzählstrukturen der Artusliteratur. Forschungsgeschichte und neue Ansätze, hg. v. Friedrich Wolfzettel, Tübingen 1999, S. 87–98; Masse (Anm. 76), S. 133f. Entgegen der vorherrschenden Forschungsmeinung, die einen Einschnitt nach der Hochzeit des Paars (und vor der ‚recreantise') ansetzt, ist nach Burrichter, S. 90, der Einschnitt an dieser Stelle sinnvoll markiert: „Der erste Erzählstrang inszeniert eine Bedrohung des Artushofes, die der Held löst, der zweite führt die Geschichte des Helden, die im ersten Teil einsetzte, weiter. Erec ist in beiden Teilen Handlungsträger, wenngleich in unterschiedlicher Funktion. In der ersten narrativen Einheit wendet er die Bedrohung der Artuswelt ab, in der zweiten löst er seine eigenen Probleme."

[85] Vgl. zu solchen bei Wolfram Eberhard Nellmann, Produktive Mißverständnisse. Wolfram als Übersetzer Chrétiens, in: Übersetzen im Mittelalter. Cambridger Kolloquium 1994, hg. v. Joachim Heinzle, L. Peter Johnson u. Gisela Vollmann-Profe, Wolfram-Studien 14 (1996), S. 134–148.

[86] Nellmann verweist im Kommentar der Ausgabe (Anm. 72), Bd. 2, S. 534, auf den in V. 144,8 aus Chrétiens ‚Erec et Enide' übernommenen Ortsnamen Nantes. Vgl. auch ders., Zu Wolframs Bildung und zum Literaturkonzept des ‚Parzival', in: Poetica 28 (1996), S. 327–344, hier: 333f., 343 (im Zusammenhang mit weiteren Entlehnungen aus Chrétiens ‚Lancelot' und ‚Cligès').

*‚Denkbruchstücke'*

ten Poetik reflektieren. In das Blickfeld geriete damit unweigerlich der in der deutschsprachigen ‚Erec'-Überlieferung nicht erhaltene Prolog. Wäre es denkbar, dass der Erzähler am Ende des sechsten Buchs des ‚Parzival' die Fortsetzung vorgeblich einem Dichter anvertraut, dessen erzählerische Fähigkeiten mit einem Vokabular beschrieben werden, das aus diesem Prolog oder aus anderen nicht erhaltenen poetologischen Passagen des deutschen ‚Erec' stammt?[87] Vorstellbar wäre, dass dort, auf der Basis von Chrétien, das *samnen* – im Sinne der *bele conjointure* – privilegiert und vom *brechen* – im Sinne des *depecier* und *corronpre* der Spielleute – abgesetzt worden wäre. Die Formel *beidiu samnen unde brechen* würde dann eine Spitze gegen dieses Prinzip darstellen, indem sich der Erzähler des ‚Parzival' zu einem Mit- oder Nebeneinander beider Erzählverfahren bekennte – einem Mit- oder Nebeneinander, das auch dem *brechen* im Sinne eines Parzellierens von Erzählabschnitten sein Recht zugestünde.

In der Tat lassen sich in Wolframs ‚Parzival' kompositorische Verfahren finden, die dieses Prinzip einzulösen scheinen. Stellvertretend seien hier die Sigune-Szenen genannt, die Wolfram gegenüber der einen Episode bei Chrétien vervierfacht und dabei auch inhaltlich gänzlich anders akzentuiert hat. Anzeichen in der Überlieferung deuten darauf hin, dass Wolfram aus der Szene 2 in Buch V, die an derselben Stelle wie bei Chrétien positioniert ist, einen Teil ausgegliedert und nach vorne in Buch III versetzt hat.[88] Diese Szene 1 enthält

---

[87] Diese könnten in einer ‚Thüringischen Erec-Kompilation' vorliegen, wie sie Volker Mertens, Der dreifache ‚Erec' – oder: Kontext im Text, in: Hartmann von Aue 1230–1517. Kulturgeschichtliche Perspektiven der handschriftlichen Überlieferung, hg. v. Margreth Egidi, Markus Greulich u. Marie-Sophie Masse (ZfdA. Beiheft 34), Stuttgart 2020, S. 301–325, hier: 309f., ansetzt: Ein im Auftrag Hermanns von Thüringen in enger Anlehnung an Chrétiens Vorlage vor oder um 1200 abgefasster ‚Mitteldeutscher Erec' sei aufgrund des Bekanntwerdens von Hartmanns ‚Erec' abgebrochen und mit diesem gegen 1205 vereinigt worden: „Über den Prolog lässt sich allenfalls spekulieren – mutmaßlich war die Zeit schon reif für eine Reflexion über die Bedeutung der Artusliteratur (ähnlich wie in Hartmanns ‚Iwein'-Prolog), und der ‚Mitteldeutsche Erec' wurde mit einer freien Adaption von Chrétiens Prolog eingeleitet. Von der Bedeutung der *conjointure* konnte man am Landgrafenhof sprechen, wenn man an Heinrichs von Veldeke implizite Poetik und an Wolframs spätere Aussagen zur Erzählstruktur denkt." (S. 310, gemeint ist wohl u. a. der Epilog des ‚Parzival'). Die Schlussverse von Buch VI könnten solche Aussagen beinhalten. Hermanns Thüringer Hof wird erstmals im selben Buch erwähnt (V. 297,16–18); vgl. Bumke (Anm. 74), S. 14f., und Heinzle (Anm. 74), S. 15f. – Bezüge zwischen Wolframs ‚Parzival' und dem ‚Erec' Hartmanns sind aufgearbeitet bei Christine Wand, Wolfram von Eschenbach und Hartmann von Aue. Literarische Reaktionen auf Hartmann im ‚Parzival', Herne ²1992; ohne die Besprechung der Passage in Buch VI deutet sie die Reaktionen überzeugend als „Bemühen, der durch Anspielungen auf Hartmanns Romane aufgebauten werkübergreifenden Erzählwelt Konsistenz zu verleihen" (S. 208).

[88] Vgl. dazu Michael Stolz, Von der Überlieferungsgeschichte zur Textgenese. Spuren des Entstehungsprozesses von Wolframs ‚Parzival' in den Handschriften, in: Grundlagen.

den lakonischen, auf Schionatulander bezogenen Vers: *ein brackenseil gap im den pîn* (141,16). Er liest sich wie ein Ausgangstor zu den beiden in Strophen gedichteten ‚Titurel'-Texten und deren in deutlicher Entsprechung zu thematischen und figuralen Konstellationen des ‚Parzival' komponierten Erzählung des jugendlichen Liebespaars.[89] Dass nur zwei separate, häufig als ‚Bruchstücke' oder ‚Fragmente' bezeichnete Teile vorliegen, die – in Paul Zumthors Nomenklatur – ein „ailleurs", eine „totalité [...] non déclarée" erahnen lassen, könnte auf ein kompositorisches Prinzip Wolframs hindeuten: Möglicherweise wurden Teile eines Ganzen unabhängig vom syntagmatischen Verlauf der Erzählung verfasst. Die beiden ‚Titurel'-Stücke würden dann ‚Brocken' darstellen, denen aus äußeren oder inneren Gründen keine weiteren Anteile der Erzählung hinzugefügt wurden, sodass es nicht zu einer entsprechenden Verknüpfung kommen konnte. Diese ‚Brocken' aber hätten in einem Verständnis von Textualität, welches das *brechen* gleichwertig neben das *samnen* stellt, ihre eigene Existenzberechtigung.

5.

Diese notgedrungen spekulativen Überlegungen seien hier – themenbezogen möchte man sagen – abgebrochen, um ein kurzes Fazit zu ziehen. Ausgehend von der vormodernen Rezeption des Johannes-Verses 6,12 (*colligite [...] fragmenta ne pereant*) galt es, eine Annäherung an den Fragment-Begriff zu finden. Als ein Kulminationspunkt ließ sich dabei die Zeit um 1800 bestimmen, in der das Fragmentarische radikal an den Kategorien der Ganzheit und der Transzendenz bemessen wird. Auch Begriffsbestimmungen des 20. Jahrhunderts arbeiten sich kritisch an diesen Polaritäten ab. Mit der digitalen Wende unserer Tage gewinnt die Verheißungskraft des Fragmentarischen, sich auf eine solche Totalität und eine die eigene Brüchigkeit transzendierende Form zu beziehen, neue Aktualität. Denn die der Wahrnehmung des Fragmentarischen eigenen Imaginationen von Ganzheit und Überschuss lassen sich nunmehr medial konkretisieren. Chancen und Grenzen dieser Möglichkeiten hat der Beitrag an der Arbeit mit digitalisierten Überlieferungszeugen aufgezeigt. Die dabei betrachtete überlieferungsbedingte Fragmentarität wies mit den spezifischen Lücken, Aussparungen und Ergänzungen in den handschriftlichen Zeugnissen zugleich einen Weg zu der kompositorischen Fragmentarität mittelalterlicher Dichtung.

---

Forschungen, Editionen und Materialien zur deutschen Literatur und Sprache des Mittelalters und der Frühen Neuzeit, hg. v. Rudolf Bentzinger, Ulrich-Dieter Oppitz u. Jürgen Wolf (ZfdA. Beiheft 18), Stuttgart 2013, S. 37–61, hier: 50–57.

[89] Vgl. dazu nochmals den Beitrag von Bußmann u. Hausmann im vorliegenden Band.

*‚Denkbruchstücke'*

Anhand einer Interpretation der Schlussverse von Buch VI in Wolframs ‚Parzival' galt es aufzuzeigen, wie das ‚Zusammenfügen' und ‚Brechen' der dichterischen Rede als Prinzipien historischer Textualität nebeneinander bestehen können. Dem dabei angewandten tastenden Verfahren ist seinerseits ein performativer Zug eigen, der die Fragilität eben dieses Verfahrens offenbart.

Denn angesichts der Unvollständigkeit alles Überlieferten und seiner Kontexte bleibt historische Erkenntnis zwangsläufig Stückwerk, sodass nur Bruchteile des Vergangenen zutage gefördert werden können. Am Ende ihres Porträts über Walter Benjamin fasst Hannah Arendt dieses Defizit im poetischen Bild eines Perlentauchers, indem sie das Denken in ‚Übertragungen' (*metapherein*) wie folgt charakterisiert:

> Dies Denken, genährt aus dem Heute, arbeitet mit den ‚Denkbruchstücken', die es der Vergangenheit entreißen und um sich versammeln kann. Dem Perlentaucher gleich [...] taucht es in die Tiefen der Vergangenheit, aber nicht um sie so, wie sie war, zu beleben und zur Erneuerung abgelebter Zeiten beizutragen. Was dies Denken leitet, ist die Überzeugung, daß (Vergänglichkeit zugleich) ein Kristallisationsprozeß ist; daß (dabei) neue kristallisierte Formen und Gestalten entstehen, die [...] überdauern und nur auf den Perlentaucher warten, der sie an den Tag bringt: als ‚Denkbruchstücke', als Fragmente [...].[90]

Abstract: Starting from medieval interpretations of the biblical saying *Colligite fragmenta ne pereant* (Io 6,12), this article traces concepts of the 'fragmentary' in premodern and modern thinking. As is shown, the idea of a 'broken totality', central in the decades around 1800, still forms a point of friction in the intellectual discourse of the 20th and 21st century. In reading Walter Benjamin, Hannah Arendt conceived of 'fragments of thought' (Denkbruchstücke) as a way to recapture the historical past, at best regained in pieces. However, the fatuous ambition of rebuilding an ancient 'total' persists in our days, not least in attempts of reconstructing the 'whole' of fragmentarily preserved objects through digital technology. With this reservation in mind, the next part of the article shows how the representation of manuscript pages in digital editions can deal with problems of fragmentary transmission; examples are drawn from the 'Parzival'-project (www.parzival.unibe.ch). The last part of the article discusses the fragmentary quality of medieval poetry as a basic compositional technique. Given the performative conditions of large epic texts such as Wolfram's 'Parzival', usually due to oral recitation, their formal fragmentation is unavoidable: 'the part in thought prevails over the whole' ("Primat, dans la pensée, du morceau sur le tout", P. Zumthor). Built on this concept, I suggest a new reading of the intermediary epilogue in book VI of the 'Parzival': Its last lines might refer

---

[90] Arendt (Anm. 28), S. 97. Das Zitat ist für den vorliegenden Kontext (mit Klammersetzungen) leicht angepasst und (mit Auslassungszeichen) gekürzt worden. Ausgespart bleibt das von Arendt zitierte Motiv der ‚Meereshut' (,sea-change') aus Shakespeares ‚Sturm' I,2 (vgl. das Motto des dritten Teils, ebd., S. 85).

to a poetic principle emphasising both the linking and breaking of 'verse' (in the larger sense of poetry) that is likely to echo the model of *bele conjointure*, expressed in the prologue of Chrétien's 'Erec et Enide'.

# Fragment und Ganzheit im Mittelalter[*]

## von Jan-Dirk Müller

### 1.

Fragmente sind Bruchstücke eines größeren Ganzen. Das Fragment ist in bestimmten Hinsichten unvollständig und verweist als Teil auf dieses größere Ganze, das aus mehr oder minder kontingenten Gründen nicht vorhanden ist. Wie ist dieses Ganze zu bestimmen? In manchen Fällen ist das unproblematisch. Ich knüpfe an die systematische Unterscheidung von „archäologischen" und „ästhetischen" Fragmenten an,[1] die sich *grosso modo* mit den unserem textwissenschaftlichen Gegenstand angepassten Arbeitsbegriffen ‚Handschriftenfragment' versus ‚Werkfragment' deckt, und versuche, den zweiten, in sich vielfältigen Typus für die mittelalterliche Epik zu beschreiben. Dabei werden sich sehr unterschiedliche Konzepte sowohl von ‚Ganzheit' (Vollständigkeit, Abgeschlossenheit, Vollendung usw.) wie von ‚Fragment' ergeben sowie vom Verhältnis beider zueinander. Es gibt sowohl die Tendenz, die „Bruchkante" des Fragments zu markieren, wie die Tendenz, sie zu invisibilisieren.[2] Manchmal ist Fragmentarität auf der Seite literarischer Produktion angelegt, mal auf Seiten der Rezeption. Mein Ziel ist es, dem expansiven Gebrauch des Fragmentbegriffs vorzubauen und seine Bedeutungsvarianten und seine Eignung für mittelalterliche Literatur zu diskutieren.

Ich habe mich in den letzten Jahren mit Handschriftenfragmenten des ‚Nibelungenliedes' beschäftigt, mit einzelnen Faszikeln, einzelnen Blättern, einzelnen Streifen aus zerschnittenen Blättern, Seitenabklatschen usw., auf denen

---

[*] Das Folgende sucht skizzenhaft am Beispiel einiger epischer Texte des 12. und 13. Jahrhunderts das komplexe Phänomen von Ganzheit und Vollständigkeit zu klären. Ich hoffe, die Skizze bei späterer Gelegenheit ausarbeiten und auf andere Gattungen ausweiten zu können. Hier beschränke ich mich auf die nötigsten Nachweise.

[1] Vgl. Kay Malcher / Stephan Müller / Katharina Philipowski / Antje Sablotny, Fragmentarität als Problem der Kultur- und Textwissenschaften. Eine Einleitung, in: Fragmentarität als Problem der Kultur- und Textwissenschaften, hg. v. dens. (MittelalterStudien 28), München 2013, S. 9–26, hier: 10.

[2] Sonja Glauch, Wie ‚macht' man Fragmente. Schrift und Stimme als Träger des Fragmentarischen, in: Fragmentarität (Anm. 1), S. 51–68, hier: 54.

Bruchstücke des anderwärts vollständig erhaltenen Textes überliefert sind. Dieser Typus von Handschriftenfragmenten ist für die Textphilologie ungemein wichtig zur Stützung, Relativierung oder Bestimmung von Verwandtschaften der vollständigen Handschriften. Hier ist der Fragment-Begriff klar; aber er ist auch theoretisch völlig uninteressant. Durch mechanische Ursachen fehlen Teile des vollendeten Werks; erhalten sind nur Überbleibsel eines verstümmelten weiteren Exemplars dieses Ganzen. Das ist sehr häufig bei alten Überlieferungen der Fall, angefangen beim ‚Gilgamesch'-Epos. Oft ist auch das Ganze nicht erhalten. In diesen Fällen muss man versuchen, aus den erhaltenen Fragmenten Aufschlüsse über das verlorene Ganze zu gewinnen, wie zum Beispiel bei den Schriften der Vorsokratiker. Ist es vorhanden, dann lassen die Fragmente Aussagen über seine Überlieferung oder seine ursprüngliche Textgestalt zu.

Im Gegensatz dazu wirft der Begriff des ‚Werkfragments' Fragen auf. Er ist offensichtlich nach dem Vorbild des neuzeitlichen Fragmentbegriffs modelliert. Dieser bezeichnet Bruchstücke des Ganzen eines Werks, dem wesentliche Teile zu seiner Vollendung fehlen, und zwar nicht nur aus mechanischen Gründen (Textverlust), sondern auch, weil diese Vollendung nie erreicht wurde. Das Werk wurde aus irgendwelchen Gründen abgebrochen. Das Fragment ist der einzig fertiggestellte Teil eines ursprünglichen Plans. Es ist auf ein größeres Ganzes hin angelegt. Es repräsentiert einen bestimmten Zustand eines Werks auf dem Weg zur Vollendung, kann bloßen Entwurfscharakter haben, kann aber auch für die Idee eines imaginierten Ganzen stehen. Schließlich kann das Fragment das unausführbare Ganze ersetzen, das nur als Fragment möglich ist.

Hier ist Fragment als ästhetisches Konzept gefasst. Das Ganze kann von vorneherein nur als Entwurf existieren. Lessings ‚Faust'-Fragment ist zum Beispiel vor dem Hintergrund der in den großen Linien bekannten *historia* des Erzzauberers zu lesen, die, in welcher Form auch immer, als Prätext vorausgesetzt ist. Lessing deutet an, dass er der Gestalt der *historia* und der mit ihr verbundenen Deutung des Bösen und Teuflischen eine neue Wendung geben will. Er kündigt also eine künftige Faustdichtung an, deren Essenz die einzige Szene enthält. Das Fragment ist somit nur verstehbar vor dem Hintergrund einer Konzeption, für die der Text fehlt.

Das romantische Fragment negiert von vornherein die Realisierbarkeit eines solchen Entwurfs. Das Fragment ist Repräsentant eines unerreichbaren Ganzen. Novalis' ‚Heinrich von Ofterdingen' zeigt durch das Strukturmuster der Suche an, dass die Erwartung einer Erfüllung aufgebaut wird, aber der Fortgang lässt erkennen, dass diese Erwartung nicht eingelöst werden kann. Die Erfüllung ist aufgeschoben. Das Fragment selbst ist das Kunstwerk.[3] Es vertritt das Ganze, es verweist ins Unendliche. Die nachromantische Ästhetik fragt, ob nicht jedes literarische Werk notwendig Fragmentcharakter hat.[4]

---

[3] Zu der Ausdehnung dieser Vorstellung auf jedes Werk vgl. Glauch (Anm. 2), S. 53.

*Fragment und Ganzheit im Mittelalter*

All diesen Verwendungen des Begriffs ‚Fragment' ist gemeinsam: Er ist stets bezogen auf die Ganzheit eines bestimmten Werks, mag es nun vollendet sein, als vollständiges verloren, unvollendet, geplant oder nur imaginiert. Diese Einschränkung des Begriffs auf die Ganzheit eines Werks wird durch eine Reihe der folgenden Beiträge des Kolloquiums in Frage gestellt. Der Werkbegriff scheint mir deshalb für die mittelalterliche Literatur nur neben anderen ein Korrelat zu ‚Fragment' zu sein.

Die Verschiebung in der Bedeutung von Fragment spiegelt sich in der Differenz der Artikel ‚Fragment' im Reallexikon der deutschen Literaturgeschichte (1958) und dem Reallexikon der deutschen Literaturwissenschaft (1997). Der erste legt klar den modernen Fragmentbegriff zugrunde. Dieser bezieht sich auf ein Werk. Wilhelm Grenzmann (1958) schränkt den Begriff sogar auf die romantische Kunstform ein, in der das Fragment das vollendete Werk ersetzt und das Fragment somit als besondere Kunstform betrachtet wird.[5] Strohschneider (1997) dagegen betont, dass „der Ausdruck geschichtlich variable Kategorien von Textualität impliziert". Für das Mittelalter hält er fest, dass „alle auf Ganzheit und Stabilität zielenden Textbegriffe mittelalterlicher Literatur gegenüber anachronistisch zu sein scheinen", sodass der „Fragmentbegriff in einem terminologisch definierten Sinne auf nahezu jeden mittelalterlichen Text [...] anzuwenden" ist. Strohschneider unterscheidet diese „prinzipielle[ ] Fragmentarizität" des „stets offenen und beweglichen Einzeltext[es]" von der Fragmenthaftigkeit eines konkreten Stückes dieses Textes in der den Text „archivierenden Schrift".

> Zu unterscheiden sind demnach zwei Begriffe: einer, der den stets offenen und beweglichen Einzeltext auf die Totalität der gesprochenen oder jedenfalls noch an die ‚vocalité' (P. Zumthor) gebundenen Texte integrativ bezieht; ein zweiter, welcher eine gegebene Verschriftlichung von der möglichen Totalität der Verschriftlichung eines ‚Textes' absetzt.[6]

Operationalisierbar ist nur die zweite Bedeutung. Der schriftliche Text in einer Handschrift wird als unvollständiger Teil einer wirklichen oder möglichen, in jedem Fall umfassenderen Ganzheit gesehen. Wie aber ist die Ganzheit zu bestimmen, von der sich das Fragment abhebt? Das Ganze muss in irgendeiner Hinsicht ‚vollständiger' sein. Wie zu zeigen sein wird, ist nicht die Vollständigkeit eines Werks im Sinne der Moderne das entscheidende Kriterium, kann es nicht sein, weil ‚Werk' – im Sinne von Strohschneiders erster Definition – im

---

[4] Solche Überlegungen stellte im Kolloquium Michael Stolz in Auseinandersetzung mit moderner ästhetischer Theorie an; vgl. seinen und auch den Beitrag von Julia Frick in diesem Band.
[5] Wilhelm Grenzmann, Art. ‚Fragment', in: ²RLG 1 (1958), S. 476–478.
[6] Peter Strohschneider, Art. ‚Fragment$_2$', in: ²RLW 1 (1997), S. 624f., hier: 624.

Mittelalter nicht Abgeschlossenheit und Gebildehaftigkeit impliziert, vielmehr mittelalterliche Texte ‚offen' sind für Kürzungen, Erweiterungen und Umarbeitungen. Ganzheit des ‚offenen' Textes (und korrelierend Fragment) sind anders definiert. Ganzheit kann ein offenes Textensemble meinen, das einen Namen trägt (zum Beispiel *der Nibelungen not*) und auf einen oder mehrere Autoren zurückgeht (zum Beispiel Strickers ‚Karl'); sie kann die Vollständigkeit einer Geschichte bedeuten (‚Tristan'), die Behandlung eines Themas oder eines Konzepts. Sie kann aus einem wohlkomponierten Schriftträger (zum Beispiel einer Handschrift) bestehen. In all diesen Fällen bedeutet Fragment etwas anderes. Die ‚abwesende Ganzheit', auf die das Fragment verweist, ist unterschiedlich definiert.

## 2.

Die skizzierten Probleme möchte ich an einer Reihe von Texten erläutern, welche die neuere Literaturgeschichtsschreibung zu den ‚Werkfragmenten' rechnet. Das werde ich zum Teil an Material erläutern, das in Einzelvorlagen des Kolloquiums unter anderem Aspekt diskutiert wurde. Beginnen möchte ich mit dem ‚Nibelungenlied' und dem ‚Alexanderlied'. Das ‚Nibelungenlied' ist verhältnismäßig breit in vollständigen Handschriften überliefert. Diese unterscheiden sich in ihrem Textbestand und ihrer Textgestalt, aber sind jede für sich ein Ganzes, wenn auch untereinander verschieden. Trotz der Unterschiede ist es immer die gleiche Geschichte, die sie erzählen: die Geschichte vom Heranwachsen Kriemhilds und Siegfrieds über die Ermordung Siegfrieds bis zum Untergang der Burgonden und Kriemhilds Tod. Anfang und Ende des Epos sind deutlich markiert. Allerdings fehlt in einigen spätmittelalterlichen Handschriften die Vorgeschichte des Untergangs – Aufstieg und Verrat Siegfrieds am Wormser Hof –, oder sie wird zusammengefasst. Dort wird lediglich ein kürzerer Abschnitt aus der Geschichte des Untergangs der Burgonden ausgeführt. Trotzdem würde man diese Handschiften nicht als Fragmente des Epos bezeichnen. Es wird nur enger definiert, was zum Kern der Handlung gehört. Außerdem scheint das Fehlen oder das Hinzutreten von Strophen die Ganzheit nicht zu beeinträchtigen.

Um die ‚richtige' Gestalt ‚des' ursprünglichen ‚Nibelungenliedes' bemüht man sich vergeblich seit über 200 Jahren. Weil ‚ein' Urtext nicht zu erreichen war, hat man sich darauf geeinigt, die gesamte Überlieferung auf zwei ‚Fassungen' und eine ‚Mischfassung' zurückzuführen. Das ‚Nibelungenlied' ist ein *plurale tantum,* das in unterschiedlichen, jedoch eng verwandten Gestalten in den Handschriften A, B und C und in den sogenannten kontaminierten Handschriften D, b, J und h mehrfach vollständig überliefert ist; nur Handschrift d im ‚Ambraser Heldenbuch' ist ein durch Lücken in den Vorlagen des Schreibers bedingter Torso.

*Fragment und Ganzheit im Mittelalter*

Ganzheit ist hier offensichtlich nicht an einen konkreten Text, an eine bestimmte Gestalt der Textoberfläche und an einen definitiv gegebenen Textbestand gebunden. Das ‚Nibelungenlied' ist nicht ein in allen Einzelheiten festgelegter, sondern in bestimmten Hinsichten offener Text. ‚Ganzheit' liegt offenbar oberhalb der konkreten Textgestalt, die höchst variant ist. Die Fassungen, die man zu erkennen glaubte und die an die Stelle des einen ‚originalen' oder ‚archetypnahen' Textes treten sollen, kristallisieren sich bei näherem Zusehen nicht zu abgrenzbaren Einheiten. Trotzdem, so verschieden die Handschriften auch sein mögen: Es besteht kein Zweifel, dass sie alle das ‚Nibelungenlied' enthalten. Gleich sind Vers- und Strophenstruktur, das Idiom (‚nibelungisch'), bestimmte Darstellungstechniken (das Fortschreiten der Handlung in ‚Schaubildern') und die ungemein feste, immer gleiche Reihenfolge und Verknüpfung von Handlung und Situationen, die auch durch fehlende oder hinzukommende Strophen nicht nachhaltig gestört wird und die sich in allen überlieferten Versionen durchsetzt.[7]

Daneben gibt es natürlich mechanisch bedingte Handschriftenfragmente, die Bruchstücke dieser verschiedenen Gestalten des Textes, die Fragmente im trivialen Sinne sind.

Das ‚Nibelungenlied' wurde in den letzten Jahren nach den verschiedenen (annähernd) vollständigen Handschriften herausgegeben, was die Suggestion von ‚Fassungen' förderte. Allerdings wurde Kritik an diesen isolierten Ausgaben des Epos laut, weil es bis ins Spätmittelalter und bis auf zwei Handschriften später Bearbeitungen stets zusammen mit der ‚Nibelungenklage' überliefert ist. Auch einige Handschriftenfragmente enthalten Bruchstücke des Epos und der ‚Klage', sodass Grund zu der Annahme besteht, dass auch die übrigen Fragmente des 13. und 14. Jahrhunderts vollständigen Handschriften entstammen, die das Epos und die ‚Klage' enthielten. Die ‚Ganzheit' des Epos oberhalb der Varianz, die sich in der Überlieferung abzeichnete, ist also aus der Perspektive mittelalterlicher Überlieferung unvollständig. Isolierte Ausgaben des Epos sind daher, so ist von Mediävist:innen zu vernehmen, unhistorisch.

Offenbar war für die mittelalterlichen Kopisten das Nibelungen-Epos keineswegs die entscheidende Bezugsgröße. Zwar setzt es sich durch Langverse, durch eine feste Strophen- und Reimordnung und durch eine bestimmte Sprachform von der ‚Klage' ab. Diese ist in Kurzversen, die nicht zu Strophen, sondern zu Reimpaaren geordnet sind, und in einem anderen Idiom verfasst; in Konzeption und Wertung korrigiert sie das Epos einschneidend.[8] Die ‚Klage' ist

---

[7] Näher ausgeführt sind diese Thesen in Jan-Dirk Müller, Varianz – die Nibelungenfragmente. Überlieferung und Poetik des ‚Nibelungenliedes' im Übergang von Mündlichkeit zu Schriftlichkeit (Deutsche Literatur. Studien und Quellen 47), Berlin / Boston 2023; zum problematischen Fassungsbegriff S. 207–240.

[8] Müller (Anm. 7), S. 268–272.

in allen relevanten poetischen Merkmalen ein anderes Werk. Aber diese Merkmale, die ein literarisches Werk von anderen literarischen Werken unterscheiden müssten, sind offenbar nicht ausschlaggebend. Erst mit der ‚Klage' ist die Geschichte des Burgondenuntergangs vollständig. Daher wurde sie regelmäßig dem Epos angehängt. Manche Schreiber suchen durch das Layout die Grenze zwischen beiden Texten zu verwischen und sie als Einheit, als einen fortlaufenden Text, erscheinen zu lassen.[9] Sie machen dadurch deutlich, dass sie zwar die Divergenz der poetischen Gestalt erkannt haben, aber für nebensächlich halten in Hinblick auf die Ganzheit, um die es ihnen geht.

Das Bemühen steht vor dem Hintergrund einer Auffassung von Ganzheit, die nicht werkbezogen ist. Wenn man das Epos zusammen mit der ‚Nibelungenklage' als „Nibelungen-Komplex" zusammenfasst,[10] dann ist der Fragment-Begriff offenbar anders definiert. Offenbar ist das Ganze die Einheit der Geschichte, die immer denselben Verlauf nimmt, diesen aber an unterschiedlichen Punkten beginnen und beenden kann und in der Ausführung, im Detail, variabel ist. Das Ganze ist nicht durch die Einheit des Kunstwerks, durch eine identische sprachliche Gestalt und eine vollständige Übereinstimmung aller Elemente definiert, sondern durch den Gegenstand, die Geschichte. Dieses Ganze ist, ausweislich der Überlieferung, erst mit der ‚Nibelungenklage' abgeschlossen, die die Geschehnisse um das burgondische Königreich bis zur Einsetzung eines Thronerben Gunthers und der Regentschaft seiner Witwe fortführt und die Überlebenden der Gegenseite, Dietrich und Etzel, die damit nichts mehr zu tun haben, in eine offene Zukunft entlässt. Die formalen und konzeptionellen Differenzen zwischen Epos und ‚Klage', die unter modernen literaturgeschichtlichen Gesichtspunkten es ausschließen müssten, von einem Werk zu sprechen, sind der mittelalterlichen Überlieferung unangemessen.

Wenn die Darmstädter Handschrift n die ‚Klage' weglässt, so ist sie noch derselben Vorstellung verpflichtet. Sie begnügt sich mit einem kürzeren Ausschnitt aus der Geschichte, streicht nicht nur deren mäßig interessanten Abschluss der Handlung in der ‚Klage', sondern schneidet auch den Beginn ab bzw. fasst ihn abkürzend zusammen (so auch a). Die vielen Ausgaben des ‚Nibelungenliedes' seit seiner Wiederentdeckung gingen dagegen von der bestimmten poetischen Gestalt aus, in die ein Teil dieser Geschichte gefasst ist. Bis in

---

[9] Joachim Bumke, Die vier Fassungen der ‚Nibelungenklage'. Untersuchungen zur Überlieferungsgeschichte und Textkritik der höfischen Epik im 13. Jahrhundert (Quellen und Forschungen 8 [242]), Berlin / New York 1996, S. 237–253; zum Layout des Übergangs in den einzelnen Handschriften vgl. S. 145, 160, 164f., 170f., 175 u. 180 (mit Abb.); vgl. Müller (Anm. 7), S. 269f.

[10] Nikolaus Henkel, Die ‚Nibelungenklage' und die *C-Bearbeitung des ‚Nibelungenliedes', in: Die Nibelungen. Sage – Epos – Mythos, hg. v. Joachim Heinzle, Klaus Klein u. Ute Obhof, Wiesbaden 2003, S. 113–133, hier: 129.

jüngste Zeit spiegeln die Ausgaben eine andere, eine moderne Vorstellung von der gestalthaften Einheit des Kunstwerks. Sie musste sich deshalb um das ‚originale' oder wenigstens ‚archetypnahe' ‚Nibelungenlied' bzw. einer Fassung bemühen. Erst allmählich lernte die Nibelungenphilologie die Erweiterungen und Kürzungen als Erscheinungsformen der Varianz desselben ‚offenen' Werks zu betrachten. Dabei hielt man an der formalen Prägung als konstitutiven Faktor für die Einheit und Ganzheit des Werks durchaus fest. Nach wie vor beschränkte man sich auf das Epos und musste sich vorhalten lassen, mit der Abtrennung des Epos von der ‚Klage' unhistorisch zu verfahren. In der Nibelungenphilologie überlagern sich also zwei unterschiedliche Konzepte von Ganzheit, eine moderne und eine mittelalterliche Vorstellung, die sich nicht auf das epische Werk bezieht. Unterschiedliche Vollständigkeit der Teile, Anlagerungen, Auslassungen, Kurzfassungen werden danach beurteilt, was sie zu dieser Ganzheit beitragen.

## 3.

Diese Vorstellung von Ganzheit lässt sich auch an anderen Werken ablesen. Ist das ‚Alexanderlied'[11] in der Vorauer Fassung „das unfertig hinterlassene Werk" des Pfaffen Lamprecht, so Werner Schröder im Verfasserlexikon,[12] also ein Fragment, das Lamprecht – aus welchen Gründen auch immer – nicht vollenden konnte? Das ist möglich, nicht aber zwingend. Woher will man das eigentlich wissen? Ist „L[amprecht]s *liet* von Alexander [...] nur im Vorauer cod. 276 [...] abschriftlich erhalten"?[13] Was ist dann mit dem Straßburger ‚Alexander', der die Lebensgeschichte Alexanders zu Ende erzählt? In den beiden Versionen des ‚Alexanderliedes' konkurrieren zwei Kriterien von Ganzheit, einmal – mit Werner Schröder –, dass das Ganze der vom Dichter verantwortete Text ist, einmal, dass es die Vollständigkeit einer Geschichte meint. Jede der Versionen ist in Bezug auf eines der Kriterien aber defizitär.

Ich will mich auf die umstrittene Frage, ob der Vorauer Schluss der ursprüngliche des ‚Alexanderliedes' nach Lamprecht und Alberich ist, nicht einlassen, sondern nur auf die merkwürdige Präsentation des ‚Alexanderliedes' in der Vorauer und Straßburger Fassung aufmerksam machen, die daran Zweifel

---

[11] Pfaffe Lambrecht, Alexanderroman. Mittelhochdeutsch / Neuhochdeutsch, hg., übers. u. komm. von Elisabeth Lienert (RUB 18508), Stuttgart 2007, S. 54; die Stelle mit kleinen orthographischen Varianten gleichlautend im ‚Straßburger Alexander', ebd., S. 156. Nach dieser Ausgabe auch die folgenden Textzitate.

[12] Werner Schröder, Art. ‚Der Pfaffe Lambrecht', in: ²VL 5 (1985), Sp. 494–510, hier: 495.

[13] Schröder (Anm. 12), Sp. 497.

weckt. Konsens der Forschung ist, dass das ‚Alexanderlied' „bald nach seiner Entstehung beträchtlich verlängert und noch im selben Jh. modernisierend bearbeitet" wurde.[14] Der mutmaßliche textgeschichtliche Zusammenhang des Vorauer, Basler und Straßburger ‚Alexander', den man zu rekonstruieren versucht hat, ist mit dem Verhältnis von Ganzheit und Fragment nicht zu erfassen. In den Fortsetzungen *X und *Y, deren Spuren im Basler und Straßburger ‚Alexander' bewahrt sind, wird die Lebensgeschichte Alexanders komplettiert, aber handelt es sich dann noch um das ‚Alexanderlied' Lamprechts? Oder ist dieses ein Fragment?

Tatsächlich bricht die Handlung des Vorauer ‚Alexander' mit einer notdürftig gezimmerten Schlusswendung ab; die weitere Geschichte Alexanders wird nicht erzählt. Der Schluss der Vorauer Handschrift – der Sieg Alexanders über Darius – beruft sich wieder auf die beiden Gewährsleute des ‚Alexanderliedes', Lamprecht und seine Quelle Alberich von Bisinzo, der für die Wahrheit des Erzählten einsteht: *Sus saget uns maister Alberich / unde der guote phaffe Lampret* (V. 1511f.).

*Hie dûhte siu beide diu mâz. / Nû ist zît daz lâzen* (V. 1514f.). Dieser Schlusspunkt erfüllt *diu maz* und geht angeblich auf beide Gewährsleute zurück. Er passt besonders gut für die heilsgeschichtlich interessierte Vorauer Handschrift: die Ablösung des zweiten durch das dritte Weltreich. Aber ist die unvermittelte Tötung des Darius (*im*), der nicht einmal namentlich in der Schlacht genannt war und von dem zuvor nur das militärische Aufgebot erwähnt wurde, wirklich ein überzeugender Abschluss eines ‚Alexanderliedes', zumal dieser Tod des Darius der historischen Überlieferung widerspricht, und muss dieser Schluss auf beide, Alberich und Lamprecht, zurückgehen? Wird hier nicht eher eine schlecht motivierte, ungeschickt angeklebte Wendung, die den Abschluss der Geschichte bringen soll, mit der Autorität der Verfasser ausgezeichnet? Hat schon Lamprecht eine unvollständige Quelle vorgefunden, für die er einen notdürftigen Schluss suchte? Die beiden Kriterien der Ganzheit von Lamprechts Werk und der Ganzheit von Alexanders Geschichte lassen sich also nur schwer in Einklang bringen.

Umgekehrt der Straßburger ‚Alexander': Er erzählt die Geschichte von Alexander zu Ende; aber er erweitert sie auch und formuliert sie um in den Teilen, die er aus dem Vorauer ‚Alexander' übernimmt. Die Art der Bearbeitung entspricht in manchem den Formen von Varianz in anderen Epentexten. Demgemäß tritt er in derselben Weise wie der Vorauer als Lamprechts Werk auf. Er beginnt genau wie dieser: *Daz liet, daz wir hie wirken* (V. 1) – ich würde mit ‚wiederge-

---

[14] Ebd. – Die Art dieser Bearbeitung, die die Übernahme des Verfassernamens nach mittelalterlichen Vorstellungen rechtfertigt, habe ich in einem Aufsatz näher untersucht, der demnächst erscheinen wird (Der lebende Text und die Poetik der Oberfläche, erscheint in Poetica).

ben' übersetzen. Der erweiterte Text präsentiert sich nicht etwa als Ergänzung eines fragmentarischen Werks oder als Fortsetzung, sondern als ‚das' ‚Alexanderlied' Lamprechts. Der Verfasser wird im Vorauer ‚Alexander', wie im 12. Jahrhundert üblich,[15] in der dritten Person genannt: *Iz tihte der paffe Lamprecht* (V. 4). Mit denselben Worten nennt der Straßburger ‚Alexander' Lamprecht als Dichter und beruft sich ebenso für seinen Text auf den Verfasser der Vorlage, Alberich von Bisinzo (V. 18), sodass der Eindruck entsteht, Lamprecht, zumindest aber Alberich habe die Geschichte Alexanders, wie sie in der Straßburger Handschrift steht, vollständig erzählt. Dies bleibt im ganzen Text gleich, obwohl nach Schilderung der Entscheidungsschlacht und des riesigen Aufgebots des Darius im Vorauer (V. 1398–1479 bzw. Straßburger ‚Alexander' V. 1489–1583) der Straßburger ‚Alexander' eine andere Wendung nimmt, den Tod des Darius hier ausspart und die weiteren Taten Alexanders erzählt. Keine ‚Narbe' ist an diesem Übergang zwischen beiden Teilen zurückgeblieben, die den Beginn der Fortsetzung markieren würde.

Die Erzählinstanz, die am Schluss dekretiert: *Nu ist diz liet ze ende comen* (V. 7279), scheint dieselbe wie im Prolog zu sein. Zu Ende gekommen ist die Lebensgeschichte Alexanders und – wesentlich stärker als im Vorauer ‚Alexander' – das *vanitas*-Programm des Prologs exemplifiziert. Gemessen an der Lebensgeschichte Alexanders und der Konzeption, diese als Exempel der *vanitas* darzustellen, ist erst der Straßburger ‚Alexander' ein Ganzes, der Vorauer dessen Fragment, ob nun vorzeitig abgebrochen oder unvollendet. Allerdings: Der vorzeitig endende Vorauer ‚Alexander' erklärt auch seinen Text samt Schluss zum Werk des Dichters Lamprecht. Gegenüber diesem Werk wäre der Straßburger eine sekundäre, erweiterte Bearbeitung zu einer vollständigen Geschichte. Die Gegenüberstellung von Ganzem und Fragment führt also zu entgegengesetzten Ergebnissen.

Würde man nicht den Vorauer ‚Alexander' kennen, dann würde man alle Aussagen des Prologs über Lamprecht und Alberich selbstverständlich auf den Straßburger Text beziehen. Dann würde die Ganzheit der Geschichte mit der Ganzheit des von einem Dichter verantworteten Werks übereinstimmen. So aber widersprechen sich die beiden Kriterien für Ganzheit, die Vollständigkeit der Geschichte und die Rückführung auf einen Autor. Das erste Kriterium – die Ganzheit der Geschichte – hat offenbar größeres Gewicht. Deshalb werden auf den Vollender und Bearbeiter der Geschichte auch die Aussagen über den Verfasser des kürzeren Textes übertragen. Das ‚Alexanderlied' des Pfaffen Lamprecht ist offen für Umgestaltungen und Erweiterungen, die ganz selbstverständlich ebenfalls unter dem Namen des Dichters laufen.

---

[15] Lienert (Anm. 11), S. 556.

## 4.

Seit dem 13. Jahrhundert gibt es konkurrierende Vorstellungen von Ganzheit. Dabei erhält das von einem Autor verantwortete Werk – neben dem *maere* – immer mehr Bedeutung. Ein interessanter Fall ist Gottfrieds von Straßburg ‚Tristan'. Die Dichtung Gottfrieds ist bekanntlich unvollendet. Der Roman ist auf eine komplexe Struktur angelegt, mit einem Akrostichon und Vierzeilern am Anfang jedes Abschnitts. Durch das unvollständige Akrostichon ist abschätzbar, was von der Ganzheit des Romans noch fehlt. Gottfried konnte den Roman nicht abschließen; die Erzählung bricht einfach ab. Gottfrieds ‚Tristan' ist auch nach heutigen Kriterien ein echtes Fragment. Als Fragment Gottfrieds wird es immer separat gedruckt, ohne die Fortsetzungen, in Übereinstimmung mit modernen Vorstellungen von der Ganzheit des Artefakts, doch gegen die mittelalterliche Überlieferungspraxis.

Den Fragmentcharakter haben auch mittelalterliche Autoren gesehen. Die Geschichte Tristans und ihr trauriger Ausgang waren bekannt. Zwar existieren verschiedene Versionen über die näheren Umstände, aber jeder konnte sehen, dass Gottfried die Geschichte nicht zu Ende erzählt hatte. In der Überlieferung nun erscheint – mit einer einzigen Ausnahme der Handschrift W – Gottfrieds Fragment nicht isoliert, also nur die Dichtung Gottfrieds. Sonst ist sie immer komplettiert durch Fortsetzungen, die die Handlung, Tristans Lebensgeschichte bis zum Tod, zu Ende führen, und zwar durch Ulrich von Türheim,[16] durch Heinrich von Freiberg,[17] durch den anonymen ‚Tristan als Mönch'[18] plus Ulrich von Türheim und schließlich durch den Schluss von Eilharts ‚Tristrant'.[19] In fast allen diesen Fällen wird die Fortsetzung vom Text Gottfrieds mehr oder weniger deutlich abgesetzt. Dadurch bleibt seine Dichtung erkennbar. Einerseits wird Gottfrieds Fragment gewürdigt, indem er bis zur ‚Bruchkante' (Glauch) als Text Gottfrieds erhalten bleibt und nicht etwa wie das ‚Alexanderlied' umgeformt und ergänzt wird, andererseits ist Vollständigkeit an die Vollständigkeit des *maere* gebunden. Verglichen mit dem ‚Nibelungen-Komplex', bestehend immerhin aus zwei vollständigen, deutlich in Form sowie Inhalt und Konzeption selbstständigen Dichtungen, könnte man auch hier Einspruch gegen die

---

[16] Ulrich von Türheim, Tristan, hg. v. Thomas Kerth (ATB 89), Tübingen 1979; nach dieser und den im Folgenden genannten Ausgaben die Textzitate.
[17] Heinrich's von Freiberg, Tristan, hg. v. Reinhold Bechstein (Deutsche Dichtungen des Mittelalters 5), Leipzig 1877. Reprographischer Nachdruck Amsterdam 1966.
[18] Tristan als Mönch. Untersuchungen und kritische Edition, hg. v. Betty C. Bushey (GAG 119), Göppingen 1974.
[19] Der Schluss des ‚Tristrant' (= ‚Tristrant' B) in: Eilhart von Oberg, Tristrant. Èdition diplomatique des manuscrits et traduction en français moderne, avec introduction, notes et index par Danielle Buschinger (GAG 202), Göppingen 1976.

*Fragment und Ganzheit im Mittelalter*

ahistorische Druckpraxis der neuen Ausgaben erwarten, aber das ist nicht der Fall.

Auf die Art der Fortsetzungen kann ich nicht genauer eingehen. Mir geht es hier ausschließlich um die unterschiedliche Vorstellung von Fragment und Ganzheit, die die Überlieferung der Fortsetzungen erkennen lässt. Ich kann dabei an das von Katrin auf der Lake in diesem Band bereitgestellte Material anknüpfen. Ulrich von Türheim und Heinrich von Freiberg markieren die Stelle, an der Gottfried abbrach, und beklagen den Grund dafür. Beide Fortsetzungen haben einen umfangreichen Prolog, der den Rang Gottfrieds und die Selbständigkeit der Fortsetzung unterstreicht. Dieser Prolog belegt das Bewusstsein von einer klaren Unterscheidung von fragmentarischem Werk und Fortsetzung. Ich verweise auf die Analyse auf der Lakes, die an ihm das Kunstverständnis der beiden Fortsetzer herausgearbeitet hat.

Trotz dieser Abgrenzung der Fortsetzungen von der Dichtung Gottfrieds betont die Überlieferung in unterschiedlicher Weise die Einheit des *maere*. Das möchte ich am Überlieferungsbefund der Handschriften kurz rekapitulieren, wobei ich mich auf die Beschreibungen und Abbildungen auf der Lakes beziehen kann. In der Ulrich-von-Türheim-Handschrift B ist der Textbeginn bei Gottfried bzw. Ulrich durch eine verzierte Initiale ausgezeichnet (vgl. Abb. 2 und 3 zum Beitrag von auf der Lake). In den übrigen Handschriften wird der Übergang des Fragments zur Fortsetzung zwar markiert, aber gleichzeitig die Einheit der Textkombination betont. Der Text ist ein Ganzes, das *maere* von Tristan. In M beginnt zwar Ulrichs Text mit einer vier Zeilen hohen Initiale (München, Staatsbibl., Cgm 51, fol. 99$^{rb}$, Abb. 1). Sie ist allerdings kleiner als die fünf- oder sechszeiligen Initialen zu Beginn von anderen Abschnitten in Gottfrieds und Ulrichs Text. Auch H (Heidelberg, Universitätsbibl. Cpg 360, fol. 128$^v$, Abb. 2) und N (Berlin, Staatsbibl., mgq 284, fol. 188$^{vb}$, Abb. 3) haben eine Initiale zu Beginn der Fortsetzung, aber diese sind gleichrangig mit Initialen am Anfang von Abschnitten.

Solch eine Markierung der Ulrich-Handschriften ist keineswegs allen Fortsetzungen gemeinsam. Die Fortsetzung mit dem anonymisierten Schluss von Eilharts ‚Tristrant' fügt als Überleitung die ersten vierzehn Verse von Ulrichs Fortsetzung ein (*Uns ist ein schade groz geschehen* [...], V. 1ff.), markiert also den Abbruch mit Ulrichs Worten und kennzeichnet Gottfrieds Text als Fragment, verzichtet aber auf den restlichen Prolog Ulrichs, der das Verhältnis des Fragments zur Dichtung Gottfrieds reflektiert, und markiert weder Ulrichs vierzehn Verse noch den Einsatz von Eilharts Text im Layout, sodass der Eindruck eines fortlaufenden Textes entsteht.

Noch deutlicher ist dieser Eindruck bei der Brüsseler Handschrift R. An Gottfrieds Fragment schließt der ‚Tristan als Mönch' unmittelbar an (Brüssel, Königl. Bibl., ms. 14697, fol. 511$^r$, Abb. 4), zwar durch einen Querstrich durch den fortlaufenden Text angedeutet, doch ohne Hinweis auf den Abbruch Gottfrieds und ohne ausgeprägte Gliederungszeichen, und auch der Übergang am Schluss von ‚Tristan als Mönch', der der Fortsetzung durch Ulrichs Text vorausgeht, erfolgt ohne erkennbaren Bruch (*er sprach: ‚geselle Kâedîn'*, V. 2855; vgl. Handschrift R, fol. 578ᵛ, Abb. 5). Der Neueinsatz ist am Anfang räumlich markiert durch den Wechsel des Schauplatzes (die Erzählung springt in die Bretagne) und am Ende zeitlich durch den Abschluss der Episode (*Dar nach wart er nie münch me*, V. 2705). Die Fortsetzung nach Ulrich enthält nicht dessen Hinweis auf Gottfrieds Tod, der Gottfrieds Text als fragmentarisch deklariert, überhaupt fehlt sein Prolog, der die Fortsetzung als selbständige Dichtung charakterisiert. Sie setzt V. 2855 ein, „vor dem Beginn von Kaedins Liebesgeschichte, der Parallelgeschichte zur Tristanpassion, in der Tristan tödlich verwundet wird".[20] Ganzheit meint hier die Addition von inkohärenten Episoden aus Tristans Lebensgeschichte. Dem Anschein nach wird Gottfrieds Dichtung über beide Einschnitte hinweg weitergeführt, als Text Gottfrieds.

Die Überlieferung Heinrichs von Freiberg kennt beides: Präsentation zweier einander ergänzender Dichtungen bzw. Fortführung von Gottfrieds Text durch eine unselbständige Fortsetzung. Die Handschriften aus Modena und Florenz setzen Heinrichs Text ab: Handschrift E, indem sie ihn mit einer großen Initiale auf einer neuen Seite beginnen lässt (Modena, Bibl. Estense, Ms. Est. 57, fol. 124ʳ, Abb. 6), Handschrift F, indem zusätzlich am Ende von Gottfrieds Fragment sich ein Leerraum befindet (Florenz, Nationalbibl., Cod. B.R. 226, p. 204, Abb. 7). Das Layout macht deutlich: Es handelt sich um zwei Dichtungen. Das unterstreicht auch Heinrichs Prolog seiner Fortsetzung. Dagegen ist in Handschrift O der Beginn von Heinrichs von Freiberg Fortsetzung nur mit einer zweizeiligen Initiale, wie sie auch sonst Abschnitte trennt, markiert, während der Text im Übrigen bruchlos an Gottfrieds Erzählung anschließt (Köln, Hist. Archiv der Stadt, Best. 7020 (W*) 87, fol. 114ᵛᵇ; vgl. Abb. 5 zum Beitrag von auf der Lake). Der glatte Übergang wird auch dadurch betont, dass Heinrichs Prolog seiner Fortsetzung an dieser Stelle fehlt. Es bleibt nur Heinrichs kurze Zusammenfassung (*Wir hân gehôrt, wie Tristant* [...], V. 89ff.), bevor er zur *rede* [...], / *dâ sie der meister hât vorlân* (V. 108f.), kommt und sie mit Heinrichs Worten fortsetzt. Die ‚Bruchkante' ist also markiert, doch ohne die Erzählung zu unterbrechen. Die im Prolog reflektierte Differenz der Dichtungen fehlt.

---

[20] Jan-Dirk Müller, Vergiftete Erinnerung. Zu ‚Tristan als Mönch', in: Homo Medietas. Aufsätze zu Religiosität, Literatur und Denkformen des Menschen vom Mittelalter bis in die Neuzeit. Festschrift für Alois Maria Haas zum 65. Geburtstag, hg. v. Claudia Brinker-von der Heyde u. Niklaus Largier, Bern u. a. 1999, S. 455–470, hier: 455; vgl. ebd. zu weiteren inhaltlichen Brüchen und Ungereimtheiten gegenüber Gottfried und Ulrich, die der Anordnung der Brüsseler Handschrift widersprechen.

*Fragment und Ganzheit im Mittelalter*

Der Überlieferungsbefund illustriert die unterschiedlichen Auffassungen von Ganzheit. Ausschließlich für Gottfrieds fragmentarische Dichtung interessiert sich nur eine einzige Handschrift (W, Wien, Österr. Nationalbibl., Cod. 2707, Abb. 1 zum Beitrag von auf der Lake). Sonst bedeutet Ganzheit: Vollständigkeit des *maere*. Dieses Prinzip konkurriert aber in einigen Handschriften mit einem anderen, manchmal wird es mit ihm kombiniert. Es gibt die Suggestion des einen fortlaufenden Textes; es gibt die Markierung des Gottfried'schen Fragments und der jeweiligen Fortsetzung, bei gleichzeitiger Betonung – mit unterschiedlichen Mitteln und in unterschiedlichem Grade – der Ganzheit und Einheit des Gesamttextes. Und es gibt die Präsentation zweier selbständiger Texte, Gottfrieds und Heinrichs Dichtung. Insgesamt scheint die Vorstellung von Ganzheit qua Vollständigkeit der Lebensgeschichte zu dominieren, wobei der Übergang möglichst glatt gestaltet wird.

Eigenart und singuläre Qualität von Gottfrieds Text werden durchaus anerkannt, aber kein Versuch gemacht, in der Fortsetzung an Gottfrieds Artifizialität anzuknüpfen. Die Fortsetzung nimmt keinerlei Rücksicht auf die poetische Gestalt von Gottfrieds Werk. Heinrich von Freiberg unternimmt seine Vollendung bewusst als *tummer künstenlôser man* (V. 46). Stilistisch ist er noch der poetischen Sprache Gottfrieds am nächsten. Wenn er den *Tristan voltihten* will (vgl. V. 83), bezieht sich das weder auf die Konzeption noch auf die kunstvolle Anlage der Dichtung. Der Schaden am *maere* wird wahrgenommen; er muss irgendwie ausgebessert werden, jedoch, wie Glauch sagt, ohne „Respekt vor auktorieller Leitung und auktoriellem Willen".[21] Deutlicher noch ist der Abstand bei Ulrich. An das, was das Publikum von Gottfried gehört hat, knüpft er mit einem Selbstgespräch Tristans an, das den bisherigen Verlauf der Geschichte bedenkenlos liquidiert (*Tristan wider sich selben sprach* [...]*: Tristan, lâ den unvuoc* und *Tristan, lâ den unsin* (V. 44, 46 u. 49). Ulrich wird zwar von den weiteren verhängnisvollen Verstrickungen der Liebe erzählen, aber der Maßstab ist von Anfang an gesetzt: Tristans Liebe verletzt *fuoge* und *sin*.

## 5.

Dieses Verhältnis von Text und Ganzheit ist in der Überlieferung seit dem 13. Jahrhundert allerdings nicht mehr die Regel: Nur in acht von zwölf ‚Willehalm'-Handschriften ist Wolframs abgebrochener Text mit der Vorgeschichte (‚Arabel') und der Fortsetzung (‚Rennewart') überliefert. Aber wo nicht ein eigenwilliger Autor wie Wolfram von Eschenbach im Hintergrund steht, hält sich die ältere Auffassung.

Auch Konrads von Würzburg ‚Trojanerkrieg' ist Fragment.[22] Ab V. 40425 wird in allen sechs vollständigen Handschriften eine anonyme Fortsetzung er-

---

[21] Glauch (Anm. 2), S. 65.

gänzt (bis 49836), die nach einem Hiat der Kriegsereignisse zwischen dem ersten und neunten Jahr den Untergang Trojas und sogar die Schicksale der Sieger (Odysseus, Agamemnon) erzählt.[23] Nachdem in Konrads Text davon die Rede war, dass *angest unde not / die* KRIECHEN *von* TROIAEREN *erlitten* (V. 40418–40424), Hector seine Scharen in die Schlacht führt und den Griechen großen Schaden zufügt *ûf der gblüemten heide* (V. 40424), fährt die Fortsetzung ohne jede Markierung der Grenze zwischen beiden Teilen und der vergangenen Zeit fort (*Als dô die* KRIECHEN *sâhen* [...], V. 40425ff.). Das scheint die Schilderung der Schlacht fortzuführen.[24] So fällt nicht auf, dass der Erzähler vom Ende des ersten Kriegsjahres in das neunte springt.

Dabei geht es eindeutig allein um den Abschluss der Geschichte, die zu Ende gebracht werden soll. Die anonyme Fortsetzung ist auf Konrads Text zugeschnitten und geht, anders als Konrads Text sonst, nicht in die vielen ‚Trojaprosen' und die spätmittelalterlichen Weltchroniken ein.[25] Trotzdem ist dieser Abschluss nicht an Konrads Konzept orientiert, sondern allein an der Geschichte, die Konrad erzählt. Konrads geblümter Stil, seine virtuose Rhetorik und seine kunstvolle Verknüpfung der Handlungsfäden finden keine Fortsetzung. Die „Knappheit und Schmucklosigkeit des Erzählduktus, die Art der Figurengestaltung und die geringe Rolle der Minnethematik lassen tendenziell gegenüber Konrad auf eine Abkehr vom Romanhaften schließen".[26] Der überwiegende Teil der vollständigen Handschriften bestätigt dieses Desinteresse am poetischen Werk auch dadurch, dass Konrads Prolog, der über sein Verständnis von Dichtung Auskunft gibt und eine der reflektiertesten ästhetischen Programmschriften des Mittelalters in deutscher Sprache ist, fehlt. Er findet sich nur in einer der vollständigen Handschriften und ist in einer zweiten aus mechanischen Gründen verstümmelt.[27] Für die Erwartung des mittelalterlichen Rezipienten scheint er überwiegend verzichtbar. Was die Konzeption des literarischen Kunstwerks begründet, ist für den historischen Bericht entbehrlich. Das Werk wird auf die Geschichte, die es erzählt, reduziert.

---

[22] Konrad von Würzburg, ‚Trojanerkrieg' und die anonym überlieferte Fortsetzung. Kritische Ausgabe von Heinz Thoelen und Bianca Häberlin (Wissensliteratur im Mittelalter 51), Wiesbaden 2015; vgl. Elisabeth Lienert, Die Überlieferung von Konrads von Würzburg ‚Trojanerkrieg', in: Die deutsche Trojaliteratur des Mittelalters und der Frühen Neuzeit. Materialien und Untersuchungen, hg. v. Horst Brunner (Wissensliteratur im Mittelalter 3), Wiesbaden 1990, S. 325–405.

[23] Elisabeth Lienert, Art. „‚Trojanerkrieg'-Fortsetzung', in: ²VL 9 (1995), Sp. 1069–1072.

[24] Das ist allerdings bei Konrad schon angelegt, insofern der Tod des Patroklus, der den Sieg der Griechen mit der Tötung Hektors durch Achill vorbereitet, schon vorher erzählt worden war, die jetzt erfolgende Rache des Achill also an die Geschehnisse vor dem letzten Kriegsjahr an Konrads Text unmittelbar anknüpfen kann.

[25] Lienert (Anm. 23), Sp. 1071.

[26] Ebd., Sp. 1072.

[27] Lienert (Anm. 22), S. 389.

*Fragment und Ganzheit im Mittelalter*

Ein Fragment? Nicht für den Schreiber, der eine vollständige Dichtung über den Trojanischen Krieg haben wollte. Die aber ist weiter fortsetzbar. Am Ende der Fortsetzung bekundet der Erzähler, über das weitere Schicksal der Figuren nichts zu wissen (V. 49706–49710); *dâ von ich disem buoche wil / balde nû ein ende geben* (V. 49722f.); *wan ez mich hie benüeget hât* (V. 49784). Doch stellt er Fortsetzern frei:

> swen nû diz buoch ze kleine
> an disen maeren dunke hie,
> der tihte ez baz und sage, wie
> ez in allen ergangen sî   (V. 49778–49782)

Konrads Werk generiert neue Ganzheiten.

In Lienerts Überlieferungsübersicht über den ‚Trojanerkrieg‘,[28] das heißt aus moderner Perspektive und aus der Perspektive von Konrads Werk, sind auch die in Weltchroniken aufgenommenen Abschnitte aus Konrads Werk als ‚Fragmente‘ der Dichtung verbucht. Fragmente sind sie aber nur vom Standpunkt eines modernen Werkbegriffs. Aus mittelalterlicher Sicht sind sie Teile historischer Überlieferung, die, zusammen mit anderen Quellentexten, in eine neue Ganzheit eingehen, als Beiträge zu einer weltgeschichtlich folgenreichen Geschehensfolge. Ganzheit ist anders definiert.

## 6.

Mein letztes Beispiel ist der „Jüngere Titurel".[29] Die komplexe Situation der verleugneten bzw. eingestandenen Verfasserschaft (‚Wolfram‘) und ihrer überlieferungsgeschichtlichen Basis, das Problem der in den Handschriften bzw. Handschriftengruppen unterschiedlich platzierten sogenannten ‚Hinweisstrophen‘, der Stellenwert des Verfasserfragments in Bezug auf den Gesamttext haben zu kontroversen Bewertungen der Überlieferungsträger, der Entstehungsgeschichte des Werks, des Gönnerproblems, der Erzählerrollen geführt, ohne dass die Diskussion zu einem eindeutigen Ergebnis gekommen wäre. Sie kann hier nicht nachgeholt werden. Ich will nur an einige elementare Tatsachen erinnern, die mit den bisherigen Überlegungen verwandt sind und die mittelalterlichen Auffassungen des Fragmentbegriffs beleuchten.

---

[28] Lienert (Anm. 22).
[29] Die für das Fragmentproblem entscheidenden Stellen finden sich in: Albrechts von Scharfenberg Jüngerer Titurel. Nach den ältesten und besten Handschriften kritisch hg. v. Werner Wolf, Bd. I: Strophe 1–1957 (DTM 45), Berlin 1955.

Die auf Wolfram zurückgehenden Teile des ‚Titurel' sind als Fragmente überliefert.[30] Diese Teile sind in den ‚Jüngeren Titurel' integriert worden, allerdings bearbeitet und in einen Zusammenhang gestellt, der Wolframs Erzählkonzept revidiert. Dies geschieht angeblich mit der Stimme Wolframs: Als Erzähler erscheint im Text überwiegend ‚Wolfram' und Umschreibungen seines Namens. Der ‚Jüngere Titurel' ändert namens dieses ‚Wolfram' die Konzeption der Geschichten um den Gral, wie sie in Wolframs ‚Parzival' angelegt ist. Die Vervollständigung der ‚Titurel'-Fragmente geht also, wie im ‚Tristan', einher mit einer ästhetischen Neukonzeption, hier mittels einer neuen Bewertung des Gralsrittertums. Anders als bei Ulrich von Türheim und Heinrich von Freiberg wird aber der Wechsel des Autors dieser Neukonzeption cachiert. Der Erzähler beansprucht, in der Maske Wolframs und gestützt auf dessen Autorität, den wahren Sinn des Textes auszusprechen, der ursprünglich nur unvollkommen verwirklicht worden sei.

Nachdem jahrelang Albrecht als skrupelloser Plagiator gescholten wurde,[31] hat sich zuletzt eine differenziertere Betrachtung durchgesetzt, die davon ausgeht, dass die zeitgenössischen Kenner die Autorschaftsfiktionen durchschauten. Besonders Volker Mertens hat daran erinnert, dass sich im höfischen Roman schon vor 1200 ein Fiktionsbewusstsein ausbildet, das wie in neuzeitlicher Literatur erlaubt, zwischen der Erzählerfigur, die als minder kompetent inszeniert wird, und einem „Hypererzähler", der diese Erzählerfigur überlegen korrigiert, zu unterscheiden.[32] Im ‚Iwein'[33] Hartmanns von Aue greift der ‚Hypererzähler' korrigierend in die Beschreibung der Trennung des Helden von seiner Geliebten ein und ruft den Erzähler ‚Hartmann' zur Ordnung: *dune hâst niht wâr, Hartman* (V. 2982). Dies, so Mertens, entspreche der Situation im ‚Jüngeren Titurel', wo die Stimme des ‚Hypererzählers' ‚Wolfram', den Erzähler des ‚Parzival', korrigiere. Diese Inszenierung der Erzählinstanzen verbiete, im ‚Jüngeren Titurel' von erschlichener Autorschaft zu sprechen. Ein literarisch kompetentes Publikum habe dieses Rollenspiel durchschaut. Erst in der späteren Rezeption sei diese Einsicht verloren gegangen.[34]

---

[30] Wolfram von Eschenbach, Titurel, hg., übers. u. mit einem Stellenkomm. u. einer Einführung vers. v. Helmut Brackert u. Stephan Fuchs-Jolie, Berlin / New York 2003.
[31] Die ältere Forschungsgeschichte bei Dietrich Huschenbett, Art. ‚Albrecht, Dichter des ‚Jüngeren Titurel'', in: ²VL 1 (1978), Sp. 158–173.
[32] Volker Mertens, Wolfram als Rolle und Vorstellung. Zur Poetologie der Authentizität im ‚Jüngeren Titurel', in: Geltung der Literatur. Formen ihrer Autorisierung und Legitimierung im Mittelalter, hg. v. Beate Kellner, Peter Strohschneider u. Franziska Wenzel (PhSt 190), Berlin 2005, S. 203–226; hier: 205f.
[33] Hartmann von Aue, Iwein. Text der siebenten Ausgabe v. Georg Friedrich Benecke, Karl Lachmann u. Ludwig Wolff. Übersetzung und Anmerkungen von Thomas Cramer, Berlin 1968.
[34] Mertens (Anm. 32), S. 215–218.

Die anonyme Stimme, die ‚Hartmann' ins Wort fällt, gehört im ‚Iwein' natürlich auch dem Autor Hartmann von Aue, wie man allgemein annimmt. Im ‚Jüngeren Titurel' gehört die Stimme tatsächlich einem anderen Autor, der sich als ‚Hypererzähler' inszeniert, aber behauptet, im Namen ‚Wolframs' zu sprechen. Wenn, wie Mertens schreibt, die Spaltung der Erzähler-Instanz von einem literarisch gebildeten Publikum verstanden und als Hinweis auf die Fiktionalität des Erzählten genossen wurde, dann gilt das auch für den Fall, dass die Stimmen tatsächlich nicht derselben Person gehören. Beide Male ist ‚richtiges' Erzählen an eine übergeordnete Erzählerstimme gebunden.

Die Spezialisten für den ‚Jüngeren Titurel' mögen entscheiden, ob damit das Problem des Spiels des Textes mit dem Namen Wolfram gelöst ist. Ich möchte nur darauf aufmerksam machen, dass einige bisherige Beobachtungen zum Verhältnis von Geschichte, Verfasser, Werk und Ganzheit dadurch bestätigt werden. Man trifft wieder auf die mittelalterlichem Erzählen eingeschriebene Möglichkeit des Wieder-, Weiter- und Neu-Erzählens, auf die ‚Offenheit' des Textes. An der Geschichte, die Wolfram von Eschenbach erzählte, kann weitergebaut werden. Am Beispiel des ‚Alexanderliedes' war zu sehen, wie der umformulierte, erweiterte und ergänzte Straßburger ‚Alexander' ganz selbstverständlich als Werk des Pfaffen Lamprecht auftrat. Warum sollte die Korrektur nicht Werk Wolframs sein? Auch der Erzähler des ‚Jüngeren Titurel' will die Geschichte (*ditze mær*) ernennen – von Neukirchen glossiert als „‚zu ende nennen', ‚ganz aussprechen'" –, aber als Werk Wolframs. Das impliziert die Ansicht, „der ‚Parzival' sei in bestimmter Hinsicht nicht vollständig und deshalb zu ergänzen".[35]

Neukirchen hat die Auseinandersetzung des Prologs im ‚Jüngeren Titurel' mit dem Prolog von Wolframs ‚Parzival' untersucht. Der ‚Jüngere Titurel' kommt mit Str. 18 auf Parzival und den *zwîvel* an der Gnade Gottes zu sprechen und diskutiert Wolframs Prolog, „und zwar so, daß dem Rezipienten nun klar wird, wer der Erzähler zu sein vorgibt – Wolfram von Eschenbach. Diese Fiktion will ernstgenommen werden. [...] In Albrechts Rollenfiktion stellt Wolfram sich als Autor des ‚Parzival' vor",[36] und dies, wohlgemerkt, bevor der Name Wolfram überhaupt fällt (zuerst Str. 233). Den, der hier *ich* sagt (Str. 19f.) und selbstkritisch seine Worte über den *zwîvel* resümiert, muss der Rezipient auf den Autor des ‚Parzival' beziehen. Darin liegt keine Anmaßung der Rolle des bewunderten Meisters,[37] sondern der Versuch, das von diesem

---

[35] Thomas Neukirchen, Die ganze *aventiure* und ihre *lere*. Der ‚Jüngere Titurel' Albrechts als Kritik und Vervollkommnung des ‚Parzival' Wolframs von Eschenbach (Beihefte zum Euphorion. Zeitschrift für Literaturgeschichte 52), Heidelberg 2006, S. 77.
[36] Ebd., S. 56f.
[37] Ebd., S. 64.

angeblich Intendierte direkter und klarer herauszubringen, indem der ‚Hypererzähler' „die Autorität und den Namen Wolframs kritisch benutzte, um das irritierende Sinnpotential des ‚Parzival' in andere und vor allem geordnete Bahnen zu lenken".[38] Der ‚Jüngere Titurel' beansprucht also eine höhere (explizitere und vollständigere) Ganzheit zu repräsentieren als Wolframs Texte. In diesem Sinne meldet sich gegen Ende der Verfasser *Albrecht*; er beansprucht, über das Ganze der Geschichte zu verfügen und sie daher ‚richtig' zu erzählen: *Die aventiure habende bin ich, Albreht, vil gantze* (V. 5961,1).[39] Das Ganze ist nicht ein Text, zu der die ‚Titurel'– Texte beitragen, nicht die Ergänzung eines unvollendeten Werks Wolframs, sondern die Vervollständigung einer *aventiure*.

Wolframs Fragmente werden in den ‚Jüngeren Titurel' eingefügt, wobei sie, wie ein Teil der Forschung glaubt, durch sogenannte ‚Hinweisstrophen' als Werke Wolframs herausgehoben werden. Das ‚authentische' Fragment Wolframs würde nach dieser These vom restlichen Text abgehoben, wie dies ansatzweise im ‚Tristan' geschieht. Aber abgesehen davon, dass die angeblichen Hinweisstrophen als Hinweise wenig aussagekräftig sind, werden sie, wie Neukirchen nachwies, erst durch massive Texteingriffe in Wolfs kritischer Ausgabe an zwei Stellen mit den Wolfram-Bruchstücken zusammengebracht. Wolfs Platzierung ist nach der Handschrift A, die der kritischen Ausgabe zugrunde liegt, falsch; sie widerspricht dem handschriftlichen Befund.[40] In A (Wien, Österr. Nationalbibl., Cod. 2675, und der Handschriftengruppe I, zu der sie gehört, insgesamt) steht die erste der angeblichen Hinweisstrophen nicht vor dem ersten Wolfram-Bruchstück, sondern zusammen mit den sogenannten ‚Kunststrophen', die über die Poetik des Textes Auskunft geben, an anderer Stelle, wo kein Text Wolframs folgt. In Redaktion II geht sie zwar dem ersten Wolfram-Bruchstück voraus, allerdings hier ohne die ‚Kunststrophen'. Die Platzierung in der kritischen Ausgabe kombiniert also die Lesart beider Redaktionen. Sie ist somit durch die Überlieferung nicht gedeckt.

Die zweite sogenannte Hinweisstrophe fehlt in der Redaktion I, also auch in Handschrift A, völlig. Sie wird in Wolfs kritischer Ausgabe aus der Redaktion II interpoliert, und zwar an der Stelle, an der sie dort steht, nämlich vor dem zweiten Wolfram-Bruchstück.

In den Handschriften der Redaktion I (mithin auch der Leithandschrift A) sind Wolframs ‚Titurel'-Fragmente also nicht herausgehoben. Sie enthält keine

---

[38] Ebd., S. 76.
[39] Albrechts von Scharfenberg Jüngerer Titurel. Nach den Grundsätzen von Werner Wolf kritisch hg. v. Kurt Nyholm, Band III/2: Strophe 5418–6327 (DTM 77), Berlin 1992.
[40] Thomas Neukirchen, *krumb* und *sliht*. Über die sogenannten Hinweis- und Kunststrophen im Überlieferungszweig I des ‚Jüngeren Titurel', in: ZfdA 132 (2003), S. 62–76, bes. 68 u. 71f.

Hinweisstrophe am vermuteten ‚richtigen' Platz. Außerdem fehlen in einem Teil der handschriftlichen Überlieferung (Handschrift H, Heidelberg, Universitätsbibl., Cpg 141) die Hinweisstrophen gänzlich, in einem anderen (I) fehlt die eine, die andere ist weit entfernt von Wolframs Bruchstücken eingepasst. Daraus ist zu folgern: Der Überlieferungszweig I (der der Ausgabe zugrunde liegt) und die Handschrift H sind an Wolframs Werk und seiner Bruchstückhaftigkeit überhaupt nicht interessiert, sondern nur am Ganzen der Geschichte des Gralsgeschlechts. Der Hinweischarakter der fraglichen Strophen in Wolfs kritischer Ausgabe ist mithin einer von Herausgebers Gnaden, indem sie aus einem anderen Überlieferungszweig interpoliert sind.

Im Übrigen fragt sich, worauf die Hinweisstrophen überhaupt hinweisen. Die erste soll die besondere Strophenform gegen Entstellung durch Schreiber verteidigen. Das ist bestenfalls ein schwacher Hinweis auf das Wolfram-Fragment. Die Strophenform hat der „Jüngere Titurel" von den eingeschmolzenen Wolfram-Teilen nicht einfach übernommen, sondern um einen Binnenreim erweitert. Nur in einem Teil der Handschriften lässt sich die Beschreibung der Strophenform eindeutig auf diejenige in Wolframs Bruchstücken beziehen.[41] Der Hinweis auf Herkunft der Strophe, den der moderne Philologe vermutet, war deshalb für den mittelalterlichen Rezipienten kaum verständlich. In der zweiten Hinweisstrophe, die Wolf in die Gruppe I interpoliert, ist davon die Rede, dass der Text auf einen älteren zurückgeht, der nach einer Unterbrechung von 50 Jahren fortgesetzt wird: *ein meister ist uf nemende, swenn iz mit tod ein ander hie gerumet* (V. 1172A, 4).[42] Das drückt – ganz allgemein – den historischen Abstand des „Jüngeren Titurel" zu dem früheren Text aus, ist aber kein expliziter Hinweis auf Wolframs Fragmente und stimmt im Übrigen mit der Aussage des Verfasserfragments überein.

Der unsichere Platz der Hinweisstrophen, ihr Fehlen in einem Teil der Überlieferung und ihre räumliche Trennung von den Wolframfragmenten in einem anderen Teil, ihre sehr verkürzte Aussage zur poetischen Gestalt der Fragmente Wolframs und des „Jüngeren Titurel" haben Zweifel an der ursprünglichen Zugehörigkeit der Hinweisstrophen zum Text begründet.[43] Sie lassen jedenfalls in

---

[41] Nur in einem Teil von I trifft die Beschreibung der Strophe auf Wolframs Fragmente zu (Neukirchen [Anm. 40], S. 72); in einem anderen passt sie auf die Strophenform des „Jüngeren Titurel". Der Binnenreim der Strophen im „Jüngeren Titurel", der auch in den anschließenden, auf Wolfram zurückgehenden Strophen eingeführt wird, bleibt in A unerwähnt; vgl. auch Mertens (Anm. 32), S. 222.

[42] Wolf (Anm. 29), S. 300. Die Strophe 1172A wird aus dem Zusammenhang gerissen, in dem sie in Zweig B steht; die in B vorausgehende Strophe ist in A ersetzt.

[43] Friedrich Zarncke, Zum jüngern Titurel, in: PBB 7 (1880), S. 606–609; Werner Schröder, Die sogenannten Hinweisstrophen nebst ‚Kunst'-Strophen und Aventiure-Gespräch in der Überlieferung des ‚Jüngeren Titurel' (Akademie der Wissenschaften und

der Überlieferungsgeschichte des ‚Jüngeren Titurel' ein allenfalls marginales Interesse an Wolframs Fragmenten erkennen. Wieder steht nicht das von einem Dichter verantwortete Werk im Vordergrund, sondern die Integrität einer Geschichte, die es erzählt.

Das bestätigt auch das Heidelberger Verfasserfragment (Heidelberg, Universitätsbibl., Heid. Hs. 1332),[44] das im Allgemeinen als späte Revision der ursprünglichen Präsentation des Werks als Werk Wolframs von Eschenbach betrachtet wird. Es trägt alle äußeren Kennzeichen eines aus einem größeren Ganzen herausgelösten Bruchstücks. Es ist ein Einzelblatt, dessen unterer Teil abgeschnitten ist, mit einem gut lesbaren Schriftspiegel. Da das Blatt mit Vers 1b mitten in einer Titurelstrophe einsetzt, ist gesichert, dass ihm weiterer Text vorausging. Allerdings ist unklar, wie sich das Fragment in den vollständigen Text des ‚Jüngeren Titurel' eingefügt hätte. Im Verfasserfragment steht das als Ganzes zu vollendende Werk im Zentrum. Es nennt sich als Verfasser ein Albrecht, der ähnlich wie die ‚Tristan'-Fortsetzer sagt, dass Wolframs Werk durch den Tod des Autors unvollendet geblieben sei.[45] Er wolle, indem er es vollende, nicht Wolframs überragende Leistung herabwürdigen (*swache[n]*, V. 13,1a+b), denn nie sprach *leien mvnde* besser (V. 15,1a+b). Wolframs Kunst sei unerreichbar. Albrecht klagt, dass er (Wolfram) nicht solange lebte, *vntz er werdeclichen wer der aventivre ein ende gebende* (V. 1,4a+b). Aber die Ganzheit der Aventiure ist nicht an die Lebenszeit ihres Erfinders gebunden. Zu diesem Zweck bemüht der Sprecher den Vergleich mit dem Markusdom in Venedig, dessen Erbauer starben: *ir werch daz edel tivre liezzen si dar vmb nicht verterbn* (V. 2,4a+b). Andere müssen sie ersetzen, die *worhten sam die erren* (V. 3,3).

Hier ist das zu vollendende Ganze schon ein kunstvoller Bau. Aber dieses Werk ist Kollektivaufgabe, gewissermaßen die Leistung einer Bauhütte. Sie sichert, dass die Kunst fortbesteht. Albrecht positioniert sich im Kollektiv, aber er erkennt die überragende Leistung Wolframs an. Es ist unsinnig, das Unvollendete zu loben, wenn man Fehler an dem Werk der Fortsetzer, dem vollendeten Werk, feststellt. Er fragt: *ist witze, swer daz ninner / lobt swenne er hat gebrechen an dem merren* (V. 3,4a+b). Das Unvollständige – das Fragment –

---

der Literatur Mainz. Abhandlungen der Geistes- und Sozialwissenschaftlichen Klasse 1993,12), Mainz 1993; Walter Röll, Studien zu Text und Überlieferung des sogenannten ‚Jüngeren Titurel' (Germanische Bibliothek. Dritte Reihe. Untersuchungen und Einzeldarstellungen), Heidelberg 1964.

[44] Erich Petzet, Über das Heidelberger Bruchstück des ‚Jüngeren Titurel', in: Sitzungsberichte der philosophisch-philologischen und der historischen Klasse der Königlichen Bayerischen Akademie der Wissenschaften zu München, Jahrgang 1903, München 1904, S. 287–320.

[45] Zitate nach Petzet (Anm. 44), S. 292–297; vgl. Albrecht von Scharfenberg, Der jüngere Titurel. Ausgewählt u. hg. v. Werner Wolf (Altdeutsche Übungstexte 14), Bern 1952, S. 78–80.

mag besser sein, trotzdem ist die Vervollständigung vorzuziehen. Entscheidend ist: *Sol des div werlt engelten vnd kvnst sin verdorben,* nur weil Wolfram – der von *plivelden* – gestorben ist (V. 4,1–2), *der mit getiht an worten wer so chlvge* wie niemand sonst (V. 4,4b)? Das Interesse an der Vollendung der Gestalt des Werks – analog zum Markusdom – (nicht bloß an biographischer Vollständigkeit des *maere*), ist höher zu bewerten als die besondere Leistung des Künstlers, der es begann, der in den Parzival-Gral-Geschichten ein vollkommenes Ganzes schaffen wollte, aber starb, bevor das Werk vollendet war.

7.

Die Ganzheit, in Bezug auf die das Fragment Fragment ist, ist also jeweils anders definiert als in der Moderne. Sie ist noch nicht das geschlossene Kunstwerk, das in allen seinen Teilen ein Dichter verantwortet. Aber die Vorstellung von Ganzheit verschiebt sich gegenüber der Vollständigkeit der Geschichte auf die Vollständigkeit des Werks. Was als Werk betrachtet wird, ist ebenfalls anders als in der Moderne. Es kann die Weiterentwicklung und Vollendung einer Geschichte einschließen.

Meine Beispiele waren epische Texte. Ganzheit kann auch anders definiert sein. Auch Sammelhandschriften können als Ganzheit gefasst werden, als ‚Sinneinheiten', von denen Bruchstücke womöglich aus anderem Kontext stammen: der „Codex als Text" (St. Müller).[46] Das Kolloquium hat weitere solcher Ganzheiten vorgestellt.[47] In den meisten Fällen sollte man die Teile, aus denen sie zusammengesetzt sind, nicht als Fragmente betrachten. Sie sind aus anderen Ganzheiten herausgeschnitten, ohne dass sie auf diese Ganzheiten verweisen. Sie werden zu integralen Elementen einer neuen Ganzheit. Die ‚Bruchkanten' zwischen ihnen müssen nicht unbedingt noch zu erkennen sein – außer, sie sind schlecht integriert. Nur der Philologe ist an Sonderung der Teile interessiert, fasst Auszüge aus Dichtungen, wie Konrads von Würzburg ‚Trojanerkrieg' in Weltchroniken, als Fragmente der Dichtung auf. Diese Auszüge mögen aus moderner Perspektive Fragmente der Dichtung sein, aus mittelalterlicher sind sie Teile einer beliebig kombinierbaren Geschichte.

Abstract: 'Fragments' are fragmentary with regard to a whole. This whole is defined differently in the Middle Ages and in Modern Times. In the case of the Nibelungensaga the whole is the story to be told which permits that two epics of quite different shape – the

---

[46] Stephan Müller, Der Codex als Text. Über geistlich-weltliche Überlieferungssymbiosen um 1200, in: Literarische und religiöse Kommunikation in Mittelalter und Früher Neuzeit, DFG-Kolloquium 2006, hg. v. Peter Strohschneider, Berlin / New York 2009, S. 411–426.
[47] Vgl. die Beiträge von Eva Bauer und Henrike Manuwald in diesem Band.

'Nibelungenlied' in stanzas of long verses and the 'Nibelungenklage' in pairs of rhyming short verses – in the tradition are linked together as one homogenous 'work'. In the 'Alexanderlied', too, the story of Alexander the Great is the whole to be told. Even if it is presented as the work of a certain poet who gives it a certain shape, the story can be completed, variated, and written out, entirely under the author's name. 'Tristan' by Gottfried of Strasbourg is unfinished. Only one manuscript transmits the fragment of Gottfried separately. The other manuscripts also complete the story, some marking the beginning of the continuation, some not; some indicating the different authors, some not. The 'Jüngere Titurel' already has an idea of the literary work as the product of a poet. But, if the poet leaves it imperfect, it can be perfected in his name (the so-called Wolfram-role in the 'Jüngere Titurel' is not a plagiarism). If the poet lets it unfinished it can be completed by a collecive of other artists (the example of the cathedral of Venice). Thus, usually the whole in the regard of which a fragment is a fragment in the Middle Ages is mainly not the literary work of a certain author.

## Fragmentarisches Erzählen

### Zur Poetik narrativer Unabgeschlossenheit im ‚Parzival-Titurel'-Komplex Wolframs von Eschenbach

von Britta Bussmann und Albrecht Hausmann

Als Parzival das erste Mal auf seine Cousine Sigune trifft, trauert diese um ihren unmittelbar zuvor erschlagenen Geliebten Schionatulander, dessen Leichnam sie in ihrem Schoß hält. Von Parzival daraufhin nach dem Mörder ihres Freundes befragt, nennt sie nicht nur den Namen des siegreichen Gegners, Orilus (Pz 141,8f.),[1] sie erläutert überdies die Gründe für Schionatulanders Tod: Ein *bracken seil* habe ihn im Dienst um ihre, Sigunes, Minne ins Verderben gerissen (Pz 141,16); gleichzeitig sei Schionatulander aber auch im Dienst für Parzival (*durch dich*, Pz 141,2) bei der Verteidigung von dessen Erbländern gefallen.

Beide Erklärungsansätze sind von Belang, wenn man sich dafür interessiert, wie die ‚Parzival'-Welt konstruiert ist, zeigt sich hier doch exemplarisch, dass der Eschenbacher eine Welt mit Tiefendimension entworfen hat, eine Welt also, in der man mit Wolfgang Mohr einen epischen Vordergrund und einen epischen Hintergrund unterscheiden kann.[2] Sie eröffnen nämlich beide bereits innerhalb des ‚Parzival' (das heißt ohne die Ergänzung durch den ‚Titurel') einen – wenngleich begrenzten – Blick auf weitere Handlungsstränge jenseits des Âventiure-Wegs des Protagonisten. Der Hinweis auf das Brackenseil deutet dabei, freilich in äußerster Verknappung, eine (Liebes-)Vorgeschichte ‚hinter' der eigentlichen Handlung des ‚Parzival' an,[3] erzeugt in diesem Roman allerdings eine markante

---

[1] Wir zitieren Wolframs ‚Parzival' (Pz) nach folgender Ausgabe: Wolfram von Eschenbach, Parzival. Studienausgabe, Mittelhochdeutscher Text nach der sechsten Ausgabe von Karl Lachmann. Einführung zum Text von Bernd Schirok, Berlin / New York 1999.

[2] Wolfgang Mohr, Zu den epischen Hintergründen in Wolframs ‚Parzival' [1965], in: ders., Wolfram von Eschenbach. Aufsätze (GAG 275), Göppingen 1979, S. 138–151, insbes.: 140.

[3] Cornelia Schu spricht ähnlich wie Mohr (Anm. 2) in ihrer Dissertation von einer im ‚Parzival' suggerierten „Welt ‚hinter' dem Text" (Cornelia Schu, Vom erzählten Abenteuer zum ‚Abenteuer des Erzählens'. Überlegungen zur Romanhaftigkeit von Wolframs ‚Parzival' [Kultur, Wissenschaft, Literatur 2], Frankfurt a. M. u. a. 2002,

Leerstelle. Weder Signe noch der Erzähler werden noch einmal auf die Äußerung zurückkommen. Direkt fassbar wird im ‚Parzival' somit lediglich das Ende der Geschichte (durch Schionatulanders und später auch Sigunes Tod), nicht aber ihre eigentliche Handlung. Sigunes zweiter Erklärungsansatz, Schionatulander sei im Dienst für Parzival gestorben, behauptet einen Zusammenhang zwischen Schionatulanders Tod und der Anschouwe-Lalander-Fehde. Die Fehde verläuft parallel zur gesamten Parzival-Handlung und wird im Text, ganz im Unterschied zum Brackenseil, gleich mehrfach erwähnt, jedoch nie in den narrativen Vordergrund gehoben.[4] Die Fehdehandlung verschwindet folglich weitestgehend hinter der Haupthandlung; erst am Ende des Textes verschmilzt sie mit dieser und fließt in den offenen Erzählschluss des ‚Parzival' ein: Parzivals Sohn Kardeiz erbt die Verpflichtung, Waleis und Norgals zurückzuerobern, zusammen mit den Ländern von seinem Vater, als dieser zum Gral berufen wird.[5] Schionatulanders Verstrickung in die Fehde bleibt hingegen im ‚Parzival', ebenso wie das Brackenseil, ein blindes Motiv und verliert diesen Status auch nicht durch die in den ‚Titurel'-Fragmenten nachgelieferten Informationen.[6]

Karl Lachmann bezieht sich nicht zuletzt auf diese erste Sigune-Szene, wenn er – noch im Glauben an eine zusammenhängende, Kyot zuzuschreibende Vorlage für den Gralstoff – in der Vorrede zu seiner Wolfram-Ausgabe von 1833 Wolframs im ‚Parzival' zu beobachtendes Erzählverfahren mit seinem eigentümlichen Zusammenspiel von offenbarten, angedeuteten und unausgeführt bleibenden Nebenhandlungen als einen Prozess „verständiger wahl" beschreibt. Wolfram habe aus einer Vielzahl von erzählbaren Geschichten neben der Geschichte Parzivals beispielsweise jene von Gahmuret und Gawan ausgesondert, andererseits habe er „außer dem was er für den Titurel bestimmte, noch manches aus[gelassen], was entweder unbedeutend oder störend zu sein schien".[7]

---

S. 226). An dieser Sprechweise orientieren wir uns für unseren Beitrag. Vgl. auch Markus Stock, Lähelin. Figurenentwurf und Sinnkonstitution in Wolframs ‚Parzival', in: PBB 129 (2007), S. 18–37, hier: 18.

[4] Der Hauptantagonist der Fehdehandlung, Lähelin, tritt überhaupt nur in der Elternvorgeschichte direkt in Erscheinung, also vor Ausbruch des Kriegs, als einer von Gahmurets Gegnern beim Turnier in Kanvoleiz (Pz 79,13–30). Vgl. insgesamt Stock (Anm. 3); zu Lähelins Rolle in der Kanvoleiz-Partie siehe insbesondere S. 25f.

[5] Dass Kardeiz diese Aufgabe zumindest in Teilen erfolgreich bewältigen wird, kündigt der Text immerhin an: *der betwang och sider Kanvoleiz / und vil des Gahmuretes was* (Pz 803,22f.). Siehe dazu Stock (Anm. 3), S. 34, und Joachim Bumke, Parzival und Feirefiz – Priester Johannes – Loherangrin. Der offene Schluss des ‚Parzival' von Wolfram von Eschenbach, in: DVjs 65 (1991), S. 236–264, hier insbes.: 240f. (zu Kardeiz' Krönung).

[6] Andrea Lorenz, Der ‚Jüngere Titurel' als Wolfram-Fortsetzung. Eine Reise zum Mittelpunkt des Werks (Deutsche Literatur von den Anfängen bis 1700 36), Bern u. a. 2002, S. 48f.

[7] Karl Lachmann, Vorrede [von 1833], in: Parzival Studienausgabe (Anm. 1), S. IX–XXIV, hier: XXII.

*Fragmentarisches Erzählen*

Dass sich das im ‚Parzival' Erzählte den Rezipient:innen als „Ausschnitt eines größeren Zusammenhangs" präsentiert,[8] führt Lachmann demnach auf den Entstehungsprozess zurück: Aus dem Großen geht für ihn durch Extraktion das Kleine (die konkrete ‚Parzival'-Handlung) hervor, die im Roman angedeutete „Welttotalität"[9] findet ihren Rückhalt im Gesamt des Stoffes. Dass die Forschung den Wahrheitsgehalt der Kyot-Berufung heutzutage überwiegend anders einschätzt und Kyot sowie die vorgebliche Quelle für eine Fiktion erachtet,[10] kehrt diese Relation um: Tatsächlich evoziert das Kleine „über eine Vielzahl offener und verborgener Verweise"[11] erst das Große. Das Ganze, von dem der ‚Parzival' ein Teil zu sein vorgibt, ist und war daher immer nur als Andeutung vorhanden; ebenso wie die Ausschnitthaftigkeit des Erzählten ist der mit ihr implizierte Auswahlprozess des Erzählers eine narrativ vermittelte Suggestion.Wir interpretieren diese Erzählweise im vorliegenden Beitrag als Ausdruck einer ‚Poetik der Unabgeschlossenheit', der wir einen spezifischen narrativen Zweck unterstellen: Im ‚Parzival-Titurel'-Komplex evoziert Wolfram eine von einer Vielzahl von Figuren bevölkerte Welt, die so groß erscheint, dass man sie nicht fertig erzählen kann. Er imitiert damit die Komplexität und Kontingenz der Realität, statt sie zu reduzieren, und distanziert sich – so unsere im Folgenden weiter auszuführende These – erkennbar von zeitgenössischen Erzählverfahren wie zum Beispiel dem arthurischen Doppelweg, die genau dies zugunsten einer strukturell erzeugten Ordnungssuggestion tun. Das tatsächlich Erzählte muss bei Wolfram vor dem Hintergrund einer solchermaßen ausufernden Diegese notwendig fragmentarisch bleiben. Damit meinen wir nicht jene faktische Unvollendetheit, wie sie etwa beim ‚Titurel' zu beobachten ist, sondern eine davon klar zu unterscheidende Unabgeschlossenheit, die aus dem Erzählverfahren selbst resultiert und deren Analyse eine texttheoretische Erweiterung des Fragmentbegriffs erforderlich macht.[12] Diese Differenzierung zahlt sich auch

---

[8] Stock (Anm. 3), S. 18. Ähnlich Schu (Anm. 3), S. 226.
[9] Stock (Anm. 3), S. 18.
[10] Einen Überblick über die Entwicklung der Forschungsdiskussion zum Kyot-Problem bietet Joachim Bumke, Wolfram von Eschenbach, 8., völlig neu bearbeitete Auflage (SM 36), Stuttgart 2004, S. 244–247. Vollständig geklärt ist die Quellenfrage bislang nicht – auch in rezenten Arbeiten wird noch die These vertreten, dass Kyot tatsächlich existiert habe; so etwa bei Barbara Haupt, Verstecken und Verschleiern: Zum Umgang mittelalterlicher Autoren mit ihren literarischen Quellen. Mit einem Beitrag zum Kyot-Problem, in: ZfdPh 135 (2016), S. 321–347, hier: 332–347.
[11] Stock (Anm. 3), S. 18.
[12] Dass der ‚Parzival' „seine eigene Unabschließbarkeit und Ausschnitthaftigkeit als solche zur Anschauung bringt" (Schu [Anm. 3], S. 438), ist keine grundsätzlich neue Entdeckung, sondern wird in der Forschung schon lange herausgestellt. Vgl. neben Schu etwa auch Stock (Anm. 3) und Bumke (Anm. 5), die besonders mit Blick auf den Schluss betonen, dass „Unabgeschlossenheit [...] am Ende ja geradezu zum Erzähl-

mit Blick auf Albrechts ‚Jüngeren Titurel' aus: Albrechts ‚Fortsetzung' setzt eben nicht nur oder nur vordergründig bei der Unvollendetheit des wolframschen ‚Titurel' an, sondern lässt sich als (revidierende) Reaktion auf jene Poetik der Unabgeschlossenheit interpretieren, die wir für den ‚Parzival-Titurel'-Komplex insgesamt in Anschlag bringen.[13] Der ‚Jüngere Titurel' dient uns deshalb im vierten und abschließenden Kapitel dieses Beitrags auch als zeitgenössische Bestätigung für die historische Relevanz unserer Überlegungen.

Ausgangspunkt dieser Interpretation ist im ersten Kapitel eine Rekonstruktion des ‚welterzeugenden' Erzählverfahrens Wolframs und der damit verbundenen Suggestion eines auswählenden Erzählers, der sich auf der *discours*-Ebene zwischen Handlungssträngen bewegt. Dieses Verfahren deuten wir im zweiten Kapitel als Auseinandersetzung Wolframs insbesondere mit dem Strukturmodell des ‚Erec' (‚Doppelweg') und dem damit verbundenen Versuch, durch Struktur innerhalb einer Diegese Abgeschlossenheit und damit sinnstiftende ‚Ganzheit' zu erzeugen. Im dritten Kapitel wollen wir zeigen, dass Wolframs ‚Titurel' zwar einen im ‚Parzival' offengelassenen Handlungsstrang aufnimmt und wohl auch auserzählt hätte; die damit verbundene ‚Doppelung' zur Parzival-Handlung (die wir in der Parallelität der Protagonisten-Paare Sigune/Schionatulander und Parzival/Condwiramurs sehen) erzeugt aber gerade keine Abgeschlossenheit und hätte es wohl auch dann nicht getan, wenn der ‚Titurel' vollendet worden wäre: Die Geschichte lässt sich nicht stillstellen, so wie sich die Geschichte, die Sigune auf dem Brackenseil lesen möchte, nicht festhalten lässt.

## 1.

Mit der Übernahme der Gralherrschaft durch Parzival, der Hochzeit von Feirefiz und Repanse und der Loherangrin-Geschichte besitzt der ‚Parzival' als einzige von Wolframs Großdichtungen ein Ende, das durch den angefügten

---

prinzip erhoben" werde (Stock [Anm. 3], S. 22). Wir orientieren uns an dieser Begrifflichkeit, fassen ‚Unabgeschlossenheit' allerdings explizit terminologisch auf – nämlich in Abgrenzung zu einer durch Textabbruch verursachten ‚Unvollendetheit'. Mit Glauch (Sonja Glauch, An der Schwelle zur Literatur. Elemente einer Poetik des höfischen Erzählens [Studien zur historischen Poetik 1], Heidelberg 2009) kann man also sagen, dass ‚Unvollendetheit' ein „Textualitätsphänomen" beschreibt, ‚Unabgeschlossenheit' hingegen ein „Stilprinzip" (S. 224). Anders als Glauch denken wir jedoch nicht, dass der Gebrauch des Fragment-Begriffs auf unvollendete Texte eingeschränkt werden müsste (S. 223).

[13] Schon Lachmann (Anm. 7), S. XXII–XXIV, beschreibt Wolframs Erzählweise in Abgrenzung zu derjenigen des ‚Jüngeren Titurel'.

Epilog zweifelsfrei als in dieser Form geplanter Schlusspunkt der Erzählung ausgewiesen wird. Im Epilog nämlich nimmt der Erzähler ausdrücklich für sich in Anspruch, seinen Helden genau dorthin geführt zu haben, wo das Glück ihn sehen wollte (*dar sîn doch sælde het erdâht*, Pz 827,18); seine Hoffnung auf Wertschätzung durch *guotiu wîp* stützt sich überdies dezidiert darauf, *diz mær volsprochen* (Pz 827,25 und 28), also vollständig auserzählt, zu haben. Trotz der in der Forschung bereits des Öfteren thematisierten Brüchigkeit der Schlussfindung, die das Schicksal der Nachfolgegeneration (Priester Johannes, Kardeiz, Loherangrin) zwar einspielt, aber letztlich im Unklaren lässt, und die überdies zentrale Prämissen (Zutritt zum Gral) und Autoritäten (Trevrizent) der vorangegangenen Handlung wieder infrage stellt,[14] ist der ‚Parzival' folglich so, wie er ist, fertig. Dass der solcherart vollendete Text zugleich im oben besprochenen Sinn narrativ unabgeschlossen bleibt, ist allerdings nicht allein der inhaltlichen wie semantischen Instabilität des Romanendes zuzuschreiben. Als weiterer wesentlicher Faktor lässt sich vielmehr die von Wolfram genutzte spezifische Technik der Welterzeugung benennen. Im Zusammenspiel mit der Schlussfindung sorgen dabei vor allem die Mehrsträngigkeit der Erzählung, der Einsatz intertextueller Referenzen sowie die Gestaltung der (Neben-)Figuren und von Raum und Zeit dafür, dass das im ‚Parzival' Erzählte planvoll den Anschein erweckt, ein durch einen Selektionsvorgang hervorgegangener Ausschnitt aus einem größeren Ganzen zu sein.[15]

Wolframs Technik der Welterzeugung unterscheidet sich markant von derjenigen der zuvor gedichteten Artusromane. In Hartmanns ‚Erec' etwa wird die Erzählwelt noch im Wesentlichen durch den Weg des Protagonisten erschlossen; erhellt werden demzufolge nur jene Teile, die Erec streift. Lediglich an einzelnen Stellen, vornehmlich an Ruhepunkten der Handlung wie etwa der Beschreibung des Zugs der Hochzeitsgäste (Er 1902–2063) oder derjenigen von Enites dreifarbigem Zelter (Er 7264–7766), der eben nicht *dâ heime* gezogen wurde (Er 7393),[16] deutet Hartmann die über diesen beschränkten Blickwinkel hinaus-

---

[14] Zum offenen Schluss des ‚Parzival' siehe vor allem Bumke (Anm. 5).
[15] Zum Zusammenwirken dieser Faktoren mit der Schlussfindung vgl. Stock (Anm. 3), S. 18–20. Speziell zu den Nebenfiguren im ‚Parzival' siehe neben Stock auch Elke Brüggen, Schattenspiele. Beobachtungen zur Erzählkunst in Wolframs ‚Parzival', in: Erzähltechnik und Erzählstrategien in der deutschen Literatur des Mittelalters. Saarbrücker Kolloquium 2002, hg. v. Wolfgang Haubrichs, Eckart Conrad Lutz u. Klaus Ridder, Wolfram-Studien 18 (2004), S. 171–188 (am Beispiel von Ampflise). Zur Bedeutung intertextueller Anspielungen im ‚Parzival' siehe grundsätzlich Ulrike Draesner, Wege durch erzählte Welten. Intertextuelle Verweise als Mittel der Bedeutungskonstitution in Wolframs ‚Parzival' (Mikrokosmos 36), Frankfurt a. M. u. a. 1993.
[16] Hartmanns ‚Erec' (Er) wird zitiert nach: Hartmann von Aue, Erec. Mit einem Abdruck der neuen Wolfenbütteler und Zwettler Erec-Fragmente, hg. v. Albert Leitzmann, fortgef. v. Ludwig Wolff, 7. Aufl. bes. v. Kurt Gärtner (ATB 39), Tübingen 2006.

gehenden, latent bleibenden Dimensionen der Welt an. Im ‚Parzival' hingegen sind die Handlungsorte und das narrative Personal vervielfältigt. Das resultiert nicht zuletzt daraus, dass Wolfram – anders als Hartmann – mehrsträngig statt einsträngig erzählt, sodass sich im Hauptteil durch die Parallelführung von Parzival- und Gawan-Handlung gleich zwei Figuren als (zeitweilige) Protagonisten etablieren. Da der Eschenbacher der Parzival-Handlung überdies noch eine Elternvorgeschichte voranstellt, bietet der Text mit Gahmuret sogar eine dritte Figur auf, die phasenweise als Hauptfigur fungiert. Allen drei Protagonisten weist er eigene Bewährungsräume zu.[17] Weitere Handlungsräume werden dadurch erschlossen, dass sie mit einer der zahlreichen Nebenfiguren des ‚Parzival' verbunden sind. Sie werden also nicht dadurch von der Handlung berührt, dass sie von den Protagonisten selbst bereist werden, sondern erscheinen in Erzähler- oder Figurenberichten im Rückblick auf vorgelagerte Ereignisse. Sie bleiben folglich implizit, suggerieren jedoch selbst in ihrer ‚Schattenhaftigkeit',[18] dass die Welt jenseits der durch die Haupthandlung gebahnten Pfade bespielbar wäre. Dieser Eindruck beruht primär darauf, dass Wolfram viele seiner Nebenfiguren mit einem veritablen „nicht weiter besprochene[n] Leben ‚jenseits' des Textes" ausstattet,[19] das immer wieder dann virulent wird, wenn sich ihr Pfad mit demjenigen des jeweiligen Protagonisten kreuzt. Wenn Gahmuret beispielsweise während der Kämpfe um Patelamunt auf seinen Vetter Kaylet trifft, dann erfüllt diese Begegnung selbstverständlich eine narrative Funktion mit Blick auf Gahmuret (anders als Parzival vermeidet er bewusst die Tötung eines Verwandten), die Figur ist indes nicht nur einfach da, weil der Erzähler sie zu diesem Zweck benötigt. Kaylet kann Gahmuret stattdessen im Gespräch im Detail darlegen, was ihn nach Zazamanc geführt hat (Pz 48,17–49,19).[20] In einigen Fällen – etwa bei Schionatulander oder dem Paar Orilus und Jeschute – sind diese Einblicke in das Eigenleben oder die Vorgeschichte der Nebenfiguren mit intertextuellen Bezügen versehen. Diese verweisen insbesondere auf Hartmanns ‚Erec' und dienen insofern als zusätzliche Er-

---

[17] Parzivals Âventiure-Weg führt ihn zwar auch in den Orient und nach Bearosche, Schampfanzun und Logroys, aber er wird dabei nicht vom Erzähler begleitet. Zusammenfassende Erzählerberichte oder Figurenäußerungen tragen diese Informationen nach. Offenbar setzt Wolfram dies also als ein Mittel der Hierarchisierung von Handlungssträngen ein.
[18] Mit dem Begriff der ‚Schattenhaftigkeit' beziehen wir uns auf Brüggens Terminus der ‚Schattenspiele' und der ‚Schattenfiguren' (Brüggen [Anm. 15], S. 172). Mit letzterem Begriff bezeichnet sie solche Figuren, die im Text „zu keiner leibhaftigen Präsenz gelangen" (ebd.).
[19] Stock (Anm. 3), S. 19f.
[20] Wie das Beispiel zeigt, betrifft das Phänomen demzufolge nicht allein die ‚wichtigen' Nebenfiguren wie etwa Trevrizent oder Sigune, sondern ist insgesamt zu beobachten. Derartig ausgestaltete Nebenfiguren finden sich im ‚Erec' nicht.

*Fragmentarisches Erzählen*

weiterung, weil sie die ‚Erec'-Welt (und damit auch die schon von Hartmann mit ihr verknüpfte ‚Iwein'-Welt) zum Teil des im ‚Parzival' alludierten Erzähluniversums erklären, das – so die Suggestion – im ‚Parzival' selbst und in den anzitierten Vorgängern stets nur in Ausschnitten greifbar ist.[21]

Die Größe der von Wolfram auf diese Weise konstruierten Welt, ihre Vielgestaltigkeit und ihre Sättigung mit möglichen Handlungskernen, die Erzählalternativen zur Parzival-Handlung bieten könnten, legen immer schon nahe, dass sie in einem einzigen Text nur partiell, gleichsam als Fragment, wiedergegeben werden kann. Dieser Implikation wird zusätzlich dadurch Nachdruck verliehen, dass die ‚Parzival'-Welt gerade nicht mit den Textgrenzen endet. So deutet der offene Schluss des ‚Parzival' eine prinzipielle Fortführbarkeit der Erzählung über das Textende hinaus an, ein Teil der von Wolfram inserierten intertextuellen Anspielungen öffnet den Text hingegen dezidiert ‚nach vorne'. Denn während die ‚Tristrant'-Referenzen (Morholt erscheint sowohl als Teilnehmer der Kämpfe um Patelamunt wie beim Hochzeitsturnier in Kanvoleiz, Riwalin nur in Kanvoleiz; vgl. Pz 49,5; 67,19; 73,14 und 18; 82,11; 86,14) zu unspezifisch bleiben, um eine klare Auskunft über die zeitliche Verschränkung der Handlungen beider Romane geben zu können,[22] koordiniert der Eschenbacher die Handlung des ‚Erec' explizit mit derjenigen des ‚Parzival', indem er sie als Teil der Vorgeschichte seiner Figuren (beziehungsweise den ‚Parzival' als Nachgeschichte des ‚Erec') etabliert. Betroffen sind hier primär die ohnehin miteinander verknüpften Figuren Orilus, Jeschute und Schionatulander: Orilus' Frau Jeschute ist Erecs Schwester (Pz 134,6f.), Orilus selbst hat zweimal gegen Erec gekämpft und ihn vor Karnant besiegt (Pz 134,12–15), Schionatulanders Onkel und Vater sind im Sperberkampf beziehungsweise im Kampf gegen Mabonagrin gestorben (Pz 178,11–26).[23]

---

[21] Schu (Anm. 3), S. 222–230; Stock (Anm. 3), S. 19; ausführlich: Draesner (Anm. 15), S. 200–217. ‚Erec' ist nicht der einzige intertextuell anzitierte Text, aber der wichtigste von denjenigen, die zur Welterweiterung herangezogen werden. Manche der Referenzen (namentlich die auf den ‚Eneasroman' bezogenen) bleiben nämlich auf der Erzählerebene und richten sich insofern an ein literaturkundiges Publikum, das Vergleiche zwischen einzelnen Figuren ziehen soll; zu dieser grundsätzlichen Unterscheidung siehe auch Draesner (ebd., S. 177f.). Zur Welterweiterung verweist Wolfram beispielsweise auch auf den ‚Tristrant' (aus chronologischen Gründen ist als Bezugstext Eilharts Fassung des Stoffes anzunehmen) oder – sehr punktuell – auf den ‚Iwein' (ebd., S. 194–200 und 178). Dass die ‚Iwein'-Welt mit zur ‚Parzival'-Welt gehört, ist insofern nicht allein Hartmann geschuldet, durch diesen aber vorbereitet.

[22] Die Passage ist natürlich vor Morholts Tod einzuordnen, aber was genau das für die auf Tristrant und Parzival bezogenen Teile der Handlung heißt, bleibt offen. Die Erwähnung von Riwalin legt freilich nahe, dass die Vorgeschichten und die Hauptgeschichten beider Texte ungefähr parallel laufen. Siehe zu dieser Frage detaillierter Draesner (Anm. 15), S. 178–181.

[23] Schu (Anm. 3), S. 225–228; Draesner (Anm. 15), S. 200–212. Als Nachgeschichte zum

Auch ohne intertextuelle Anspielungen greift das Eigenleben der Nebenfiguren unter Umständen über Erzählanfang und -ende des Textes aus, weist mindestens aber vor die Geburt Parzivals und damit vor den Einsatz der Haupthandlung im engeren Sinne zurück; etwa dann, wenn Trevrizent seinem Neffen ausführlich über seine eigenen Âventiure-Fahrten berichtet und dabei unter anderem erwähnt, Parzivals Vater Gahmuret kurz vor dessen Tod in Sevilla getroffen zu haben (Pz 496,19–497,2). Das Eigenleben der Nebenfiguren unterstreicht demzufolge grundsätzlich die Ausschnitthaftigkeit des im ‚Parzival' Erzählten, ist im hier verhandelten Kontext indes darüber hinaus wichtig, weil es den Eindruck evoziert, dass weitere, parallel geführte Handlungsstränge hinter dem tatsächlich narrativ realisierten Handlungsstrang liegen und dass der Erzähler insofern Alternativen hätte.[24] Besonders deutlich tritt sein selektierendes Vorgehen durch den Wechsel zwischen Parzival- und Gawan-Handlung hervor, durch den Parzival phasenweise zur kaum punktuell erwähnten Nebenfigur herabgestuft wird. Die Âventiure erkenne neben oder sogar vor *des mæres hêrren Parzivâl* (Pz 338,7) durchaus noch weitere Helden an und werde eben jetzt für eine Weile (*ein wîl*, Pz 338,2) Gawan in den Mittelpunkt stellen, so kündigt der Erzähler zu Beginn der ersten Gawan-Partie in Buch VII an. Dies ist umso bemerkenswerter, als Wolfram andererseits (im Unterschied und als Neuerung zu Chrétien) Parzival als Hintergrundfigur in der Gawan-Handlung präsent hält und demnach beispielsweise die Belagerung von Bearosche genauso gut aus seiner Perspektive hätte erzählen können.[25]

Die auf diese Weise gegenüber Chrétien vereindeutigte räumliche und zeitliche Koordinierung von Parzival- und Gawan-Handlung[26] erleichtert Wolfram das Hin- und Her-Wechseln zwischen den beiden Handlungssträngen

---

‚Erec' kann der ‚Parzival' gegenüber dem Vorgängertext eine kommentierende Position einnehmen. In der Forschung wird in diesem Zusammenhang insbesondere diskutiert, inwieweit die Figur Orilus als Kritik an Erec intendiert ist. Siehe Draesner (Anm. 15), S. 211–217; Schu (Anm. 3), S. 226–230.

[24] Draesner (Anm. 15), S. 213, betont dies insbesondere für die mit intertextuellen Verweisen angereicherten Nebenfiguren: Sie zeigen, „daß sich simultan zu dem Geschehen, das Parzival direkt betrifft, andere Handlungen und Geschehnisse abspielen". Dieser Befund lässt sich freilich verallgemeinern und auf das Eigenleben aller Nebenfiguren übertragen, auch wenn keine intertextuellen Referenzen vorliegen.

[25] Vgl. neben der sehr ausführlichen Darstellung bei Antje Sablotny, Zeit und *âventiure* in Wolframs von Eschenbach ‚Parzival'. Zur narrativen Identitätskonstruktion des Helden (Deutsche Literatur. Studien und Quellen 34), Berlin / Boston 2020, S. 67–74, auch Mohr (Anm. 2), S. 143–146, sowie Bumke (Anm. 10), S. 143–145. Bumke denkt, dass „die Einzigartigkeit von Gawans ritterlichen Leistungen durch Parzivals Auftritte relativiert" werde (ebd., S. 145). Dem kann man freilich auch widersprechen – wir gehen (wie im nächsten Teil genauer gezeigt wird) eher davon aus, dass der Wechsel zu Gawan die Bedeutung von Parzivals ritterlichen Taten minimiert.

[26] Mohr (Anm. 2), S. 145; Bumke (Anm. 10), S. 144.

*Fragmentarisches Erzählen*

und macht ihr Zueinander für die Rezipient:innen transparent. Es gibt daher sicherlich pragmatische Gründe dafür, warum der Eschenbacher Parzival nicht gänzlich aus der Handlung verschwinden lässt. Sichtbar wird hierdurch freilich noch ein weiterer wichtiger Faktor seines welterzeugenden Verfahrens: Die ‚Parzival'-Welt ist nicht auf den Protagonisten hin gebogen;[27] insbesondere die Zeit verläuft in allen Strängen der Handlung gleich und tangiert die Nebenfiguren ebenso wie den – beziehungsweise die wechselnden – Protagonisten.[28] Wenn Parzival etwa zum zweiten Mal auf Sigune trifft, hat die Trauer um ihren toten Geliebten sie in der Zwischenzeit derart gezeichnet, dass Parzival sie zunächst gar nicht erkennt: *du hâst verlorn varw unde kraft* (Pz 253,5). Plastisch vorgeführt wird dieser Aspekt des alle Erzählstränge zusammenhaltenden, in gleichem Maß voranschreitenden Zeitverlaufs dadurch, dass Wolfram sowohl in die Parzival- als auch in die Gawan-Handlung des zweiten ‚Parzival'-Teils Szenen inseriert, in denen die seit dem Aufbruch der beiden Helden vom Plimizœl verstrichene Zeit berechnet wird. Als Parzival in Buch IX auf seinen Eremiten-Oheim trifft, ist es gemäß Trevrizent *fünfthalp jâr unt drî tage* (Pz 460,22) her, dass Parzival am Tag vor seinem Aufbruch vom Artushof den Reinigungseid für Jeschute geschworen hat; hierzu fügt sich Ginovers in Buch XIII – und damit in der Handlungschronologie etwas später – getätigte Aussage, der Aufbruch liege *fünftehalp jâr und sehs wochen* (Pz 646,14) zurück. Diese Art der Zeitgestaltung trägt nachhaltig dazu bei, dass der Text eine Fest-

---

[27] Wir übernehmen das Konzept der ‚auf den Protagonisten hin gebogenen Welt' von Störmer-Caysa, die damit insbesondere bestimmte räumliche Besonderheiten der mittelalterlichen Erzählwelten fasst, vor allem den Umstand, dass geographische Gegebenheiten veränderbar sind, und zwar bezogen auf den Helden: „Der Weg des Helden wird durchaus räumlich verstanden, aber auf bedeutsame, inhaltliche Weise: Er formt Geographie, und lokale Angaben werden auf ihn hin gebogen" (Uta Störmer-Caysa, Grundstrukturen mittelalterlicher Erzählungen. Raum und Zeit im höfischen Roman [De Gruyter Studienbuch], Berlin / New York 2007, S. 69). Störmer-Caysa nimmt den ‚Parzival' dabei freilich nicht aus; die oben zitierte Äußerung bezieht sich auf Wolframs Text. Hier scheint uns Schweer überzeugender, die durch den Vergleich von mehrfach erwähnten Handlungsorten im Detail nachweist, dass Wolfram nicht nur „eine beeindruckend kohärente Geographie entwirft, sondern sie darüber hinaus auch immer wieder bewusst und gezielt reflektiert und thematisiert"; vgl. Diana Schweer, Wolframs Spiel mit der Chronologie und der Geographie im ‚Parzival'. Überlegungen zur Datierung von Parzivals Berufung und Anfortas' Erlösung anhand der Rekonstruktion raum-zeitlicher ‚Leerstellen', in: BmE 4 (2021), S. 51–182 (DOI: https://doi.org/10.25619/BmE20214135; sämtliche hier und im Folgenden angegebenen Internetseiten wurden letztmals am 30.03.2024 abgerufen), hier: 63–79, Zitat: 78.

[28] Dass dies durchaus nicht der Normalfall in mittelalterlichen Erzählungen ist, hebt Störmer-Caysa (Anm. 27), S. 79f., hervor. So kann der Held der Zeit enthoben sein (ebd.); bei der Aufspaltung in mehrere Handlungszweige (etwa beim Erzählmuster der rechtzeitigen Rettung) weisen Vorder- und Hintergrundhandlungen unterschiedliche Geschwindigkeiten auf (ebd., S. 121–127).

legung auf Parzival als den einzig möglichen Protagonisten verweigert, gelten für ihn doch keine anderen Gesetze als für die anderen Figuren. Eine von ihnen anstelle von Parzival zum Helden zu erheben, wäre folglich prinzipiell problemlos möglich und wird in den Gawan-Büchern phasenweise auch gemacht.[29] Das suggeriert zugleich: Von welcher Figur er wann spricht und welche ihrer Taten (bei Parzival und Gawan) er berichtet, liegt ganz in der Macht und im Ermessen des Erzählers.

## 2.

Wolframs Erzählverfahren evoziert die Imagination einer Welt, die eine im Prinzip unbegrenzte Menge an Erzählsträngen zur Verfügung stellt und schon deshalb narrativ unabschließbar erscheint. Diese Welt lässt sich aber auch nicht durch eine Erzählstruktur einhegen, wie sie etwa Chrétien und Hartmann in ihren ‚Erec'-Romanen mit dem arthurischen Doppelweg präsentieren. Erec (und Enite) bewegen sich auf genau einem Erzählstrang durch die Diegese, der sie zum Heil führen wird. Der Doppelweg funktioniert als paradigmatisch organisierte Struktur, die sich insgesamt als Abfolge von Ordnungsbrüchen und Restitutionen lesen lässt.[30] Dabei machen paradigmatische Markierungen (zum Beispiel signifikante Ähnlichkeiten beim handelnden Personal) den Rezipient:innen auch über weite Erzählstrecken hinweg deutlich, welche Âventiuren im Sinne einer Doppelung aufeinander bezogen sind und welcher Aspekt der Problematik mit welchem Handlungselement abgeschlossen wird. Auf Erecs Weg werden auf diese Weise bestimmte Themenkomplexe geöffnet und später im Handlungsverlauf wieder geschlossen, sodass nicht nur der Eindruck einer insgesamt geordneten und letztlich auch abgeschlossenen Handlung, sondern auch

---

[29] Unbenommen bleibt dabei, dass Wolfram Parzival als Haupthelden des Textes sichert, indem er ihn so bezeichnet (*des mæres hêrren Parzivâl*, Pz 338,7). Vgl. Bumke (Anm. 10), S. 143.

[30] Wir beziehen uns mit den folgenden Überlegungen zum ‚Erec' auf die grundlegenden Arbeiten von Kuhn, Fromm, Haug und Cormeau, vgl. Hugo Kuhn, ‚Erec', in: Festschrift für Paul Kluckhohn und Helmut Schneider, Tübingen 1948, S. 122–147; Hans Fromm, Doppelweg, in: Werk – Typ – Situation. Studien zu poetologischen Bedingungen in der älteren deutschen Literatur, hg. v. Ingeborg Glier, Gerhard Hahn, Walter Haug u. Burghart Wachinger, Stuttgart 1969, S. 64–79; Walter Haug, Die Symbolstruktur des höfischen Epos und ihre Auflösung bei Wolfram von Eschenbach, in: ders., Strukturen als Schüssel zur Welt. Kleine Schriften zur Erzählliteratur des Mittelalters, Tübingen 1989, S. 483–512; Christoph Cormeau, Joie de la curt. Bedeutungssetzung und ethische Erkenntnis, in: Formen und Funktionen der Allegorie. Symposion Wolfenbüttel 1978, hg. v. Walter Haug (Germanistische Symposien. Berichtsbände 3), Stuttgart 1979, S. 194–205.

einer innerhalb der erzählten Welt geltenden Ordnung entsteht. Zwar beruht die vom Autor organisierte Handlung innerhalb der Diegese auf Zufällen, was als Spannung zwischen relativ stark markierter Struktur und relativ schwacher Handlungsmotivierung gelesen werden kann,[31] doch wird dieses Problem in Kauf genommen zugunsten eines offenbar ausgesprochen attraktiven Sinnangebots, das die Möglichkeit der Korrektur einmal gemachter Fehler in die Hand des Helden (und der Heldin) legt. Getragen ist diese Struktur und das damit verbundene Sinnangebot von der optimistischen Annahme, dass Verhaltenskorrekturen mit einer gewissen Regelmäßigkeit tatsächlich zu den erwünschten Ergebnissen führen und damit ein einigermaßen verlässlicher und gerade nicht kontingenter Zusammenhang von Ursachen und Wirkungen, von Tun und Ergehen, besteht. Es gibt die zweite Chance, und weil die Protagonisten sie handelnd ergreifen und ihr Verhalten korrigieren, kann die Handlung zu einem positiven Abschluss kommen und alle offenen Stränge sich am Ende im höfischen Fest schließen.

So erzählt Wolfram im ‚Parzival' bekanntlich gerade nicht. Wolfram bezieht sich zwar mit der Einteilung der Handlung in einen Parzival- und einen Gawan-Teil offensichtlich auf die aus dem Erec bekannte Doppelwegstruktur, setzt sich aber zugleich signifikant davon ab.[32] Es gibt nicht den einen Erzählstrang und damit auch nicht den einen Weg, an dem entlang sich Themen öffnen und dann später in einem zweiten Durchgang wieder schließen, vielmehr laufen mehrere Handlungsstränge nebeneinanderher, zwischen denen der Erzähler wechseln kann. Es handelt sich deshalb nicht um eine Ordnungsstruktur, die innerhalb der erzählten Welt Sinn gewährt und als notwendiger Weg des Helden zum Heil interpretiert werden kann, sondern um eine vorgeblich selektive Erzählweise, die die Erzählung als Resultat einer Auswahl des Erzählers aus verschiedenen Handlungssträngen präsentiert. Während der Doppelweg des ‚Erec' ein Element der ‚histoire' ist, ist die Abfolge von Parzival- und Gawan-Handlung auf der Ebene des ‚discours' angesiedelt; diese Abfolge ist ein Effekt des Erzählens und nicht ein Element der erzählten Welt.

---

[31] Zu diesem Spannungsverhältnis vgl. Albrecht Hausmann, Erzählen diesseits göttlicher Autorisierung: ‚Tristan' und ‚Erec', in: Literarische Säkularisierung im Mittelalter, hg. v. Bruno Quast u. Susanne Köbele (Literatur – Theorie – Geschichte 4), Berlin 2014, S. 65–86, hier 75–82. Dieser dekonstruktive Ansatz steht in Konkurrenz zu einem grundsätzlich rekonstruktiven etwa bei Haug, Symbolstruktur (Anm. 30), mit dem die Koordination von Zufälligkeit und Ordnung (oder, bezogen auf den Protagonisten, von ‚Innen' und ‚Außen') als eigentliche Leistung des Doppelwegmodells gesehen wird. Eine nochmals andere Akzentuierung der Problemlage bietet Cordula Kropik, Komposition und Erzählwelt, in: Hartmann von Aue. Eine literaturwissenschaftliche Einführung (UTB 5562), Tübingen 2021, S. 149–173.
[32] Dazu grundlegend Haug, Symbolstruktur (Anm. 30).

Auf der Ebene des Geschehens bedeutet dies, dass die Akteure keineswegs immer dem begegnen, was sich von einer übergeordneten Erzählstruktur her als notwendig und sinnvoll für sie erweisen würde. Der in den Gawan-Büchern immer wieder als eine Art Nebenfigur auftauchende Parzival durchläuft in der Zeit, in der die Gawan-Handlung stattfindet, gerade nicht einen Weg, auf dem ihm strukturell Gelegenheiten zur Korrektur seines vorherigen Verhaltens angeboten werden. Das ‚Heil' ist nicht durch eine Erzählstruktur zu garantieren, es ist aber auch nicht – oder gerade nicht – zufällig, sondern Folge göttlichen Wirkens. Die Restitutionslogik des ‚Erec' funktioniert im ‚Parzival' nicht. Während Erec und Enite ihre zweite Chance nutzen können, indem sie ihr Handeln sukzessive verändern und dies auch tatsächlich durch graduell einsetzenden und am Ende vollkommenen Erfolg belohnt wird, schließt der Gralmechanismus eine zweite Chance grundsätzlich aus: Wer die Gralburg sucht, um sein Verhalten bei einem zweiten Besuch zu korrigieren, kann sie gerade deshalb nicht finden. Verlässliche Regeln, die sich aus Wiederholungen scheinbar ergeben, lassen sich im ‚Parzival' nicht generieren, und Parzivals Demoralisierung ist nicht zuletzt darauf zurückzuführen, dass der von ihm wahrgenommenen Welt offenbar nicht durch den Einsatz von Regeln, das heißt durch die Wiederholung von bewährten Handlungsmustern, beizukommen ist: Gerade die mechanische Anwendung von Regeln hat fatale und gänzlich unbeabsichtigte Folgen; was einmal zum Guten führt, erweist sich ein anderes Mal als falsch; wenn etwas einmal falsch ist, bewirkt das Gegenteil doch nicht stets Gutes.

Wolfram verweigert mit seiner ubiquitären Erzählwelt und seiner Erzählweise eine grundlegende Funktion von Literatur; man könnte auch sagen: Er dekonstruiert diese Funktion, indem er ihre Voraussetzungen offenlegt: Wer eine Geschichte mit Anfang, Mitte und Schluss erzählt und damit das herstellt, was Aristoteles in seiner Poetik (bezogen freilich auf das Drama) ein ‚Ganzes' genannt hat,[33] der imitiert die Realität zwar ausschnitthaft, schreibt diesem Ausschnitt aber durch die Abgeschlossenheit (also durch die besondere Gestaltung von Anfang und Ende) ein Element sinnhafter Totalität zu, das es im unabsehbaren und kontingenten Geschehenskontinuum der ‚Wirklichkeit' nicht gibt. Diese sinngenerierende Reduktion von Komplexität durch Erzeugung eines abgeschlossenen Ganzen bietet Wolfram gerade nicht: Viele der angedeuteten Erzählstränge kommen nicht zum Abschluss, und der ‚Parzival' hat nicht nur ein offenes Ende, sondern auch keinen richtigen Anfang: Mit der ersten Sigune-Szene kommt ein Handlungsstrang ins Spiel, der in die imaginierte Vergangenheit dieser Erzählwelt zurückreicht, und durch die intertextuellen

---

[33] Aristoteles, Poetik, eingel., übers. u. erl. v. Manfred Fuhrmann, München 1976, S. 55: „Ein Ganzes ist, was Anfang, Mitte und Ende hat."

*Fragmentarisches Erzählen*

Bezüge zu Hartmanns ‚Erec' wird dieser zu einer Art Vorgeschichte für den ‚Parzival'.[34] Insofern ist die Ausschnitthaftigkeit des erzählten Geschehens im Parzival eine gänzlich andere als etwa im ‚Erec', in dem zweifellos auch ein ‚Ausschnitt' aus der Artuswelt erzählt wird. Aber dieser Ausschnitt ist im ontologischen Sinn ein Ganzes, während die Ausschnitte im ‚Parzival' letztlich nur phänomenologisch zu verstehen sind.

Wenn es im ‚Parzival' dennoch für die Protagonisten Wege zum Heil und für die Rezipient:innen wahrnehmbare Sinnangebote gibt, dann werden diese nicht strukturell erzeugt, sondern in der erzählten Welt vor allem durch Gott und durch die Wirksamkeit genealogischer Gegebenheiten ermöglicht. Die Rolle Gottes ist in der ‚Parzival'-Forschung vielfach thematisiert worden; mit Walter Haug wird man sagen können, dass Gottes Gnade in gewisser Weise an die Stelle eines zweiten (restitutiven) Bewährungsweges tritt, wie es ihn zum Beispiel im ‚Erec' gibt.[35] Das über das gesamte Personal des ‚Parzival-Titurel'-Komplexes gespannte Netz genealogischer Bezüge, das sich in ausladenden Stammbäumen visualisieren lässt, bietet nicht nur die Option, bestimmte Familienzugehörigkeiten mit Bedeutung aufzuladen und damit als sinntragend zu präsentieren, sondern ermöglicht es auch, Figurenhandeln als Folge einer ererbten Anlage zu motivieren. Vor allem Parzivals Handeln wird dabei immer wieder als Ausdruck seines *art*, also der in ihm wirksamen genealogischen Vorgaben, dargestellt. Parzivals Kindheitsgeschichte dient geradezu dazu, diese Anlagen (insbesondere seine Mitleidsfähigkeit und Affinität zum Kämpfen) zu extrapolieren.

Es ist im Zusammenhang dieses Beitrags wichtig zu betonen, dass mit Gott und Genealogie von Wolfram Phänomene in den Vordergrund gestellt werden, die gerade nicht von Anfang und Ende her gedacht sind, sondern sich durch Kontinuität und prinzipielle Unabgeschlossenheit auszeichnen; was im ‚Parzival' ‚Sinn macht', hat keinen Anfang und kein Ende. Erzählen muss, wenn man dies in Wolframs Weise bewusst macht, immer unabgeschlossen erscheinen: In Relation zur Ewigkeit Gottes und zum genealogischen Kontinuum bleibt das Erzählte fragmentarisch.

---

[34] Vgl. die durchaus ähnliche Schlussfolgerung bei Schu (Anm. 3): „Der ‚Parzival' setzt gegen einsinnige Handlungs- und Deutungsschemata die unauflösbare Komplexität eines literarischen Kosmos, in dem Wahrnehmung und Wertung als zentrale Kategorien des Verstehens in ihrer Kontingenz erkennbar werden" (S. 436).

[35] Haug, Symbolstruktur (Anm. 30); Joachim Theisen, Des Helden bester Freund. Zur Rolle Gottes bei Hartmann, Wolfram und Gottfried, in: Geistliches in weltlicher und Weltliches in geistlicher Literatur des Mittelalters, hg. v. Christoph Huber, Burghart Wachinger u. Hans-Joachim Ziegeler, Tübingen 2000, S. 153–169.

## 3.

Man kann einwenden, dass Wolfram immerhin versucht hat, einen der im ‚Parzival' angelegten und dort nur angedeuteten Erzählstränge nachträglich noch abzuschließen: Im ‚Titurel'-Fragment erzählt er zwei nicht unmittelbar aufeinanderfolgende Handlungsstrecken (Tit 1–136 und 137–175)[36] der Geschichte von Sigune und Schionatulander, deren tödliches Ende, wie oben bereits dargestellt, aus den Sigune-Szenen des ‚Parzival' bekannt ist. Offenbar hat Wolfram geraume Zeit nach Abschluss des ‚Parzival' noch einmal angesetzt, um diese (der Parzival-Handlung vorausgehende) Geschichte nachzuliefern, kam damit aber nicht zum Ende. Die faktische Fragmentarizität des ‚Titurel' kann dazu verleiten, sie als beabsichtigt und damit selbst als Teil einer Poetik der Unabgeschlossenheit zu deuten. Die Forschung hat dies immer wieder getan und dabei auch auf die bemerkenswerte sprachliche Gestaltung des Textes verwiesen, die als Symptom einer inneren Unabschließbarkeit des ‚Titurel' interpretiert wurde.[37] Versteht man ihn in dieser Weise als resignativen Endpunkt höfischen Erzählens, wäre der ‚Titurel' ein beabsichtigtes ästhetisches Fragment, wie man es freilich aus der gesamten mittelalterlichen Literatur (gesichert) nicht kennt und wie es letztlich erst seit der Romantik denkbar ist.[38]

---

[36] Wir zitieren Wolframs ‚Titurel' (Tit) nach folgender Ausgabe: Wolfram von Eschenbach, Titurel, hg., übers. u. mit einem Stellenkommentar sowie einer Einführung versehen v. Helmut Brackert u. Stephan Fuchs-Jolie, Berlin / New York 2003.

[37] Max Wehrli, Wolframs ‚Titurel' (Rheinisch-Westfälische Akademie der Wissenschaften. Geisteswiss. Vorträge G 194), Opladen 1974, spricht von „Verrätselung und Zerrüttung" (S. 17) und einer „innere[n] Folgerichtigkeit dieses Unvollendet-Seins" (S. 8). Prominent geworden ist der Gedanke einer inneren Unabschließbarkeit, der sowohl in der sprachlichen Gestaltung wie auch in der tatsächlichen Unvollendetheit zum Ausdruck komme und eine kritische Perspektive auf die höfische Kultur anzeige, etwa in Walter Haugs prägnanter Formulierung: „[...] es gehen Thematik, Erzähltechnik und Stil in einer so auffälligen Weise mit dem Fragmentcharakter zusammen, daß man sich gedrängt sieht, nach einem möglichen gemeinsamen Nenner zu fragen. Dieser Nenner erscheint als die innere Grenze, an die Wolfram hier mit seinem Erzählen stößt, eine Grenze, an der Erzählen überhaupt fragwürdig wird" (Walter Haug, Erzählen vom Tod her. Sprachkrise, gebrochene Handlung und zerfallende Welt in Wolframs ‚Titurel', in: Tübinger Kolloquium 1978, hg. v. Werner Schröder, Wolfram-Studien 6 [1980], S. 8–24, hier: 12). Ähnlich Helmut Brackert, Sinnspuren. Die Brackenseilinschrift in Wolframs von Eschenbach ‚Titurel', in: Erzählungen in Erzählungen. Phänomene der Narration in Mittelalter und Früher Neuzeit, hg. v. Harald Haferland u. Michael Mecklenburg (Forschungen zur Geschichte der älteren deutschen Literatur 19), München 1996, S. 155–175: „Alle Geschichte bliebe damit in ihrer Unerkennbarkeit fragmentarisch" (S. 175). – Zum ‚Titurel' als radikale Kritik an der „idealisierenden Abstraktion" des Artusromans vgl. Ulrich Wyss, Selbstkritik des Erzählers. Ein Versuch über Wolframs Titurelfragmente, in: ZfdA 103 (1974), S. 249–289, hier: 267, und Haug (s. o.), S. 23.

[38] Eine solche geradezu ‚existentielle' Interpretation des Fragmentcharakters bietet etwa

*Fragmentarisches Erzählen*

Wenn wir im Folgenden zeigen wollen, dass der ‚Titurel' die für den ‚Parzival' dargestellte Poetik der Unabgeschlossenheit fortschreibt, dann meinen wir damit gerade nicht seine faktische Unvollendetheit, sondern seine Teilhabe an einer Erzählweise, die diesen Text wohl auch dann geprägt hätte, wenn er vollendet worden wäre – so wie sie auch den ‚Parzival' prägt, obwohl er vollendet wurde. Dass Wolfram die Fertigstellung beabsichtigte, jedenfalls aber mehr als die vorhandenen Fragmente im Sinn hatte, schließen wir schon daraus, dass in der ersten Sigune-Szene des ‚Parzival' Ereignisse erwähnt werden, die in den beiden überlieferten Abschnitten des ‚Titurel' nicht erzählt werden. Auch die Ankündigung *er wirt dirre âventiure hêrre* (Tit 39,4) bei der Vorstellung Schionatulanders deutet auf mehr als das, was in den beiden Fragmenten vorliegt.[39]

Wolfram hat mit der Geschichte um Sigune und Schionatulander nicht irgendeinen Handlungsstrang aus dem ‚Parzival' weitergeführt, sondern einen besonders prominenten, der im ‚Parzival' in vier wichtigen Szenen angedeutet ist. In ihnen begegnet Parzival jeweils seiner Cousine Sigune; in der letzten Szene ist sie bereits tot. Die vier Szenen bilden insofern eine Entwicklung ab, als Sigune von Szene zu Szene mehr zu ‚verblassen' scheint, während sich Parzival der Gralherrschaft annähert. Als er sie erreicht hat, ist Sigune tot. Hier deutet sich ein komplementärer Zusammenhang an,[40] der noch deutlicher wird, wenn man nicht nur Parzival und Sigune in Bezug zueinander setzt, sondern die genealogische Position der beiden Paare Parzival/Condwiramurs und Sigune/Schionatulander in den Blick nimmt. Wolfram bietet im ersten Teil des ‚Titurel' in auffälliger Weise (nochmals) genau jene prinzipiell schon aus dem ‚Parzival' bekannten Informationen, die erforderlich sind, um die beiden Protagonisten Sigune und Schionatulander in das groß angelegte genealogische Netz der ‚Parzival'-Welt einordnen zu können. Die Rekonstruktion der Verwandtschaftsverhältnisse zeigt eine ausgesprochen ausgeklügelte und wohl exakt geplante komplementäre ‚Austauschbarkeit' der beiden Paare Sigune und

---

Haug (Anm. 37): „Der ‚Titurel' ist Fragment geblieben, weil Schionatulanders Tod den *aventiure*-Roman seiner Idee nach aus den Angeln hebt" (S. 23). Hier wird deutlich, wie sehr diese Interpretation mit einer bestimmten (nämlich Haugs eigener) Vorstellung über die ‚Idee' des Artusromans verknüpft ist.

[39] Anders sehen dies Christian Kiening und Susanne Köbele: „Keiner der beiden Texte [d. i. ‚Parzival' und ‚Jüngerer Titurel' als Bezugstexte, A. H. / B. B.] kann die Möglichkeit entkräften, die ‚Titurel'-Stücke böten nicht Ausschnitte aus einem noch nicht existierenden Ganzen, sondern dieses selbst" (Christian Kiening / Susanne Köbele, Wilde Minne. Metapher und Erzählwelt in Wolframs ‚Titurel', in: PBB 120 [1998], S. 234–265, hier: 238). Angesichts der emphatischen Wahrnehmung des ‚Titurel' als ‚einzigartig' geraten hier die historischen Ermöglichungsvoraussetzungen für ein derartiges ästhetisches Fragment aus dem Blick.

[40] Vgl. Brackert / Fuchs-Jolie, Eine Einführung, in: Titurel (Anm. 36): „Sigune ist der sichtbare und markante Kontrapunkt zu Parzival [...]" (S. 7).

Schionatulander einerseits und Parzival und Condwiramurs andererseits, die in der Forschung wenig beachtet wird. Eine Schlüsselfunktion für das Verständnis dieser Parallelität kommt dabei den Kindern von Parzival und Condwiramurs zu, also Kardeiz und Loherangrin; sie tragen nämlich in sich die ‚Blutsanteile' genau jener Familien, an deren genetischem Erbe auch die möglichen Nachkommen von Sigune und Schionatulander partizipiert hätten – wenn es sie denn gegeben hätte. Anders ausgedrückt: Die Beziehung von Sigune und Schionatulander trägt in sich das gleiche genealogische Reproduktionspotenzial, das in der Ehe von Parzival und Condwiramurs realisiert wird.

Wir verstehen die ‚Titurel'-Handlung demnach als Erzählung von einer im ersten Anlauf gescheiterten genealogischen Integration, die in der ‚Parzival'-Handlung dagegen gelungen ist, was allein schon dadurch deutlich wird, dass aus dieser Integration im ‚Parzival' Nachkommen hervorgehen. Die für diese Zusammenführung relevanten Familien sind in beiden Geschichten die gleichen, denn Wolfram nutzt für beide Paare das gleiche genealogische Reservoir. Im Vordergrund stehen dabei zunächst die Gralsippe und die Familie des Gurnemanz von Graharz: Auf der einen Seite sind die aus der Gralsippe stammenden Schwestern Herzeloyde und Schoysiane die Mütter von Parzival und Sigune; auf der anderen Seite (also der Gurnemanz-Familie) ist die namenlose Schwester des Gurnemanz die Mutter von Condwiramurs, er selbst über seinen Sohn Gurzgri der Großvater von Schionatulander. Zu diesen beiden Familien kommen zwei weitere, die ebenfalls zu beiden Paaren einen genealogischen Anteil beisteuern: Die dritte beteiligte Sippe ist das Haus Katelangen. Der aus dieser Familie stammende Kyot ist der Vater von Sigune, sein Bruder Tampunteire der Vater von Condwiramurs. Von der vierten beteiligten Familie werden im ‚Titurel' die Schwestern Schoette und Mahaute genannt; erstere ist als Gattin Gandins die Großmutter von Parzival, letztere als Ehefrau des Gurzgri die Mutter von Schionatulander. Die damit umrissene genealogische Konstruktion, die gänzlich aus den im ersten ‚Titurel'-Fragment enthaltenen Informationen rekonstruierbar ist,[41] lässt sich in nahezu ungestörter Symmetrie visualisieren (Abb. 1).[42] Vor dem Hintergrund dieser strukturellen Parallelität fallen allerdings zumindest zwei Unterschiede zwischen den Paaren Parzival/Condwiramurs und Sigune/Schionatulander auf:

---

[41] Dazu kommt noch das Element der „Erziehungsverwandtschaft" (Karl Bertau, Neun Versuche über Subjektivität und Ursprünglichkeit in der Geschichte, München 1983, S. 225f.) von Sigune und Condwiramurs, die bis zum fünften Lebensjahr zusammen aufwachsen (aber eben nicht länger!); vgl. Tit 25–28.

[42] Der Stammbaum enthält nur die für den ‚Titurel' relevanten Figuren. Üblicherweise versuchen Stammtafeln zum ‚Parzival-Titurel'-Komplex, die Verwandtschaftsverhältnisse möglichst vollständig abzubilden; der dadurch entstehende Eindruck der hochkomplexen Vernetzung ist zwar wichtig, führt aber zu einer Verunklärung bestimmter Zusammenhänge.

*Fragmentarisches Erzählen*

1) Nur aufseiten von Parzival ist noch eine weitere (fünfte) Familie namentlich benannt, diese allerdings besonders prominent: Das Haus Anschouwe (Anjou), aus dem Parzivals Großvater Gandin stammt und mit dem eine wichtige Dynastie der politischen Realität des 12. Jahrhunderts in den Text integriert wird.[43] Angesichts der Symmetrie der genealogischen Struktur stellt sich die Frage, welche Sippe auf der ‚anderen Seite' (also bei den Vorfahren von Schionatulander) die Position besetzt, die bei Parzival durch das Haus Anschouwe eingenommen wird. Es müsste die Familie der Frau von Gurnemanz sein, die im ‚Titurel' gar nicht, im Parzival nur sehr marginal erwähnt wird (die Frau des Gurnemanz bleibt namenlos; man erfährt lediglich, dass sie aus Kummer über die gewaltsamen Tode ihrer drei Söhne schon vor dem Einsetzen der Parzival-Handlung gestorben ist, Pz 178,25f.).

2) So deutlich es ist, dass die beiden Paare Parzival/Condwiramurs und Sigune/Schionatulander genealogisch parallele beziehungsweise komplementäre Positionen besetzen und damit Alternativen sind, die beide eine Zusammenführung insbesondere von Gurnemanz- und Gralsippe hätten leisten können, so deutlich erkennbar ist auch ein Unterschied, der die Rangverteilung zwischen den Geschlechtern innerhalb der beiden Paare betrifft: Sigune und Parzival sind als Angehörige der Gralsippe von besonders herausragendem königlichem Geblüt (*Al des grâles diet daz sint die erwelten*, Tit 44,1). Wolfram macht diesen Umstand sehr präsent, wenn er in Tit 43 erläutert, warum er Sigune vor Schionatulander, dem eigentlichen ‚Herrn der Geschichte' (Tit 39,4), vorgestellt hat: *ir hôchgeburt si zucket ouch her für unde ir künne das lieht gemâle* (Tit 43,4). Dagegen ist die Familie von Condwiramurs und Schionatulander (die Gurnemanz-Sippe) von niedrigerem Rang. Das führt zu dem für Sigune ausgesprochen problematischen Umstand, dass ihr Freund unter ihr steht, während Condwiramurs mit Parzival einen ranghöheren Mann heiratet. Es ist dieser Punkt, der in der ‚Titurel'-Handlung eine verhängnisvolle Wirkung entfaltet.

---

[43] Es kann verwundern, dass dieser Umstand in der ‚Parzival'-Forschung eher wenig beachtet wird. Immerhin entstammt einer der wichtigsten Zeitgenossen Wolframs, der Welfe Otto von Braunschweig, über seine Mutter Mathilde, der Schwester von Richard Löwenherz, dem Haus Anjou-Plantagenet und wuchs am angevinischen Hof auf. Seit 1196 war Otto Herzog von Aquitanien, bevor er im Reich einer der Protagonisten im Thronstreit mit Philipp von Schwaben wurde. Es ist kaum vorstellbar, dass die Erwähnung des Hauses Anschouwe bei Wolframs zeitgenössischem Publikum nicht entsprechende Assoziationen auslöste. Keinerlei Erwähnung finden diese Zusammenhänge etwa bei Elke Brüggen / Joachim Bumke, Figuren-Lexikon, in: Wolfram von Eschenbach. Ein Handbuch, Bd. 2: Figuren-Lexikon, Beschreibendes Verzeichnis der Handschriften, Bibliographien, Register, Abbildungen, hg. v. Joachim Heinzle, Berlin / Boston 2011, S. 835–938. Nur an Richard Löwenherz denkt Joachim Heinzle, Wolfram von Eschenbach. Dichter der ritterlichen Welt. Leben, Werke, Nachruhm, Basel 2019, S. 144f.

Die genealogische Komplementarität der beiden Paare ist der Hintergrund, vor dem sich auch in der Handlung eine kontrastive Parallelität erkennen lässt, und zwar genau dort, wo die genealogische Integration konkret wird – bei der Liebe und bei dem im gesamten ‚Parzival-Titurel'-Komplex prominenten Thema der Verknüpfung von Minne und Kampf. Diese Verknüpfung in Form der Bewährungs- und Dienstminne entfaltet überall im ‚Parzival-Titurel'-Komplex eine ausgesprochen problematische Wirkung;[44] besonders hervorgehoben erscheint sie am Beginn des ersten ‚Titurel'-Fragments in der Rede des alten Titurel, in der die Geschichte des Gralgeschlechts als Abfolge von Tod und Leid präsentiert wird und die zusammen mit der Erzählung von der bei der Geburt Sigunes gestorbenen Schoysiane wie ein „Katarakt des Leides" wirkt:[45] Die Männer sterben im Kampf, die Frauen bleiben zurück. Es ist deshalb wichtig zu erkennen, dass Wolfram die Beziehung zwischen Parzival und Condwiramurs im vierten Buch des ‚Parzival' geradezu als Negation dieser habituellen Verknüpfung von Kampf und Liebe inszeniert und eine Minne darstellt, die nicht im Zeichen von Dienst und Bewährung steht, obwohl dies auf den ersten Blick so aussieht.[46] Parzival kommt in die belagerte Stadt Pelrapeire und trifft dort auf die Königin Condwiramurs, die – bedrängt von Clamide und Kingrun – seine Hilfe bitter nötig hat. In einer von Wolfram für die Rezipient:innen hochgradig erotisch aufgeladenen, für die beteiligten Figuren freilich völlig unerotischen Kemenatenszene fleht sie ihn im dünnen Seidennachthemd – die Anspielung auf Herzeloydes Hemd, das sich Gahmuret im Kampf über den Harnisch zieht und das diese dann zerstochen wieder anzieht, wenn sie nach seiner Rückkehr mit ihm schläft, ist unübersehbar – vor seinem Bett kniend um Hilfe an und kuschelt sich danach sogar zu ihm (Pz 192,1–196,8). Tatsächlich hilft Parzival ihr und kämpft erfolgreich für sie, aber – und darauf kommt es an – er tut dies nicht, um ihre Liebe zu erlangen. Es geschieht vielmehr aus Empathie, die zu Parzivals *art* gehört – man konnte das schon an der Trauer des im Wald aufgewachsenen Jungen angesichts der von ihm getöteten Vögel sehen – und die ihn ironischerweise genau im kritischen Moment, beim Frage-

---

[44] Vgl. Christa Ortmann, ‚Titurel' im ‚Parzival'-Kontext. Zur Frage nach einer möglichen Strukturdeutung der Fragmente, in: Wolfram-Studien 6 (Anm. 37), S. 25–47, hier: 40f. Siehe zudem Robert Schöller, Minne-Fragmente. Angedeutete Liebestragödien im ‚Parzival' Wolframs von Eschenbach, in: Mythos – Sage – Erzählung. Gedenkschrift für Alfred Ebenbauer, hg. v. Johannes Keller u. Florian Kragl, Göttingen 2009, S. 441–454.
[45] Wehrli (Anm. 37), S. 24. Zur Rede des alten Titurel vgl. Ortmann (Anm. 44), S. 29, die diese Strophen als eine Art ‚Prolog' („Prologcharakter") zum ‚Titurel' interpretiert.
[46] Hier kommt es auf die genaue Abfolge an: Der endgültige Sieg und damit die Sicherung der Herrschaft liegt nach der Eheschließung. Unpräzise hier Heinzle, Wolfram von Eschenbach (Anm. 43): „Er tritt für sie [Condwiramurs; A. H. / B. B.] ein, besiegt ihre Feinde im Kampf, heiratet sie und wird Herr des Landes" (S. 152).

versäumnis auf Munsalvæsche, verlässt, weil sie von rudimentärer Sozialisation (Gurnemanz' Rat *irn sult niht vil gevrâgen*, Pz 171,17) überlagert wird. Es ist seine Tumbheit und Condwiramurs' mit unkonventioneller Initiative (diese kam schon in der Begrüßungsszene zum Ausdruck, Pz 188,25–189,7, aber zum Beispiel auch in der Umarmung nach dem Kampf, Pz 199,24f.)[47] gepaarte Unerfahrenheit, die die beiden davor bewahren, der tödlichen Logik höfischer Dienst- und Bewährungsminne anheim zu fallen. Gerade deshalb ist das Zusammenkommen und die Eheschließung völlig umstandslos: Sie will ihn ohne Vorbehalt (Pz 199,26–30). Als sie gefragt werden, ob sie heiraten (*bî ligen*) wollen, sagen sie beide schlicht *jâ* (Pz 201,19f.), brauchen aber bis zur dritten Nacht um herauszubekommen, wie man die Ehe vollzieht. Die weiteren Kämpfe zur Befreiung Pelrapeires finden nun nicht mehr unter dem Vorzeichen von Bewährung und hinausgezögerter Erfüllung statt wie bei einem Minnediener; vielmehr kämpft Parzival nun als Ehemann von Condwiramurs und in Wahrnehmung seiner Verantwortung als Landesherr. Auch später, in der bekannten Blutstropfenszene (Pz 282,1–305,6), wird ein positiver Zusammenhang von Liebe und Kampf durch Wolfram geradezu negiert: Parzival, der durch die Blutstropfen einer vom Falken des König Artus verletzten Gans an seine Frau erinnert wird und dadurch in eine lähmende Trance verfällt, ist in dieser Situation gerade nicht der besonders gute Kämpfer, den der Gedanke an seine Frau stärkt (wie man das zum Beispiel aus dem ,Erec' kennt); zwar kann er die angreifenden Artusritter abwehren, aber nur, weil er ohnehin ein so überlegener Kämpfer ist, dass ihm dafür sogar das kurze Erwachen aus der Trance genügt.[48]

Offenbar im bewussten Kontrast zur Liebeshandlung im ,Parzival' gestaltet Wolfram die Liebesentstehung zwischen Sigune und Schionatulander im ersten Teil des ,Titurel'. Die beiden sind trotz ihrer Jugendlichkeit derart in den Konventionen höfischer Liebeskonzepte gefangen, dass ihnen ein ,unmittelbarer' Zugang zum Phänomen der Liebe nicht gelingen kann.[49] Schionatulander verwendet gleich im ersten Minnegespräch eine artifizielle Liebessprache,[50] die er

---

[47] Auch ihr sprechender Name (,zur Liebe führen'), den Wolfram nicht bei Chretien vorgefunden hat, deutet auf diese Eigenschaft hin.

[48] Etwas anders akzentuiert Joachim Bumke, Die Blutstropfen im Schnee. Über Wahrnehmung und Erkenntnis im ,Parzival' Wolframs von Eschenbach (Hermea N. F. 94), Tübingen 2001, S. 3f. Auch er sieht aber die starke Geschiedenheit der Sphären Liebe und Kampf in dieser Szene: auf der einen Seite die kontemplative Stille Parzivals, auf der anderen die lärmenden Artusritter.

[49] Ausführlich Alexander Sager, Sozialisation und Minneordnung in Wolframs ,Titurel', in: Ordnung und Unordnung in der Literatur des Mittelalters, hg. v. Wolfgang Harms, C. Stephen Jaeger u. Horst Wenzel, Stuttgart 2003, S. 97–108. Vgl. Brackert / Fuchs-Jolie, Stellenkommentar, in: Titurel (Anm. 36), S. 181, die mit Wyss (Anm. 37), S. 271f., bemerken, dass „alle Spuren von Unmittelbarkeit in Topoi und Floskeln eingemauert erscheinen".

[50] Vgl. Haug (Anm. 37): „Diesem manieristischen Stil entspricht ferner, daß gängige

offenbar als Page und Liebesbote zwischen Gahmuret und Ampflise gelernt hat; er sei deshalb ‚in Liebesdingen erfahren' (*Schoynatulander moht ouch sîn wîse*, Tit 54,1, Übersetzung von Brackert / Fuchs-Jolie), was wir als ironischen Erzählerkommentar lesen, denn von tatsächlicher Erfahrung kann keine Rede sein. Schionatulander weiß lediglich, wie eine hypertrophe Liebessprache klingen muss, etwa wenn er sagt: *Sigûne, helfe rîche, / nu hilf mir, werdiu maget, ûz den sorgen, sô tuostu helfeclîche!* (Tit 56,3f.) Die *figura etymologica* mit den Ableitungen von *helfe* erinnert nicht nur an die vielfachen Wiederholungen in Ampflises Brief an Gahmuret aus dem zweiten Buch des ‚Parzival' (Pz 76,23–77,18); sie kann auch eine Anspielung auf eine von Gottfried von Straßburg im ‚Tristan' häufig verwendete stilistische Manieriertheit sein.[51] In jedem Fall wirkt sie inhaltlich leer und geradezu tautologisch. Noch einmal setzt Schionatulander dann in der Strophe Tit 60 zu einer Rede an, in der nun das (im hohen Minnesang der Zeit geradezu verbrauchte) Wort *genâde* klingelt:[52]

---

Topoi ausgespielt und übersteigert werden, so etwa, besonders auffällig, in dem rhetorisch hochgezogenen Dialog zwischen den beiden Kindern, die ihre erwachende Liebe in Worte zu fassen versuchen, sich aber dabei zwischen Sprachnot und gelernter Altklugheit in gängigen Minneklischees bewegen: man kann sich kaum etwas Unnatürlicheres vorstellen" (S. 18).

[51] Zu dieser stilistischen Eigenart bei Gottfried vgl. Albrecht Hausmann, Stil als Kommentar. Zur inhaltlichen Funktion des Sprachklangs in Gottfrieds von Straßburg ‚Tristan', in: Literarischer Stil. Mittelalterliche Dichtung zwischen Konvention und Innovation. XXII. Anglo-German Colloquium Düsseldorf, hg. v. Elizabeth Andersen, Ricarda Bauschke-Hartung, Nicola McLelland u. Silvia Reuvekamp, Berlin / Boston 2015, S. 205–223, hier: 218f.

[52] Dass durch „die mehrfache Wiederholung [...] sich die Formulierungen gegenseitig [spiegeln] und [...] es nachgerade unentscheidbar [machen], welche Bedeutungen an den jeweiligen Stellen aktualisiert oder impliziert sind" (Brackert / Fuchs-Jolie [Anm. 49], S. 186), scheint uns eine Überbeanspruchung der Strophe zu sein; im Vordergrund steht gerade angesichts der Verwendung durch ein unerfahrenes *kint* die Leere der Begriffe, bei denen es eigentlich nur noch darum geht, sie möglichst oft in einem Satz unterzubringen. Nochmals anders argumentieren Kiening / Köbele (Anm. 39), wenn sie in ihrer subtilen Analyse des Minnegesprächs herausarbeiten, dass die „altbekannten Metaphern" für die Kommunikation der beiden Liebenden zwar unzureichend sind, zugleich aber genau das repräsentieren, „was sich ereignet" (S. 248). Sie betonen auch, dass „die Bindung von Minne an Sprache [...] dilemmatisch[]" sei (ebd.), scheinen aber zugleich vorauszusetzen, dass diese Dilemmatik dem Sprechen von Liebe geradezu notwendig innewohne. Damit geraten aus unserer Sicht mögliche kritische Perspektiven aus dem Blick: Aus dem Mund der Kinder wirkt diese Sprache hypertroph, und unausweichlich ist das Dilemma vor allem deshalb, weil die Minne der beiden spezifischen sozialen Anforderungen unterworfen ist, die ihre Erzieher deutlich formulieren. Deshalb muss es eine Liebe mit Worten bleiben. Das schlichte *jâ*, mit dem Parzival und Condwiramurs ihre Gemeinschaft begründen (Pz 201,20), wirkt wie ein Gegenmodell dazu.

> ‚Swâ genâde wonet, dâ sol man suochen.
> frouwe, ih ger genâden. des solt du durh dîne genâde geruochen.
> werdiu gesellekeit stêt wol den kinden.
> swâ rehtiu genâde nie niht gewan ze tuone, wer mac si dâ vinden?'
> (Tit 60, Hervorhebungen A. H. / B. B.)

Sigune bemüht sich mit tastenden Nachfragen um Klärung (Tit 64). Sie weiß aber schon, dass Liebe mit Dienst und Lohn zu tun hat,[53] und sagt es dann in Tit 71,4 ganz deutlich: *du muost mich under schilteclîchem dache ê gedienen.* Minne ist für beide von Anfang an Konvention und an Sprache gebundene Attitüde. Nicht umsonst heißt es in Tit 73,1f.: *Diz was der anevanc ir gesselleschefte / mit worten.* Die beiden Erzieher, Gahmuret und Herzeloyde, haben die Integration von Liebe und Kampf selbst mit der etwas hilflos wirkenden Praxis der ‚zerstochenen Nachthemden' versucht, doch aus dem ‚Parzival' weiß man, dass auch Herzeloyde ihren Mann im Kampf verlieren wird. Die beiden erscheinen wenig hilfreich;[54] ihre zweifellos empathisch gemeinten Ratschläge bestärken vielmehr noch die Vorstellung bei den beiden jungen Menschen, dass die Liebe des Mädchens – oder genauer: die Liebeserfüllung – durch den Mann erst verdient werden muss, und zwar im Kampf; so sagt es Gahmuret:

> Ey kranker knabe, waz waldes ê muoz verswinden
> ûz dîner hant mit tioste, solt du der duzissen minne bevinden! (Tit 107,1f.)

Der gesamte erste Teil des wolframschen ‚Titurel' handelt letztlich davon, wie die Liebe sozial eingehegt, an Vorbehalte, Dienstkonzepte und sprachliche Konventionen gebunden wird. In der letzten Strophe des ersten Teils wird dies besonders klar resümierend zum Ausdruck gebracht: *Aldâ was minne erloubet* (Tit 136,1).

Hat Wolfram mit dem ‚Titurel' also eine Geschichte erzählen wollen, die durch kontrastive Gegenüberstellung zur Parzival-Handlung deutlich macht, wie man sich in der Liebe richtig verhält (nämlich so wie Parzival und Condwiramurs – und nicht so wie Sigune und Schionatulander)? Hätte der ‚Titurel', wäre er denn vollendet worden, das Gesamtprojekt doch zu einem Abschluss gebracht und hätte sich daraus eine gewisse Regularität für den erfolgversprechenden Umgang mit der Liebe ableiten lassen? Was mit dem ‚Titurel'-Fragment vorliegt, spricht eher dagegen, und zwar nicht nur deshalb, weil das Erzählverfahren bis in die sprachliche Realisierung hinein von einer ‚Gebro-

---

[53] In der nur im HM-Zweig überlieferten sogenannten Puppenstrophe wird dieses Wissen schon dem kleinen Mädchen Sigune zugeschrieben, die ihre Puppen als möglichen Lohn für Ritter versteht. Zur Diskussion um die Authentizität dieser Strophen siehe Alexander Sager, *minne* von *mæren*. On Wolfram's ‚Titurel' (Transatlantische Studien zu Mittelalter und Früher Neuzeit 2), Göttingen 2006, S. 52–58.

[54] Vgl. Brackert / Fuchs-Jolie (Anm. 49), S. 214.

chenheit' geprägt ist, die die Rezipient:innen stets auf unsicher schwankendem Boden zurücklässt.[55] Es bleibt auch ganz unklar, welche Parameter nun eigentlich ausschlaggebend sind für das jeweilige ‚Ergebnis': Fehlt dem Paar Sigune und Schionatulander das Quäntchen Blut aus dem Haus Anjou? Liegt das Problem im (gegenüber Parzival und Condwiramurs) umgekehrten Rangverhältnis des Paares? Oder ist es die hypertrophe höfische Sozialisation der beiden, die einen unverstellten Zugang zur Liebe (wie er Parzival und Condwiramurs möglich ist) verhindert und im Falle von Sigune und Schionatulander alles weitere Unheil nach sich zieht? Und auf der anderen Seite: Wie ließe sich aus Parzivals einzigartiger Tumpheit, die einerseits Ergebnis einer wohl kaum nachahmenswerten ‚Erziehung' im Wald ist, andererseits aber auch Voraussetzung für einen unmittelbaren und authentischen Zugang zur Liebe zu sein scheint, eine Handlungsmaxime oder eine irgendwie geartete Exemplarizität ableiten? Es sind keine Regeln, die sich aus Wiederholbarkeiten ableiten lassen; es sind allenfalls tentative Hinweise, die Wolfram hier gibt.

Wer eine Geschichte auf der Suche nach Regelhaftigkeit und Exemplarizität liest und vielleicht sogar als Ganzes auf das eigene Leben zu übertragen versucht, erwartet zu viel von ihr und übersieht, dass der Gedanke der Wiederholbarkeit (und damit auch der Abschließbarkeit) einer kontingenten Wirklichkeit gegenüber grundsätzlich unangemessen ist. Eben das führt Wolfram im zweiten ‚Titurel'-Fragment vor, das an einer ganz anderen, späteren Stelle im vermutlich geplanten Handlungsverlauf einsetzt. Sigune und Schionatulander lagern an einem Fluss, als ein laut bellender Jagdhund auf der Fährte eines verletzten Wildes durch das Unterholz bricht. Schionatulander fängt ihn ein, der Bracke zieht eine kunstvoll mit Schriften versehene Leine – das Brackenseil – hinter sich her. Sigune liest auf dem Brackenseil eine Geschichte, sie sagt selbst: *dâ stuont âventiure an der strangen* (Tit 170,1). Auch wenn es nicht ganz leicht ist, angesichts der sehr komplexen Darstellung genau festzulegen, was auf dem Brackenseil steht, kann man doch aus den Angaben in den Strophen Tit 148–158 schließen, dass diese Geschichte von Clauditte und ihrem Freund Ehkunat handelt. Clauditte hat sich, anders als ihre Schwester Florie, deren Freund im Kampf umgekommen ist, für eine ‚vorbehaltlose' Ehe mit ihrem Geliebten Ehkunat entschieden, obwohl dieser ihr von seinem Rang her nicht ebenbürtig ist. Das Ende dieser Geschichte möchte Sigune unbedingt kennen. Um weiterlesen zu können, löst sie den Knoten, mit dem der Hund an einer

---

[55] Pointiert Brackert (Anm. 37): „Wenn es der Erzähler in seinem ‚Titurel' darauf angelegt haben sollte, die so erklärungsbedürftigen Sigune-Szenen des ‚Parzival' durch die Erzählung ihrer Vorgeschichte verständlicher zu machen, müßte man sein Unterfangen wohl als gescheitert betrachten. Er wollte offensichtlich etwas ganz anderes" (S. 175). Brackert hebt dabei im Anschluss an Wehrli (Anm. 37) und Haug (Anm. 37), insbesondere auf die Ambiguität der sprachlichen Gestaltung ab.

Zeltstange festgebunden ist. Da entwischt das Tier mitsamt der Leine und der Geschichte, und Sigune gibt dem zunächst widerstrebenden Schionatulander den Auftrag, den Hund und die Leine einzufangen. Man hat sich immer wieder gewundert und es gelegentlich sogar als ‚mädchenhafte' Marotte interpretiert,[56] dass Sigune so sehr darauf erpicht ist, die Geschichte zu Ende zu lesen – so sehr, dass sie das Königreich, das ihr als Erbe zusteht, dafür geben würde (Tit 170)[57] und ihren Freund auf eine (vielleicht) gefährliche Fährte setzt. Auch Schionatulander versteht nicht so recht, was Sigune eigentlich will, und rät ihr: *Sigûne, süeziu maget, lâ dir sîn die schrift an dem seile gar unmaere* (Tit 169,4). Sigunes unbändiger Wunsch nach Lektüre steht in starkem Kontrast zur Gelassenheit des angelnden Schionatulander, der Geschichten offenbar nicht so ernst nehmen möchte.[58] Hervorgehoben ist damit eine bestimmte Rezeptionshaltung, die das Gelesene radikal auf das eigene Leben bezieht: Es ist weitgehender Konsens in der Forschung, dass die Geschichte von Clauditte und Ehkunat für Sigune deshalb so interessant ist, weil sie ihre eigene Situation in ihr gespiegelt sieht.[59] Die Protagonisten der Erzählung auf dem Brackenseil sind dem Paar Sigune und Schionatulander insofern ähnlich, als auch bei ihnen eine höherstehende Frau in einer Beziehung zu einem Mann steht, der von niedrigerem Stand ist:[60] Clauditte aber knüpft ihre Liebesbereitschaft nicht an Bedingungen und verlangt nicht die Bewährung im Kampf (wie das Florie unheilvoll getan hat, was Wolfram in diesem Zusammenhang sicher nicht zufällig thematisiert, Tit 153,1), sondern lässt sich bedingungslos auf die Liebe ein. Sigune will unbedingt wissen, wie das ausgeht, weil sie mit der grundsätzlichen Vorannahme liest, dass

---

[56] Werner Simon, Zu Wolframs ‚Titurel', in: Festgabe für Ulrich Pretzel zum 65. Geburtstag, hg. v. Werner Simon, Wolfgang Bachofer u. Wolfgang Dittmann, Berlin 1963, S. 185–190, hier: 186.

[57] Womit sie, wie Elisabeth Schmid herausgestellt hat, selbst hier noch den Rangunterschied zu Schionatulander betont (Elisabeth Schmid, *Dâ stuont âventiur geschriben an der strangen*. Zum Verhältnis von Erzählung und Allegorie in der Brackenseilepisode von Wolframs und Albrechts ‚Titurel', in ZfdA 117 [1988], S. 79–97, hier: 83f.).

[58] Vgl. Sager (Anm. 49), S. 105f.

[59] Grundlegend dazu und zum Folgenden Ernst S. Dick, Minne im Widerspruch. Modellrevision und Fiktionalisierung in Wolframs ‚Titurel', in: „Der Buchstab tödt – der Geist macht lebendig". Festschrift zum 60. Geburtstag von Hans-Gert Roloff, Bd. 1, hg. v. James Hardin u. Jörg Jungmayr, Bern u. a. 1992, S. 399–420, der die Sehnsucht nach einer „Utopie einer Minneverwirklichung ohne die Fatalität des sanktionierten Minnemodells" sieht (S. 412). Vgl. Brackert (Anm. 37), S. 164; etwas überkomplex erscheint das Erkenntnisparadox, das Brackert formuliert: „Was ihrer [Sigunes, A. H./ B. B.] Lebensorientierung dienen könnte, kann Sigune so, wie der Leser es liest, gerade nicht lesen; was der Erzähler sie als Schrift lesen läßt, wäre für eine konkrete Sinnsuche nutzlos" (S. 165). Sigunes Motiviertheit scheint eher dafür zu sprechen, dass ihr die Relevanz der Geschichte auf dem Brackenseil sehr klar ist.

[60] Vgl. Kiening / Köbele (Anm. 39), S. 254.

eine erzählte Geschichte exemplarisch sein kann, das Geschehen in gewisser Weise wiederholbar ist und sich aus der Geschichte gewisse Regelhaftigkeiten für das eigene Leben ableiten lassen.[61] Genau diese Rezeptionsmöglichkeit, die den Schluss eines Geschehens als Bestätigung einer geradezu mechanisch gedachten Tun-Ergehen-Regularität versteht, verweigert Wolfram seiner Protagonistin in dem Moment, als ihr der Hund und mit ihm das Brackenseil nach dem Lösen des Knotens entgleitet und ihre Hände dabei verletzt werden. Stattdessen setzt sie nun auf einer anderen Ebene – nämlich in ihrem Leben, das heißt auf der Ebene der im ‚Titurel' erzählten Geschichte – etwas anderes in Gang: Sie fordert von Schionatulander als Dienst, dass er ihr den Hund und das Brackenseil zurückholt. Damit hat sie sich schon für eine Option entschieden, und nun lässt sich nicht mehr stillstellen, was im ‚Parzival-Titurel'-Komplex so oft geschieht, wenn Liebeserfüllung von Bewährung im Kampf abhängig gemacht wird: Die Jagd Schionatulanders nach dem Brackenseil wird ihm – wie Sigune im ‚Parzival' rückblickend sagt – den Tod bringen.

Die Geschichte auf dem Brackenseil, die sich nicht festhalten lässt, die ein wild bellender Hund hinter sich her durch den Wald zieht und die für die Leserin immer ein Element der Unabgeschlossenheit behält – das klingt wie ein Bild für Wolframs eigene Erzählweise sowohl im vollendeten ‚Parzival' als auch im unvollendeten ‚Titurel'.[62] Es ist eine Erzählweise, welche die Komplexität und Kontingenz der Realität nicht reduziert und ausschnitthaft verkürzt, sondern durch Vielsträngigkeit und Unabgeschlossenheit imitiert.

## 4.

Wolframs ‚Titurel' bleibt nicht für immer unvollendet. Wahrscheinlich in den späten 1260er-Jahren greift ein gewisser Albrecht die Fragmente auf und schließt sie ab, wobei er seinen wirklichen Namen erst gegen Ende des Textes enthüllt (JT 5961,1) und bis zu diesem Punkt unter dem Pseudonym ‚Wolfram'

---

[61] Vgl. Schmid (Anm. 57), S. 83: „[W]elche Prognosen lassen sich erstellen für eine Liebesheirat mit einem Partner, dessen Herz adliger ist als seine Geburt?" – Anders akzentuieren Walter Haug, Lesen oder Lieben. Erzählen in der Erzählung, vom ‚Erec' bis zum ‚Titurel', in: PBB 116 (1994), S. 302–323, hier: 315f., und Sager (Anm. 49), S. 106f. Beide sehen die Literarizität der Geschichte auf dem Brackenseil thematisiert und damit das Problem, dass Sigune das Lesen gleichsam dem Leben vorzieht. Demgegenüber würden wir sagen, dass Sigune lesen will, um daraus Erkenntnisse für das Leben (und das Lieben) zu gewinnen.

[62] Für den ‚Titurel' ist dies letztlich auch die Perspektive, zu der Brackert (Anm. 37) kommt, wenn er verdeutlicht, wie der Text selbst „den Sinn zum begehrten, sich verflüchtigenden Objekt" macht (S. 174).

agiert.⁶³ Für seinen ‚Jüngeren Titurel' wählt er eine eigentümliche, sicherlich mindestens in Teilen der starken Fragmentarisierung seiner Vorlage geschuldete Fortsetzungstechnik, indem er die beiden ‚Titurel'-Bruchstücke gerade nicht als separate, für sich allein stehende Geschichte weiterführt. Vielmehr nutzt er die schon von Wolfram vorgesehene inhaltliche Verknüpfung beider Graltexte, um die Sigune-Schionatulander-Handlung in die Gesamtchronologie des ‚Parzival-Titurel'-Erzählkomplexes einzupassen, wie sie der zeitlich weiter ausgreifende ‚Parzival' vorgibt.⁶⁴ Dabei spannt er einen narrativen Bogen über das Aufeinandertreffen des Paares in Kanvoleiz, wie es bereits Wolfram im ersten ‚Titurel'-Fragment erzählt hat (dessen Überarbeitung Albrecht hier einfügt), über Gahmurets und Schionatulanders fatale Orientfahrt, Schionatulanders Rückkehr, seine Schwertleite, die gemeinsame Reise mit Sigune nach Soltane (hier platziert Albrecht das von Wolfram zeitlich nicht weiter bestimmte ‚Titurel'-Fragment II) und den Kampf um den Erwerb des Brackenseils. Diese Aufgabe wird freilich rasch durch weitere an Schionatulander herangetragene Verpflichtungen überlagert und in ihrer Erfüllung zurückgedrängt, vor allem die Notwendigkeit der Rache für Gahmuret durch einen zweiten Orientfeldzug, die Verteidigung von Parzivals Erbländern gegen die Lalander-Brüder und die Unterstützung von König Artus im Krieg gegen Lucius von Rom. Nach Schionatulanders Tod erklärt Albrecht Parzival zum zweiten *herren* der Âventiure (JT 5131,2) und erzählt dessen Orient-Abenteuer; außerdem fügt er eine Bearbeitung der Sigune-Szenen des ‚Parzival' an. Den Abschluss bildet Sigunes Tod und die endgültige Zerstörung des Brackenseils im finalen Kampf zwischen Ehkunat und Orilus. All dies fügt Albrecht in einen Bericht über das Gralgeschlecht ein, dessen Geschichte er von Christi Geburt bis hin zu Titurels Tod in Indien verfolgt.⁶⁵

---

63 Wir zitieren den ‚Jüngeren Titurel' (JT) nach folgender Ausgabe: Albrechts von Scharfenberg Jüngerer Titurel. Nach den ältesten und besten Handschriften kritisch hg. v. Werner Wolf, Bd. 1: Strophe 1–1957, 2.1: Strophe 1958–3236 u. 2.2: Strophe 3237–4394 (DTM 45, 55 u. 61), Berlin 1955, 1964 u. 1968; Albrechts Jüngerer Titurel. Nach den Grundsätzen von Werner Wolf kritisch hg. v. Kurt Nyholm, Bd. 3.1: Strophe 4395–5417 u. 3.2: Strophe 5418–6327 (DTM 73 u. 77), Berlin 1985 u. 1992. Aufgrund des Pseudonyms ist über den Autor des ‚Jüngeren Titurel' und die Entstehungsumstände des Textes nur wenig bekannt. Einen detaillierten Überblick über den Forschungsstand bietet Lorenz (Anm. 6), S. 109–148; speziell zur Frage nach den möglichen Mäzenen siehe auch Thomas Neukirchen, Die ganze *aventiure* und ihre *lere*. Der ‚Jüngere Titurel' Albrechts als Kritik und Vervollkommnung des ‚Parzival' Wolframs von Eschenbach (Beihefte zum Euphorion 52), Heidelberg 2006, S. 261–266.
64 Vgl. Lorenz (Anm. 6), S. 49.
65 Für eine konzise Zusammenfassung der umfangreichen Erzählung vgl. Marion Gibbs, Fragment and Expansion. Wolfram von Eschenbach, ‚Titurel' and Albrecht, ‚Jüngerer Titurel', in: The Arthur of the Germans. The Arthurian Legend in Medieval

Wenngleich die Sigune-Schionatulander-Handlung des wolframschen ‚Titurel' damit durchaus im erzählerischen Fokus des ‚Jüngeren Titurel' liegt und man ihn daher faktisch als dessen Fortsetzung ansprechen muss, wird dieser Zusammenhang von Albrecht in den poetologischen Passagen seines Textes stark verschleiert. Anstelle des ‚Titurel' benennt er stets den ‚Parzival' als Bezugspunkt, präsentiert er den ‚Jüngeren Titurel' im Prolog doch ausdrücklich als dessen noch dazu korrigierende ‚Wiedererzählung', und zwar – aufgrund des Pseudonyms – aus dem Mund des Eschenbachers selbst.[66] Die Suche nach dem Brackenseil, das heißt die Sigune-Schionatulander-Handlung, ist nach dieser Argumentation lediglich der Erzählstrang, den Albrechts Pseudo-Wolfram auswählt, um dem ob der Komplexität des ‚Parzival' vorgeblich verzweifelten Publikum zu Hilfe zu kommen und ihm aufzuzeigen, dass sich die Geschichte (und ihr Sinn) doch einfacher einfangen lasse als ein aufspringender Hase:[67]

> Die fluge dirre spelle    fur den tumben lûten
> fur oren gar zu snelle.    durch daz mûz ich hie worticlich bedûten,
> iz lat sich sanfter danne hasen vahen,
> ich mein, di sint erschellet:    an sûche bracken mac man iz ergahen. (JT 50)

---

German and Dutch Literature, hg. v. William Henry Jackson u. Silvia A. Ranawake (Arthurian Literature in the Middle Ages 3), Cardiff 2000, S. 69–80, hier: 76–78. Albrecht arbeitet die beiden ‚Titurel'-Fragmente fast nahtlos in seinen Text ein, wobei er das Reimschema an das der Strophenform des ‚Jüngeren Titurel' angleicht. Allenfalls die sogenannten ‚Kunst- und Hinweisstrophen' (JT 499 A-F und 1172 A) signalisieren den Beginn der beiden übernommenen Textpartien. Diese Strophen sind in den zwei Hauptüberlieferungszweigen des ‚Jüngeren Titurel' divergent tradiert; so, wie der Textbestand in der Edition erscheint, liegt er in der handschriftlichen Überlieferung nirgends vor. Neukirchen äußert sich deswegen kritisch gegenüber der Annahme, dass die fraglichen Strophen der Abgrenzung von neuem und altem Textbestand dienten. Zumindest im Überlieferungszweig I, dem Wolfs Leithandschrift angehört, gebe es keine Hinweisstrophen. Vgl. Neukirchen (Anm. 63), S. 277–307, sowie ders., *krumb* und *sliht*. Über die sogenannten Hinweis- und Kunststrophen im Überlieferungszweig I des ‚Jüngeren Titurel', in: ZfdA 132 (2003), S. 62–76.

[66] Siehe hierzu grundlegend Thomas Neukirchen, *Dirre aventiure kere*. Die Erzählperspektive Wolframs im Prolog des ‚Jüngeren Titurel' und die Erzählstrategien Albrechts, in: Wolfram-Studien 18 (Anm. 15), S. 283–303. Vgl. überdies ders. (Anm. 63), S. 41–92; Britta Bußmann, Wiedererzählen, Weitererzählen und Beschreiben. Der ‚Jüngere Titurel' als ekphrastischer Roman (Studien zur historischen Poetik 6), Heidelberg 2011, S. 11–13 und 141–153.

[67] Ob man sich dieser Lesart anschließt, hängt auch damit zusammen, wie genau man den letzten Halbvers der Strophe (*an sûche bracken mac man iz ergahen*, JT 50,4) versteht. Wir fassen *bracken* als *genitivus objectivus* zu *sûche* auf (‚mit der Suche nach dem Bracken'). Neukirchen (Anm. 63), S. 71, hingegen liest *sûche bracken* – wahrscheinlich angeregt durch den von Wolf mit abgedruckten Vertreter des Überlieferungszweigs II, der diese Lesart bietet – als zusammengesetztes Substantiv (‚Suchhund') und *an* als *âne* (Längen werden in der Edition nicht gekennzeichnet). Er übersetzt daher den Halbvers mit: ‚und man benötigt dazu keinen Suchhund' und sieht keinen Bezug zum ‚Titurel'. Vgl. Bußmann (Anm. 66), S. 150, Anm. 21.

*Fragmentarisches Erzählen*

Albrecht zielt mit seinem ‚Jüngeren Titurel' folglich immer schon über eine reine Fortführung des ‚Titurel' hinaus; ihm geht es um eine Auseinandersetzung mit dem gesamten Gralstoff. Dies eröffnet zumindest die Möglichkeit, dass er mit seinem Werk nicht allein auf die Fragmentarizität von Wolframs ‚Titurel' reagiert, sondern ebenso auf die grundsätzliche Unabgeschlossenheit des Erzählens, die bei Wolfram den gesamten ‚Parzival-Titurel'-Komplex auszeichnet, zumal die mit der suggerierten Erzählsituation verbundene (selbst-)kritische Dimension erklärtermaßen darauf ausgerichtet ist, die Sinn-Offenheit (also die mit der inhaltlichen Unabgeschlossenheit einhergehende semantische Unabgeschlossenheit) des ‚Parzival' für die überforderten Rezipient:innen zu klären. Das macht eine Auseinandersetzung mit dem ‚Jüngeren Titurel' im Rahmen unserer Untersuchung interessant. Dass Albrecht als Wieder- und Weitererzähler bruchlos in Wolframs Sinn handelt, ist dabei freilich nicht zu erwarten; dagegen spricht bereits die oben umrissene Konzeption des Fortsetzungstextes.[68] Albrechts Reaktion auf Wolframs Texte ist aber eine zeitgenössische und kann insofern, auch wenn der jüngere Autor zu anderen erzählerischen Lösungen gelangt als der Eschenbacher, einen Hinweis darauf geben, inwiefern Kategorien wie ‚narrative Unabgeschlossenheit' überhaupt wichtig für ein Publikum des 13. Jahrhunderts gewesen sind.

Wenn wir im Folgenden danach fragen, ob und wie Albrecht auf die von uns für den ‚Parzival-Titurel'-Komplex postulierte Poetik der Unabgeschlossenheit reagiert, bewegen wir uns nicht auf gänzlich ungebahnten Pfaden. Schon Lachmann deutet einen möglichen Zusammenhang an, wenn er Wolfram und seinen Nachfolger in dieser Hinsicht als Antipoden bewertet und dem ausschnitthaften Erzählen bei Wolfram, seiner „verständige[n] wahl", plakativ das angeblich allumfassende Erzählen des Fortsetzers gegenüberstellt, das auf eine solche Selektion gerade verzichtet: Der jüngere Dichter sei der „ordnung" der von Lachmann vorausgesetzten Gesamtquelle für den Gralstoff „streng" gefolgt, die Geschichte bleibe bei ihm deswegen „ein gewirr unverständlicher schlecht verbundener fabeln".[69] Zumindest in dieser Zuspitzung – Ausschnitthaftigkeit ver-

---

[68] Die Forschung hat in den vergangenen Jahren klar aufzeigen können, dass Fortsetzer in der Regel einer eigenen Agenda folgen. Gestützt auf Strohschneiders grundlegende Veröffentlichung zu dem Thema (Peter Strohschneider, Gotfrid-Fortsetzungen. Tristans Ende im 13. Jahrhundert und die Möglichkeiten nachklassischer Epik, in: DVjs 65 [1991], S. 70–98) kommt deswegen schon Lorenz (Anm. 6), S. 51f., richtigerweise zu dem Schluss, dass das „identitätsstiftende Moment der Sinnkontinuität [...] nicht von der Anpassung an das Dichtungskonzept des Vorgängers abhängig" sei, sondern „vom Nachfolgewerk gelenkt" werde.

[69] Lachmann (Anm. 7), S. XXII. Wir vereinfachen Lachmanns Argumentation hier insofern, als dieser noch davon ausgeht, dass der ‚Jüngere Titurel' von zwei Fortsetzern verantwortet wird: einem ersten, der den Großteil des ‚Jüngeren Titurel' gedichtet und dabei die Wolfram-Maske genutzt habe, und einem zweiten, der nur den Schluss

sus Vollständigkeit – ist die Beobachtung allerdings nicht ganz zutreffend. Eigentlich nutzt Albrecht nämlich durchaus ähnliche Techniken der Welterzeugung wie Wolfram, vor allem erweitert er die Erzählwelt des ‚Jüngeren Titurel' ebenfalls durch intertextuelle Verknüpfungen. Selbst seine große Erzählwelt verweist demnach immer noch auf ein größeres Erzähluniversum ‚hinter' dem Text, das sogar gegenüber dem im ‚Parzival' evozierten Gesamterzähluniversum angewachsen ist, weil Albrecht auch nach dem ‚Parzival' entstandene Romane einbindet, zum Beispiel den ‚Willehalm', den er chronologisch nachordnet.[70] Dass Albrecht nicht alles erzählt (und der ‚Jüngere Titurel' mithin ebenso wie der ‚Parzival' lediglich einen Ausschnitt des Gesamterzähluniversums wiedergibt), zeigt sich überdies daran, dass er einige zum ‚Parzival' gedoppelte Passagen unter Hinweis auf das im vorgängigen Roman bereits Präsentierte überspringt und als bekannt voraussetzt.[71]

Dass der ‚Jüngere Titurel' dennoch entschieden den Eindruck einer grundsätzlichen Abgerundetheit, einer Abgeschlossenheit des Erzählten erweckt, der letztlich auch Lachmanns Verdikt zugrunde liegt, lässt sich primär darauf zurückführen, dass Albrecht Erzählstoff für seinen Roman generiert, indem er die wichtigsten der im ‚Parzival' angedeuteten Hintergrundgeschichten in den Handlungsvordergrund seines Textes rückt. Das betrifft insbesondere die Fehdehandlung, deren Relevanz für Schionatulanders fiktive Biographie sich aus Wolframs erster Sigune-Szene ergibt und die bereits im ‚Parzival' als durchgängige Hintergrundhandlung erscheint. Er schildert außerdem unter anderem Parzivals im Prolog zu Buch IX und in seiner Prahlrede vor dem Artushof

---

beigesteuert habe (ebd., S. XXIIIf.). Lachmanns stilistische Aussagen beziehen sich auf den angenommenen Hauptdichter.

[70] In Albrechts ‚Jüngerem Titurel' ist der Baruc der Ahnherr von Terramer (vgl. JT 2887). Albrecht greift damit die prinzipielle Verbindung zwischen ‚Parzival'- und ‚Willehalm'-Handlung auf, die bereits Wolfram im ‚Willehalm' andeutet; vgl. Annette Volfing, ‚Parzival' and ‚Willehalm'. Narrative Continuity?, in: Wolfram's ‚Willehalm'. Fifteen Essays, hg. v. Martin H. Jones u. Timothy McFarland (Studies in German Literature, Linguistics, and Culture), Rochester / New York 2002, S. 45–59, hier insbes.: 47.

[71] So verweist Albrecht etwa lediglich auf Wolframs dritte Sigune-Szene und die Geschehnisse von Buch IX: *wie er* [Parzival, B. B. / A. H.] *bi ir* [Sigune, B. B. / A. H.] *und Trefizent nu were / und ander sin geverte, daz seit ein ander bůch mit gantzem mere* (JT 5850,3f.). Vgl. zur Technik Britta Bußmann, Erzählen in den Lücken der Vorlage. Albrechts ‚Jüngerer Titurel', Wolframs ‚Parzival' und das Problem der Plot-Zeit, in: BmE 3 (2020), S. 110–140 (DOI: https://doi.org/10.25619/BmE20203136), hier: 125–127, sowie Julia Zimmermann, Paradiesische Gaben und der zuckersüß duftende Tod des Helden. Narrative Beziehungsgeflechte im ‚Jüngeren Titurel', in: Text und Textur. WeiterDichten und AndersErzählen im Mittelalter, hg. von Birgit Zacke, Peter Glasner, Susanne Flecken-Büttner u. Satu Heiland (BmE Themenheft 5), Oldenburg 2020, S. 315–339 (DOI: https://doi.org/10.25619/BmE2020388), hier: 320f.

*Fragmentarisches Erzählen*

aufgezählten Abenteuer im Orient (Pz 434,11–30; 771,24–772,30; vgl. JT 5571–5807), bietet mit Schionatulanders Orient-Feldzug oder dem Krieg zwischen Artus und Lucius von Rom indes zusätzlich im ‚Parzival' nicht direkt vorbereitete Handlungsstränge.[72] Dieser starke Rückgriff auf den ‚Parzival' mag zum Teil pragmatische Gründe haben. Allem Anschein nach existiert keine zusammenhängende Quelle für den ‚Titurel'. Albrecht kann folglich stofflich nur an dem partizipieren, was bereits erzählt ist.[73] Resultat dieser Technik ist jedoch immer schon, dass der ‚Jüngere Titurel' sich gewissermaßen als ‚zweite Seite der Medaille' präsentiert: Er erzählt, was im ‚Parzival' Andeutung geblieben ist, und deutet an, was aus dem ‚Parzival' als bekannt vorauszusetzen ist; eine von Wolfram unabhängige neue Hintergrundhandlung, die in vergleichbarer Form wie die Anschouwe-Lalander-Fehde im ‚Parzival' hinter der Handlung des ‚Jüngeren Titurel' weiterschwelen würde, implementiert er nicht. Für ein Publikum, das – wie es Albrecht vielfach voraussetzt – den ‚Parzival' kennt, wird insofern schon suggeriert, dass es durch den ‚Jüngeren Titurel' jetzt vollständig über den ‚Parzival-Titurel'-Komplex informiert ist.

Zu dem Eindruck, die narrative Welt dieses Erzählkomplexes in seinem Gralroman erschöpfend dargeboten zu haben, trägt darüber hinaus bei, dass Albrecht viele der losen Enden des ‚Parzival' aufgreift und auserzählt. Markant signalisiert dies sein Umgang mit der Brackenseil-Inschrift, deren fragmentierte Mitteilung in der Leseszene des zweiten ‚Titurel'-Bruchstücks (Tit 148–158) man als Metapher für Wolframs gesamte Erzähltechnik auffassen könnte. Bei Albrecht wird die Inschrift beim großen arthurischen Hoffest von Floritschanze vollständig verlesen und dabei im Text zitiert (JT 1874–1927); sie stellt sich dabei als eine allegorische Tugendlehre heraus. Sowohl das textinterne wie das textexterne Publikum sind danach über die Tugendlehre des Brackenseils informiert.[74] Bei Wolfram ist es hingegen möglich, dass der Wortlaut der Inschrift niemals weiter spezifiziert worden wäre, als es im zweiten ‚Titurel'-Fragment schon der Fall ist. Sigune und Schionatulander haben die Leine zum Zeitpunkt von Schionatulanders Tod jedenfalls nicht in ihrem Besitz.[75] Direkt kommen-

---

[72] Auf diese Übernahmen verweist bereits Lachmann (Anm. 7), S. XIIf. Zu den in den Hintergrundgeschichten des ‚Parzival' angelegten Erzählkernen, die der ‚Titurel' potenziell hätte verwenden können und die Eingang in den ‚Jüngeren Titurel' finden, siehe überdies ausführlich Lorenz (Anm. 6), S. 38–53.

[73] Eine knappe Zusammenfassung der Forschungsdiskussion zu diesem Punkt bietet Lorenz (Anm. 6), S. 39–41.

[74] Bußmann (Anm. 66), S. 211–213. Mit der öffentlichen Verlesung wandelt sich auch die Motivation für die Brackenseil-Queste: Es geht nicht mehr um die Kenntnis der Inschrift, sondern um den Besitz der Leine. Vgl. hierzu Volker Mertens, Albrechts „Jüngerer Titurel': ein „Hauptbuch"?, in: ders., Der deutsche Artusroman (RUB 17609), Stuttgart 1998, S. 262–287, hier: 267–270.

[75] Bußmann (Anm. 66), S. 182.

tiert wird diese Technik, bei Wolfram Unabgeschlossenes zu einem Ende zu führen und offengebliebene Fragen zu klären, im Zusammenhang mit Albrechts Auseinandersetzung mit Wolframs ‚Parzival'-Schluss. Albrecht, der an diesem Punkt in seiner Erzählung die Wolfram-Maske aufgibt, nimmt selbstbewusst für sich in Anspruch, über die Âventiure umfassend informiert zu sein (*Die aventiure habende bin ich, Albreht, vil gantze,* JT 5961,1) und kündigt an, seinen Text mit einem Bericht über das weitere Schicksal von Parzival, Kardeiz, Repanse, Feirefiz und Loherangrin abzuschließen (vgl. JT 5959f.). Er begründet das einerseits damit, dass eine so *gehiure* Geschichte wie der ‚Jüngere Titurel' nicht *mit riwe* (JT 5966,1f.), also nicht mit dem Tod Schionatulanders, enden solle, verweist andererseits aber auch darauf, dass dem ‚Parzival' nach Ansicht der wahrhaft Literaturkundigen ein angemessenes Ende fehle und er deswegen defizitär sei:

> Ez jehent die merke richen, daz mich an vreuden pfendet:
> iz si wunderlichen ein bůch geanevenget und daz ander gendet,
> Sant Wilhalmes anevanc si betoubet,
> und Parcifal zeletste, nach ir beider werdicheit beroubet. (JT 5989)

Ähnlich wie Wolfram, der sich gegenüber Chrétien mit der Behauptung abgrenzt, mit Kyot den besseren Gewährsmann für den Gralstoff gefunden zu haben (*Kyôt, / der uns diu rehten mære enbôt,* Pz 827,3f.) und ihm zu folgen, profiliert sich Albrecht gegenüber dem Eschenbacher mithilfe seiner angeblich umfangreicheren Stoffkenntnisse. Wolfram habe nichts über Parzivals Kinder zu berichten gewusst, er selbst – Albrecht – könne jedoch nachliefern: *vil endelich ich gerne von in spreche: / man giht, wie dem von Eschenbach an siner hohen kunst dar an gebreche* (JT 5991,3f.). Das vollständige Abschließen des ‚Parzival-Titurel'-Erzählkomplexes gehört demzufolge zu Albrechts Korrekturmodus.[76]

Es ist allerdings nicht nur so, dass Albrecht (scheinbar) alles auserzählt, es wird zudem vieles auserklärt. So gibt es über den gesamten Textverlauf verteilt eine ganze Reihe zum Teil kleinerer didaktischer Erzählerkommentare auch für einzelne Figuren oder Szenen. Symptomatisch ist etwa, dass der Erzähler Parzivals Versagen in der Gralburg damit rechtfertigt, dass Anfortas sein Fehlverhalten noch nicht abgebüßt habe: *daz Parcifal der vrage můst vergezzen, / do was dannoch di schulde von Anfortas mit bůze niht vol mezzen* (JT 5262,3f.).[77] Da-

---

[76] Vgl. dazu vor allem Neukirchen (Anm. 63), S. 266–276. In dem Rollenwechsel von Pseudo-Wolfram zu Abrecht manifestiert sich für ihn „der Höhepunkt der Kritik Albrechts an Wolfram von Eschenbach" (ebd., S. 272). Siehe auch Zimmermann (Anm. 71), S. 318f.

[77] Julia Zimmermann, Epigonalität im Zeichen literarischer Produktivität. Anknüpfungen und Neudimensionierungen im ‚Jüngeren Titurel', in: Jenseits der Epigonalität. Selbst- und Fremdbewertungen im Artusroman und in der Artusforschung, hg. v.

*Fragmentarisches Erzählen*

neben implementiert Albrecht allerdings zugleich sehr ausführliche Lehrreden, die einzelnen Autoritäten (Titurel, Clauditte) in den Mund gelegt werden, etwa bei der Exegese des Graltempels (JT 516–586) oder bei der didaktischen Brackenseil-Inschrift (JT 1874–1927).[78] Wie schon das Beispiel des Anfortas offenbart, werden die Figuren in Erzählerkommentaren, teilweise aber auch innerhalb der Diegese, an den Lehren und den in ihnen geforderten Tugenden gemessen und bei Fehlverhalten abgestraft (Tun-Ergehen-Zusammenhang). Auch Schionatulanders Tod rechtfertigt sich letztlich als Folge individuellen Fehlverhaltens: Weil er gegen die zentrale Brackenseil-Tugend, die *maze*, verstößt und weil er Parzivals Erbländer nicht ausreichend verteidigt, sodass die Lalander-Brüder diese erobern und Orilus in den Besitz des eigentlich für Schionatulander bestimmten glücksbringenden Tigrisgolds (das Gold der *sælde*) gelangt, kann Orilus ihn im Zweikampf besiegen und töten (JT 5078–5089).[79]

Insgesamt zeigt sich, dass Albrecht durch dieses Vorgehen die fragmentarische Dynamik des wolframschen Erzählens stillstellt. Das kann man kritisieren, und in der ‚Titurel'-Forschung ist der Hang zur Didaktisierung und Auserzählung in der Regel negativ gewertet worden.[80] Wenn man das tut, muss man aber immerhin einräumen, dass Albrecht Wolframs Technik offenbar ganz bewusst negiert. Albrechts Vorgehen dient nämlich der Einpassung des Erzählten in das von ihm für den ‚Jüngeren Titurel' gewählte und schon oben angedeutete Konzept der Fortsetzung als kommentierende und verbesserte Wiedererzählung des ‚Parzival' aus Wolframs eigenem Mund. Sein Pseudo-Wolfram reagiert damit vorgeblich auf die Bitten des von der Komplexität seines Erzählens überforderten Publikums, das ihn anklagt, *in schif und bruk enpfûret* sowie *straz unde pfat verirret* (JT 19,3f.) zu haben, und gelobt Wiedergutmachung: *ich wil die krumb an allen orten slichten* (JT 20,3). Das oben beschriebene Modell des Auserzählens und Auserklärens nun fügt sich insofern in dieses Konzept ein, als

---

Cora Dietl, Christoph Schanze u. Friedrich Wolfzettel (SIA 15), Berlin / Boston 2020, S. 141–159, hier: 148, Anm. 26. Grundsätzlich zur Durchsetzung des Textes mit lehrhaften Passagen siehe zudem Mertens (Anm. 74), S. 281–283.

[78] Für eine detaillierte Interpretation der Tempel-Exegese und der Brackenseil-Inschrift siehe Bußmann (Anm. 66), S. 197–209 und 241–250.

[79] Neukirchen (Anm. 63), S. 231–246; Lorenz (Anm. 6), S. 248–250; Bußmann (Anm. 66), S. 212f. und 313f.

[80] Zimmermann (Anm. 71), spricht etwa von Albrechts „lehrhaft-wertsetzende[r], doktrinäre[r] und Handlung zerdehnende[r] Erzählweise" (S. 316); Mertens (Anm. 74) beklagt, wie „ungeheuer statisch" Albrechts Roman auf die (modernen) Rezipient:innen wirke – er führt diesen Eindruck einerseits auf repetitive Handlungsfolgen, andererseits aber auch auf die zahlreichen „ethisch und naturkundlich belehrenden Abschnitte[ ]" des ‚Jüngeren Titurel' zurück (S. 280f.). Beide betonen aber zugleich die bedeutende literaturhistorische Stellung des Textes; vgl. Zimmermann (Anm. 71), S. 316f.; Mertens (Anm. 74), S. 262.

beide Tätigkeiten – Auserzählen und Auserklären – als jene Mittel anzusehen sind, die der Erzähler ergreift, um seine Ankündigung wahr zu machen und das Krumme des ‚Parzival' zu begradigen: Auf diese Weise wird den Rezipient:innen der von ihnen begehrte konkrete Weg zum Sinn der Erzählung gewiesen, den der ‚Parzival' ihnen bislang verwehrt hat. Albrechts Pseudo-Wolfram kann daher ostentativ selbst die *tumben* Rezipient:innen in sein Publikum einbeziehen (*und mugen sich die tumben dar gesellen!*, JT 59,3), an denen der echte Wolfram wenig Interesse gezeigt hat – ihm geht es noch primär um diejenigen, die von sich aus dazu fähig sind, alle Wendungen der Geschichte mitzumachen (Pz 2,13f.) –, und so einer denkbar breiten Hörerschaft den tieferen (und bereits zuvor angeblich latent vorhandenen) Sinn der solcherart ‚gezähmten' Geschichte offenlegen. Als diesen tieferen Sinn aber identifiziert Albrecht explizit die Lehre: *durch sinneriche lere mûz ich di wilden mær hie zam gestellen* (JT 59,4).[81]

Mit Blick auf unsere bislang vorgetragenen Überlegungen zum unabgeschlossenen Erzählen im ‚Parzival-Titurel'-Komplex und zu dessen Weiterführung im ‚Jüngeren Titurel' lassen sich abschließend drei Schlussfolgerungen ziehen:

1) Die narrative Unabgeschlossenheit des Erzählten, die den gesamten ‚Parzival-Titurel'-Komplex ausmacht (nicht etwa nur die Fragmentarizität der ‚Titurel'-Bruchstücke), hat Albrecht genauso gesehen wie wir als moderne Interpret:innen. Sie als Kennzeichen des wolframschen Erzählens herauszustellen, entspringt demnach keinem neuzeitlichen Blickwinkel; sie konnte – wertet man Albrechts Reaktion als exemplarisch – vielmehr schon von Zeitgenossen in dieser Weise wahrgenommen werden. Albrecht wertet allerdings dezidiert anders als wir, indem er die narrative Unabgeschlossenheit explizit als Problem identifiziert, das es zu bearbeiten gilt. Tatsächlich folgt aus Wolframs Erzählweise eine starke Beteiligung der Rezipient:innen am Deutungsprozess, weil Teile der Sinnzuweisung an das Publikum ausgelagert werden.[82] Wolframs dynamisches Erzählmodell gibt dadurch viel Macht an die Rezipient:innen ab – mit kalkuliert ungewissem Ausgang, denn der Verzicht auf eine einfach ableitbare Regelhaftigkeit ist, wie gezeigt, ja gerade die gewollte Folge dieser Art des Erzählens. Womöglich reagiert der ‚Jüngere Titurel' eher auf diese Unabwägbarkeiten als auf realiter formulierte Klagen vonseiten des Publikums.

2) Albrecht integriert die Lehr- und Beispielhaftigkeit der Handlung, die Wolfram eigentlich verabschiedet hat, wieder in den Text. Er wählt dafür aber nicht das von Wolfram negierte Konzept der Doppelungen (das im Vergleich

---

[81] Neukirchen (Anm. 66), S. 283–294, kommt das Verdienst zu, diese Konzeption als erster richtig erkannt und beschrieben zu haben. Siehe überdies Neukirchen (Anm. 63), S. 63–85; Lorenz (Anm. 6), S. 155–159; Bußmann (Anm. 66), S. 143–151.
[82] Vgl. hierzu auch ebd., S. 152f.

der aufeinander bezogenen Handlungsteile oder Figuren ja wiederum die Rezipient:innen fordern würde), sondern setzt auf das gewissermaßen narrensichere System, das Geschehen durch den Erzähler oder durch spezielle, in ihrer Lehrautorität vom Text bestätigte Figuren deuten zu lassen. Die Lehre ist daher in ihren entscheidenden Teilen (Exegese des Graltempels, Brackenseil-Inschrift) innerhalb der Diegese verfügbar und richtet sich insofern auch an die Figuren, mehr noch richtet sie sich jedoch an die Rezipient:innen, zumal die Erzählerkommentare ohnehin ausschließlich dem Publikum zugänglich sind. Dass die Figuren fehlerlos agieren und Leiderfahrungen vermeiden können, ist deswegen nicht unbedingt das Ziel des Erzählens, zumal aus der christlichen Erzählperspektive des ‚Jüngeren Titurel' weltliches Leid durch Lohn im Jenseits wettgemacht werden kann (so geschieht es etwa bei Schionatulander und Sigune).[83] Eigentliche Adressat:innen der Lehre und ihrer Verbesserungs-Appelle sind mithin die Rezipient:innen.

3) Insgesamt setzt Albrecht damit Wolframs Poetik der Unabgeschlossenheit eine Poetik des Abschließens entgegen,[84] die die (Deutungs-)Macht dezidiert zurückverlagert auf den Erzähler und ihr auf diese Weise wieder einen konkreten Ort im Text gibt. Eine gewisse Offenheit bleibt – allerdings auf anderer Ebene – jedoch deswegen bestehen, weil die didaktische Ausrichtung des ‚Jüngeren Titurel' mit einer Appell-Struktur arbeitet, nach der die Lehren des Textes in das Leben des Publikums hinein verlängert werden sollen. Garantieren kann der Text das freilich nicht.

Abstract: In the 'Parzival-Titurel' complex, Wolfram evokes a world populated by a multitude of characters that seems so large that it cannot be told in its entirety. He thus imitates the complexity and contingency of reality instead of reducing it, and – according to the thesis pursued in this article – distances himself recognizably from contemporary narrative methods such as the bipartite structure of the Arthurian romance. What is actually narrated must necessarily remain fragmentary against the background of such a sprawling diegesis. 'Fragmentary' in this sense does not mean 'unfinished', but rather describes an incompleteness which results from the narrative process itself; with regard to

---

[83] Insofern ergibt sich nach unserer Überzeugung auch durch Schionatulanders Tod kein Grund, die Bedeutung der Brackenseil-Inschrift als ethischer Maßstab für das Handeln der Figuren infrage zu stellen. Anders jedoch Neukirchen (Anm. 63), S. 331–336. Vgl. zur Diskussion auch Bußmann (Anm. 66), S. 312–316.

[84] Wir haben uns hier bewusst für die Bezeichnung ‚Poetik des Abschließens' (statt etwa ‚Poetik der Abgeschlossenheit') entschieden. Im ‚Jüngeren Titurel' wird vorgeführt, wie der Erzähler durch seine narrativen Maßnahmen den Status der Abgeschlossenheit des Textes etabliert. Diesen aktiven Part sehen wir in der gewählten Benennung besser reflektiert.

'Parzival', one can speak of a veritable 'poetics of incompleteness'. This is not abolished by the addition of 'Titurel' to 'Parzival': despite the doubling (which results from the parallelism of the pairs Sigune/Schionatulander and Parzival/Condwiramus), the text obstructs a sense of completeness because no rules, no meaning, can be derived from it. The narrative complex is only completed by Albrecht's 'Younger Titurel', which presents itself as a corrective retelling of 'Parzival'. Through exhaustive narrating and explaining, Albrecht contrasts Wolfram's 'poetics of incompleteness' with a 'poetics of completing'.

# Vollständigkeit und Fragmentierung
## Poetologische, mediale und pragmatische Bedingungen des Fragmentarischen am Beispiel von Konrads von Würzburg ‚Trojanerkrieg'

### von Julia Frick

## 1. Fragment und Totalität: Spielräume und Grenzfälle terminologischer Kategorienbildung

> Ein Fragment muß gleich einem kleinen Kunstwerke von der umgebenden Welt ganz abgesondert und in sich selbst vollendet sein wie ein Igel.[1]

Die Bestimmung des Fragments bzw. des Fragmentarischen, die Friedrich Schlegel in Bezug auf einen konkreten historischen Diskurs der Frühromantik vornimmt, gilt einer zeitgenössischen ‚Modegattung', die das Ideal der (inhaltlichen) Unabgeschlossenheit bei gleichzeitiger (formaler) Begrenztheit als positives Charakteristikum des literarischen Fragments kultiviert.[2] Bedeutsam für die Frage nach dem Verhältnis von Fragment und Totalität ist nicht das grundsätzliche – weithin bekannte – Interesse der Zeit um 1800, des „Blüte-Jahrzehnt[s] ästhetischer Fragmentaristik",[3] an der Tradition aphoristischen Stils. Vielmehr lässt sich an Schlegels Ausspruch ein Begriff zeitgenössischer Modelle

---

[1] Friedrich Schlegel, Fragmente, in: ders., Charakteristiken und Kritiken I (1796–1801), hg. u. eingel. v. Hans Eichner (Kritische Friedrich-Schlegel-Ausgabe 1.2), München / Paderborn / Wien 1967, S. 165–255, ‚Athenäums-Fragmente', Nr. 206, S. 197 [Erstdruck in: Athenaeum 1/2 (1798), S. 3–146]. Siehe dazu den Hinweis in Ruth Sassenhausen, Tendenzen frühromantischer Fragmentauffassung im Mittelalter? Versuch zur Loherangringeschichte im ‚Parzival' Wolframs von Eschenbach, in: Zeitschrift für Germanistik 15 (2005), S. 571–586, bes. 577f.

[2] Vgl. mit weiterführender Literatur Maren Jäger, „der Rest ist Lücke, Zwischenraum, Fragment". Das Fragment(arische) im lyrischen und essayistischen Werk Gerhard Falkners, in: Materie: Poesie. Zum Werk Gerhard Falkners, hg. v. Constantin Lieb, Hermann Korte u. Peter Geist (Beiträge zur neueren Literaturgeschichte 378), Heidelberg 2018, S. 19–45, bes. 24–28.

[3] Ebd., S. 24.

von Textualität ablesen, der mit einem dezidiert poetologischen Konzept des Fragments als eines intentional hergestellten Ganzen operiert:[4] „Viele Werke der Alten sind Fragmente geworden. Viele Werke der Neuern sind es gleich bei der Entstehung."[5] Was hier prägnant zur Anschauung kommt, ist der gleitende Übergang unterschiedlicher Ebenen, der die phänomenologische Kategorie des Fragmentarischen (Bruchstücke antiker Texte) mit einem poetologischen Produktionsprinzip kurzschließt: Der Bezugspunkt ist der Werkcharakter im Sinne einer (wenn auch nur imaginär) intakten, ganzheitlichen Größe, unter Substituierung der ‚äußeren' durch ‚innere' Faktoren der Fragmentierung – von dem materiellen Überlieferungsträger des Werkes, der im zeitlichen Verlauf potentieller Zergliederung, ja Zerstörung ausgesetzt ist („Fragmente geworden"), zur Prozesskategorie der literarischen Konstitution von Werken an sich (Fragmente „bei der Entstehung").

Diese in literaturwissenschaftlicher Hinsicht unterminologische Verwendung des Fragment-Begriffs[6] wird auf der einen Seite möglich über eine Metaphorisierung, die die disziplinär gebundene Klassifikation des ‚zerbrochenen' Artefakts (lat. *fragmentum*) auf Phänomene im Bereich der Textualität und ihre materiellen wie medialen Komponenten beziehbar macht.[7] Die Spuren einer solchen positiven Fragment-Bestimmung, die eine äußere Ganzheit in der inneren Versehrtheit postuliert, münden in letzter Konsequenz in der Vorstellung von der Fragmentarität jeglichen literarischen Werkes angesichts einer nicht mehr einholbaren universalen Totalität ein.[8] Auf der anderen Seite tendiert eine derartige Begriffsverwendung, die eine definitorische Setzung für eine künstlerisch-artifizielle Form formuliert („Ein Fragment muß", siehe oben), aufgrund ihres ‚virtuellen' Abstraktionsniveaus dazu, wiederum in eine Remetaphorisierung umzuschlagen. Der Igel als ‚kompaktes' Ganzes symbolisiert einen Grad an Konkretion, der die gegenstandsbezogene Relationierung von ästhetischer und epistemischer Evidenz im Verhältnis von Teil und Ganzem an ein bildhaftes Moment zurückbindet. Im Igel als Repräsentationsfigur des literarischen Frag-

---

[4] Siehe dazu aus dem weiten Feld an Publikationen: Fragment und Totalität, hg. v. Lucien Dällenbach u. Christiaan L. Hart Nibbrig (Edition Suhrkamp 1107), Frankfurt a. M. 1984.
[5] Schlegel (Anm. 1) [Athenäums-Fragmente, Nr. 24], S. 169.
[6] Zur Frage der terminologischen Differenzierung siehe den einschlägigen Überblick bei Peter Strohschneider, Art. ‚Fragment$_2$', in: RLW 1 (1997), S. 624f.
[7] Vgl. aus textwissenschaftlicher Perspektive die Reflexionen zu Typen, Quellen und editorischen Bearbeitungsweisen sowie zur Geschichte der Begriffsverwendung die einschlägigen Hinweise in Glenn W. Most, Preface, in: Collecting Fragments = Fragmente sammeln, hg. v. dems. (Aporemata 1), Göttingen 1997, S. V–VIII, und Anna Carlotta Dionisotti, On fragments in classical scholarship, in: ebd., S. 1–33.
[8] Diese Problemkonstellation ist entwickelt bei Hans Ulrich Gumbrecht, Literaturgeschichte – Fragment einer geschwundenen Totalität?, in: Fragment und Totalität (Anm. 4), S. 30–45.

ments bleiben dabei – trotz oder vielleicht gerade wegen der Übertragung auf einen anderen Objektbereich – vor allem zwei grundlegende Aspekte des Fragmentarischen aktiviert: Erstens, das Verhältnis von Innen und Außen, das heißt einer imaginativen Vergegenständlichung des „Offene[n] innerhalb einer begrenzten Form"[9] (die hier als in sich geschlossenes ‚Ganzes' zugleich keinen Anspruch auf ‚totale' Ganzheit beanspruchen kann). Damit ist zweitens das Wahrnehmungskriterium tangiert, wenn sich das fragmentarische ‚Ganze' zugleich als Konstrukt erweist, dem über seinen ästhetischen Funktionscharakter Bedeutung zuwächst.

Diese allgemeinen Überlegungen zur Korrelation von Fragment und Totalität in einem spezifischen historischen Diskurs veranschaulichen exemplarisch Spielräume und Grenzfälle terminologischer Kategorienbildung und -vervielfältigung in je unterschiedlichen historischen Bezugssystemen und disziplinären Beobachtungs- und Beschreibungsfeldern. Für die Text- und Kulturwissenschaften haben vor rund zehn Jahren Kay Malcher, Stephan Müller, Katharina Philipowski und Antje Sablotny eine Zusammenschau der interdisziplinär perspektivierten Zugänge und Verwendungsmodalitäten des Fragment-Begriffs sowie der mit diesem jeweils evozierten Konzepte vorgelegt.[10] Es ist hier nicht der Ort, die problemorientierte Ebenendifferenzierung, die die Einleitung des Bandes entwirft,[11] zu wiederholen; es seien nur einige für die folgenden Überlegungen zentrale Punkte in Erinnerung gerufen.

Nimmt man die divergierenden Phänomen- und Arbeitsbereiche zwischen archäologischer und philologischer Praxis in den Blick, lassen sich innerhalb des Spannungsfeldes disziplinär spezifischer Begriffsverwendungen typologische, strukturelle und funktionale Interdependenzen beobachten,[12] die in analytischer Hinsicht produktiv gemacht werden können. Den Ausgangspunkt bildet die gegenständliche Begriffsverwendung, die Vorstellungen von Ganzheit, Intaktheit und Integrität impliziert – also eine Kategorie der äußeren Form, deren Fragmentstatus in Bezug auf ein präsupponiertes Ganzes interpretierbar

---

[9] Sassenhausen (Anm. 1), S. 578.
[10] Fragmentarität als Problem der Kultur- und Textwissenschaften, hg. v. Kay Malcher, Stephan Müller, Katharina Philipowski u. Antje Sablotny (MittelalterStudien 28), München 2013.
[11] Weiterführend ist auch das umfangreiche Literaturverzeichnis, das das weite Forschungsfeld zum Thema Fragment und Fragmentarität aufspannt. Vgl. Kay Malcher / Stephan Müller / Katharina Philipowski / Antje Sablotny, Fragmentarität als Problem der Kultur- und Textwissenschaften. Eine Einleitung, in: Fragmentarität (Anm. 10), S. 9–32.
[12] „Trotz der offenkundigen Unterschiede in Bezug auf Gegenstand, Reichweite und Erkenntnisinteresse, die mit der Orientierung am archäologischen oder ästhetischen Fragmentkonzept verbunden sind, fassen wir beide als interdependent aufeinander bezogen auf" (ebd., S. 10).

wird.[13] Dabei gilt hier wie dort: „Fehlende Vollständigkeit muss vom Betrachter ergänzt werden, damit er einen Gegenstand überhaupt als fragmentarisch erkennen kann."[14] Der Akt der Interpretation ist zugleich ein Akt der Zuschreibung, der im Sinne eines Rezeptionsphänomens dem Fragment historische Signifikanz und kulturelle Geltung attribuiert.[15] Damit kommen sowohl Zeitindices als auch Wertungsparameter ins Spiel: Indem das Fragment immer schon auf eine abwesende vergangene Totalität verweist, gewinnt es im Rahmen gesellschaftlicher Distinktionsprozesse den Stellenwert ‚kulturellen Erbes', das es zu rekonstruieren und zu konservieren gilt.[16] Seine „Relevanz als Zeichen",[17] die einen Funktionsaspekt trägt, ist also Ergebnis einer Zuschreibung von instrumentellem bzw. ästhetischem Wert, der einen gewissen Symbolgehalt für vergangene Epochen repräsentiert.

Dabei ist eine Perspektivenabhängigkeit für die Bestimmung der jeweiligen Teil-Ganzes-Relation einzukalkulieren, das heißt die Vorstellungen von Ganzheit bleiben historisch variabel: „[W]hat you call a fragment can depend very markedly on what you consider to be whole or complete".[18] In engerem Bezug auf Fragmente von Literatur ist in diesem Sinne der jeweilige historische Status

---

[13] Vgl. die programmatisch ausgerichtete editorische Notiz in der neu gegründeten Zeitschrift für Manuskriptfragmente (‚Fragmentology'): „Fragments not only relate to the whole they originally belonged to, but also to a whole that the history of fragmentation created." William Duba / Christoph Flüeler, Fragments and Fragmentology. Editorial, in: Fragmentology 1 (2018), S. 1–5, hier: 2.

[14] Malcher / Müller / Philipowski / Sablotny (Anm. 11), S. 12.

[15] Vgl. zu diesem Aspekt die von der grundsätzlichen epistemologischen Basisunterscheidung zwischen ‚Fragment' und ‚Abfall' her abgeleitete Sondierung des Begriffsfeldes von Kay Malcher, Fragmente, müllseitig betrachtet. Zu Anlage und Genese des altgermanistischen Fragmentbegriffs in interdisziplinärer Perspektive, in: Fragmentarität (Anm. 10), S. 233–259.

[16] Vgl. exemplarisch für das Arbeitsfeld der Archäologie die Trias aus Interpretation, Bedeutungszuschreibung und Konservation ‚kulturellen Erbes': „Archaeology is [...] the painstaking task of interpretation so that we come to understand what these things mean for the human story. And it is the conservation of the world's cultural heritage – against looting and against careless destruction." Colin Renfrew / Paul Bahn, Archaeology. Theories, Methods, and Practice, 6th ed., London 2012, S. 12. Zur Methodik der Archäologie im Umgang mit Fragmenten und den Rückkoppelungen für die literaturwissenschaftliche Forschung siehe auch den Beitrag von Nikolaus Henkel in diesem Band.

[17] Malcher / Müller/ Philipowski / Sablotny (Anm. 11), S. 13.

[18] Dionisotti (Anm. 7), S. 2. – Ein positiver Fragmentbegriff lässt sich etwa schon im Humanismus z. B. für Anthologien nachweisen, die als Sammlungen und Kompendien von in sich ‚unvollständigem' (Zitat-)Material fungieren (hier mit Bezug auf das Christuswort *Colligite fragmenta* in Io 6,12): „[S]uch fragments are not survivals regrettably broken from their context, but morsels of learning, broken down so as to be inwardly digested, like the loaves and fishes" (ebd., S. 16).

von Textualität zu berücksichtigen, der die analytische Qualität der Begriffsverwendung gerade für die Textwissenschaften zu präzisieren hilft. Die mediävistische Forschung hat in diesem Zusammenhang eine Ebenentrennung zwischen materiellen Fragmenten (Handschriftenfragmenten)[19] und ‚Textfragmenten' vorgeschlagen,[20] zwischen einem primär technischen und einem hermeneutischen Fragment-Begriff.[21] Für die Frage nach der volkssprachigen Textualität des Mittelalters ist dabei, so die gängige Annahme, ein Kriterium wie Stabilität anachronistisch, ein Kriterium, „von dem [...] nicht sicher ist, daß seine Implikationen ahistorischer Textintegrität und Textkohärenz ihren geschichtlichen Gegenstand überhaupt erreichen".[22] Insofern ist „die Frage nach je historischer Fragmentarizität [...] nur als Frage nach je historischer Textualität formulierbar".[23] Grundlegend ist hierbei ein Begriff von ‚Text', der sich von der konkreten Form seiner Verschriftlichung tendenziell entkoppelt und in einer Totalität des dem Einzeltext übergeordneten Traditions- bzw. Erzählkontinuums zu situieren ist.[24] Die Distinktionsleistung des Fragment-Begriffs zeichnet sich vor diesem Hintergrund, nimmt man die skizzierten, kategorialen Interdependenzen auf der konzeptuellen Ebene zusammen, in der Möglichkeit ab, je fach- und gegenstandsspezifisch gebundene Bezugspunkte differenzieren und zugleich in funktional-typologischer Hinsicht aufeinander hin transparent halten zu können.

Zentral scheint also die Frage der Perspektive zu sein: Codex und ‚Text' setzen ein jeweils unterschiedliches Verständnis von relationierter Totalität voraus, von Form und (instrumenteller, ästhetischer) Funktion der je fallbezogen attribuierten Bedeutsamkeit. Weil „Fragmentarität [...] der Vollständigkeit

---

[19] Vgl. den aktuellen Forschungsstand resümierend Jürgen Wolf, Handschriftenfragmente im Blick der germanistischen Forschung. Fragestellungen, Hilfsmittel, Projekte, in: Fragment und Makulatur. Überlieferungsstörungen und Forschungsbedarf bei Kulturgut in Archiven und Bibliotheken, hg. v. Hanns Peter Neuheuser u. Wolfgang Schmitz (Buchwissenschaftliche Beiträge 91), Wiesbaden 2015, S. 223–230.
[20] „Das textuell Fragmentierte benötigt also einen intakten materiellen Träger, auf dem es *als* Fragmentiertes präsentiert wird". Sonja Glauch, Wie ‚macht' man Fragmente? Schrift und Stimme als Träger des Fragmentarischen, in: Fragmentarität (Anm. 10), S. 51–68, hier: 56 (Hervorhebung im Original). – Zur Begriffsbildung ‚Text-Fragment' schon Paul Zumthor, Le texte-fragment, in: Langue française 40 (1978), S. 75–82.
[21] Zum Phänomenspektrum, das sich auch über eine rezeptionsgeschichtliche Fragmentierung konstituiert, vgl. Strohschneider (Anm. 6), S. 624.
[22] Peter Strohschneider, Höfische Romane in Kurzfassungen. Stichworte zu einem unbeachteten Aufgabenfeld, in: ZfdA 120 (1991), S. 419–439, hier: 421.
[23] Strohschneider (Anm. 6), S. 625.
[24] Auf ein Verständnis von Texten als „Elemente[n] eines übergeordneten (grenzenlosen) Traditionskontinuums" verweist Strohschneider, ebd. (im Anschluss an Zumthor [Anm. 20]).

vorausliegen oder ihr nachträglich sein [kann]",[25] macht sie eine historisch synchrone wie rezeptionsgeschichtlich diachrone Annäherung notwendig, um den ‚Zeichencharakter' des Fragmentarischen für vergangene Diskursformationen sichtbar und beschreibbar zu machen. Eine solche integrale Perspektive ist Ziel der folgenden, tentativen Überlegungen. Sie verstehen sich als Versuch, historische Einschätzungen von Vollständigkeit und Fragmentierung auf ihre medialen und materialen Bedingungen und Funktionen hin zu befragen. Gezeigt werden soll damit, inwiefern sich das Konzept von Fragmentarität – über eine methodische Differenzierung von Gegenstands- und Beobachtungsebene – als analytisch produktive Kategorie literatur- und textgeschichtlicher Arbeit profilieren ließe.

## 2. Historische Konzepte des Fragmentarischen: Synchron-diachrone Perspektiven am Beispiel von Konrads von Würzburg ‚Trojanerkrieg'

Dass das Neu-, Weiter- und Anderserzählen zu den Grundprinzipien des Umgangs mit literarischem Vorlagenmaterial gehört, ist spätestens seit der von Franz Josef Worstbrock etablierten kategorialen Unterscheidung zwischen mittelalterlichem Wiedererzählen und frühneuzeitlichem Übersetzen Teil intensiver Forschungsdiskussion.[26] Mit den Bearbeitungsmodalitäten des Kürzens und Ausweitens kommen dabei nur zwei mögliche komplementäre Verfahren der *tractatio materiae* in den Blick,[27] die „synergetisch dem einen Ziel [dienen]:

---

[25] Malcher / Müller / Philipowski / Sablotny (Anm. 11), S. 11.
[26] Vgl. Franz Josef Worstbrock, Wiedererzählen und Übersetzen, in: Mittelalter und frühe Neuzeit. Übergänge, Umbrüche und Neuansätze, hg. v. Walter Haug (Fortuna vitrea 16), Tübingen 1999, S. 128–142. – Zu den auf Worstbrock Bezug nehmenden Präzisierungen des mittelalterlichen Erzählkonzepts siehe exemplarisch Joachim Bumke / Ursula Peters, Einleitung, in: Retextualisierung in der mittelalterlichen Literatur, hg. v. dens. (ZfdPh 124. Sonderheft), Berlin 2005, S. 1–5; Friedrich Michael Dimpel, Freiräume des Anderserzählens im ‚Lanzelet' (Beihefte zum Euphorion 73), Heidelberg 2013; Regina Toepfer / Johannes Klaus Kipf / Jörg Robert, Einleitung. Humanistische Antikenübersetzung und frühneuzeitliche Poetik in Deutschland (1450–1620), in: Humanistische Antikenübersetzung und frühneuzeitliche Poetik in Deutschland (1450–1620), hg. v. dens. (Frühe Neuzeit 211), Berlin / Boston 2017, S. 1–24; Peter Glasner / Birgit Zacke, Text und Textur. WeiterDichten und AndersErzählen im Mittelalter, in: Text und Textur. WeiterDichten und AndersErzählen im Mittelalter, hg. v. Birgit Zacke, Peter Glasner, Susanne Flecken-Büttner u. Satu Heiland (BmE Themenheft 5), Oldenburg 2020, S. 3–44 (DOI: https://doi.org/10.25619/BmE2020397). Sämtliche in diesem Beitrag angeführten digitalen Ressourcen wurden zuletzt abgerufen am 14.02.2024.
[27] Vgl. den Überblick in Julia Frick, Literarische Kürzung. Konzepte der *abbreviatio* in

*Vollständigkeit und Fragmentierung*

Qualitäten durch Quantifizierung wahrnehmbar, beurteilbar und erinnerbar zu machen."[28] Eine andere Form der Realisierung poetischen Möglichkeitssinns[29] – hinsichtlich einer je alternativ nuancierten ‚Anschlusskommunikation' – dokumentiert der Umgang mit unvollständigen Werken, deren Fortsetzungen in der Regel als feste Bestandteile gemeinsamer Überlieferungsverbünde einen Reflex historischer Einschätzungen von (narrativer) ‚Ganz- und Intaktheit' markieren (zum Beispiel ‚Tristan', ‚Willehalm', ‚Titurel').[30] Insofern verweisen sie als Rezeptionsphänomene auf ein Kriterium von Vollständigkeit, das jenseits des Einzeltextes in einer stoffgeschichtlichen Totalität begründet liegt.[31] Diese Orientierung an einem dem erzählten Gegenstand vorgelagerten und in ihm zugleich intertextuell präsenten Erzählkontinuum evoziert ein „Weitererzählenwollen",[32] welches das „Zuende-Erzählen einer Geschichte"[33] im Blick hat. Und das gilt nicht nur für entsprechende, im deutschsprachigen Erzählen

---

historischer Perspektive, in: abbreviatio. Historische Perspektiven auf ein rhetorisch-poetisches Prinzip, hg. v. ders. u. Oliver Grütter, Basel 2021, S. 9–41. Jetzt auch in einer systematischen Untersuchung Julia Frick, Poetik der Kürzung. Studien zu Kurzfassungen in der mittelhochdeutschen Epik (Bibliotheca Germanica 80), Tübingen 2024.

[28] Hans Jürgen Scheuer, Das Heilige im Gebrauch. Zur kompilatorischen Form der Legende, in: abbreviatio (Anm. 27), S. 229–260, hier: 239.

[29] Vgl. in diesem Zusammenhang zur „Koinzidenz von Textsicherheit und Varianzgebot" Bruno Quast, Der feste Text. Beobachtungen zur Beweglichkeit des Textes aus Sicht der Produzenten, in: Text und Kultur. Mittelalterliche Literatur 1150–1450. DFG-Symposion 2000, hg. v. Ursula Peters (Germanistische Symposien. Berichtsbände 23), Stuttgart / Weimar 2001, S. 34–46, hier: 45.

[30] Zu den Fortsetzungen des ‚Tristan', zur ‚Willehalm'-Trilogie sowie zum ‚Jüngeren Titurel' siehe exemplarisch Peter Strohschneider, Alternatives Erzählen. Interpretationen zu ‚Tristan'- und ‚Willehalm'-Fortsetzungen als Untersuchungen zur Geschichte und Theorie des höfischen Romans, Habil. masch., München 1991 (DOI: 10.5282/ubm/epub.24907); Angila Vetter, Textgeschichte(n). Retextualisierungsstrategien und Sinnproduktion in Sammlungsverbünden. Der ‚Willehalm' in kontextueller Lektüre (PhSt 268), Berlin 2018. – Verwiesen sei auch auf die Beiträge von Elke Brüggen, Lina Herz, Britta Bußmann und Albrecht Hausmann, in diesem Band.

[31] Zum höfischen Roman als dem „diskursiven Ort […], an dem die Bedingungen des Weiter-, Zuende- und Anders-Erzählens formuliert werden", vgl. Haiko Wandhoff, Fragment und Fragmenttheorie im höfischen Roman. Chrétien de Troyes – Hartmann von Aue – Heinrich von Veldeke, in: Hartmann von Aue 1230–1517. Kulturgeschichtliche Perspektiven der handschriftlichen Überlieferung, hg. v. Margreth Egidi, Markus Greulich u. Marie-Sophie Masse (ZfdA. Beiheft 34), Stuttgart 2020, S. 93–113, hier: 95.

[32] Peter Strohschneider, Gotfrit-Fortsetzungen. Tristans Ende im 13. Jahrhundert und die Möglichkeiten nachklassischer Epik, in: DVjs 65 (1991), S. 70–98, hier: 77.

[33] In Bezug auf die Rezeption von Gottfrieds ‚Tristan' Martin Baisch, Textkritik als Problem der Kulturwissenschaft. Tristan-Lektüren (TMP 9), Berlin / New York 2006, S. 275.

des Mittelalters prominente Beispiele wie etwa ‚Nibelungenlied' und ‚Klage',³⁴ sondern auch für den weiteren Bereich der lateinischen Tradition: Der frühneuzeitliche Umgang mit Vergils ‚Aeneis' zeigt, dass es nicht an Versuchen gemangelt hat, dem vermeintlich auf Handlungsebene unvollständigen Text einen Schluss zu verleihen, der das in mehreren Vorausdeutungen indizierte Telos auch als erzähllogischen Abschluss des Epos präsentiert.³⁵

Dieses auf der Ebene der Narration anzusetzende Verständnis von Vollständigkeit wird im Vorgang der Rezeption historisch präzise beobachtbar, der zugleich mit der handschriftlichen Reproduktion des Textes zusammenfällt.³⁶ Es setzt als Basiskriterium eine Relationierbarkeit von Teil und Ganzem voraus, deren Maßstab in der erzählerischen Komplettierung liegt und die ihre Konkretheit erst im Modus der schriftlichen Fixierung gewinnt im Sinne nachträglich hergestellter Korrespondenzen auf der Form- wie Inhalts-Ebene. Diese Praxis der ‚Einpassung' in ein neu hergestelltes Ganzes lässt sich als dezidiert literarisches Verfahren beschreiben, das seine historische Valenz aus dem Grad an narrativer Integration und intratextueller Verzahnung gewinnt. Das legt im Umkehrschluss ein Verständnis von produktionsbedingter Unvollständigkeit im Sinne einer strukturell beschädigten, textuell offenen ‚Ganzheit' nahe, die im Medium des Aus- und Weitererzählens narrativ geschlossen werden kann.³⁷ Ein

---

³⁴ Zum ‚Zuende-Erzählen' stoffgeschichtlicher Traditionskomplexe in der ‚Nibelungenklage' vgl. Nikolaus Henkel, ‚Nibelungenlied' und ‚Klage'. Überlegungen zum Nibelungenverständnis um 1200, in: Mittelalterliche Literatur und Kunst im Spannungsfeld von Hof und Kloster. Ergebnisse der Berliner Tagung, 9.–11. Oktober 1997, hg. v. Nigel F. Palmer u. Hans-Jochen Schiewer, Tübingen 1999, S. 73–98. – Am Beispiel Dietrichs von Bern vgl. Regina Toepfer, Spielregeln für das Überleben. Dietrich von Bern im ‚Nibelungenlied' und in der ‚Nibelungenklage', in: ZfdA 141 (2012), S. 310–334.

³⁵ Zu den ‚Aeneis'-Supplementen in der Frühen Neuzeit vgl. Paul Gerhard Schmidt, Supplemente lateinischer Prosa in der Neuzeit. Rekonstruktionen zu lateinischen Autoren von der Renaissance bis zur Aufklärung (Hypomnemata 5), Göttingen 1964; Das Aeneissupplement des Maffeo Vegio. Eingeleitet, nach der Hs. hg., übers. u. mit einem Index versehen von Bernd Schneider, Weinheim 1985; Claudia Schindler, Anfang als Ende, Ende als Anfang. Der Schluss der ‚Aeneis' und die frühneuzeitlichen ‚Aeneis'-Supplemente, in: Anfänge und Enden. Narrative Potentiale des antiken und nachantiken Epos, hg. v. Christine Schmitz, Jan Telg genannt Kortmann u. Angela Jöne (Bibliothek der klassischen Altertumswissenschaften. N. F., 2. Reihe, 154), Heidelberg 2017, S. 357–376.

³⁶ Vgl. die Überlieferungskonstellationen der oben erwähnten Werke (‚Tristan', ‚Willehalm', ‚Titurel', ‚Nibelungenlied' und ‚Klage'), die bis auf wenige Ausnahmen in der handschriftlichen Tradierung immer im Verbund mit Vorgeschichte bzw. Fortsetzung erscheinen. Dazu die Angaben in Anm. 30.

³⁷ Die Etablierung solcher Texttraditionen führe zu einem „Prozeß der Verfestigung" in der Überlieferungsgeschichte der höfischen Epik. Vgl. Joachim Bumke, Der unfeste Text. Überlegungen zur Überlieferungsgeschichte und Textkritik der höfischen Epik

*Vollständigkeit und Fragmentierung*

solches Verständnis erlaubt Annahmen über erzählerische ‚Brüchigkeit',[38] aus der sich Indizien für eine historische Einschätzung des (literarisch) Fragmenthaften und seines Zeichencharakters im Hinblick auf eine mit der Teil-Ganzes-Relation korrespondierende ideale Totalität ableiten lassen.

Die damit skizzierte Perspektive ist Gegenstand der folgenden Überlegungen. Sie diskutieren die Frage nach dem Fragmentcharakter literarischer Texte aus der umgekehrten Blickrichtung, nämlich von historischen Vollständigkeitsdiskursen her,[39] und an einem signifikanten Fallbeispiel: Konrads von Würzburg ‚Trojanerkrieg'. Hier werden historische Konzepte des Fragmentarischen auf unterschiedlichen Ebenen beobachtbar, die sich über ihre synchron-diachronen Erscheinungsformen, medialen Strukturen und materialen Manifestationen zu systematischen Kategorien zusammendenken lassen. Die Distinktionsleistung des Fragment-Begriffs als Analyseinstrument wissenschaftlicher Arbeit soll denn auch, so die argumentative, notwendig exemplarisch und punktuell bleibende Versuchsanordnung, genau in diesem Sinne profiliert werden: in ihrem heuristischen Potential, distinkte Phänomene (zum Beispiel Handschriften-, Werkfragmente) über ein „zugehörige[s] Merkmalsbündel"[40] in einer synergetischen Perspektive aufeinander beziehbar zu machen. Was man damit gewinnt, wäre eine konzeptuelle Matrix für die analytische Qualität des Fragment-Begriffs, die – trotz der „Heterogenität der untersuchten Texte, Gattungen und Überlieferungssituationen"[41] – mittelalterliche Textualität von den Formen ihrer historischen Produktion und Rezeption, aber auch der wissenschaftlichen Rekonstruktion und Kontextualisierung her auf den integralen Zusammenhang von Überlieferungs- und Literaturgeschichte zentriert.

2.1. Identität und Idealität: synchrone Perspektiven

Konrads von Würzburg ‚Trojanerkrieg', entstanden in Basel zwischen 1281 und 1287,[42] repräsentiert die monumentalste Troja-Dichtung des deutschsprachigen

---

im 13. Jahrhundert, in: ‚Aufführung' und ‚Schrift' in Mittelalter und Früher Neuzeit. DFG-Symposion 1994, hg. v. Jan-Dirk Müller (Germanistische Symposien. Berichtsbände 17), Stuttgart / Weimar 1996, S. 118–129, hier: 127.

[38] In Bezug auf ‚Bruchstellen' im ‚Parzival' Wolframs von Eschenbach vgl. Eberhard Nellmann, Produktive Missverständnisse. Wolfram als Übersetzer Chrétiens, in: Übersetzen im Mittelalter. Cambridger Kolloquium 1994, hg. v. Joachim Heinzle, L. Peter Johnson u. Gisela Vollmann-Profe, Wolfram-Studien 14 (1996), S. 134–148.

[39] Die Frage nach dem Status des Fragmenthaften im höfischen Roman wird ausgehend von Vollständigkeitsdiskursen analytisch produktiv gemacht von Wandhoff (Anm. 31), bes. S. 94f.

[40] Malcher / Müller / Philipowski / Sablotny (Anm. 11), S. 10.

[41] Cornelia Herberichs, Einleitung, in diesem Band, hier: S. 17.

[42] Im Folgenden zitiert nach: Konrad von Würzburg, ‚Trojanerkrieg' und die anonym

Mittelalters.[43] Das einschlägigen Schätzungen zufolge wohl auf eine Gesamtdimension von etwa 100 000 Versen ausgelegte Werk ist aufgrund von Konrads Tod unvollendet geblieben; es bricht am Beginn der vierten Schlacht ab (in V. 40424).[44] Schon im Prolog wird das Erzählen von Troja als historisches Exempel für individuellen wie kollektiven Untergang exponiert: Die an die Helena-Figur gekoppelten zentralen Themen *minne* und *strît* (V. 321 und 292) erscheinen rückgebunden an das Motiv der „Vergeblichkeit menschlichen Wissens, Wollens und Handelns",[45] das Konrads Troja-Narrativ auf syntagmatischer wie paradigmatischer Ebene eingeschrieben ist.[46] Neben dem ‚Roman de Troie' des Benoît de Sainte-Maure verknüpft Konrad zahlreiche weitere Quellen aus der antiken sowie mittelalterlichen lateinischen Tradition und damit die Summe der zur Verfügung stehenden überlieferten Geschichten um den Trojanischen Krieg zu einem ‚proliferierenden' Erzählkontinuum.[47] Dass er dabei

---

überlieferte Fortsetzung. Kritische Ausgabe von Heinz Thoelen u. Bianca Häberlein (Wissensliteratur im Mittelalter 51), Wiesbaden 2015. – Zu Datierung und Entstehungsumfeld des Textes sowie zu seinen inhaltlichen Konturen vgl. die zusammenfassende Darstellung von Elisabeth Lienert, Deutsche Antikenromane des Mittelalters (Grundlagen der Germanistik 39), Berlin 2001, S. 120–136. Siehe jetzt auch Konrad von Würzburg. Ein Handbuch, hg. v. Markus Stock, Berlin / Boston 2023.

[43] Zum Forschungsstand (mit Angabe weiterführender Literatur) vgl. den Überblick in Bent Gebert, Trojanerkrieg, in: Konrad von Würzburg. Ein Handbuch (Anm. 42), S. 306–332. – Siehe die exemplarisch genannten Studien, die Leitfragen des Forschungsfeldes vermessen: Wolfgang Monecke, Studien zur epischen Technik Konrads von Würzburg. Das Erzählprinzip der *wildekeit*. Mit einem Geleitwort von Ulrich Pretzel (Germanistische Abhandlungen 24), Stuttgart 1968; Die deutsche Trojaliteratur des Mittelalters und der Frühen Neuzeit. Materialien und Untersuchungen, hg. v. Horst Brunner (Wissensliteratur im Mittelalter 3), Wiesbaden 1990; Elisabeth Lienert, Geschichte und Erzählen. Studien zu Konrads von Würzburg ‚Trojanerkrieg' (Wissensliteratur im Mittelalter 22), Wiesbaden 1996; Bent Gebert, Mythos als Wissensform. Epistemik und Poetik des ‚Trojanerkriegs' Konrads von Würzburg (spectrum Literaturwissenschaft 35), Berlin / Boston 2013.

[44] Zur Einschätzung der exorbitanten Werkdimension vgl. Franz Josef Worstbrock, Die Erfindung der wahren Geschichte. Über Ziel und Regie der Wiedererzählung im ‚Trojanerkrieg' Konrads von Würzburg, in: Fiktion und Fiktionalität in den Literaturen des Mittelalters. Jan-Dirk Müller zum 65. Geburtstag, hg. v. Ursula Peters u. Rainer Warning, München 2009, S. 155–173, bes. 155.

[45] Lienert (Anm. 43), S. 244.

[46] Zur Deutung des Romans als „universales *ungelinge*" vgl. Worstbrock (Anm. 44), S. 172. Unter dem Stichwort „Poetik des Zerfalls" schon in Franz Josef Worstbrock, Der Tod des Hercules. Eine Problemskizze zur Poetik des Zerfalls in Konrads von Würzburg ‚Trojanerkrieg', in: Erzählungen in Erzählungen. Phänomene der Narration in Mittelalter und Früher Neuzeit, hg. v. Harald Haferland u. Michael Mecklenburg (Forschungen zur Geschichte der älteren deutschen Literatur 19), München 1996, S. 273–284.

[47] Zum Aspekt der „Proliferation", die sich „im Ausschöpfen von narrativen Möglich-

auch die Erzählsubstanz gegenüber den Vorlagen im Modus der *dilatatio materiae* aufschwellt, ist hinlänglich bekannt:[48]

> dâ wider hân ich des gedâht,
> daz ich ez [sc. *daz maere*, J. F.] welle breiten
> und mit getihte leiten
> von WELSCHE und von LATÎNE:
> ze TIUTSCHER worte schîne
> wirt ez von mir verwandelt. (V. 302–307)

Der „programmatisch auf Breite ausgerichtete[ ] Erzählduktus" kultiviert, wie die Forschung gezeigt hat, eine „Ästhetik der Fülle",[49] und zwar im Hinblick auf die inhaltlich-stoffliche wie formal-rhetorische Faktur des Textes: Konrad stilisiert sein Erzählen der Troja-Geschichte in *gebluomter rede* [...], / *diu schoene ist unde waehe* (V. 12f.).[50] Die kunstvolle sprachliche Gestaltung korrespondiert auf der Erzähl-Ebene mit der Fülle des Stoffes, den Konrad in seinen ‚Trojanerkrieg' integriert. Form und Inhalt stehen hier also in einer sinntragenden Korrelation, insofern sich die (innere) Qualität des Erzählten auf der äußeren Wortebene spiegelt. Das Streben nach „auserzählende[r] Vollständigkeit",[51] das mit dem Hinweis auf das *erniuwen* (V. 274) der Troja-Geschichte indiziert ist, gilt bekanntlich der Harmonisierung der quellenbedingten Widersprüche und Brüche im ‚alten Buch von Troja' (V. 269)[52] durch ostentative Meisterschaft der dichterischen Formgebung:[53]

---

keiten" konstituiert, vgl. Beate Kellner, Konrads von Würzburg ‚Trojanerkrieg'. Kontinuitäten und Diskontinuitäten zwischen Antike und Mittelalter, in: Poetica 42 (2010), S. 81–116, hier: 104.

[48] Vgl. zu den Quellen sowie zum Erzählverfahren grundlegend Lienert (Anm. 43), S. 30–201; Monecke (Anm. 43), bes. 34–83.

[49] Beide Zitate Lienert (Anm. 43), S. 202.

[50] Zu Konrads ‚geblümtem Stil' siehe exemplarisch Gert Hübner, Lobblumen. Studien zur Genese und Funktion der ‚Geblümten Rede', Tübingen 2000 (Bibliotheca Germanica 41), bes. S. 129–139; Jan-Dirk Müller, *schîn* und Verwandtes. Zum Problem der ‚Ästhetisierung' in Konrads von Würzburg ‚Trojanerkrieg' (Mit einem Nachwort zu Terminologie-Problemen der Mediävistik), in: Im Wortfeld des Textes. Worthistorische Beiträge zu den Bezeichnungen von Rede und Schrift im Mittelalter, hg. v. Gerd Dicke, Manfred Eikelmann u. Burkhard Hasebrink (TMP 10), Berlin / New York 2006, S. 287–307.

[51] Worstbrock (Anm. 44), S. 160.

[52] Vgl. die Inszenierung von Autorschaft im Modus des Wiedererzählens: VON WIRZEBURC *ich* CUONRÂT / *von* WELSCHE *in* TIUTSCH *getihte* / *mit rîmen gerne rihte* / *daz alte buoch von* TROIE, / *schôn als ein frischiu gloye* / *sol ez hie wider blüejen.* / [...] / *daz ich es welle erniuwen* / *mit worten lûter unde glanz* (V. 266–275).

[53] Zum poetologischen ‚Erneuerungs'-Programm kunstvoller Integration der verschiedenen Einzelgeschichten siehe einschlägig Beate Kellner, *daz alte buoch von Troye* [...] *daz ich ez welle erniuwen*. Poetologie im Spannungsfeld von ‚wiederholen' und ‚erneu-

ich büeze im sîner brüche schranz,
den kan ich wol gelîmen
z'ein ander hie mit rîmen,
daz er niht fürbaz spaltet. (V. 276–279)

Die in diesen Versen artikulierte Neuerungsdynamik ist Programm. Die Metaphorik, mit der Konrad diese entfaltet, ist zugleich topisch besetzt und verweist in ihrem Motivinventar (Nachtigall, Meer, Flüsse etc.)[54] auf das grundsätzliche Potential von Novationsdiskursen, traditionelle Gattungspoetiken aufzurufen, seriell zu kombinieren, intertextuell-allusiv zu verschränken und damit zu „‚altneuen' Epistemologien"[55] zusammenzuschließen. Dichterische, performative Kompetenz, produktionsästhetische Kohärenzstiftung und stoffgeschichtliche Totalität werden so zu einer integralen Perspektive verdichtet, die eine neue, kategoriale Ganzheit entwirft. Die Betonung liegt dabei auf einer kompositorischen Verschmelzung im poetischen Erzählwerk durch eine Kohärenz auf der formalen Ebene (*gelîmen – mit rîmen*), die auf den Vers als Medium des ‚Zusammenfügens' abgestellt ist: *daz er* (sc. *der brüche schranz*) *niht fürbaz spaltet.*[56] Das dabei anvisierte Verfahren der Quellenintegration verweist indes – kehrt man die Perspektive um – auf eine als Mangel empfundene Erzählsituation, die das ‚neue' Buch von Troja aufheben soll. Vor dem Hintergrund des schier unergründlichen Traditionskontinuums – gleich dem *endelôsen pflûme*, worin man den Boden nicht finden kann (V. 222–225) – erscheint ein Einzeltext nur als partikulares Element einer stoffgeschichtlichen Pluralität, die in den jeweiligen Stationen der Erzähltradition immer nur in selektiven Ausschnitten, gewissermaßen ‚bruchstückhaft' und ‚zerklüftet', kaum aber in ihrer Totalität in den Blick kommen kann. Daraus erklärt sich „Konrads besondere

---

ern' in den Trojaromanen Herborts von Fritzlar und Konrads von Würzburg, in: Im Wortfeld des Textes (Anm. 50), S. 231–262, bes. 246–261. – Zum mehrdeutigen Potential des *erniuwens* vgl. Burkhard Hasebrink, Die Ambivalenz des Erneuerns. Zur Aktualisierung des Tradierten im mittelalterlichen Erzählen, in: Fiktion und Fiktionalität (Anm. 44), S. 205–218; Bent Gebert, Narration und Ostension im ‚Trojanerkrieg' Konrads von Würzburg, in: Antikes Erzählen. Narrative Transformationen von Antike in Mittelalter und Früher Neuzeit, hg. v. Anna Heinze, Albert Schirrmeister u. Julia Weitbrecht (Transformationen der Antike 27), Berlin / Boston 2013, S. 27–48.

[54] Zur Prologtopik in Konrads ‚Trojanerkrieg' im Spannungsfeld von Wiedererzählen und *erniuwen* vgl. Jan-Dirk Müller, Konrads Ästhetik, in: Konrad von Würzburg. Ein Handbuch (Anm. 42), S. 18–45, bes. 27f.

[55] Inwiefern gerade topischen Poetiken ein Novationspotential inhärent ist, zeigt am Beispiel des (spät-)mittelalterlichen Liebesdiskurses Susanne Köbele, Allegorie und Ironie. Revisionen, in: Liebesallegorien. Spielformen eines altneuen Faszinationstyps zwischen Abstraktion und Hyperkonkretion, hg. v. Susanne Köbele, Tim Huber u. Tatiana Hirschi (Literatur – Theorie – Geschichte 30), S. 1–16, hier: 5.

[56] Ich danke Franziska Wenzel (Frankfurt a. M.) für diesen Hinweis.

## Vollständigkeit und Fragmentierung

Form der Ästhetik": Sie „soll die Einheit seines Textes garantieren, soll die verschiedenen Traditionen verschmelzen, soll die Homogenität des eigenen Textes bewirken".[57] Der in der Überbietungsrhetorik des Prologs greifbare Vollständigkeitsdiskurs konturiert ein historisches Verständnis von ‚Text', das mit einer relationalen Perspektive operiert. Das übergeordnete Stoffganze bleibt im einzelnen schriftsprachlichen Zeugnis stets uneinholbar – eine offenkundig defiziente Struktur, die ein Neuerzählen evoziert. Konrads Meistererzählung von Troja soll denn auch genau das leisten: Sie soll die Gesamtheit der stofflichen Komponenten in die narrative Erzählform überführen und damit die Identität von Traditionskontinuum und Einzeltext in einem idealen Repräsentationsmedium für das *alte buoch von Troie* (V. 269) sicherstellen[58] – als „vollständige und konsistente Wiederherstellung der Trojageschichte aus der Summe ihrer Überlieferungen".[59]

Die im Prolog aufgerufene Metaphorik der Flüsse, die die unterschiedlichen Erzählstränge und -traditionen ins Meer des einen *mære, daz allen mæren ist ein her* (V. 235), münden lässt, stellt den universalistischen und geradezu ‚enzyklopädischen' Anspruch des Erzählens eindrücklich vor Augen. Konrad inszeniert es als *âventiure* (V. 310): Erzählen und erzähltes Ereignis gleichermaßen,[60] in dem die Dimensionen von „stofflicher Expansion"[61] und poetischer „Aufhebung des Früheren in der Überbietung"[62] miteinander verschaltet sind. Mit Lina Herz könnte man zugespitzt sagen: „Es soll nicht der Trojanische Krieg, sondern das Erzählen von Troja erzählt werden."[63] Dabei zielt die verwendete Terminologie auf ein Prinzip literarischer ‚Erneuerung', das im Streben nach auserzählender Vollständigkeit Reflexe einer poetologischen Einschätzung des Fragmenthaften sichtbar werden lässt: Wenn ‚Brüchigkeit', das heißt eine stoffgeschichtlich bedingte Disparatheit und Diversität, als Kennzeichen für das Erzählen von Troja gelten kann, dann wird ihre (narrativ-literarische)

---

[57] Kellner (Anm. 53), S. 251f.
[58] Den Aspekt von Identität und Differenz im Prozess des *erniuwens* analysiert Esther Laufer, Das Kleid der *triuwe* und das Kleid der Dichtung. *maere erniuwen* als Verfahren stilistischer Erneuerung bei Konrad von Würzburg, in: Literarischer Stil. Mittelalterliche Dichtung zwischen Konvention und Innovation. XXII. Anglo-German Colloquium Düsseldorf, hg. v. Elizabeth Andersen, Ricarda Bauschke-Hartung u. Silvia Reuvekamp, Berlin / Boston 2015, S. 157–175.
[59] Worstbrock (Anm. 44), S. 172.
[60] Siehe jetzt die Revision des Forschungsstandes in Aventiure. Ereignis und Erzählung, hg. v. Michael Schwarzbach-Dobson u. Franziska Wenzel (ZfdPh. Beiheft 21), Berlin 2022.
[61] Worstbrock (Anm. 44), S. 163.
[62] Kellner (Anm. 53), S. 250.
[63] Lina Herz, Auserzählen im Aventiure-Modus. Noch einmal zum *erniuwen* in Konrads von Würzburg ‚Trojanerkrieg', in: Text und Textur (Anm. 26), S. 245–266, hier: 247.

Überwindung erst im Modus integrierender ‚Defragmentierung' möglich – ein Akt poetischer Ordnung und strukturierender Verknüpfung,[64] der zugleich einer der Überführung der unterschiedlichen stoffgeschichtlichen Komponenten in eine medial realisierte, ästhetisch überformte Erzähltotalität des Einzelwerkes bzw. genauer: des e i n e n, mit Konrads Autorsignatur versehenen, Werkes ist.[65]

Konrads von Würzburg ‚Trojanerkrieg' kann also im Sinne einer synchronen Perspektive der textuellen Selbstbeschreibung, geht man von der Überlieferung des Prologs in der verlorenen (ältesten) Straßburger Handschrift, aber auch dem Cod. Sang. 617 aus,[66] als exemplarischer Modellfall für ein spezifisches Konzept des (textuell) Fragmentarischen gelten. Es ist dem Prozess literarischen Aushandelns eingeschrieben, in dem der Gestaltungsspielraum zwischen vorgängigem Stoff und diesen je aktuell repräsentierender Form thematisch wird. Der hier zu beobachtenden „historischen Semantik des Poetologischen"[67] ist zugleich eine ‚historische Semantik des Fragmentarischen' eingeschrieben: Im poetologischen Diskurs des Prologs formiert sich eine Einschätzung textueller Vollständigkeit, die auf den Kriterien (stofflicher) Kompletion und (narrativer) Kohärenz als „Bedingung der Nicht-Fragmentarizität" basiert.[68] Möglich wird diese über eine Korrelation von Form- und Inhaltsaspekten, von inhaltlicher Fülle und rhetorisch-stilistisch versierter Abundanz: eine „*Geschichte der Superlative*", ein „Stoff von besonderer Dignität", der „[d]ie ganze Weltgeschichte [...] gleichsam in Abbreviatur" kondensiert.[69] Umgekehrt verweist das Erzählen von Troja auf den – bezogen auf die Teil-Ganzes-Relation – Fragment-Status des unvollständig tradierten (Erzähl-)Materials, von dem sich eine literarische Ästhetik des ‚Zusammenfügens' kontrastiv absetzt. Das Erzählprogramm der Vollständigkeit intendiert eine Identifizierbarkeit von Einzeltext und diesem übergeordneter Stofftradition, indem das einzelne Werk,

---

[64] Zur Ordnungsleistung des Konrad'schen Erzählens vgl. zuletzt Udo Friedrich, Wilde Aventiure. Beobachtungen zur Organisation und Desorganisation des Erzählens in Konrads von Würzburg ‚Trojanerkrieg', in: *wildekeit. Spielräume literarischer obscuritas im Mittelalter. Zürcher Kolloquium 2016*, hg. v. Susanne Köbele u. Julia Frick, Wolfram-Studien 25 (2018), S. 281–295.

[65] Konrads Autorschaftsverständnis und ästhetischen Anspruch im Hinblick auf sein Gesamtœuvre perspektiviert Jan-Dirk Müller (Anm. 54), S. 18–45.

[66] Zur Überlieferung des ‚Trojanerkriegs' siehe die umfassende Darstellung von Klemens Alfen / Petra Fochler / Elisabeth Lienert, Deutsche Trojatexte des 12. bis 16. Jahrhunderts. Repertorium, in: Die deutsche Trojaliteratur (Anm. 43), S. 7–197, bes. 15–25, sowie die Auswertung von Elisabeth Lienert, Die Überlieferung von Konrads von Würzburg ‚Trojanerkrieg', in: ebd., S. 325–406.

[67] Kellner (Anm. 53), S. 233f.

[68] Strohschneider (Anm. 6), S. 625.

[69] Lienert (Anm. 42), S. 134 (Hervorhebung im Original).

konkret: das ‚neue' Buch von Troja, als ideales Abbild und Identitätsmoment für das gesamte Erzählkontinuum einstehen kann. Dessen tradierungsbedingte ‚Fragmentierung' wäre damit in einer integralen literarischen Komposition endgültig aufgehoben.

## 2.2. Teil-Ganzes-Relationen: diachrone Perspektiven

Die Annäherungen an die Frage nach einer historischen Semantik des Fragmentarischen führen in der vorgeschlagenen Denkrichtung über historische Phänomene, die in jeweils unterschiedlichen (poetologischen, narrativen, textgeschichtlichen) Bezugssystemen die Bedingungen der ‚Ganzheit' literarischer Werke reflektieren. Auf der Ebene literarischer Konstruktion und poetologischer Konzeptualisierung zeichnet sich eine Simultaneität von Teil und Ganzem ab, bei der äußere Form und inneres ‚Ganz-Sein' auf eine narrative Vollständigkeit abgestellt sind. Die Funktion eines solchen Totalitäts- bzw. Universalitätsanspruchs an das Erzählen von Troja besteht folglich darin, die „abwesende Ganzheit",[70] deren Kriterium die Vollständigkeit der stofflichen Überlieferung ist, in einem einzigen, integralen Erkenntnismodell symbolisch zur Darstellung zu bringen. Als Maßstab des Erzählens ist damit die äußere wie innere ‚Intaktheit' als Repräsentation der einen referenzialisierten Ganzheit benannt; ihr Fehlen oder gar Verlust, mithin Defekte auf dieser Ebene machen eine Defizienz evident, die die Sinntotalität literarischer Erzählprozesse wieder auf die Teil-Ganzes-Relation zurückverweist. Der fragmentarische „Aggregatzustand"[71] eines Textes ist also in diesem Sinne einer, der aus dem ‚totalen' Paradigma der thematisch gebundenen Erzähltradition nur zeichenhafte Momente beinhalten, nie jedoch dessen epistemische Universalität – Bezugspunkt jeden Erzählens – abbilden kann. ‚Literarische Fragmentarität' liegt in diesem Sinne der Vollständigkeit auf textueller Ebene voraus und ist ihr zugleich – bezogen auf das ‚Ganze' des Erzählkontinuums – nachträglich.

Dass sich ein solcher Anspruch in der Praxis als kaum realisierbar erweist, dokumentiert nicht zuletzt das mit dem ‚Trojanerkrieg' unvollständig gebliebene ‚Produkt'. Hier zeigt sich folglich, was auch in anderen Zusammenhängen (zum Beispiel im ‚Alexander' oder in der ‚Weltchronik' Rudolfs von Ems) beobachtet werden kann: ‚Enzyklopädisches' Erzählen – oder allgemeiner: der Anspruch darauf, eine der Schriftlichkeit vorgelagerte Erzähltotalität an eben

---

[70] Malcher / Müller / Philipowski / Sablotny (Anm. 11), S. 14.
[71] Begriff nach Nikolaus Henkel, Kurzfassungen höfischer Erzähldichtung im 13./14. Jahrhundert. Überlegungen zum Verhältnis von Textgeschichte und literarischer Interessenbildung, in: Literarische Interessenbildung im Mittelalter. DFG-Symposion 1991, hg. v. Joachim Heinzle (Germanistische Symposien Berichtsbände 14), Stuttgart / Weimar 1993, S. 39–59, hier: 40.

diese zurückzubinden – blockiert Vollständigkeit.[72] Die Unabschließbarkeit der Stofffülle fungiert gleichsam als konstitutive Grundbedingung für den fragmentarischen Status derart ‚totaler' Erzählverfahren. Solche Werkfragmente evozieren eine Relationierung inhaltlich-stofflicher Art, die nicht nur über moderne,[73] sondern auch historische Ganzheitspostulate greifbar wird. Das aus- und zu Ende erzählende Ergänzen der Vollständigkeit – Kennzeichen des Umgangs mit Romanfragmenten des deutschen Mittelalters[74] – weist literarische Fragmentarität als „Rezeptions- bzw. Zuschreibungsphänomen" aus.[75] Hier kommt der variable Zeichencharakter des Fragmentarischen aus einer diachronen Perspektive in den Blick: Wenn sich im Weitererzählen eine narrative Schließung, das heißt die kohärente Integration von Texttorso und Continuatio formiert, scheint der Logik der historischen Rezeption eine spezifische Einschätzung von literarischer Vollständigkeit inhärent zu sein, die sich von Konrads poetologischem Entwurf graduell unterscheidet: eine erzählstrukturelle, sinntragende Ganzheit des situationsgebundenen Einzelwerkes.

Bekanntermaßen überliefern alle vollständigen Textzeugen des ‚Trojanerkriegs', nimmt man die nach Brandverlust nur noch in einer Abschrift Karl Georg Frommanns verfügbare Straßburger Handschrift (A) hinzu,[76] Konrads

---

[72] Ich danke Mathias Herweg (Karlsruhe) für diesen Hinweis. Siehe zum enzyklopädischen Erzählen in romanhafter Form einschlägig Mathias Herweg, Wege zur Verbindlichkeit. Studien zum deutschen Roman um 1300 (Imagines medii aevi 25), Wiesbaden 2010, sowie zur ‚Verbindlichkeit' des Erzählens bei Rudolf von Ems Maximilian Benz, Arbeit an der Tradition. Studien zur literarhistorischen Stellung und zur poetischen Struktur der Werke Rudolfs von Ems (Philologie der Kultur 16), Würzburg 2022, bes. S. 109–156.

[73] Zur ‚Hochrechnung' des von Konrad für den ‚Trojanerkrieg' vermeintlich anvisierten Gesamtumfang des Textes auf einen sechsstelligen Bereich vgl. Worstbrock (Anm. 44).

[74] „Die Kennzeichnung eines Werkes als fragmentarisch oder als vollendet ist ein Akt der Rezeption." Irene Hänsch, Mittelalterliche Fragmente und Fragmenttheorie der Moderne (am Beispiel des ‚Titurel' und des ‚Tristan'), in: Mittelalter-Rezeption II. Gesammelte Vorträge des 2. Salzburger Symposions ‚Die Rezeption des Mittelalters in Literatur, Bildender Kunst und Musik des 19. und 20. Jahrhunderts', hg. v. Jürgen Kühnel, Hans-Dieter Mück, Ursula Müller u. Ulrich Müller (GAG 358), Göppingen 1982, S. 45–61, hier: 49. Vgl. auch oben, Anm. 30.

[75] Malcher / Müller / Philipowski / Sablotny (Anm. 11), S. 12.

[76] Vgl. die Angaben in der ‚Einleitung' des kritischen Apparats zur Ausgabe von Adelbert von Keller (1858) von Karl Bartsch, Anmerkungen zu Konrads ‚Trojanerkrieg' (Bibliothek des Litterarischen Vereins in Stuttgart 133), Tübingen 1877, S. XXX: „Ich habe die mühevolle bearbeitung des kritischen apparates auf wunsch meines freundes Adelbert von Keller übernommen. Ich hoffe nicht blos eine anhäufung von lesarten geliefert, sondern an zahlreichen stellen den text der ausgabe wirklich gebessert zu haben." Siehe die zeitgenössische Referenzausgabe: Der Trojanische Krieg von Konrad von Würzburg, nach den Vorarbeiten K. Frommanns u. F. Roths, zum ersten Mal

*Vollständigkeit und Fragmentierung*

Romantorso zusammen mit einer anonymen Fortsetzung.[77] Hier wird eine „Tendenz zur Summe, zur Komplettierung des Torsos deutlich."[78] Der wohl kurz nach 1300 im alemannischen Raum entstandene Text erzählt in 9 412 Versen die Geschichte um den Trojanischen Krieg hauptsächlich auf der Grundlage von Dictys' ‚Ephemeris belli Troiani' zu Ende.[79] Mit einer Konzentration auf den Stoffkern, einer „Reduktion auf das Faktische",[80] folgt die Fortsetzung nicht Konrads exzeptionellem Entwurf einer poetischen Realisierung der Erzähltradition im Einzelwerk, sondern handelt sich durch die strikte Vorlagenbindung Widersprüche zu Konrads Text ein.[81] Zentral ist freilich der Erzählzusammenhang, eine Erwartung „an narrative Gestaltung in der höfischen Epik des 13. Jahrhunderts"[82] bzw. um 1300, auf die der Überlieferungsbefund lenkt: „[D]as Ganze wurde anscheinend als die eine Geschichte von Troja betrachtet, für deren Einheit nur Stoffliches eine Rolle spielt."[83] Die poetologisch-ästhetische Dimension von ‚Ganzheit' im Sinne der universalen Erzähltotalität tritt hier zurück gegenüber einer Einheit des Erzählens, die den defizienten Textzustand in der sie tradierenden Materialität komplettiert.

Neben dem „frühe[n] Interesse an einer möglichst vollständigen Trojaerzählung"[84] lassen sich spezifische Möglichkeiten historischen Weiterarbeitens an und mit dem schriftlich niedergelegten Text beobachten: Selektionsverfahren, die „bewußt ausgewählt[e]"[85] Abschnitte aus Konrads ‚Trojanerkrieg' in alternative mediale und materiale ‚Aggregatzustände' überführen und damit neue ‚Ganzheiten' produzieren. Es handelt sich um Prozesse intentionaler, literarischer Fragmentierung und Eingliederung in situative Gebrauchskontexte (Chronistik, Minnereden), die für die Textgeschichte gleichermaßen relevant sind.[86] Solche Text- bzw. ‚Zitat'-Fragmente, die Elisabeth Lienert von „echten"

---

hg. durch Adelbert von Keller (Bibliothek des Literarischen Vereins in Stuttgart 44), Stuttgart 1858.
[77] Vgl. die detaillierte Beschreibung bei Lienert (Anm. 66), bes. S. 327–340. Zusammenfassend André Schnyder, Zur Überlieferung der Werke Konrads, in: Konrad von Würzburg. Ein Handbuch (Anm. 42), S. 335–384, bes. 353–357 (Unterkapitel: ‚Trojanerkrieg') u. 373–376 (Unterkapitel: ‚Trojanerkrieg' [Lienert]).
[78] Lienert (Anm. 66), S. 396.
[79] Vgl. den Überblick in Deutsche Trojatexte (Anm. 66), S. 23–25.
[80] Elisabeth Lienert, Art. ‚Trojanerkrieg'-Fortsetzung, in: ²VL 9 (1996), Sp. 1069–1072, hier: 1070.
[81] Das „intertextuelle[ ] Verhältnis von ‚Trojanerkrieg' und ‚Trojanerkriegs-Forsetzung'" diskutiert Lienert (Anm. 43), S. 332–350, hier: 338.
[82] Strohschneider (Anm. 32), S. 98.
[83] Lienert (Anm. 80), Sp. 1071.
[84] Gebert, Trojanerkrieg (Anm. 43), S. 307.
[85] Lienert (Anm. 66), S. 393. Nachweise in ebd., S. 393–396.
[86] Zum Stellenwert der „Weltchronistik-Überlieferung des ‚Trojanerkriegs' [...] für einen textkritischen Neuansatz" vgl. Lienert (Anm. 66), S. 375f.

(Handschriften-)Fragmenten des ‚Trojanerkriegs' absetzt,[87] haben exzerpierenden und kompilatorischen Charakter und verweisen damit auf gezielte Techniken literarischer ‚Zergliederung', die sich auf einer komplementären Ebene zum narrativen Vollständigkeitsanspruch bewegen. Sie sind abhängig von Gattungs- und Diskursinterferenzen, innerhalb derer sich eine „Durchlässigkeit und Übergängigkeit zwischen Romanliteratur, Rhetorik und Geschichtsschreibung"[88] ausbilden kann. Auf der Beobachtungsebene wiederum erweist sich die Bewertung von Fragmentarität gerade im Hinblick auf die skizzierten Phänomene einmal mehr als eine Frage der Perspektive: So erscheinen beispielsweise Inserate des ‚Trojanerkriegs' in Weltchroniken als Fragmente nur in Bezug auf eben diese, nicht aber in Bezug auf Konrads Werk selbst.[89] Hier kommt der changierende Status von Fragmentarität zum Tragen, bei dem jeweils verschiedene relationierbare ‚Ganzheiten' einkalkuliert werden müssen.[90]

Fragmentarität als historisches Rezeptionsphänomen, so lässt sich bis hierher festhalten, beruht auf einem dynamischen Prozess medialer Realisierung von Textualität. Hinter dem einzeltextgebundenen Anspruch an literarische Vollständigkeit und dem ausschnitthaft-selektiven, auf je situativ-pragmatischen Wiedergebrauch ausgerichteten Neuarrangieren wird ein variables Spektrum der Teil-Ganzes-Relationen erkennbar, die das vermeintliche Defizit des fragmentarischen bzw. fragmentierten Textes fallbezogen in einer je neuen Form als Referenzgröße für die je neue Bedeutsamkeit generierende ‚Ganzheit' aufgehen lassen. Fragmentarität liegt damit durchaus im Horizont eines historischen Verständnisses, zwar nicht in einer begrifflichen, wohl aber in einer medialen Perspektive des Umgangs mit überliefertem (Text-)Material: als poetologisch-ästhetischer „Kunstanspruch[ ]"[91] neben literarischen Organisationsformen der Kompletion wie Zergliederung. Inwiefern diese komplementären Aspekte mit ihren unterschiedlichen Logiken des Fragmentarischen im materiellen Befund historische Signifikanz beanspruchen können, soll im Folgenden der Blick auf die ‚Trojanerkrieg'-Handschrift Sg (Bartsch a) andeutungsweise skizzieren.

Die Handschrift St. Gallen, Stiftsbibl., Cod. Sang. 617,[92] ein laut Schreibervermerk im Jahr 1471 vollendetes Papiermanuskript, überliefert den ‚Trojaner-

---

[87] Lienert (Anm. 66), S. 397 et passim.
[88] Gebert, Trojanerkrieg (Anm. 43), S. 326. – Zur „geographische[n] Trennung [der Überlieferungszeugen] nach Gattungskontexten" siehe Lienert (Anm. 66), S. 378.
[89] Ich danke Jan-Dirk Müller (München) für diesen Hinweis.
[90] Zum Umgang mit Zitat-Fragmenten und ihrer Abgrenzbarkeit vom Exzerpt siehe auch den Beitrag von Henrike Manuwald, in diesem Band.
[91] Lienert (Anm. 66), S. 390.
[92] Zur Handschriftenbeschreibung vgl. Beat Matthias von Scarpatetti, Die Handschriften der Stiftsbibliothek St. Gallen, Bd. 1: Abt. IV, Codices 547–669, Wiesbaden 2003,

krieg' Konrads von Würzburg mitsamt der anonymen Fortsetzung sowie Bruchstücke einer ‚Trojanerkriegs'-Prosa nach Konrad.[93] Das als Musterbeispiel für das Erzählprinzip der „Proliferation"[94] geltende Werk monumentalen Ausmaßes füllt zusammen mit der Continuatio des unvollständig gebliebenen Romans 893 paginierte Seiten der 31,3 × 21,1 cm messenden, im Anfangsteil defekten Handschrift. Dem Bemühen um Vollständigkeit und stoffliche Kompletion des Verstextes steht auf den letzten Blättern des Codex (p. 895–897) eine stark raffende Prosaisierung gegenüber.[95] Der von einer etwas späteren Hand (wohl um 1500) vorgenommene und aufgrund von Blattverlust sowie mechanischen Schäden fragmentarische Eintrag bietet eine „stark kürzende, sehr freie Nacherzählung von Konrads ‚Trojanerkrieg'".[96] Sie steht in keiner erkennbaren Abhängigkeit zu der als ‚Buch von Troja I' bzw. als ‚Elsässisches Trojabuch' bekannten Prosabearbeitung und Ergänzung des ‚Trojanerkriegs' aus dem späten 14. Jahrhundert, einer „im chronistischen Stil gehaltene[n] Nacherzählung des Trojanischen Kriegs",[97] die sich durch eine vergleichbare Reduktion der Erzählmasse auf die „reine Handlung" auszeichnet.[98]

Das Phänomen der Gleichzeitigkeit einer intendierten Summenbildung sowie den Verfahren narrativer Selektion und Neujustierung ist im Kontext der Überlieferung von Konrads ‚Trojanerkrieg' bemerkenswert. Denn keine der den Text vollständig überliefernden Handschriften lässt eine nennenswerte Tendenz zur Kürzung des immensen Umfangs erkennen.[99] Sie tradieren das um die Fortsetzung ergänzte Werk als ‚romanhaftes' und ‚historiographisches' Muster,

---

S. 211–213. Das Digitalisat ist einsehbar unter: https://www.e-codices.unifr.ch/de/list/one/csg/0617. Vgl. auch detailliert Alfen / Fochler / Lienert (Anm. 66), S. 18, sowie Lienert (Anm. 66), 331–333.

[93] Der Versbestand des ‚Trojanerkriegs' und dessen Fortsetzung im Cod. Sang. 617 ist verzeichnet bei Lienert (Anm. 66), S. 332f.; zur anonymen Prosaisierung vgl. Alfen / Fochler / Lienert (Anm. 66), S. 111f.

[94] Kellner (Anm. 47), S. 104.

[95] Der Text „fortlaufend: S. 897 – S. 896 – S. 895". Vgl. die Angaben bei Alfen / Fochler / Lienert (Anm. 66), S. 112. Die Blätter seien wohl, so dies. weiter, „in falscher Reihenfolge" (ebd.) dem Konvolut aus Konrads ‚Trojanerkrieg' und ‚Fortsetzung' beigebunden worden. Dagegen spricht die Art und Weise der Beschriftung der Blätter: Eher könnte es sich um die gängige Praxis handeln, frei gebliebene Buchbinderblätter vom Schluss her sukzessive zu beschriften. Ich danke für diesen Hinweis Christoph Mackert (Leipzig).

[96] Alfen / Fochler / Lienert (Anm. 66), S. 112. Außer Konrads Text sind keine weiteren Quellen für die anonyme Prosaisierung auszumachen.

[97] Gertrud Beck, Trojasummen. Das ‚Elsässische Trojabuch' und die gedruckten Trojakompilationen (Wissensliteratur im Mittelalter 49), Wiesbaden 2015, S. 17.

[98] Ebd., S. 70.

[99] Die nachweisbaren Kürzungen sind „wohl im wesentlichen auf Schreiberversehen und Flüchtigkeitsfehler zurückzuführen und daher weitgehend ohne Aussagewert". Lienert (Anm. 66), S. 389.

das ein Reservoir für exzerpierende Typen der weiteren Textbearbeitung bereithält.[100] Und gerade in dieser Hinsicht deutet der Prosa-Anhang im Cod. Sang. 617 eine spezifische Text-Kontext-Konstellation an: eine Interferenz von extremer Länge auf der einen neben einer ebenso extremen Kürzung auf der anderen Seite, die die Synergien von Vollständigkeit und Fragmentierung *in nuce* ausstellt. Das um die Fortsetzung komplettierte Werkfragment fungiert in der Einheit des Codex als relationierbare Größe für eine textbasierte Praxis des ‚Fragmentierens', die an die Grenzen des Exzerpthaften führt. Im Gegenzug komplettiert die selektive Kürzung des Prosa-Anhangs den Zusammenhang der Handschrift um ein zwar fragmentarisch gebliebenes, indes historisch signifikantes Rezeptionsmodell für narrative Vollständigkeit in einem episodisch ausgerichteten Kombinationsprinzip. Ausgewählt sind nämlich nur einige wenige ‚Stationen' der Troja-Handlung.[101] Wiederholte Kürzungssignale weisen die *abbreviatio* als adäquate Form und – im Codex neben die Kompletion gestellt – als integrale Option einer aktualisierenden Aneignung des Konrad'schen Textes aus,[102] die die Wahrnehmung des in ‚Trojanerkrieg' und Fortsetzung gefassten Erzählens von Troja strukturiert – wie ganz zu Beginn nach der Exposition der Paris-Geschichte: *des gelichen nit vast gehortt worden ist es wer vil zuo sagend das jch von kürtz wegen [...] nit vast sagen wil es wer zuo lang* (p. 897).

Dieses gegenüber dem schriftlich vorliegenden ‚Einzeltext' sowie der ‚Ganzheit' des Traditionskontinuums auf einige wenige Basismomente zentrierte und – mit Konrads ästhetisch-poetologischem Programm – auf den Fragmentstatus reduzierte Modell besitzt selbst einen Entwurfcharakter, erweist sich als eine Art fragmenthafter „Werkstattsplitter".[103] Er demonstriert das Interesse an jeweils bestimmten Komponenten der von Konrad anvisierten Meistererzählung von Troja, die sich durch eine prononcierte Wort- und Materialfülle universalen Ausmaßes konstituiert. Die mediale Form der ‚Kurzfassung' aktualisiert eine selektive Rezeption einzelner Episoden der im Lektüreprozess kaum zu bewältigenden und mit über 40 000 Versen noch schwieriger zu überblickenden ‚enzyklopädischen' Erzählsubstanz.[104] Ihre materielle Kombination in einem Ver-

---

[100] „Rezipiert wird im einen Fall der ‚historiographische' Konrad, im anderen der Meister der Rhetorik." Lienert (Anm. 66), S. 395.

[101] „Streit zwischen Jupiter und Priamus um Paris; Identifizierung des Paris als Priamussohn durch seinen Pflegevater und den Diener des Priamus; Jason und die Nachricht vom goldenen Vlies." Alfen / Fochler / Lienert (Anm. 66), S. 111.

[102] Zum Verweispotential der Kürze-Signale im ‚Trojanerkrieg' vgl. Julia Frick, *ez wâre ze sagene al ze lank*. Zum Stellenwert der ‚Kürze-Topoi' im mittelhochdeutschen Antikenroman, in: ZfdPh 139 (2020), S. 353–378, bes. 371–376.

[103] In Bezug auf Wolframs ‚Parzival' verweist Kurt Ruh auf Spuren einer Konzeption, die der Autor nicht beibehalten hat. Zitat nach Nellmann (Anm. 38), S. 147.

[104] Zu den Interferenzhorizonten der Gattungen Vers- und Prosa-Roman mit chronikalischen Erzählverfahren vgl. Enzyklopädisches Erzählen und vormoderne Roman-

bund mit textueller Vollständigkeit verweist auf eine historisch-pragmatische Praxis zurück: Insofern Fragmentierung durch Reintegration in ein thematisch kohärentes, als Sinn- wie Bucheinheit geschlossenes ‚Ganzes' in einen medial konzipierten Funktionstyp überführt wird, geht sie in einer konkret referenzialisierbaren Teil-Ganzes-Relation tendenziell auf.

## 3. Vollständigkeit und Fragmentierung: Spielräume für einen historischen Index des Fragmentarischen

Die vorangehenden Überlegungen haben die Frage nach einer historischen Einschätzung des Fragmentarischen von historischen Vollständigkeitsdiskursen und -reflexen her in den Blick genommen, die sich sowohl auf der Ebene des Erzählens als auch auf der Ebene seiner produktiven Aneignung und materialen Manifestation abzeichnen. Diese umgekehrte Perspektive, die dem Fragmentcharakter literarischer Texte über die medialen Realisierungsformen von Kompletion auf die Spur zu kommen sucht, zielt darauf, Spielräume für einen historischen Index des Fragmentarischen auszuloten. Weil er sich nur an konkreten Text-Kontext-Konstellationen beobachten lässt,[105] bietet eine Annäherung über einen exemplarischen Modellfall die Möglichkeit, das Potential zu einer begrifflichen Konturierung über eine Zusammenschau mehrerer Ebenen zu erfassen. Ein solcher methodischer Balanceakt greift dem Risiko einer „typisch germanistischen Abstraktion"[106] vor, indem er eine notwendige Unterscheidung zwischen verschiedenen historischen Konzepten von Fragmentarität bzw. Ganzheit einzieht. Ausschlaggebend ist der Aspekt der Wahrnehmbarkeit als einer historisch referenzialisierbaren Größe,[107] für die je nach Gattungs-, Diskurs- und medialem Kontext divergierende Modelle von Vollständigkeit anzusetzen sind: zwischen Textproduktion und Handschriftenproduktion, zwischen zeitlichen Schichtungen im Sinne gestufter Rezeptions- und Reproduktionsphänomene. In diesem Zusammenhang kann die methodisch kontrollierte Verwendung des Fragmentbegriffs Relationen und Umschlageffekte zwischen verschiedenen ‚Ganzheiten' allererst aufspannen, in die das produktionsbedingte Werkfragment, die rezeptionsseitige Vervollständigung oder auch die Praxis des Fragmentierens als aktiver Prozess gleichermaßen

---

poetik (1400–1700), hg. v. Mathias Herweg, Johannes Klaus Kipf u. Dirk Werle (Wolfenbütteler Forschungen 160), Wiesbaden 2019.
[105] Vgl. die von Wandhoff (Anm. 31), S. 94, formulierte Grundbedingung für die „Frage nach dem Status des Fragmenthaften im mittelalterlichen [...] Erzählen".
[106] So der Hinweis in anderem Zusammenhang von Jan-Dirk Müller (München).
[107] Vgl. zu diesem Aspekt am Beispiel der mittellateinischen Lyrik den Beitrag von Katja Weidner in diesem Band.

eingebunden sind. Sie bietet damit die Möglichkeit, historische Erzähl- und Rezeptionsakte mit Rücksicht auf die Gegenstands- und Beobachtungsebene genauer zu spezifizieren.

In systematischer Hinsicht sind es vor allem drei Kategorien einer typologischen Dynamik, die auf der grundlegenden Verweisrelation von Teil und Ganzem basieren: in wechselnden Bezügen von äußerer und innerer Form, poetologisch-ästhetischer Totalitätsansprüche und narrativer Prozessualität des Zuende-Erzählens, kompositorisch-pragmatischer Selektion und situativer Zergliederung. Vor dem Hintergrund eines universalen Erzählkontinuums erscheint das narrative Vollständigkeitspostulat als Symptom einer Einschätzung des literarisch Fragmenthaften, dessen Bezugsgröße auf abstrakter Ebene die gesamte Tradition des Troja-Stoffes bildet und sich auf der Ebene der materialen Repräsentationen im Prinzip der Summenbildung realisiert. Innerhalb dieser beiden Bezugshorizonte gewinnt der Einzeltext seine Relevanz als Zeichen einerseits als (intendierter) Garant einer unerreichbaren ‚Ganzheit', mit welcher er als ideales Konstrukt identifizierbar sein soll; andererseits ist er in seiner Nicht-Vollendung selbst Signum einer textuellen Offenheit, die eine Praxis narrativer Kompletion und auf materielle Geschlossenheit zielender Organisation evoziert. Dass diese wiederum in diachroner Perspektive in eine rezeptionsgeschichtliche Fragmentierung umschlagen kann, dokumentiert eine pragmatische Dimension selektiver Bearbeitungs- und Aneignungsverfahren, die je nach Überlieferungskontext, Gattungs- und Diskursinterferenzen spezifische Form-Funktions-Aspekte ausbilden können.

Fragmentarität ist damit sowohl ein phänomenologischer als auch ein zeitlicher Index inhärent. Er umfasst unterschiedliche Logiken des Fragmentarischen, die sich verschiedenen Stationen und Konzeptualisierungen von ‚Textualität' zuordnen lassen: poetologisch-ästhetisch, narrativ-literarisch, medial-pragmatisch. In diesen Bereichen, das sollte Konrads von Würzburg ‚Trojanerkrieg' als Fallbeispiel zeigen, sind historische Reflexe von narrativer Vollständigkeit, die die Unvollständigkeit als Korrelat voraussetzt, auszumachen. Insofern sie sich zu einem Panorama in der Bezugsrelation zwar differenter, aber – im exemplarischen Befund des Cod. Sang. 617 – komplementärer Praktiken der medial generierten Sinnkonstitution gruppieren, verweisen sie auf literarhistorische Synergien summenbildender und fragmentierender Verfahren. Sie sind indes nicht über eine ‚bloße' Metaphorisierung des Fragment-Begriffs zu erfassen. Vielmehr bedarf es einer nuancierenden Matrix, um seine analytische Qualität im Hinblick auf historisch variable Konzepte des Fragmentarischen auszudifferenzieren.[108] Der dabei zu erzielende Prägnanzgewinn

---

[108] Vgl. die systematische Zusammenschau der kulturellen Spezifik und disziplinären Differenzierung des Fragment-Begriffs in Malcher / Müller / Philipowski / Sablotny (Anm. 11), S. 9–32.

*Vollständigkeit und Fragmentierung*

könnte gerade darin liegen, das begriffliche Distinktionsvermögen über eine integrale Perspektive auf Fragmentarität nicht nur als (wissenschaftliches) Zuschreibungsphänomen (defekte Materialität hier – unvollendete literarische Komposition dort), sondern zugleich in seinen historisch beobachtbaren Erscheinungsformen und Semantiken zu fokussieren: als literarische und instrumentelle Praxis, in der medial-materielle Vollständigkeitskonstruktion und Fragmentierung zu den integralen Möglichkeiten des Umgangs mit vorgängigem Textmaterial gehören. In diesem Sinne also als produktive Zusammenschau poetologischer Konzepte, medialer Bedingungen und materialer Tradierungsweisen von Literatur.

Abstract: The contribution engages with the dual significance inherent in the conference proceedings, which focuses on the intersection between manuscripts and literary fragments, operating on both the levels of transmission and textual history, as well as on a theoretical level. It discusses the question of the fragmentary nature of literary texts from a reverse perspective, namely, through the lens of historical discourse on completeness and using a significant case study: Konrad's of Würzburg 'Trojanerkrieg'. Historical concepts of the fragmentary become observable on various levels in this context: through a methodical examination of synchronous-diachronic (work fragment and continuation) and material manifestations (manuscript fragment in Cod. Sang. 617). A methodical synopsis of these phaenomena can reveal culturally specific conceptions of textuality: not as distinct ideas, but rather, from a historical perspective, as productive synergies of poetological, pragmatic, and medial concepts of literature.

# Das Ende von Wolframs ‚Willehalm'*

VON ELKE BRÜGGEN

*Ursula Peters zum 11. September 2024*
*Hans-Joachim Ziegeler zum 28. November 2024*

## 1. Einleitung

Das Ende des ‚Willehalm' scheint den Rezipienten gänzlich ins Offene, ins Ungesicherte einer vielleicht angedeuteten, vielleicht vorenthaltenen Schlußperspektive, zugleich ins Aporetische einer unvorstellbaren Konfliktlösung zu führen; es scheint die Möglichkeit eines integralen Textverständnisses überhaupt in Frage zu stellen. Am Ende des ‚Willehalm' schieden sich seit jeher die Geister.[1]

Die Aussage, mit der Christian Kiening einen der letzten Abschnitte seiner 1991 veröffentlichten Monographie zu Wolframs ‚Willehalm' eröffnete, hat bis heute Bestand. Über die Frage nach dem (Status des) Textende(s) ließ und lässt sich auf anregende Weise spekulieren und kontrovers diskutieren, doch bleiben die so zu gewinnenden Antworten unverbindlich, da sie sich nicht historisch sichern lassen. Die Frage selbst und auch die darauf bezogene Forschungsdiskussion sollen hier, in Anerkennung des Fragmentcharakters des ‚Willehalm', beiseite bleiben. Der Titel meines Beitrags kündigt demnach keine Überlegungen zu denkbaren Ausgestaltungen eines in der Überlieferung fehlenden Textendes an, er indiziert vielmehr eine Befassung mit dem faktisch überlieferten Schluss, genauer: mit Willehalms Klage um Rennewart. Sie bildet den Ausgangspunkt für eine Befragung der Erzählmöglichkeiten, welche dem literarischen Entwurf der Figur des Rennewart sowie der Verbindung zwischen Willehalm und Rennewart eingeschrieben sind, die ab dem vierten Buch zunehmend an Bedeutung gewinnt.

Zur Rekapitulation: Wolframs ‚Willehalm'[2] endet in den meisten Handschriften[3] mit der auf König Matribleiz bezogenen Aussage *sus rûmt er Provenzâlen*

---

\* Gefördert durch die Deutsche Forschungsgemeinschaft (DFG) – 470861802.
[1] Christian Kiening, Reflexion – Narration. Wege zum ‚Willehalm' Wolframs von Eschenbach (Hermaea N. F. 63), Tübingen 1991, S. 235.
[2] Zitierte Ausgabe: Wolfram von Eschenbach, Willehalm. Nach der Handschrift 857

*lant* (467,8)[4] mit einem Dreißiger, von dem nur gut ein Viertel der zu erwartenden Verse vorliegt.[5] Das Adverb *sus* verbindet die Aussage über Matribleiz' Aufbruch mit der unmittelbar zuvor von Willehalm gegebenen Zusage sicheren Geleits (467,5–7). Diese Zusage schließt eine zweifache Bitte an Matribleiz ab: Dieser möge auf dem Schlachtfeld die Leichen der mit Gyburc verwandten gefallenen heidnischen Könige einsammeln und identifizieren, um sie sodann konservieren und würdig aufbahren zu lassen, und er möge überdies die Leichen der in der ersten Schlacht auf Alischanz getöteten 23 Könige[6] zu Terramer

---

der Stiftsbibliothek St. Gallen. Mittelhochdeutscher Text, Übersetzung, Kommentar. Mit den Miniaturen aus der Wolfenbütteler Handschrift und mit einem Aufsatz von Peter und Dorothea Diemer, hg. v. Joachim Heinzle (Bibliothek des Mittelalters 9 [= Bibliothek deutscher Klassiker 69]), Frankfurt a. M. 1991. Vergleichend herangezogen wurden die zweisprachigen Ausgaben von Dieter Kartschoke und Horst Brunner: Wolfram von Eschenbach, Willehalm, Text der Ausgabe von Werner Schröder. Völlig neubearbeitete Übersetzung, Vorwort und Register v. Dieter Kartschoke, Berlin / New York 1989; Wolfram von Eschenbach, Willehalm. Mittelhochdeutsch / Neuhochdeutsch, nach dem kritischen Text v. Werner Schröder ins Neuhochdeutsche übers., komm. u. hg. v. Horst Brunner, Stuttgart 2018.

[3] Zur handschriftlichen Überlieferung des ‚Willehalm' vgl. Christoph Gerhardt, Die Handschriften des ‚Willehalm' und seiner Fortsetzungen und die Entwicklung der Texte, in: Wolfram von Eschenbach. Ein Handbuch, Bd. 1: Autor, Werk, Wirkung, hg. v. Joachim Heinzle, Berlin / Boston 2011, S. 591–636; Dorothea und Peter Diemer, Bilderhandschriften des ‚Willehalm', in: ebd., S. 637–652; Klaus Klein, Beschreibendes Verzeichnis der Handschriften (Wolfram und Wolfram-Fortsetzer), in: ebd., Bd. 2: Figuren-Lexikon, Beschreibendes Verzeichnis der Handschriften, Bibliographien, Register, Abbildungen, hg. v. Joachim Heinzle, Berlin / Boston 2011, S. 941–1002; zu Wolframs ‚Willehalm': 973–988.

[4] Der Vers wird im ‚Rennewart' Ulrichs von Türheim zitiert: *er hat uns dar berihtet / ( daz ist gnugen wol bekant) / ‚sus rumte er Provenzalen lant'*. Zitiert wird hier und im Folgenden nach der Ausgabe: Ulrich von Türheim, Rennewart. Aus der Berliner und Heidelberger Handschrift, hg. v. Alfred Hübner (DTM 39), Berlin 1938, V. 166–168.

[5] Der Fall des 28 statt 30 Verse umfassenden 57. Dreißigers am Ende von Buch I, auf den gelegentlich verwiesen wird (vgl. z. B. John Greenfield / Lydia Miklautsch, Der ‚Willehalm' Wolframs von Eschenbach. Eine Einführung [De Gruyter Studienbuch], Berlin / New York 1998, S. 61, und Hanno Rüther, Grundzüge einer Poetologie des Textendes der deutschen Literatur des Mittelalters [Studien zur historischen Poetik 19], Heidelberg 2018, S. 99, Anm. 71), ist anders gelagert, da die angenommene ‚Störung' hier deutlich weniger gewichtig ist. Die Problematik der betreffenden Stelle liegt darin, dass sich Vers 57,27 sprachlich und inhaltlich nur schwer direkt an Vers 57,26 anschließen lässt; vgl. dazu die ausführliche Erörterung der von der Forschung erwogenen Möglichkeiten durch Heinzle in seiner Ausgabe von 1991 (Anm. 2), Kommentar zu 57,24–27, S. 878–880; sie mündet in die folgende Aussage: „Angesichts des entmutigenden Befundes wird man in Betracht ziehen, daß gerade der 57. (Klein-) Abschnitt der einzige des gesamten Werkes ist, der nicht 30, sondern nur 28 Verse umfasst, und mit Lachmann (Notiz im Apparat) vermuten dürfen, daß in der Handschrift, auf die die gesamte Überlieferung zurückgeht, vor 56,27 ein Verspaar fehlte […]" (ebd., S. 880).

[6] Deren Entdeckung war unmittelbar zuvor Gegenstand der *preimerûn*-Erzählung (464,1–465,10).

überführen, als Zeichen seiner Ehrerbietung gegenüber ihm und seinem Geschlecht.[7] Nur in den Handschriften G (St. Gallen, Stiftsbibl., Cod. 857) und V (Wien, Österr. Nationalbibl., Cod. 2670) folgen darauf noch 15 Verse (467,9–23), in denen zunächst weiter vom Abzug Matribleiz' und seiner Begleiter erzählt wird, bevor dann in 467,14 erneut Markgraf Willehalm in den Blick kommt, der, am zweiten Tag nach der Schlacht,[8] seine Klage zu *mêren* beginnt (467,14). Der Erzähler qualifiziert in diesem Zusammenhang das neuerlich anhebende Klagen als ein ‚Würfeln um den (ersten) Wurf'[9] – noch wäre demnach nur erst ein Anfang der Klage gemacht.[10] Der Text bricht dann aber in der an den Markgrafen gerichteten Rede des *wîse*[n] *Gîbert* (467,21), eines seiner Brüder, ab, mitten im Satz und mit einem Vers ohne Reimpartner:

> „sölher site niht bedarf",
> sprach der wîse Gîbert,
> „den got heres hât gewert,
> *daz er troesten solte*
> …"                    (467,20–23)

Die betreffenden Verse[11] sind eine narrative Wiederholung, denn der Markgraf hatte sich schon zuvor einer langen Klage um Rennewart und dessen Ver-

---

[7] 462,10–463,1 u. 466,1–12; vgl. hierzu Ernst-Joachim Schmidt, Stellenkommentar zum IX. Buch des ‚Willehalm' Wolframs von Eschenbach (Bayreuther Beiträge zur Sprachwissenschaft 3), Bayreuth 1979, S. 534–571. Zu Schmidts Stellenkommentar vgl. Joachim Heinzle, Beiträge zur Erklärung des neunten Buches von Wolframs ‚Willehalm'. Aus Anlaß des Kommentars von Ernst-Joachim Schmidt, in: PBB 103 (1981), S. 425–436.

[8] *nû was ez ame dritten tage* (467,16); vgl. dazu Heinzle (Anm. 2), S. 787, und Schmidt (Anm. 7), S. 572.

[9] *der marcrâve mit jâmers siten / alrêst umb'en wurf dô warf* (467,18f.). Zur Spielmetaphorik in dieser „recht schwer verständliche[n]" Wendung vgl. Schmidt [Anm. 7], S. 573, mit Verweisen auf 26,2f. und 425,16f., sowie Heinzles Kommentar zu 26,2f. in seiner Ausgabe (Anm. 2), S. 850.

[10] In diesem Sinne übersetzt Dieter Kartschoke: „Der Markgraf spielte in seinem Unglück / jetzt erst den größten Trumpf aus" (Kartschoke [Anm. 2], S. 302).

[11] Kontroverse Positionen zur Echtheit der Verse und zum Abschluss des ‚Willehalm' rekapituliert und evaluiert unter Einbeziehung sprachlich-stilistischer, textkritischer wie formaler und inhaltlicher Argumente ausführlich Schmidt (Anm. 7), S. 574–587. Heinzle (Anm. 7), S. 435, bekräftigt Schmidts Ansicht, dass die Echtheit der Verse nicht „definitiv bestreitbar ist", betont aber, dass auch „[d]er positive Beweis, daß sie echt sind", sich ebenso wenig führen lasse; vgl. auch den Kommentar Heinzles in seiner Ausgabe (Anm. 2), S. 1092: „Ob die Passage von Wolfram stammt oder nicht, kann man nicht sagen. So ist aus ihr auch kein zusätzliches Argument für die Beantwortung der umstrittenen Frage nach dem Schluß der Dichtung zu gewinnen." Rüther (Anm. 5), der in seiner Untersuchung zur Poetologie des Textendes zwischen Handlungsende, Textschluss und materiellem Textende differenziert, analysiert auf S. 103f. die graphische Gestaltung des Textendes („das materielle Textende") in den

schwinden überlassen und sie gegen die Kritik seines Bruders Bernart von Brûbant verteidigt (452,15–460,26).[12] Dieser hatte unter anderem geltend gemacht, dass Willehalm durch sein ausuferndes Klagen den mit seiner Position verbundenen Führungsaufgaben nicht gerecht werde. Wie Bernart so versucht nun auch Gîbert, Willehalms Klage einzudämmen und ihn an seine Herrschaftspflichten zu erinnern. Ob noch weitere Trost- und Ertüchtigungsreden hätten folgen sollen, muss offenbleiben.

Die große Klagerede Willehalms um Rennewart und die Matribleiz-Szene prägen das überlieferte Textende gleichermaßen. Größere Aufmerksamkeit ist in der Forschung[13] freilich dem Gespräch zwischen Willehalm und Matribleiz

‚Willehalm'-Handschriften G und V und bezeichnet sie als „inkonsistent" (S. 104), da sie (im Falle von G) lediglich „provisorisch" bzw. (im Falle von V) unmarkiert sei.

[12] Zu Bernarts Kritik und seinen Vorschlägen vgl. Uwe Pörksen / Bernd Schirok, Der Bauplan von Wolframs ‚Willehalm' (PhSt. 83), Berlin 1976, S. 50–53.

[13] Bei der Ausarbeitung meines Beitrags habe ich insbesondere auf die nachfolgend genannten Forschungsbeiträge zurückgegriffen: Verena Barthel, Empathie, Mitleid, Sympathie. Rezeptionslenkende Strukturen mittelalterlicher Texte in Bearbeitungen des ‚Willehalm'-Stoffs (Quellen und Forschungen zur Literatur- und Kulturgeschichte 50), Berlin / New York 2008; Tobias Bulang / Beate Kellner, Wolframs ‚Willehalm': Poetische Verfahren als Reflexion des Heidenkriegs, in: Literarische und religiöse Kommunikation in Mittelalter und Früher Neuzeit. DFG-Symposion 2006, hg. v. Peter Strohschneider, Berlin / New York 2009, S. 124–160; Joachim Bumke, Wolframs ‚Willehalm'. Studien zur Epenstruktur und zum Heiligkeitsbegriff der ausgehenden Blütezeit (Germanische Bibliothek Dritte Reihe: Untersuchungen und Einzeldarstellungen), Heidelberg 1959; ders., Wolfram von Eschenbach (SM 36), 8., völlig neu bearb. Aufl., Stuttgart 2004, S. 276–406; Christoph Fasbender, ‚Willehalm' als Programmschrift gegen die ‚Kreuzzugsideologie' und ‚Dokument der Menschlichkeit', in: ZfdPh 116 (1997), S. 16–31; Stephan Fuchs, Hybride Helden: Gwigalois und Willehalm. Beiträge zum Heldenbild und zur Poetik des Romans im frühen 13. Jahrhundert (Frankfurter Beiträge zur Germanistik 31), Heidelberg 1997; Saskia Gall, Erzählen von *unmâze*. Narratologische Aspekte des Kontrollverlusts im ‚Willehalm' Wolframs von Eschenbach (Beihefte zum Euphorion 101), Heidelberg 2018; Marion E. Gibbs, Narrative Art in Wolfram's ‚Willehalm' (GAG 159), Göppingen 1976; Greenfield / Miklautsch (Anm. 5); Joachim Heinzle u. a., ‚Willehalm', in: Wolfram-Handbuch (Anm. 3), Bd. 1, S. 523–702; ders., Wolfram von Eschenbach. Dichter der ritterlichen Welt. Leben, Werke, Nachruhm, Basel 2019, bes. S. 171–217, mit einem Vergleich zwischen Wolframs ‚Willehalm', der altfranzösischen ‚chanson-de-geste'-Dichtung ‚Aliscans' und den ‚Fortsetzungen' Ulrichs von dem Türlîn und Ulrichs von Türheim; Kiening (Anm. 1); Helga Kilian, Studien zu Wolframs ‚Willehalm'. Interpretation des IX. Buches und Ansätze zu einer Deutung des Gesamtwerks, Diss. masch., Frankfurt a. M. 1970; Christoph A. Kleppel, *vremder bluomen underscheit.* Erzählen von Fremdem in Wolframs ‚Willehalm' (Mikrokosmos 45), Frankfurt a. M. 1996; Fritz Peter Knapp, Perspektiven der Interpretation, in: Wolfram-Handbuch (Anm. 3), Bd. 1, S. 676–702; Anna Mühlherr, ‚Willehalm', in: Themenorientierte Literaturdidaktik: Helden im Mittelalter, hg. v. Franziska Küenzlen, Anna Mühlherr u. Heike Sahm, Göttingen 2014, S. 69–89; Martin Przybilski, *sippe und geslehte.* Ver-

zuteilgeworden, das als Verdichtung und als Höhepunkt einer im ‚Willehalm' stellenweise formulierten Ideologie der Akzeptanz und des Respekts gegenüber der nicht-christlichen Religion und ihrer Vertreter wahrgenommen und bewundert worden ist.[14] An das Faszinationspotenzial dieser Passage, in der sich die Möglichkeit einer Verständigung zwischen den Konfliktparteien und Religionen abzuzeichnen scheint, reichen die Verse mit der Klage des Markgrafen im allgemeinen Urteil nicht heran. Wenn im zweiten Abschnitt des vorliegenden Beitrags diese Klage in den Mittelpunkt der Textanalyse gestellt wird, so geschieht dies vor dem Hintergrund älterer und neuerer Forschung, in der die Passage vornehmlich in der Auseinandersetzung mit dem 9. Buch des ‚Willehalm' und der Schlussgestaltung des Textes behandelt und/oder im Kontext der Trauer-Thematik sowie mit Blick auf die literarische Tradition der Totenklage gesehen wurde.[15] Die Forschungsbeiträge bilden, ohne dass sie hier rekapitu-

---

wandtschaft als Deutungsmuster im ‚Willehalm' Wolframs von Eschenbach (Imagines Medii Aevi 4), Wiesbaden 2000, bes. S. 173–192; Barbara Sabel, Toleranzdenken in mittelhochdeutscher Literatur (Imagines Medii Aevi 14), Wiesbaden 2003; Nina Scheibel, Wolframs Visionen? Diversität, Identität und der Entwurf einer (inter-)kulturellen Wertegemeinschaft im ‚Willehalm', in: Europäische Utopien – Utopien Europas. Interdisziplinäre Perspektiven auf geistesgeschichtliche Ideale, Projektionen und Visionen, hg. v. Oliver Victor u. Laura Weiß, Berlin / Boston 2021, S. 47–68; Florian Schmitz, Der Orient in Diskursen des Mittelalters und im ‚Willehalm' Wolframs von Eschenbach (Kultur, Wissenschaft, Literatur 32), Berlin 2018; Sylvia Stevens, Family in Wolfram von Eschenbach's ‚Willehalm'. mîner mâge triwe ist mir wol kuont (Studies on Themes and Motifs in Literature 18), New York u. a. 1997; Peter Strohschneider, Kreuzzugslegitimität – Schonungsgebot – Selbstreflexivität. Über die Begegnung mit den fremden Heiden im ‚Willehalm' Wolframs von Eschenbach, in: Die Begegnung mit dem Islamischen Kulturraum in Geschichte und Gegenwart. Acta Hohenschwangau 1991, hg. von Stefan Krimm u. Dieter Zerlin (Dialog Schule – Wissenschaft), München 1992, S. 23–42; Christopher Young, Narrativische Perspektiven in Wolframs ‚Willehalm'. Figuren, Erzähler, Sinngebungsprozeß (Untersuchungen zur deutschen Literaturgeschichte 104), Tübingen 2000. Vgl. auch Anm. 21 mit Literatur zur Rennewart-Figur.

[14] Strohschneider (Anm. 13), S. 37, bezeichnet die Matribleiz-Szene als „die letzte und vielleicht berühmteste Episode in Wolframs ‚Willehalm'-Fragment" und bezieht sie in seinem Beitrag sowohl auf die Aussagen Gyburcs als auch auf die Tötung Canliuns durch Rennewart. – Ich verzichte hier auf eine Auflistung der Speziallliteratur.

[15] Vgl. u. a. Christiane Ackermann / Klaus Ridder, Trauer – Trauma – Melancholie. Zum ‚Willehalm' Wolframs von Eschenbach, in: Trauer, hg. v. Wolfram Mauser u. Joachim Pfeiffer (Freiburger literaturpsychologische Gespräche. Jahrbuch für Literatur und Psychoanalyse 22), Würzburg 2003, S. 83–108; Wilhelm Frenzen, Klagebilder und Klagegebärden in der deutschen Dichtung des höfischen Mittelalters (Bonner Beiträge zur deutschen Philologie 1), Würzburg 1936; Christian Kiening, Aspekte einer Geschichte der Trauer in Mittelalter und früher Neuzeit, in: Mittelalter und Moderne. Entdeckung und Rekonstruktion der mittelalterlichen Welt. Kongreßakten des 6. Symposions des Mediävistenverbandes in Bayreuth 1995, hg. v. Peter Segl,

liert werden könnten, den Ausgangspunkt für eine Re-Lektüre und akzentuierende Analyse der Rede, bei der Anlass, Adressierung, Argumentation und wesentliche inhaltliche Konstituenten beleuchtet werden. Bei der Frage nach Sinnhorizonten und Deutungsangeboten, die mit der Klage zu verbinden wären, rücke ich Aussagen zu Rennewart und zu Willehalms Beziehung zu ihm sowie solche zu den Auswirkungen der Absenz des jungen Heiden auf den Markgrafen in den Vordergrund, die sich zum Eindruck einer existenziellen Abhängigkeit Willehalms von Rennewart verdichten. Was deren militärische Dimension angeht, so wird sie durch die erzählte Handlung beglaubigt, welche fortwährend den überragenden und schließlich entscheidenden Einsatz Rennewarts für Willehalm und für das Heer der Christen in der zweiten Schlacht exponiert. Der Umstand, dass für die Kennzeichnung von Willehalms Beziehung zu Rennewart sowohl in der Erzähler- wie auch in der Figurenrede das Vokabular der Freundschaft verwendet wird, welches durch semantische Mehrschichtigkeit und fehlende Trennschärfe zu Bezeichnungen für andere Konzepte

---

Sigmaringen 1997, S. 31–53; Hans-Wilhelm Klein, Motive der Totenklage Kaiser Karls um Roland in altfranzösischer und mittelhochdeutscher Epik, in: Studien zur deutschen Literatur des Mittelalters, in Verbindung mit Ulrich Fellmann hg. v. Rudolf Schützeichel, Bonn 1979, S. 108–120; Elke Koch, Trauer und Identität. Inszenierungen von Emotionen in der deutschen Literatur des Mittelalters (Trends in Medieval Philology 8), Berlin / New York 2006; Urban Küsters, Klagefiguren. Vom höfischen Umgang mit der Trauer, in: An den Grenzen höfischer Kultur. Anfechtungen der Lebensordnung in der deutschen Erzähldichtung des hohen Mittelalters, hg. v. Gert Kaiser (Forschungen zur Geschichte der älteren deutschen Literatur 12), München 1991, S. 9–75; Richard Leicher, Die Totenklage in der deutschen Epik von der ältesten Zeit bis zur Nibelungen-Klage, Diss. masch., Breslau 1927; Ursula Liebertz-Grün, Das trauernde Geschlecht. Kriegerische Männlichkeit und Weiblichkeit im ‚Willehalm' Wolframs von Eschenbach, in: Germanisch-Romanische Monatsschrift N. F. 46 (1996), S. 383–405; Lydia Miklautsch, *Waz touc helden sölh geschrei?* Tränen als Gesten der Trauer in Wolframs ‚Willehalm', in: Zeitschrift für Germanistik N. F. 10 (2000), S. 245–257; Wilhelm Neumann, Die Totenklage in der erzählenden deutschen Dichtung des 13. Jahrhunderts, Diss. masch., Emsdetten 1933; Werner Röcke, Die Faszination der Traurigkeit. Inszenierung und Reglementierung von Trauer und Melancholie in der Literatur des Spätmittelalters, in: Emotionalität. Zur Geschichte der Gefühle, hg. v. Claudia Benthien, Anne Fleig u. Ingrid Kasten (Literatur – Kultur – Geschlecht. Kleine Reihe 16), Köln / Weimar / Wien 2000, S. 100–118; W. Günther Rohr, Willehalms maßlose Trauer, in: Traurige Helden, hg. v. Wolfgang Haubrichs, Stuttgart / Weimar 1999, Zeitschrift für Literaturwissenschaft und Linguistik 29, S. 42–65; Elke Koch, Inszenierungen von Trauer, Körper und Geschlecht im ‚Parzival' Wolframs von Eschenbach, in: Codierungen von Emotionen im Mittelalter / Emotions and Sensibilities in the Middle Ages, hg. v. / ed. by C. Stephen Jaeger u. Ingrid Kasten, redaktionelle Mitarbeit / Editorial Assistance Hendrikje Haufe u. Andrea Sieber (Trends in Medieval Philology 1), Berlin / New York 2003, S. 143–158; Erhard Lommatzsch, Darstellung von Trauer und Schmerz in der altfranzösischen Literatur, in: ZfrPh 43 (1923), S. 20–67.

von Sozialbeziehungen bestimmt ist, gibt Anlass zu der Frage, ob und inwieweit in der langen und emotionalen Wortklage Willehalms neben der im Bereich der Kriegsführung fassbaren, im weiteren Sinne politisch-sozialen Dimension dieser Freundschaft nicht auch die Dimension personaler Nähe und Bindung thematisiert und somit eine mehrfache Angewiesenheit des Markgrafen auf seinen *vriunt* zum Ausdruck gebracht wird.[16]

Diese ‚Doppelbelichtung' der Abhängigkeit des Markgrafen würde die zunächst eklatante, durch Unterschiede des Rangs, der Machtpositionen und Handlungsoptionen begründete Asymmetrie zwischen den beiden Akteuren relativieren. Diese initiale Asymmetrie soll im dritten Teil des Beitrags mit Blick auf die Rennewart-Darstellung und die Verbindung des Themas der Abhängigkeit mit dem der gewaltsamen Dislozierung und dem der erzwungenen, nur partiell erfolgreichen Inkulturation betrachtet werden.[17] Das Leid, das diese Vorgänge hervorrufen, wird im Text nicht nur in seinen psychischen Auswirkungen ausbuchstabiert; seine Sprengkraft bildet sich überdies auf der Handlungsebene in Szenarien der Gewalttätigkeit ab. Hier kann ich an die Forschungen des ‚Bonn Center for Dependency and Slavery Studies (BCDSS)'

---

[16] Zuletzt hat Anne-Katrin Federow im Einleitungskapitel ihrer 2020 erschienenen Monographie ‚Dynamiken von Macht und Herrschaft. Freundschaftskonzeptionen in der Heldenepik der ersten Hälfte des 13. Jahrhunderts' wesentliche theoretisch-methodische Annäherungen an den literarischen Motivkomplex der Freundschaft vorgestellt und dabei neben (mediävistisch-)literaturwissenschaftlichen auch geschichtswissenschaftliche sowie soziologische Forschungen einbezogen und bibliographisch nachgewiesen; darauf sei hier verwiesen. Die Untersuchung enthält überdies ein Kapitel zum ‚Willehalm' (Kap. II.3, S. 118–159), in dem die Verfasserin den mittelhochdeutschen Text und seine altfranzösische Vorlage mittels der Opfertheorie von René Girard zu erschließen sucht, „um so die Labilität von Willehalms Herrschaft im Zusammenhang mit dem Verschwinden Rennewarts strukturell fassen zu können" (S. 51). Vgl. Anne-Katrin Federow, Dynamiken von Macht und Herrschaft. Freundschaftskonzeptionen in der Heldenepik der ersten Hälfte des 13. Jahrhunderts (Texte und Studien zur mittelhochdeutschen Heldenepik 13), Berlin / Boston 2020.

[17] Es sind diese Aspekte, die ich in meinem Beitrag in den Vordergrund rücken möchte, während anderes, was die Forschung im Zusammenhang mit der Rennewart-Figur stark beschäftigt hat, Facetten der Komik etwa oder Fragen nach einer ‚inneren Entwicklung' Rennewarts oder nach dessen ‚Schuld', beiseite bleiben soll. Dabei konnte ich gut an die Beiträge von Martin Przybilski, Die Selbstvergessenheit des Kriegers. Rennewart in Wolframs ‚Willehalm', in: Kunst und Erinnerung. Memoriale Konzepte in der Erzählliteratur des Mittelalters, hg. v. Ulrich Ernst u. Klaus Ridder (Ordo 8), Köln / Weimar / Wien 2003, S. 201–222, und Przybilski (Anm. 13) anknüpfen. Ich greife in meinem Beitrag Überlegungen auf und führe sie weiter, die ich in einem gerade erschienenen englischsprachigen Aufsatz entwickelt habe: Elke Brüggen, Captured, abducted, sold. The Muslim Rennewart in the Middle High German Epic Poem ‚Willehalm', in: Naming, Defining, Phrasing Strong Asymmetrical Dependencies. A Textual Approach, hg. v. Jeannine Bischoff, Stephan Conermann u. Marion Gymnich (Dependency and Slavery Studies 8), Berlin / Boston 2023, S. 169–195.

anknüpfen,[18] die den Begriff der ‚Abhängigkeit' als einen Sammelbegriff für verschiedene soziale Phänomene verwenden, in denen sich durch Macht- und Herrschaftsstrukturen generierte oder aufrechterhaltene Ungleichheit sowie Über- und Unterordnung manifestieren, in differenten Formen und Strukturen des Zwangs.[19] Die Aufmerksamkeit gilt dabei nicht nur den historischen Phänomenen selbst, sondern ebenso den (kulturellen) Narrativen, in denen Abhängigkeit affirmiert, infrage gestellt oder verhandelt wird.[20]

## 2. Asymmetrie und *amicitia*: Die Klage eines christlichen Ritters um einen heidnischen Krieger (452,15–456,27)

Willehalms großer Klage um Rennewart[21] gehen die Ereignisse voraus, die am Tag des Sieges der Christen gegen die heidnische Übermacht, in der darauffolgenden Nacht und am frühen Morgen des nächsten Tages noch auf dem

---

[18] Vgl. https://www.dependency.uni-bonn.de (Zugriff: 04.03.2024).

[19] Die Arbeit des BCDSS fokussiert insbesondere Formen starker asymmetrischer Abhängigkeit.

[20] Vgl. Julia Winnebeck u. a., The Analytical Concept of Asymmetrical Dependency, in: Journal of Global Slavery 8 (2023), S. 1–59; Slavery and Other Forms of Strong Asymmetrical Dependencies. Semantics and Lexical Fields, hg. v. Jeannine Bischoff u. Stephan Conermann (Dependency and Slavery Studies 1), Berlin / Boston 2022; Naming, Defining, Phrasing Strong Asymmetrical Dependencies (Anm. 17); Narratives of Dependency. Textual Representations of Slavery, Captivity, and Other Forms of Strong Asymmetrical Dependencies, hg. v. Elke Brüggen und Marion Gymnich (Dependency and Slavery Studies 11), Berlin / Boston 2024.

[21] Einen Vergleich zu Willehalms Klage um Vivianz und den Aufweis von Gemeinsamkeiten und Unterschieden zur Klage Kaiser Karls im ‚Rolandslied' muss ich aussparen; vgl. dazu z. B. Koch, Trauer und Identität (Anm. 15), S. 116–122. – Zur Rennewart-Figur vgl. neben der in Anm. 13 genannten Literatur Walther K. Francke, The Characterization of Rennewart, in: German Quarterly 45 (1972), S. 417–428; Federow (Anm. 16), bes. Kap. II.3.2, S. 118–159; Hanna-Myriam Häger, Rennewart: Riese und/oder Ritter? Zur Identität des Kämpfers mit der Stange in Wolframs ‚Willehalm', in: Riesen. Entwürfe und Deutungen des Außer/Menschlichen in mittelalterlicher Literatur, hg. v. Ronny F. Schulz u. Silke Winst (Studia Medievalia Septentrionalia 28), Wien 2020, S. 363–386; David N. Yeandle, Rennewart's „Shame". An Aspect of the Characterization of Wolfram's Ambivalent Hero, in: Wolfram's ‚Willehalm'. Fifteen Essays, ed. by Martin H. Jones and Timothy McFarland, Rochester 2002, S. 167–190; Andrea Kielpinski, Der Heide Rennewart als Heilswerkzeug Gottes. Die laientheologischen Implikationen im ‚Willehalm' Wolframs von Eschenbach, Diss., Berlin 1991; Susanne Knaeble, Narrative Reflexionen des ‚Heidnischen' – perspektivisches Erzählen vom *heiden* Rennewart in Wolframs ‚Willehalm', in: Gott und die *heiden*. Mittelalterliche Funktionen und Semantiken der Heiden, hg. v. ders. u. Silvan Wagner (Bayreuther Forum Transit 13), Berlin 2015, S. 41–62; Fritz Peter Knapp, Rennewart. Studien zu Gehalt und Gestalt des ‚Willehalm' Wolframs von Eschenbach (Dissertationen der Universität Wien 45), Wien 1970; Carl Lofmark,

Schlachtfeld situiert sind. Durch wenige Zeitangaben (447,8f.; 451,1) sparsam zäsuriert,[22] nimmt das Erzählen vom Ende der zweiten Schlacht auf Alischanz einen stark raffenden Duktus an; dieser wird nur an wenigen Stellen zugunsten einer Vergegenwärtigung von Vorgängen aufgebrochen, bei denen das Erzählen dann etwas länger verweilt.[23]

Die Klage des Markgrafen ist in der Forschung häufiger als ‚Totenklage' bezeichnet worden.[24] Und doch gilt sie (ungeachtet gewisser Parallelen zu dieser) nicht dem t o t e n Rennewart.[25] Zwar wird die Möglichkeit, dass Rennewart in den Kämpfen sein Leben verloren hat, von Willehalm erwogen, doch ist dieses Räsonnement nicht von ungefähr in die Frageform gekleidet: *hât dich der tôt von mir getân?* (453,7). Weder vermag die Figur selbst diese Frage eindeutig zu beantworten noch können andere Figuren des Textes Klarheit schaffen; dadurch, dass auch die Erzählerstimme keine Eindeutigkeit herstellt, wird die für die Figuren des Textes gegebene Unsicherheit zudem an die textexternen Rezipientinnen und Rezipienten herangetragen. Auch wenn Duktus und einzelne Aussagen der Rede erkennen lassen, dass die Befürchtung, der Vermisste könnte für immer verloren sein, die Klage nährt und ihre Intensität stimuliert, lässt der Text den Tod Rennewarts nicht als Faktum, sondern lediglich als Möglichkeit erscheinen.[26] Rennewarts Schicksal ist infolgedessen kein Gegenstand gesicherten Wissens, es bleibt, im Gegenteil, ungewiss. Mit anderen Worten: Rennewart ist auf dem Schlachtfeld nicht auffindbar, weder unter den Lebenden noch unter den Toten, und es gibt keinerlei Informationen über seinen

---

Rennewart in Wolfram's ‚Willehalm'. A Study of Wolfram von Eschenbach and his Sources (Anglica Germanica Series 2), Cambridge 1972; Victoria J. Moessner, Rennewart. Wolfram von Eschenbach's Most Controversial Character, in: Studies in Medieval Culture VIII and IX, ed. by John R. Sommerfeldt and Ellen Rozanne Elder, Kalamazoo 1976, S. 75–83; Przybilski (Anm. 17); Sabel (Anm. 13), S. 143–152; Nobuko Ohashi Tsukamoto, Rennewart. Eine Untersuchung der Charakterisierungs- und Erzähltechnik im ‚Willehalm' Wolframs von Eschenbach, Diss. masch., Washington 1975; Werner Schröder, Ahnungsvolle Nähe. Gyburg und Rennewart in Wolframs ‚Willehalm', in: Akademie der Wissenschaften und der Literatur Mainz 1949–1989, Stuttgart 1989, S. 269–281.

[22] Zur unklaren Zeitgestaltung, die sich mit unbestimmten Orts- und Richtungsangaben verbindet, vgl. Pörksen / Schirok (Anm. 12), S. 48f.
[23] Vgl. 447,12–449,9 (Vergegenwärtigung des Gelages nach dem Sieg) u. 451,1–30 (Einsammeln und Balsamieren der Leichen christlicher Kämpfer).
[24] Vgl. z. B. Kiening (Anm. 1), S. 218; Küsters (Anm. 15), S. 23; Rohr (Anm. 15), S. 43. Anders etwa Pörksen / Schirok (Anm. 12), S. 49f.; Miklautsch (Anm. 15), S. 255.
[25] Vgl. Hans W. Schaefer, Zum Schluss des ‚Willehalm', in: Boletin de estudios germanicos 8 (1970), S. 35–60, hier: 54.
[26] So bringt denn auch Bernart von Brûbant in seiner Reaktion auf die Klage des Bruders die Möglichkeit einer Gefangennahme ins Spiel und schlägt vor, die [...] *zweinzec ode mêr / hôher vürsten und künege hêr* (458,29f.) aus dem heidnischen Heer, die man in der Gewalt hat, für eine Auslösung Rennewarts einzusetzen (458,20–459,11).

Verbleib. Anlass der Klage Willehalms ist demnach keine Todesnachricht und erst recht kein toter Körper, über den er sich beugen könnte; seine Klage wird vielmehr dadurch ausgelöst, dass die Suche nach Rennewart ohne Ergebnis blieb (452,16f.; vgl. 452,19f.). Hinzu kommt die von den Fürsten vereinbarte *dannenvart* (452,18), der intendierte Rückmarsch, für den zunächst das Schlachtfeld zugunsten eines besseren Lagerplatzes verlassen werden soll; für den Markgrafen hieße das, die Suche abzubrechen und den *vriunt* aufgeben zu müssen.

Das mehrfach wiederholte Kennwort von Willehalms Klage lautet *vlust*.[27] Um diesen fassbar zu machen, verweist die Rede auf den Tod von Mîle und Vivîanz in der ersten Schlacht (454,12–14) sowie auf den von Kaiser Karl erlittenen Verlust Rolands, Oliviers und Turpîns (455,6–10), Gegenstand einer ausgiebigen Klage Kaiser Karls im ‚Rolandslied'.[28] Beide Male wird mit einem Überbietungsgestus die ungleich größere Gewalt des durch den Verlust von Rennewart hervorgerufenen Leids betont. Dass die Privation des Markgrafen so prononciert thematisiert wird, erklärt die Bemühungen der Forschung, die Klagerede als Artikulation von Trauer zu verstehen. Diese wird nämlich im Gefolge psychoanalytischer Definitionen als eine „Reaktion auf einen Verlust" verstanden,[29] der das trauernde Subjekt in einen Zwiespalt zwischen Aufgeben und Festhalten am Verlorenen stürzt. Die Einsicht, dass es häufiger zunächst zu einer Verleugnung des Verlusts kommt, die erst sukzessive und in schmerzhafter Arbeit durch dessen Anerkennung abgelöst werden kann, welche in erinnernder Rückschau erreicht wird, lässt sich als Verständnishorizont für literarische Trauerdarstellungen in ihren jeweiligen historisch spezifischen Erscheinungsformen produktiv machen. Ähnliches gilt für die Beobachtung, dass Hilf- und Hoffnungslosigkeit angesichts des eingetretenen Verlusts charakteristisch sind

---

[27] 453,30; 454,14; 454,17; 455,10; 456,1; 456,8 u. 456,17; vgl. auch die Verbformen *verlôs* (454,13 und 455,7) sowie *verlorn* (455,12).

[28] Das Rolandslied des Pfaffen Konrad. Mittelhochdeutsch / Neuhochdeutsch, hg., übers. u. komm. v. Dieter Kartschoke, Stuttgart 1993, V. 6965–6982 u. 7485–7578. Zu den ‚Rolandslied'-Bezügen des ‚Willehalm' vgl. Christian Kiening, Umgang mit dem Fremden. Die Erfahrung des ‚Französischen' in Wolframs ‚Willehalm', in: Chansons de geste in Deutschland. Schweinfurter Kolloquium 1988, hg. v. Joachim Heinzle, L. Peter Johnson u. Gisela Vollmann-Profe, Wolfram-Studien 11 (1989), S. 65–85. Koch, Trauer und Identität (Anm. 15), S. 116–122.

[29] Vgl. z. B. Manfred Beutel, Trauer, Trauerarbeit, in: Handbuch psychoanalytischer Grundbegriffe, 5., überarb. Aufl., hg. v. Wolfgang Mertens, Stuttgart 2022, S. 952–956, hier: 952. Einen prägenden Einfluss hatte das Trauerkonzept von Sigmund Freud (Sigmund Freud, Trauer und Melancholie, in: ders., Studienausgabe, Bd. 3: Psychologie des Unterbewußten, hg. v. Alexander Mitscherlich, Angela Richards u. James Strachey [Conditio Humana. Ergebnisse der Wissenschaft vom Menschen], Frankfurt a. M. 1975, S. 193–212).

und das Subjekt nur noch ein eingeschränktes Interesse für die Außenwelt aufzubringen vermag.[30]

In der ‚Willehalm'-Forschung rekurriert man mitunter auf die in der englischen Sprache geläufige Unterscheidung zwischen ‚grief' und ‚mourning', mit der ein persönliches Erleben (und Verhalten) von einem soziokulturell geprägten Trauerausdruck abgehoben wird.[31] Dies führt freilich zu der Frage, wie klar und sicher diese Kategorisierung vorgenommen werden kann – generell und dann speziell im Falle literarisch mediatisierter Trauer. Ist nicht auch ein sogenanntes ‚persönliches Erleben' und ein darauf bezogenes Verhalten in Teilen gesellschaftlich konditioniert? Und gibt es nicht literarische Gestaltungen mit unscharfen Grenzen, die einer entsprechenden Kategorisierung Schwierigkeiten machen? Mit Blick auf Willehalms Klage um Rennewart wurde die Problematik am Motiv der Tränen bzw. des Weinens verfolgt, mit dem das (vorläufige) Ende der Rede markiert ist (456,25–28).[32] Diese Tränen sind als öffentliche gekennzeichnet: Als Willehalms Bruder Bernart von Brûbant ihrer gewahr wird und auf sie reagiert, spricht er sie gerade in ihrer Sichtbarkeit und ihrer Wirkung auf andere an (456,25–457,9).[33] Bernarts entschiedene Kritik am Verhalten des Markgrafen legt eine Deutung von Willehalms Tränen als konventionelle Mittel sozial akzeptierter und gebotener Trauerartikulation, die bar jeder Belastbarkeit für die Annahme einer Emotionalisierung von Figuren- und Handlungsdarstellung wäre, gerade nicht nahe. Sein Tadel richtet sich vielmehr gegen die Unangemessenheit von Willehalms *grôze*[r] *ungehab*e (456,30), die mit seiner Rolle als Heerführer und als Landesherr nicht vereinbar sei, da sich durch sein Verhalten auch bei den anderen der *jâmer* ausbreite (457,1–16). Statt sich seinem Leid anheimzugeben, solle Willehalm *genendekeit* (457,5) demonstrieren, Mut und Entschlossenheit. In seiner Entgegnung legt der Markgraf dar, dass der Sieg für ihn einer *schunfentiure* / [...] *in dem herzen mîn* gleichkomme (459,26f.). Er erkennt die an ihn herangetragene Erwartung an, dass er in seiner führenden Position seinen Leuten Hoffnung zu geben habe, wendet aber zugleich ein, dass ein solches Agieren nur um den Preis einer Dissimulatio zu

---

[30] Koch, Trauer und Identität (Anm. 15), betrachtet demgegenüber den Anschluss an moderne Theoriebildungen der Trauer „kaum als weiterführend" und zieht es vor, ‚Trauer' als „Involvierung in eine Situation des Unglücks" zu definieren (S. 78f.).

[31] Vgl. Beutel (Anm. 29), S. 952; Kiening (Anm. 15), S. 35.

[32] Vgl. Miklautsch (Anm. 15), mit weiterer Literatur.

[33] Auffallend ist hier die Absenz weiterer Trauergesten; die Klage erscheint so fast vollständig auf die verbale Dimension beschränkt. Vielleicht darf auch dies als Anzeichen dafür verstanden werden, dass es an dieser Stelle weniger um den „formalisierten gestischen Trauerausdruck[ ]" (Koch, Inszenierungen von Trauer [Anm. 15], S. 145) und stärker um die Darstellung einer tiefgehenden inneren Betroffenheit eines Einzelnen geht. In ihrer Monographie spricht Koch in diesem Zusammenhang von „Authentizität seiner Trauer" (dies., Trauer und Identität [Anm. 15], S. 117).

haben wäre, bei der das nach außen Gezeigte keine Entsprechung in seinem Inneren fände (460,15–19). Hier haben der Schmerz und das Gefühl völliger Verlorenheit so sehr die Herrschaft übernommen, dass er das eigene Überleben beklagt (455,4f.).[34]

Willehalms Klagerede hat kein fassbares Gegenüber. Auch wenn der abwesende Rennewart adressiert (453,1–454,14) oder in gebetsartigem Gestus zu Gott gesprochen wird (454,15–30; 456,1–24),[35] vermittelt die Klage sehr stark den Eindruck eines (nicht stillen, sondern für andere vernehmlichen) Gesprächs mit dem Selbst. Zwar gibt es durchaus Passagen, die geeignet sind, ein Bild des schmerzlich Vermissten zu erzeugen (dazu weiter unten), doch erscheint die Klage überwiegend als Versuch eines Ichs, sich in einer Situation größter Not seiner selbst zu vergewissern, weitgehend losgelöst von einem Kollektiv, und zwar auch dort, wo Verwandte, die Ehefrau, die Getreuen oder gar die ganze Christenheit in die Argumentation einbezogen werden. Die Betrachtungen exponieren im Besonderen das Gefühl einer abgrundtiefen Verlassenheit, die in den mittelhochdeutschen Begriff der *ellende* gefasst und mit einer Evokation von Vorgängen evaluiert wird, bei denen der Sprecher als Objekt von Gefangennahme und Menschenhandel erscheint:

> alrêste mîn ellende
> ist groezer, denn ich waere aldâ
> in der stat ze Siglimessâ
> und dannen verkoufet ze Tasmê.
> mir ist hie vor jâmer als*e* wê.   (452,26–30)

Inwiefern hier lediglich ein Gedankenspiel vorliegt, wie Joachim Heinzle im Kommentar zu seiner zweisprachigen ‚Willehalm'-Ausgabe von 1991 erläutert, oder ob die Figur hier, wie andere es gesehen haben, die Erinnerung an Erlebtes versprachlicht, an eine Zeit in der Fremde, in der extreme Erfahrungen der Abhängigkeit gemacht wurden, scheint mir nicht entschieden und wohl auch nicht entscheidbar.[36] Eine Interpretation der Aussage als Reminiszenz an ein

---

[34] Zur literarischen Tradition des Motivs des Todeswunsches vgl. Klein (Anm. 15), S. 113.

[35] An mehreren Stellen nimmt die Klage den Charakter einer Zwiesprache mit Gott an. Gottes Erbarmen erfleht Willehalm in 454,16–30. Hier äußert er den Wunsch, dass sein Verlust das Brennen seiner Seele im Höllenfeuer abgelten und Gott ihn mit Rücksicht auf sein Leiden daher am Jüngsten Tag vor der Verdammnis bewahren, ihn seine Gegenwart erfahren und ihm die ewige Seligkeit gewähren möge (zu *hellebrennen* in 454,18 vgl. Heinzle [Anm. 7], S. 433f.). Eine andere Tonlage besitzt hingegen die Passage 456,1–24. Willehalm adressiert hier Christus (*der meide kint*, 456,2) mit der Aufforderung, sich angesichts des von ihm in seinem Namen erbrachten Einsatzes von Leben und Gut seiner *vlust* (456,1) zu schämen, sie wahrzunehmen und ihn seiner Gnade teilhaftig werden zu lassen.

[36] Vgl. Heinzle (Anm. 2), Kommentar zu 452,27–30, S. 1088: „Willehalm vergleicht seine

früheres Erlebnis halte ich durchaus für möglich, schließlich werden Willehalms Aufenthalt im Orient und seine Gefangenschaft bei Tybalt an anderen Stellen mehrfach erwähnt, freilich ohne dass sich die Fragmente zur Vergangenheit des Protagonisten zu einem Gesamtbild zusammenfügen würden. Es könnte demnach sein, dass hier auf ein weiteres sehr bedrückendes, jedoch nicht auserzähltes Erlebnis Willehalms angespielt wird. Jedenfalls werden die in *Siglimessâ* und in *Tasmê* lokalisierten Vorgänge zum Gegenstand eines Vergleichs mit der aktuellen Erfahrung von *ellende*, welcher in der Aussage kulminiert, dass diese die zum Vergleich herangezogene übertrifft.

Den Eindruck einer mit der Figur Willehalm verknüpften Emotionalisierung des Geschehens vermittelt auch die Betonung des Abstands zwischen dem Verhalten des Protagonisten und den zuvor thematisierten Handlungsweisen seiner Männer. Während mit Blick auf das Heer die Koinzidenz von *vreude und*e *klage* (447,7) konstatiert wird, artikuliert der Markgraf das Empfinden einer vollständigen Abtötung seiner *vreude* (455,18f.; vgl. 454,20f.) und die gänzliche Einbuße seines *hôhen muotes*, die überall zum Verlust des Ansehens und zu Schmähungen führt und von ihm selbst als unvereinbar mit seinem fürstlichen Rang erlebt wird (455,17–23). Als jemand, der über keinerlei *vreude* mehr verfügt, sieht er sich außerstande, anderen *vreude* zu schenken und seine in der Vergangenheit praktizierte Freigebigkeit wiederaufzunehmen (455,24–30). Er

---

Verlassenheit durch den mutmaßlichen Verlust Rennewarts hypothetisch mit der Verlassenheit, unter der er in der äußersten Fremde zu leiden hätte. Es besteht kein Grund zu der Annahme, er sei wirklich im Exil in Siglimessa gewesen und nach Tasme verkauft worden." Dementsprechend übersetzt er: „Jetzt bin ich verlassener, / als ich / in Siglimessa wäre / und von dort verkauft nach Tasmé" (ebd., S. 763). Ähnlich Brunner (Anm. 2): „Mein Kummer ist jetzt größer, als wenn ich in der Stadt Siglimessa wäre und von dort nach Thasme verkauft würde" (S. 819, 821). In Kartschokes Übersetzung (Anm. 2) nimmt sich der Aufenthalt in Siglimessa real aus, während das Verkauftwerden nach Thasme als Gedankenspiel erscheint: „Nun bin ich hier verlassener, / als wenn ich noch dort / in der Stadt Siglimessa wäre / und von dort nach Thasme verkauft würde" (S. 293). Heinzle distanziert sich mit seiner Stellungnahme von einer Auffassung, die Reinhard Fink und Friedrich Knorr sowie Werner Schröder vertreten haben. Vgl. Wolfram von Eschenbach, Willehalm, aus dem Mittelhochdeutschen übertr. v. Reinhard Fink u. Friedrich Knorr, Jena 1941, S. 245: „So ist mein Elend jetzt größer als dereinst, da ich in Siglimassa war und dann zu Tasme verkauft wurde"; Wolfram von Eschenbach, Willehalm, hg. v. Werner Schröder, Berlin / New York 1978, S. 654, 658. Die Konjunktivform, in der das Hilfsverb in 452,27 auftritt – *waere*, Konjunktiv II zum Infinitiv *wesen* („sein') –, gibt hier allerdings keine Sicherheit. In Vergleichssätzen der hier vorliegenden Art, die mit *denn(e)* oder *danne* eingeleitet werden, kann sowohl der Konjunktiv Präsens als auch der Konjunktiv Präteritum auftreten, ohne dass die Aussage selbst eine konjunktivische Bedeutung annehmen muss. Vgl. Hermann Paul, Mittelhochdeutsche Grammatik, 25. Aufl., neu bearb. v. Thomas Klein, Hans-Joachim Solms u. Klaus-Peter Wegera. Mit einer Syntax v. Ingeborg Sch[r]öbler, neubearb. u. erw. v. Heinz-Peter Prell (Sammlung kurzer Grammatiken germanischer Dialekte. A. Hauptreihe 2), Tübingen 2007, § S 198.

wird von dem Gefühl beherrscht, völlig vernichtet (*verderbet*, 455,16) zu sein, zugrunde zu gehen (453,6), und so ist *jâmer* neben *vlust* das zweite Leitwort, das die Passage durchzieht. Die Fesseln des *jâmers* (*jâmers gebende*, 456,21) haben eine solche Kraft, dass ein Ausweichen in körperliches Wohlleben und Selbsttäuschung und die damit verbundene Verdrängung von Leid und Trauer für den Markgrafen keine Option darstellen – weder beteiligt er sich am Gelage seiner Männer noch ist er etwa bei ihren Beutezügen dabei.[37] Was ihm bleibt, ist einzig die Reflexion tief empfundenen Verlusts und ihre Überführung in vernehmliches Klagen, und es ist die Eigenschaft der *triuwe*, die diese Handlungsweisen gebietet: *mîn triuwe het des schande, / ob niht mîn herze kunde klagen, / und der munt nâch dir von vlüste sagen.* (453,28–30). Die empfundene Ausweglosigkeit ist so durchschlagend, dass der Markgraf nicht nur materiellen Reichtümern, die ihm von freigebigen Königen zugedacht würden (456,22–24), sondern selbst Gyburc und damit der ehelichen Verbindung mit ihr die Kraft abspricht, den Verlust und das damit einhergehende Leid vergessen zu machen (456,6–18).

Dort, wo der Markgraf über den Vermissten spricht, entsteht das Bild eines den Fürsten ganz wesentlich stützenden Vertrauten – Willehalm nennt Rennewart *mîn zeswiu hant* (452,20).[38] In jugendlichem Alter,[39] ausgestattet mit großer körperlicher Kraft, Mut und Tapferkeit, erscheint er vor allem als glorreicher Kämpfer, außerordentlich und unübertrefflich sowohl im christlichen als auch im heidnischen Umfeld, unvergleichlich in seinem Ruhm (453,1–6; 453,22–24). Die metaphorischen Bezeichnungen Rennewarts als ‚Ruder' und als ‚Wind, der die Segel bläht', unterstreichen dessen herausragende Bedeutung für den Sieg der Christen in der zweiten Schlacht:

> dû waere mîns kieles ruoder
> und der rehte segelwint,
> dâ von al Heimrîches kint
> hânt gankert roemische erde.   (453,18–21)

Joachim Heinzle erläutert diese Verse wie folgt: „Rennewart hat Willehalms Schiff wieder flott gemacht, so daß er mit seiner Sippe (wieder) in der Provence

---

[37] Vgl. 446,19–30 u. 447,12–449,9.
[38] Genauso bezeichnet Kaiser Karl seinen Neffen Roland. Vgl. Das Rolandslied (Anm. 28), V. 7517. Vgl. dazu Koch, Trauer und Identität (Anm. 15), S. 121: „Das Motiv der rechten Hand betont die reichspolitische Bedeutung des Helden und suggeriert zugleich eine körperliche Nähe, die zwischen Karl und Roland durch die Blutsverwandtschaft gestiftet ist. Die Beziehung von Willehalm und Rennewart wird durch diese analoge Körpermetaphorik substantialisiert."
[39] Die Jugend Rennewarts wird stark exponiert und mit dem Adjektiv *klâr* bedacht. Zur Verwendung von *klâr* und *klârheit* (nicht nur) im ‚Willehalm' vgl. die (nicht durchgängig überzeugenden) Überlegungen von Rohr (Anm. 15) sowie ders., Die Entlehnung und frühe Entwicklung des Adjektivs *klâr*. Eine Fallstudie zur hochdeutschen Literatursprache des Mittelalters, Habil. masch., Trier 1997.

*Das Ende von Wolframs ‚Willehalm'*

einlaufen und dort sicher ankern konnte: ohne ihn wäre das Schiff untergegangen, hätte den Ankerplatz in der Provence nie (mehr) erreicht."[40] Die wenig später eingeflochtenen Reminiszenzen an die Vorgänge der Befreiung von acht gefangen genommenen christlichen Fürsten[41] und der Rückholung des flüchtigen Franzosenheeres[42] können als exemplarische Vergegenwärtigung der richtungweisenden und steuernden Handlungen Rennewarts verstanden werden. Rennewart ist es aber auch, dem der Markgraf in seiner Wahrnehmung sein eigenes Leben sowie das seiner Frau, seines Vaters, aller seiner Verwandten und damit auch seiner Brüder verdankt (453,10–17). Darauf kann es für ihn nur eine angemessene Antwort geben: die Gestaltung eines Verhältnisses, in dem er, der hohe Fürst, den anderen nicht nur belohnt, sondern ihm fortan als Ausdruck seiner *triuwe* (453,28) seinen *dienest* (453,8) schenkt. Auch wenn hier die wörtliche mit der übertragenen Bedeutung des Dienstbegriffes überblendet sein mag,[43] zeigt dieses Vorhaben eine bemerkenswerte Verkehrung der Ausgangssituation an, hatte doch der Markgraf bei der Erstbegegnung der beiden Akteure den Jungen in seinen Dienst genommen (194,6–8) und war dieser infolgedessen in eine (neue) Abhängigkeit eingetreten.

## 3. Rennewart: Erzählerische Bruchstücke zum Schicksal eines Grenzgängers[44] und dessen nur partiell erfolgreicher Inkulturation

> Nicht wenige Probleme der ‚Willehalm'-Interpretation hängen an dieser Figur und ihrer komplizierten Geschichte.[45]

Die Figur des Rennewart gewinnt im Laufe der Erzählung von dem großen Krieg zwischen Christen und Heiden zunehmend an Bedeutung. Im Vergleich mit der altfranzösischen ‚Aliscans'-Erzählung[46] hat Wolfram von Eschenbach

---

[40] Heinzle (Anm. 2), S. 1088. Zur Mehrdeutigkeit des auch im geistlichen Bereich verwendeten Bildes vgl. Schmidt (Anm. 7), S. 473f.
[41] 423,25, Rückverweis auf 414,7–417,21.
[42] 454,1–3, Rückverweis auf 321,1–30 u. 323,12–328,5.
[43] Vgl. aber 331,1–12.
[44] Mit der literarischen Gestaltung der im Horizont von Religion und Verwandtschaft höchst bedrückenden Existenz Rennewarts exponiert Wolfram von Eschenbach ein Problem, das er auch an anderen Figuren des Textes aufzeigt, die wie Rennewart aufgrund ihrer Lebenswege eine Zwischenposition einnehmen: zwischen Orient und Okzident, zwischen Islam und Christentum; vgl. Kleppel 1996 (Anm. 13), S. 141–235, zu Willehalm, Gyburc und Rennewart. Die Zerrissenheit, die sich aus den spezifischen Biografien und den damit verbundenen Erfahrungen von Nähe und Vertrautheit mit beiden Kulturen und Religionen ergibt, illustriert der Verfasser eindrucksvoll am Bei-

den zentralen Konflikt in einer Weise zugespitzt, welche die Aporien eines erbitterten und unversöhnlichen Kampfes im Namen des Glaubens durch eine multiple Motivierung der Kriegshandlung, durch eine komplexe, beinahe widersprüchliche Figurengestaltung und eine ausgefeilte Erzähltechnik hervortreibt. Für dieses Erzählprojekt wird die Verbindung zwischen Willehalm und

---

spiel von Gyburc. Vgl. dazu auch Annette Gerok-Reiter, Individualität. Studien zu einem umstrittenen Phänomen mittelhochdeutscher Epik (Bibliotheca Germanica 51), Tübingen / Basel 2006, S. 197–246; Knapp (Anm. 13), bes. S. 690–693; Przybilski (Anm. 13), S. 193–214; Sabel (Anm. 13), S. 120–142; Mireille Schnyder, *manlîch sprach daz wîp*. Die Einsamkeit Gyburcs in Wolframs ‚Willehalm‘, in: Homo Medietas. Aufsätze zu Religiosität, Literatur und Denkformen des Menschen vom Mittelalter bis in die Neuzeit. Festschrift für Alois Maria Haas zum 65. Geburtstag, hg. v. Claudia Brinker-von der Heyde u. Niklaus Largier, Bern 1999, S. 507–520. Der Hauptheld selbst, Willehalm, gehört aufgrund seiner Kenntnis orientalischer Sprachen und Kulturen und der Liebe zu seiner Frau, die aus einem arabischen Land stammt und in der arabischen Kultur beheimatet ist, ebenfalls zu den grenzüberschreitenden Figuren, die dem Text einen ganz eigenen Charakter innerhalb der Kreuzzugsepik verleihen. Vgl. dazu Strohschneider (Anm. 13).

[45] Ebd., S. 36.

[46] ‚Aliscans‘, Kritischer Text von Erich Wienbeck, Wilhelm Hartnacke u. Paul Rasch, Halle 1903; La versione franco-italiana della ‚Bataille d'Aliscans‘: Codex Marcianus fr. VIII [= 252], ed. by Günter Holtus (ZfrPh. Beiheft 205), Tübingen 1985; ‚Aliscans‘, 2 t., publ. par Claude Régnier (Les Classiques Français Du Moyen Age 110 u. 111), Paris 1990. Zitiert wird im Folgenden aus der Übersetzung ins Neuhochdeutsche von Fritz Peter Knapp, welche an der Handschrift M orientiert ist und der auch Holtus folgte: ‚Aliscans‘. Das altfranzösische Heldenepos nach der venezianischen Fassung M, hg. u. übers. v. Fritz Peter Knapp, Berlin / Boston 2013. – Zur Erzähltradition um Guillaume d'Orange, zum Profil der ‚Aliscans‘-Erzählung, zu den Bezügen zwischen dem altfranzösischen und dem mittelhochdeutschen Text, zur Verbindung von Wolframs ‚Willehalm‘ zu den ‚Fortsetzungen‘, Ulrichs von dem Türlîn ‚Arabel‘ und Ulrichs von Türheim ‚Rennewart‘ sowie zum Ort des ‚Willehalm‘ in der Tradition deutschsprachigen Erzählens von Karl dem Großen vgl. z. B. Bumke, Wolfram von Eschenbach (Anm. 13), S. 375–90; Thordis Hennings, Der Stoff: Vorgaben und Fortschreibungen, in: Wolfram-Handbuch (Anm. 3), Bd. 1, S. 544–90, und Heinzle, Wolfram von Eschenbach, Dichter (Anm. 13). – ‚Aliscans‘ und Wolframs ‚Willehalm‘ sind mehrfach zum Gegenstand vergleichender Lektüren geworden, vgl. z. B. Stephanie L. Hathaway, Saracens and Conversion. Chivalric Ideals in ‚Aliscans‘ and Wolfram's ‚Willehalm‘ (Studies in Old Germanic Languages and Literatures 6), Oxford 2012; Marie-Noël Huby-Marly, ‚Willehalm‘ de Wolfram d'Eschenbach et la ‚Chanson des Aliscans‘, in: Études germaniques 39 (1984), S. 388–411; Gillian Mary Humphreys, Wolfram von Eschenbach's ‚Willehalm‘. Kinship and Terramer. A Comparison with the M Version of ‚Aliscans‘ (GAG 657), Göppingen 1999; Jean-Marc Pastré, Rainouart et Rennewart. Un guerrier aux cuisines, in: Burlesque et Dérision dans les Épopées de l'Occident médiéval. Actes du Colloque International des ‚Rencontres Européennes de Strasbourg‘ et de la ‚Société Internationale Rencesvals (Section Française)‘ (Strasbourg, 16–18 Septembre 1993), publ. sous la direction de Bernard Guidot (Annales littéraires de l'Université de Besançon 558, Littéraires 3), Paris 1995, S. 123–131;

Rennewart zu einem Dreh- und Angelpunkt. Eingeführt wird die Rennewart-Figur allerdings erst spät, in 187,30, nach immerhin 5 610 (von insgesamt 14 003) Versen, im vierten von insgesamt neun Büchern; mehr als ein Drittel des überlieferten Textes sind da bereits erzählt. Wie aus dem Nichts taucht die Figur an dieser Stelle auf. Richten wir den Blick kurz auf die näheren Umstände, in die Rennewarts erstmaliges Auftreten eingebettet ist (187,1–190,20). Es ist Willehalm, der den jungen Mann am französischen Königshof in Munleun entdeckt, zu einem Zeitpunkt, als er nach der Beilegung der politischen Unruhen wegen seiner Unterstützungsbitte für den Kampf gegen das gewaltige Heer Terramers noch am Hof verweilt. Zusammen mit der königlichen Familie wird er Zeuge eines Zwischenfalls, bei dem adlige Knappen, die sich im Umgang mit Lanzen und Schilden üben, ein höhnisches Spiel mit dem jungen Mann treiben, der große Mengen Wassers für die Hofküche herbeischafft. Mehrfach greifen sie ihn mit ihren Pferden und dann auch mit ihren Lanzen an und sorgen dafür, dass er das Wasser verschüttet, bis der solchermaßen Traktierte (der Erzähler nennt ihn vorläufig nicht beim Namen)[47] seine überaus große Körperkraft einsetzt und einen seiner Gegner gegen eine Steinsäule schleudert, sodass er, *als ob er waere vûl, / von dem wurfe gar zespranc* (190,16f.). Der aggressive Akt und die unkontrollierte Gewalt werfen vor dem Hintergrund höfischer Verhaltensstandards Fragen auf: Was hat es mit diesem Küchenjungen auf sich, der seine Affekte nicht unter Kontrolle hat und möglicherweise seine Kräfte nicht einzuschätzen weiß? Warum wird er am königlichen Hof geduldet? Warum wird sein Verhalten nicht sanktioniert? Die Erklärung des Königs, dass Rennewart nie zuvor *in unsiten* gesehen wurde (190,21–30, Zitat: 190,27), trägt nichts zur Aufhellung bei; eher verstärkt sie die Rätselhaftigkeit des Vorfalls noch. Nicht anders ist es bei den beiden Gleichnissen des Erzählers (188,18–189,24), die als Warnungen vor einem vorschnellen Urteil über Rennewart fungieren. So wie Gold oder ein rot funkelnder Edelstein durch Schmutz oder Ruß ihre Qualitäten nicht verlieren, sondern in alter Schönheit erstrahlen, nachdem sie gereinigt wurden, verhält es sich mit Rennewart, unter dessen Schmutz und Nied-

---

Sabel (Anm. 13); Friederike Wiesmann-Wiedemann, Le Roman du ‚Willehalm' de Wolfram d'Eschenbach et l'épopée d'‚Aliscans'. Étude de la transformation de l'épopée roman (GAG 190), Göppingen 1976. – Für einen Vergleich der Darstellungen von Rainouart und Rennewart siehe in neuerer Zeit, doch ohne den im vorliegenden Beitrag verfolgten Akzent auf Fragen von Abhängigkeit, Florian Nieser, Die Lesbarkeit von Helden. Uneindeutige Zeichen in der ‚Bataille d'Aliscans' und im ‚Willehalm' Wolframs von Eschenbach, Berlin 2018.

[47] Die verzögerte Namensnennung (sie erfolgt erst in Vers 189,1) gehört zu den Eigenheiten der Wolfram'schen Erzählkunst, die ein zeitgenössisches Publikum aus dem ‚Parzival' kennen konnte. An der vorliegenden Stelle erscheint das Verschweigen des Namens insofern plausibel, als die Wahrnehmung der Figur Willehalm zugewiesen wird, der nicht weiß, wen er vor sich hat.

rigkeit sich *geschickede* (188,19), *art* (188,19) und *tugent* (188,30) verbergen. Während dieses erste Gleichnis in seiner Semantik auch heute noch unmittelbar zugänglich ist, ist das zweite, wie Christoph Gerhardt gezeigt hat,[48] ungleich tiefer in einem zeitgenössischen Wissen verankert, das als „Gemeingut der mittelalterlichen Vogelkunde"[49] gelten kann und vornehmlich über Bestiarien vermittelt wurde. Wie das Adlerjunge, das geradewegs in die Sonnenstrahlen blickt, denen es ausgesetzt wird, solchermaßen die Prüfung durch den Vater besteht und als Nachwuchs angenommen wird, so hat auch Rennewart sich einst als würdig erwiesen. Rennewart wäre demnach nicht der verdreckte und schäbig gekleidete Küchenjunge, als der er Willehalm und den Rezipienten gleichermaßen zunächst entgegentritt.

Wie sehr die Einlassungen des Erzählers begründet sind, offenbaren sodann die Bruchstücke der Lebensgeschichte Rennewarts aus dem Munde des Königs (191,1–18). Rennewart, der von Adel ist, wurde von Kaufleuten in Persien erworben und dann über das Meer an den französischen Hof gebracht. Der König spricht sein Interesse an Rennewart und seine Motive, ihn in den Hof zu integrieren, nicht explizit an; wir sind daher auf seine Bemerkungen über die außergewöhnliche Schönheit des Jungen verwiesen (191,14f.), die diesen, in Verbindung mit seiner adligen Herkunft, womöglich für Aufgaben höfischer Repräsentation als geeignet erscheinen ließ. Die Küche und der Küchendienst waren jedenfalls keineswegs seine ursprüngliche Bestimmung; vielmehr wurde er dorthin abgeschoben, als er sich weigerte, sich taufen zu lassen. Der König selbst bezeichnet seine Maßnahme als *unvuoge* (191,7).[50] Mit Rennewart wird uns also jemand präsentiert, der keineswegs für ein Leben als Arbeitssklave bestimmt war. Die ursprüngliche Abhängigkeit Rennewarts war demnach anderer Natur. Sie mag modernen Lesern subtiler, harmloser erscheinen, doch exponiert der Text hier einen Typus existenzieller und für den Betroffenen grausamer Abhängigkeit, auf den die Frühneuzeithistorikerin Rebekka von Mallinckrodt jüngst mit großem Nachdruck hingewiesen hat. In einem instruktiven Beitrag über entführte Kinder im Heiligen Römischen Reich Deutscher Nation

---

[48] Christoph Gerhardt, Wolframs Adlerbild. ‚Willehalm' 189, 2–24, in: ZfdA 99 (1970), S. 213–222.

[49] Heinzle (Anm. 2), Kommentar zu 189,2–17, S. 966.

[50] In ‚Aliscans' ist die Situation eine andere. Der König erzählt Guillelme, dass er den Knappen für 100 Mark von Kaufleuten ‚am Meer' erworben und ihn dann mit an seinen Hof genommen habe (V. 3405–3407). Etwas später heißt es, Loois habe Renouart ‚um hundert Mark gewogenen Silbers' (V. 3466) unterhalb von Palermo gekauft (V. 3465–3467). Außerdem gesteht der König, dass ihn Renouarts abnorme Körpergröße abstößt und dass er deshalb dessen Aufenthalt in der Hofküche angeordnet hat (V. 3411–3413 u. 3470–3474). Es ist auch nicht so, dass Renouart sich weigert, zum Christentum zu konvertieren. Im Gegenteil, er bittet mehrmals darum, getauft zu werden, aber der König verweigert es ihm (V. 3478–3480).

hat sie darauf aufmerksam gemacht, dass die Versklavung von Kindern und Jugendlichen von der Forschung lange Zeit vernachlässigt wurde. Grund dafür ist ihren Ausführungen zufolge nicht allein die schwierige Quellenlage, sondern ein Konzept von Sklaverei, für das die Ausbeutung von Arbeitskräften im Vordergrund steht.[51] Kinder und Jugendliche, die oft in einem Alter verschleppt und verkauft wurden, in dem sie noch nicht effektiv als Arbeitssklaven eingesetzt werden konnten, gerieten so aus dem Blick. Auf diese Weise wurde jedoch eine wichtige historische Erscheinungsform der Sklaverei außerhalb des transatlantischen Sklavenhandels marginalisiert: die Verwendung entführter und verkaufter Kinder zu Zwecken der aristokratischen Repräsentation. Als Medien der Repräsentation eigneten sie sich aufgrund ihrer ‚exotischen' Herkunft und insbesondere dann, wenn sie eine makellose körperliche Schönheit aufwiesen.

Dass die Rennewart-Figur aus dem Blickwinkel einer mittelalterlichen Narrativierung von Abhängigkeit gesehen werden kann, zeigt auch die Art und Weise, wie sich der für die Handlung wesentliche Übergang Rennewarts aus der Verfügungsgewalt des Königs in die des Markgrafen vollzieht (191,19–28; 194,5–8). Wie ein materielles Objekt oder eine Ware wechselt Rennewart den Besitzer; er selbst ist an der Aushandlung dieses Wechsels nicht beteiligt, er ist nicht einmal anwesend, sondern wird erst hinzugezogen, nachdem der König und Willehalm die entsprechende Vereinbarung getroffen haben (191,19–28). Welches Interesse Willehalm an Rennewart hat, warum der König seine Bitte zunächst ablehnt und was Alîse, seine Tochter und Freundin Rennewarts aus Kindertagen, dazu bewegt, sich dieser Bitte anzunehmen, wird nicht expliziert. Was die Absichten des Markgrafen angeht, so macht der Erzähler zumindest eine Andeutung, wenn er bemerkt, dass dieser Rennewart *ze stiure* haben möchte (191,21): Er hofft wohl auf dessen Unterstützung bei den bevorstehenden militärischen Aufgaben. Hier dürfte die außergewöhnliche Körperkraft des jungen Heiden der entscheidende Punkt sein. Außerdem scheint Willehalm bestrebt, dem Knappen ein besseres Leben zu ermöglichen (191,22f.). Die Direktheit, mit der der Markgraf davon spricht, dass ihm Rennewart geschenkt wurde (194,6), zeigt jedoch, dass sein Handeln nicht schlichtweg als Ausdruck von Großmut und Menschlichkeit verstanden werden kann – schließlich entscheidet auch Willehalm ohne Zögern über den Kopf des jungen Mannes hinweg. Andererseits sollte nicht übersehen werden, dass er ihm nun eine Existenz ver-

---

[51] Rebekka von Mallinckrodt, Verschleppte Kinder im Heiligen Römischen Reich Deutscher Nation und die Grenzen transkultureller Mehrfachzugehörigkeit, in: Transkulturelle Mehrfachzugehörigkeiten als kulturhistorisches Phänomen. Räume – Materialitäten – Erinnerungen, hg. v. Dagmar Freist, Sabine Kyora u. Melanie Unseld (Praktiken der Subjektivierung 13), Bielefeld 2019, S. 15–37.

schafft, die explizit nach dem Modell von Dienst und Lohn gestaltet ist[52] und die Möglichkeit zum sozialen Aufstieg eröffnet.

Rennewarts Übergabe an seinen neuen Besitzer erlaubt es dem Erzähler, eine erste Annäherung zwischen den beiden Figuren zu gestalten. Von Interesse ist hier zum einen Rennewarts anfängliche Kommunikationsverweigerung und deren Überwindung durch Willehalm. Wiewohl Rennewart die französische Sprache gut beherrscht, antwortet er auf die in Französisch gehaltene Ansprache des Markgrafen nicht (192,13–21). Erst, als dieser ihn in seiner Herkunftssprache adressiert (192,22f.), kommt ein Gespräch zwischen beiden in Gang. Eine Erklärung hatte der Erzähler unmittelbar zuvor angeboten: *dône wold ouch niht zebrechen / der knappe sîniu lantwort* (192,10f.). So, wie Rennewart an seiner Religion festhält, so sucht er auch seine Sprache zu bewahren; beide sind für seine Identität konstitutiv. Indem Willehalm sich auf die seinem Gegenüber angestammte Sprache einlässt, wird es möglich, „Nähe und Vertrautheit [zwischen Willehalm und Rennewart, E. B.] im Medium der fremden Sprache" zu begründen und „eine persönliche Verbindung" zu etablieren.[53] Da ansonsten niemand in Munleun diese Sprache versteht (195,1–3), fungiert sie als „Mittel, sich der Hofgesellschaft fremd zu machen", wie Joachim Bumke formuliert hat,[54] oder, im Anschluss an Anne-Katrin Federow, als Mittel „zum Ausschluss Dritter".[55] Die dadurch hergestellte Intimität bekundet sich sodann in der Anrede, die der Markgraf für Rennewart verwendet: Die Bezeichnung *trût geselle mîn* (192,27) gehört zum Register der Freundschafts- und Liebesterminologie, das im Folgenden noch in weiteren Bezeichnungen aufscheint. *vriunt* ist dabei der am häufigsten verwendete Terminus,[56] daneben sind die Bezeichnungen *geselle* und *geverte* vertreten; das Vokabular belegt die von der Forschung herausgearbeiteten semantischen Verflechtungen zwischen verschiedenen Konzepten sozialer Bindung wie Liebe, Freundschaft, Verwandtschaft, Gefolgschaft, Gefährtenschaft, Waffenbrüderschaft und ihren persönlichen, rechtlichen und politischen Implikationen. Die Asymmetrie zwischen Willehalm und Rennewart wird, so scheint es, auf diese Weise überspielt.

Im Gespräch mit Willehalm (192,13–195,11) nennt Rennewart Mekka als seinen Geburtsort (193,2–5) und spricht davon, dass er *her wart verkoufet* (193,14). Wir erhalten hier zudem Hinweise auf die destabilisierenden Folgen des von dem Heiden erlittenen Schicksals; sie werden im Weiteren noch mehr-

---

[52] *der künic hât dich gegeben mir. / ob dû mich* dienstes *wider werst, / ich bereite dich schône, swes dû gerst* (194,6–8).
[53] Bumke, Wolfram von Eschenbach (Anm. 13), S. 343.
[54] Ebd.
[55] Federow (Anm. 16), S. 128.
[56] Vgl. 200,26–28; 225,9–11; 269,20; 289,19; 452,15–17; 457,24–26 u. 459,28. *Geselle* und *trût geselle* sind in 227,4 bzw. 192,27 bezeugt, *geverte*[ ] begegnet in 202,8.

fach angesprochen. In seiner Weigerung, sich der Aufforderung des Königs zur religiösen Konversion zu unterwerfen (193,16–18), hat Rennewart sich sehr entschlossen gezeigt; er ist fest davon überzeugt, dass die Taufe für ihn *niht geslaht* sei (193,19)[57] und er die Bindung an seine Religion nicht preisgeben dürfe. Er habe es daher hingenommen, ein Leben *in lekerîe* (193,25) führen zu müssen, also eines, das seinem Herkommen nicht angemessen ist und nach seinen Maßstäben als unmoralisch gelten muss ([...] dem ungelîche, / ob mîn vater ie wart rîche, 193,21f.).[58] Im Laufe der Jahre hat er jedoch jede Hoffnung auf eine Befreiung aus seiner misslichen Lage durch göttliche Hilfe verloren (191,9f.). Daher sieht er es nicht als Problem an, sich unter der Führung des Markgrafen auf der Seite der Christen an einem Religionskrieg beteiligen zu sollen (193,9–12; 194,10–18). Willehalm wiederum besteht, anders als König Lôîs, nicht auf Bekehrung und Taufe. Die Brisanz dieser eigentümlichen Zwischenstellung, die Rennewart für sich entwirft und die Willehalm unterstützt, stellt das Erzählen in der Folge jedoch unnachgiebig aus, wenn es aufzeigt, dass Rennewart, ungetauft und die Zugehörigkeit zur Religion seiner Herkunft bewahrend, in die auf gegenseitige Vernichtung zielende zweite Alischanz-Schlacht zieht und im christlichen Heer gegen seine eigenen Glaubensbrüder kämpft, sich Terramer, dem eigenen Vater, und zahlreichen männlichen Verwandten entgegenstellt und am Ende – unwissentlich – Brudermord begeht.

Nach dem französischen König und der Figur selbst ist es der Erzähler, der, beinahe einhundert Dreißiger später, erneut über die Geschichte des jungen Mannes informiert. Die längere Passage (282,12–285,22) ist in die Schilderung von Ereignissen auf Willehalms Burg in Oransche eingelassen. Teils wiederholt sie frühere Mitteilungen, teils enthält sie neue, das bisher Berichtete komplettierende Hinweise. Es ist Rennewarts Wahl der Palastküche als einer seinem *hôhe*[n] *art* (282,29) nicht gemäßen Schlafstatt, welche die neuerlichen Bemerkungen über die Diskrepanz zwischen ihm angestammter *rîcheit* und ihm dann bestimmter *armuot* (283,1) freisetzen. Die Nennung des als besser gebettet vorgestellten mächtigen heidnischen Königs Poidjus, der bereits in 36,6 als ‚Ter-

---

[57] Przybilski (Anm. 17), S. 207, hat vorgeschlagen, *geslaht* nicht lediglich im Sinne von „gemäß" zu verstehen, sondern spezifischer zu fassen: „entsprechend der dynastischen Abstammung": „Keiner aus seinem *geslehte* ist getauft [...]. Die Frage der Religion wird hier zu einer Frage der Genealogie."

[58] Vgl. Heinzle (Anm. 2), Kommentar zu 193,23–25, S. 969. Heinzle legt dar, dass die Bedeutung des Wortes *lekerîe* hier nicht auf „Gefräßigkeit, Naschhaftigkeit, Schlemmerei, Lüsternheit, Ausschweifung" einzuschränken, sondern „in einem weiteren Sinn als Bezeichnung für ‚einen unstandesgemäßen, ja anstößigen Zustand des Sprechenden'" aufzufassen sei. Er übersetzt (in Anlehnung an Marion E. Gibbs und Sidney M. Johnson): „Ich lebe wie ein Schwein" (S. 333). Vgl. Schröder / Kartschoke (Anm. 2): „denn ich lebe fern jeder ritterlichen Bewährung" (S. 125) und Brunner (Anm. 2): „denn ich lebe als Paria" (S. 359).

ramers Tochtersohn' eingeführt und hier nun in seiner verwandtschaftlichen Beziehung zu Rennewart adressiert wird (er ist der Schwestersohn Rennewarts, dieser demnach sein Oheim, vgl. 282,19 und 292,28f.), ermöglicht eine konkrete genealogische Verortung des jungen Heiden.[59] Das nun Gebotene vervollständigt dessen Leidensgeschichte in dreifacher Hinsicht: erstens durch die Erwähnung, dass er von der Brust seiner Amme *verstolen* (282,30), demnach bereits als Säugling entführt wurde, zweitens durch eine Detaillierung seiner Zeit bei den Kaufleuten, die das Kind erwarben, um mit seiner hohen Abkunft (und wohl auch mit seiner unvergleichlichen Schönheit, 283,26–30; 284,10) Gewinn zu machen (283,3–284,5), es schließlich jedoch dem König als Gabe darbrachten (283,23–25),[60] und drittens durch eine Vergegenwärtigung seiner Zeit als Spielgefährte Alîses, der Tochter des Königs, deren ehrenhafte Nähe er mit seiner Taufverweigerung einbüßte (284,17–30), deren *liebe* (284,14) und *triuwe*[ ] (284,23) es ihm jedoch ermöglichte, sich ihr anzuvertrauen (284,11–16; 284,23–26). Die Punkte zwei und drei sind dabei eng miteinander verknüpft. So lässt sich aus dem Bericht über Rennewarts Zeit bei den Kaufleuten entnehmen, dass diese ihn in einem Alter, als er *sich versan* (283,4), nicht nur im Sinne einer höfischen Erziehung Französisch lehrten (283,21f.), sondern ihn auch sorgfältig über seine Herkunft und seine Familie aufklärten (283,8–20). Zugleich verdeutlicht dieser Bericht, dass man Rennewart bei Androhung des Todes untersagt hat, über sein Herkommen zu sprechen (284,1–5). Indem er sich Alîse offenbart, bricht er das ihm auferlegte Schweigegebot und kann sich so vorübergehend Entlastung verschaffen. Dass Alîse die Einzige bleibt, die um Rennewarts wahre Identität weiß, verdeutlicht nicht allein die exklusive Beziehung der beiden Liebenden; dieser Umstand unterstreicht auch den immensen Druck, dem Rennewart ansonsten durch das ihm abverlangte Verdecken seiner Identität und das daraus resultierende Verkanntwerden ausgesetzt ist.

Ein weiteres Moment, mit dem Wolfram die Figur des Rennewart im Kontext einer Thematisierung von Abhängigkeit charakterisiert, ist die Scham, die dieser aufgrund seiner nicht standesgemäßen Lebensweise empfindet.[61] Der Er-

---

[59] Andeutungen zu Rennewarts Herkunft macht der Erzähler schon früher (vgl. etwa 236,6–12 u. 274,18–26). Als Sohn Terramers bezeichnet Rennewart sich schließlich in seinem großen Klagemonolog (287,1–288,30), als er in der Palastküche in Oransche allein zurückbleibt, nachdem die Köche ihm den Bart versengten und er daraufhin einen von ihnen ins Feuer warf; vgl. 288,3–30, wo der Name Terramers gleich zwei Mal fällt.

[60] Vgl. dazu die Überlegungen Heinzles in seiner Ausgabe (Anm. 2), Kommentar zu 283,24.

[61] Vgl. David N. Yeandle, The Concept of *schame* in Wolfram's ‚Parzival', in: Euphorion 88 (1994), S. 302–338; ders., *schame* im Alt- und Mittelhochdeutschen bis um 1210. Eine sprach- und literaturwissenschaftliche Untersuchung unter besonderer Berücksichtigung der Herausbildung einer ethischen Bedeutung (Beiträge zur älteren Literaturgeschichte), Heidelberg 2001; ders. (Anm. 21).

zähler führt das Thema ein, als Willehalm Rennewart zu sich holen lässt, um ihn zum ersten Mal anzusprechen. Er betont, dass Rennewart den Festsaal *mit grôzer zuht* betritt (192,2), sich demnach gemessen, vornehm und zurückhaltend nach den Gepflogenheiten höfischer Kultur bewegt. Er vermerkt jedoch auch, dass sein Auftreten von dem quälenden Bewusstsein begleitet wird, unzureichend gekleidet zu sein: *swach* (192,4) ist das, was er trägt, minderwertig, unansehnlich und schäbig – nicht einmal für einen *garzûn*[ ] (192,5), einen unberittenen adligen Knappen also, wären seine Kleider gut genug gewesen. Im Umkehrschluss bedeutet das: Für einen Königssohn ist die Kleidung, die ihm als Küchenhilfe überlassen wurde, völlig inakzeptabel, und die Tatsache, dass er sie tragen muss, ist ihm *schamelîche leit* (192,3), beschämt und bedrückt ihn. Es bedarf nicht vieler Worte, um zu unterstreichen, dass hier keine ‚Oberflächlichkeiten' verhandelt werden; zu offensichtlich steht das Konzept der Kalokagathia, der Kongruenz von innerer und äußerer Schönheit, im Hintergrund, das Ideal des Zusammenspiels einer exquisiten äußeren Escheinung mit einem tadellosen Verhalten, das von einer inneren Haltung getragen wird, die an adlige Abstammung, Erziehung und Bildung gekoppelt ist. In einem solchen Kontext ist kostbare und prächtige Kleidung nichts Akzidentelles, auf das man verzichten könnte, oder etwas, das der eigenen Persönlichkeit äußerlich wäre. Sie gilt vielmehr als genuiner, zuverlässiger und für alle lesbarer Ausdruck exklusiver sozialer Stellung, und ihre Nichtverfügbarkeit weist auf einen Mangel und eine Unzulänglichkeit hin, gleichgültig, womit diese begründet werden.[62] Das mit der Erfahrung von Schande verbundene Gefühl der Scham wird der Figur nicht nur vom Erzähler zugeschrieben, es wird auch von ihr selbst verbalisiert:

> nû ist mir der touf niht geslaht:
> des hân ich tac und naht
> gelebt *dem ungelîche,*
> ob mîn vater ie wart rîche.
> eteswenne ich in den werken bin,
> daz mir diu schame nimt den sin,
> want ich leb in lekerîe. (193,19–25)

Wir haben es hier mit dem ‚Psychogramm' einer Persönlichkeit zu tun, deren Wissen um ihre hohe adlige Herkunft gepaart ist mit einem Bewusstsein für kulturelle Normen und einer selbstbewussten, stolzen Fähigkeit zur Reflexion.

---

[62] Vgl. Elke Brüggen, Kleidung und Mode in der höfischen Epik des 12. und 13. Jahrhunderts (Beihefte zum Euphorion 23), Heidelberg 1989; dies., Kleidung und adliges Selbstverständnis. Literarische Interessenbildung am Beispiel der Kleidermotivik in der höfischen Epik des 12. und 13. Jahrhunderts, in: Literarische Interessenbildung im Mittelalter. DFG-Symposion 1991, hg. v. Joachim Heinzle (Germanistische Symposien. Berichtsbände 14), Stuttgart 1993, S. 200–215; Andreas Kraß, Geschriebene Kleider. Höfische Identität als literarisches Spiel (Bibliotheca Germanica 50), Tübingen 2006.

Auf dieser Basis erfolgt die weitere Entwicklung des Profils der Figur. Im Mittelpunkt steht dabei das Streben nach einer höfisch-kultivierten, ritterlichen Lebensform[63] für einen Muslim inmitten einer christlich-abendländischen aristokratischen Umgebung, einer Lebensform, die von Konversion und Taufe entkoppelt wäre.

Das Figurenprofil wird im Laufe der Erzählung durch die Information vertieft, dass Rennewarts Militärdienst für Willehalm und die Christen auf seiner irrtümlichen Annahme beruht, dass er, der entführt und verkauft worden war, von seiner Familie im Stich gelassen wurde und diese nicht nach ihm gesucht hat (285,1–15).[64] Die gewaltsame Loslösung von dem Land, der Kultur und der Familie, in die er hineingeboren wurde, die Isolierung von allem, was ihm vertraut war, die Erfahrung der Entfremdung, die sich nicht zuletzt in einem aufgezwungenen Sprachwechsel niederschlägt, der Druck, die eigene Religion aufgeben zu sollen, die Disziplinar- und Strafmaßnahmen, die sich aus seiner Weigerung ergeben, diesem Druck nachzugeben, dazu das Gefühl der Verlassenheit, das sich bis zur Überzeugung steigert, der eigenen Familie gleichgültig zu sein, die tiefe Kränkung durch den Zwang, ein völlig anderes Leben führen zu müssen als das, was ihm zustünde – all das lässt in Rennewart einen tief sitzenden Hass auf die eigene Verwandtschaft entstehen. Der erzwungenen Trennung von seiner Herkunftsfamilie wird im ‚Willehalm' eine traumatisierende Wirkung zugeschrieben, die jedoch nicht zu einer Sehnsucht nach Rückkehr führt, sondern im Gegenteil einen Hass auf Familie und Verwandtschaft und eine feindselige Abgrenzung, gesteigert zu Rachegelüsten, nach sich zieht.[65] Willehalm wird für Rennewart zu einer neuen Bezugsperson, was aber nichts

---

[63] Vgl. 287,20–28.
[64] 285,1–15; vgl. auch 288,3–15. Dazu Knapp (Anm. 21), S. 108.
[65] Zum Terminus ‚Trauma' und seiner Verwendung in der germanistischen Mediävistik vgl. bes. Sonja Kerth, Schreiende Kriegswunden: Darstellungen kriegsbedingter Traumatisierung in mittelalterlicher heroischer Dichtung, in: (De)formierte Körper 2. Die Wahrnehmung des Andere im Mittelalter / Corps (Dé)formés: Perceptions et l'Altérité au Moyen-Age 2. Interdisziplinäre Tagung Göttingen, 1.–3. Oktober 2010, hg. v. Gabriele Antunes, Björn Reich u. Carmen Stange, Göttingen 2014, S. 273–298; dies., Traumaerzählungen im ‚Parzival'. Ein Versuch, in: Archiv für das Studium der neueren Sprachen und Literaturen 252 (2015), S. 263–293; dies., Narratives of Trauma in Medieval German Literature, in: Trauma in Medieval Society, hg. v. Christina Lee u. Wendy J. Turner (Explorations in Medieval Culture 7), Leiden 2018, S. 274–297; dies., *diu lücke ist ungeheilet, / die mir jâmer durh'ez herze schôz*. Traumaerzählungen in der deutschen Dichtung des Mittelalters, in: Verletzungen und Unversehrtheit in der deutschen Literatur des Mittelalters. XXIV. Anglo-German Colloquium, Saarbrücken 2015, hg. v. Sarah Bowden, Nine Miedema u. Stephen Mossman, Tübingen 2020, S. 203–220; dies., *in einem twalme er swebete*. Konzeptionen von ‚Trauma' in der Literatur des Mittelalters, in: Gewalt, Krieg und Geschlecht im Mittelalter, hg. v. Amalie Fößel, Berlin u. a. 2020, S. 437–465.

oder nur wenig an seinem höchst problematischen Verhältnis zur eigenen Familie ändert. Mehr noch: Auch unter Willehalms Führung bleibt Rennewart ein Außenseiter, der sich nur widerwillig und zögerlich und nur bedingt in die Gesellschaft der französischen Aristokratie integriert. Ob der mittelhochdeutsche Autor der mehrfach angedeuteten Liebe Rennewarts zu Alîse einen heilsamen Einfluss auf die anhand der Figur verhandelte Erfahrung von Entfremdung und Selbstentfremdung zuschreiben wollte, ist eine Frage, die aufgrund des fragmentarischen Zustands der Erzählung offenbleiben muss. In der Form, in der der Text uns vorliegt, gibt es für Rennewart kein ‚Happy End‘, keine Kompensation für das von ihm erfahrende Leid.[66]

## 4. Ausblick

Rennewart, der Ungetaufte, derjenige, dem die Christen ihren Sieg maßgeblich verdanken, ist am Ende nur noch in seiner irritierenden, beunruhigenden Absenz gegenwärtig, genauer: in der ergreifenden Klage, mit der Willehalm seine innere Not artikuliert. Die Verzweiflung des Markgrafen greift Ulrich von Türheim zu Beginn seines ‚Rennewart‘ auf,[67] um dann den erzählerischen Fokus zunächst auf Rennewart und danach auf dessen Sohn Malefer zu verschieben und erst im letzten Teil erneut Willehalm ins Zentrum zu stellen. Die Analyse der Vergemeinschaftung von Wolframs ‚Willehalm‘ mit anderen Texten und die Produktion eines Erzählzyklus, wie er entsteht durch die Kombination des Wolfram'schen Textes mit Ulrichs von dem Türlîn und Ulrichs von Türheim ‚Fortsetzungen‘, die eine Vorgeschichte bzw. eine Weiterführung der Handlung des ‚Willehalm‘ bieten und so ein narratives Kontinuum erzeugen, ist in der neueren Forschung erkennbar vorangebracht worden.[68] Was den ‚Rennewart‘

---

[66] Vgl. Bumke, Wolfram von Eschenbach (Anm. 13), S. 317–319; Greenfield / Miklautsch (Anm. 5), S. 163–167; Heinzle, Abriß der Handlung, in: Wolfram-Handbuch (Anm. 3), Bd. 1, S. 525–543, hier: 543; Kiening (Anm. 1); Knapp (Anm. 21); ders., Heilsgewißheit oder Resignation? Rennewarts Schicksal und der Schluß des ‚Willehalm‘, in: DVjs 57 (1983), S. 593–612.

[67] *dem markise tet vil we / do er Rennewartes vermiste / und nit die warheit wiste / ob er was lebendic oder tot. / der zwivel angest im gebot / und daz im vraeude gar verswant, / wan ez ervaht des heldes hant / der kristenheite gar den sige* (V. 176–183).

[68] Vgl. u. a. Bernd Bastert, Rewriting ‚Willehalm‘? Zum Problem der Kontextualisierung des ‚Willehalm‘, in: Retextualisierung in der mittelalterlichen Literatur, hg. v. Joachim Bumke und Ursula Peters (ZfdPh 124. Sonderheft), Berlin 2005, S. 117–138; ders., Helden als Heilige. Chanson-de-geste-Rezeption im deutschsprachigen Raum (Bibliotheca Germanica 54), Tübingen / Basel 2010; Annelie Kreft, Perspektivenwechsel. ‚Willehalm‘-Rezeption in historischem Kontext: Ulrichs von dem Türlîn ‚Arabel‘ und Ulrichs von Türheim ‚Rennewart‘ (Studien zur historischen Poetik 16), Heidel-

Ulrichs von Türheim betrifft, so hat man sich zunehmend und von unterschiedlichen methodischen Prämissen ausgehend um eine Kennzeichnung und Würdigung des Textes bemüht, die topische Aburteilung seiner Qualität beiseiteschiebend. Während die Techniken, die Ulrich von Türheim bei der Bearbeitung von Vorlagen aus der *chanson de geste*-Epik angewandt hat, mittlerweile ausführlich untersucht wurden, sind Übernahmen und Ausgestaltungen von Motiven und Handlungssträngen aus dem ‚Willehalm' erst ansatzweise aufgedeckt und für eine Kennzeichnung und Würdigung des ‚Rennewart' fruchtbar gemacht worden. In einer entsprechend ausgerichteten Studie könnte man unter anderem verfolgen, wie das im ‚Willehalm' an die Figur des Rennewart gekoppelte Entführungsmotiv in Ulrichs Text produktiv gemacht wird: Entführung von Rennewarts (getauftem) Sohn Malefer durch Kaufleute, Malefers Aufwachsen im Reich Terramers und unter Tybalts Obhut, Malefers Agieren auf der Seite der Heiden im Kampf gegen die Christen und gegen seinen eigenen Vater Rennewart, Aufklärung der wahren Identität Malefers durch Rennewart, Seitenwechsel Malefers. Der vom Autor formulierte Anspruch, Wolframs Werk zu Ende zu dichten (164f.), ließe sich so womöglich in ein neues Licht stellen.*[69]

Abstract: The article takes its starting point from the end of the surviving text of Wolfram's 'Willehalm', from a narrative section that is characterised on the one hand by the Matribleiz scene, and on the other by Margrave Willehalm's excessive lament for Rennewart and his disappearance. He focusses on the narrative potential of the lamentation by investigating the statements it contains about Willehalm's subjectively perceived dependence on Rennewart. As far as its military dimension is concerned, this dependence is substantiated by the narrative plot. However, in Willehalm';s complaint, a 'more' becomes tangible, an interpersonal dependence located on an emotional level, the formulation of which reverses positions of an asymmetrical relationship between Willehalm and Rennewart, which can be observed particularly clearly in the introduction of the Renne-

---

berg 2014; Angila Vetter, Textgeschichte(n). Retextualisierungsstrategien und Sinnproduktion in Sammlungsverbünden. Der ‚Willehalm' in kontextueller Lektüre (PhSt 268), Berlin 2018. Vgl. überdies Gerhardt (Anm. 3); ders., Der ‚Willehalm'-Zyklus. Stationen der Überlieferung von Wolframs ‚Original' bis zur Prosafassung (ZfdA. Beiheft 12), Stuttgart 2010; Diemer (Anm. 3); Hennings (Anm. 46); Bernd Schirok, Wolfram und seine Werke im Mittelalter, in: Wolfram-Handbuch (Anm. 3), Bd. 1, S. 1–81, bes. 18–21; Heinzle, Wolfram von Eschenbach, Dichter (Anm. 13); Peter Strohschneider, Alternatives Erzählen. Interpretationen zu ‚Tristan'- und ‚Willehalm'-Fortsetzungen als Untersuchungen zur Geschichte und Theorie des höfischen Romans, Habil. masch., München 1991. Vgl. im vorliegenden Band den Beitrag von Lina Herz zur ‚Arabel' Ulrichs von dem Türlîn.

[69] *Camilla Görgen und Anne Gessing danke ich für ihre Hilfe bei der Beschaffung der konsultierten Forschungsliteratur und für ihre Korrekturnotizen zum Typoskript.

wart figure, but which is also maintained and successively transformed thereafter. Although the figure is only anchored in the action at a point in time when more than a third of the surviving text has already been told, the relationship between Rennewart and Willehalm becomes a pivotal point in the subsequent plot. Wolfram links the figure of Rennewart with the depiction of a violent dislocation and a forced, only partially successful inculturation, and it is this aspect with which he injects a considerable moment of unrest into the text. By reshaping the story of Willehalm and Rennewart with motifs from the contemporary discourse on friendship and love, he destabilises the original relationship of dependence and lends the narrative design additional complexity. It is this perspective that is to be brought to the fore, while other aspects of the Rennewart figure that have preoccupied researchers, such as facets of comedy or questions about Rennewart's 'inner development' or his 'guilt', are left to one side.

## Die Teile und das Ganze?
Die frühmittelalterliche Textüberlieferung im Fragment (8.–12. Jahrhundert) und die Erzählungen der Literaturgeschichten – mit einem Ausblick auf die Fragmentüberlieferung des 13. Jahrhunderts

von Norbert Kössinger

### 1. Einleitung und Fragestellung

Ein Gedankenspiel als Ausgangspunkt: Das ‚Evangelienbuch' Otfrids von Weißenburg, abgeschlossen zwischen 863 und 871, ist in mehreren Handschriften auf uns gekommen: Erhalten ist erstens die heutige Wiener Handschrift, die als teilautographes Autorexemplar und Weißenburger Hausexemplar gilt (Wien, Österr. Nationalbibl., Cod. 2687, Sigle V); zweitens die ebenfalls, möglicherweise noch zu Lebzeiten Otfrids, aber ohne seine Beteiligung von denselben beiden Schreibern wie V in Weißenburg angefertigte Heidelberger Handschrift (Heidelberg, Universitätsbibl., Cpl 52, Sigle P); sodann drittens eine in Freising, auf der Grundlage von V zwischen 902 und 906 angelegte Abschrift (München, Staatsbibl., Cgm 14, Sigle F); schließlich viertens die in Bonn (Universitätsbibl., Cod. S 499), Krakau (Bibl. Jagiellońska, Berol. mgq 504) und Wolfenbüttel (Herzog August Bibl., Cod. 131.1 Extravagantes) aufbewahrten Fragmente des um 975 in Fulda entstandenen, heute so genannten Codex Discissus (Sigle D).[1]

Stellen wir uns nur für einen Moment vor, dass von dieser einzigartigen Textüberlieferung – von der wir aufgrund der in V und P erhaltenen Widmungsschreiben Otfrids annehmen können, dass sie noch um einiges reicher gewesen

---

[1] Zur Überlieferung von Otfrids ‚Evangelienbuch' im Überblick vgl. Werner Schröder / Heiko Hartmann, Art. ‚Otfrid von Weißenburg', in: Althochdeutsche und altsächsische Literatur, hg. v. Rolf Bergmann (De Gruyter Lexikon), Berlin / Boston 2013, S. 322–345, hier: 327–329. Bei den darüber hinaus in der Datenbank Handschriftencensus aufgeführten Codices (https://handschriftencensus.de/werke/1285) handelt es sich um frühneuzeitliche Abschriften aus dem 16. (Wien, Schottenkloster, Grundlage: P) bzw. 18. Jh. (Göttweig, Stiftsbibl., Grundlage F). Sämtliche in diesem Beitrag angeführten digitalen Ressourcen wurden zuletzt abgerufen am 09.04.2024.

sein muss – nur die Überlieferung in Gestalt der Freisinger Handschrift erhalten geblieben wäre. Klar wäre dann jedenfalls, dass unsere modernen Literaturgeschichten den *indignus monachus presbyterque Otfridus* (Ad Liutbertum) aus dem heute im Elsass (Département Bas-Rhin) gelegenen Weißenburg nicht als den ersten namentlich bekannten Autor, der sich der deutschen Zunge bedient, nennen könnten. Denn der Frisingensis enthält kein einziges der vier rahmenden Widmungsschreiben Otfrids (an Ludwig den Deutschen, an Salomo von Konstanz, an Liutbert von Mainz sowie an Hartmut und Werinbert), keine Bilder und keine Kapitelverzeichnisse, sondern ausschließlich den mit den lateinischen Kapitelüberschriften und Marginalien versehenen althochdeutschen Text des ‚Liber Evangeliorum'.

Unser Wissen wäre um einen Autor und seinen Namen ärmer und die korrekte historische Einordnung des Textes würde sich in der Forschung wohl mühevoller gestaltet haben. Man hätte das ‚Evangelienbuch' vielleicht nicht in Weißenburg (für das volkssprachige Schriftlichkeit abgesehen von Otfrid nur recht sporadisch belegt ist), sondern zum Beispiel im prominenteren Fulda lokalisiert. Die frühneuzeitliche Geschichte der Wiederentdeckung der Handschriften des ‚Evangelienbuchs' verleiht dem Gedankenspiel an dieser Stelle etwas mehr Boden unter den Füßen: Als Beatus Rhenanus 1530 die Handschrift F entdeckt, kann er sie keinem Autor zuordnen und bezeichnet den Text als *Liber Euangeliorum in Teodiscam linguam uersus*, den er entstehungsgeschichtlich an das Ende des 5. Jahrhunderts, in den Zusammenhang der Christianisierung der Franken, setzt. Die Verbindung dieses Textes zu Otfrid als Autor, der ihm im Übrigen in anderem Kontext bereits vor 1530 begegnet war, stellt er nicht her.[2]

Die Literaturgeschichten wären jedoch nicht um einen Text ärmer, zu dem wir immerhin Auftraggeber und Schreiber der Freisinger Handschrift aufgrund einer Subscriptio des Schreibers auf fol. 125[r] (*Uualdo episcopus istud euangelium fieri iussit. Ego sigihardus indignus presbyter scripsi*) genau benennen können und dessen Bairisch darauf schließen lässt, dass sich dahinter eine Vorlage in einer anderen Schreibsprache verbirgt, eben die *frenkisga zunga*, die in Kap. I, 1, 125, dem eröffnenden Abschnitt der Freisinger Handschrift (*Cur scriptor hunc librum theodisce dictaverit*), erwähnt wird.[3] Man könnte allein auf der Grundlage von F noch mehr sagen, etwa dass der Text im Rahmen der monastischen (Tisch-)Lesung vorgetragen wurde (*Tu autem*-Formel) und dass er mit

---

[2] Vgl. dazu Norbert Kössinger, Otfrids ‚Evangelienbuch' in der frühen Neuzeit. Studien zu den Anfängen der deutschen Philologie (Frühe Neuzeit 135), Tübingen 2009, S. 33–44.

[3] Vgl. Karin Pivernetz, Otfrid von Weißenburg. Das ‚Evangelienbuch' in der Überlieferung der Freisinger Handschrift (Bayerische Staatsbibliothek München, cgm. 14), Bd. 1: Edition u. Bd. 2: Untersuchungen (GAG 671), Göppingen 2000; zur Frage der bairischen Umsetzung vgl. Bd. 2, S. 81–116.

*Die Teile und das Ganze?*

den fälschlich so genannten ‚Gebeten Sigiharts' den Eintrag eines weiteren volkssprachigen Textes in Form des Endreims provoziert hat.[4] Auch der literaturgeschichtliche Vergleich des „Evangelium[s] der Franken" mit „Gottes Wort an die Sachsen",[5] dem altsächsischen ‚Heliand' und der ‚Genesis', würde anders bewertet werden, wenn das ‚Evangelienbuch' nicht mit den Widmungsschreiben, sondern mit dem *Cur scriptor*-Kapitel (I,1) und der *Invocatio scriptoris ad Deum* (I,2) begänne.

Auf den Punkt gebracht und ohne Konjunktive: Erst mit dem Wissen um die weitere Überlieferung des ‚Evangelienbuchs' und mit der Möglichkeit des philologischen Vergleichs nehmen wir F als ‚unvollständig' wahr – und doch können wir nicht sagen, dass es sich bei dieser Handschrift um ein ‚Fragment' handelt wie etwa beim Codex Disciscus mit Bruchstücken desselben Textes. Wenn man sich nur für einen Augenblick auf solche Gedankenspiele nach dem Motto ‚Was wäre, wenn...'[6] einlässt, sieht man, auf welch wackeligen Beinen – gerade für die frühe deutschsprachige Textüberlieferung – die literaturgeschichtlichen Darstellungen stehen. Jeder Mosaikstein, der das erratische und stark inselartige Bild dieser Zeit dichter macht, ist überaus wertvoll.[7] Eine der

---

[4] Vgl. Wolfgang Milde, Das ahd. ‚Gebet des Sigihard' und sein Schreiber. Eine paläographische Studie, in: Septuaginta quinque. Festschrift für Heinz Mettke, hg. v. Jens Haustein, Eckhard Meineke u. Norbert Richard Wolf (Jenaer Germanistische Forschungen N. F. 5), Heidelberg 2000, S. 285–293. Es handelt sich dabei zudem um den „erste[n] Beleg für den Eintrag eines deutschen Kleintextes in eine nicht lateinische, sondern deutsche Handschrift" (Ernst Hellgardt, Überlieferungsgeschichte der frühen deutschen Literatur. Chronologische Skizze und Katalog, in: Auf den Schwingen des Pelikans. Studien und Texte zur deutschen Literatur des Mittelalters, in Verbindung mit der Wissenschaftlichen Bibliothek der Stadt Trier hg. v. Ralf Plate, Niels Bohnert, Christian Sonder und Michael Trauth [ZfdA Beiheft 40], Stuttgart 2022, S. 1–102, hier: 14).

[5] So die treffenden Titelstichworte der Abschnitte in der Literaturgeschichte von Wolfgang Haubrichs, Die Anfänge. Versuche volkssprachiger Schriftlichkeit im frühen Mittelalter (ca. 700–1050/60) (Geschichte der deutschen Literatur von den Anfängen bis zum Beginn der Neuzeit 1.1), 2., durchges. Aufl., Tübingen 1995.

[6] Das Gedankenspiel hat in der Geschichtswissenschaft eine gewisse Tradition. Vgl. zuletzt z. B. Alexander Demandt, Es hätte auch anders kommen können. Wendepunkte deutscher Geschichte, Berlin 2010.

[7] Als Beispiele dafür seien aus jüngerer Zeit die Entdeckung des ‚Admonter Abrogans' oder altsächsische Glossen aus Quedlinburg genannt. Vgl. Wolfgang Haubrichs / Stephan Müller, Der Admonter Abrogans. Edition und Untersuchungen des Glossarfragments der Stiftsbibliothek Admont (Fragm. D1). Mit Beiträgen v. Brigitte Bulitta, Martin Haltrich, Sarah Hutterer, Edith Kapeller, Daniela Mairhofer, Karin Schamberger (Lingua Historica Germanica 24), Berlin / Boston 2021; Christoph Hössel, Die altsächsischen Federglossen aus Ostfalen, in: Altsächsisch. Beiträge zur altniederdeutschen Sprache, Literatur und Kultur, hg. v. Norbert Kössinger (Ergänzungsbände zum Reallexikon der Germanischen Altertumskunde), Berlin / Boston (ersch. voraussichtlich 2024).

Hauptherausforderungen besteht unter den verschärften Bedingungen des Frühmittelalters in jedem Fall darin, aus den Teilen ein Ganzes zu rekonstruieren und erzählbar zu machen. Sobald ein Mosaikstein fehlt, verändert sich die Vorstellung vom Gesamtbild ziemlich stark. Man denke sich etwa einen Blick auf die Gattung Heldenepik ohne das ‚Hildebrandslied'.[8]

Der vorliegende Beitrag möchte an den genannten Punkten ansetzen und einen Blick auf die frühmittelalterliche Fragmentüberlieferung eröffnen. Dafür sei die Differenzierung in ‚Handschriftenfragmente' und ‚Werkfragmente' aufgegriffen, wie sie in der Ausschreibung zur Tagung expliziert ist, und anhand von Beispielen für die deutschsprachige Textüberlieferung von den Anfängen bis zum Ende des 12. Jahrhunderts einer Bewährungsprobe unterzogen. Vorausgesetzt ist dabei, dass die Gruppe der (antiken und) mittelalterlichen Handschriftenfragmente aus verschiedenen Typen besteht, die uns heute als Gegenstand der Fragmentforschung begegnen. Auf diese Gruppe werde ich nicht ausführlicher eingehen, weil der Fall in systematischer Hinsicht meistens klar ist.[9] Für die Gruppe der Werkfragmente bleibt festzuhalten, dass es (in den meisten Fällen) erst der philologische Vergleich erlaubt, eine Feststellung über den Grad von Vollständigkeit bzw. Unvollständigkeit bestimmter Texte in der handschriftlichen Überlieferung zu treffen und hier etwa ‚Aggregatzustände'[10] voneinander zu unterscheiden. Es wird sich dabei zeigen, dass es eine Reihe von Fällen gibt, die sich der Beschreibung als Fragmente aus der Perspektive mittelalterlicher Rezipienten entzieht. Stephan Müller hat solche Fälle unter die treffende Überschrift ‚Fragmente, die keine sind' gestellt.[11] Das Ziel meines Beitrags besteht darin, am Beispiel der frühmittelalterlichen deutschsprachigen Textüberlieferung zu zeigen, dass die Vorstellung vom unvollständig überlieferten Ganzen nicht zwingend im Vordergrund stehen muss. Es werden sich viel-

---

[8] Es geht mir dabei nicht um die Frage, wie viel statistisch fehlt, oder um die Frage nach Verlustgeschichten. Vgl. dazu die grundsätzlichen Erwägungen für die lateinische Literatur des Mittelalters von Thomas Haye, Verlorenes Mittelalter. Ursachen und Muster der Nichtüberlieferung mittellateinischer Literatur (Mittellateinische Studien und Texte 49), Leiden 2016.

[9] Instruktiv dazu z. B.: Claudia Sojer, Fragmente – Fragmentkunde – Fragmentforschung, in: Bibliothek. Forschung und Praxis 45 (2021), S. 533–553.

[10] Der Begriff „Aggregatzustand" nach Nikolaus Henkel, Kurzfassungen höfischer Erzähldichtung im 13./14. Jahrhundert. Überlegungen zum Verhältnis von Textgeschichte und literarischer Interessenbildung, in: Literarische Interessenbildung im Mittelalter. DFG-Symposion 1991, hg. v. Joachim Heinzle (Germanistische Symposien. Berichtsbände 14), Stuttgart / Weimar 1993, S. 39–59, hier: 40.

[11] Vgl. Stephan Müller, Fragmente, die keine sind. Zu einem besonderen Status von Teilüberlieferung deutscher Texte im frühen Mittelalter, in: Fragmentarität als Problem der Kultur- und Textwissenschaften, hg. v. Kay Malcher, Stephan Müller, Katharina Philipowski u. Antje Sablotny (MittelalterStudien 28), München 2013, S. 69–73.

mehr alternative Beschreibungsmöglichkeiten für Textfragmente benennen lassen. Der literaturgeschichtliche Umgang mit der Überlieferung kann solche Phänomene in aller Regel nicht angemessen beschreiben, weil er Interessen verfolgt, die an der Entstehungszeit von Texten ausgerichtet sind, nicht primär an deren (meist späterer) Aufzeichnung.[12] In einem Ausblick wird schließlich zu fragen sein, wie sich die resultierenden Beobachtungen zur hoch- und spätmittelalterlichen Textüberlieferung verhalten.

## 2. Die frühe Fragmentüberlieferung in deutscher Sprache: Heuristik, Typologie und Fallstudien

Die frühe deutschsprachige Textüberlieferung ist inzwischen durch den Datenbestand des vormaligen ‚Paderborner Repertoriums' (jetzt integriert in den Handschriftencensus) heuristisch vorzüglich erschlossen.[13] Ernst Hellgardt hat zudem jüngst eine Studie zur ‚Überlieferungsgeschichte der frühen deutschen Literatur' vorgelegt, in der die gesamte Materialgrundlage bis ins 13. Jahrhundert hinein erfasst und in kondensierter Form – auf mehr als hundert Seiten – in Form einer chronologischen Skizze vorgestellt wird.[14] Sein Katalog umfasst insgesamt 454 Nummern. In Hellgardts „Typologie der Textträger"[15] fällt das Stichwort ‚Fragment' nicht explizit, er verwendet stattdessen den eindeutig und ausschließlich auf Fragmente im kodikologischen Sinne zu beziehenden Ausdruck „zerschnittene Handschriften".[16] Das schließt aber natürlich die Fragmentarität im Sinne von ‚Werkfragmenten' als Befund nicht aus. Er schlägt darüber hinaus neben einer auf Textträger bezogenen Typologie auch eine

---

[12] Damit ist natürlich kein Qualitätsurteil über die jüngeren Geschichten zur frühmittelalterlichen deutschsprachigen Literatur von Wolfgang Haubrichs, Gisela Vollmann-Profe oder Dieter Kartschoke impliziert, sondern ein Desiderat angezeigt, auf das ich unter Punkt 3 zurückkomme. Vgl. Haubrichs (Anm. 5); Gisela Vollmann-Profe, Wiederbeginn volkssprachiger Schriftlichkeit im hohen Mittelalter (1050/60–1160/70) (Geschichte der deutschen Literatur von den Anfängen bis zum Beginn der Neuzeit 1.2), 2., durchges. Aufl., Tübingen 1994; Dieter Kartschoke, Geschichte der deutschen Literatur im frühen Mittelalter (dtv 4551), München 1990.
[13] Vgl. die Datenbank Handschriftencensus: Eine Bestandsaufnahme der handschriftlichen Überlieferung deutschsprachiger Texte des Mittelalters (https://handschriftencensus.de).
[14] Vgl. Hellgardt (Anm. 4). Dieser grundlegende Beitrag, der auf jahrzehntelangen Vorarbeiten aufbaut, die u. a. auch in das Paderborner Repertorium eingeflossen sind, ist wie der gesamte Band frei im Netz verfügbar: https://www.hirzel.de/auf-den-schwingen-des-pelikans/9783777633404.
[15] Hellgardt (Anm. 4), S. 3.
[16] Ebd.

„[k]ontextuelle Typologie"[17] vor. Wie bereits angedeutet, bietet es sich an, die Gruppe der Handschriftenfragmente, das heißt Hellgardts „zerschnittene Handschriften", an dieser Stelle nur zu streifen, da die hier begegnenden Fälle in vergleichbarer Weise massenhaft auch in der Literatur der griechischen und römischen Antike und der des Mittelalters vorkommen.

Ein besonders eindrückliches Beispiel für ein Handschriftenfragment stellt die ‚St. Galler Althochdeutsche Interlinearversion zu Joh. 19,38' dar, bei der es sich um einen „der seltenen Fälle originaler ahd. Überlieferung"[18] handelt. Nur an dieser einen Stelle eines lateinischen Evangeliars aus Italien (wohl Rom, 5. Jahrhundert) wurde Ende des 8. Jahrhunderts zwischen die Zeilen eine Übersetzung des lateinischen Textes in alemannischer Sprache eingetragen (Abb. 1). Von der gesamten Handschrift sind nur etwa zehn Prozent erhalten geblieben, sodass sich die Frage nach der „Möglichkeit weiterer interlinearversionsartiger Einträge"[19] in den heute verlorenen Teilen des Codex stellt, deren Kenntnis für die Sprach- und Literaturgeschichte von hohem Interesse wäre. Die Antwort muss – wie in so vielen Fällen – offenbleiben, denn wir kommen nicht über das hinaus, was erhalten geblieben ist. Andere Erkenntnismöglichkeiten bieten die Werkfragmente. Auch hier ist die Argumentation im Folgenden anhand einiger Beispiele exemplarisch gehalten.

### 2.1. Exzerptüberlieferung von ‚Heliand' und ‚Genesis' im Pal. Lat. 1447

Die Überlieferung der beiden einzigen erhaltenen Stabreimdichtungen in altniederdeutscher Sprache, ‚Heliand' und ‚Genesis', ist komplex. Beide stellen Fälle von Mehrfachüberlieferung dar: Vom ‚Heliand' sind erhalten die (nicht ganz) vollständigen Handschriften, die heute in München (Staatsbibl., Cgm 25, Sigle M) und London (British Libr., MS Cotton Calig. A. VII, Sigle C) aufbewahrt werden, sowie die Fragmente aus Straubing (München, Staatsbibl., Cgm 8840, Sigle S) und Berlin (Deutsches Historisches Museum, Bibl., R 56/2537, Sigle P) / Leipzig (Universitätsbibl., Thomas 4073 [Ms], Sigle L). Die ‚Genesis' hingegen ist überliefert in der Handschrift Jun. 11 (Oxford, Bodleian Libr.).[20] Dabei handelt es sich jedoch teilweise um eine altenglische Umschrift

---

[17] Ebd.
[18] Lothar Voetz, Art. ‚St. Galler Interlinearversion zu Joh. 19,38', in: Althochdeutsche und altsächsische Literatur (Anm. 1), S. 93–100, hier: 97.
[19] Ebd., S. 98.
[20] Zur Überlieferung von ‚Heliand' und ‚Genesis' im Überblick vgl. Wolfgang Haubrichs, Art. ‚Heliand', in: Althochdeutsche und altsächsische Literatur (Anm. 1), S. 154–163, sowie Heinrich Tiefenbach, Art. ‚Genesis, Altsächsische', in: Althochdeutsche und altsächsische Literatur (Anm. 1), S. 125–132. Vgl. auch die aktualisierten Artikel der ‚Verfasser-Datenbank online [VDBO]' zu ‚Heliand'

*Die Teile und das Ganze?*

des ursprünglich altsächsischen Textes (altenglische ‚Genesis B'), die in dieser Handschrift aus dem ersten Viertel des 11. Jahrhunderts als Interpolation in der altenglischen ‚Genesis A' greifbar wird. Der in Junius 11 vorliegende Text, der – transponiert in eine andere Sprache – in einen neuen Text integriert wird, ist also bereits ein stark fragmentierter.[21] Dahinter steht ein altsächsischer Text, der für uns heute ebenfalls nur noch als Textbruchstück fassbar ist, und zwar im Cod. Pal. Lat. 1447 (Rom [Vatikanstadt], Bibl. Apostolica Vaticana, Sigle V),[22] in dem sich auch ein Auszug aus dem ‚Heliand' findet.[23] Die Handschrift wird in der Forschung häufig als „Fragment V"[24] bezeichnet und im Handschriftencensus nicht der Gruppe der Fragmente zugeordnet – ein Beispiel für die terminologischen Schwierigkeiten im Umgang mit dem Fragmentbegriff im Spannungsfeld zwischen Paläographie/Kodikologie und Literaturwissenschaft.

Der Überlieferungsbefund in V lässt sich wie folgt charakterisieren: Der Codex ist Anfang des 9. Jahrhunderts in St. Alban in Mainz angelegt worden und bildete – „wohl für den Schulgebrauch" – ein „astronomisch-kalendarische[s] Pergamentheft",[25] bei dem „viel Pergament unbeschrieben geblieben [war], ur-

---

(https://www.degruyter.com/database/VDBO/entry/vdbo.vlma.1716_v2/html) und ‚Altsächsischer Genesis' (https://www.degruyter.com/database/VDBO/entry/vdbo.vlma.0146_v2/html); sowie Heliand und Genesis, hg. v. Otto Behaghel, 10., überarb. Aufl. v. Burkhard Taeger (ATB 4), Tübingen 1996, S. XVIII–XXIV. Zu ergänzen ist hier das Leipziger Fragment, das kodikologisch mit dem Prager Fragment zusammengehört. Vgl. dazu Hans Ulrich Schmid, Ein neues ‚Heliand'-Fragment aus der Universitätsbibliothek Leipzig, in: ZfdA 135 (2006), S. 309–323, sowie ders., Nochmals zum Leipziger ‚Heliand'-Fragment, in: ZfdA 136 (2007), S. 376–378.

[21] Dieser Befund ist auf der Textoberfläche so natürlich nicht sichtbar. Eduard Sievers vertrat bereits zwanzig Jahre vor der Entdeckung des Cod. Pal. Lat. 1447 im Jahr 1894 die Ansicht, dass der altenglische Text eine Übertragung aus dem Altsächsischen darstelle. Zur kuriosen Entdeckungsgeschichte durch Karl Zangemeister und Wilhelm Braune vgl. Hans Fromm, Wilhelm Braune, in: PBB 100 (1978), S. 4–39, hier: 34 mit Anm. 60. Zu den beiden Genesis-Texten vgl. nun Chiara Staiti, Genesis im Kontext. Zum Verhältnis von Altsächsischer und Altenglischer Genesis, in: Altsächsisch (Anm. 7).

[22] Zu einer einlässlichen paläographischen und kodikologischen Beschreibung des Codex vgl. Die Bruchstücke der altsächsischen Genesis und ihrer altenglischen Übertragung. Einführung, Textwiedergaben und Übersetzungen, Abbildung der gesamten Überlieferung, hg. v. Ute Schwab. Mit Beiträgen v. Ludwig Schuba u. Hartmut Kugler (Litterae 29), Göppingen 1991.

[23] Die gesamte Handschrift ist als Digitalisat über https://digi.ub.uni-heidelberg.de/diglit/bav_pal_lat_1447 zugänglich. Die Inserate aus der ‚Genesis' finden sich auf den Blättern 1$^r$, 2$^v$ (unten), 10$^v$, 2$^r$, 2$^v$ (oben), jene aus dem ‚Heliand' auf fol. 27$^r$ und 32$^v$.

[24] Z. B. bei Otto Behaghel und Burkhard Taeger, Einleitung, in: Heliand und Genesis (Anm. 20), S. XXI.

[25] Vgl. den Eintrag von Matthias Miller u. Elke Krotz in der Datenbank Handschriftencensus (https://handschriftencensus.de/18616).

sprünglich wohl geplant zur Aufnahme weiterer chronologischer Eintragungen".[26] Bei den altsächsischen Einträgen in die Handschrift handelt es um nachträgliche Aufzeichnungen auf freigebliebenem Platz von drei verschiedenen Schreiberhänden, die ins 3. Viertel des 9. Jahrhunderts gesetzt werden können und die nicht nach St. Alban, jedoch nach Mainz, vielleicht in den Umkreis der erzbischöflichen Kanzlei, gehören. Für beide Texte in V ist zudem „sekundäre[ ] Verstümmelung des Codex"[27] in Betracht zu ziehen, was hier ausgeblendet bleiben soll.[28] Die ‚Genesis' in V umfasst inhaltlich die Erzählungen vom Sündenfall (Gn 3; V. 1–26, fol. 1$^r$), von Kain (Gn 4; V. 27–150, fol. 2$^v$, 10$^v$) sowie vom Untergang Sodoms (Gn 18f.; V. 151–337, fol. 2$^{rv}$). Aus dem ‚Heliand' ist in V aufgenommen die am Ende nicht ganz vollständige Fitte XVI (Bergpredigt nach Tatian 22,6–24; V. 1279–1358, es fehlt das Fittenende V. 1359–1380). Die Aufzeichnungsart, die das Pergament auf dem freigebliebenen Raum möglichst ökonomisch ausnutzt, setzt die Verse nicht ab, sondern markiert An- und Abverse (recht konsequent) durch Reimpunkte und etwas größere Spatien. Das Aufzeichnungsende mitten in der Zeile und die graphische Auszeichnung des letzten Wortes auf fol. 10$^v$ sowie das *Explicit* auf fol. 2$^v$ sprechen für planvoll gesetzte Abschlüsse durch die beiden Schreiber der ‚Genesis'-Passagen, die im Übrigen nicht der Textreihenfolge in der Genesis entspricht.

Relevant ist nun zunächst die Frage nach dem ‚Warum' der Eintragungen von Auszügen aus zwei poetischen volkssprachigen Werken von mehreren Händen in einem zeitlichen Nacheinander, das nicht weit von der Entstehungszeit der Texte anzusiedeln ist, gleich welcher Datierung von ‚Heliand' und ‚Genesis' man folgt.[29] Burkhard Taeger zog „Bewunderung eines literarischen Liebhabers" oder „oberhirtliche[ ] Begutachtung" (durch Liutbert von Mainz, wie bei Otfrid und seinem ‚Evangelienbuch') als mögliche Gründe für die Aufzeichnung in Erwägung.[30] Über den lateinischen Kontext der Handschrift und inhaltliche Brücken begründet Wolfgang Haubrichs im Anschluss an Ute Schwab die Auswahl wie folgt:

> Die Auswahl der Genesis-Exzerpte, die das Thema der *superbia*, des Ungehorsams und des Aufstandes (hier der abtrünnigen Engel) gegen den Herrn umkreisen, und der

---

[26] Tiefenbach (Anm. 20), S. 125.
[27] Ebd., S. 126f., Zitat: 126.
[28] Vgl. dazu ebd. Kurz zusammengefasst: Der Codex ist heute in fragmentarischem Zustand. Bei der ‚Altsächsischen Genesis' könnte damit zu rechnen sein, dass auf den Vorsatzblättern der Beginn der Dichtung gestanden hat. Von ursprünglich vollständiger Textüberlieferung der ‚Genesis' in V ist dennoch kaum auszugehen.
[29] Vgl. die Zusammenfassung der Positionen zum ‚Heliand' bei Haubrichs (Anm. 20), S. 154f., sowie zur ‚Genesis' bei Tiefenbach (Anm. 20), S. 125.
[30] Der Heliand. Ausgewählte Abbildungen zur Überlieferung, hg. v. Burkhard Taeger. Mit einem Beitrag zur Fundgeschichte des Straubinger Fragments v. Alfons Huber (Litterae 103), Göppingen 1985, S. XIII.

Die Teile und das Ganze?

Heliand-Exzerpte, welche Teile der Bergpredigt mit ihren an edle Männer gerichteten, als ‚Weisheitsworte' deklarierten Aufrufe zu kluger Sanftmut und fehdelosem Frieden wiedergeben, dürfte von katechetisch-paränetischen Motiven gesteuert worden sein [...].[31]

Fragmentarität lässt sich an diesem Beispiel anhand zweier Aspekte beschreiben: Zum einen über die Relation ‚Teil vs. Ganzes' auf der Ebene der Produktion, insofern ein bewusster Auswahlprozess zur Aufzeichnung der Passagen aus dem ‚Heliand' und aus der ‚Genesis' geführt haben muss. Es handelt sich demnach um Exzerpte aus dem Ganzen der beiden Werke, die womöglich zusammen in einer handschriftlichen Vorlage zur Verfügung gestanden haben. Bestimmbar ist Fragmentarität hier zum anderen über den Anlass zur Auswahl, der sich kaum allein über die Form der Kontextualisierung im Rahmen des Schulheftes ergibt, sondern über eine gemeinsame thematische Schnittmenge (Stichworte: Katechese/Paränese), die die Auswahl aus beiden Texten auszeichnet und so als in sich geschlossene, sinnvoll rezipierbare Sammlung angesehen werden kann. Zu ‚Werkfragmenten' werden die Passagen demnach erst für Philologen, nicht für mittelalterliche Rezipienten.

## 2.2. Federprobe – Schreibprobe – Andachtstext im Sammelprogramm: Die ‚Summa theologiae'

Die anonyme ‚Summa theologiae' ist einer der wenigen Texte aus dem Bereich der frühmittelhochdeutschen Literatur, der dreifach überliefert ist.[32] Der überwiegende Fall ist für diese Epoche unikale Texttradierung in einer der drei Sammelhandschriften, die heute in Wien, Klagenfurt und Vorau aufbewahrt werden. Für die konzeptionelle Anlage der umfangreichsten dieser Handschriften, der Vorauer Handschrift (Stiftsbibl., Cod. 276, Sigle V, 4. Viertel 12. Jahrhundert), hat bereits Hugo Kuhn ein Programm nachvollziehbar gemacht, das die Heilsgeschichte des Alten und Neuen Testaments mit weltgeschichtlichen Entwürfen sowie Andachtstexten verbindet.[33] Die ‚Summa theologiae' findet in V auf fol. 97$^{ra}$–98$^{va}$ unter dem Titel ‚De sancta trinitate' ihren Platz, nach dem ‚Vorauer Moses' mit ‚Marienlob' und einem Text mit Bußthematik (‚Die Wahrheit'). Nur hier ist der Text, der nach Maurer aus 32 Strophen zu je fünf Langversen besteht, nach Maßgabe der modernen Editionen vollständig und mit der genannten Überschrift überliefert (Abb. 2).[34] In die anderen

---

[31] Haubrichs (Anm. 20), S. 154f. Vgl. ausführlicher auch Haubrichs (Anm. 5), S. 291f.
[32] Vgl. zu Text und Überlieferung im Überblick Hartmut Freytag, Art. ‚Summa theologiae', in: ²VL 9 (1995), Sp. 506–510.
[33] Vgl. dazu detailliert zuletzt Hellgardt (Anm. 4), S. 31–38.
[34] Vgl. Die religiösen Dichtungen des 11. und 12. Jahrhunderts, Bd. 1, nach ihren For-

Sammlungen frühmittelhochdeutscher Literatur wurde die ‚Summa theologiae' nicht aufgenommen.[35]

Der Blick auf die parallele Überlieferung, die in beiden Fällen zeitlich vor V anzusiedeln ist, ergibt folgendes Bild: An der Wende vom 11. zum 12. Jahrhundert ist die Eintragung des Textanfangs (V. 1–3 bei Maurer) der ‚Summa theologiae' in eine nicht viel ältere Sueton-Handschrift erfolgt, die heute in der Herzog August Bibliothek in Wolfenbüttel aufbewahrt wird (Cod. 268 Gud. Lat. 4°, Provenienz unbekannt, Sigle W, Abb. 3 und Abb. 4). Die Verse wurden am Ende der Handschrift quer über den oberen Seitenrand von fol. 172$^v$ und 173$^r$ eingetragen, solange der Platz dafür ausreichte. Dann setzte der Schreiber den Eintrag am rechten Seitenrand von fol. 173$^r$ fort.[36] Vor seinen Eintrag setzte er den Hinweis *probatio*, der das Inserat eindeutig als Federprobe (*probatio pennae*) kennzeichnet. Damit erübrigen sich weitere Fragen nach dem fragmentarischen Status des Eintrags in die lateinische Trägerhandschrift und seiner Funktion.

Ähnlich liegt der dritte Fall, in dem die ‚Summa theologiae' bezeugt ist: In der Nürnberger Handschrift (Germanisches Nationalmuseum, Bibl., Hs. 1966, Provenienz: Neresheim, Sigle N, Abb. 5), die pauschal auf die zweite Hälfte des 12. Jahrhunderts datiert wird, ist – wieder ganz am Ende der Handschrift – dieses Mal nur der Text von Strophe 28 auf fol. 122$^v$ eingetragen. Die ganze Seite ist leer geblieben, abgesehen von einem weiteren kurzen lateinischen Eintrag, der sich ebenfalls als Federprobe charakterisieren lässt.[37] Auffällig ist hier, dass der Schreiber seinen Eintrag vom Layout her – ohne ersichtliche Motivation dafür zu haben – streng an die zweispaltige Vorgabe des lateinischen Haupttextes, den ‚Moralia in Iob' Gregors des Großen, anpasst, und zwar im unteren Drittel der rechten Spalte der leeren Seite. Der Eintrag scheint also eher

---

men besprochen u. hg. v. Friedrich Maurer, Tübingen 1964, S. 304–316. Ein Digitalisat der gesamten Handschrift ist zugänglich über https://digi.ub.uni-heidelberg.de/diglit/stav_ms276.

[35] Zur Frage nach dem Ort der ‚Summa theologiae' im Rahmen eines idealtypischen Aufbaus von V vgl. Hellgardt (Anm. 4), S. 34.

[36] Ein Digitalisat der gesamten Handschrift ist zugänglich über die ‚Wolfenbütteler Digitale Bibliothek': http://diglib.hab.de/mss/268-gud-lat/start.htm. Vgl. auch die Charakterisierung des Eintrags bei Nigel F. Palmer, Manuscripts for reading. The material evidence for the use of manuscripts containing Middle High German narrative verse, in: Orality and Literacy in the Middle Ages. Essays on a Conjunction and its Consequences in Honour of D. H. Green, ed. by Mark Chinca and Christopher Young (Utrecht Studies in Medieval Literacy 12), Turnhout 2005, S. 67–102, hier: 98 (Nr. 62).

[37] Vgl. dazu Hardo Hilg, Die lateinischen mittelalterlichen Handschriften, Teil 1: Hs 17a–22921 (Kataloge des Germanischen Nationalmuseums Nürnberg 2.1), Wiesbaden 1983, S. 30f., hier: 31. Ein Digitalisat der gesamten Handschrift ist zugänglich über: https://dlib.gnm.de/item/Hs1966/html.

eine Schreib- oder Schriftprobe im Layout der Handschrift zu sein, für die eine beliebige Strophe, hier vom Textschluss der ‚Summa theologiae', ausgewählt wird.

Fragmentarität lässt sich auch hier zunächst wieder über das Verhältnis ‚Teil vs. Ganzes' bestimmen, wenn man, von der Vorauer Überlieferung ausgehend, N und W vergleichend einbezieht. Bei der Nürnberger Federprobe ist Fragmentarität schon von der expliziten Funktion des Eintrags her vorgegeben, denn es geht wohl primär darum, an einem Beispiel möglichst viele Buchstaben des ABC testhalber schreiben zu können, hier mit einem untypischen Text als Grundlage.[38] Nochmal anders liegt der Fall bei W: Hier wurde die Zugehörigkeit zu einem größeren Ganzen erst nachträglich erkannt und die Strophe als eigenständiger kleiner Text wahrgenommen und ediert – was er im handschriftlichen Zusammenhang ja zweifellos auch ist.[39]

## 2.3. Fragmente im Kontext: Das ‚Straßburger Ezzolied'

Überlieferung im Verbund, das heißt als planmäßige oder nachträgliche Aufzeichnung auf frei gebliebenem Raum, innerhalb meist lateinischer oder, seltener, deutschsprachiger Trägerhandschriften ist der bei weitem häufigste Typ, in dem frühmittelalterliche deutsche Texte tradiert werden. Beispiele dafür haben wir mit den ‚Gebeten Sigiharts' oder den Wolfenbütteler und Nürnberger Handschriften der ‚Summa theologiae' bereits kennengelernt. Im Fall der Nürnberger ‚Summa theologiae'-Strophe ist es eine Handschrift mit den ‚Moralia in Iob' Gregors des Großen, die als Trägerhandschrift dient. Es fällt auf, dass Gregors Werke immer wieder als ‚Andockstationen' für Deutschsprachiges dienen, freilich nicht nur für Fragmente.[40] Das mag ganz banal daran liegen, dass Gregor zu den am häufigsten abgeschriebenen und glossierten Autoren im

---

[38] Federproben mit deutschsprachigen Textbeispielen gibt es natürlich häufiger. Ein Vergleichsfall mit einem Textanfang wäre etwa der Anfangsvers aus Hartmanns ‚Gregorius'. Vgl. auch die weiteren Hinweise bei Andreas Nievergelt, Was sind eigentlich Federproben?, in: Glossenstudien. Ergebnisse der neuen Forschung, hg. v. Rolf Bergmann u. Stefanie Stricker (Germanistische Bibliothek 70), Heidelberg 2020, S. 127–154; Kurt Gärtner, Der Anfangsvers des Gregorius Hartmanns von Aue als Federprobe in der Trierer Handschrift von Konrads von Würzburg Silvester, in: Literatur – Geschichte – Literaturgeschichte. Beiträge zur mediävistischen Literaturwissenschaft. Festschrift für Volker Honemann zum 60. Geburtstag, hg. v. Nine R. Miedema u. Rudolf Suntrup, Frankfurt a. M. u. a. 2003, S. 105–112.

[39] Vgl. Müller (Anm. 11), S. 71.

[40] Genannt seien die altsächsische Ps.-Beda Homilie mit Heberegister (Düsseldorf, ULB, Hs. B 80) aus dem Kanonissenstift Essen in einer Handschrift mit Gregors Evangelienhomilien sowie der Clm 9513 (‚Moralia in Iob') mit dem ‚himelrîche' aus Windberg.

Mittelalter überhaupt gehört.[41] Seine Autorität scheint jedenfalls auch auf überlieferungsgeschichtlicher Ebene durchschlagend gewesen zu sein.

Als Beispiel sei auf die Straßburger Handschrift mit den Büchern 11–22 (Teile III und IV) aus den ‚Moralia' Gregors des Großen (National- und Universitätsbibl., ms. 1 [früher L germ. 278.2°]) eingegangen: Der Codex stammt aus der ersten Hälfte des 12. Jahrhunderts und wurde bis zur Säkularisation in der Bibliothek des Klosters Ochsenhausen (Allgäu) aufbewahrt. Bei der Anlage der ‚Moralia'-Abschrift blieben nun zwischen den beiden Teilen (fol. 74$^v$) und am Ende der Handschrift eine Seite und ein ganzes weiteres Blatt unbeschrieben (fol. 154$^v$ und fol. 155).[42] Diese freigebliebenen Räume wurden, vielleicht noch vom Schreiber der ‚Moralia' selbst, für volkssprachige Eintragungen genutzt. Am Ende des Codex findet sich das hier unikal überlieferte ‚Memento mori' vollständig, abgesehen vom Freiraum, der für die nicht ausgeführte N-Initiale am Textbeginn gelassen wurde. Das Textende ist mit dem letzten Vers klar markiert durch die Referenz auf einen Verfasser des Textes (*daz machot all ein Noker*, V. 152).[43]

Aufschlussreich für die Frage nach Fragmentarität ist der Text, der zwischen die Teile III und IV der ‚Moralia' auf der oberen Seitenhälfte von Blatt 74$^v$ eingetragen wurde: das ‚Ezzolied' (Sigle S).[44] Die bislang vorhandenen Abbildungen zeigen nur den beschriebenen Raum, nicht die frei gebliebene untere Seitenhälfte der großformatigen Handschrift (Abb. 6).[45] Das wäre aber eigentlich wichtig, denn für das ‚Ezzolied' existiert Parallelüberlieferung in der – gegenüber S sicher jüngeren – Vorauer Sammelhandschrift (fol. 128$^{rb}$–129$^{vb}$, Sigle V). Dort umfasst der Text nach Zählung Maurers 34 Strophen, in S sind es hingegen sieben (fast) vollständige Strophen. Das Spannende dieses Falls besteht darin, dass der Schreiber von S völlig ohne Not und mitten im Satz, zwei Wörter vor dem Ende der siebten Strophe am Zeilenschluss angelangt, seine Abschrift beendet und den Rest der Seite unbeschrieben lässt. Die Initialen am

---

[41] Vgl. Rolf Bergmann, Umfang und Verteilung volkssprachiger Textglossierung und Textglossare. Nichtbiblische Texte, in: Die althochdeutsche und altsächsische Glossographie. Ein Handbuch, Bd. 1, hg. v. Rolf Bergmann u. Stefanie Stricker, Berlin / New York 2009, S. 83–122, hier: 93–95.

[42] Vgl. zur Handschrift: Hubert Houben, St. Blasianer Handschriften des 11. und 12. Jahrhunderts. Unter besonderer Berücksichtigung der Ochsenhauser Klosterbibliothek (Münchener Beiträge zur Mediävistik und Renaissance-Forschung 30), München 1979, S. 135–137, 149f. u. 153 mit Anm. 318. Kritisch dazu Karin Schneider, Rez. Hubert Houben: St. Blasianer Handschriften des 11. und 12. Jahrhunderts, in: PBB 105 (1983), S. 444–446, hier: 445.

[43] Vgl. Maurer (Anm. 34), S. 249–259.

[44] Zu Text und Überlieferung im Überblick vgl. Günther Schweikle, Art. ‚Ezzo', in: $^2$VL 2 (1979), Sp. 670–680.

[45] Vgl. z. B. Vollmann-Profe (Anm. 12), Abb. 2.

Textanfang und an den Strophenanfängen bleiben hier ebenfalls unausgeführt. Der Text bricht unvermittelt ab, der Schreiber bleibt aber strikt beim Layout der Handschrift, trägt in der letzten Zeile sogar eine Korrektur zwischen zwei Wörtern nach (*wir*) und unterpunktet ein aus Versehen zweimal geschriebenes Wort (*gewalt*, Z. 9 von unten). Der Schreibakt ist also gründlich ausgeführt und in seinen skriptographischen Details gut nachvollziehbar. Das ‚Ezzolied' – nach der ‚Vita Altmanni' und der Prologstrophe des ‚Ezzolieds' in V ursprünglich ein Lied, das zu Ostern 1065 bei der Ankunft eines Pilgerzugs in Jerusalem gesungen wurde – wird hier als „Lesetext in einen gelehrt-lateinischen, exegetischen Kontext eingefügt und als solcher wahrgenommen."[46] Auch in diesem Fall hat die Forschung sich lange ganz auf die Rekonstruktion einer Urfassung konzentriert und kaum je die Spezifik der älteren Straßburger Fassung im Überlieferungskontext in den Blick genommen, die als eigenständige Schriftfassung eines Liedes, für das wir sogar den Komponisten namentlich benennen können, gelten kann.

## 3. Fazit und Ausblick ins 13. Jahrhundert: Alternative Differenzierungen und die Aufgabe der Literaturgeschichte

Ziehen wir auf der Grundlage der ausgeführten Beispiele ein Fazit. Es lässt sich aus dem Bereich der frühmittelalterlichen Literatur eine ganze Reihe von Fällen benennen, die sich nicht glatt in die Gruppe der ‚Werkfragmente' fügen. Das mag in Zusammenhang mit den spezifischen Texttypen, Überlieferungstypen und Funktionen stehen, mit denen wir uns noch vor der „Schwelle zur Literatur"[47] befinden und die mit Ausnahme der wenigen rein volkssprachigen Werk- oder Sammelhandschriften verwiesen sind auf lateinische Textträger. Diese Typen bleiben gerade im Bereich der Gebrauchsliteratur auch im Hoch- und Spätmittelalter dauerpräsent. Solche deutschsprachigen Texte sind meist nicht buchfüllend, sie werden aber offensichtlich früh schriftwürdig.

Der Eindruck von Fragmentarität ergibt sich in allen dargestellten Fällen erst aus einer Perspektive, die über die Möglichkeit des Vergleichs verfügt. Ein mittelalterlicher Rezipient hat das Freisinger ‚Evangelienbuch' gewiss nicht als

---

[46] Norbert Kössinger, Neuanfang oder Kontinuität? Das ‚Ezzolied' im Kontext der deutschsprachigen Überlieferung des Frühmittelalters. Mit einem diplomatischen Abdruck des Textes nach der Vorauer Handschrift, in: Deutsche Texte der Salierzeit. Neuanfänge und Kontinuitäten im 11. Jahrhundert, hg. v. Stephan Müller u. Jens Schneider (MittelalterStudien 20), München 2010, S. 129–160, hier: 140.

[47] Das Stichwort von Sonja Glauch, An der Schwelle zur Literatur. Elemente einer Poetik des höfischen Erzählens (Studien zur historischen Poetik 1), Heidelberg 2009.

unvollständig wahrgenommen, ‚Genesis' und ‚Heliand' im Vaticanus werden erst aus heutiger Perspektive zu Teilen eines größeren Ganzen, ähnlich die ‚Summa Theologiae'-Strophe als Schriftprobe in der Nürnberger Handschrift oder das ‚Straßburger Ezzolied' als Lesetext. Aus der Perspektive der mittelalterlichen Schreiber und ihrer primären Rezipienten spielt der Aspekt der Vollständigkeit also eine durchaus nachgeordnete Rolle. Die Werkfragmente erweisen sich in vielen Fällen somit als ein Phänomen moderner (wissenschaftlicher), philologisch ausgerichteter Rezeption mit einem philologischen Interesse. Die Anlässe für das Schreiben in der Volkssprache waren indes andere als der Anspruch auf Vollständigkeit: Womöglich ist der geschriebene Text bei mittelalterlichen Textproduzenten und -rezipienten verbunden gewesen mit der Erinnerung an ein mündlich gegenwärtiges Lied, von dem im Gedächtnis weitere Strophen präsent waren. Das führt natürlich in den Bereich der Spekulation und methodisch weg von einer rein auf Schrift fixiert gedachten Überlieferungspraxis.[48] Es führt aber hin zu einer „Form des aktiven Umgangs mit diesen Texten, als Reflex einer ganz eigenen schriftgebundenen Performanz",[49] einem produktiven Umgang, der eigenen Regeln folgt. Frühmittelalterliche Texte sind in diesem Sinne als ‚textes vivants' zu verstehen und verdienen, in all ihren Facetten beschrieben zu werden. Angesprochen ist damit nicht zuletzt eine Herausforderung für die Literaturgeschichtsschreibung, die für die frühen Jahrhunderte gar nicht anders kann, als die Textüberlieferung (Schreiborte, Schreibsprachen, Bibliotheksheimat und so fort) auf allen Ebenen intensiv mitzuberücksichtigen.[50]

Was verändert sich aus überlieferungsgeschichtlicher Perspektive mit Blick auf das 13. Jahrhundert? Einige wenige Andeutungen müssen an dieser Stelle genügen: Je dichter die Textüberlieferung in deutscher Sprache, desto intrikater wird die Aufgabenstellung. Schon für das 12. Jahrhundert steht man hier zum einen vor Quantitäten, die kaum mehr die Berücksichtigung überlieferungsgeschichtlicher Einzelfälle zulassen, von den herausragenden Handschriften einmal abgesehen, die selbst zum Gegenstand der Literaturgeschichte geworden sind, zum Beispiel der Sangallensis 857, der Codex Manesse oder das Ambraser Heldenbuch.[51] Zudem erweitert sich das Spektrum von rein volkssprachigen

---

[48] Vgl. dazu im Überblick Jan-Dirk Müller, Medieval German Literature. Literacy, Orality and Semi-Orality, in: Medieval Oral Literature, ed. by Karl Reichl (De Gruyter Lexikon), Berlin / Boston 2012, S. 295–334.
[49] Müller (Anm. 11), S. 71.
[50] Vgl. dazu die Literaturgeschichten von Haubrichs (Anm. 5) und Vollmann-Profe (Anm. 12) sowie den Entwurf von Hellgardt (Anm. 4).
[51] Einen gewissen Gradmesser dafür stellt die Tatsache dar, ob es für die betreffenden Fälle separate Artikel in der zweiten Auflage des ‚Verfasserlexikons' gibt. Für die genannten Beispiele ist dies der Fall.

Überlieferungsformen enorm, etwa im Bereich der Lyrik.⁵² Darüber hinaus steht man in systematischer Hinsicht vor dem Problem einer (zweifelsohne sinnvollen) Orientierung an Entstehungszeiten von Texten, die in der Regel erst um einiges später abschriftlich überliefert sind.

Formen von Fragmentierung auf Textebene, die in den Bereich der Diskussion um die ‚Festigkeit' des Textes in der hochmittelalterlichen Epik oder Lyrik führen, werden dabei schon in den großepischen Entwürfen des 12. Jahrhunderts deutlich sichtbar. So liest beispielsweise Frank Schäfer den ‚Vorauer Joseph' als eine „bewusste Fragmentierung der ‚Altdeutschen Genesis'".⁵³ Wir wissen, dass die ‚Kaiserchronik' teilweise ein Konglomerat aus erzählerischen Bausteinen darstellt, die längst anderswo verfügbar waren und auch später verfügbar blieben (zum Beispiel ‚Crescentia').⁵⁴ Damit sind Phänomene von Fragmentierung auf Werkebene benannt, die bereits in die an der lateinischen Überlieferungskultur geschulte, frühmittelalterliche deutsche Texttradierung einfließen. Sie gewinnen ihr spezifisches Profil freilich nur im philologischen Blick auf das Ganze. Greifbar werden sie im Blick auf den einzelnen Fall.

Abstract: This article examines the transmission of fragments of early German literature (8th–12th centuries) using representative examples. It focuses on cases which do not fit neatly into the categories of 'manuscript fragments' ('Handschriftenfragmente') or 'fragmentary works' ('Werkfragmente'). The case studies focus on the Freising manuscript of Otfrid's 'Evangelienbuch', Pal. lat. 1447 ('Heliand' and 'Genesis'), the 'Summa theologiae', and the 'Strasbourg Ezzolied'. They show that other differentiations come to the fore systematically, which lie in the domains of the aesthetics of writing and the contexts of transmission. The outlook suggests that from the second half of the 12th century at the latest, the approaches of modern literary histories must be based on other criteria due to internal (new literary text types, author-work paradigm) and external (quantities) reasons.

---

[52] Vgl. dazu den Entwurf einer Manuskriptliteraturgeschichte von Jürgen Wolf, Buch und Text. Literatur- und kulturhistorische Untersuchungen zur volkssprachigen Schriftlichkeit im 12. und 13. Jahrhundert (Hermaea N. F. 115), Tübingen 2008, S. 316–326.
[53] Frank Schäfer, Die Millstätter Genesis. Edition und Studien zur Überlieferung, Teil 1: Einführung und Text, Göttingen 2019, S. 19.
[54] Vgl. exemplarisch Mathias Herweg, ‚Buch der Anfänge' – oder was die ‚Kaiserchronik' der höfischen Literatur in die Wiege legt, in: ZfdA 148 (2019), S. 209–236.

# Das Leid der Schneemutter

## Der ‚Modus Liebinc [C]' und ein Fragment, das keines ist[*]

### von Katja Weidner

Aus der Perspektive der Editionswissenschaft ist interpolierter Text ein Problem: besonders dann, wenn er formal keinen Platz hat.[1] Wie gilt es damit umzugehen, wenn ein Überlieferungszeuge im Vergleich zur Parallelüberlieferung zusätzliche Strophen oder Versikel einfügt? Mit dieser Frage sahen sich seit der Erstedition die Herausgeber der ‚Carmina Cantabrigiensia' (CC) konfrontiert, einer Gedichtsammlung in einer Handschrift aus der Mitte des 11. Jahrhunderts (Cambridge, University Libr., MS Gg. 5.35, fol. 432–441 bzw. 443),[2] die zumindest in Teilen auf eine Vorlage aus dem deutschsprachigen Raum zurückgreifen dürfte.[3]

---

[*] Der Titel orientiert sich an Stephan Müller, Fragmente, die keine sind. Zu einem besonderen Status von Teilüberlieferung deutscher Texte im frühen Mittelalter, in: Fragmentarität als Problem der Kultur- und Textwissenschaften, hg. v. Kay Malcher, Stephan Müller, Katharina Philipowski u. Antje Sablotny (MittelalterStudien 28), München 2013, S. 69–73.

[1] Grundlegend zum Interpretament der Interpolation vgl. Hannah Weaver, Interpolation as Critical Category, in: New Literary History 53 (2022), S. 1–32.

[2] Zum Codex vgl. grundlegend Arthur G. Rigg / Gernot R. Wieland, A Canterbury classbook of the mid-eleventh century (the 'Cambridge Songs' manuscript), in: Anglo-Saxon England 4 (1975), S. 113–130; zu Ergänzungen und Korrekturen vgl. Peter Dronke / Michael Lapidge / Peter Stotz, Die unveröffentlichten Gedichte der Cambridger Liederhandschrift (CUL Gg. 5.35), in: Mlat.Jb. 17 (1982), S. 54–95, hier: 55f. Als *terminus ante quem* der ‚Carmina Cantabrigiensia' gilt wegen der Totenklage in CC 33 das Todesjahr Kaiser Konrads (1039). Die jüngsten Eintragungen in den Codex durch Schreiber E werden von Rigg / Wieland (Anm. 2), S. 119, paläographisch auf um 1100 datiert. Nach der Rückführung eines separierten Blatts aus dem Codex (fol. 441[a]) – vgl. dazu Margarete T. Gibson / Michael Lapidge / Christopher Page, Neumed Boethian *metra* from Canterbury. A Newly Recovered Leaf of Cambridge, University Library, Gg. 5.35 (the ‚Cambridge Songs' Manuscript), in: Anglo-Saxon England 12 (1983), S. 141–152 – werden gemeinhin auch das restituierte Blatt 441[a] sowie in dessen Folge fol. 442–443 (vgl. Dronke / Lapidge / Stotz [Anm. 2]) zur Sammlung gezählt. Die Folio-Zählung folgt hier und im Weiteren der modernen Zählung (Bleistift), nicht der des 15. Jhs. (braune Tinte).

[3] Vgl. ‚The Cambridge Songs' (‚Carmina Cantabrigiensia'), hg. u. übers. v. Jan M. Ziolkowski (The Garland Library of Medieval Literature 66A), New York / London 1994, S. xxx–xxxviii.

Im vierzehnten von 83 Gedichten der Sammlung liest man hier in lateinischer Sprache folgendermaßen vom ‚Schneekind': Eine Frau betrügt während seiner mehrjährigen Abwesenheit ihren Ehemann – den daraus resultierenden Sohn erklärt sie ihm bei seiner Rückkehr als das Ergebnis gegessenen Schnees. Der Mann scheint ihr zu glauben. Jahre später verkauft der Mann den Sohn in die Sklaverei und erklärt sein Verschwinden damit, dass das ‚Schneekind' in der Hitze geschmolzen sei.

Zwei weitere lateinische Handschriftenzeugen – W und P, ebenfalls aus dem 11. Jahrhundert – überliefern die vermeintlich selbe lateinische Fassung wie die ‚Carmina Cantabrigiensia'.[4] Der gemeinhin geläufige Titel dieses Gedichts, ‚Modus Liebinc' (möglicherweise ein Hinweis auf Melodiegleichheit zu einer Sequenz auf einen ‚Liuppo'),[5] entstammt der Handschrift in Wolfenbüttel. Mit dieser Titelgebung steht die Handschrift allerdings allein. Die Erzählung dürfte im Mittelalter weithin bekannt gewesen sein, als mittelhochdeutsche Verserzählung ist sie ab dem 13. Jahrhundert in zwei Fassungen und sechs Handschriften überliefert.[6]

In der Textgestalt der ‚Carmina Cantabrigiensia' stellt sich nun ein Problem: Die repetierende Responsion der jeweils zwei Sequenz-Versikel – zum Beispiel 3a/3b – wird an einer Stelle durch den Einschub eines dritten Versikels (3c) unterbrochen, der vom Leid der verlassenen Frau, der ‚Schneemutter', handelt. Eine Parallelüberlieferung dieses Versikels ist nicht bekannt. Mit Ausnahme der jüngsten Edition durch Francesco Lo Monaco haben sich alle Editoren dafür entschieden, den Versikel als vermeintliches ‚Fragment' durch Athetesen oder getrennten Abdruck zu separieren.[7] Wie zu zeigen sein wird, sitzt diese edito-

---

[4] P: Bibl. Apostolica Vaticana, Cod. Pal. lat. 1710, digitalisiert unter:https://doi.org/10.11588/diglit.10445 (sämtliche in diesem Beitrag angeführten digitalen Ressourcen wurden zuletzt abgerufen am 01.06.2024). Zu P (für fol. 16–23 datiert auf das 11. Jh., hier: fol. 16$^r$) vgl. Jeannine Fohlen / Colette Jeudy / Yves-François Riou, Les manuscrits classiques latins de la Bibliothèque Vaticane, Bd. 2.2: Fonds Palatin, Rossi, Ste-Marie Majeure et Urbinate, Paris 1982, S. 379–381. In P wurde das Gedicht auf einer leeren Seite nachgetragen. W: Wolfenbüttel, Herzog August Bibl., Cod. 56.16 Aug. 8° (MS 3610): nicht digitalisiert. Zu W (11. Jh., das Gedicht hier: fol. 61$^v$–62$^r$) vgl. Otto von Heinemann, Die Augusteischen Handschriften, Teil 5: Codex Guelferbytanus 34.1. Aug. 4° bis 117 Augusteus 4° (Kataloge der Herzog-August-Bibliothek Wolfenbüttel. Die Alte Reihe 8), Wolfenbüttel 1903. Nachdruck Frankfurt a. M. 1966, S. 82. Zu Heriberts von Eichstätt möglicher Autorschaft dieser lateinischen Fassung siehe Volker Schupp, Der Dichter des ‚Modus Liebinc', in: Mittellateinisches Jahrbuch 5 (1968), S. 29–41.

[5] Vgl. Die Cambridger Lieder. Mit 1 Tafel, hg. v. Karl Strecker (Monumenta Germaniae Historica), Berlin 1926, S. 44,15–24. Für die Textgestalt des Cambridger Codex wird im Folgenden die Bezeichnung ‚Modus Liebinc [C]' verwendet.

[6] Allgemein zur Überlieferung des ‚Schneekinds' siehe Volker Schupp, Art. ‚Das Schneekind', in: ²VL 8 (1992), Sp. 774–777.

[7] ‚Carmina Cantabrigiensia'. Il canzoniere di Cambridge. Edizione criticamente rive-

rische Interpretation einem grundlegenden Missverständnis auf, das die literarische Form über die historische Gestalt eines – wiewohl zweifellos varianten[8] – Textzeugen stellt. Nach Vorüberlegungen am Beispiel der ‚Carmina Cantabrigiensia', unter welchen Bedingungen kontextualisierter Text in historischer Perspektive als ‚Fragment' gefasst werden kann, wird im Folgenden der Status des interpolierten dritten Versikels im ‚Modus Liebinc [C]' neu verhandelt und seine erzähltechnische Funktion diskutiert. Schließlich nimmt der Beitrag diesen Einzelbefund zum Anlass, eine mögliche methodische Schlussfolgerung zu skizzieren: gerade für solche ‚Fragmente', die keine sind.[9]

## 1. Vorüberlegungen: zur (Un-)Sichtbarkeit des Fragments

Wer den Begriff des ‚Fragments' bemüht, bezieht sich wenigstens implizit auf eine Relation von Teil und Ganzem.[10] Für den fragmentarischen Status muss das Ganze nicht unmittelbar vorliegen, das Fragment dennoch so signifikant auf dieses verweisen, dass es auch in separierter Gestalt in dieser Relation erkennbar ist. Für die mediävistische Literaturwissenschaft gilt es, dieses jeweils implizite ‚Ganze' unter den zu rekonstruierenden historischen Bedingungen plausibel zu machen.

Eine besondere Herausforderung stellt sich bei der Bewertung von möglicherweise ‚fragmentarischem' Text, der kontextualisiert vorliegt und damit ‚vollständig' erscheint: Auch auf einem unbeschädigten Überlieferungsträger,

---

duta con introduzione, traduzione e note di commento, a cura di Francesco Lo Monaco (Scrittori latini dell'Europa medioevale 9), Ospedaletto (Pisa) 2009.

[8] Zur ‚Varianz' als Paradigma mediävistischer Literaturwissenschaft siehe Bernard Cerquiglini, Éloge de la variante. Histoire critique de la philologie (Des Travaux), Paris 1989 (englische Übersetzung: In Praise of the Variant. A Critical History of Philology, Baltimore [MD], 1999). Zur Forschungsgeschichte des Essays im Kontext der Editionswissenschaft vgl. Anna Kathrin Bleuler / Oliver Primavesi, Einleitung: Lachmanns Programm einer historischen Textkritik und seine Wirkung, in: Lachmanns Erbe. Editionsmethoden in klassischer Philologie und germanistischer Mediävistik, hg. v. dens. (ZfdPh. Beiheft 19), Berlin 2022, S. 11–125, hier: 78–91. Siehe darüber hinaus Keith Busby, Codex and Context. Reading Old French Verse Narrative in Manuscript, Vol. 1 (Faux Titre. Etudes de langue et littérature françaises publiées 221), Amsterdam / New York 2002. Das Paradigma gilt selbstredend insbesondere für die lyrische Überlieferung, vgl. Manfred Eikelmann / Daniel Pachurka, Varianz, in: Handbuch Minnesang, hg. v. Beate Kellner, Susanne Reichlin u. Alexander Rudolph, Berlin / Boston 2021, S. 55–65.

[9] Dabei wird es nicht um solche Fragmente gehen, die, wie bei den Fallstudien in Müller (siehe den Literaturhinweis in der Fußnote vor Anm. 1), einem produktionsästhetischen Bedingungsgefüge entspringen, sondern vielmehr um die Frage der Rezeption.

[10] Vgl. ebd., S. 69.

als integrierter ‚Teil' einer Sammlung oder eines anderen Einzelwerks, kann Text Fragmentcharakter aufweisen, wiewohl in dieser Überlieferungsgestalt seine Abgeschlossenheit vermeintlich determiniert ist – schließlich liegen Anfang und Ende vor. In diesem Fall ist die Fragmentierung dem Moment der literarischen Produktion nicht nachgelagert, sondern vorgängig; umso nachdrücklicher stellt sich die Frage nach dem ‚Ganzen', in Relation zu dem das Fragmentarische festzumachen wäre. Ist das in der Referenz zu Plausibilisierende der Archetyptext des Autors / der Autorin, wie immer dieser aussehen soll, im für die mittelalterliche Literatur meist hypothetischen Fall, dass er bekannt ist – und in e i n e r Form existiert? Welchen Status hat bei der Analyse die Parallelüberlieferung, welchen die jeweilige textkritische ‚Verlässlichkeit' der Textzeugen? Wenn ein überlieferungsgeschichtlich vorgängiger Überlieferungszeuge einen Text in größerem Textumfang ‚vollständig(er)' überliefert, ist der kürzere Text dann unweigerlich ein Fragment?

Was heißt es für das Fragmentarische als relationale Kategorie, wenn überhaupt kein vermeintlich ‚Ganzes' zu greifen ist, etwa weil es in keiner ‚vollständigeren' Textgestalt überliefert ist? Aus modern mediävistischer Perspektive stößt spätestens dann der Begriff des ‚Fragments' notwendig an seine Grenze, die Einschätzung des vorliegenden Textzeugen muss in Abwesenheit eines nur mehr m ö g l i c h e n Ganzen seinen fragmentarischen bzw. vollständigen Status plausibilisieren – ohne ein modernes Verständnis von Vollständigkeit rückzuprojizieren. Das jedoch ist *conditio sine qua non*, um die historische Ästhetik dieses Fragmentarischen als solche für die Interpretation des kontextualisierten ‚Fragments' produktiv machen zu können.

Um dies zu gewährleisten, schlage ich im Folgenden vor, das kontextualisierte ‚Fragmentarische' in seiner historischen Ästhetik bewusst u n a b h ä n g i g v o n d e r K o n s t r u k t i o n e i n e s ‚G a n z e n' zu denken, und stattdessen mit Sonja Glauch die „Bruchstellen" des zu untersuchenden Befundes in den Blick zu nehmen.[11] Inwiefern ihre Sichtbarkeit oder Unsichtbarkeit historisch a) in der Relation produktionsseitig ausgezeichnet oder b) rezeptionsseitig wahrnehmbar gewesen sein dürfte, gilt es zu plausibilisieren. Abstand genommen sei dafür grundsätzlich von einem breiten Fragment-Begriff: Sammlungen wie die ‚Carmina Cantabrigiensia', an denen diese (Un-)Sichtbarkeit des Fragments als historisches Interpretament darzulegen sein wird, sind immer ein Gesamtes, das sich durch die Summe seiner Teile definiert.[12] Diese Teile sind vorhergehenden

---

[11] Sonja Glauch, Wie ‚macht' man Fragmente? Schrift und Stimme als Träger des Fragmentarischen, in: Fragmentarität (siehe die mit Asterisk [*] versehene Anmerkung zu Beginn dieses Beitrags), S. 51–68, hier: 56.
[12] Vgl. zur Sammlung als Paradigma: Sammeln als literarische Praxis im Mittelalter und in der Frühen Neuzeit. Konzepte, Praktiken, Poetizität. XXVI. Anglo-German Colloquium Ascona 2019, hg. v. Mark Chinca, Manfred Eikelmann, Michael Stolz u. Christopher Young, Tübingen 2022.

*Das Leid der Schneemutter*

Kontexten entnommen und in diesem spezifischen Sinne fragmentarische Überbleibsel ihrer vormaligen Kontexte. Um eine solche „Generalerkenntnis"[13] geht es hier nicht.

Die ‚Carmina Cantabrigiensia' werden in dem unikalen Handschriftenzeugen C als in sich geschlossene Einheit präsentiert, ihr Status als Sammlung ist bereits dem historischen Anlageprozess eingeschrieben: Nach 439 Folia einer ‚Schulhandschrift'[14] beginnen die ‚Carmina Cantabrigiensia' mit der 44. Lage, angezeigt durch den abrupten Wechsel vom ein- zum zweispaltigen Format. Einheitlich setzen die Gedichte jeweils mit einer Initiale in roter Tinte ein; diese sind wiederum in der Regel im Layout zusätzlich, zum Beispiel in strophenartige Versikel unterteilt, was mit *litterae notabiliores* in der Tinte des Textkörpers am linken Kolumnenrand ausgezeichnet ist. Weiteres einendes Merkmal der Sammlung ist eine gewisse Komprimiertheit[15] der Gedichte insofern, als die regelmäßige Abfolge der Strophen/Versikel und die überwiegende Vermeidung nur halbzeilig beschriebener Zeilen den Schreiber dazu verleiten, Versenden vereinzelt an anderer Stelle einzutragen – nicht immer mit entsprechendem Verweiszeichen.[16] Diese bisweilen wenig benutzungsfreundliche Einheitlichkeit gilt insbesondere für den ursprünglich als solchen betrachteten Sammlungskern (CC 1–49 / fol. 432–440), aber die Grundprinzipien der kodikologischen Anlage werden auch in den folgenden Folia und auf der anschließenden 45. Lage fortgeführt. Neben der thematischen Kohäsion, der zunächst fortgeführten Schreiberhand A[17] und der entsprechenden Interpretation eines Gedichts zu David ist dies schließlich überhaupt ein zentrales Argument dafür, sie der Sammlung zuzuordnen.[18]

Innerhalb dieser Sammlung finden sich verschiedene Typen von ‚Fragmenten', die über jeweils spezifische ‚Bruchstellen' verfügen und unter je spezifischen, historisch zu plausibilisierenden Bedingungen ‚sichtbar' sind. Der Codex im Allgemeinen und die darin enthaltene Sammlung der ‚Carmina Cantabrigiensia' im Besonderen sind in materieller Hinsicht fragmentiert, und das be-

---

[13] Glauch (Anm. 11), S. 54.
[14] So die zentrale von These Rigg / Wieland (Anm. 2). Gegen die Annahme einer steigenden Schwierigkeit der Textinhalte des Codex plädieren Dronke / Lapidge / Stotz (Anm. 2), bes. S. 56. Unstrittig sind die Präsenz von im Schulunterricht gebräuchlichen Texten, deren Glossierung und die Schulinhalte im Codex.
[15] Jeremy Llewellyn, The careful cantor and the ‚Carmina Cantabrigiensia', in: Manuscripts and Medieval Song. Inscription, Performance, Context, ed. by Helen Deeming and Elizabeth Eva Leach (Music in Context), Cambridge 2015, S. 35–57, hier: 36 („general impression of calculated compression").
[16] Vgl. zum Beispiel fol. 434$^{va}$; 438$^{rb}$; 441$^{rb}$.
[17] Mit fol. 442 findet ein Wechsel von Schreiber A zu C statt, vgl. Rigg / Wieland (Anm. 2), S. 115.
[18] Vgl. Anm. 2.

reits seit einem Zeitpunkt vor der Foliierung durch den Bibliothekar Clement Canterbury im 15. Jahrhundert.[19] Selbst nach der Rückführung des – nach heutiger Zählung – verlorenen Blatts 441$^a$ im Jahr 1981 fehlt noch immer ein weiteres, das den Beginn von ‚Turgens in terra' (fol. 442$^{ra}$) beinhaltet haben muss. Beide Blätter wurden im 15. Jahrhundert noch mitgezählt. Fünf Gedichte der überlieferten ‚Carmina Cantabrigiensia' sind bekanntlich zumindest teilweise durch Rasur nur fragmentarisch zu lesen,[20] für eine genauere Datierung dieser Fragmentierung gibt es keine Anhaltspunkte.[21] Weitere materielle Fragmentierung hat der Codex durch Rekonstruktionsversuche im 19. Jahrhundert erfahren, als deren Ergebnis nun flächige Rückstände der benutzten Chemikalien zu sehen sind.[22] Die spezifische Historizität dieser materiellen Fragmentierung, also ihre zeitgenössische ‚Sichtbarkeit', lässt sich ohne Datierung dieser Eingriffe nicht beweisen.

Es finden sich im Codex aber auch verschiedene Fälle kontextualisierter ‚Fragmente': In einem ersten Fall sind dies Fragmente aus antiken Werkzusammenhängen. In fünf Gedichten der ‚Carmina Cantabrigiensia' zeigen sich modernen wie zeitgenössischen Leser:innen der Sammlung (teils rearrangierte) Passagen aus Statius, ‚Thebais' (CC 29; 31; 32), Horaz, ‚Oden' (CC 46) oder Vergil, ‚Aeneis' (CC 34): Keines dieser Gedichte unterscheidet sich in seiner materiellen Gestalt von der Darstellung genuin mittelalterlicher Gedichte in der Sammlung, sie tragen dieselben Initialen, weisen dieselbe gedrungene Gestalt auf und fügen sich darüber hinaus auch thematisch als ‚Klagegedichte' ohne

---

[19] Vgl. die Handschriftenbeschreibung bei Rigg / Wieland (Anm. 2). Die Identifikation der foliierenden Hand mit Clement Canterbury verdanken wir Bruce Barker-Benfield, St Augustine's Abbey, Canterbury, 3 Vol. (Corpus of British Medieval Library Catalogues 13), London 2008, hier: Vol. 3, S. 1710, S. 1709–1711.

[20] Zensiert sind als vollständige Gedichte CC 27, 28, 39 u. 49 (fol. 438$^v$; 439$^r$; 440$^v$; 441$^r$). Die jüngeren Editionen von Ziolkowski (Anm. 3) und Lo Monaco (Anm. 7) drucken die Rekonstruktionen Dronkes (Peter Dronke, Medieval Latin and the Rise of European Love-Lyric, Vol. 1: Problems and Interpretations, Oxford $^2$1968, S. 274 [CC 49]; ders., Medieval Latin and the Rise of European Love-Lyric, Vol. 2: Medieval Latin Love-Poetry. Texts newly edited from the manuscripts for the most part previously unpublished, Oxford $^2$1968, S. 353–356 [CC 28]) ab, die es zumindest bei CC 28 jedoch durch weitergehende technische Analysen zu verifizieren gälte – auch am Original und bei vorläufiger Multispektralanalyse sind sie nicht nachvollziehbar.

[21] Im Zuge eines Rekonstruktionsversuchs im Juni 2023 äußerte Maciej Pawlikowski (CUL) die Vermutung, die Schwierigkeit der Rekonstruktion könne durch die zeitnahe Rasur direkt nach der Niederschrift verursacht sein. Diese Vermutung bleibt zu verifizieren.

[22] Siehe fol. 438$^v$ und 439$^r$; die Datierung beruft sich auf James Freeman, Compilation of classical, late antique and medieval poetic works (including the ‚Cambridge Songs') (MS Gg.5.35), online abrufbar unter: https://cudl.lib.cam.ac.uk/view/MS-GG-00005-00035/1.

Weiteres ein. Dennoch kann man davon ausgehen, dass solche fragmentarischen Ausschnitte auch im Mittelalter als bekannt vorauszusetzender Werke[23] deshalb ‚sichtbar' waren, weil sie bei der historischen Lektüre in einer Teil-Ganzes-Relation erkannt worden sein dürften, auch wenn die jeweiligen Exzerpte keine konkreten Namen oder andere Referenzen auf den vormaligen Kontext aufweisen. Es gilt daher, die ästhetische Konsequenz dieser ‚Sichtbarkeit' zu untersuchen und damit die Frage, welche Rolle der Aufruf der ursprünglichen Werkkontexte bei der historischen Rezeption der Gedichtausschnitte im Sammlungskontext gespielt haben dürfte, neu zu stellen.[24]

Auch im zweiten Fall wird die Sichtbarkeit des kontextualisierten Fragments über ein spezifisches Werkganzes geleistet: Auf dem 1982 wiederentdeckten Einzelblatt 441[a] der Sammlung (CC 50–76) finden sich, in materieller Hinsicht der Sammlung ebenfalls ohne ‚Bruchstellen' eingeschrieben, Ausschnitte aus Boethius' ‚De consolatione philosophiae'.[25] Nur CC 50 und 51 sind als vollständige Metren des Prosimetrums in die Sammlung aufgenommen, die folgenden Fälle als bloße ‚Anzitation' noch weiter fragmentiert. Wie schon für die antiken Fragmente ist auch hier der ursprüngliche Werkzusammenhang der ‚Consolatio' als bekannt vorauszusetzen. Jedoch nicht nur wegen ihrer weitläufigen Bekanntheit *per se*, sondern deshalb, weil sie sich als Werkganzes auf fol. 170[r]–209[v] desselben Codex, der auch die ‚Carmina Cantabrigiensia' enthält, befindet. Dort ist sie stark glossiert. Im Gegensatz zu den ‚Carmina Cantabrigiensia' fehlt eine auch nur ausschnittsweise Neumierung; überdies scheint sie einer abweichenden Überlieferung zu folgen. Auch hier bliebe der ästhetische Effekt weiterhin zu untersuchen: Die Boethius-Fragmente jedenfalls dürften bereits für historische Leser:innen als Teile eines über sie hinausweisenden Werkzusammenhangs ‚sichtbar' gewesen sein.

---

[23] Statius und Vergil waren seit der Spätantike Schulautoren. Zu Vergils breiter Wirkgeschichte vgl. Jan Ziolkowski / Michael C. J. Putnam, The Virgilian Tradition. The First Fifteen Hundred Years, New Haven 2008; zu Statius vgl. die eindrückliche dreibändige Grundlagenarbeit: Harald Anderson, The Manuscripts of Statius, 3 Bde, Arlington (VA) 2009. Die Zahl der Handschriften aus dem 11. Jh., die die ‚Oden' des Horaz überliefern, übertrifft jene mit Vergils ‚Aeneis'. Zur Überlieferung des Horaz vgl. Karsten Friis-Jensen, The Reception of Horace in the Middle Ages, in: The Cambridge Companion to Horace, ed. by Stephen Harrison (Cambridge Companions to Authors), Cambridge 2007, S. 291–304.

[24] Neben Carole Newlands, Impersonating Hypsipyle. Statius' ‚Thebaid' and Medieval Lament, in: Dictynna 10 (2013), S. 1–20, wurde bislang nur wenig zu diesen antiken Fragmenten publiziert.

[25] Zum Blatt vgl. Gibson / Lapidge / Page (Anm. 2), S. 146, hier auch Anm. 24. Der Hauptschreiber A der ‚Carmina Cantabrigiensia' war ebenfalls bei der vorherigen Abschrift der ‚Consolatio' beteiligt. Zu den Händen vgl. Rigg / Wieland (Anm. 2), S. 118.

Relevante Kriterien für die historische Sichtbarkeit eines kontextualisierten Fragments sind die materielle Auszeichnung in der Textgestalt, aber auch und vor allem die Bekanntheit bzw. die vorliegende Referenzialisierung des Werkganzen, dem das Fragment entnommen ist. Das kontextualisierte ‚Fragment' muss produktions- oder rezeptionsseitig – unter Berücksichtigung der jeweiligen ‚Bruchstellen' und deren Sichtbarkeit – plausibilisiert werden, um die Kategorie des Fragments im Sinne seiner historischen Ästhetik produktiv machen zu können. Der Fall des ‚Modus Liebinc [C]' und seines vermeintlich fragmentarischen dritten Versikels gelte im Folgenden als Gegenprobe.

## 2. Das ‚Fragment' im ‚Modus Liebinc [C]' und seine historische (Un-)Sichtbarkeit

Der interpolierte Versikel im ‚Modus Liebinc [C]' wurde immer wieder als ‚fragmentarisch' bezeichnet,[26] und zwar gerade dann, wenn auf der einen Seite die Nicht-Zugehörigkeit zum überlieferten Kontext – CC 14 – und auf der anderen Seite der von diesem Kontext unabhängige Werkcharakter behauptet werden soll: als fragmentarischer Teil eines als verloren gedachten, über diese ‚Partikel' hinausgehenden Gedichtganzen. Das Interesse gilt hier meist einer thematischen Corpusfindung (zum Beispiel ‚Frauenlieder'); dementsprechend findet sich das Gedicht auch in Josef Szövérffys ‚Secular Lyrics' als „fragmentary love song".[27] Darf ein Text schon dann als Fragment gelten, wenn seine Herkunft im Unklaren liegt?

Die Historizität dieser Zuschreibung gilt es zu hinterfragen, und zwar mit Blick auf die möglichen historischen ‚Bruchstellen' des Versikels:

>Nam languens amore tuo
>consurrexi diluculo
>perrexique pedes nuda

---

[26] Vgl. An Anthology of Ancient and Medieval Woman's Song, ed. by Anne L. Klinck, New York 2004, S. 91: „Possibly this evocative piece is a fragment of something longer"; Jane Stevenson, Women Latin Poets. Language, Gender, and Authority from Antiquity to the Eighteenth Century, Oxford 2005, S. 104; Thomas C. Moser, A Cosmos of Desire. The Medieval Latin Erotic Lyric in English Manuscripts (Studies in Medieval and Early Modern Civilization), Ann Arbor (MI) 2004, S. 90; vorsichtiger Dronke (Anm. 20), Vol. 1, S. 276; Ziolkowski (Anm. 3), S. 216, spricht von „extraneous".

[27] Joseph Szövérffy, Secular Latin Lyrics and Minor Poetic Forms of the Middle Ages, Vol. 4: A Historical Survey and Literary Repertory (Publications of the Archives for Medieval Poetry 28), Concord (NH) 1995, S. 52; dazu ders., Secular Latin Lyrics and Minor Poetic Forms of the Middle Ages, Vol. 1: A Historical Survey and Literary Repertory from the Tenth to the Late Fifteenth Century (Publications of the Archives for Medieval Poetry 25), Concord (NH) 1992, S. 256.

*Das Leid der Schneemutter*

per niues et ⟨per⟩ frigora,
atque maria rimabar mesta,
si forte uentiuola
uela cernerem,
aut frontem nauis conspicerem.[28]

Krank vor Liebe zu dir
bin ich in aller Frühe aufgestanden,
losgezogen bin ich, barfüßig,
durch Schnee und Eiseskälte,
und das Wasser habe ich abgesucht,
ob ich vielleicht ein aufgeblähtes
Segel sehen
oder den Bug eines Schiffes erkennen könnte.[29]

Handelt es sich hier um ein kurzes, aber vollständiges Gedicht? Ist es das Fragment eines nicht mehr erhaltenen längeren Werkes oder vielleicht doch integraler Bestandteil seiner unikalen Überlieferungsumgebung?

Dekontextualisiert von ihrem Überlieferungszusammenhang erzählt eine weibliche Sprecherin (*nuda*; *mesta*), wie sie aus Liebe zu einem unbestimmten Gegenüber im Morgengrauen aufsteht; die Liebe bereitet ihr Leid (*languens*) – weshalb, bleibt vorerst offen. Der widrigen Kälte zum Trotz zieht sie los und macht sich auf die Suche – wie sich herausstellt, nach Anzeichen auf die Rückkehr eines Schiffes, das sie sehnsüchtig zu erwarten scheint. Sie beschreibt sich als barfüßig, als *mesta*, inszeniert sich körperlich und seelisch als Trauernde.[30] Durch die Plastizität der nackten Füße, die haptische Implikation einer eiskalten Winterlandschaft, den unstet forschenden Blick über das Meer und da-

---

[28] CC 14,3c (Cambridge, UL, Gg. 5.35, fol. 436ʳ). Die Strophenzählung folgt: The Cambridge Songs. A Goliard's Song Book of the XIth Century, ed. from the Unique Manuscript in the University Library by Karl Breul, Cambridge 1915, S. 56. Eigennamen und Satzanfänge sind großgeschrieben. Die Orthographie folgt hier und im Folgenden der Handschrift C, das Layout Hans Spanke, Ein lateinisches Liederbuch des 11. Jahrhunderts, in: Studi medievali 15 (1942), S. 111–142, hier: 115f. Die Konjektur *per* in 3c,4 und die Definition eines Versikels 3c gehen auf Breul zurück. Strecker (Anm. 5) und ‚Carmina Cantabrigiensia', hg. v. Walther Bulst, Heidelberg 1950, weichen in der Textgestalt ab; mit (irrtümlichem) Verweis auf Dronke (Anm. 20), Vol. 1, S. 273f., ist sie bei Ziolkowski (Anm. 3) und Lo Monaco (Anm. 7) wieder *communis opinio*. Für das vollständige Gedicht und seine deutsche Übersetzung siehe Anhang.

[29] Die Übersetzungen hier und im Folgenden stammen von K.W.

[30] Vgl. 2 Sm 15,30. Zur christlichen Symbolik nackter Füße siehe Klaus Schreiner, Nudis Pedibus. Barfüßigkeit als religiöses und politisches Ritual, in: Rituale, Zeichen, Bilder. Formen und Funktionen symbolischer Kommunikation im Mittelalter, hg. v. Ulrich Meier, Gerd Schwerhoff u. Gabriela Signori (Norm und Struktur 40), Köln / Weimar / Wien 2011, S. 125–206.

durch, dass erst zum Schluss mit dem erwarteten Schiff das Objekt der Sehnsucht offenbart wird, kann bei der Rezeption der Erzählung empathisch die Position der Sprecherin nachvollzogen werden: Man macht sich mit ihr auf den Weg, lässt den Blick schweifen und wartet.

Mit den Motiven des ‚Liebesleidens' (*languens amore*) und des ‚Aufstehens im Morgengrauen' (*consurrexi diluculo*) wird jeweils auf biblische Passagen zurückgegriffen,[31] wobei Letzteres implizit den Aufbruch in göttlichem Auftrag oder für ein Opfer aufruft. Über das Hohelied tritt das nicht näher bestimmte *tu* des ersten Verses in die Rolle des *dilectus*.[32] Zwei Dimensionen scheinen hier intertextuell eine Rolle zu spielen, die schmerzhafte und doch freudvolle Erwartung sich bald zu erfüllender Liebe[33] und das schmerzhafte Leid darüber, dass sich das Gegenüber nach erfüllter Liebe körperlich entzieht.[34] Die abschließende Perspektivierung eines (eben gerade noch nicht) zurückkehrenden Schiffes motiviert retrospektiv die Trauer und das Liebesleid des Beginns. Die Rückkehr des *tu*, wiewohl erhofft, bleibt ungewiss, der Zusammenhang dieser ‚Einzelstrophe', wenn man sie nicht als zusätzlichen Versikel im Kontext des Gedichts betrachtet, unbestimmt und in dieser spezifischen Hinsicht durchaus ‚fragmentarisch'.

In Philipp Jaffés Edition stand die ‚Strophe' noch innerhalb des Gedichts CC 14, Wilhelm Meyer und Karl Breul athetieren in eckigen Klammern, die folgenden Editoren Karl Strecker und Walther Bulst entscheiden sich für den Abdruck der ‚Strophe' im kritischen Apparat.[35] Übersetzungen von CC 14 verfahren mit wenigen Ausnahmen analog.[36] Jan Ziolkowski definiert in seiner

---

[31] Vgl. Ct 2,5; 5,8; beziehungsweise für *consurgere diluculo* im Alten Testament verschiedentlich, zum Beispiel Ex 8,20. Zitiert nach Biblia Sacra. Iuxta vulgatam versionem, hg. v. Robert Weber u. Roger Gryson, Stuttgart ⁵2015. Ziolkowski (Anm. 3), S. 216f., schlägt als motivische Folie Ovids Darstellungen von Ariadne und Theseus vor, intertextuelle Zitate gibt es nicht.

[32] Zum Hohelied als Diskursraum lateinischer Liebeslyrik vgl. Peter Dronke, The Song of Songs and Medieval Love-Lyric, in: The Bible and Medieval Culture, ed. by Willem Lourdaux u. Daniël Verhelst (Mediaevalia Lovaniensia Series 1 / Studia 7), Leuven 1979. Nachdruck 1984, S. 236–262.

[33] Vgl. Ct 2,5–6, hier: 2,5: *quia amore langueo* (‚weil ich krank bin vor Liebe').

[34] Vgl. Ct 5,6–8: *aperui dilecto meo* [...]. *Quia amore langueo* (‚Ich habe meinem Geliebten geöffnet [...]. Denn ich bin krank vor Liebe').

[35] Die Cambridger Lieder, hg. v. Philipp Jaffé, Berlin 1869, S. 24f. (V. 31–37); Fragmenta Burana, hg. v. Wilhelm Meyer, Berlin 1901, S. 175, V. 18a-d; Breul (Anm. 28), S. 56,31–37, hier: CC 22 [sic!], 3c; Strecker (Anm. 5), S. 42,37–44; Bulst (Anm. 28), S. 34, kritischer Apparat zu 3b,14. Zur Editionsgeschichte vgl. Ziolkowski (Anm. 3), S. lvi-lix.

[36] Zum Beispiel Jürgen Kühnel, ‚Modus Liebinc'. Die Sequenz vom ‚Schneekind', in: Diagonal 2 (1991), S. 137–157, hier: 140f.; Paul von Winterfeld, Deutsche Dichter des lateinischen Mittelalters. In deutschen Versen, hg. und eingeleitet v. Hermann Reich,

*Das Leid der Schneemutter*

Edition ein von CC 14 unabhängiges Gedicht CC 14A. Auf dieses vermeintlich eigenständige Gedicht bzw. ‚Fragment' beruft sich ein gesamter Forschungsdiskurs, der auf Basis seiner grammatikalisch weiblichen Sprecherin ein (in seiner Gänze möglicherweise verlorenes) ‚Frauenlied' weiblicher Autorschaft identifiziert.[37] Lo Monaco behält die Zeilen ohne separierende Auszeichnung dort bei, wo sie sich im Codex befinden, und definiert sie, wie bereits Karl Breul vor ihm, als Versikel 3c.[38]

Ausgangspunkt dieser langhin überraschend einstimmigen Einschätzung ist die formale Gestalt des Gedichts. Beim ‚Modus Liebinc' handelt es sich um eine Sequenz – in allen drei überlieferten Handschriften ohne Neumierung. Sie setzt sich hier aus fünf jeweils in Silbenzahl und überwiegend in rhythmischer Gestalt korrespondierenden Versikeln zusammen (Responsionsschema: aabbccddda). Alle Versikel weisen in ihren abschließenden 21 Silben einen rhythmisch analogen Versikelschluss auf.[39]

Mit dieser Form nun bricht der Versikel 3c insofern, als er das strikte Responsionsschema der Sequenz unterläuft und den sonstigen Halbversikeln einen Tripelversikel an die Seite stellt (Cambridge, UL, Gg. 5.35, fol. 436ʳ):

| 3a | 3b | 3c |
|---|---|---|
| Duobus uolutis annis | At illa maritum timens | ‚Nam languens amore tuo |
| exul dictus reuertitur. | dolos uersat in omnia. | consurrexi diluculo |
| Occurit infida coniux | ‚Mi', tandem, ‚mi coniux', ait, | perrexique pedes nuda |
| secum trahens puerulum. | ‚una uice in Alpibus | per niues et ⟨per⟩ frigora, |
| Datis osculis maritus illi: | niue sitiens extinxi sitim: | atque maria rimabar mesta, |
| ‚De quo', inquit, ‚puerum | De quo ego[40] grauida | si forte uentiuola |
| istum habeas, | istum puerum | uela cernerem, |
| dic, aut extrema patieris.' | damnoso foetu, heu, gignebam.' | aut frontem nauis conspicerem.' |

---

München ²1917, S. 213–215. Paul von Winterfeld geht insofern weiter, als er auch den Schluss 6 unübersetzt lässt, da er unecht sei. Nur Philip Schuyler Allen, The Romanesque Lyric. Studies in its Background and Development from Petronius to the Cambridge Songs 50–1050, Chapel Hill 1928, S. 275f., behält den Versikel 3c als solchen bei.

[37] Vgl. Susan Schibanoff, Medieval Frauenlieder. Anonymous Was a Man?, in: Tulsa Studies in Women's Literature 1 (1982), S. 189–200.

[38] Lo Monaco (Anm. 7), S. 43, erklärt den Versikel dabei mit der Zirkulation des Stoffes im Allgemeinen und des ‚Modus Liebinc' im Besonderen bei „contesti di esercitazione retorico-poetica". Auch Benjamin Bagby in seiner Vertonung des Gedichts in ‚Lost Songs of a Rhineland Harper', 2004, Sony Music Entertainment, behält ihn analog zur Handschrift bei.

[39] Für eine grundlegende formale Analyse vgl. Strecker (Anm. 5), S. 44, beziehungsweise Meyer (Anm. 35), S. 176 (hier allerdings fehlerhafte Silbenzählung).

[40] *De quo ego*: Lesart der Handschrift C, vgl. Anm. 57. Zu *et per frigora* in 3c vgl. Anm. 28.

Von einem Flüchtigkeitsfehler (3c,4) abgesehen, korrespondiert der Versikel in der Silbenzahl mit 3a und 3b. Meyer versuchte, die abweichende Silbenzahl mit der Konjektur *-que* anzupassen,[41] was Strecker jedoch mit dem Verweis auf einen vermeintlichen rhythmischen Fünfzehnsilber (*perrexique* [...] *frigora*) verwarf.[42] Ein forschungsgeschichtliches Kuriosum ist der Umstand, dass Karl Breul bereits 1915 mit seiner eingangs zitierten Konjektur *per* die Silbenzählung als äquivalent zu 3a und 3b auszeichnen konnte.[43] Erst mit Dronke und im Rückgriff auf ihn setzt sie sich schließlich durch.[44] Die einsilbige Konjektur jedenfalls macht die analoge Silbenzählung und damit den Einschub als Versikel ‚3c' manifest.

Der interpolierte Versikel ist im Unterschied zu den vorausgehenden Halbversikeln gereimt (Reimschema: aabbbbcc), teilt diesen Umstand jedoch mit der ‚Strophe' 6.[45] Die Korrespondenz proparoxytonischer und paroxytonischer Versenden bei *conspícerem* und *patiéris* ist unproblematisch, sie findet sich auch in Halbversikel 4a bei *sécum* und *reuértitur* und scheint hier kein notwendiges Stilprinzip zu sein.[46] Der interpolierte Versikel weist denselben „musikalischen Refrain" wie die anderen Versikel auf.[47]

Wer die Zeilen wann verfasst hat, muss offenbleiben. Angesichts der formalen Passung jedenfalls und, wie zu zeigen sein wird, auch angesichts des materiellen, überlieferungsgeschichtlichen und narratologischen Befundes, scheint es unter der Perspektive der Historizität jedenfalls plausibler, nicht pauschal ein fehlerhaft interpoliertes ‚Fragment' anzunehmen; vielmehr dürfte man sich, wie von Strecker und später Hans Spanke postuliert, eine Art ‚Zudichter' vorstellen.[48] Blickt man nämlich in den Codex, zeigt sich auch hier die Einpas-

---

[41] Vgl. Meyer (Anm. 35), S. 175.
[42] Vgl. Strecker (Anm. 5), S. 42,45–47.
[43] Dies lässt sich vermutlich durch den Einfluss von Streckers Urteil erklären, – dem Urheber der „true *editio princeps*" (Ziolkowski [Anm. 3], S. lvi) –, der die Breul'sche Edition als in der Darstellung lückenhaft, „willkürlich" in der Nummerierung und im kritischen Text nahezu ohne „eigenes Urteil" abstrakt (vgl. Strecker [Anm. 5], S. VIf., Zitate: VII).
[44] Vgl. Ziolkowski (Anm. 3), S. 217, mit Verweis auf Dronke (Anm. 20), Vol. 1, S. 276.
[45] Reimschema: ddee. Diese zweite ‚Einzelstrophe' des Gedichts korrespondiert in Silbenzahl und Rhythmik mit den Halbversikeln 1a und 1b. Auch ihr wurde bezeichnenderweise aus formalen und inhaltlichen Gründen die ursprüngliche Zugehörigkeit zum Gedicht abgesprochen, vgl. Winterfeld (Anm. 36), S. 441, Anm. 1; dagegen Strecker (Anm. 5), S. 43,33–44, mit Verweis auf die Parallelüberlieferung in allen drei Handschriftenzeugen.
[46] So schon Spanke (Anm. 28), S. 116.
[47] Hans Spanke, Zur Geschichte der lateinischen nicht-liturgischen Sequenz, in: Speculum 7 (1932), S. 367–382, hier: 374: ersichtlich in der Rhythmik der jeweils letzten 21 Silben.
[48] Vgl. Strecker (Anm. 5), S. 42,45; Spanke (Anm. 28), S. 115.

sung des Versikels, sei dies nun im Zusammenhang mit C oder bereits in einer Vorlage geschehen. Mit sechs gedrungenen, durchgehend beschriebenen Zeilen und einem den Versikelanfang markierenden Auszeichnungsbuchstaben *N* am linken Rand der betreffenden Kolumne fügt sich der Versikel in das Schriftbild des Gedichts (fol. 436$^{ra}$).[49] Das dialogische Entsprechungsverhältnis, wie es durch 3c vermeintlich gestört wird, ist im Schriftbild nicht sichtbar gemacht. Auch der materialwissenschaftliche Befund verhärtet somit den Eindruck eines Tripelversikels, der allein aus moderner Perspektive als ‚Fragment' (als Teil eines anderen Ganzen) zu greifen ist – im Überlieferungsträger überwiegt der manifeste Eindruck einer Einpassung in Form wie Layout. Das Prinzip der Einheitlichkeit scheint das bestimmende Gestaltungsmerkmal gewesen zu sein – sofern denn der Versikel tatsächlich im Zusammenhang des Codex zugedichtet oder als Marginalglosse der Vorlage übernommen wurde.[50] ‚Bruchstellen', die eine historische Rezeption des Versikels als einerseits dem Gedicht nicht zugehörig und andererseits einem anderen Zusammenhang entnommen plausibel machen würden, finden sich nicht. Für die h i s t o r i s c h e Lektüre lässt sich so ein ‚fragmentarischer' Status nicht beweisen und sollte der Interpretation weder des ‚Modus Liebinc' noch des Versikels 3c zugrunde gelegt werden.

Nun soll hier nicht unterstellt werden, die Editoren der Sammlung vor Lo Monaco hätten diese materielle Einheit nicht bemerkt. Sie folgen konsequent einem Werkbegriff, der sich aus dem textkritischen Prinzip der Rekonstruktion des vermeintlich auktorial beglaubigten Archetyps verpflichtet sieht. Formaler Bewertungsmaßstab ist neben dem Problem einer einzigen Doppelresponsion die an dieser Stelle abweichende Parallelüberlieferung.[51] Der Versikel 3c schließlich ist mit Blick auf den überlieferungsgeschichtlichen Befund eine unikale Lesart, und das, obwohl W und C vermutlich auf eine gemeinsame Vorlage zurückzuführen sind.[52] Entsprechend depriviligiert wurde die Literarizität der

---

[49] In P wie W findet sich, wie sonst üblicher, eine Präsentation näher am Prosalayout und keine einheitliche ‚strophische' Auszeichnung der einzelnen Versikel, vgl. Rigg / Wieland (Anm. 2), S. 117. In P und W findet keine Auszeichnung der einzelnen Versikel statt.

[50] Vgl. Anm. 79.

[51] Wohlweislich, obwohl alle genannten Editionen das Gedicht dezidiert als ‚Carmen Cantabrigiense' abdrucken, gerade kein davon unabhängiges ursprüngliches, zu rekonstruierendes Original ansetzen und die Interpolation somit genau deshalb beachtenswert wäre.

[52] So schon Strecker (Anm. 5), S. XII–XIV. Basis dieser Annahme ist die Übereinstimmung von vier Sequenzen, in der Betitelung von W: ‚Modus qui et Carelmanninc' (=CC 5); ‚Modus Ottinc' (=CC 11); ‚Modus Liebinc' (=CC 14); ‚Modus Florum' (=CC 15). Dieser Befund, zusammen mit der Tatsache, dass Stoffinhalte der ‚Carmina Cantabrigiensia' dem deutschsprachigen Raum, möglicherweise im Zusammenhang mit ‚Hofliteratur' (dazu zum Beispiel Hans-Jochen Schiewer, Ludwig, Otto, Heinrich

einzelnen Überlieferungsgestalt, und die vermeintlich textkritisch implausible, zu athetierende Variante in die Fußnoten verbannt. Diese editorische Entscheidung ist folgenreich, denn sie hätte Konsequenzen für die literarische Interpretation: Privilegiert wird in der Regel die Textgestalt von W und P,[53] die variante Textgestalt des ‚Modus Liebinc [C]' wird hingegen nur selten interpretatorisch berücksichtigt.[54]

## 3. Das Leid der Schneemutter: Varianz des ‚Schneekinds'

Auch wenn sich so der ‚Fragment'-Begriff für den Versikel 3c des ‚Modus Liebinc [C]' als ahistorisch herausstellt, eröffnet sich am vermeintlichen Fragment die Chance, ein historisches Moment literarischer Erzähltechnik beobachten zu können, wie das analog bereits für die volkssprachliche Überlieferung des ‚Schneekinds' geleistet wurde. Durch die formale ‚Bruchstelle' des dritten Versikels, der die sonst einheitliche Responsion der Halbversikel unterläuft, ist der interpolatorische Eingriff als solcher offenbar, wiewohl er vermutlich erst in moderner Perspektive als solcher wahrgenommen wird.[55] Ob die Integration einer vorgängigen separaten ‚Strophe' oder die Zudichtung eines dritten Versikels vorliegt, ob dies im Zusammenhang des Codex oder bereits zuvor erfolgt ist, kann nicht entschieden werden. Das ist jedoch für die Frage nach der spezifischen Erzähltechnik auch nur bedingt relevant.[56] Bei dem interpolierten Text

---

und das ‚Schneekind'. Hofliteratur und Klerikerkultur im literarischen Frühmittelalter, in: Literatur – Geschichte – Literaturgeschichte. Beiträge zur mediävistischen Literaturwissenschaft. Festschrift für Volker Honemann zum 60. Geburtstag, hg. v. Nine Miedema u. Rudolf Suntrup, Frankfurt a. M. u. a. 2003, S. 73–88) zuzuweisen sind, führte zur Hypothese einer „Ursequenzsammlung" (Strecker [Anm. 5], S. XV), vgl. dazu Ziolkowski (Anm. 3), S. xxx–xxxix.

[53] Vgl. die Gesamtinterpretationen: Peter Dronke, The Rise of the Medieval Fabliau. Latin and Vernacular Evidence, in: Romanische Forschungen 85 (1973), S. 275–297, hier: 279–282; Martha Bayless, Simulation and Dissimulation in the Snow Child Sequence (‚Modus Liebinc'), in: Mittellateinisches Jahrbuch 40 (2005), S. 75–83. Dennis R. Bradley, Variations on Some Cambridge Songs, in: Medium Ævum 59 (1990), S. 260–275, hier: 262, plädiert zwar für die relative Authentizität von C verglichen mit W und P, bezieht sich aber dezidiert nicht auf Versikel 3c.

[54] Vgl. die Interpretation von Armando Bisanti, Temi narrativi ed elementi novellistici, agiografici ed esemplari nei ‚Carmina Cantabrigiensia', in: Bollettino di Studi Latini 43 (2013), S. 191–235; zum Erzählen des ‚Modus' hier: 207–214, zu 3c: 211f. Er spricht von einer „variazione sul tema" (211), nach der erzähllogischen Funktion dieser Interpolation für das Gedicht fragt er nicht.

[55] Eine ‚Modus Liebinc' [P] und [W] vorausgehende Fassung mit 3c erscheint darüber hinaus auch in der Erzählstruktur unplausibel, vgl. Kühnel (Anm. 36), S. 151.

[56] Vgl. die überzeugenden Ausführungen zur Plausibilität einer Untersuchung von

liegt gerade kein wie bei anderen Varianten nur geringfügiger Eingriff vor, dessen analytische Valenz für die implizite Erzähltechnik an der Kontingenz eines Schreiberfehlers bzw. seiner Eigenschöpfung oder an der Rekonstruktion des relativen Platzes eines Textzeugen in der Überlieferungsgeschichte scheitern muss.[57] Im ‚Modus Liebinc [C]' liegt ein erzähltechnischer Eingriff vor, dessen Passgenauigkeit eine beabsichtigte Varianz hinreichend plausibel macht, und der nun als Varianz vor der Folie des restlichen Gedichts und sodann als mögliche Varianz im Rahmen der Gesamtsammlung diskutiert werden soll.

Die Varianz versnovellistischen Erzählens ist bekannt:[58] Hingewiesen wurde in jüngerer Zeit auf variante Titelgebungen, Paratexte und Epimythien; besondere Aufmerksamkeit erfuhren zudem insbesondere Überlieferungsgemeinschaften und deren Ausgestaltung in den Kodizes.[59]

---

Sammlungsanlagen bei Nicola Zotz, Sammeln als Interpretieren. Paratextuelle und bildliche Kommentare von Kurzerzählungen in zwei Sammelhandschriften des späten Mittelalters, in: ZfdA 143 (2014), S. 349–372, hier: 350: „Natürlich mag die Präsentation eines oder mehrerer Texte auch aus einer Vorlage übernommen worden sein, was sich aber ebenso selten nachweisen lässt. Außerdem verschiebt der Hinweis auf die Vorlage das Problem nur in einem sicher nicht infiniten Regress. Nicht zuletzt stand es jedem Schreiber frei, ob er der Vorlage folgen wollte oder nicht."

[57] Angesichts möglicher Eigenvarianzen der Schreiber führte dies beim ‚Modus Liebinc' in die Aporie; vgl. Bradley (Anm. 53), S. 261, zur Frage, ob *de quo* oder *inde* in 3b,6 (Zählung wie oben) vorgängig war: „The copyist of W may have unconsciously substituted *unde* for *de quo* because of their virtual interchangeability, or he may have sought to ‚correct' an apparent error, believing that *quo* had as its antecedent feminine *niue* (the simplest change, to *qua*, being inconceivable in this context): a similar explanation would hold good for *inde* of P" (ebd.). Sein Plädoyer für die ‚Authentizität' von C setzt das (implizite) Verwerfen der Möglichkeit eines kreativen Eingriffs in C oder dessen Vorlage voraus.

[58] Vgl. grundlegend Jean Rychner, Contribution à l'étude des fabliaux. Variantes, remaniements, dégradations, 2 Bde, Neuchâtel / Genf 1960.

[59] Vgl. zur Titelgebung: Matthias Meyer / Nicola Zotz, How to Name a Story? Rubrics – Headings – Titles, in: The Dynamics of the Medieval Manuscript. Text Collections from a European Perspective, hg. v. Karen Pratt, Bart Besamusca, Matthias Meyer u. Ad Putter, Göttingen 2017, S. 203–216 ; zu Paratexten: Florian Kragl, Die (Un-)Sichtbarkeit des Paratexts. Von einem Prinzip mittelalterlicher Buchgestaltung am Beispiel der ‚Herzmaere'-Überlieferung, in: PBB 138 (2016), S. 390–432; zu Epimythien: Matthias Kirchhoff, Rezeptions(er)zeugnisse. Kautelen für die Interpretation des Verhältnisses von *narratio* und *moralisatio* in mittelalterlichen Verserzählungen, in: *narratio* und *moralisatio*, hg. v. Björn Reich u. Christoph Schanze (BmE Themenheft 1), Oldenburg 2018, S. 183–205 (DOI: https://doi.org/10.25619/BmE2018112); vgl. außerdem Zotz (Anm. 56); Margit Dahm-Kruse, Versnovellen im Kontext. Formen der Retextualisierung in kleinepischen Sammelhandschriften (Bibliotheca Germanica 68), Tübingen 2018; Hans-Joachim Ziegeler, Erzählen im Spätmittelalter. Mären im Kontext von Minnereden, Bispeln und Romanen (MTU 87), München / Zürich 1985.

Ein vergleichbares Bild bietet das mittelhochdeutsche ‚Schneekind‘, das heute in zwei Fassungen (A und B) vorliegt. ‚Schneekind A‘ ist in fünf Handschriftenzeugen überliefert,[60] deren ältester auf einen Zeitraum von 1260 bis 1290 datiert werden konnte, wobei ein Entstehungszeitpunkt um 1260 präferiert wird.[61] ‚Schneekind B‘ ist unikal in einer Handschrift aus dem Jahr 1433 überliefert.[62] Die Fassungen teilen das grundlegende Handlungsmuster, sind aber sonst wohl voneinander – wie auch jeweils vom ‚Modus Liebinc‘ – relativ unabhängig[63] und setzen unterschiedliche Schwerpunkte. Wie Nora Echelmeyer und Matthias Kirchhoff in einer Analyse der Epimythien von ‚Schneekind A‘ und ‚B‘ dargelegt haben, zeigt ‚Schneekind B‘ im Vergleich zu ‚A‘ eine deutliche Sympathieverschiebung zugunsten der Frau. Und zwar, wie sie zurecht betonen, innerhalb und trotz der erzähllogischen Notwendigkeit der Kerngeschichte, für die die Frau notwendigerweise zur Lügnerin werden muss.[64] Realisiert wird die Sympathieverschiebung, indem in ‚Schneekind B‘ der Ehemann als Ziehvater eines schutzbefohlenen Kindes, sein Eidesbruch und der empörende Verkauf des Kindes an Nicht-Christen fokussiert werden.[65]

Diese Argumentation überzeugt insofern, als sie die Sympathieschwerpunkte in ‚A‘ und ‚B‘ deutlich differenzieren kann und auch Schwerpunktsetzungen der Überlieferungszeugen von ‚A‘ einleuchtend berücksichtigt.[66] Ob die Hypothese einer „diachron ablaufende[n] Perspektivenverschiebung"[67] angesichts der

---

[60] Kritisch ediert und in seiner Überlieferung aufgearbeitet von Kirchhoff: Das Schneekind A, hg. v. Matthias Kirchhoff, in: Deutsche Versnovellistik des 13. bis 15. Jahrhunderts (DVN), Bd. 1/1: Nr. 1–38, hg. v. Klaus Ridder u. Hans-Joachim Ziegeler, Berlin 2020, S. 49–54.

[61] Vgl. Karin Schneider, Gotische Schriften in deutscher Sprache, Bd. 1.1: Vom späten 12. Jahrhundert bis um 1300. Textband, Wiesbaden 1987, S. 177.

[62] Im Folgenden zitiert nach der kritischen Edition: Das Schneekind B, hg. v. Matthias Kirchhoff u. Paul Sappler, in: DVN (Anm. 60), Bd. 4: Nr. 125–175, S. 291–294; zur Handschrift vgl. Arend Mihm, Überlieferung und Verbreitung der Märendichtung im Spätmittelalter (Germanische Bibliothek, Reihe 3: Untersuchungen und Einzeldarstellungen), Heidelberg 1967, S. 78–92.

[63] Zum Verhältnis der Fassungen vgl. Frauke Frosch-Freiburg, Schwankmären und Fabliaux. Ein Stoff- und Motivvergleich (GAG 49), Göppingen 1971, S. 43–61, sowie Kühnel (Anm. 36), S. 142–146.

[64] Vgl. Nora Echelmeyer / Matthias Kirchhoff, *List, lüg* und *snöder reichtum*. Zum Wandel der Schuldbewertung im ‚Schneekind‘ A und B, in: ZfdA 145 (2016), S. 343–356, hier: 351f.

[65] Vgl. auch Friedrich Michael Dimpel / Martin Sebastian Hammer, Prägnanz und Polyvalenz. Rezeptionsangebote im ‚Klugen Knecht‘ und im ‚Schneekind‘, in: Prägnantes Erzählen, hg. v. Friedrich Michal Dimpel u. Silvan Wagner (Brevitas 1 – BmE Sonderheft), Oldenburg 2019, S. 319–349 (DOI: https://doi.org/10.25619/BmE20 193127), hier: 333–338.

[66] Vgl. Echelmeyer / Kirchhoff (Anm. 64), S. 355f.

[67] Ebd., S. 352.

schwierigen Fassungsdatierung so haltbar ist, sei dahingestellt.[68] Ähnliche Tendenzen der ‚Umwertung' der Kerngeschichte jedenfalls finden sich, wie zu zeigen sein wird, möglicherweise bereits Jahrhunderte vor dem ‚Schneekind B', im ‚Modus Liebinc [C]'.[69] Bei genauerem Hinsehen offenbart sich hier neben der formalen wie materiellen auch die inhaltliche Passung des Versikels 3c, und zwar über die Thematisierung von ‚Schnee' durch eine weibliche Sprecherin hinaus.[70] Im Gespräch der Ehefrau mit ihrem Mann, dem es das uneheliche Kind zu erklären gilt, schließt der Versikel eine vermeintliche kausallogische Lücke: Er lässt die Frau ein weiteres Mal zu Wort kommen und liefert somit eine genauere Motivation ihres Handelns, als es der vorausgehende Versikel 3b allein leisten konnte.

Die unbestimmte Frauenstimme des Versikels wird im Gedichtkontext determiniert als die Ehefrau, ihr *dilectus* als der abwesende Ehemann, auf dessen Rückkehr – zu See – sie wartet. Die erzähllogische Lücke des ‚Modus Liebinc', wie er in W und P überliefert ist und wohl auch in einer mindestens mittelbaren Vorlage von C vorgelegen haben muss, öffnet sich dort, wo die Frau ihrem zurückgekehrten Mann den Sohn zu erklären versucht. Auf seine Frage ‚*De quo', inquit, ‚puerum / istum habeas, / dic, aut extrema patieris*'[71] (3a) entgegnet die Ehefrau in 3b stotternd:

> ‚Mi', tandem, ‚mi coniux', inquit,
> ‚una uice in Alpibus
> niue sitiens extinxi sitim:
> De quo ego grauida
> istum puerum
> damnoso foetu, heu, gignebam. [...]'

> ‚Lieber – lieber Ehemann', sprach sie endlich,
> ‚einmal in den Alpen
> habe ich mit Schnee, vor lauter Durst, meinen Durst gestillt:
> Von dem schwanger,
> brachte ich diesen Jungen da
> in unheilvoller Geburt zur Welt. [...]'

---

[68] Vgl. ebd., S. 356.
[69] Auch diese zeitliche Vorrangigkeit darf dennoch keineswegs als pauschales Argument für oder gegen eine relative Chronologie der Fassungen untereinander angeführt werden. Versnovellistisches Erzählen ist variant, und narratologische Eingriffe der Schreiber/Kompilatoren innerhalb konkreter Schreiberprofile sind plausibel, ohne notwendigerweise, wenn sie denn für ‚gut' befunden werden, auf ‚das Original' zurückgehen zu müssen.
[70] Vgl. Dronke (Anm. 20), Vol. 1, S. 276.
[71] ‚Von wem', sprach er, ‚hast du das Kind da, sag's mir, oder du wirst das Schlimmste erleiden.'

Angesichts der deutlichen Parallele von Frage und Antwort (*de quo* [...] *istum puerum*) erscheint die Debatte müßig, ob – wie in P – *De quo* anstelle von *inde* emendiert werden sollte. Die Lesart der Handschrift ist plausibel und bewirkt eine engere Verzahnung des Dialogs. Die Pointe liegt gerade in der Parallele: Es ist eben kein anderer Mann, der sie geschwängert hat. Das umständliche Begründungsszenario der Frau schlägt sich in der ebenfalls umständlichen Ausdrucksweise nieder und erlaubt es ihr, den direkten Vorwurf des Mannes, sie habe ihn betrogen, aufzugreifen und umzudeuten: *damnosus* impliziert ein Anerkennen des finanziellen Schadens eines unehelichen Kindes.[72] Noch plausibler im Textzusammenhang ist eine Interpretation des Kindes als schadenbringend für die Sprecherin selbst – man denke an die Drohung des Mannes –, die vielleicht als eine moralische Wertung der Zeugung aufgefasst werden kann;[73] nicht allerdings als Schuldeingeständnis,[74] da sich sonst die weitere Erklärung in 3c erübrigen würde. Wie bereits für eine Interpretation des furchtsamen Stotterns ‚*mi – mi coniux*' muss man sich auch bei der doppelten Begründung der Frau in 3b und 3c den pragmatischen Kontext, die ungläubige Reaktion des Ehemanns, präsent halten.

Dieser Ungläubigkeit, die der behaupteten Schwangerschaft durch Schnee geschuldet sein dürfte, begegnet die Ehefrau in einem zweiten Anlauf. Wie sie bei ihrer ersten Anrede bereits gestottert hatte, so setzt sie auch hier noch einmal an: Sie bleibt bei ihrer, wenig plausiblen, Erklärung, liefert aber ein vermeintlich fehlendes argumentatives Detail nach, nämlich die Antwort auf die ungestellte Frage, weshalb die Ehefrau denn überhaupt in die Alpen gehen musste: Sie war liebeskrank und hatte ihn gesucht. War der Aufstieg in die Berge gar dieser Suche geschuldet und hat die damit verbundene Anstrengung der Reise schließlich den Durst verursacht, der zur Schwangerschaft führte? War es der Versuch, in den Bergen einen besseren Blick auf das Meer zu haben, wo sie sehnsuchtsvoll nach Zeichen seiner Rückkehr gesucht hatte? Dies wird von dem zweiten Halbversikel durchaus nahegelegt, und auch eines gewissen Humors entbehrt die Szene nicht, gerade weil der Mann ihren Erklärungsver-

---

[72] Vgl. die Interpretation von Udo Friedrich, Trieb und Ökonomie. Serialität und Kombinatorik in mittelalterlichen Kurzerzählungen, in: Wandel des Kulturellen – Wissen der Rhetorik – Wege der Metapher. Ausgewählte Aufsätze, hg. v. Andreas Hammer, Michael Schwarzbach-Dobson u. Christiane Witthöft (Literatur – Theorie – Geschichte. Beiträge zu einer kulturwissenschaftlichen Mediävistik 24), Berlin / Boston 2022, S. 235–262, hier: 249. Diese Deutung erscheint, da im gesamten ‚Modus Liebinc' Erziehung und finanzieller Aufwand nicht thematisiert werden, unwahrscheinlich; vgl. als Kontrastfolie ‚Schneekind A', V. 35–42.

[73] Vgl. s.v. *damnosus*, in: Mittellateinisches Wörterbuch, Band 3: D-E, hg. v. Heinz Antony u. a., begründet von Paul Lehmann u. Johannes Stroux, München 2007, Sp. 18f., hier: 19,1–3.

[74] Vgl. dagegen Frosch-Freiburg (Anm. 63), S. 54.

*Das Leid der Schneemutter*

suchen ja nun vorerst zu glauben scheint. Jedenfalls hebt sie nicht zu einer dritten Erklärung an, der folgende Versikel 4a setzt mit *Anni post hec quinque* (‚Fünf Jahre darauf') ihren Überzeugungsversuchen retrospektiv ein abruptes Ende.

Die Frau erhält im ‚Modus Liebinc [C]' – und nur hier – die Möglichkeit, ihre Position in einer Ausführlichkeit zu schildern, die gar mit dem strengen Responsionsverhältnis der Sequenz bricht. Sie kann sich als liebende Frau eines abwesenden Ehemanns stilisieren, sie bekommt einen zweiten Anlauf, ihre implausible Geschichte um weitere Begründungszusammenhänge anzureichern. Nicht der Durst habe sie in die missliche Lage gebracht, sondern das Liebesleid, das schließlich in letzter Konsequenz der schmerzlichen Abwesenheit ihres geliebten Mannes geschuldet war. Wie schon bei der Analyse der vermeintlichen ‚Einzelstrophe' manifest wurde, könnte hier nun im narrativen Kontext der zurückgekehrte Mann, dem diese Worte innerhalb der konkreten Situation vorgetragen werden, empathisch ihren Weg nachvollziehen: aus dem Bett in die Alpen, ihr seelisches wie körperliches Leid, die Rastlosigkeit ihrer Suche.

Ohne den Versikel 3c hatte das Gedicht das Bild einer Frau gezeichnet, die die Gelegenheit des abwesenden Ehemanns postwendend nutzt, um eine Reihe von Gästen freudig zu empfangen (CC 14, 2b) – ‚schwanger in der folgenden Nacht' (*atque nocte proxima / pregnans*); auf die Ungläubigkeit ihres Mannes hatte sie mit elaborierter Täuschung reagiert. In der interpolierten Fassung klagt sie in der Sprache des Hoheliedes ihr Liebesleid. Wie ernst muss man diese Worte wohl nehmen? Die stotternde Begründung und die Tatsache, dass die ‚Schneemutter' auf der fadenscheinigen Erklärung durch das Hinzuspinnen einer weiteren transparenten Lügengeschichte beharrt, statt die wahren Zusammenhänge zu offenbaren, nehmen Einfluss auf die Sympathielenkung. Im vermutlich jüngeren ‚Schneekind B' macht die Frau konsistent plausibel, aus *jamer* (V. 18) und *gir* (V. 27) das Schneekind empfangen zu haben. Die Erklärung der Frau im ‚Modus Liebinc [C]' hingegen ist im gesamten Narrativ des Gedichts das Ergebnis einer bewussten Entscheidung gegen die Wahrheit, so verständlich diese bei der Androhung ‚des Äußersten' sein mag.

Es steht außer Frage, dass diese Klage der Frau im Gesamtzusammenhang des Gedichts als Manipulationsversuch erkennbar ist, und zwar sowohl für ihren Ehemann als auch für die Rezipient:innen des Gedichts. Den zusätzlichen Versikel deshalb schlichtweg als misogyne Verschärfung der Erzählung zu interpretieren, hieße jedoch, die Kernhandlung rückzuprojizieren und das Spektrum möglicher Textvarianz zu überschätzen: Innerhalb des Rahmens, den die Erzähllogik notwendigerweise festlegt, gibt es nur wenige Stellschrauben, die narratologisch justiert werden können – die Trughaftigkeit der Frau gehört nicht dazu, stellt diese doch eine grundlegende Prämisse der Erzählung dar. Natürlich wird die Frau hier nicht entschuldigt, sondern vielmehr als ein in ihrer Manipulationskunst ebenbürtiges Pendant ihres Mannes ausgestellt.

Trotzdem wird im dritten Versikel die Figur der verlassenen Geliebten des Hoheliedes und damit das Liebesleid der verlassenen Frau eingespielt; so offensichtlich trügerisch die Erzählung einer Empfängnis in den Alpen notwendigerweise sein muss, so sehr entspricht der biblische Intertext doch nichtsdestoweniger der Ausgangssituation, in der sich die Frau zu Beginn des Gedichts wiedergefunden hat. Der Versikel leistet beides, sowohl eine Verschärfung der misogynen Dimension als auch die mögliche Sympathielenkung zugunsten der Ehefrau.

Gestützt wird diese ambivalente Interpretation des Versikels auch durch die weitere Varianz der Handschrift C. Hier nämlich lautet der Schluss (CC 14,6), verglichen mit den anderen beiden Handschriftenzeugen, folgendermaßen:

| [C, fol. 436$^{rb}$] | [W, fol. 62$^r$ = P, fol. 16$^r$] |
|---|---|
| Sic perfidus Sueuus coniugem deluserat, | Sic perfidam Sueuus coniugem[75] deluserat, |
| sic fraus fraudem uicerat: | sic fraus fraudem uicerat: |
| Nam quem genuit nix, | Nam quem genuit nix, |
| recte hunc sol liquefecit. | recte hunc sol liquefecit. |
| | |
| So hatte der treulose Schwabe die Ehefrau überlistet, so die eine List die andere übertroffen: den Jungen, den der Schnee gezeugt hatte, ja den hat die Sonne, wie erwartet, zum Schmelzen gebracht. | So hatte der Schwabe die treulose Ehefrau überlistet, so die eine List die andere übertroffen: den Jungen, den der Schnee gezeugt hatte, ja den hat die Sonne, wie erwartet, zum Schmelzen gebracht. |

Die Handschriftenzeugen P und W stellen dem Ehemann eine treulose Ehefrau gegenüber, die er überlistet, um so mit seiner Gegenlist das Gleichgewicht wiederherzustellen. Die Täuschungshandlung (*Sueuus deluserat*) wird mit dem Mann und das trügerische Wesen (*perfidam uxorem*) mit der Frau korreliert. In C ist die Wertung verkehrt; dem Mann fallen sowohl trügerisches Wesen als auch trügerische Handlung zu. Nicht mehr der (sexuelle) Betrug der Ehefrau, sondern das trügerische Verhalten des Mannes – sein scheinbares Einverständnis mit ihrer Geschichte und der Verkauf ihres Sohnes – wird ausgestellt. Mit der Entscheidung für *perfidus* im Epimythion verschiebt sich die Bewertung der vorhergehenden Geschichte, und der Betrug des Mannes, der im ‚Modus Liebinc' nur in der Verkaufshandlung Ausdruck findet, wird retrospektiv zu einem zentralen, moralisch missbilligten Hauptbestandteil der Geschichte.[76]

Ob es sich bei C um eine relativ ursprünglichere Textgestalt handelt, vermag nicht entschieden zu werden:[77] Die im Vergleich zu den anderen Textzeugen

---

[75] P: *coniungem*.
[76] Vgl. dagegen Breuls Hypothese, es ginge hier um die „bad reputation of the Swabians with the neighbouring tribes" (Breul [Anm. 28], S. 83). Sie findet keine Entsprechung im Plot des Gedichts.
[77] Die in W und P parallele Struktur der *sic*-Sätze (so Dronke [Anm. 53], S. 282f., Anm. 18) sind kein zwingendes Argument für die Vorrangigkeit der Textzeugen.

mögliche Umwertung der ‚Schneemutter' nicht nur als Lügnerin und Ehebrecherin, sondern eben auch als Opfer ihres trügerischen Mannes, ist im zusätzlichen Versikel 3c zumindest möglich und in der varianten Lesart des Schlusses manifest.[78] Eine fehlerhafte Integration eines am Seitenrand verzeichneten ‚Fragments', das zufällig derselben Melodie folgt,[79] ist angesichts der formalen und materiellen Passung bereits fraglich: Die erzählerische Passung des Versikels macht einen solchen Zufallsbefund gänzlich unwahrscheinlich.

Wenn der zusätzliche Versikel aus der Erzähl-, und nicht aus einer kontingenten Überlieferungslogik (i. e. der fehlerhaften Interpolation einer Marginalglosse) zu erklären ist, hat das Implikationen für die Edition des Gedichts. Es gilt, ihn notwendigerweise als Teil des Gedichts zu behandeln. Konsequenzen für die Rekonstruktion der Abhängigkeitsbeziehungen der ‚Modi Liebinc' untereinander,[80] oder aber des ‚Modus Liebinc' zur altfranzösischen bzw. mittelhochdeutschen Fassung,[81] haben die Varianten in C keineswegs, und narratologische Abweichungen – unabhängig von ihrem wahrgenommenen ästhetischen Wert – dürfen nicht pauschal auf den Textbestand des ‚Originals' zurückgeführt werden.[82] Unabhängige Eingriffe vonseiten eines Schreibers oder Kompilators schließlich können nicht ausgeschlossen werden, und zwar gerade dann, wenn sie auf dem erzähllogischen Gerüst einer gleichbleibenden Kerngeschichte beruhen. Insbesondere die Entscheidung zur Sympathieverschiebung zugunsten einer von zwei Protagonist:innen kann ohne Weiteres unabhängig voneinander getroffen worden sein: Der Modus der Sympathieverschiebung (‚Liebe') innerhalb der zentralen Paarbeziehung liegt schließlich nahe, ganz zu schweigen von der problematischen Frage einer auch mündlichen Überlieferung und insbesondere einer beim ‚Schneekind' aktiven rhetorischen Erzählpraxis,[83] die die lateinische wie volkssprachliche Textgestalt ‚kontaminieren' kann.

---

[78] Zu prüfen wäre hier außerdem die weitere lateinische Überlieferung, vgl. Paola Busdraghi, Il ‚bimbo di neve' nella letteratura mediolatina, in: Commedie Latine del XII e XIII secolo, Bd. 3, hg. v. Università di Genova. Facoltà di lettere (Pubblicazioni dell'istituto di Filologia Classica e Medievale 68), Genf 1980, S. 307–345, mit Editionen der relevanten Primärtexte.

[79] Vgl. Dronke (Anm. 20), Vol. 1, S. 276: „It is easy to imagine how this might have happened: in the German musical manuscript from which the English collection copied its words these lines may well have been written in the margin because they could be sung to the same tune as this pair of stanzas in the sequence, or perhaps because they had themselves provided this tune. It would have been easy enough for the English copyist to mistake them for a stanza to be inserted: here too a woman is speaking, and the occurrence of 'nives' here as in the sequence may have given an impression of continuity."

[80] Vgl. die Versuche von Bradley (Anm. 53) und Kühnel (Anm. 36), bes. S. 146f.

[81] Vgl. Frosch-Freiburg (Anm. 63), bes. S. 55f.

[82] Vgl. dagegen zum Beispiel Bradley (Anm. 53), S. 262.

[83] Vgl. dazu Nikolaus Henkel, Reduktion als poetologisches Prinzip. Verdichtung von

Unterstützt wird die Interpretation des ‚Modus Liebinc [C]‘ als eine tendenzielle Sympathielenkung zugunsten der Frau, darauf sei zum Abschluss wenigstens noch kurz hingewiesen, durch die Verortung des Gedichts innerhalb der ‚Carmina Cantabrigiensia‘. Wie eingangs festgestellt, ist die Gedichtsammlung im Codex in Abgrenzung zu vorherigen und folgenden Texten einheitlich gestaltet. Bei der Lektüre eines Textes als Teil einer entsprechend planvoll präsentierten Sammlung ist nicht nur die variante Textgestalt interpretatorisch auf ihre Relevanz zu prüfen – zumal der ‚Modus‘ keinen Einzelfall darstellt.[84] Gerade auch die Sammlung, in der der Text präsentiert wird, sollte auf ihr mögliches ästhetisches Potential hin befragt werden.

Das Arrangement des ‚Modus Liebinc [C]‘ innerhalb der Sammlung gehört zum ‚Werkzustand‘.[85] In den ‚Carmina Cantabrigiensia‘ ist die Schneemutter keineswegs die einzige weibliche Sprecherin, deren Perspektive eingebracht wird: In vier der fünf antiken Gedichte, die als ‚Fragmente‘ erörtert worden sind, thematisieren weibliche Figuren ihr Leid (CC 29; 31; 32; 34; 46).[86] Die biblische Rachel (CC 47) klagt über die Kinder, die sie verloren hat, eine Nonne und ihre Schwestern wiederum beklagen den Tod ihrer trächtigen Lieblingseselin (CC 20). Intertextuelle Referenzen zu weiteren Frauenstimmen in den ‚Carmina Cantabrigiensia‘ gibt es auch über die Eigencharakterisierung der Schneemutter als *languens* (CC 14, 1a,1). Ein Gedicht der Sammlung endet mit dem Ausspruch einer weiblichen Sprecherin, ‚ihre Seele schmerze‘ (*nam mea languet anima*, CC 40, 6,2).[87] Auch dieser Schmerz ist über die gemeinsame Hoheliedreferenz mit dem ‚Modus Liebinc [C]‘ verknüpft, allerdings hier eigentümlich unmotiviert.[88] Ein weiteres Gedicht der Sammlung lässt eine Frauen-

---

Erzählungen im lateinischen und deutschen Hochmittelalter, in: Die Kunst der *brevitas*. Kleine literarische Formen des deutschsprachigen Mittelalters. Rostocker Kolloquium 2014, hg. v. Franz-Josef Holznagel u. Jan Cölln, Wolfram-Studien XXIV (2017), S. 27–58, mit einer Interpretation der Erzähldynamiken der weiteren ‚Schneekind‘-Tradition.

[84] In der Sammlung gibt es mehrere Fälle dieser Interpolationen, so auch in CC 5 (die Halbversikel 6a und 6b; fol. 432[vb]). Llewellyn (Anm. 15), bes. S. 55, schlägt vor, auch Teile von CC 44 entsprechend aufzufassen. Das zugrunde liegende Prinzip dieser Überlieferungsvarianzen und ein Zusammenhang mit möglichen Vorlagen bleiben zu untersuchen.

[85] Vgl. Nikolaus Henkel, Vagierende Einzelstrophen in der Minnesang-Überlieferung. Zur Problematik des Autor- und Werkbegriffs um 1200, in: Fragen der Liedinterpretation, hg. v. Hedda Ragotzky, Gisela Vollmann-Profe u. Gerhard Wolf, Stuttgart 2001, S. 13–39, hier: 19, zu varianten Überlieferungen als „Werkzustände eigenen Rechts".

[86] Einzige Ausnahme ist CC 34 (=Verg. ‚Aen.‘ 2,268–283) – ein Exzerpt der Stelle, in der Aeneas im Traum den toten Hektor sieht und beklagt.

[87] Die Verszählung folgt hier und in den folgenden ‚Carmina Cantabrigiensia‘ Ziolkowski (Anm. 3), S. 116.

[88] Vgl. die Interpretation von CC 40 bei Katja Weidner, *Leuis exsurgit zephirus* (‚Car-

stimme mit *in languore pereo* („ich komme um vor Liebesleid', CC 49, 1,4) zu Wort kommen: Ihr Geliebter möge doch mit ‚dem Schlüssel' kommen.[89]

Auch wenn auf diese Querverweise hier nicht näher eingegangen werden kann, sollte man dieses Panorama dezidiert weiblicher Stimmen – die man durch solche des Dialogs, wie zum Beispiel in CC 25 oder 27, ergänzen könnte – für die Varianz des ‚Modus Liebinc [C]' zumindest mitbedenken. Seine Überlieferungsgemeinschaft sind gerade nicht nur ‚Modi', deren literarisch-musikalische Form wie in W durch die Titelsetzung als formales Sammlungskriterium erkennbar wäre, sondern ein „panoply of dialogues".[90] Eine wie in C variante Textgestalt des ‚Modus Liebinc', welche die Frau ein weiteres Mal zu Wort kommen, sie ihr Liebesleid klagen und ihre im Erzählkern missliche Lage noch einmal motivieren lässt, fügt sich in dieses Prinzip der Sammlung, schreibt ihr vielleicht umgekehrt den ‚Modus Liebinc' überhaupt erst ein.[91]

## 4. Conclusio: ‚Unsichtbare' Fragmente und ihre narratologische Implikation

Anhand des ‚Modus Liebinc [C]' sollte deutlich gemacht werden, dass interpolierte Strophen und Versikel zwar editorisch problematisch sein mögen, jedoch nicht pauschal als ‚Fragmente' gefasst werden dürfen. Wenn auf einen ahistorischen Fragment-Begriff verzichtet werden soll, um einen kontextualisierten Text h i s t o r i s c h als ‚Fragment' greifen und in seiner historischen Ästhetik produktiv machen zu können, bedarf es der Plausibilisierung möglicher ‚Bruchstellen'. Dies kann, wie in den ‚Carmina Cantabrigiensia', ein bekanntes oder vorliegendes Werkganzes leisten, dessen Vergleichsfolie die Bruchhaftigkeit offenbart; eine analoge Funktion übernehmen könnte aber natürlich auch eine materielle oder eindeutig formale ‚Bruchstelle'. Somit verschiebt sich der Zugang von der Suche nach einem Ganzen, das in den meisten Fällen in der mittelalterlichen Überlieferung schlichtweg nicht greifbar ist, hin zu einer Ästhetik des Fragmentarischen.

---

mina Cantabrigensia' 40). Eine geistliche Relektüre, in: *mîn sang sol wesen dîn*. Deutsche Lyrik des Mittelalters und der Frühen Neuzeit. Interpretationen, hg. von Tobias Bulang, Holger Runow u. Julia Zimmermann, Wiesbaden 2023, S. 9–28.

[89] Vgl. CC 49, 3,1. Die implizite sexuelle Lesart des Gedichts hat vermutlich zu dessen Rasur geführt.

[90] Llewellyn (Anm. 15), S. 56.

[91] Darüber hinaus zu prüfen wäre ein möglicher Zusammenhang der Überlieferungsvarianz des ‚Modus Liebinc [C]' mit dem Codex, der die Sammlung überliefert; diese Frage sprengt aber den Rahmen des vorliegenden Beitrags. Sind ähnliche Umarbeitungstendenzen auch außerhalb der Gedichtsammlung festzustellen, ergibt sich gar ein Muster?

Der Versikel 3c des ‚Modus Liebinc [C]' hingegen ist nur in einer ahistorischen Perspektive als ‚Fragment' zu fassen, seine Klassifizierung als solche einem spezifischen Werkbegriff und einem Erkenntnisinteresse jenseits des einzelnen Werkzustands erwachsen. In kontextualisierter Form erweist er sich als formal wie materiell eingepasst, indiziert eben nicht auf einen ‚vollständigen' Zusammenhang jenseits des Gedichts. Dieser pseudo-fragmentarische Zustand des ‚Fragments' macht es allerdings möglich, ein Moment literarischer Produktion zu fassen: die erzähltechnische Varianz, welche hier – wegen des formalen ‚Bruchs' eines ‚überzähligen' Versikels – als Umarbeitung manifest wird. Und doch könnten gerade solche vermeintlichen Fragmente in ihrer Überlieferungsvarianz Aufschluss geben über die konzeptionelle Anlage des Zusammenhangs, dem sie eingeschrieben sind.

Entsprechend groß ist das erzähltechnische Potential des pseudo-fragmentarischen Versikels für die Untersuchung der Textvarianz, weil hier sowohl ein Zufallsbefund als auch eine ‚auktoriale' Textgestalt ausgeschlossen und die Einpassung in ihrer veränderten narratologischen Valenz untersucht werden kann. Der interpolierte Versikel – als modern ‚sichtbares', ahistorisches ‚Fragment' – erweist sich so als Chance einer am historischen Erzählen interessierten Forschung: gerade deshalb, weil es keines ist.

## Anhang

Modus Liebinc [C][92]

1a Aduertite,
omnes populi,
ridiculum
et audite, quomodo
Sueuum mulier
et ipse illam defraudarat.

(Hört euch, liebe Leute, einen Witz an, und
hört zu, wie eine Frau einen Schwaben,
und wie der dann sie überlistet hat.)

1b Constantie
ciuis Sueuulus
trans equora
gazam portans nauibus
domi coniugem
lasciuam nimis relinquebat.

(Ein Schwäblein, Bürger von Konstanz,
als er einen Schatz übers Meer verschiffte,
hat eine allzu fröhliche Frau zuhause zurückgelassen.)

---

[92] Cambridge, University Libr., MS Gg. 5.35, fol. 435^vb–436^rb (= ‚Carmen Cantabrigiense' 14), zum Text vgl. Anm. 28. Zu den Urhebern der Konjekturen und den Lesarten von P und W siehe den kritischen Apparat von Ziolkowski (Anm. 3), hier: S. 209f. Die Unterstreichung der jeweils letzten beiden Zeilen markiert den musikalischen Refrain. In 2b,2 liegt in C eine Rasur von *uac-aret* vor, wobei die vormalige Endung *-aret* auch ohne UV-Belichtung weiterhin sichtbar ist. P/W: *uacat*.

*Das Leid der Schneemutter*

2a Uix remige
tristi secat mare,
ecce subito
orta tempestate
furit pelagus,
certant flamina,
tolluntur fluctus;
post multaque equora
uagum littore
longinquo nothus exponebat.

(Kaum sticht er mit trübseligem Ruder ins Meer, schau an, kommt plötzlich ein Unwetter auf, die Flut tobt, die Winde schlagen gegeneinander, die Wassermassen türmen sich auf; viele Meere später hat ihn der Südwind an einem fernen Ufer abgesetzt.)

2b Nam interim
domi uac⟨at⟩ coniunx,
mimi aderant,
iuuenes sequuntur,
quos et inmemor
uiri exulis
excepit gaudens,
atque nocte proxima
pregnans filium
iniustum fudit i⟨u⟩sto die.

(Tatsächlich ist seine Frau zuhause nicht müßig: Schauspieler haben sie besucht, dann junge Männer, und ohne einen Gedanken an ihren Ehemann in seinem Exil zu verschwenden, empfängt sie sie – freudig. Schwanger in der darauffolgenden Nacht, hat sie einen illegitimen Sohn nach dem gesetzmäßigen Zeitraum[93] geboren.)

3a Duobus uolutis annis
exul dictus reuertitur.
Occurit infida coniux
secum trahens puerulum.
Datis osculis maritus illi:
‚De quo', inquit, ‚puerum
istum habeas,
dic, aut extrema patieris.'

(Zwei Jahre sind vergangen, der Genannte kehrt aus seinem Exil zurück. Entgegen kommt die treulose Ehefrau, an der Hand ein kleiner Junge. Sie küssen sich, und der Mann sagt zu ihr: ‚Von wem hast du den Jungen da, sag es mir, oder du wirst das Schlimmste erleiden.')

3b At illa maritum timens
dolos uersat in omnia.
‚Mi', tandem, ‚mi coniux', ait,
‚una uice in Alpibus
niue sitiens extinxi sitim:
De quo ego grauida
istum puerum
damnoso foetu, heu, gignebam.'

(Doch sie, aus Angst vor dem Ehemann, wendet List bei der ganzen Sache an. ‚Lieber – lieber Ehemann', sagt sie schließlich, ‚einmal in den Alpen habe ich mit Schnee, vor lauter Durst, meinen Durst gestillt: Von dem schwanger brachte ich diesen Jungen da bei einer unheilvollen Geburt zur Welt.)

3c Nam languens amore tuo
consurrexi diluculo
perrexique pedes nuda
per niues et ⟨per⟩ frigora,
atque maria rimabar mesta,
si forte uentiuola
uela cernerem,
aut frontem nauis conspicerem.'

(Krank vor Liebe zu dir bin ich in aller Frühe aufgestanden, losgezogen bin ich, barfüßig, durch Schnee und Eiseskälte, und das Wasser habe ich abgesucht, ob ich vielleicht ein aufgeblähtes Segel sehen oder den Bug eines Schiffes erkennen könnte.)

---

[93] Das Wortspiel *iniustus filius – iustus dies* lässt sich nur schwer ins Deutsche übertragen: Wie die Übersetzung deutlich zu machen versucht, geht es um die natürliche Dauer der Schwangerschaft.

4a Anni post hec quinque
transierunt aut plus,
et mercator uagus
instaurauit remos,
ratim quassa⟨m⟩ reficit,
<u>uela colligat,</u>
<u>et niuis natum duxit secum.</u>

(Danach verstrichen fünf Jahre oder noch
länger – der fahrende Kaufmann erneuert
die Ruder,
repariert das zerrüttete Schiff und setzt Segel: das Schneekind nahm er mit.)

5a Ingressusque domum
ad uxorem ait:
‚Consolare coniunx,
consolare, cara:
Natum tuum perdidi,
<u>quem non ipsa tu</u>
<u>me magis quidem dilexisti.</u>

(Zuhause tritt er ein und sagt zu seiner
Frau: ‚Trost, Ehefrau, Trost, meine Liebe:
Ich habe dein Kind verloren, das nicht einmal du mehr geliebt hast als ich.)

6 Sic perfidus
Sueuus coniugem
deluserat,
sic fraus fraudem uicerat:
<u>Nam quem genuit</u>
<u>nix, recte hunc sol liquefecit.</u>

(So hat der treulose Schwabe die Ehefrau
überlistet, so die eine List die andere übertroffen: den Jungen, den der Schnee gezeugt hatte, ja den hat die Sonne, wie erwartet, zum Schmelzen gebracht.)

4b Transfretato mare
producebat natum,
et pro arrabone
mercatori tradens
centum libras accipit,
<u>atque uendito</u>
<u>infante diues reuertitur.</u>

(Nach der Seereise bot er das Kind zu Verkauf an und tauschte ihn bei einem Kaufmann gegen Geld ein – hundert Pfund
bekommt er und kehrt nach dem Verkauf
des Jungen als reicher Mann zurück.)

5b Tempestate orta
nos uentosus furor
inuadosas sirtes
nimis fessos eger-
et nos omnes sol graui-
ter torquens, at il-
<u>le tuus natus liquefecit.'[94]</u>

(Ein Unwetter ist aufgekommen, ein rasender Sturm hat uns, weil wir zu erschöpft
waren, auf eine seichte Sandbank getrieben. Uns beide hat die Sonne fürchterlich
gequält, dein Kind aber, das hat sie zum
Schmelzen gebracht.)

---

[94] Vgl. den kritischen Text nach Ziolkowski (Anm. 3), S. 66–68, auf der Grundlage von P und W: ‚*Tempestate orta / nos uentosus furor / inuadosas sirtes / nimis fessos egi*t */ et nos omnes* grauiter / <u>torret sol *at il-* / *le tuus natus lique*scebat.'</u>

## Das Leid der Schneemutter

Abstract: The Latin 'Snow Child', as preserved in the manuscript CUL, Gg. 5.35 [C] as part of the Cambridge Songs (mid-11th century) and without its own title, is unique: the formal parallelism of this 'sequence' is disrupted by a third versicle 3c that does not appear in the parallel manuscript transmission. Based on this formal disruption, most editors identified an interpolated 'fragment' and publish it separately as a supposed extraneous element. The article takes this finding as an opportunity to rethink the concept of 'fragment' as a category of historical reception, i.e. with regard to historic visibility. As far as the Latin 'Snow Child' in the 'Modus Liebinc' [C] is concerned, the interpolated versicle is, according to the main argument of the article, integrated almost seamlessly. It is indeed crafted to fit in terms of mise en page, narrative and, in certain respects, also form; the interpolation is only visible ahistorically, in light of parallel transmission. Reading the versicle not as fragmentary but instead as a moment of historical textual variance reveals a specific reworking of the text that puts the mother of the 'Snow Child' in a decisively new perspective.

## ‚Mantel' und ‚Erec'

Textallianzen in den Bearbeitungen des altfranzösischen ‚Lai du cort mantel' und von Chrétiens de Troyes ‚Érec et Énide' in Deutschland und Skandinavien

von Stefan Abel

### 1.

Obwohl seit seiner Entstehung um 1185 unter Zeitgenossen und nachfolgenden Generationen landläufig bekannt, ist der ‚Erec' Hartmanns von Aue, fast vollständig, nur im Ambraser Heldenbuch (1504–1517) überliefert, das der Zollschreiber Hans Ried († 1516) im Auftrag Kaiser Maximilians I. niederschrieb und das ‚alte' Texte des 12. und 13. Jahrhunderts konserviert; ein der altfranzösischen Vorlage, Chrétiens de Troyes ‚Érec et Énide' (um 1160), entsprechender Prolog und Teile des Beginns fehlen dem Hartmann'schen ‚Erec'. In jener gewaltigen Sammelhandschrift tritt dieser ‚Erec' in eine eigenwillige, symbiotische Textallianz[1] mit dem darin unikal überlieferten ‚Mantel' (1. Hälfte 13. Jahrhundert). Und dieser Vorgang geht in dieser Verserzählung über eine Keuschheitsprobe am Artushof, verglichen mit ihrer altfranzösischen Vorlage, dem ‚Lai du cort mantel' (1200–1210), nicht ohne inhaltliche Eingriffe seitens des anonymen Bearbeiters vonstatten. Dieser Anonymus, verantwortlich zumindest für Riads deutsche Vorlage des Ambraser ‚Mantels', ist nicht zwingend identisch mit dem unbekannten Dichter, der sich zuallererst des altfranzösischen Lais annahm, um daraus eine deutschsprachige Verserzählung zu machen. Am Ende eines Blocks mit (Ps.-)Hartmann'schen Texten im Ambraser Heldenbuch (Wien, Österr. Nationalbibl., Cod. Ser. nova 2663) – zu-

---

[1] Zum Begriff der Textallianz, einer „Zusammenstellun[g] von Textexemplaren [‚Mantel' und ‚Erec', St. A.] verschiedener Textsorten [Lai und Artusroman, St. A.]", siehe Franz Simmler, Theoretische Grundlagen zur Ermittlung von Textsorten und Textallianzen und zur Reichweite des Textbegriffs, in: Literarische und religiöse Textsorten und Textallianzen um 1500, Bd. 1: Textsorten und Textallianzen um 1500: Handbuch Teil 1, hg. v. Alexander Schwarz, Franz Simmler u. Claudia Wich-Reif (Berliner Sprachwissenschaftliche Studien 20), Berlin 2009, S. 11–21, hier: 16.

nächst ‚Iwein' (fol. 5^{vc}–22^{rc}), ‚Klage' (fol. 22^{rc}–26^{va}), ‚Das (zweite) Büchlein' (fol. 26^{va}–28^{rb}) – dockt der ‚Erec' (fol. 30^{rb}–50^{vb}) unvermittelt, ohne Reimbindung und inhaltlichen Übergang, an den abrupt endenden ‚Mantel' (fol. 28^{rb}–30^{rb}) an (siehe Abb. 1).[2]

Damit tritt dieser seinerseits an die Stelle des dem Ambraser ‚Erec' fehlenden Prologs und Textbeginns, und so verschmelzen beide Teiltexte zu einer textlichen Einheit unter einer gemeinsamen Rubrik.[3] An der Nahtstelle beider Teiltexte kollidieren interfigural miteinander der ‚böse' Chai, Exempelfigur für unhöfisches Betragen bis zum Ende des ‚Mantels', und der ‚gute' Erec, Exempelfigur für höfische Tugendhaftigkeit am Beginn des ‚Erec' im Ambraser Heldenbuch. Dessen erster Vers entspricht dem Wortlaut einer ganz bestimmten altfranzösischen Handschrift (ms. H) von Chrétiens ‚Érec et Énide': Paris, Bibl. Nationale, fonds français 1450 (Nordfrankreich, 2. Viertel 13. Jahrhundert, 264 Bll.).[4] Auch dem ‚Erec'-Text dieser Handschrift fehlt der 26versige Prolog, da Chrétiens ‚Érec et Énide' darin nach einigen Übergangsversen inhaltlich unmittelbar auf den in Vers 9798 (von insgesamt 14 866 Versen) für einen umfangreichen Einschub unterbrochenen ‚Roman de Brut' (1155) des Wace folgt. In diesem Einschub, der den ‚Roman de Brut' zweiteilt, befinden sich neben ‚Érec et Énide' (fol. 140^{ra}–158^{vb}) auch Chrétiens ‚Conte du Graal' mit einem Teil der ‚Première Continuation' (Kurzfassung, fol. 158^{vb}–188^{va}), ‚Cligés'

---

[2] Wien, Österr. Nationalbibl., Cod. Ser. nova 2663 (https://onb.digital/result/100277D3; sämtliche in diesem Beitrag angeführten digitalen Ressourcen wurden zuletzt abgerufen am 29.02.2024).

[3] Rubrik: *Aber von kunig Artus vnd seinem Hofgesind, auch Helden und handlungen, als von her Gabein, Khay, Yrecken eins Mantlshalben, so kunig Artus hausfrauw vnd ander frawen anlegen müesten, dardurch man ynnen ward irer trew, Sunderlich von Erick vnd seiner hausfrawen ain tail ain schon lesen* (Ambraser Heldenbuch, fol. 28^{rb}); vgl. die Tabula, ebd., fol. I^{ra}.

[4] Diese Kontrastierung hat eine Entsprechung im ritterlichen Duell zwischen Erec und Keie in Hartmanns ‚Erec', V. 4629,6–4832: Keie möchte die Erschöpfung des infolge des Guivreiz-Kampfes verwundeten Erec ausnutzen, um ihn, einmal in seine Gewalt gebracht, zum Artushof abzuführen, *daz er dann wolt sagen, / Er het im die wunden geslagen / und er solt gefangen sein* (V. 4630–4632). (Der ‚Mantel' und Hartmanns von Aue ‚Erec' werden hier und im Folgenden zitiert nach der Ausgabe: Hartmann von Aue, Ereck. Textgeschichtliche Ausgabe mit Abdruck sämtlicher Fragmente und der Bruchstücke des mitteldeutschen ‚Erek', hg. v. Andreas Hammer, Victor Millet u. Timo Reuvekamp-Felber, Berlin / Boston 2017 [darin auch vorgeschaltet die Ausgabe des ‚Mantel'], S. 50 u. 52). Erec durchschaut den Plan und besiegt Keie im Zweikampf. Wie im ‚Mantel' stellt der Erzähler im ‚Erec' Keie in seiner wesenhaften Unverbesserlichkeit und, neu, in seiner moralischen Zerrissenheit heraus (V. 4636–4658); vgl. Ineke Heß, Rezeption und Dichtung im Mittelalter. Zur Überlieferung des ‚Mantel' im Ambraser Heldenbuch, in: Lesen und Verwandlung. Lektüreprozesse und Transformationsdynamiken in der erzählenden Literatur, hg. v. Steffen Groscurth u. Thomas Ulrich (Literaturwissenschaft 21), Berlin 2011, S. 155–185, hier: 174f.

‚Mantel' und ‚Erec'

(fol. 188$^{vb}$–207$^{va}$), ‚Chevalier au lion' (fragm., fol. 207$^{vb}$–218$^{vc}$) und ‚Chevalier de la charrette' (fragm., fol. 221$^{ra}$–225$^{ra}$), bevor der ‚Roman de Brut' (ab fol. 225$^{ra}$) fortgesetzt wird.

grosse boshait an im lag, / Wann er je des siten phlag, / daz er das sagt von dem man, / wo Er In am maisten beschwärte an. / sölhe site Er nie verchos. / Er was also zuchtlos, / des mocht In niemand entziehen. / seine wort mûst man fliehen[.]$^{994}$ // $^1$ b e i   I r   u n d   b e i   I r   w e i b e n [ , ]  / ditz was Erech Vilderoilach, / der baiden frumbkait und salden phlag. / **D**urch den die rede erhaben ist. (‚Mantel', V. 987–994 mit ‚Ambraser Erec', V. 1–4 [Hervorhebung der Initiale in der Edition, Sperrung St. A.])$^5$

[La roine Genievre estoit / El bois u les ciens escotoit. / Por oriller et escouter / S'il oroient home corner / Ne cri de chien de nule part, / Tot .iii. furent en .i. essart, / Mais d'als tant eslongié estoient / Cil qui le cerf cacié avoient / Que mais n'em porent oir rien, / Ne cor ne corneor ne cien. /] D a l e s   l i   s a   p u c e l e   e s t o i t  / Et Eres qui molt prous estoit. / Les le chemin sont aresté. (Chrétien de Troyes, ‚Érec et Énide', V. 125–137, eigene handschriftennahe Edition nach ms. H, fol. 140$^{rb}$, Hervorhebungen St. A.)$^6$

Ist es möglich, dass jene unikal bezeugte Textallianz von ‚Mantel' und ‚Erec' schon in Hans Rieds Vorlage mit einer Reihe (mutmaßlich) Hartmann'scher Texte vorlag, um tatsächlich einstige Textverluste am Beginn des ‚Erec' zu kompensieren und so einen großen ‚Mantel-Erec'-Roman im Umfang von mehr als 11 000 Versen zu bilden? Der komparatistische Blick auf Deutschland und

---

5   Die Interpunktion in ‚Mantel', V. 994, und ‚Erec', V. 1, ist vom Verfasser mit Blick auf die altfranzösische Vorlage (nach ms. H) angepasst.
6   Gegenüber der Standardausgabe – Christian von Troyes, Erec und Enide, hg. v. Wendelin Foerster (Christian von Troyes sämtliche Werke 3), Halle a. S. 1890, S. 5f. – ist die Versfolge in ms. H vertauscht: V. 125 (mit Lombarde), 126, 133–136, 129–132, 127, 128, 137. Dennoch bietet die Handschrift einen sinnvollen Text, welcher aufgrund der Einbettung von ‚Érec et Énide' und anderer darin überlieferter Artusromane Chrétiens de Troyes in Waces ‚Roman de Brut' ebenfalls der Prolog (V. 1–26) fehlt. Übersetzung (V. 125–137): ‚Königin Guenievre war im Wald, wo sie auf die Hunde horchte. Um zu lauschen und zu hören, ob sie jemanden das Horn blasen oder irgendwo ein Hundegebell vernehmen würden, waren alle drei auf einer Rodung, aber die, die den Hirsch gejagt hatten, waren inzwischen so weit von ihnen entfernt, dass man von ihnen nichts hören konnte, weder Horn noch Jagdpferd noch Hund. Neben ihr befanden sich ihre Hofdame und Erec, der sehr tüchtig war. Neben dem Weg machten sie Halt' (Übersetzung vom Verfasser angepasst an Wortlaut und Versfolge von ms. H, in Anlehnung an: Chrétien de Troyes, Erec et Enide, übers. u. eingel. v. Ingrid Kasten [Klassische Texte des romanischen Mittelalters in zweisprachigen Ausgaben 17], München 1979, S. 19). Zu unterschiedlichen Einschätzungen des Übergangs zwischen ‚Mantel' und ‚Erec' und des Zusammenhangs beider Werke siehe Marie-Sophie Masse, Translations de l'œuvre médiévale (XII$^e$-XVI$^e$ siècles). Érec et Énide – Erec – Ereck (Rezeptionskulturen in Literatur- und Mediengeschichte 15), Würzburg 2020, S. 192, Anm. 33, sowie S. 193–196.

Skandinavien, auf Überlieferung und Bearbeitungstendenzen von ‚Mantel' bzw. ‚Möttuls saga' (1217–1263), der altwestnordischen Prosabearbeitung des altfranzösischen Lais, und von ‚Erec' bzw. ‚Erex saga' (Mitte 13. Jahrhundert), der altwestnordischen Prosabearbeitung von Chrétiens ‚Érec et Énide', verspricht neue Aufschlüsse und kann altbekannte Dinge in ein neues Licht rücken. Er zeigt überregionale und transkulturelle Tendenzen auf, relativiert so die Eigenheiten des deutschen ‚Erec' und lässt über etwaige Abhängigkeiten und Einflüsse nachdenken. Immerhin weist die ‚Möttuls saga' bei der Überlieferung im Verbund mit der ‚Erex saga' und bei der inhaltlichen Bearbeitung des altfranzösischen Lais markante Ähnlichkeiten mit den Verhältnissen im Ambraser Heldenbuch auf.

## 2.

Das anonym verfasste ‚Lai du cort mantel' (im Umfang von 664 bis 913 Versen) schwankt gattungstypologisch zwischen *lai narratif*, einer kurzen Verserzählung keltischer Stoffe, und schwankhaftem Fabliau und handelt von einer Keuschheitsprobe am Artushof: Der Bote einer namenlosen Fee präsentiert vor Artus einen prächtigen, magischen, von ebendieser Fee hergestellten Mantel,

> qui les fausses dames descuevre. / Ja fame qui l'ait afublé, / së ele a de rien meserré / vers son seignor, së ele l'a, / ja puis a droit ne li serra; / në aus puceles autressi, / së ele vers son bon ami / avoit mespris en nul endroit, / ja puis ne li serroit a droit / que ne soit trop lonc ou trop cort (‚Lai du cort mantel', V. 202–211)[7]

Der Bote verlangt, dass sämtliche Damen des Artushofs den Mantel öffentlich anprobieren, und Artus, durch das dem Boten gewährte *don contraignant* dazu gezwungen, gibt dieser Forderung statt. Zur Schande des Artushofs passt der Mantel keiner der Probandinnen, Artus' Gemahlin und den Damen der besten Artusritter (Estor, Keu, Gauvain, Yvain, Perceval, Ydier). Der Mantelstoff gerät einmal zu lang, ein andermal zu kurz und lässt, unter öffentlichem Spott, diejenigen Körperteile unbedeckt, mit denen speziell Unkeuschheit geübt wor-

---

[7] Hier und im Folgenden zitiert nach der Ausgabe: Le manteau mal taillé, in: ‚Le lai du cor' et ‚Le manteau mal taillé'. Les dessous de la Table ronde, édition, traduction, annotation et postface de Nathalie Koble. Préface d'Emmanuèle Baumgartner, Paris 2005, S. 53–87. Engl. Übersetzung: „That reveals unfaithful ladies. / If the lady who has put it on / Has done wrong in any way / Towards her good husband, if she has one, / The mantle will not fit her properly. / And the same for the maidens: / Any one of them who towards her beloved / Has erred in any respect / Will find that it will never fit her truly, / Without being too long or too short" (The Lay of ‚Mantel', ed. by Glyn S. Burgess and Leslie C. Brook [French Arthurian Literature 5], Cambridge 2013, V. 202–211).

den sei. Nur Galeta, die Dame des Artusritters Carados Briebras, ist siegreich und erhält den Mantel als Preis, der später in eine walisische Abtei gebracht worden sei, wo er noch heute (!) zur Anprobe bereitliege.[8] Das Lai ist ein inszeniertes Spiel mit der literarischen Kenntnis des Publikums. Es erinnert nämlich sowohl bei der Beschreibung des Fests als auch bei der Präsentation der einzelnen Damen und ihrer Verfehlungen an zahlreiche Stoffe der *matière de Bretagne*,[9] intertextuell abgerufen über die arthurischen (vor allem männlichen) Figurennamen; so übrigens auch bei den vielen namentlich genannten Gästen des Hochzeitsfests in Chrétiens ‚Érec et Énide' (V. 1915–2292). Sofern das ‚Lai du cort mantel' nicht als Episode in umfangreiche Artusepen eingebettet ist, wie etwa in Ulrichs von Zatzikhoven ‚Lanzelet',[10] steht es eigenständig tradiert in keinem Textzeugen in Mitüberlieferung mit Chrétiens ‚Érec et Énide' oder irgendeines anderen Artusromans. Vielmehr treffen wir es in vier nach dem Prinzip der Similarität konzipierten Sammelhandschriften (A, B, D und T) mit Lais und Fabliaux überliefert an; die Textzeugen stammen allesamt aus der Île-de-France oder der Picardie, nicht jedoch aus (dem anglonormannischen) England.[11] Die Voranstellungen von Bearbeitungen des ‚Lai du cort mantel' vor den ‚Erec' im Ambraser Heldenbuch hat somit kein Vorbild in Frankreich!

---

[8] Die Liebesgeschichte von Carados Briebras und seiner Guignier (!) erzählen Branche III (mit je nach Textzeugen und Fassung elf bis sechzehn Episoden) der ‚Première Continuation' (1. H. 13. Jh.) sowie die entsprechenden Textpassagen in Übertragung des ‚Rappoltsteiner Parzifal', Sch 45,35–169,41 (Text: Parzifal von Claus Wisse und Philipp Colin [1331–1336]. Eine Ergänzung der Dichtung Wolframs von Eschenbach, hg. v. Karl Schorbach [Elsässische Litteraturdenkmäler aus dem XIV–XVII. Jahrhundert I], Straßburg 1888).

[9] Wolfgang Achnitz, Deutschsprachige Artusdichtung des Mittelalters. Eine Einführung (De Gruyter Studium), Berlin / Boston 2012, S. 232 (Hervorhebung im Original).

[10] Hier und im Folgenden zitiert nach der Ausgabe: Ulrich von Zatzikhoven, Lanzelet, 2 Bde, hg. v. Florian Kragl, Berlin / New York 2006, V. 5679–6228, mit Iblis als Siegerin; siehe auch Raoul Houdenc (um 1165–1230), ‚La vengeance Raguidel' (V. 3906–3973; Text: La vengeance Raguidel. Altfranzösischer Abenteuerroman, hg. v. Mathias Friedwagner [Raoul von Houdenc. Sämtliche Werke 2], Halle a. S. 1909) und die mnl. Bearbeitung (um 1260–1280) ‚Wrake van Ragisel' (V. 1337–1368; Text: Die wrake van Ragisel. Onderzoekingen over de middelnederlandse bewerkingen van de Vengeance Raguidel, gevolgd door een uitgave van de Wrake-teksten, 2 Bde, hg. v. Willem P. Gerritsen [Neerlandica Traiectina 13], Assen 1963). Womöglich tauchte der ‚Mantel' in Deutschland zunächst nicht als eigenständiger Text, sondern vielmehr als in den Romankontext eingebettete Episode auf, weil man dort mit einem textlichen Vertreter der eigenständigen Gattung Lai (noch) nichts anzufangen wusste. Dies trifft für den norwegischen Literaturbetrieb wohl nicht zu, da zeitlich zu den *riddarasögur*, darunter die ‚Möttuls saga', auch die ‚Strengleikar' entstanden sind, eine altwestnordische Prosabearbeitung der Lais der Marie de France. Zur Diskussion über eine gemeinsame Vorlagenhandschrift, ein *bok*, für ‚Möttuls saga' und ‚Strengleikar' siehe Marianne E. Kalinke, Introduction, in: Mǫttuls saga, ed. by M. E. K. With an Edition of ‚Le Lai du cort mantel' by Philip E. Bennett (Editiones Arnamagnæanæ, Series B 30), Kopenhagen 1987, S. LXI–LXIV.

[11] A: Paris, Bibl. Nationale, fonds français 1593 (franzisch, 13. Jh., Fabliaux),

Die ‚Möttuls saga' (altnord. *möttul*, ‚Mantel'), die altwestnordische Bearbeitung des altfranzösischen ‚Lai du cort mantel', gehört zur Gruppe der *riddarasögur* (‚Rittersagas'), (meist) vorlagennaher Prosabearbeitungen höfischer, aus Frankreich importierter Versepik vor allem der *matière de Bretagne* (so etwa ‚Tristams saga ok Ísöndar', ‚Ívens saga', ‚Percevals saga' mit ‚Valvens þáttr', ‚Erex saga' und ‚Strengleikar', i. e. Lais der Marie de France), die am norwegischen Hof in der Regierungszeit König Hákons IV. Hákonarson (*1204, 1217–1263) oder kurze Zeit später entstanden sind. Damit suchte Hákon IV. den literarisch-kulturellen Anschluss an das kontinentale Europa.[12] Auch im Fall der ‚Möttuls saga' erweist sich der Bearbeiter als sehr fähig und vorlagentreu. „Les courtes additions que présente çà et là cette excellente traduction doivent s'être trouvées déjà dans l'exemplaire envoyé à la cour norvégienne",[13] jedoch ist uns von dieser und allen übrigen Prosabearbeitungen keine einzige norwegische Handschrift überliefert, die Hákons Regierungszeit zeitlich irgendwie nahekäme, vielmehr nur spätere, jedoch durchaus verlässliche, isländische Abschriften und Abschriften dieser Abschriften aus der Zeit zwischen dem 14. und 19. Jahrhundert.

In der Überlieferungssituation von ‚Mantel' und ‚Erec' in Deutschland bzw. von ‚Möttuls saga' und ‚Erex saga' in Skandinavien bestehen gewisse Übereinstimmungen: Hier wie dort sind beide Texte zum einen ungewöhnlich spät überliefert. Ihr in Frankreich nicht bezeugter Überlieferungsverbund ist jedoch, zumindest was die Überlieferung der beiden *riddarasögur* in Island betrifft, handschriftlich erstmals in der Mitte des 14. Jahrhunderts bezeugt: Das Per-

---

fol. 111$^{vb}$–115$^{vb}$ (664 Verse); B: Bern, Burgerbibl., Cod. 354 (ostfranzisch / westchampagnisch, Ende 13. Jh., vor allem Dits und Fabliaux), fol. 93$^{va}$–100$^{vb}$ (881 Verse); C: Paris, Bibl. Nationale, fonds français 353 (franzisch, 1. H. 14. Jh., Aimon der Varennes, ‚Roman de Florimont'), fol. 42$^{ra}$–44$^{rb}$ (727 Verse); D: ebd., nouv. acq. fr. 1104 (franzisch mit pikardischen Elementen, Ende 13. Jh. / Anfang 14. Jh., Lais), fol. 48$^{vb}$–54$^{va}$ (913 Verse); T: ebd., fonds français 837 (franzisch, 13. Jh., Dits, Fabliaux, Verserzählungen), fol. 27$^{ra}$–31$^{rb}$ (834 Verse); ebd., fonds français 2187 (13. Jh., ‚La Vie des Pères', Chronologie der französischen Könige bis Ludwig VI), fol. 155 (fragm., 29 Verse, siehe Anm. 55). Hinzu kommt die Prosaversion des Lais: ebd., fonds français 2153 (16. Jh.), und im Druck, Lyon: François Didier, 1577/78, vgl. French Vernacular Books. Books published in the French language before 1601, ed. by Andrew Petegree, Malcolm Walsby and Alexander Wilkinson, 2 Bde, Leiden 2007, hier: Bd. 2, S. 341 (Nr. 36116).

[12] Vgl. Susanne Kramarz-Bein, Literarische Milieus in der skandinavischen höfischen Literatur des 13. bis 15. Jahrhunderts unter dem Aspekt literarischer Vernetzung, in: *mit cleweworten underweben*. Festschrift für Peter Kern, hg. v. Thomas Bein u. a. (Kultur, Wissenschaft, Literatur 16), Frankfurt a. M. u. a. 2007, S. 213–233.

[13] Le Conte du ‚Mantel'. Texte français des dernières années du XII$^e$ siècle, édité d'après tous les mss., hg. v. Fredrik-Amadeus Wulff, in: Romania 14 (1885), S. 343–380, hier: 350.

gamentfragment AM 598 Iβ 4to (Sigle β, siehe Abb. 2)[14] enthält zwar Teile der ‚Möttuls saga', der ursprüngliche Überlieferungskontext, womöglich auch die ‚Erex saga' ist dem Fragment allerdings nicht zu entnehmen. Die Pergamenthandschrift Holm. perg. 6 4to (Sigle A), eine Sammelhandschrift mit *riddarasögur* und einheimischen Sagas,[15] und das zeitgleich entstandene Fragment AM 598 Iα 4to[16] (Sigle α), das einst zum Stockholmer Codex 6 gehörte, sind auf die Zeit um 1400 zu datieren. Aufgrund des hohen Blattverlusts in Aα – 38 bis 40 Blätter an dreizehn Stellen der Handschrift fehlen (!) – ist zwar nicht auszuschließen, dass die Handschrift auch die ‚Erex saga' enthielt. Denn auch unmittelbar vor der ‚Möttuls saga' ist eine Lücke von siebzehn Blättern zu verzeichnen (zwei ganze Lagen und das erste Blatt einer dritten Lage). Allerdings vermutet Desmond Slay auf diesen verlorenen Blättern zum einen das Ende der ‚Þjalar-Jóns saga' bzw. den Beginn der ‚Möttuls saga', zum anderen, dazwischen, die gesamte ‚Eiríks saga viðfǫrla' (vgl. den Inhalt der Abschrift AM 179 fol. in Anm. 22).[17] Erstmals konkret nachzuweisen ist der Überlieferungsver-

---

[14] β (Fragment): Kopenhagen, Den Arnamagnæanske Samling, AM 598 Iβ 4to (Island, Mitte 14. Jh., Pergament, 1 Bl., Inhalt: ‚Möttuls saga', fragm.); vgl. Kalinke (Anm. 10), S. LXXXVI–XCII, den Eintrag in die Datenbank ‚handrit.is' (https://handrit.is/en/manuscript/view/AM04–0598-I-beta) und den Eintrag im ‚Dictionary of Old Norse Prose [ONP]' (https://onp.ku.dk/onp/onp.php?m9211).

[15] A (Handschrift): Stockholm, Königl. Bibl., Holm. perg. 6 4to (Island, um 1400, Pergament, 138 Bll.), Inhalt: ‚Amícus saga ok Amilíus' (1$^r$–3$^r$), ‚Bevers saga' (3$^r$–23$^v$), ‚Ívens saga' (24$^r$–39$^r$), ‚Parcevals saga' mit ‚Valvens þáttr' (39$^v$–61$^r$), ‚Mírmanns saga' (62$^r$–69$^v$), ‚Flóvents saga' (70$^r$–85$^v$), ‚Elís saga ok Rósamundu' (86$^r$–106$^v$), ‚Konráðs saga' (107$^r$–119$^v$), Þjalar-Jóns saga (119$^v$–126$^v$), ‚Möttuls saga' (fragm., 127$^r$–128$^r$), ‚Clárus saga' (128$^v$–137$^v$); vgl. Kalinke (Anm. 10), S. XCII–XCIX, Katharina Seidel, Textvarianz und Textstabilität. Studien zur Transmission der ‚Ívens saga', ‚Erex saga' und ‚Parcevals saga' (Beiträge zur Nordischen Philologie 56), Tübingen 2014, S. 68f., den Eintrag im ‚Dictionary of Old Norse Prose [ONP]' (https://onp.ku.dk/onp/onp.php?m9207).

[16] α (Fragment): Kopenhagen, Den Arnamagnæanske Samling, AM 598 Iα 4to (Island, um 1400, Pergament, 1 Bl., Inhalt: ‚Möttuls saga', fragm.); vgl. Kalinke (Anm. 10), S. XCII–XCIX und den Eintrag in die Datenbank ‚handrit.is' (https://handrit.is/en/manuscript/view/AM04–0598-I-alpha).

[17] „After f. 126 there is a lacuna in which it appears that 17 leaves have been lost from the manuscript, two whole gatherings and the first leaf of the next. One leaf has survived separately as Iα [vgl. Anm. 16, St. A.]. The contents of the missing leaves were the end of Þjalar-Jóns saga, the whole of Eiríks saga viðfǫrla, and the beginning of Mǫttuls saga. [...] It can be calculated that the end of Þjalar-Jóns saga probably occupied seven leaves and most of the recto of an eighth. Somewhere in this lacuna, between f. 126 and f. 127, there was a pause in the writing of the manuscript; this is clear from changes that occurred in the handwriting of scribe A [...]. If it came here, then the scribe left blank not only the bottom of the recto of the eighth leaf, but also its verso. This would have served conveniently as the outside of the manuscript. When the scribe continued the manuscript at a later date, it would have been natural for him

bund von ‚Mötuls saga' und ‚Erex saga' um 1650, in der stemmatisch von Aα abhängigen Papierhandschrift AM 181 b fol. (Sigle A²), Teil einer großen, im 18. Jahrhundert zerteilten Sammelhandschrift mit *riddarasögur*.[18] Folglich könnte die Textallianz der beiden Prosabearbeitungen durchaus älter sein, als es scheint: Mitte des 14. Jahrhunderts. Für Deutschland haben wir, da der ‚Mantel' eigenständig nur im Ambraser Heldenbuch überliefert ist, hierfür leider keine sicheren Anhaltspunkte. Sonja Glauch vermutet eine autorzentrierte Vorlage(nsammelhandschrift) für den Ambraser Hartmann-Korpus (fol. 5^vc–30^rb) aus der Mitte des 13. Jahrhunderts (ähnlich der Münchner Wolfram-Handschrift Cgm 19), denn „[i]m ‚Ambraser Heldenbuch' finden sich keine Indizien für solche Interessen [am Dichter Hartmann von Aue, St. A.], was bedeuten dürfte, dass keiner der Beteiligten solche Kenntnisse hatte oder für belangvoll hielt."[19] Diese Vorlage dürfte allerdings erst einige Zeit später entstanden sein, nachdem auch der ‚Mantel' abgeschlossen war, vermutlich zwischen 1200 und 1250; zeitgleich zur Vermittlung anglonormannischer Artusepik nach Norwegen über Mathäus Paris (siehe unten 5.). Die Mitte des 14. Jahrhunderts, in der im hohen Norden erstmalig eine ‚Mantel-Erec'-Textallianz nachweisbar sein könnte, ist, was die (erneute) mittelalterliche Beschäftigung mit der ‚Erec'-Tradition betrifft, auch in Deutschland von großer Bedeutung.

Seit 1978 weiß man, dass in der Mitte des 13. Jahrhunderts in Ostmitteldeutschland ein ‚Erec'-Codex geschrieben wurde, der zum Teil einen *A-Text [i. e. ‚Ambraser Erec',

---

to begin on this blank verso, provided it was still clean enough. But apparently he did not do so, for the amount of text believed to be missing in the rest of the lacuna fills a convenient even number of pages, and is not sufficient for this one as well. Eiríks saga víðfǫrla would require three leaves and about one-third of the recto of a fourth in S6. Mǫttuls saga appears to have begun immediately after that, and to have occupied the rest of the recto of the fourth leaf, its verso, and five more leaves before f. 127. Iα [vgl. Anm. 16, St. A.] is the middle leaf of these five, the seventh leaf of the gathering" (Romances. Perg. 4:0 nr 6 in The Royal Library, Stockholm, ed. by Desmond Slay [Early Icelandic Manuscripts in Facsimile 10], Kopenhagen 1972, S. 15f.).

[18] A²: Kopenhagen, Den Arnamagnæanske Samling, AM 181 b fol. (Island [Útskálar], um 1650, Papier, zweispaltig, 17 Bll.), Inhalt: ‚Erex saga' (fol. 1^r–6^v), ‚Samsonar saga fagra' (fol. 6^v–13^v), ‚Mǫttuls saga' (fol. 14^r–17^r), ‚Krukkspá' (fol. 17^v); Kalinke (Anm. 10), S. CVII–CXII. „With the exception of AM 181i fol. [...], the manuscripts bearing the signature AM 181a-l originally were components of a single paper manuscript containing *riddarasögur*. This codex was produced for and by Þorsteinn Björnsson (ca. 1612–75), who was the incumbent of Útskálar on Reykjanes from 1638 to 1660. During his years in office Þorsteinn had much medieval Icelandic literature copied. His source for the *riddarasögur* now in 181 was Stockholm 6" (ebd., S. CVIIf.).

[19] Sonja Glauch, Textgeschichte(n) – Der Ambraser Hartmann, in: Hartmann von Aue 1230–1517. Kulturgeschichtliche Perspektiven der handschriftlichen Überlieferung, hg. v. Margreth Egidi, Markus Greulich u. Marie-Sophie Masse (ZfdA. Beiheft 34), Stuttgart 2020, S. 229–246, hier: 232.

*‚Mantel'* und *‚Erec'*

St. A.] mit vereinzelten, allerdings gravierenden Abweichungen und zum Teil einen gänzlich andersartigen Text enthielt. Die in Wolfenbüttel erhaltenen Bruchstücke dieses Codex belegen also eine Mischredaktion aus zwei Fassungen, zuerst die ansonsten unbekannte in den Bruckstücken I und II, dann die Ambraser (oder man wird wohl sagen dürfen, die Übersetzung Hartmanns) in den Bruchstücken III–VI.[20]

Im Fall von ‚Mantel' und ‚Erec' in der Vorlage Hans Rieds gab es wohl „zuerst ein – absichtsvoll komponiertes oder zufälliges – Nacheinander der zwei Texte in einer Vorläuferhandschrift und dann den Blattausfall oder Abschreibfehler, der dazu führte, dass sie für Ried wie ein einziger Text erscheinen mussten".[21]

Des Weiteren, und dies ist ein wichtiger gemeinsamer Nenner der deutschen und nordischen Überlieferung, belegt spätestens der isländische Textzeuge A² (um 1650) zusammen mit vier Abschriften aus dem 17. und 18. Jahrhundert (siehe das Handschriftenstemma der ‚Möttuls saga' in Abb. 2)[22], dass die ‚Möttuls saga' auch im Überlieferungsverbund mit der ‚Erex saga' steht; ganz so wie im Ambraser Heldenbuch, obgleich eine andere Textfolge vorherrscht: ‚Erex saga' (– ‚Samsons saga fagra' [nicht in Add. 4859[23]]) – ‚Möttuls saga'. In Frank-

---

[20] Sonja Glauch, Zweimal ‚Erec' am Anfang des deutschen Artusromans? Einige Folgerungen zu den neugefundenen Fragmenten, in: ZfdPh 128 (2009), S. 347–371, hier: 357. Zu den spärlichen Textzeugen dieser zweiten Bearbeitung von Chrétiens ‚Érec et Énide', des sog. ‚Mitteldeutschen Erec', kämen neben den beiden Wolfenbütteler Fragmenten (Wolfenbüttel, Herzog August Bibl., Cod. 19.26.9 Aug. 4°, W I–II) noch die Zwettler Fragmente (Zwettl, Stiftsbibl., Fragm. Z 8–18) hinzu.

[21] Glauch (Anm. 19), S. 236.

[22] Stemma in Anlehnung an: Kalinke (Anm. 10), S. CXLIII. Handschrift A¹: AM 179 fol. (Island, 1632–1672, Papier), Inhalt: ‚Eiríks saga viðfǫrla' (fol. 1ʳ–5ʳ), ‚Konráðs saga' (fol. 5ʳ–21ᵛ), ‚Bevers saga' (fol. 22ʳ–64ʳ), ‚Ívens saga' (fol. 64ᵛ–90ᵛ), ‚Parcevals saga' mit ‚Valvens þáttr' (fol. 91ʳ–125ʳ), ‚Mírmanns saga' (fol. 126ʳ–148ʳ), ‚Clárus saga' (fol. 150ʳ–159ᵛ), Þjalar-Jóns saga (fol. 160ʳ⁻ᵛ), ‚Flóvents saga' (fol. 161ʳ–183ᵛ), ‚Elís saga ok Rósamundu' (fol. 183ᵛ–212ᵛ), ‚Möttuls saga' (fol. 214ʳ–222ᵛ); vgl. ebd., S. C–CVII, den Eintrag in die Datenbank ‚handrit.is' (https://handrit.is/en/manuscript/view/AM02-0179), den Eintrag im ‚Dictionary of Old Norse Prose [ONP]' (https://onp.ku.dk/onp/onp.php?m304). „For the most part AM 179, including ‚Mǫttuls saga', was written by séra Jón Erlendsson († 1672). From 1639 he was the incumbent of Villingaholt, not far from Skálholt, where what is now the Stockholm 6 codex may have been found in his day. All sagas but one – ‚Amícus saga' – from the Stockholm codex are also contained in AM 179, although the sequence has been altered" (Kalinke [Anm. 10], S. C). Zu den sekundären Handschriften im Stemma (Abb. 2) – (un)mittelbare Abschriften von AM 179 und AM 181 b aus dem 17. bis 19. Jahrhundert – siehe ebd., S. CXII–CXLII.

[23] „The collection of sagas in 4859 was made for Magnús Jónsson of Vigur in Ísafjarðardjúp by Jón Þórðarson in the years 1693–97. [...] ‚Mǫttuls saga' follows ‚Erex saga', but at the conclusion of the latter Jón Þórðarson notes that ‚Samsons saga fagra' should have followed, and that Magnús Jónsson decided to omit it because it had already been copied in other collections of sagas" (Kalinke [Anm. 10], S. CXXIV).

reich führte wohl die Autorzentrierung von Korpushandschriften mit den Werken Chrétiens de Troyes zum Ausschluss nicht-chrétienischer Texte wie dem ‚Lai du cort mantel'. In Deutschland und Skandinavien hingegen bestimmte (meist) nicht die Verfasserschaft das Sammelkonzept, sondern es konnten aus Frankreich importierte Erzählstoffe freier kombiniert werden als im Ursprungsland, etwa nach dem Prinzip der Komplementarität, das auf thematische und stoffliche Vollständigkeit abzielt.

Die seit A² eingeschobene ‚Samsons saga fagra' („Saga vom schönen Samson"), Sohn des englischen Königs Artus (!), stellt ein Präludium (27 Kapitel) der ‚Möttuls saga' dar, denn jene erzählt unter anderem von der Herstellung des magischen Mantels, den der formenwandlerische Dieb Kvintalin für Samson stiehlt, damit dieser ihn seiner Braut Valentina, Tochter des irischen Königs Garlant, zur Hochzeit schenken kann; ihr passt der Mantel perfekt (Kap. 24f.). Nach Ablauf von 18 Jahren hätten vier Elben den Mantel, der nicht nur untreue Frauen, sondern auch faule Mädchen und Diebe entlarven könne, für König Skrýmir of Jötunheimr angefertigt, und zwar als Strafe für ihren Versuch, ihm Wolle zu stehlen (Kap. 18, 20 und 24). Abschließend berichtet die ‚Samsons saga fagra', wie der Mantel letztendlich zum ‚eigentlichen' Artushof der *riddarasögur* gelangt sei:

> enn skickia su hin goda sem S(amson) fagri atti gaf hann fru Ingiam. en þui næst var hun ʀænt af einum vikingi þeim er Gujmar h(iet). bar hann hana vestur j Affrika ok var hun þar leingi sidan þar til at ein ʀik fru ok aufundsiuk er Elida h(iet) sendi hana j Eingland Artus kongi hinum rika ok ʀis þar af æuentyr er kallad er skickiu saga ok lukum vær þessi saugu med so uord⟨n⟩u nidrlagi. (‚Samsons saga fagra', Kap. 27, Hervorhebungen St. A.)²⁴

In zwei textgeschichtlich von Handschrift A² oder ihren Abschriften abhängigen Kurzredaktionen der ‚Möttuls saga' aus dem frühen 19. Jahrhundert, Lbs 661 4to und AM 238 8vo, wird die Dame, die den magischen Mantel an den Artushof schickt, mit ebendieser Elida vom Ende der ‚Samsons saga fagra' identifiziert.²⁵

---

²⁴ Zitiert nach der Ausgabe: Samsons saga fagra, hg. v. John Wilson (Samfund til udgivelse af Gammel Nordisk Litteratur 65), Kopenhagen 1953, S. 47,25–33. Übersetzung: „Den wertvollen Mantel aber, den der schöne Samson besaß, gab er Frau Ingina [i. e. Tochter des Finnlaug, Jarl der Bretagne, St. A.]. Später wurde er von einem Seeräuber namens Guimar geraubt. Er brachte ihn nach Westen nach Afrika, wo er so lange blieb, bis ihn eine mächtige und eifersüchtige Frau namens Elida nach England, dem Reich König Artus', sandte. Dort entstand darüber eine Erzählung, welche die Saga vom Mantel genannt wird. Und mit diesem Ende beschließen wir diese Saga" (Zwei Rittersagas. Die ‚Saga vom Mantel' und die ‚Saga vom schönen Samson'. ‚Möttuls saga' und ‚Samsons saga fagra', aus dem Altnordischen übers. u. mit einer Einleitung versehen v. Rudolf Simek [Fabulae mediaevales 2], Wien 1982, S. 132).

*‚Mantel' und ‚Erec'*

Mit den in drei Textzeugen des 15. und 17. Jahrhunderts überlieferten ‚Skikkjurímur' (‚Mantelreime') liegt ferner eine isländische Versbearbeitung der prosaischen ‚Möttuls saga' aus dem 14. Jahrhundert vor, im Umfang von 185 Vierzeilern (in drei Teilen [*rímur*]): *ferskeytt* (60 Strophen mit der Reimstruktur abab) – *stamhent* (44 monorime Strophen) – *stafhent* (85 Strophen mit der Reimstruktur aabb). Die ‚Skikkjurímur' folgen im Grunde der Sagahandlung, kürzen und erweitern die Vorlage bisweilen und beziehen dabei ihren Versbestand etwa zur Hälfte aus anderen Quellen, darunter primär aus der ‚Erex saga'. Erek wird zwar als anwesend geschildert, die Mantelprobe seiner Dame wird, unter den insgesamt 1100 Probandinnen, nicht eigens erwähnt.[26]

> From ‚Erex saga' the author of the *Skikkju rímur* borrowed some of the guests who attend the pentecostal feast. The king of the dwarfs arrives with an entourage of 60 dwarfs (I, 29–30); there is an ancient chieftain of 300 years accompanied by 100 men as old as he and a corpulent wife (I, 31–33); a lord with a group of beardless young men from Smámeyjaland [i. e. ‚Land of Small Maidens', St. A.] arrives, each accompanied by his beloved. Except for the identification of the last as residents of Smámeyjaland, the description of these guests matches that of the wedding guest in ‚Erex saga'.[27]

Im dritten Teil (*ríma*), der von der Mantelprobe erzählt, sind diese Gäste dazu aufgerufen, sich an ihr zu beteiligen.

## 3.

Es gibt gute Gründe, ‚Mantel' und ‚Erec' bzw. ‚Erex' und ‚Möttul' in Textallianz miteinander treten zu lassen, denn in beiden Texten bilden innere Schönheit des Herzens und äußere Schönheit des Körpers in Verbindung mit (Ein- und Ent-)Kleidung, In- und Devestitur, zentrale Themen. Und hinsichtlich des agonalen Charakters weiblicher Schönheit verhalten sich ‚Mantel' und ‚Erec' geradezu komplementär: In Sperberaventüre und Hirschjagd (‚Erec') geht es um die Streitfrage, welche Dame rein äußerlich die schönste sei; der öffentlich-habituelle Erweis dieser Schönheit hängt vom Geschick im Turnier und auf der Jagd des Ritters ab, der seine Ehre an die Auszeichnung seiner Dame knüpft.

---

[25] Vgl. Kalinke (Anm. 10), S. LXXXI–LXXXIII u. CXXXVII–CXL.
[26] *Erek þótti jafn við þeim, / öðlings vinur hinn fríði; / þessi flutti fegursta heim / fallda rist úr stríði* (I,14; hier und im Folgenden werden die ‚Skikkjurímur' zitiert nach der Ausgabe: ‚Skikkjurímur', ed. and transl. by Matthew James Driscoll, in: Norse Romance, Vol. 2: The Knights of the Round Table, ed. by Marianne E. Kalinke [Arthurian Archives 4], Cambridge 1999, S. 267–325, hier: 274). Engl. Übersetzung: „Erec was considered their equal, / the king's handsome friend; / he had brought the fairest maid / with him home from campaign" (ebd., S. 275).
[27] Kalinke (Anm. 10), S. LXXVIIIf.

Der ‚Mantel' hingegen erzählt vom Wettbewerb um innere Schönheit (Treue und Keuschheit), mehr noch von der Harmonie von Tugendhaftigkeit und äußerer Schönheit nach dem antiken Ideal der Kalokagathie: *Ir klaid was reich, si selber gŭt* (‚Ambraser Erec', V. 1578 über Enite). Jedwede Inkongruenz zwischen seelischer und körperlicher Schönheit wird vom magischen Mantel gnadenlos angezeigt. Érec spielt, bei Chrétien und Hartmann, mit dieser (In-)Kongruenz, indem er seine Énide nicht in prächtiger Kleidung erstmalig an den Artushof führt, damit sie in angemessener Weise vor den König trete, sondern in ihrer (bis dahin) gewohnt ärmlichen Bekleidung. Damit entzieht er sich und sie spannungsreich und spannungssteigernd den vestimentären Gepflogenheiten. „Die Inadäquatheit von Kleid und Situation stimuliert Reaktionen bei[m] epischen Personal [...] und signalisiert dem Hörer einen exzeptionellen und nicht andauernden Zustand."[28] Énide ist wunderschön, innen und außen, auch wenn oder gerade weil sie nicht vornehm gekleidet ist. Anders als die weniger tugendhaften Damen des ‚Mantels' ist sie nicht auf prächtige Kleidung angewiesen, um von inneren Makeln abzulenken. Erec behauptet vor Imain, dem Herzog von Tulmein, entsprechend – so nur bei Hartmann von Aue (!) –, dass derjenige

> het hart missejehen, / Wer ein weib erkande / nur bei dem gewande. / man sol einem weibe / kiesen bei dem leibe, / ob si ze lobe stat, / Und nicht bei der wat. / Ich lasse euch heut schauen, / Ritter und Frauen, / und wär si nagte sam mein handt / und schwertzer dann ein prant, / daz mich sper und schwert / volles lobes an Ir wert, / ob ich verleuse das leben. (‚Ambraser Erec', V. 643–656)

Für die gemeinsame Ausfahrt in die Aventürewelt, auf der sich der *recréant* gewordene Érec rehabilitieren wird, trägt er Énide auf, ihr bestes Kleid anzulegen, so auch bei Hartmann und in der ‚Erex saga'. Érec reagiert wie zuvor anders als erwartet, denn man sollte doch annehmen, er würde Énide für ihr Schweigen damit bestrafen, dass sie (erneut) in ärmlicher Kleidung auszureiten hat (,Devestitur'), die bisherigen Annehmlichkeiten des höfischen Lebens hinter sich lassend. Möchte er mit Énides vornehmer Bekleidung potentielle Feinde anlocken oder Énides Makel mit schöner Kleidung überdecken, und zwar offenbar den Vertrauensbruch, der darin besteht, ihn nicht über den hinter vor-

---

[28] Gabriele Raudszus, Die Zeichensprache der Kleidung. Untersuchungen zur Symbolik des Gewandes in der deutschen Epik des Mittelalters (Ordo. Studien zur Literatur und Gesellschaft des Mittelalters und der frühen Neuzeit 1), Hildesheim / Zürich / New York 1985, S. 87. Raudszus zufolge thematisiert der ‚Ambraser Erec' die Inkongruenz von Kleidung und Situation (Enites innere Schönheit bei ärmlicher Kleidung, ‚Bußfahrt' im besten Gewand, Trauerkleidung der Witwen von Joie de la curt). In der mittelkymrischen Version von Chrétiens ‚Érec et Énide' bricht Gereint (i. e. Erec) mit Enid ausgerechnet im schlechtesten ihrer Kleider, einem Bußkleid, vom heimischen Hof auf.

gehaltener Hand geäußerten Vorwurf der *recréantise* unterrichtet zu haben? Immerhin reitet hier eine vestimentär deplatzierte Dame in die Aventürewelt aus. Oder liegt Enites Schuld lediglich darin, dass ihr weiblicher Körper die Männer (Erec) bis zur Selbstvergessenheit (*verligen*) in Bann schlägt?

> Der Kleidungskode erlaubt [...], gewisse Strukturen, gewisse für die Geschichte von Erec und Enide wesentliche Momente deutlich zu machen: Beziehungen zwischen den Eheleuten, Hochzeits- und Sterberiten, Funktion des Königs, Aufbruch ins Abenteuer und Rückkehr ins soziale Leben. Er ist eine fundamentale symbolische Referenz.[29]

Erec als arthurische Figur scheint eine ähnliche, sogar komplementär ausgerichtete Funktion wie der magische Mantel als arthurisches Ding zu erfüllen. Sein männliches Geheiß gebietet über Enites Bekleidung, jedoch möchte er dort, wo Enite in höchster Tugendhaftigkeit erscheint (vor und während ihres Debüts am Artushof), diese nicht durch angemessen edle Kleidung überdeckt sehen; der magische Mantel hätte Enites inneren Adel hingegen durch ideale Passgenauigkeit angezeigt. Dort hingegen (in der *recréantise* am Hof von Karnant), wo Erec in Enite einen Hauch von Untreue zu erkennen glaubt, lässt er sie zur Sühnefahrt in der vollen Montur einer hochadeligen Dame ausreiten und überdeckt somit den angeblichen Fauxpas; und gerade bezüglich dieser minimalen Verfehlung, worin auch immer sie konkret bestehen mag, verkürzt sich der magische Mantel bei Enites Anprobe im ‚Ambraser Mantel' um *kaum dreier vinger* (V. 967).

Die unschuldige Schamhaftigkeit, mit der die wunderschöne Énide zuvor als Debütantin am Artushof auftritt, ist Zeugnis für die gleichermaßen innere Schönheit des Mädchens. Eine ihrer (inneren und äußeren) Schönheit angemessene Kleidung erhält die bei aller edlen Geburt und bei aller edlen Gesinnung aus ärmlichen Verhältnissen stammende Énide, erneut auf Érecs Wunsch hin, erst von der Königin (‚Investitur'). Sie wird damit in die höfische Gesellschaft eingeführt, ihrer ärmlichen Erscheinung entledigt:

> Povretez li a fet user / Cest blanc chainse, tant que as cotes / An sont andeus les manches rotes. / Et neporquant, se moi pleüst, / Buenes robes assez eüst; / Qu'une pucele, sa cosine, / Li vost doner robe d'ermine, / De dras de soie veire ou grise; / Mes je ne vos an nule guise / Que d'autre robe fust vestue / Tant que vos l'eüssiez veüe. / Ma douce dame, or an pansez! / Grant mestier a, bien le veez, / D'une bele robe avenant.
> (‚Érec et Énide', V. 1568–1581)[30]

---

[29] Jacques Le Goff: Kleidungs- und Nahrungskode und höfischer Kodex in ‚Erec und Enide', in: ders., Phantasie und Realität des Mittelalters. Aus dem Französischen übers. v. Rita Höner, Stuttgart 1990, S. 201–217, hier: 217.

[30] Zitiert nach der Edition von Foerster, ‚Erec und Enide' (Anm. 6), S. 58f. Übersetzung: „Aus Armut hat sie dieses weiße Hemd so lange getragen, daß an den Ellenbogen beide Ärmel durchlöchert sind. Und dennoch hätte sie, wenn ich einverstanden ge-

Die Königin schenkt Énide ein neues Seidengewand und einen prächtigen Mantel aus grünlichem, gemustertem Purpur, das für sie selbst zugeschnitten, bei Hartmann von Aue von der Königin eigenhändig genäht worden ist, und steckt das Mädchen damit gewissermaßen in die äußere ‚Haut' – *künigkliche wat* (‚Ambraser Erec', V. 1571) – einer Königin, die sie später, in Érecs Reich, selbst einmal sein wird. Derartig neu eingekleidet und von den Hofdamen der Königin geschmückt, versetzt die innerlich und nun auch äußerlich makellose Énide den König und die Artusritter am Hof in Erstaunen:

> QUANT la bele pucele estrange / Vit toz les chevaliers an range, / Qui s'esgardoient a estal, / Son chief ancline contre val, / Vergoingne an ot, ne fu mervoille, / La face l'an devint vermoille; / Mes la honte si li avint / Que plus bele assez an devint (‚Érec et Énide', V. 1751–1758)[31]

Steigerte schon allein das neue Gewand Énides äußere Schönheit, so steigert nun, in einer Situation höchster Bewunderung seitens der Hofgesellschaft, ihre Scham – nicht ihr Stolz! – die innere Schönheit der höfischen Debütantin, in perfekter Ergänzung zur äußeren Erscheinung. Énide erhält daraufhin Artus' Kuss, der ihm als Sieger der Hirschjagd zusteht. Ihr erster öffentlicher Auftritt vor der arthurischen Hofgesellschaft ließe sich zeitlich mit der Handlung des ‚Lai du cort mantel' koppeln, denn nun ist Énide als eine, das heißt als die schönste aller höfischen Damen, in den Artuskreis aufgenommen und somit verpflichtet, sich an der Mantelprobe zu beteiligen.[32]

---

wesen wäre, sehr gute Kleider bekommen, denn ein Mädchen, ihre Kusine, wollte ihr ein Kleid aus Hermelin, Seide, Bunt- und Grauwerk schenken. Aber ich wollte um nichts in der Welt, daß sie in ein anderes Gewand gekleidet würde, bevor Ihr sie gesehen hättet. Meine liebe Herrin, kümmert Euch nun darum, denn Ihr seht wohl, daß sie ein schönes, passendes Kleid braucht" (Kasten [Anm. 6], S. 97 u. 99). Bei Hartmann bietet nicht Enites Cousine, sondern ihr Onkel Imain Kleidung und Pferde zum Geschenk, das Erec auch in der deutschen Bearbeitung ablehnt; nur ein schönes Reitpferd von Enites Cousine akzeptiert Erec als Gabe (V. 1406–1453); eine spätere, vor Ginover vorgetragene Motivierung hierfür (vgl. ‚Érec et Énide', V. 1568–1581) fehlt im ‚Ambraser Erec'. Bei Hartmann schenkt Ginover Enite unaufgefordert neue Kleidung (V. 1529–1531); vgl. Le Goff (Anm. 29), S. 203–206.

[31] Foerster (Anm. 6), S. 65f. Übersetzung: „Als das schöne fremde Mädchen alle Ritter im Kreis erblickte, die sie unverwandt anschauten, senkte sie ihren Kopf, wurde verlegen, was nicht verwunderlich war, und knallrot im Gesicht. Aber die Scham stand ihr so gut, daß sie noch viel schöner dadurch wurde" (Kasten [Anm. 6], S. 109); vgl. ‚Ambraser Erec', V. 1698–1749, und ‚Erex saga', Kap. V (Text: ‚Erex saga', ed. and transl. by Marianne E. Kalinke, in: Norse Romance [Anm. 26], S. 217–265, hier: 232–235).

[32] Auf einen etwas früheren Zeitpunkt, den Moment von Enites Ankunft am Artushof, situiert Volker Honemann die Mantelprobe: *Nu was es an den zeiten, / daz Eerech frauen eniten / für den künig prachte, / der Im des gedachte, / ob Si den mantl annäme, / daz Er Ir wol gezäme* (‚Mantel', V. 955–960; im ‚Ambraser Erec', ab V. 1498); vgl.

*‚Mantel' und ‚Erec'*

Dies alles geschieht, im ‚Mantel' wie im ‚Erec', anlässlich des Pfingstfests, und so liegt es nahe, die Pfingstfeste beider Werke aufeinander zu beziehen, obgleich sie sich innerhalb der Textallianz im Ambraser Heldenbuch anachron zueinander verhalten: Im ‚Mantel' sind Erec und Enite längst ein Ehepaar, während im ‚Erec' ihre Hochzeit zu jenem Zeitpunkt der Handlung noch aussteht. Auch ist der Mantel, den Ginover Enite zum Geschenk macht, nicht mit jenem magischen Mantel identisch. Jedoch berichtet einer (zusammen mit ms. H) der ältesten Textzeugen von Chrétiens ‚Érec et Énide', ms. C,[33] in 28 Zusatzversen von einem grünen Brokatstoff, den einst die Fee Morgane im Val Perilleus für ihren Geliebten hergestellt habe. Ähnlich wie das Schlusskapitel der ‚Samsons saga fagra' (siehe unten 2.) enthält dieser Zusatz eine ‚Tradierungsgeschichte' des Mantels: Später habe Guenievre, nachdem sie den Stoff von Kaiser Gassa erhalten habe, daraus ein Messgewand machen lassen, das sie Énide zur Hochzeit schenkt. Der feierliche Empfang des frischvermählten Paars, Érec und Énide, in der heimischen Burg mündet im Gang in die Kirche, bevor es sich letztlich in den Königspalast begibt:

> La furent par devocion / Receü a procession. / Devant l'autel del crocefis / S'est Erec a genoillons mis. / Devant l'image Nostre Dame / Menerent dui baron sa fame. / [ms. C, V. 2380$^{1-28}$:] [Jesu et la virge Marie / Par boene devocion prie / Que an lor vie lor donast / Oir qui apres ax heritast. / Puis a ofert desor l'autel / Un paisle vert, nut *[sic!]* ne vit tel, / Et une grant chasuble ovree. / Tote a fin or estoit brosdee. / Et ce fu veritez provee / Que l'uevre an fist Morgue la fee / El val Perilleus ou estoit. / Grant antante mise i avoit. / D'or fu de soie d'Aumarie. / La fee fet ne l'avoit mie / A oes chasuble por chanter, / Mes son ami la volt doner / Por feire riche vestement. / Car a mervoille ert avenant / Ganievre par engin molt grant, / La fame Artus le roi puissant, / L'ot par l'empereor Gassa; / Une chasuble feite en a / Si l'ot maint jor en sa chapele / Por ce que boene estoit et bele. / Quant Enide de li torna / Cele chasuble li dona / Qui la verite an diroit / Plus de cent mars d'argent valoit.] / Quant ele i ot s'oreison feite, / Un petit s'est arriere treite; / De sa destre main s'est seigniee / Come dame bien anseigniee. (‚Érec et Énide', V. 2375–2380, [2380$^{1-28}$, eigene handschriftennahe Edition nach ms. C, fol. 9$^{vc}$] und 2381–2384)[34]

---

Volker Honemann, ‚Erec'. Von den Schwierigkeiten, einen mittelalterlichen Roman zu verstehen, in: Germanistische Mediävistik, hg. v. dems. u. Tomas Tomasek (Münsteraner Einführungen. Germanistik 4), Münster u. a. 1999, S. 89–121, hier: 91, Anm. 4.

[33] Paris, Bibl. Nationale, fonds français 794 (Champagne, 2. H. 13. Jh., Schreiber: Guiot de Provins).

[34] Foerster (Anm. 6), S. 87–89. Übersetzung: „Dort wurden sie mit Ehrerbietung in einer Prozession empfangen. Vor dem Altar mit dem Kruzifix ist Erec niedergekniet. Zwei Barone führen seine Frau vor das Bild Unserer Lieben Frau. [Sie bittet Jesus und die Jungfrau Maria in aufrichtiger Hingebung, ihr in ihrem Leben einen Erben zu schenken, damit er ihre Nachfolge antreten könnte. Dann hat sie auf dem Altar einen grünen Brokatstoff dargebracht, wie man ihn noch nie gesehen hatte, und außerdem

Auch die Prosaversion des ‚Lai du cort mantel' (im Folgenden nach Paris, Bibl. Nationale, fonds français 2153, 16. Jahrhundert) identifiziert die Fee als Morgane. Aus Neid und Hass – vgl. *durch frauen neid* (‚Ambraser Mantel', V. 585) – möchte sie den Artushof mittels des magischen Mantels bloßstellen; sie sei nämlich eifersüchtig auf die Liebe zwischen der schönen Königin und Lancelot:

> [...] Mourguein la fee qui par son enchantement deslibera de troubler la Reine et toute sa belle compaignye pour ce que elle estoit envieuse de sa grant beaulte et jalouse de messire Lancelot du Lac que elle aimoit, mais il ne la vouloit aimer qui fut cause la faire conspirer sur la Reine et toutes ses dames telle chose dont la feste fut despartye, et par aventure si la Reine l'eust fait semondre a celle feste l'inconvenient jamais ne fust advenu. (Prosaversion des ‚Lai du cort mantel', eigene handschriftennahe Edition nach Paris, Bibl. Nationale, fonds français 2153, fol. 4$^{r-v}$)[35]

Das Pfingstfest markiert in beiden Texten, ‚Mantel' und ‚Erec', den Abschluss eines ‚Schönheitswettbewerbs' (Mantelprobe und Hirschjagd) und endet in der Bewältigung der durch den Wettbewerb ausgelösten, kollektiven Krise des Artushofs, und zwar, im Fall des ‚Erec', noch bevor die Handlung bei der (ersten) individuellen Krise des Protagonisten Erec, seinem *verligen*, angelangt ist.

> Der Zufall wollte es, sollen wir glauben, daß just während der Mantelprobe Erec mit ihr an den Hof kam: *Nu was ez an den ziten!* Das kann sich nur auf Enites erstes Auftreten am Artushof im ‚Erec' beziehen [...]. Der ‚Mantel'-Dichter muß die in seiner Vorlage fehlende Szene von dort bezogen haben. Und sie hat dann die in der Ambraser Handschrift vorliegende Kompilation ausgelöst.[36]

---

ein großes verziertes Meßgewand, das ganz mit feinem Gold bestickt war. Und es war die reine Wahrheit, daß Morgue, die Fee, es in ihrer Residenz, im Gefährlichen Tal, hergestellt und große Kunst darauf verwandt hatte. Es war von Gold und Seide aus Almeria. Die Fee hatte es durchaus nicht dazu bestimmt, als Meßgewand verwendet zu werden. Sie wollte es vielmehr ihrem Freund als Prunkgewand schenken, denn es war sehr elegant. Durch eine große List bekam es Guenievre, die Frau des mächtigen König Artus, vom Kaiser Gassa und hat ein Meßgewand daraus gemacht. Sie bewahrte es lange in ihrer Kapelle auf, weil es gut und schön war. Als Enide von ihr fortging, schenkte sie ihr das Gewand, das wahrhaftig mehr als hundert Silbermark wert war]. Als sie dort ihr Gebet verrichtet hatte, ist sie ein wenig zurückgetreten. Sie hat sich mit ihrer rechten Hand vor eine Dame bekreuzigt, die sehr fein gebildet ist" (Kasten [Anm. 6], S. 143 u. 145).

[35] Übersetzung (St. A.): ‚Die Fee Morgue entschloss sich dazu, die Königin und deren gesamte edle Gesellschaft mit ihrem Zauber in Aufregung zu versetzen, da sie auf deren große Schönheit neidisch und auf Herrn Lancelot du Lac eifersüchtig war, den sie liebte; doch er wollte sie nicht lieben, was für sie der Grund dafür war, heimlich gegen die Königin und alle ihre Damen auf solche Weise vorzugehen, dass sie das Pfingstfest ruinierte. Hätte die Königin sie doch nur zu diesem Fest eingeladen, so wäre es niemals zu dieser unangenehmen Situation gekommen.'

[36] Das Ambraser ‚Mantel'-Fragment, nach der einzigen Handschrift neu hg. v. Werner Schröder (Sitzungsberichte der Wissenschaftlichen Gesellschaft an der Johann Wolfgang Goethe-Universität Frankfurt am Main 33.5), Stuttgart 1995, S. 166.

*‚Mantel' und ‚Erec'*

Mit Enite kann sich der Artushof rühmen, zumindest eine in ihrer Tugendhaftigkeit (fast) unfehlbare Dame in seinen eigenen Reihen zu zählen. Sie übersteht, in Begleitung ihres Artusritters, die innerhöfische Aventüre der Mantelprobe – mit acht (‚Érec et Énide' und ‚Erex saga') bzw. nur fünf (‚Erec') Anproben – (fast) siegreich. Enites Mantel fehlt nur ein wenig an Länge:

> enmitten fur den künig stete / den mantl si anhette / und lie sich bewaren. / mocht er sie erfaren, / das sahe man harte kaume. / Ir geprast an dem saume / kaum dreier vinger: / sovil was ringer / Ir schulde denn der davor. / doch het si in das vinster spor / getreten, als Si kai zech, / der Ir den mantl an lech (‚Mantel', V. 961–972)

Das Ergebnis von Enites Mantelprobe ist zwar nicht ganz perfekt – deswegen bleibt wohl der Siegespreis im Ambraser ‚Mantel' aus –, doch kommt mit Enite die Keuschheitsprobe insgesamt zum Abschluss. Der Streitfrage unter den Rittern, welcher Dame nach der vom König gewonnenen Jagd nach dem Weißen Hirsch Artus' Kuss, Auszeichnung ihrer Schönheit, gebühre, hat das Potential, eine Staatskrise im Artusreich auszulösen. Darauf weist Gauvain den König ganz zurecht hin: *„Sire," fet il, „an grant esfroi / Sont ceanz vostre chevalier. / Tuit parolent de cest beisier. / Bien dïent tuit que ja n'iert fet, / Que noise et bataille n'i et"* (‚Érec et Énide', V. 302–306).[37] Dank Enites Ankunft am Artushof, eines Neulings von außen, kann der König die Krise abwenden, denn die allerschönste Dame ist (noch) **nicht** Angehörige des Artushofs, sondern wird es erst. Ob ihrer Schönheit bass erstaunt, willigen die Ritter allesamt ein, dass Artus Enite den umkämpften Kuss erteilt. Es ist wohl kein Zufall, dass Chrétien de Troyes ausgerechnet an entsprechender Textstelle einen ersten Teil seines Artusromans enden lässt: *Ci fine li premerains vers* (‚Érec et Énide', V. 1844).[38]

> Chrétien koppelt seine Einteilung *nicht* an das Schicksal des Protagonisten, sondern an die Lösung der Krise, die den Roman eröffnet hat und die die Artuswelt bedrohte. Die Geschichte dieser Krise bildet also, nach Chrétiens eigenem Bekunden, eine eigenständige Erzähleinheit, die hier abgeschlossen ist.[39]

---

[37] Foerster (Anm. 6), S. 12. Übersetzung: „‚Herr,' sagt er, ‚Eure Ritter befinden sich hier in großem Aufruhr. Alle reden über diesen Kuß, alle versichern, daß er nicht ohne vorherigen Lärm und Streit vergeben werden wird'" (Kasten [Anm. 6], S. 29). In der ‚Erex saga' kann der Friede am Hof nur dadurch gewahrt werden, dass die Königin vorschlägt, den Kuss so lange aufzuschieben, bis Näheres über Erex' Verbleib bekannt sei (Kap. II).

[38] Foerster (Anm. 6), S. 68. Ausgehend von diesem Einschnitt in V. 1844, nach 1818 Versen (ohne Prolog), gliedert Mohr Chrétiens Artusroman in weitere ‚Vortragseinheiten': 1818–3662 (Érecs und Énides Hochzeit, Turnier, Heimkehr, *recréantise*, Flucht vor Graf Galoein), 3663–5366 und ab 5367 bis Ende (Joie de la cort); vgl. Hartmann von Aue, Erec, übers. und erläutert v. Wolfgang Mohr (GAG 291), Göppingen 1980, S. 270f.

[39] Birgitte Burrichter, *Ici fenist li premiers vers* (‚Erec et Enide') – noch einmal zur

Demnach gliedert sich der Artusroman nicht in zwei um Érecs *recréantise* und seine Rehabilitation kreisende Handlungsblöcke, sondern in zwei Handlungsstränge (siehe unten): Bis V. 1844 von ‚Érec et Énide', i. e. V. 1805 des Hartmann'schen ‚Erec', kommt es sogar zu zwei kollektiven, den Artushof direkt betreffenden Krisen, die Érec und (!) Énide gemeinsam bewältigen, im Sperberkampf in Lalut (Tulmein) und beim Abschluss der Hirschjagd am Artushof. Auch für den Sperberkampf ist die wunderschöne Énide unabdingbar:

> Qui l'esprevier voudra avoir, / Avoir li covandra amie / Bele et sage sanz vilenie. / S'il i a chevalier si os / Qui vuelle le pris et le los / De la plus bele desresnier, / S'amie fera l'esprevier / Devant toz a la perche prandre, / S'autre ne li ose defandre (‚Érec et Énide', V. 570–578).[40]

Somit ist Énide für Érec gewissermaßen die ‚Eintrittskarte' in das Turnier, und sie gleicht mit ihrer Schönheit die Inkongruenz aus, die (so nur bei Hartmann) zwischen Iders prächtiger und Erecs ärmlicher Rüstung besteht (‚Ambraser Erec', V. 732–754); auch für den Ritt zum Sperberkampf schlägt Erec eine von Herzog Imain in Aussicht gestellte, bessere Bekleidung für Enite vor (V. 624–661). In Karnant ereignet sich dann die eine große ‚individuelle' Krise durch die *recréantise*, die Érec in stetiger Begleitung Énides letztlich in Joie de la cort bewältigt.

|  | Chrétien de Troyes, ‚Érec et Énide' | Hartmann von Aue, ‚(Ambraser) Erec' |
|---|---|---|
| Prolog | 1–26 | – – – (evtl. ‚Mantel', 1–28)[41] |
| Hirschjagd I | 27–139 | – – – |
| Ydier | 140–274 | 1–159 |

---

[40] Zweiteilung des Chrétienschen Artusromans, in: Erzählstrukturen der Artusliteratur. Forschungsgeschichte und neue Ansätze, hg. v. Friedrich Wolfzettel (SIA 4), Tübingen 1999, S. 87–98, hier: 89 (Hervorhebung im Original).
Foerster (Anm. 6), S. 21f.; vgl. ‚Erex saga', Kap. III, und Hartmann von Aue, ‚Erec', V. 183–203. Übersetzung: „Wer den Sperber haben will, muß ein schönes, kluges und edles Mädchen haben. Wenn ein Ritter so wagemutig ist, Ruhm und Ehre für die Schönste erstreiten zu wollen, läßt er seine Freundin vor versammelter Menge den Sperber von der Stange nehmen, wenn nicht ein anderer so kühn ist, ihm dies streitig zu machen" (Kasten [Anm. 6], S. 43).

[41] Bis zum Einsetzen der eigentlichen ‚Mantel'-Handlung entsprechend der altfranzösischen Vorlage bietet der ‚Ambraser Mantel' einen umfangreichen Prolog (V. 1–108), der mehrfach zum Lob König Artus' ansetzt. Ein erster Prologteil, V. 1–28, für den die ‚Möttuls saga' nichts Vergleichbares kennt, handelt von der grundsätzlichen Unvereinbarkeit der Gesellschaft guter und böser Menschen. Es fragt sich, ob sich darin nicht ein Teil des ursprünglichen ‚Erec'-Prologs versteckt, der in Umfang (30 Verse im ‚Iwein') und Allgemeingültigkeit Hartmanns ‚Iwein'-Prolog in nichts nachsteht. Geht man von einem ursprünglichen ‚Erec'-Prolog von ebenfalls 30 Versen aus und rechnet

‚Mantel' und ‚Erec'

| | | | |
|---|---|---|---|
| Hirschjagd II | 275–341 | – – – | (erst in 1112–1151)[42] |
| Érec in Lalut (Tulmein) | 342–690 | | 160–623 |
| Sperberkampf | 690–1080 | | 624–1094 |

→ **Lösung der (1.) kollektiven Krise des Artushofs durch Érec und Énide**

| | | |
|---|---|---|
| Ydier bei Artus | 1081–1243 | 1095–1293 |
| Fest in Lalut (Tulmein) | 1244–1516 | 1294–1497 |
| Érec bei Artus | 1517–**1844** | 1498–1805 |

→ **Lösung der (2.) kollektiven Krise des Artushofs durch Érec und Énide**

Handlungsabschnitte im ‚ersten' Teil von Chrétiens ‚Érec et Énide', V. 1–1844, bzw. von Hartmanns von Aue ‚Erec', V. 1–1805, mit den beiden ‚kollektiven' Krisen: Hirschjagd und Sperberkampf.

Durch die engen Textallianzen von ‚Erex saga' und ‚Möttuls saga' bzw. von ‚Ambraser Mantel' und ‚Ambraser Erec' verlagern sich die Gewichtungen: In der nordischen Tradition kommt es zu einer Rahmung der einen ‚individuellen' Krise im ‚Hauptteil' der ‚Erex saga' durch die ‚kollektiven' Krisen im ersten Teil der ‚Erex saga' und in der in der Überlieferung nachfolgenden ‚Möttuls saga'. In der deutschen Tradition würde sich die Folge von ‚kollektiven' Krisen, die allesamt im Zusammenspiel von Ritter (Erec) und Dame (Enite) bewältigt werden, erweitern: Bis zur Auflösung der Hirschjagd in V. 1805 kommt es in ‚Mantel'

---

man die Lücke zwischen ‚Erec'-Prolog und der im Ambraser Heldenbuch einsetzenden ‚Erec'-Handlung – in der altfranzösischen Vorlage sind dies 113 Verse – auf eine mittelhochdeutsche Bearbeitung hoch (im üblichen Maßstab 1 : 1,5), so würden dem ‚Ambraser Erec' circa 200 Verse (= 30 + 113 × 1,5) fehlen. In den älteren ‚Iwein'-Handschriften, die, einspaltig eingerichtet, die Verse einzeln absetzen, so Hs. B und die Fragmente F und U, passen auf eine Handschriftenseite 24–28 Verse. Übertragen auf die 200 hypothetischen Fehlverse im ‚Ambraser Erec' bedeutet dies, dass in Hans Rieds Vorlage ein Textverlust im Umfang von etwa acht Seiten bzw. vier Blättern stattgefunden haben müsste, auf denen Prolog und Beginn des ‚Erec' Platz gehabt hätten. Auch im Vergleich mit den einspaltig eingerichteten ‚Iwein'-Handschriften, mit nicht abgesetzten Versen (und 38–49 Versen pro Seite), so etwa Hs. A und Fragment C, kommt man auf einen ähnlich großen Blattverlust in Rieds vermeintlicher Vorlage. Zur Verzahnung des ‚Mantel'-Prologs mit dem ‚Ambraser Erec' mittels der zentralen Begriffe (individueller) *frümbkait* bzw. *tugent* und (kollektiver) *freude* siehe Masse (Anm. 6), S. 197–200.

[42] In Hartmanns ‚Erec' ist der Ausgang der Hirschjagd (vgl. ‚Érec et Énide', V. 275–341), der sich bei Chrétien unmittelbar an Érecs Abgang zur Verfolgung Yders anschließt, auf eine spätere Textstelle verschoben, und zwar kurz vor Ydiers Eintreffen (mit Dame und Zwerg) am Artushof (‚Erec', V. 1112–1151). Diese Umstellung ganzer Handlungsteile mit Hinweis darauf bereits in V. 1102f. (*da der Hirs was gejaget, / als euch Ee ist gesaget* [Hervorhebung St. A.]) ist problematisch, da der Rückverweis ins Leere führt: Bei Hartmann ist zuvor nicht vom Hirsch oder der Hirschjagd die Rede, von der erst im Folgenden, ab V. 1112, berichtet wird.

und ‚Erec' zu insgesamt drei Krisen, die den Artushof betreffen: Mantelprobe, Hirschjagd und Peitschenschlag. Neben gleich drei kollektiven Krisen, die bis zum *verligen* bewältigt worden sind, wiegt die eine individuelle Krise etwas weniger als in einem ‚Erec' ohne ‚Mantel'-Vorbau. Der arthurische Doppelweg, der sich um Erecs *verligen* und seine Rehabilitierung dreht, wird durch die Trias von kollektiven Krisen verzerrt. Zusammen machen sie fast ein Viertel der gesamten ‚Mantel-Erec'-Textallianz im Gesamtumfang von mehr als 12 000 Versen aus. Und Enites Bedeutung für die gesamte Handlung wird deutlich erhöht.

Ebenfalls von der nordischen Tradition abweichend, ist die Textallianz von ‚Mantel' und ‚Erec' im Ambraser Heldenbuch zu einer wahren Textsymbiose mutiert. Sie erfüllt, indem Hartmanns ‚Erec' übergangslos auf den ‚Mantel' folgt, eine zugleich pro- und analeptische Funktion: Der ‚Erec' zeigt analeptisch auf, warum Enite zum einen als Siegerin aus der Mantelprobe hervorgeht und mit Recht als einzig tugendhafte Dame am Artushof gelten darf und worin zum anderen der kleine ‚Schönheitsfehler' (*Ir schulde*) begründet liegt, der den magischen Mantel ein wenig zu kurz geraten lässt: Enites Mitschuld am *verligen* ihres Ehemanns (?).[43] Auf diesen ‚Fehler' spielt der ‚Mantel' seinerseits wohl proleptisch an:

> [Er] würde damit die Erzählung quasi von hinten anfangen, er setzt die erwiesene Treue Enites gegenüber ihrem Mann in der (fast) bestandenen Tugendprobe bereits voraus, um danach zu berichten, worin sich diese gründet. Man müsste den ‚Mantel' damit als eine Art ‚cliffhanger' verstehen, der zunächst konstatiert, welche Frau am Hofe die größte Treue besitzt – nämlich Enite – um dann auszuführen, wie es dazu gekommen ist.[44]

Aus der besonderen Textallianz im Ambraser Heldenbuch lässt sich so ein zeitgenössisches Verständnis von der Rolle ableiten, die Enite für Erecs Verfehlung spielt. Die ‚Mantel-Erec'-Textallianz im Ambraser Heldenbuch hat jedoch eine große Schwachstelle: Völlig unklar bleibt, auf welchen Fehler Enites sich der magische Mantel bezieht, ist doch jegliche sexuelle Verfehlung ihrerseits, derer sich die übrigen Damen im ‚Mantel' schuldig gemacht haben, auszuschließen. Und gerade solche Verfehlungen zeigt der Mantel ja üblicherweise an! Als widersprüchlich hinsichtlich Enites Schuld erweist sich auch Hartmanns ‚Erec'. Angesichts des nach Cadocs Befreiung ohnmächtig zu Boden gesunkenen, scheintoten Erec klagt sich Enite für ihre vor dem vermeintlich schlafenden Erec geäußerten Worte selbst an:

---

[43] Vgl. Heß (Anm. 4), S. 172f.
[44] Andreas Hammer: Hartmann von Aue oder Hans Ried? Zum Umgang mit der Text- und Stilkritik des ‚Ambraser Erec', in: Literarischer Stil. Mittelalterliche Dichtung zwischen Konvention und Innovation. XXII. Anglo-German Colloquium Düsseldorf, hg. v. Elizabeth Andersen, Ricarda Bauschke-Hartung, Nicola McLelland u. Silvia Reuvekamp, Berlin 2012, S. 427–447, hier: 441.

> des todes wäre er hie verlan, / ob ich In darauf nicht hette bracht. / Ja het er im nie gedacht / diser laidigen vart, / het ich den klagenden sûnft bewart, / den ich nam so tiefe, / do ich mainet, er sliefe / des tages, do ich bei im lag. / daz verflûcht sei der tag, / daz ich die rede rûrte, / wann ich mein hail zefûrte, / vil grosse ere und gemache! / Owe, wie übel sache! / Nu was wolte ich tumbe / zereden darumbe, / wie mein hertze wolte leben? / Ja het mir got gegeben, / daz mein ding ze wunsche stûnd. / Ich tet, als die toren tûnd, / unweises mûtes, / die eren und gûtes / In selben erwunnen / und nicht vertragen kunden, / so Ir ding vil schone stat, / und laistend durch des teufels rat, / davon Ir hail zerstoret wirt, / wann Er Ir eren gern empiert. (‚Ambraser Erec', V. 5947–5973; vgl. ‚Érec et Énide', V. 4616–4649)

Nachdem Erec später von Enites treuer Widerständigkeit gegenüber jeglichen Annäherungsversuchen und Gewalttätigkeiten des Grafen Oringles erfahren hat, setzt jener der schlechten Behandlung Enites seit Enthüllung des *recréantise*-Vorwurfs ein Ende, die tatsächlich ohne Grund (!) erfolgt sei:

> da endet sich ze stunde / die schwäre spahe / und die frombde wahe, / der Er üntz an den tag / mit Ir on sache pflag, / daz Er si mit grusse meit, / seit Er mit Ir von hause reit. / durch das die spahe ward genomen, / des ist er *a*n ein ende komen / Und west es recht on wan. / es was durch versûchen getan, / ob si im were ein rechtes weib. (‚Ambraser Erec', V. 6771–6782; vgl. ‚Érec et Énide', V. 4915–4933)[45]

Diese Selbstbeschuldigungen und angeblichen Treueproben rechtfertigen letztlich Enites Misserfolg in der Mantelprobe nicht. Doch selbst in Ulrichs von Zatzikhoven ‚Lanzelet', der als erster eine Mantelepisode in deutscher Sprache in seinen Artusroman integriert hat, erscheint Enite, an der Seite von Walweins Geliebter, als eine Dame, die *unz an vil kleine* den magischen Mantel für sich gewonnen hätte:

> Als ir unz her hânt vernomen, / der mantel wære genuogen komen / vil wol unz an vil kleine. / Enîte, diu reine, / und Wâlweins vriundîn – / der vrouwen moht manigiu sîn, / diu in vil wol haben solte, / wan daz diu maget enwolte, / diu in dar brâhte. (‚Lanzelet', V. 6095–6103)

Nach mehr als 200 misslungenen Mantelproben verlangt die Maid von dem See, die im ‚Lanzelet' den magischen Mantel an den Artushof bringt, dass ihn auch Iblis, Lanzelets Geliebte, anprobiert: mit vollem Erfolg! Der Blick auf den ‚Lanzelet' lehrt zwei Dinge: Zum einen erscheint Enite auch außerhalb des

---

[45] Zu dieser Textstelle siehe auch Masse (Anm. 6): „Et si la loyauté féminine d'Enite n'apparaît pas dans toute sa dimension à l'issue de ‚Der Mantel', c'est qu'elle ne peut se dévoiler qu'à la fin de l',Ereck' : elle ne peut apparaître qu'au terme de sa mise à l'épreuve à travers la quête ; elle participe ainsi au rétablissement de l'*ordo* et à la restauration de la joie collective de la cour à la toute fin du récit. De ce point de vue, ‚Der Mantel' et l',Ereck' tels que les présente le manuscrit d'Ambras sont à lire *ensemble*, comme *un seul* texte" (S. 202).

*Stefan Abel*

‚Mantel' als Beinahe-Siegerin, zum anderen stellt sich die Frage, in welcher Art und Weise die Mantelprobe des ‚Ambraser Mantels' auf Hartmanns ‚Erec' zugeschnitten wurde: Ist der ‚Ambraser Mantel' tatsächlich mit einer Enite als Siegerin der Mantelprobe konzipiert, unter Verzicht auf den Abschluss des ‚Mantels' (Übergabe des Mantels an Enite als Trophäe und letztendliche Aufbewahrung des Mantels in einem Kloster) zugunsten des Anschlusses an den ‚Erec'? Oder handelt es sich beim ‚Ambraser Mantel' nicht eher um eine Art redaktionellen Fragments? Dies würde bedeuten, dass eine vollständige Mantelerzählung nicht mit Enites Beinahe-Sieg geendet hätte, sondern Enites Mantelprobe nur eine Etappe hin zur abschließenden Mantelprobe der tatsächlichen Siegerin darstellte, einer anderen Dame als Enite, die sich nicht mehr ermitteln lässt. Die ursprüngliche Mantelerzählung, die hinter dem ‚Ambraser Mantel' steht, hätte somit mehr als nur fünf Mantelproben enthalten, vermutlich ebenfalls acht wie im altfranzösischen Lai und wie in der ‚Möttuls saga'. Um den ‚Mantel' an Hartmanns ‚Erec' anzubinden, hätte ein Redaktor die ‚lange' Mantelerzählung nach Enites Mantelprobe schlichtweg zugeschnitten und nach Enites Anprobe gekappt.

| | 1 | 2 | 3 | 4 | 5 | 6 | 7 | 8 |
|---|---|---|---|---|---|---|---|---|
| ‚Lai du cort mantel' | Guinèvre Artus | (?) | Androete Tor | Venelas Keu | (?) Gavain | (?) Yvain | (?) Perceval | Galeta Ydier Caradoss |
| ‚Lanzelet' | Genover Artus | (?) Torfilaret | (?) Walwein | (?) Kein | (?) Loifilol | (?) Giffereiz | (?) Malduz | (?) Iwan Iblis Lanzelet |
| ‚Möttuls saga' | Königin Artus | (?) Aristes | (?) Kæi | (?) Valven | (?) Urien[46] | (?) Paternas | (?) Ideus | (?) Karadin |
| ‚Mantel' | Königin Artus | --- | (?) Chai | (?) Engrewin | (?) Gawin | --- | --- | **Enite Erec** |

Übersicht über die Mantelproben in der altfranzösischen Vorlage, dem ‚Lai du cort mantel' (8 Runden), im Vergleich mit Ulrichs von Zatzikhoven ‚Lanzelet' (10 Run-

---

[46] Wulff erklärt sich die Teilnahme in der ‚Möttuls saga' nicht der Geliebten Yvains, sondern der Tochter König Uriens aus einer Verwechslung von afr. *Fil* mit *fille* in V. 497 und mit der Möglichkeit, dass V. 496 in der Vorlage der altwestnordischen Bearbeitung gefehlt habe: *Li rois prist par la destre main / l'amïe monseignor Yvain,* [V. 496, St. A.] */ qui au roi Urïen fu fil [filz* AB]*, / le preu chevalier, le gentil, qui tant ama chiens et oisiaus* (‚Lai du cort mantel', V. 495–499; engl. Übersetzung: „The king took by the right hand / The beloved of my lord Yvain, / Who was the son of King Urien, / The good and noble knight / Who loved hounds and hawks so much", Burgess / Brook [Anm. 7], S. 81); vgl. Versions nordiques du fabliau français ‚Le mantel mautaillié'. Textes et notes, hg. v. Gustaf Cederschiöld u. Fredrik-Amadeus Wulff, Lund 1877, S. 20.

den), der ‚Mötuls saga' (8 Runden) und dem ‚Ambraser Mantel' (5 Runden). Die Texte benennen oftmals nur den Ritter (oben in der zweiten Zeile) der Kandidatin (in der ersten Zeile) namentlich, die Damen bleiben zumeist ungenannt.

Der vermeintliche Status des ‚Ambraser Mantels' als bewusstes ‚redaktionelles Fragment' besagt nicht, dass es sich im Fall von Hartmanns ‚(Ambraser) Erec' genauso verhält. Es mag durchaus sein, dass Prolog und Beginn des ‚Erec' zufällig verloren gegangen sind. Folglich kämen in der ‚Mantel-Erec'-Textallianz zwei unterschiedliche Arten von Fragmenten zusammen: redaktionelles Fragment (‚Mantel') und materiell bedingtes Handschriftenfragment (‚Erec').[47]

## 4.

Auch wenn die ‚Mötuls saga' ganz gattungstypisch dem Handlungsverlauf des altfranzösischen Lais genau folgt, dabei dennoch Dialoge und Beschreibungen nach dem Ideal der *brevitas* üblicherweise kürzt, bedient sich der Bearbeiter auch der *amplificatio*, um seine Vorlage zu modifizieren, und zwar „as an explicatory, emphatic, and anticipatory device".[48] Indem er den Text erweitert (und damit neu deutet), zielt er offensichtlich darauf ab, die rechte Balance zwischen Artus' höfischer Vollkommenheit und seiner Schande herzustellen, die aus der Mantelprobe für ihn selbst und den Artushof erwächst. Deshalb rühmt ein vorlagenunabhängiger *prologus praeter rem*, „the most remarkable piece of interpretation in ‚Mötuls saga'",[49] König Artus geradezu ausufernd, so im Folgenden die längere (nach $A^1$ und $A^2$, siehe 2.) gegenüber der um ein Drittel kürzeren Version (nach $A^3$)[50]:

---

[47] Zu einem Fall redaktionellen Fragmentierens von Textexemplaren in der ersten Hälfte des 16. Jh. siehe Stefan Abel, Cut, copy, and paste in der Reimpaarrede vom ‚Hurübel' nach dem Frankfurter Druck von 1545, in: Framing – Deframing – Reframing. Wege, Mechanismen und Strategien kultureller Aneignung in Mittelalter und Früher Neuzeit, hg. v. Christina Antenhofer u. Heike Schlie (Interdisziplinäre Beiträge zu Mittelalter und Früher Neuzeit 13), Heidelberg 2024, S. 305–324.

[48] Marianne E. Kalinke, Amplification in ‚Mötuls saga'. Its Function and Form, in: Acta Philologica Scandinavica 32 (1979), S. 239–255, hier: 240; vgl. Jan R. Hagland, Du problème de l'expansion de texte dans la Mottuls saga par rapport à l'original français, in: Les sagas de chevaliers (Riddarasögur). Actes de la V$^e$ Conférence Internationale sur les Sagas (Toulon. Juillet 1982), présentés par Régis Boyer (Civilisations 10), Paris 1985, S. 249–263.

[49] Kalinke (Anm. 48), S. 254.

[50] Vgl. die Prologe nach $A^1$, $A^2$ und $A^3$ bei Kalinke (Anm. 10), S. 3–7. $A^3$: Kopenhagen, den Arnamagnæanske Samling, AM 588 i 4to (Island, Ende 17. Jh., Papier, 5 Bll., Inhalt: ‚Mǫtuls saga', Kurzversion), Abschrift einer verlorenen, von Aα abhängigen Handschrift (x), siehe das Stemma (Abb. 2); vgl. den Eintrag in der Datenbank ‚hand-

Artus kongur var hinn frægaste høfdinge ad hvors konar frækleik og allskonar dreingskap og kurteise med fullkomno huggiædi og vinsælasta milldleik suo ad fullkomlega vard ei frægare og vinsælli hofdingi vm hanz daga i heiminum. Var hann hinn vaskaste ad vopnumm, hinn milldasti ad giófumm. blijdasti j ordum hygnazti i radagiordumm. hinn godgiarnasti i miskunsemd, hinn sidugasti i godumm medferdumm, hinn tigugligazti i ollumm kongligum stiörnumm gudhræddur i verkumm, miuklyndur godumm, hardur illumm. miskunsamur þurftugumm, beinesamur biodondumm suo fullkominn i ollum hofdingskap ad eingi illgirnd nie ofund var med honum. og eingi kunni ad telia lofsfullri tunngv virdugligann gófugleik og sæmd rijkiz hanz. Þat votta honum sannar sögur og margskonar god fræde er giór voru af dyrumm klerkumm vmm margtt hanz athæfi. og stundum vm margfalldliga atburde fagra er med margfolldum háttum giordust innan hirdar hanz og vijda vmm hanz rijki stundumm vmm hrausta Riddaraskapi stundumm vm adra kynliga hluti. Nv seigir þesse bók fra einum kynligum og gamansamligum atburd er giordist innann hirdar hinns dyrliga og hinns fræga Artus kongs. er hafde allt Eingland og Bretland frialst vndir sig. („Möttuls saga', Kap. 1 nach A¹ [ohne Markierung editorischer Eingriffe])⁵¹

Zu loben seien demnach König Artus' Tapferkeit, Ritterlichkeit, Barmherzigkeit, Freigebigkeit, Ansehen und große Anhängerschaft, Kampfgeschick, Redegewandtheit, kluger Rat, Gutmütigkeit, höfisches Benehmen, Adel, Gottesfürchtigkeit, Sanftmut gegenüber den Guten sowie Härte gegenüber den Bösen, Hilfsbereitschaft gegenüber den Bedürftigen und schließlich Gastfreundschaft.

[51] rit.is' (https://handrit.is/manuscript/view/da/AM04-0588-i) und den Eintrag im ‚Dictionary of Old Norse Prose [ONP]' (https://onp.ku.dk/onp/onp.php?m9209). „Originally ‚Mǫttuls saga' had followed ‚Ívens saga' in the manuscript. The codex was split up, however, by Árni Magnússon so that ‚Ívens saga' is now in 588a and the conclusion of the text of ‚Ívens saga' – that covers the upper two-thirds of the leaf on which ‚Mǫttuls saga' commences – was cancelled" (Kalinke [Anm. 10], S. CXIII). Kalinke (Anm. 10), S. 3 u. 5. Engl. Übersetzung: „King Arthur was the most renowned ruler with regard to every aspect of valor and all kinds of manliness and chivalry, combined with perfect compassion and most appealing mildness, so that in every respect there was no ruler more renowned or blessed with friends in his day in the world. He was the most valiant man at arms, the most generous with gifts, the gentlest in words, the cleverest in his designs, the most benevolent in mercy, the most polished in good manners, the noblest in all kingly craft, godfearing in his undertakings, gentle to the good, harsh to the wicked, merciful to the needy, hospitable to the companionable, so perfect in his entire authority that neither ill will nor malice was found in him, and no one could adequately laud the splendid magnificence and honor of his realm. This is attested by truthful accounts about him and much dependable intelligence recorded by worthy clerks about his many deeds—sometimes about various illustrious events that occurred in diverse ways at his court as well as throughout his realm, sometimes about valiant deeds of chivalry, sometimes about other curious matters. This book tells about a curious and amusing incident that took place at the court of the illustrious and renowned King Arthur, who held all England and Brittany under his sway" („Möttuls saga', ed. and transl. by Marianne E. Kalinke, in: Norse Romance [Anm. 26], S. 1–31, hier: 7).

*‚Mantel' und ‚Erec'*

Artus' Tugendhaftigkeit sei in vertrauenswürdigen Berichten und zuverlässigen Nachrichten bezeugt, die von achtbaren *clerici* aufgezeichnet worden seien. Von dort aus entfaltet der Prolog eine dreiteilige Typologie des Artusstoffs, darunter an dritter Stelle Erzählungen (wie auch die ‚Möttuls saga') über merkwürdige und komische Vorfälle am Artushof. Der Prolog endet mit Informationen über den Auftraggeber (Hákon IV. von Norwegen), der das Lai zur Unterhaltung aus dem Französischen habe übersetzen lassen: *enn þuilijk sannindi sem valskann sýndi mier þa norrænada eg ýdur æheÿróndum til gamans og skiemtanar suo sem virdugligur Hakon kongur son Hakonar kongs baud fakunnugleik mı́num ad giora nockut gamann af þessv epterfylgianda efnne* (‚Möttuls saga', Kap. 1 nach A$^1$).[52] Geraldine Barnes weist darauf hin, dass das Artuslob im Prolog der ‚Möttuls saga' – und damit auch des Ambraser ‚Mantels' – Überschneidungen mit dem Prolog von Chrétiens ‚Chevalier au lion' (V. 1–41) aus der Zeit vor 1177 aufweist,

> where the flattering account of Arthur and his knights as exemplars of courtesy, valour, and love service is immediately belied by their conduct. On Arthur's part, this takes the form of an abrupt departure, to the annoyance and astonishment of the company, from festivities marking Pentecost; in his bedroom, the queens ‚detains' him […], he ‚forgets himself' […], and falls asleep.[53]

So, wie das ausschweifende Artuslob in der ‚Möttuls saga' den Ausgleich zur Schande des Artushofs in der Mantelprobe sucht, sucht ihn auch das Artuslob im Prolog des ‚Chevalier au lion' für die Verwirrung um Artus' Abgang ins eheliche Gemach inmitten des hohen Pfingstfests. Auch für Teile des Prologs des ‚Mantels' (V. 29–39 und 59–75) lassen sich Übereinstimmungen mit dem Prolog von Hartmanns ‚Iwein' (V. 1–20 und 50–58) aufzeigen: Artuslob und Anspielungen auf den Artusmessianismus. Und ganz ähnlich wie die ‚Möttuls saga' weist auch der Prolog des ‚Ambraser Mantels' auf Erzählungen über König Artus hin, *märe* und *abenteure* als Zeugnisse seiner höfischen Vollkommenheit, und unterstreicht dabei zusätzlich die Notwendigkeit, diese Erzählungen weiterzugeben, die neben dem sichtbar Vorgelebten ein legitimer Zugang zum Erlernen von Tugendhaftigkeit darstellen würden:[54]

> Der künig Artus, so man sait, / der je krone der frümbkait / trúg in seinen zeiten, / davon noch so weiten / sein nam ist bekant, / des leben noch vil wol bewant / Bei disen

---

[52] Kalinke (Anm. 10), S. 5 u. 7. Engl. Übersetzung: „And this true account, which came to me in French, I have translated into Norwegian as entertainment and diversion for you, the listeners, since the worthy King Hákon, asked me, ignorant though I be, to provide some entertainment through the following story" (Kalinke [Anm. 26], S. 7).
[53] Geraldine Barnes, Some current issues in *riddarasögur* research, in: Arkiv för Nordisk Filologi 104 (1989), S. 73–88, hier: 85.
[54] Vgl. Hammer (Anm. 44), S. 436–439.

zeiten ware, / wann daz uns der märe / sovil behalten hat sein hail. / so was der ein michel tail, / der wir wurden geteuret, / Wann das bas steuret / gûtes mannes wirdikait, / daz man gesihet, dann daz man sait. / doch hilfet jetweders wol, / wann aines dem andern helfen sol; / es daugt anders nicht: / wann was dem man geschicht, / was taugt Ir einem das, / Er sag es auch denn fúrbas? / so mag es zu frummen kumen. / was ich davon han vernumen, / des wil ich euch gewern, / Wann ich wil auch des gern, / wer freude hat und geit, / wann daran wil ich mein zeit / schon ān laster wenden / und wil damit enden / meine zeit nach der salden los, / daz Ich valbe freuden plos. / Ein abenteure da geschach / in den zeiten, die gesprach / einen auf ze roilant[55]: / künig artus, der Engelant / Und Britanie wielt, / daz Er so behielt, / also noch ist ze bekennen. / man höret In heut nennen / nicht anders, dann Er heute lebe. / sein tugent von der sälden gebe / hat im das gefúeget, / Wann In nie genüeget / was ze werden freuden stünd, / als uns noch ze wissen tûnd / vil manige abenteure, / die von seiner teure / uns vil manige tugent sagent. („Mantel', V. 29–75)

‚Möttuls saga' und ‚Mantel' stimmen zudem auffallend darin überein, die Schilderung höfischer Unterhaltung und höfischer Freude am Vorabend des Pfingstfests gleichermaßen erzählerisch auszuweiten und, wiederum ausschweifend, die Großzügigkeit des Königspaars, mit der es die geladenen Damen und Ritter mit Kleidung und Waffe ausstattet, zu preisen (‚Möttuls saga', Kap. 2 bzw. ‚Mantel', V. 152–218 und 284–319). Im Gegensatz zum Möttulsprolog erscheint der Mantelprolog indes als „zerfasert", da er etliche Doppelungen aufweist:

Artus lässt das Fest, zu dem alle kommen müssen, im Land durch Turniere ankündigen (V. 110–128); noch einmal heißt es, dass Artus ein Fest ausrichten lässt, das größer

---

[55] Das missverstandene Toponym (*ze*) *roilant*, wörtlich ‚Königsland(en)', könnte dadurch entstanden sein, dass der unbekannte Erstbearbeiter des ‚Mantels' eine Vorlage des ‚Lai du cort mantel' verwendete, die ein entsprechendes Toponym überlieferte: (*a*) *rouelant*. Von den altfranzösischen Textzeugen, die uns bekannt sind, trifft dies nur auf das Fragment fonds français 2187 zu (siehe Anm. 11 sowie das Digitalisat, abrufbar unter: https://gallica.bnf.fr/ark:/12148/btv1b9060645m/f158.item). Transkription (St. A.): *Ce fu au nouel tans destei / Que li rois artus out estej / Tout lou quaresme a* **rouelant** */ Et uint a grant plantei de gent / A paques por sa cort tenir / A Carlion quar maintenir / Vout li rois la coustume lors / Ou lui fut li rois Engenors / Si i fu li rois aguisans / Mais ia de prince qu'il i ait / Ne uos tanra a cest point conte / Ansi com la matire conte / Li rois tint cort a Carlion / Tuit li prince et tuit li baron / Furent a sa cort assemblei / Si que de gent i ot plantei / Qu'ains mais ni ot tant cheualiers / Li rois artus iert cotumiers / Que ia a feste ne maniast / Deuant ce qu'en sa cort entan[ta]st / Nouele d'aucune auenture / Tez fu lors la mesauenture / Que li iors passe et la nuiz uint / Qu'onques auenture ni uint / S'an fu la cors tanble et ocure / Tant atendirent l'auenture / Que lors dou mangier passa / Li rois fu mus et si pansa / A ce qu'auenture ne uient* (fol. 155^vb, Hervorhebung St. A.). Die ‚Vengeance Raguidel' (Anm. 10) verortet die Mantelepisode entsprechend in die Artusresidenz *Rouëlent* (V. 3881). Womöglich missdeutete ein deutscher Bearbeiter des Lais das altfranzösische *rouelant* als *roi*(-)*lant*.

nie stattgefunden habe, denn er – sowie Ginover – lassen es im ganzen Land ankündigen und alle Ritter kommen mit ihren Damen (V. 128–151). Auch der Festauftakt beider Tage wird motivisch und syntaktisch ähnlich formuliert und erzeugt den Eindruck einer Doppelung [...] (V. 153–157 [...] und [...] 215–220).[56]

Zudem ist unklar, wo der Prolog endet und wo die Handlung des ‚Mantels' beginnt: in Vers 59 (nach Ende eines ersten Artuslobs bis V. 58), in Vers 91 (mit den Vorbereitungen des Pfingstfests bzw. nach Ende eines zweiten Artuslobs von V. 68–90) oder in Vers 109 (mit den Einladungen zum Pfingstfest)? Immerhin lässt sich eine Dreiteilung des (mindestens) 90versigen Prologs feststellen (im Umfang von 28, 30 und 32 Versen), dessen Teile (1–28, 29–58 und 59–90) im Ambraser Heldenbuch mittels Initialen voneinander abgesetzt sind.

> Der erste Block betrachtet ganz grundsätzlich die Differenz zwischen *frumbkeit* und Untugend, zwischen guten, ehrbaren und bösen, schändlichen Menschen. [...] Der zweite Abschnitt leitet dann über zu Artus [...]. Der dritte Abschnitt [...] führt schon zur eigentlichen Erzählung hin und preist nochmals Tugenden und Ehre des König Artus.[57]

Der Stoff vom magischen Mantel gehört, wie die Artusepik insgesamt, zu einer (ersten) Gruppe von Erzählungen, deren Handlungen sich, so Tzvetan Todorov ausgehend von zwei Novellen aus Giovanni Boccaccios ‚Decamerone' (1349–1353), zunächst in einem anfänglichen Gleichgewicht halten. Dann aber werden sie von einer Störung – im ‚Mantel' durch den grenzüberschreitenden Eintritt eines unhöfischen Elements (Mantel) in die Artuswelt – aus dem Gleichgewicht gebracht, um abschließend wieder ins Gleichgewicht zu kommen.

> Die Untersuchung der Novellen des ‚Dekameron' hat uns [...] zu der Einsicht geführt, daß es in dieser Sammlung nur zwei Typen von Geschichten gibt. Den ersten, für den die Geschichte Peronellas [Novelle VII,2, St. A.] ein Beispiel war, könnte man ‚die vermiedene Bestrafung' nennen. Hier ist die Bahn Gleichgewicht – Störung – Gleichgewicht vollständig durchlaufen; zugleich ist die Störung durch eine Überschreitung des Gesetzes verursacht, und diese Tat verdient Bestrafung. Der zweite Erzähltypus, den die Novelle [I,9, St. A.] von der Dame aus der Gascogne und dem König von Zypern veranschaulichte, kann als ‚Bekehrung' bezeichnet werden. Hierbei ist nur der zweite Teil der genannten Erzählstruktur vorhanden: es wird von einem Zustand der Störung ausgegangen (ein kleinmütiger König), und man erreicht von dort das Gleichgewicht des Endes.[58]

Das Gleichgewicht, das am Ende der Mantelerzählung wieder hergestellt ist, steht jedoch auf äußerst wackeligen Beinen, denn es stützt sich auf die Tugend-

---

[56] Vgl. Heß (Anm. 4), S. 159 u. 160, Anm. 10. Siehe auch die Überlegungen zum verlorenen ‚Erec'-Prolog in Anm. 41.
[57] Hammer (Anm. 44), S. 437.
[58] Tzvetan Todorov, Poetik der Prosa (Ars poetica 16), Frankfurt a. M. 1972, S. 124f.

haftigkeit einer einzigen Dame (Galeta bzw. Enite). Der Artushof kommt mit einem ‚blauen Auge' davon, doch die (öffentliche) ‚Bestrafung' der weniger tugendhaften Damen lässt sich nicht vermeiden. Die Komik der Mantelerzählung, die auch an der Fallhöhe der vermeintlich idealen Artusgesellschaft geknüpft ist, besteht gerade darin, dass sich die anfängliche Balance bis zum Schluss gar nicht mehr herstellen lässt, weil die Vorbildlichkeit des Artushofs als bloßer Schein und in ihrer ganzen Diskrepanz zwischen Ideal und Wirklichkeit ein für alle Mal entlarvt worden ist. Um dennoch zu einem Gleichgewicht zurückzufinden, gibt es zwei Möglichkeiten: entweder die Handlung drastisch zu modifizieren – nur die Damen ganz bestimmter Artusritter, zum Beispiel Keus, scheitern in der Mantelprobe und werden vom Artushof verbannt, der ja nur ‚gute' Menschen duldet –, oder am anfänglichen Gleichgewicht zu drehen. Zur ersten Option greifen die ‚Skikkjurímur':

> 76. Fylkir talar við fljóðin öll: / „Fari þér burt úr minni höll; / lotning fáið þér litla hér; / þér lífið við skömm, sem maklegt er." // 77. Kóngurinn talar við kappa sín: / „Kunnig sé yður ætlan mín; / þér munuð vekja vigra skúr, / því vér skulum sækja oss betri frúr." (‚Skikkjurímur' III,76f.)[59]

Die zweite Option wählen ‚Möttuls saga' und ‚Mantel', indem sie in den Prologen panegyrisch aus dem anfänglichen Gleich- ein Übergewicht an arthurischer Idealität machen, obgleich letztlich ein gewisser „ironic contrast"[60] bestehen bleibt, eine „humorous satire of Arthur's court".[61]

Der ‚Mantel' geht in seiner (freien) Bearbeitung der altfranzösischen Vorlage noch weiter als die *riddarasaga*, auch was das Herstellen eines Übergewichts zugunsten Artus' Vorbildlichkeit betrifft. Der hinsichtlich der Vorlage allographe Mantelprolog räsoniert nämlich, noch vor dem (ersten) panegyrischen Artuslob (ab V. 29), über die Unvereinbarkeit zwischen guten (tugendhaften) und bösen (tugendlosen) Menschen (V. 1–28 sowie erneut in 219–233). Er bezieht dies an späterer Stelle explizit auf den unverbesserlich bösen Chai (V. 234–283), Artus' Seneschall, eine zutiefst unhöfische Figur inmitten der vermeintlich höfischsten aller Welten, die sich auch äußerlich und räumlich von den übrigen Höflingen absetzt (so nur im ‚Mantel'!).[62] Die im Vergleich zum ‚Lai du cort

---

[59] Engl. Übersetzung: „76. The king speaks to all the women: / ‚Go now from my court; / you will be afforded little honor here, / but will live in shame, as you deserve.' // 77. The king speaks to his heroes: / ‚Let my plan be known to you: / you will go into battle, / for we shall find ourselves better women.'" (Driscoll [Anm. 26], S. 313).

[60] Kalinke (Anm. 48), S. 254; vgl. Barnes (Anm. 53), S. 84f.

[61] Marianne E. Kalinke, King Arthur North-by-Northwest. The ‚matière de Bretagne' in Old Norse-Icelandic Romances (Bibliotheca Arnamagnæana 37), Kopenhagen 1981, S. 113f.

[62] *wie her und wie reiche / Er ware darundter, / doch het er besonder / einen tisch, da er sass: / Ze der Taveln er nicht ass. / als nu Zu dem hofe schein, / alles dinges was er ein; /*

mantel' neuartige Fokussierung auf Chai konkretisiert sich in zahlreichen Chai-Einschüben (V. 234–283, 633–652, 663–670, 691–707 und 833–854) und macht sich sogar am Übergang zum ‚Ambraser Erec' bemerkbar (V. 973–944; siehe oben 1.). So achtet der von allen Damen gehasste Seneschall peinlich genau darauf, dass keine Dame bei der Mantelprobe übergangen wird, und ergötzt sich an der abzusehenden Schande der edlen Frauen (*der frauen val*, V. 670), auch wenn seine eigene Dame die Mantelprobe ebenfalls nicht besteht. Die Initiative während der gesamten Tugendprobe geht augenscheinlich von Chai aus, ein Gegengewicht zum ‚schwachen' König Artus, der sich im Hintergrund hält und in Stille über die Niederlage (Untreue) seiner Königin trauert (V. 750–760). Chai, nicht Artus, kommentiert mit *seiner aitermailigen zunge* (V. 277) die (sexuellen) Vergehen der erwiesenermaßen unzüchtigen Damen auf grobe und obszöne Art und Weise, so etwa im Fall von Gawins Geliebter, der der magische Mantel *hinden kurtz und gar zu enge, / aus der masse vor ze lang* (V. 932f.) ausfällt: *Khai sprach: „disen kranckh / kann ich wol erfinden. / secht, wo der Mantl hinden / Irem freundt zaiget unverholen, / daz sis im hinden hat verstolen"* (V. 934–938). Nach der Blamage der Mantelprobe muss man sich fragen, ob die höfischen Vorbilder am Artushof, von denen der ‚Mantel' (V. 219–225) eingangs spricht, überhaupt noch dort zu finden sind, wo doch unter der Oberfläche des schönen Scheins offensichtlich die allgemeine Tugendlosigkeit schlummert. Angesichts dessen ist eine unhöfische Figur wie Chai auch gar nicht mehr so fehl am Platze. Er scheint, und so ließe sich seine zentrale Stellung im ‚Mantel' erklären, ein notwendiges Gegengewicht zur arthurischen Idealität zu sein, das, mit dem Amt eines *merkære* betraut, die Spreu vom Weizen bzw. das wertlose *ûz-* vom edlen *ingesinde* unter den Angehörigen der höfischen Gesellschaft zu trennen versteht, ganz und gar so, wie auch Wolfram von Eschenbach im ‚Parzival' (297,5–23) Keies Anwesenheit am Artushof funktional legitimiert.[63]

In der altfranzösischen Vorlage ist es hingegen die Aufgabe unterschiedlicher, teils selbst von der Schande ihrer Damen betroffener Artusritter, die Verfehlungen der Damen spöttisch zu kommentieren. In den ersten beiden Runden

---

*sam was Er der site, / Er was nit geklaidet mite / hochlich an der für. / von porten ein schnůr / lies er nider hangen, / das het sein har befangen, / zu einem zopfe geflochten. / dabei In wol mochten / die frömbden bekennen* (‚Mantel', V. 253–268).

[63] *er was ein merkære. / er tet vil rûhes willen schîn / ze scherme dem hêrren sîn. / Partierre unt valsche diet, / von den werden er die schiet. / er was ir vuore ein strenger hagel, / noch scharpfer dan der bîn ir zagel. / seht, die verkêrten Keien prîs. / der was manlîcher triwen wîs. / vil hazzes er von in gewan* (‚Parzival', 297,6–15 zitiert nach Fassung *D: https://parzival.unibe.ch/parzdb/parzival.php?page=fassungen&dreissiger=297. Im Folgenden empfiehlt Wolfram dem Landgrafen Hermann I. von Thüringen († 1217) einen solchen Keie, der an dessen Hof die guten (*ingesinde*, 297,17) von den schlechten Höflingen (*ûzgesinde*, 297,18) zu scheiden wüsste.

der Mantelprobe in der ‚Mǫttuls saga' (Kap. 6) sind zum einen die Königin selbst, zum anderen die Dame des Aristes, König Artus' Sohn (!) – in der altfranzösischen Vorlage ist es die Dame des Artusritters Estor –, an der Reihe. Zumindest in diesen beiden Fällen, wohl aus Respekt für die königliche Familie, werden die spöttisch kommentierenden Artusritter an äquivalenter Stelle im ‚Lai du cort mantel', namentlich Íven (Yvain) und Kæi (Keu), durch den Diener (*skutilsveinn*) Meon ersetzt, den die altfranzösische Vorlage nicht kennt. Letztlich springt Valven (Gauvain) der Königin helfend zur Seite und relativiert, im Vergleich mit Aristes' Dame, ihre offenkundige Schande:

> Nv tekur drottning first mǫttulinn og leggur yfer sig og verdur hann henni suo stuttur ad hann tekur ei aa hæla henni. enn suo giarna sem hun villde eiga móttulinn þa munde hann alldrei hafa komit vm hennar hǻls ef hun vissi med huorium galldre hann var ofinn. og rodnadi hun þegar i andliti af skomm og þui næst bliknadi hun af angri og reide er ei var mòttullin mundangha. Enn Meon skutil sveinn stod j hia henni ok sa ath hon skipti andlitz litum sinum ok mællti þegar til hennar. frv sagdi hann. eigi syniz mer ath mòttullin se ydr ofsidr helldr mikille halfre alin til stutr ok fer hann med ongum kosti vel med ydr. Enn þersi mær kuad hann er her stendr hia ydr ok er alnær sama vexti ydr huorki hęri ne lægri. hon er vnnasta Aristes sonar Arte konungs faith henni mòttolin ok muno þer þa sía aa henni ath hann var ydr ofstutr. Þui næst tok drottning mòttulin ok feck meyiunni hia ser. enn hon tok þegar fegin vid mòtlinum ok let þegar yfir sik ok stytti hann mycklo meir ǻ henni enn drottningu. ok þa mællti Meon skutil sveinn miok hefer mòttullinn nu upp hlaupit aa skamrí stundo ok var hann eigi langt borinn. enn þa spurdi drottning lenda menn ok alla hófdingia. Segith herrar kuad hon var eigi mòttullin sidaRi enn þersi er. frv kuad Valuen. suo synizst mer sem þer sied nockoth tryggarí enn hon ok er þo nockot likt. ero ok minni suik med ydr enn med henni. (‚Mǫttuls saga', Kap. 6 nach A¹ [ohne Markierung editorischer Eingriffe]; vgl. ‚Lai du cort mantel', V. 287–302, und ‚Mantel', V. 720–743 [nur mit Probe der Königin]).⁶⁴

---

⁶⁴ Kalinke (Anm. 10), S. 31 u. 33. Engl. Übersetzung: „The queen took the mantle first and put it on, and it became so short on her that it did not reach her heels. As much as she wanted to own the mantle, she would never even have let it touch her body had she known what spell had been woven into it. She immediately blushed with shame and then immediately paled from anger and rage when the mantle did not fit. Meon the page stood beside her and saw her face changing color, and so he spoke to her at once: ‚Milady,' he said, ‚it does not seem to me that the mantle is too long for you; instead, it is a good ell too short and in no way does it fit you. This maiden, however who is standing here beside you and who is nearly the same size as you, neither taller nor shorter, she is the beloved of Aristes, son of King Artus; give her the mantle and then you will see how it fits her, though it was too short for you.' Thereupon the queen took the mantle and handed it to the maiden beside her, who gladly took it and immediately put it on, but on her it was much shorter than on the queen. Then Meon the page spoke: ‚The mantle has now shrunk much in a short time and yet it has not been worn long.' The queen asked the nobles and all the chieftains: ‚Tell me, lords, was the mantle

*‚Mantel' und ‚Erec'*

An äquivalenter Stelle im ‚Mantel' des Ambraser Heldenbuchs kommentiert entsprechend Chai vor dem wütenden König den Misserfolg von Artus' Gemahlin:

> Chai sprach: „man solt In beschröten, / ein tail ist noch ze lang. / der disen abe schwang, / abname ein spanne, / so stúend Er Ir rechte danne. / Mein frau hat sich wol behuet, / Ir treu sind gewesen guet / wider meinen herren, als Ir seht. / des ist Ir der Mantel recht." / Der kunig ward des ungefreut, / daz der mantl so ouget / an der künigin solhe untreu, / und het sein taugen reu. / in seinem hertzen ers verschwaig, / wann sein zorn in dartzú naig, / daz Er sprach also vil: / „der mantl zaiget wunderspil / an Eu, frau künigin, ze sehen. / man möcht wol durstig jehen / eurn treuen wandl bei. / Ich sprich doch nicht, daz es sei; / auch húetet euch hinfúr bas. / Mit rechten treuen rat ich das. / Frau mein, nú thúet In ab / und leihet In hie eurn gespilen." (‚Mantel', V. 738–762)

Mit Ausnahme der zweiten (und längsten) Mantelprobe (V. 850–901), für die Chai seine eigene Dame vorschlägt – über ihre Niederlage zu spotten wagt einzig Unsefte (i. e. Bruns sanz pitié in der altfranzösischen Vorlage) –, und der sehr kurz und ohne Reaktion seitens der Artusritter geschilderten dritten Probe von Engrewins Dame (V. 902–922) kommentiert Chai genüsslich die Niederlage von Gawins Dame (V. 923–942, siehe oben), so auch in der ‚Möttuls saga', und etwas verrätselt den Beinahe-Sieg der Enite (V. 955–972): *doch het si* [Enite, St. A.] *in das vinster spor / getreten* (V. 970f., siehe oben unter 3.). Die ‚Möttuls saga' folgt in den übrigen Runden (3.–7.), was die spöttischen Kommentatoren der misslungenen Mantelproben betrifft, im Grunde der altfranzösischen Vorlage. Neben Ideus (Ydier) und Geres *hinn litli* (Guivrez li Petiz) sind vor allem Kæi (Keu) und Gerfelt (Girflez) beteiligt. Es dient wohl wiederum der Abmilderung des Spotts an den adeligen Damen des Artushofs durch Angehörige dieser edlen Gesellschaft, dass der Artusritter Gerfelt in der altwestnordischen Prosabearbeitung zum *fól kóngs*, dem königlichen Narren, degradiert wird. Es ergibt sich so in der Reaktion auf die Niederlage von Ideus' Dame in der siebten Proberunde ein spöttisches Zusammenspiel von ‚Schandmaul' (Kæi) und Narr (Gerflet):

> og þa er hun kom yfir hana var hun henni allmundangligh fyrir suo ad aller hugdo ad ecke munde med henni finnazt nema gott. ath baki henni var hun suo stutt ad hun tok ei ofann æ lenndar henne nema suo ad varla huldi bellte hennar. enn Gerflet fól er fyrstur sa mællte þegar med harre Roddo. Jungfru sagde hann ofstuttur er þier mottullinn æ bake og alldrei mun hann verda suo sijdur fyrer ad þier mvne hann vel fara. Enn Kæi mætti þa ei þeigia leingur þuiat Jdeus hafde spottad vnnostv hanz og mællte

> not longer than this?' ‚Milady,' said Valven, ‚it seems to me that you are somewhat more faithful than she is, and yet you are quite alike, but there is less falsehood in you than in her'" (Kalinke [Anm. 26], S. 15 u. 17).

skiott til Jdeum med gabbi og hǽde. Sie Jdeus, hversu synizt þier fara. hefur vnnasto þinne nockud mistekist. suo finnst mier æ vmm hennar hagh sem þv meigir alla oss spotta og mego vær þo ath sonno aller sia ad eigi er vnnasta þı́n þar vel huld er lenndar hennar erv berar. Nv seigi eg þat ollumm aheÿróndum ad hun er þui vøn ad lǻta smǻnarlaust þiona sier aptan suo sem skikkiann syner berliga. ('Möttuls saga', Kap. 9 nach A¹ [ohne Markierung editorischer Eingriffe], Hervorhebungen St. A.; vgl. 'Lai du cort mantel', V. 634–663)⁶⁵

5.

Die weitreichenden Modifikationen im 'Mantel', vor allem die Zuspitzung der Mantelprobe auf Enite, setzen ihn in syntagmatische Beziehung zum 'Erec' Hartmanns von Aue, weil beide Erzählungen fortan kausal miteinander verknüpft sind: Warum Enite die Mantelprobe erfolgreich besteht, obgleich mit einem kleinen 'Schönheitsfehler', erfährt man nachträglich im unmittelbar folgenden 'Erec'. Da beiden Texten wichtige Komponenten fehlen – der Abschluss im 'Mantel', Prolog und Handlungsbeginn im 'Erec' –, ist diese Textallianz geradezu symbiotisch, vervollständigen sie sich, trotz aller Brüche im Übergang vom einen zum anderen Teiltext, doch gegenseitig: Der 'Mantel' endet mit einer proleptischen Anspielung auf das, was im 'Erec' analeptisch auserzählt wird. Eine solche syntagmatische Beziehung *a causa* kennt die altwestnordische Bearbeitung nicht: 'Möttuls saga' und 'Erex saga' stehen in der Überlieferung paradigmatisch beieinander, in handschriftlicher Nahplatzierung innerhalb ein und derselben Textzeugen. Beide Traditionen, die deutsche und die nordische, stellen eine Textallianz her und verleihen der arthurischen Idealität durch ein Mehr an Panegyrik entsprechend mehr Gegengewicht zur ehrrührigen Mantelprobe. Diese gemeinsamen Bearbeitungstendenzen könnten unabhängig voneinander entstanden sein, als Ergebnis ähnlicher (kulturübergreifender) Modi-

---

[65] Kalinke (Anm. 10), S. 53. Engl. Übersetzung: „And when she put it on, it fit perfectly in front, so that all thought nothing but good might be revealed about her. In the back, however, it was so short that it did not reach down her loins, so that it hardly covered her belt. Gerflet the fool, who saw this first, spoke at once with a loud voice. 'Noble maiden,' he said, 'the mantle is too short for you in the back, and it will never become so long in front that it will fit you well.' Then Kay could keep silent no longer because Ideus had derided his beloved, and he quickly addressed Ideus with mockery and derision: 'Look, Ideus, how do you think matters are going? Has your beloved not gone somewhat astray? This is what I think about her affairs, since you can deride all of us and yet we, in truth, can all see that your beloved is not properly clothed where her loins are bare. Now I will tell all of you who are listening that she is accustomed to let herself be taken shamelessly from behind, as the mantle openly manifests'" (Kalinke [Anm. 26], S. 25).

fikationen ein und derselben Vorlage(n). Doch können ebenso kulturelle Interaktionen zwischen ‚Deutschland' und ‚Skandinavien', die sich textlich auch andernorts aufzeigen lassen, Grundlage dieser Übereinstimmungen sein. So basiert die ebenfalls am Hof des norwegischen Königs Hákon IV. in Bergen verfasste ‚Þiðreks saga' (13. Jahrhundert) auf deutscher Dietrichepik. In jener Hansestadt, Norwegens Handelszentrum seit dem 13. Jahrhundert, waren deutsche Kaufleute als ‚Wintersitzer' ansässig und leisteten bei der Vermittlung (hoch)deutscher Literatur einen wichtigen Beitrag.[66] Sogar ein Kapitel der ‚Erex saga' (Kap. X), das kein Vorbild bei Chrétien de Troyes hat, geht auf deutsche Stofftradition zurück: Erex rettet den Ritter Plato, Herzog von Vidgæiborg oder Margdæiborg und Neffe des Valven, aus dem Maul eines fliegenden Drachen. Diese Episode begegnet in der Heidelberger Fassung der ‚Virginal' (Str. 168–177: Dietrich und Hildebrand retten Rentwin) und in der ‚Þiðreks saga' (Kap. 105f.), in welcher der von Þiðrek und Fasold gerettete Ritter den Namen Sintram / Sistram (von Venedig) trägt. Die Übertragung von der Dietrich- auf die Artusepik

> könnte auch schon in Deutschland geschehen sein, wo Eckens Name – *her Ecke* – gelegentlich mit *Erec* verwechselt wurde[.] [...] Die wichtigste Verbindung zum Eckenlied stellt aber der Name Magdeburgs dar [...], denn die ‚Mägdeburg' erklärt sich hier durch die Burg der drei Königinnen, welche den Ecke aussenden, um Dietrich zu holen.[67]

Die zweite Aventüre in Kap. X der ‚Erex saga' dreht sich um die Befreiung von vier Brüdern mit auffallend deutsch klingenden Namen (Juben, hertogi af Freiheimi, sowie Perant, Jodim [Joachim] und Malides, Herzöge von Manaheim) und ihrer Damen aus den Fängen von sieben Raubrittern. Und auch für diese Aventüre sowie für Kap. VII der ‚Erex saga' (Erex besiegt acht Räuber) lassen sich Bezüge zur ‚Þiðreks saga' (Kap. 84–86: Viðgas Kampf gegen zwölf Räuber) ausmachen. Schließlich verdient der in Knittelversen (!) gedichtete ‚Her Ivan' Erwähnung, die altschwedische Versbearbeitung von Chrétiens ‚Chevalier au lion', die in die altschwedischen ‚Eufemiavisor' (1303–1311) eingegangen ist. Hinsichtlich dieser von der norwegischen Königin Eufemia von Rügen (um 1280–1312) in Auftrag gegebenen Sammlung epischer Texte nach unter anderem deutschen Vorlagen denkt Volker Mertens an eine

> werkstattartige Kooperation zwischen Norwegern, Schweden und Deutschen [...]: Die Norweger stellen neben der Tradition ihrer ‚Riddarasögur' auch das multilinguale

---

[66] Vgl. Susanne Kramarz-Bein, Die ‚Þiðreks saga' im Kontext der altnorwegischen Literatur (Beiträge zur Nordischen Philologie 33), Tübingen / Basel 2002, S. 1 u. 82–94.
[67] Siegfried Gutenbrunner, Über die Quellen der Erexsaga. Ein namenkundlicher Beitrag zu den Erec-Problemen, in: Archiv für das Studium der neueren Sprachen 190 (1953), S. 1–20, hier: 4f.

Verfahren zur Adaptation der höfischen Literatur zur Verfügung, die Schweden ihre in Frankreich erworbene sprachliche Kompetenz und die mit der einheimischen ‚Visor'-Tradition vertrauten Vortragskünstler, die Deutschen schließlich die Kenntnis der deutschen Literatur und vor allem ihrer Sprachgestalt, an die sich die Schweden anlehnen konnten.[68]

Ein für den norwegischen Hof König Hákons IV. wichtiger Weg des literarischen Transfers verläuft freilich über England, namentlich in der Person des englischen Benediktiners Matthäus (von) Paris (um 1200–1259) aus dem Kloster St. Albans bei London, „le commissionnaire littéraire du roi longtemps avant sa première visite à la cour de Norvège, qui eut lieu en 1248, peut-être avant 1226",[69] dem Jahr der Entstehung der ‚Tristrams saga ok Ísöndar' durch einen gewissen Bruder Robert. Matthäus stand in sehr engem Kontakt mit dem englischen König Heinrich III. (1207–1272), für dessen Großvater Heinrich II. Plantagenêt (1133–1189) Chrétien de Troyes um 1170 ‚Érec et Énide' vermutlich verfasst hat. 1248 visitierte und reformierte Matthäus, auf Hákons Vorschlag hin bzw. in päpstlichem Auftrag, das Benediktinerkloster Nidarholm im Trondheimfjord.[70] Zudem übermittelte er dem norwegischen König Briefe des französischen Königs Ludwig IX. (1214–1270), die den von diesem initiierten (Sechsten) Kreuzzug betrafen. Somit steht Matthäus für eine persönliche Verbindung zwischen englischem und norwegischem Hof zur Zeit der Entstehung der altwestnordischen *riddarasögur*. Vom ‚Lai du cort mantel' sind zwar keine anglonormannischen Textzeugen überliefert, dennoch kannte man auch in England die Erzählung vom magischen Mantel. Dies bezeugt der Einschub einer knappen Nacherzählung des Lais im Abschnitt über Ereignisse in Britannien vor 1066 in der anglonormannischen ‚Scalachronica' (um 1362) des Thomas Grey († vor 1369):

> Meisme la nuyt estoit envoié en la court od un damoysele jolyve le mauntil Karodes qui out tiel vertu que il ne voroit estre de droit mesure a nul femme qui voulait lesser savoir a soun marry soun fet et pense. De quoi en out grant rise, quar y ny out femme nul en la court a quei le mauntil estoit de mesure, ou qu'il estoit trop court ou trop long ou trop estroit outre mesure fors soulement a l'espous Karodes. Pur quoi, com fust dit, estoit envoyé a la court de par le pier le dit Karodes, qui fust dit un enchaunteour, de prover la bounté la femme soun fitz qui un dez plus moiier estoit de la court. De

---

[68] Volker Mertens, Die ‚Eufemiavisor' als Zeugnis deutsch-skandinavischer Kulturkontakte, in: Deutsch-skandinavische Literatur- und Kulturbeziehungen im Mittelalter, hg. v. Siegelinde Hartmann u. Ulrich Müller, JOWG 16 (2006/7), S. 159–178, hier: 173f. Die „in Frankreich erworbene sprachliche Kompetenz" bezieht sich auf schwedische Kleriker an schwedischen Fürstenhöfen, die in Paris studierten.
[69] Wulff (Anm. 13), S. 351.
[70] Vgl. Richard Vaughan, Matthew Paris (Cambridge Studies in Medieval Life and Thought, New Series 6), Cambridge 1958, S. 3–7.

*‚Mantel' und ‚Erec'*

meisme le mauntel fust fet un chesible puscedy, com est dit, qui unquor est a jour de huy a Glastenbery (Transkription [St. A.] nach Cambridge, Corpus Christi College, Ms. 133, fol. 76[rb–va]).[71]

Auch für den Transfer höfischer Literatur aus der Romania nach Deutschland spielt England eine gewisse Rolle: Abgesehen von einem (pseudo-)biographischen Hinweis auf einen Aufenthalt Hartmanns von Aue in England[72] ist der ‚Lanzelet' Ulrichs von Zatzikhoven zu nennen, der darin die älteste Mantelepisode in deutscher Sprache integrierte. Im Epilog benennt Ulrich mit *Hûc von Morville* (Hugues de Morville) eine der Geiseln für den zunächst durch Herzog Leopold V. von Österreich gefangen gehaltenen, später bei Kaiser Heinrich VI. inhaftierten, englischen König Richard I. Löwenherz. Jene Geisel vermittelte nach Aussage des Epilogs die Vorlage (*ein welschez buoch*, V. 9324) des ‚Lanzelet':

> Hûc von Morville / hiez der selben gîsel ein, / in des gewalt uns vor erschein / daz welsche buoch von Lanzelete. / dô twanc in lieber vriunde bete, / daz dise nôt nam an sich / von Zatzichoven Uolrich, / daz er tihten begunde / in tiutsche, als er kunde, / ditz lange vremde mære / durch niht, wan daz er wære / in der frumen hulde dester baz. (‚Lanzelet', V. 9338–9349)[73]

---

[71] Digitalisat abrufbar unter: https://parker.stanford.edu/parker/catalog/md506kt8712. Übersetzung (St. A.): ‚Am selben Abend wurde Karodes' Mantel zusammen mit einer schönen Jungfrau an den Hof gesandt, der die Eigenschaft besaß, dass er keiner Frau so recht passen wollte, die ihrem Ehemann ihre Taten und Gedanken verschwieg. Darüber gab es ein großes Gelächter, denn es war am Hof keine Frau, welcher der Mantel richtig passte, entweder war er zu kurz oder zu lang oder über das Maß hinaus zu eng, außer allein Karodes' Ehefrau. Deswegen, wie man sagte, wurde der Mantel vom Vater des genannten Karodes an den Hof geschickt, der als Zauberer galt, um die Güte der Frau seines Sohnes zu prüfen, die eine der Besten am Hof war. Zudem wurde damals aus dem Mantel ein Messgewand gemacht, das, wie man sagt, noch heute in Glastonbury liegt.' Zum Mantel-Einschub in der ‚Scalachronica' siehe Thomas Wright, Influence of Medieval upon Welsh Literature. The Story of the Cort Mantel, in: Archaelogia Cambrensis 9 (1863), S. 7–40, und Christine Kasper, Von miesen Rittern und sündhaften Frauen und solchen, die besser waren. Tugend- und Keuschheitsproben in der mittelalterlichen Literatur vornehmlich des deutschen Sprachraums (GAG 547), Göppingen 1995, S. 114–118.

[72] Transkription (St. A.) der ‚Iwein'-Hs. r (Rostock, Universitätsbibl., Mss. philol. 81; schwäbisch mit rheinfränkischen Einsprengseln, um 1477): *Er was hartman genant / Vnd was ain awere / Der bracht dise mëre / Zu tisch als ich hän vernomen / Do er uß engellandt was komen / Da er uil zit was gewesen / Hat ers an den welschen büchen gelesen* (fol. 2[ra–rb], i. e. Hartmann von Aue, ‚Iwein', V. 24–30). Dieser wohl nur fiktive Aufenthalt Hartmanns von Aue in England mag damit zusammenhängen, dass mittelalterliche Rezipientinnen und Rezipienten, so Schmolke-Hasselmann, bei Artusromanen automatisch an England dachten, ihnen die ‚Englishness' des Artusromans bewusst war (vgl. Beate Schmolke-Hasselmann, Der arthurische Versroman von Chrestien bis Froissart. Zur Geschichte einer Gattung [ZfdPh. Beiheft 177], Tübingen 1980, S. 246, Anm. 759).

Eine über englische Kontakte nach Deutschland und Skandinavien vermittelte Vorlage, die auch das Konzept einer Textallianz von ‚Mantel' und ‚Erec' bzw. ‚Erex saga' und ‚Möttuls saga' transportierte, oder aber ein literarisch interessiertes Umfeld, vergleichbar mit dem Hof der Eufemia von Rügen am Übergang vom 13. zum 14. Jahrhundert, mögen die Nahtstelle zwischen deutscher und nordischer Tradition gewesen sein, an der auch ein Text wie das ‚Lai du cort mantel' auf ganz ähnliche Art und Weise bearbeitet werden konnte wie im deutschsprachigen Raum. Die weitreichenden Eingriffe in den ‚Mantel' sind indes mit der nordischen Tradition nicht zu vergleichen und auch nicht aus ihr heraus zu erklären, jedoch zeigen sie, wie wandelbar die Erzählung vom magischen Mantel vom 12. bis zum 16. Jahrhundert für spätere Bearbeiter war. Im Ambraser Heldenbuch ist ein derart umfangreicher Doppelroman entstanden, dass die unschöne Nahtstelle zwischen beiden Teiltexten nur noch so wenig ins Gewicht fällt wie *kaum dreier vinger*, die Enites Mantel *an dem saume* fehlen.

Abstract: One of the major problems concerning Hartmann von Aue's 'Erec' (ca. 1185) is its special manuscript tradition. Although it would have been well known among contemporary authors, this first German Arthurian romance has only been handed down in Hans Ried's 'Ambras Book of Heroes' ('Ambraser Heldenbuch', 1504–1517) in a mostly complete form. In this tremendous collection of medieval literature, the 'Ambras Erec' – its prologue and parts of the beginning are lost –, enters into a textual alliance with the 'Mantel', a short verse poem dating from the first half of the 13th century und uniquely handed down in that collection. It deals with a chastity test by a magic mantle on Arthur's court. Compared with the Old French source of the 'Mantel', namely the 'Lai du cort mantel', this alliance is accompanied by a large number of textual modifications in the German text. The resulting connection of 'Mantel' and 'Erec', which seamlessly passes

---

[73] Mögliche historische Vorbilder für Ulrichs *Hûc von Morville* sind a) Hugues de Morville (um 1160–1238), Erzdiakon und, ab 1207, Bischof von Coutances, b) Hugues de Morville († 1202), Lord von Burgh-by-Sands, Cumberland, nordwestlich von Carlisle, und c) Hugues II. de Morville, Lord von Knarasbourough, Yorkshire, einer der Mörder des Erzbischofs von Canterbury Thomas Becket (1118–1170); vgl. Ulrich von Zatzikhoven, ‚Lanzelet', Texte présenté, traduit et annoté par René Pérennec (Moyen Âge européen 6), Grenoble 2004, S. 35f. Der ‚Lanzelet' ist „das einzige mittelhochdeutsche Epos dieser Zeit, bei dessen Entstehung nach den eigenen Angaben des Dichters der Kaiserhof eine Rolle gespielt hat [...], dessen französische Quelle [...] sich dem Epilog zufolge im Besitz eines der hochadligen englischen Herren befunden hat, die 1194 als Geiseln für den von Heinrich VI. gefangen gehaltenen König Richard Löwenherz nach Deutschland gekommen waren[.] [...] Da man den Herrn von Morville sicherlich nicht gewaltsam seiner Bücher beraubt haben wird, liegt es nahe, in den *vriunden*, die die Übertragung angeregt haben [...], literarisch interessierte Mitglieder des Hochadels zu sehen, die mit den englischen Geiseln in gesellschaftlichem Kontakt standen" (Joachim Bumke, Mäzene im Mittelalter. Die Gönner und Auftraggeber der höfischen Literatur in Deutschland 1150–1300, München 1979, S. 153).

from one to the other in the middle of a single sentence, brings up a set of questions: Did Ried himself put these two texts together or was this textual alliance already extant in his source manuscript? Does the 'Mantel' replace the lost parts of Hartmann's 'Erec' in Ried's source or does the idea of replacing them go back even earlier, possibly to Hartmann himself? This article closes in on those 'old' questions by taking a 'new' look at the tradition of the 'Lai du cort mantel' and of the Chrétienian 'Erec' in Scandinavia. The comparison of German and Norse traditions points out transcultural tendencies in modifying the same Old French text and suggest possible influences. For the Old Norse 'Möttuls saga' – the prose version of the 'Lai du cort mantel' – is very similar to the 'Ambras Mantel' both with respect to its manuscript tradition, in connection with the Old Norse 'Erex saga' – the prose version of Chrétien de Troyes' 'Érec et Énide' – and with respect to its textual modifications of the Old French lai.

## Sammlungskonzept und Fragmentierung
### Die Wiener Sammelhandschrift Cod. Vind. 2696[*]

von Eva Bauer

### 1. Hinführung

Während man im alltäglichen Sprachgebrauch häufig unreflektiert von ‚Fragment' oder ‚fragmentarisch' in Bezug auf alles spricht, was nicht – nicht mehr, noch nicht oder niemals – vollständig ist, gibt es im Fachdiskurs nahezu unüberblickbare Diskussionen über den Gebrauch und die Spezifizierung der Bezeichnungen für ‚Fragmentarität'.[1] In der Einleitung zu diesem Band wurde diesbezüglich unterschieden in „Werkfragmente, also unvollendete Texte, deren Fertigstellung durch ihren Autor oder Bearbeiter aus verschiedenen Gründen abgebrochen wurde", und „Handschriftenfragmente ursprünglich vollständiger Codices, Faszikel, Inkunabeln oder Urkunden".[2] Unter Werkfragmente fallen insbesondere die Großtexte des mediävistischen Forschungsgegenstandes wie etwa der ‚Tristan' Gottfrieds von Straßburg[3] oder der

---

[*] Der vorliegende Beitrag wurde als Vorhaben der Bayerischen Akademie der Wissenschaften im Rahmen eines Forschungsstipendiums vom Freistaat Bayern gefördert.

[1] Vgl. dazu die Ausführungen in Kay Malcher / Stephan Müller / Katharina Philipowski / Antje Sablotny, Fragmentarität als Problem der Kultur- und Textwissenschaften. Eine Einleitung, in: Fragmentarität als Problem der Kultur- und Textwissenschaften, hg. v. dens. (MittelalterStudien 28), München 2013, S. 9–26.

[2] Siehe die Einleitung in diesem Band, S. 14–17. Eine Übersicht über verschiedene Fragmentgattungen bietet u. a. Jürgen Blänsdorf, Fragmentgattungen und Editionsprobleme. Beispiele aus der antiken und mittelalterlichen Literatur, in: Fragment und Makulatur. Überlieferungsstörungen und Forschungsbedarf bei Kulturgut in Archiven und Bibliotheken, hg. v. Hanns Peter Neuheuser u. Wolfgang Schmitz (Buchwissenschaftliche Beiträge 91), Wiesbaden 2015, S. 33–50, hier: 34–46.

[3] Zu Überlieferung und Forschung siehe überblickshaft den Eintrag im Handschriftencensus (https://handschriftencensus.de/werke/135). Sämtliche in diesem Beitrag angeführten digitalen Ressourcen wurden zuletzt abgerufen am 04.08.2023. Zur Diskussion um den Status des ‚Tristan' vgl. u. a. Sonja Glauch, Wie ‚macht' man Fragmente? Schrift und Stimme als Träger des Fragmentarischen, in: Fragmentarität (Anm. 1), S. 51–68, hier: 51f.

‚Trojanerkrieg' Konrads von Würzburg.[4] Wie viel ‚Intention' hinter der Fragmentarität der jeweiligen Texte steht, ob sie Fragment geblieben sind, weil der Autor damit ein bestimmtes Konzept verfolgte[5] oder ob er mit der Abfassung des Textes nicht fertig geworden ist – sein verfrühter Tod, der Verlust von Auftraggebern, Gönnern oder Vorlagen könnten Gründe dafür sein –, lässt sich in aller Regel nicht entscheiden. Ebenso wenig lässt sich klären, ob die Unvollständigkeit auf defekte Vorlagen oder auf ihrerseits unvollständige Quellen zurückzuführen ist.[6] Etwas anders verhält es sich mit Handschriftenfragmenten. Diese werden normalerweise als Glücksfall bezeichnet, der allererst die Möglichkeit eröffnet, auf einen ansonsten verlorenen Text – man denke etwa an ‚Abor und das Meerweib'[7] – oder eine ansonsten verlorene Überlieferungsform – etwa die berühmten ‚Erec'-Fragmente[8] – rückschließen und sie dadurch ansatzweise greifbar machen zu können.[9] Gewöhnlich assoziiert man mit diesem Fragmenttyp Einzelseiten, Pergament- und Papierstreifen oder winzige Schnipsel, Überreste einstmals wohl größerer und umfangreicherer Textzeugen. Wie immer man ‚Fragment' oder ‚Fragmentarität' auch definieren oder von welchem Typ man ausgehen mag, fast immer steht eine Teil-Ganzes-Relation[10] im Fokus, da man mit dem Fragment, sei es nun Werk- oder Handschriftenfragment, zwar einen Teil, niemals aber das Ganze greifen kann. Fragmentarität ist demnach immer auch verbunden mit einem Gefühl des Mangels, dem Wunsch, das Ganze sehen oder rezipieren zu können:[11] Dieses Ganze – der vollständige Text,[12] der vollständige Textzeuge – ist jedoch in der Regel verloren.

---

[4] Zu Überlieferung und Forschung siehe den Eintrag im Handschriftencensus (https://handschriftencensus.de/werke/212).
[5] Wie Glauch (Anm. 3) plausibel gemacht hat, ist die Nichtvollendung eines Werkes im Mittelalter jedoch wohl (noch) nicht konzeptionell zu denken.
[6] Vgl. zur Diskussion Glauch (Anm. 3).
[7] Zu Überlieferung und Forschung siehe den Eintrag im Handschriftencensus (https://handschriftencensus.de/werke/586).
[8] Zu Überlieferung und Forschung siehe den Eintrag im Handschriftencensus (https://handschriftencensus.de/werke/148).
[9] Zur Bedeutung von Fragmenten als ‚Zeichen' siehe auch Malcher / Müller / Philipowski / Sablotny (Anm. 1), S. 12–13.
[10] Ebd., S. 11–13; Stephan Müller, Fragmente, die keine sind. Zu einem besonderen Status von Teilüberlieferung deutscher Texte im frühen Mittelalter, in: Fragmentarität (Anm. 1), S. 69–74. Siehe dazu auch Lucien Dällenbach / Christiaan L. Hart Nibbrig, Fragmentarisches Vorwort, in: Fragment und Totalität, hg. v. dens. (Edition Suhrkamp 1107), Frankfurt a. M. 1984, S. 7–17.
[11] Dies lässt sich, wie Glauch (Anm. 3), bes. S. 51–52, herausgestellt hat, mit Blick auf die Werkfragmente durchaus bereits für zeitgenössische Rezipientinnen und Rezipienten beobachten, was beispielsweise die zahlreichen Fortsetzungen des ‚Tristan' oder die oftmals knappen Fortsetzungen des ‚Trojanerkriegs' zeigen.
[12] Zur doppelten Verwendbarkeit von ‚Text' in diesem Zusammenhang siehe Malcher / Müller / Philipowski / Sablotny (Anm. 1), S. 15.

*Sammlungskonzept und Fragmentierung*

Die Beschäftigung mit Fragmenten ist somit nie nur eine Beschäftigung mit den erhaltenen Bruchstücken, sondern immer auch in Relation zu dem Verlorenen zu denken. Diese Überlegungen zum Anlass nehmend, möchte sich der vorliegende Beitrag einmal nicht mit dem Bruchstück beschäftigen, sondern mit einem Ganzen, dem Teile fehlen. Im Zentrum der Untersuchung soll ein Codex stehen, aus dem Seiten herausgeschnitten wurden: die Wiener Sammelhandschrift Cod. Vind. 2696.[13]

Um die Bedeutung der fehlenden Teile einschätzen zu können, ist zunächst ein kurzer Überblick über die Sammelhandschrift nötig. Die Forschung hat dem Cod. Vind. 2696 stets eine programmatische Anlage attestiert.[14] Die Anlage und das Programm der Sammlung sollen daher in einem ersten Schritt kurz skizziert werden (2). Der heutige Zustand des Cod. Vind. 2696 beruht, wie auszuführen sein wird, auf einer Reihe von Bearbeitungen, die sich am überlieferten Material nachvollziehen lassen. Die wichtigste Bearbeitungstendenz besteht in dem, was im Folgenden als ‚Fragmentierung' bezeichnet werden soll: Seiten und Lagen wurden unter Hinterlassung deutlicher Spuren aus dem Überlieferungsträger herausgeschnitten bzw. entfernt. Der größere Teil des Herausgeschnittenen ist verloren gegangen, einiges wurde jedoch an anderer Stelle dem Cod. Vind. 2696 wieder beigebunden. Wie dies im Einzelnen aussieht und in welchem Verhältnis die Fragmentierungen der Einzeltexte zum Überlieferungsträger als Ganzem stehen, soll in einem zweiten Schritt ausgeführt werden (3). Ausgehend von dieser Analyse ist einerseits zu fragen, wie es zu einer derartigen Überlieferungssituation kommen konnte und wie mit ihr umzugehen ist (4). Zugleich ist zu fragen, wie sich die Fragmentierungen zu dem eingangs skizzierten Programm der Handschrift (2) verhalten. Stören oder zerstören sie die Anlage? Lassen sie sich in diese integrieren oder unterstützen sie gar das skizzierte Konzept der Sammlung? Wie die nachfolgenden Ausführungen plausibilisieren sollen, erlaubt es der Sammlungscharakter – das Programm der Handschrift als thematisches Ganzes –, Verluste im Inneren zu überbrücken: Zwar fragmentieren mechanische Eingriffe, wie sie der Cod. Vind. 2696 aufweist, den Einzeltext und machen ein womöglich ursprünglich vollständiges Ganzes überhaupt erst zum Fragment. Doch kann, wie zu zeigen sein wird, der Überlieferungsverbund – die Sammlung als solche – an die Stelle der jeweiligen Einzeltexte treten und das Verlorene bis zu einem gewissen Grad kompensieren.

---

[13] Wien, ÖNB, Cod. 2696, digital verfügbar über http://data.onb.ac.at/rec/AC13960011.
[14] Siehe dazu unten S. 246f.

*Eva Bauer*

## 2. Die Anlage des Cod. Vind. 2696 und sein Programm

Die Wiener Sammelhandschrift Cod. Vind. 2696 ist eine Pergamenthandschrift, die wohl um 1300 entstanden ist.[15] In einer gut lesbaren Textualis sind dort zehn Texte geistlichen Inhalts niedergeschrieben; bei sechs von ihnen handelt es sich um den Codex unicus. Neben der ‚Kindheit Jesu' (KJ) Konrads von Fußesbrunnen und der ‚Urstende' Konrads von Heimesfurt stehen das anonyme ‚Jüdel', die Heiligenlegenden ‚St. Katharinen Marter' (KM) und der ‚Oberdeutsche Servatius' (OS), das ebenfalls anonym überlieferte ‚Anegenge', Albers ‚Tnugdalus', die beiden Pseudo-Heinrich von Melk zugeschriebenen Mahnreden ‚Von des todes gehugede'[16] (TG) und das ‚Priesterleben' (PRL) sowie die anonyme ‚Warnung' (W). Noch vor dem ersten Text der Sammlung ist in zwei Zeilen eine rubrizierte ‚Minimal-Inhaltsangabe' eingetragen: *Summe der bůche ſint ze- / heniv* (fol. 1ᵛ)[17]. Diese deutet darauf hin, dass die Handschrift wohl keine weiteren Texte enthalten hat. Das ebenso rubrizierte Titelsystem impliziert zudem, dass die überlieferten Texte Teil der ursprünglichen Sammlung waren und nicht zu einem späteren Zeitpunkt ausgetauscht oder ergänzt worden sind.

Die Forschung zum Cod. Vind. 2696 hat der Sammlung stets eine programmatische Anlage attestiert. Werner Fechter sieht darin ein „Kompendium",[18]

---

[15] Zur Beschreibung der Handschrift vgl. u. a. den Eintrag im Handschriftencensus (http://www.handschriftencensus.de/1216); Hermann Menhardt, Verzeichnis der altdeutschen literarischen Handschriften der Österreichischen Nationalbibliothek, Bd. 1 (Veröffentlichungen des Instituts für deutsche Sprache und Literatur 13), Berlin 1960, S. 129–132; Karin Schneider, Gotische Schriften in deutscher Sprache, Bd. 1.1: Vom späten 12. Jahrhundert bis um 1300. Textband, Wiesbaden 1987, S. 228–230; Mitteleuropäische Schulen I (ca. 1250–1350). Textband, hg. v. Andreas Fingernagel u. Martin Roland (Veröffentlichungen der Kommission für Schrift- und Buchwesen des Mittelalters 10), Wien 1997, S. 112f.; Peter Wiesinger, Wien, in: Schreiborte des deutschen Mittelalters. Skriptorien – Werke – Mäzene, hg. v. Martin Schubert, Berlin / New York 2013, S. 579–620, hier: 595f.

[16] Dieser Text hat von der Forschung unterschiedlichste Namen erhalten – ‚Von des todes gehugede', ‚Erinnerungen an den Tod', ‚Mahnreden über den Tod', um nur einige zu nennen (eine Zusammenstellung findet sich bei Elke Brüggen, Schwierige Nähe. Reflexe weltlicher Kultur und profaner Interessen in frühmittelhochdeutscher geistlicher Literatur, in: Geistliches in weltlicher und Weltliches in geistlicher Literatur des Mittelalters, hg. v. Christoph Huber, Burghart Wachinger u. Hans-Joachim Ziegeler, Tübingen 2000, S. 27–50, hier: 37f.). Im Folgenden bezeichnet ‚Von des todes gehugede' den Text, *Daz (bůch heizzet daz) gemeîne leben* das auf fol. 156ᵛ verzeichnete Rubrum.

[17] Rubrizierung und Schrift scheinen dem Titelsystem zu entsprechen. Hier und im Folgenden wird nach dem Cod. Vind. 2696 zitiert. Die Wiedergabe erfolgt weitgehend diplomatisch; lediglich Abbreviaturen wurden aufgelöst sowie Reimpunkte getilgt. In Ausnahmefällen wurden einzelne Buchstaben in Konjekturklammern ⟨ ⟩ ergänzt.

[18] Vgl. Werner Fechter, Eine Sammlung geistlicher Dichtungen des 12. und 13. Jahrhun-

*Sammlungskonzept und Fragmentierung*

das der „Intensivierung des christlichen Lebens dienen sollte, also eine Gegenwartsaufgabe hatte".[19] Diese Aussage kann noch weiter differenziert werden. Einerseits lassen sich thematische Schwerpunkte der Sammlung identifizieren, insbesondere verschiedene Formen von *wunder* („Jüdel', ‚St. Katharinen Marter', ‚Servatius') und Warnungen vor Tod und Jüngstem Gericht (‚Von des todes gehugede', ‚Tnugdalus', ‚Warnung', ‚Priesterleben').

Betrachtet man die Auswahl und Anordnung der Einzeltexte genauer, lässt sich überdies eine gewisse (inhaltlich-konzeptionelle) Abfolge erkennen:[20] Diese Abfolge funktioniert nach ähnlichen Mechanismen wie das aus der Lyrik bekannte Concatenatio-Prinzip[21], wie es Franz-Josef Holznagel als kohärenzstiftendes Prinzip im Anschluss an Hermann Schneiders Ausführungen in Bezug auf das Liedkorpus Rudolfs von Fenis für verschiedene Lyriksammlungen herausgestellt hat.[22] Im Cod. Vind. 2696 wird die Verknüpfung zwischen den Einzeltexten hergestellt, indem der je nachfolgende Text Wendungen vom Schluss des voranstehenden aufgreift oder dessen Inhalt „anklingen läßt und [...] gleichzeitig weiterführt".[23] So verweist die ‚Kindheit Jesu' (fol. $1^r$–$20^v$) in ihrem Epilog auf Christi Auferstehung. Die nachfolgende ‚Urstende' (fol. $20^v$–$35^r$) Konrads von Heimesfurt greift dieses Thema auf und berichtet von den Ereignissen zwischen Jesu Einzug in Jerusalem und dem Pfingstwunder. Die Judenschelte, die die ‚Urstende' beschließt, wird ihrerseits im ‚Jüdel' (fol. $35^r$–$38^r$) aufgegriffen und variiert. Während der jüdische Junge im ‚Jüdel' durch ein Marienwunder gerettet wird, thematisieren die nachfolgenden Heiligenlegenden die Wundertaten der Märtyrerin Katharina (‚St. Katharinen Marter', fol. $38^r$–$59^v$) und des Bischofs Servatius. Das zu einem gottgefälligen Leben mahnende Mirakel, mit dem der ‚Servatius' (fol. $59^v$–$82^v$) heute abbricht, weist

---

derts (Wien 2696), in: Festgabe für Friedrich Maurer zum 70. Geburtstag am 5. Januar 1968, hg. v. Werner Besch, Siegfried Grosse u. Heinz Rupp, Düsseldorf 1968, S. 247.

[19] Vgl. ebd., S. 258–259. Wiesinger (Anm. 15), geht von einer „‚Glaubenslehre'" (S. 596) als verbindendes Element für einige der Texte aus.

[20] Die Ausführungen zu Anlage und Sammlungskonzept des Cod. Vind. 2696 basieren auf den Untersuchungen in Eva Bauer, Das ‚Anegenge' – Text und Studien (Deutsche Literatur. Studien und Quellen 45), Berlin / Boston 2022, S. 249–260, mit weiterführender Literatur.

[21] Vgl. Franz-Josef Holznagel, Handschriften, Handschriftentypen und Sammlungszusammenhänge, in: Handbuch Minnesang, hg. v. Beate Kellner, Susanne Reichlin u. Alexander Rudolph, Berlin / Boston 2021, S. 19–54, hier: 34f.

[22] Es bezeichnet die Technik, „Strophen oder Lieder so miteinander zu verknüpfen, dass der Anfang eines Textes einen Leitbegriff oder eine charakteristische Wendung aus dem unmittelbar vorausgehenden Stück aufgreift" (vgl. Franz-Josef Holznagel, Wege in die Schriftlichkeit. Untersuchungen und Materialien zur Überlieferung der mittelhochdeutschen Lyrik [Bibliotheca Germanica 32], Tübingen / Basel 1995, S. 265).

[23] Ebd.

den Weg zu den Ermahnungen in ‚Von des todes gehugede' (fol. 83ʳ–89ᵛ; Titel: fol. 156ᵛ). Auch das ‚Priesterleben' (fol. 152ʳ–156ᵛ), das heute am Ende der Sammlung steht, hätte hier thematisch gut angeschlossen, indem das Exempel des Bischofs Servatius in eine Anklage des entarteten Klerus überführt würde (fol. 152ʳ–156ᵛ). Ausgehend davon würde wiederum ‚Von des todes gehugede' den Schwerpunkt vom Klerus auf die Laien verlagern und diese zu Umkehr und Buße im Angesicht des unausweichlichen Todes ermahnen (*Memento mori*). Das Gebet, mit dem ‚Von des todes gehugede' schließt – *indem hæiligem gæifte / Loben [wir] den vater vnt den fvn / in fecula feculorum* (fol. 89ᵛᵇ) –, kann im Folgenden als Überleitung auf das ‚Anegenge' (fol. 89ᵛ–111ʳ) gelesen werden, das unter anderem die Trinität – Gott Vater, Gott Sohn und Gott Heiliger Geist – thematisiert. Das ‚Anegenge' wiederum endet mit der Aufforderung, dem Opfer Christi gerecht zu werden und in ein Gotteslob einzustimmen. Was andernfalls geschehen könnte, wird in der nachfolgenden Höllenschau des ‚Tnugdalus' (fol. 111ʳ–125ᵛ) gleichsam illustriert. Die bildlichen Mahnungen des ‚Tnugdalus' aufgreifend, thematisiert die abschließende ‚Warnung' (fol. 125ᵛ–151ᵛ) detailliert die Gefahren für das Seelenheil und die Mittel, um dieses zu bewahren. Wiederum fügt sich das ‚Priesterleben' passend an, da es in gewissem Sinne an die Mahnungen der ‚Warnung' anknüpft und sie in eine Priesterschelte überführt.[24]

Die Texte des Cod. Vind. 2696 bilden demnach gewissermaßen ein Sammelwerk geistlichen Wissens. Dieser Eindruck wird noch verstärkt durch eine Besonderheit des Cod. Vind. 2696, die sich im ersten Text der Sammlung, der ‚Kindheit Jesu' Konrads von Fußesbrunnen, findet und die in der Forschung ebenfalls viel Aufmerksamkeit erfahren hat:[25] Die ‚Kindheit Jesu' übergeht aus-

---

[24] Nach der Übersicht bei Jürgen Wolf, Alles in Einem. Sammeln als literarische Praxis im Mittelalter und in der Frühen Neuzeit. Werk – Handschrift – Sammlung – Bibliothek, in: Sammeln als literarische Praxis im Mittelalter und in der Frühen Neuzeit. Konzepte, Praktiken, Poetizität. XXVI. Anglo-German Colloquium, Ascona 2019, hg. v. Mark Chinca, Manfred Eikelmann, Michael Stolz u. Christopher Young, Tübingen 2022, S. 121–139, hier: 128, würde es sich bei dem Cod. Vind. 2696 wohl um eine Sammelhandschrift des Typs ‚Additiv+' (ebd.) handeln. Auf Basis der hier angestellten Überlegungen wäre allenfalls zu fragen, ob es sich nicht – zumindest in Ansätzen, etwa mit Blick auf die Kombination von ‚Kindheit Jesu' und ‚Urstende' – bereits um den Typ ‚Synthetisch-additiv' (ebd.) handeln könnte.

[25] Siehe dazu u. a. Nikolaus Henkel, Religiöses Erzählen um 1200 im Kontext höfischer Literatur. Priester Wernher, Konrad von Fußesbrunnen, Konrad von Heimesfurt, in: Die Vermittlung geistlicher Inhalte im deutschen Mittelalter. Internationales Symposium, Roscrea 1994, Timothy R. Jackson, Nigel F. Palmer u. Almut Suerbaum, Tübingen 1996, S. 1–22; Stefan Tomasek, *ich velschet mîne chunst dar an*. Zum poetologischen Programm in der ‚Kindheit Jesu' Konrads von Fußesbrunnen, in: LiLi 48 (2018), S. 63–82; Edward Schröder, Das ‚Anegenge' in der ‚Kindheit Jesu'?, in: ZfdA 66 (1929), S. 141–147.

gewählte Informationen zu Maria und den Umständen, die zur Geburt Christi führen, unter dem Hinweis, dass diese in einem Buch mit Namen ‚Anegenge' (*ein bŭch heizzet daz anegenge*; KJ 136) gefunden werden könnten. Diese Passage der ‚Kindheit Jesu' liegt in verschiedenen Überlieferungsvarianten vor, die erkennen lassen, dass die Passage und mit ihr die Angaben zum Leben Marias an die jeweilige Mitüberlieferung angepasst werden konnten.[26] Im Cod. Vind. 2742[27] etwa werden die Rezipientinnen und Rezipienten für Informationen zu Marias Kindheit und Jugend auf die Ausführungen in den voranstehenden ‚Driu liet von der maget' Priester Wernhers verwiesen,[28] während sich im Fragment L[29] ein beinahe wortgleicher Verweis wie im Cod. Vind. 2696 findet.[30] Doch läuft dieser Verweis ins Leere: Der Codex Sangallensis 857, aus dem das Fragment L stammt,[31] hat wohl niemals ein ‚Anegenge' enthalten. Im Cod. Vind. 2696 hingegen ist der Verweis funktional,[32] was nicht zuletzt auf Textebene durch einen Hinweis auf die spezifische Verknüpfung der beiden Texte in genau diesem Codex (*hie*; KJ 129) unterstrichen wird: Dieses *hie* findet sich nur

---

[26] Zu den einzelnen Bearbeitungen siehe Henkel (Anm. 25), S. 13–19, zu den verschiedenen Redaktionen der ‚Kindheit Jesus' siehe ebd., S. 10–12. Grundsätzlich weist die ‚Kindheit Jesu' eine ausgeprägte handschriftliche Varianz auf, in der eine ‚Kurzfassung' (Cod. Vind. 2742, A) und eine ‚Langfassung' (Cod. Donaueschingen 74, C) von der Fassung des Cod. Vind. 2696 (B) zu unterscheiden sind (vgl. Tomasek [Anm. 25], S. 65, Anm. 7). Zu den Bearbeitungstendenzen der ‚Kindheit Jesu' besonders im Codex Sangallensis 857 siehe ausführlich auch Angila Vetter, Textgeschichte(n). Retextualisierungsstrategien und Sinnproduktion in Sammlungsverbünden. Der ‚Willehalm' in kontextueller Lektüre (PhSt 268), Berlin 2018, S. 57–95.

[27] Wien, ÖNB, Cod. 2742, digital verfügbar über https://digital.onb.ac.at/RepViewer/viewer.faces?doc=DTL_5464491&order=1&view=SINGLE; siehe auch den Eintrag im Handschriftencensus (https://handschriftencensus.de/1229).

[28] Vgl. Henkel (Anm. 25), S. 14.

[29] Berlin, SBB-PK, Ms. germ. 1021, digital verfügbar über https://digital.staatsbibliothek-berlin.de/werkansicht?PPN=PPN810903075&PHYSID=PHYS_0008&DMDID=DMDLOG_0001.

[30] *ein bŭch heizzet daz anegenge / ſvver diſes mære irre gat. / der ſvchez dranvvand ez da ſtat* (L fol. 1ᵛᵃ). Siehe dazu auch Vetter (Anm. 26), S. 87f.

[31] Vgl. dazu auch die Übersicht im Handschriftencensus (https://handschriftencensus.de/1211); Stephan Müller, Der Codex als Text. Über geistlich-weltliche Überlieferungssymbiosen um 1200, in: Literarische und religiöse Kommunikation in Mittelalter und Früher Neuzeit, DFG-Symposion 2006, hg. v. Peter Strohschneider, Berlin / New York 2009, S. 411–426, hier: 411. Zu den Bearbeitungstendenzen der ‚Kindheit Jesu' besonders im Codex Sangallensis 857 siehe ausführlich Vetter (Anm. 26).

[32] Anders Henkel (Anm. 25), S. 17, hier bes. Anm. 70. Henkel betont zu Recht, dass der Verweis nicht erst für den Cod. Vind. 2696 angelegt worden sein muss. Dennoch funktioniert er in diesem Codex; im ‚Anegenge' kann man beispielsweise (eine Auswahl der) Gründe für die Vermählung Marias mit Joseph finden (vgl. dazu ausführlicher die Überlegungen in Bauer [Anm. 20], S. 251–255; siehe dazu auch Vetter [Anm. 26], S. 88).

im Cod. Vind. 2696, dem Textzeugen also, in dem der Verweis tatsächlich funktioniert. Dieser Befund legt die Vermutung nahe, dass die Handschrift auch zum (individuellen) Lesegebrauch bestimmt war.[33]

Die Sammlung des Cod. Vind. 2696 verknüpft damit die Einzeltexte untereinander und regt zum Blättern und Nachschlagen an; zugleich aber gibt sie mit dem Verweis ein redaktionell-konzeptionelles Prinzip zu erkennen, das über die eingangs angeführten Paratexte hinausgeht: die Vernetzung der Einzeltexte miteinander.

## 3. Der Cod. Vind. 2696 und seine Fragmentierungen

Auf der Basis der voranstehenden Ausführungen zu Anlage und Konzeption des Cod. Vind. 2696 stellt sich nun die Frage nach den Fragmentierungen: An welchen Stellen befinden sie sich und in welcher Relation stehen sie zur Sammlung als solcher?

Der Cod. Vind. 2696 ist eine Sammelhandschrift, an deren Anlage im Laufe ihrer Existenz immer wieder gearbeitet wurde. Die zehn Texte der Handschrift stammen von einer Hand, die Rubrizierungen („Minimal-Inhaltsangaben', Titel, Initialen) wurden von anderer Hand eingetragen.[34] Von den insgesamt neun überlieferten Titeln der Handschrift wurde einer wohl wenig später von anderer Hand nachgetragen[35] und ein weiterer von derselben späteren Hand korrigiert.[36] Für die Rekonstruktion der früheren Überlieferungsstufe(n) der Sammlung ebenfalls relevant sind die unterschiedlichen Lagen-, Blatt-, Seiten- und Verszählungen: Die Handschrift weist eine zeitgenössische Lagenzählung auf, die mittig am unteren Rand der ersten Seite jeder neuen Lage eingetragen ist. Sie lässt darauf schließen, dass die Sammlung ursprünglich auf 22 Quaternionen angelegt war.[37] Zugleich gibt es für einige Seiten eine spätere Buchstaben-

---

[33] Zur Veränderung der Lesegewohnheiten im 13. / 14. Jahrhundert und den damit verbundenen Veränderungen in der Mise en page insbesondere der gelehrten lateinischen, aber in Ansätzen auch der volkssprachlichen Literatur vgl. u. a. Malcolm Beckwith Parkes, The Influence of the Concepts of *Ordinatio* and *Compilatio* on the Development of the Book, in: ders., Scribes, Scripts and Readers. Studies in the Communication, Presentation and Dissemination of Medieval Texts, London / Rio Grande 1991, S. 35–70.

[34] Schneider (Anm. 15), S. 229.

[35] *Daz bûch heizzet daz gemeine leben*, fol. 156ʳ; vgl. Peter-Erich Neuser, Zum sogenannten ‚Heinrich von Melk'. Überlieferung, Forschungsgeschichte und Verfasserfrage der Dichtungen ‚Vom Priesterleben' und ‚Von des todes gehugde' (Kölner germanistische Studien 9), Köln / Wien 1973, S. 14f.

[36] *Daz bûch heizzet das anegenge*, fol. 89ᵛᵇ; vgl. Neuser (Anm. 35), S. 14f.

[37] Diese Lagenzählung ist in Form römischer Zahlen in schwarzer Tinte eingetragen,

*Sammlungskonzept und Fragmentierung*

zählung,[38] die, wie unten auszuführen sein wird, auf eine frühere Anordnung der Lagen schließen lässt. Im Folgenden sollen nun die Fragmentierungen in der Reihenfolge ihres Auftretens in der Sammlung kurz skizziert werden.

Auf die erste Fragmentierung stößt man in der Katharinen-Legende ‚St. Katharinen Marter' (fol. 38$^r$–59$^v$), dem vierten Text der Sammlung. Diese Fragmentierung ist zugleich diejenige mit der geringsten Signifikanz, doch soll sie der Vollständigkeit halber nicht unerwähnt bleiben: Zwischen der heutigen Foliierung fol. 53$^v$ und fol. 54$^r$ ist ein Blatt herausgeschnitten worden, von dem noch ein schmaler Streifen am Falz erhalten ist. Der Schnitt hat auf fol. 53 durchgedrückt und dieses Blatt teilweise durchschnitten.[39] Geht man davon aus, dass eine Seite des Cod. Vind. 2696 im Regelfall 35–40 Zeilen pro Spalte,[40] also 70–80 Zeilen pro Seite umfasst, fehlen damit rund 150 Verse. Das Volk bedauert, beginnend auf fol. 53$^{vb}$, den bevorstehenden Tod Katharinas; zahlreiche Frauen stimmen eine Klage an, die dazu dienen soll, Katharina doch noch dazu zu bewegen, dem christlichen Gott abzuschwören und die heidnischen Götter ihres Widersachers Maxencius zu verehren:

>  Schoniv maget wol getan
>  [...]
>  dv môchteſt immer wnne
>  Mit vrevden zu deinem leibe han
>  woldeſtu weſen vnder tan...[41]   (KM 2286–2294)

Die Verse auf fol. 54$^{ra}$ sind hingegen Katharina selbst zuzuweisen, die Gott um ein Zeichen bittet, durch das die anwesenden Heiden bekehrt werden könnten:

>  ...Des man ich dich vil ſere
>  durch deiner mûter ere
>  Vnt durch die ængeſtliche not
>  vnt durch den vil hæiligen tot
>  [...]                            (KM 2295–2298)

In der unmittelbaren Umgebung der Fragmentierung deutet nichts darauf hin, dass das Blatt aufgrund eines mechanischen Schadens entfernt wurde; die Verszählung ignoriert den Blattverlust und zählt über die Fragmentierung hinweg.[42]

---

womöglich vom Schreiber der Texte selbst. Zu fragen bleibt, weshalb in wenigen Fällen die letzte Seite einer Lage (fol. 106$^v$, 114$^v$ u. 130$^v$) eine rote, nicht immer korrekte Lagenzählung aufweist.

[38] Neuser (Anm. 35), S. 33, datiert diese Buchstabenzählung ins 15. Jahrhundert.
[39] Neuser, ebd., S. 32, spricht davon, dass auch fol. 52 angeritzt worden sei.
[40] Vgl. auch die Angaben im Handschriftencensus (https://handschriftencensus.de/1216).
[41] Hier und im Folgenden bezeichnen die drei Punkte Textverlust durch Fragmentierung.
[42] Neuser (Anm. 35), S. 33, Anm. 6, weist darauf hin, dass es zwei verschiedene Vers-

Was zu der Entfernung gerade dieses Blattes geführt haben mag, ist auf den ersten Blick nicht ersichtlich, ja die Fragmentierung überrascht, denn inhaltlich befindet sich die Legende hier an jener Stelle, an der Katharina auf das Rad geflochten werden soll – das signifikante Ereignis der Heiligenvita also, aufgrund dessen die Heilige Katharina in der Ikonographie mit dem Attribut des Rades gekennzeichnet ist. Spekulationen, nach denen sich an dieser Stelle der Handschrift womöglich einmal eine Illumination befunden haben könnte, die Katharina mit dem Rad zeigt, sind nicht verifizierbar.

Die zweite und dritte Fragmentierung sind umfangreicher und stehen überdies miteinander in Verbindung, denn sie betreffen zwei ursprünglich aufeinanderfolgende Texte: das Ende des ‚Oberdeutschen Servatius' (fol. 59$^v$–82$^v$), des fünften Textes, und den Anfang des sogenannten ‚Priesterlebens' Pseudo-Heinrichs von Melk (fol. 152$^r$–156$^v$), des einstmals sechsten Textes der Sammlung. Der Blattverlust lässt sich mithilfe der Lagenzählung leicht rekonstruieren. Der Codex bestand ursprünglich wohl aus insgesamt 22 Quaternionen, die durch die zeitgenössische Lagenzählung gekennzeichnet wurden.[43] Von diesen 22 Lagen fehlt eine, vermutlich die zwölfte, vollständig; die übrigen Lagen sind – teils fragmentiert – erhalten und identifizierbar.[44] Der ‚Servatius' endet nach moderner Zählung auf fol. 82$^{vb}$, was dem vierten Blatt der elften Lage entspricht. ‚Von des todes gehugede' beginnt in der heutigen Überlieferungsgestalt auf fol. 83$^{ra}$; dieses Blatt ist durch die Lagenzählung als Beginn der vierzehnten Lage ausgewiesen. Demnach scheinen zwischen den beiden Texten knapp zweieinhalb Lagen zu fehlen. Ein Teil der dreizehnten Lage ist jedoch erhalten: Er tradiert die überlieferten Reste des ‚Priesterlebens', das der Sammelhandschrift am Ende (beginnend mit fol. 152$^{ra}$) als nunmehr letzter Text wieder angefügt wurde.

Eine Lagenzählung, die diese Umstellung deutlich machen würde, gibt es zwar nicht, doch sprechen Indizien dafür, dass der erhaltene Teil des ‚Priesterlebens' einmal unmittelbar vor ‚Von des todes gehugede' platziert war: Ein erstes Indiz ist das signifikante Rubrum *Daz bůch heizzet daz gemeîne leben*, das am Ende von fol. 156$^{vb}$ eingetragen ist und stets als Titel des auf fol. 83$^{ra}$ beginnenden Textes *Mich læitet meineſ gelouben gelvbde* (= ‚Von des todes gehugede') gewertet wurde. Peter-Erich Neuser hat in seiner Untersuchung zum sogenannten ‚Heinrich von Melk' allerdings darauf aufmerksam gemacht, dass dieser

---

zählungen, eine aus dem 16. und eine aus dem 19. Jahrhundert, gibt, wobei im Umfeld der Fragmentierungen von ‚St. Katharinen Marter' und ‚Priesterleben' Lücken zu beobachten seien. Ließen sich diese Beobachtungen erhärten, könnten sie Anhaltspunkte für eine Datierung der Fragmentierungen *ante quem* liefern.

[43] Die Lagenzählung *xii* und *xiii* sind dabei zusammen mit den entsprechenden Blättern verloren gegangen.

[44] Vergleiche dazu die Übersicht in Neuser (Anm. 35), S. 34f.

## Sammlungskonzept und Fragmentierung

Titel von anderer Hand und später als die übrigen Titel der Handschrift eingetragen wurde.[45] Ob der Titel wirklich auf ‚Von des todes gehugede' verweist, ist somit zumindest mit einem Fragezeichen zu versehen. Das zweite Indiz ist der viel diskutierte Ölfleck am unteren Rand der vierzehnten Lage, der sich auch in den erhaltenen Blättern des ‚Priesterlebens' findet. Seit Hugo Herzog diesen Ölfleck 1889 zum ersten Mal erwähnte,[46] wurde er immer wieder als unumstößlicher Beweis dafür herangezogen, dass die erhaltenen Seiten des ‚Priesterlebens' ursprünglich unmittelbar vor ‚Von des todes gehugede' platziert waren.[47] Drittens weisen die Blätter des ‚Priesterlebens' am oberen Außen- und teilweise am unteren Innenrand[48] eine Buchstabenzählung auf, die die Anordnung der Blätter deutlich machen soll: Das erste erhaltene Blatt des ‚Priesterlebens' ist mit dem Buchstaben $g$ bezeichnet, es folgen $h$, $i$, $k$ und $l$. Die zu dieser Zählung gehörenden Seiten $a$, $b$, $c$ und $d$ bilden den Schluss des ‚Servatius', beginnend mit $a$ auf fol. 79$^r$, dem ersten Blatt der elften[49] Lage; $e$ und $f$ hingegen sind verloren. Dies lässt die Schlussfolgerung zu, dass die Seiten $g$–$k$ (der erhaltene Teil des ‚Priesterlebens') auf den ‚Servatius' mit den Seiten $a$–$d$ folgten. Ausgehend von diesem Befund vermutete Edward Schröder, dass dem ‚Servatius' nicht mehr als 296 Verse, also zwei Blätter à 66 Verse in zwei Spalten pro Seite, fehlen können.[50] Nimmt man die Buchstabenzählung ernst, müsste man hier allerdings einen stufenweisen Textverlust in Erwägung ziehen. Die Buchstaben $a$–$d$ sind nämlich eindeutig Teil der elften Lage, während die erhaltenen Blätter des ‚Priesterlebens' $g$–$l$ gemeinhin zur 13. Lage gezählt werden. Demnach müsste man annehmen, dass die Lagen elf und 13 zur Zeit der Buchstabenzählung unmittelbar aufeinanderfolgten, die zwölfte Lage somit schon früher ausgefallen ist,[51] während die beiden Blätter $e$ und $f$ noch vorhanden waren.[52] Zu fragen

---

[45] Vgl. ebd., S. 14.
[46] Vgl. Hugo Herzog, Zu Heinrich von Melk, in: AfdA 15 (= ZdfA 33) (1889), S. 217. Vgl. die kritischen Bermerkungen zum Aussagewert der Ölflecke bei Menhardt (Anm. 15), S. 132.
[47] Vgl. u. a. Edward Schröder, Zur Überlieferung der ‚Gedichte Heinrichs von Melk', in: ZfdA 45 (1901), S. 217–223, hier: 218–220; Menhardt (Anm. 15), S. 132; Neuser (Anm. 35), S. 35.
[48] Dies allerdings erst ab $d$; die Buchstaben $a$-$c$ sind womöglich unter der Falzverstärkung, die auf diesen Seiten angebracht wurde, verborgen.
[49] In Neusers Übersicht (Neuser [Anm. 35], S. 34f.) ist es die Lage X.
[50] Vgl. Schröder (Anm. 47), S. 219. Neuser (Anm. 35), S. 40, plädiert für einen Verlust von max. 290 Versen.
[51] Schröder (Anm. 47), S. 219, geht davon aus, dass zumindest die zwölfte Lage niemals beschrieben wurde und daher auch niemals vorhanden war. Menhardt (Anm. 15), S. 132, hingegen korrigiert Schröder und betont, dass die Quaternen XII und XIII im 14. Jahrhundert sehr wohl vorhanden gewesen sein.
[52] Neuser (Anm. 35), S. 37, weist zu Recht darauf hin, dass demjenigen, der diese Zählung vorgenommen hat, die beiden heute fehlenden Seiten wohl noch vorgelegen haben müssen. Vgl. auch Menhardt (Anm. 15), S. 132.

bleibt, ob die Blätter *e* und *f* Teil der elften oder Teil der 13. Lage waren; beiden Lagen fehlen heute Blätter, vier am Ende von Lage elf, drei am Anfang von Lage 13. Zugleich ist unklar, was mit den anderen Blättern der Lagen geschehen ist. Waren *e* und *f* Teil der elften Lage, fehlten dieser noch immer zwei Seiten zum vollständigen Quaternion; waren sie hingegen Teil der 13. Lage, fehlte dieser eine weitere Seite.[53] In jedem Fall aber deutet der Befund darauf hin, dass bereits ein Textverlust eingetreten sein muss, noch bevor das ‚Priesterleben' von seinem ursprünglichen Platz entfernt wurde. Was die Gründe dafür sein könnten bzw. ob es sich dabei tatsächlich um Fragmentierungen oder um Textverlust(e) anderer Art handelt, wird offenbleiben müssen.[54]

Auch inhaltliche Überlegungen können keinen Hinweis auf die ursprüngliche Verteilung der beiden Texte auf die entsprechenden Lagen geben. Das ‚Priesterleben' ist unikal im Cod. Vind. 2696 überliefert; der ‚Oberdeutsche Servatius' existiert ansonsten nur noch in drei Fragmenten, von denen eines teilweise verbrannt ist.[55] Der ‚Oberdeutsche Servatius' des Cod. Vind. 2696, der den Textzeugen mit der umfassendsten Überlieferung repräsentiert, besteht aus drei Teilen, einem Vitenteil, einem historischen Mittelteil und einem Mirakelteil.[56] Diese Fassung bricht im Mirakelteil ab:[57] Nach einer Reihe von Wundertaten, mittels derer der Heilige Servatius Sündern hilft, die sich mit ihren Bitten an ihn wenden, berichtet der ‚Servatius' über einen *reiter [...] von barabant* (OS 3383), der sich mit Wüten, Toben und Leuteschinden gegen Gott versündigt habe. Dieser Mann wird eines Tages tot in seiner Wohnstatt aufgefunden und soll begraben werden. Auf dem Weg zum Begräbnis wird der Tote auf der Bahre jedoch wieder lebendig und berichtet den Umstehenden, nachdem sie sich von ihrem ersten Schrecken erholt haben, was ihm passiert sei: Er habe sehen dürfen, was ihn nach dem Tod erwarte, wenn er sich nicht von der Sünde abkehre

---

[53] Menhardt weist ebd. die Blätter *e* und *f* aufgrund seiner Ölfleck-Analyse der 13. Lage zu.
[54] Schröders Argumentation zum Ölfleck (Schröder [Anm. 47], S. 219) ist, wie schon Neuser (Neuser [Anm. 35], S. 35–38) ausgeführt hat, nicht haltbar.
[55] München, Staatsbibl., Cgm 5249/18,2 (a) und München, Universitätsbibl., Fragm. 156 [verbrannt] (b); Nürnberg, Germanisches Nationalmuseum, Bibliothek, Hs. 29774; Prag, Nationalbibl., Cod. XXIV.C.11. Überlieferung und einschlägige Literatur sind verzeichnet im Handschriftencensus (https://handschriftencensus.de/werke/279). Inwiefern bzw. ob überhaupt der ‚Servatius' Heinrichs von Veldeke für einen Vergleich herangezogen werden darf, bleibt fraglich (vgl. u. a. Kurt Gärtner, Art. ‚Oberdeutscher Servatius', in: ²VL 7 (1989), Sp. 1–5, hier: 2).
[56] Vgl. ebd., Sp. 3–4.
[57] Heute verbrannte Fragmentstreifen enthielten wohl Teile aus dem hier fehlenden Schluss. Die mehrfach abgedruckten resp. rekonstruierten Verse lassen jedoch keine Rückschlüsse auf den tatsächlichen Inhalt der fehlenden Textpassage zu (vgl. ebd., Sp. 1).

(ab OS 3455). Diese Erzählung des nunmehr vermutlich geläuterten Sünders wurde einst wohl über den Seitenwechsel hinweggeführt. Aufgrund der Fragmentierung des Textes aber bricht sie und mit ihr der ‚Servatius' nun am Spalten- und Seitenende ab (fol. 82$^{vb}$):

> Der da hin waſ gezuchet
> vnt nivlich wider erchvchet
> Der ſprach nv vernemt mere
> von meinem herce ſere
> Do ich mit manigen wewen
> in den ſwebel ſewen
> Mærterlichen hete gebadet
> do wart ich fvr got geladet
> Noch harter mich daz mvte
> denne do ich indem eide glvte
> Da mich der lovch verſlichte
> als er mich an geblichte... (OS 3538–3549)

Der Anteil, den der Heilige Servatius an der Episode hat, fehlt damit ebenso wie eine *moralisatio* des Mirakels. Da der Text im Mirakelteil abbricht, lassen sich allenfalls Spekulationen über weitere Wundertaten des Heiligen Servatius oder einen abschließenden Epilog anstellen.[58] Auch die tatsächliche Anzahl an verlorenen Versen muss trotz der Gründe, die Schröder und Neuser anführen,[59] spekulativ bleiben, da nicht eindeutig zu rekonstruieren ist, wie viele der fehlenden Seiten tatsächlich auf den ‚Servatius' entfallen sind.

Analog dazu gilt dieselbe unbefriedigende Schlussfolgerung auch für das ‚Priesterleben'. Das ‚Priesterleben' selbst ist zudem sogar zweifach fragmentarisch, denn es fehlt ihm neben seinem Anfang auch ein Schluss. Die am Blattende nachgetragene Überschrift (*Daz bůch heizzet das gemeîne leben*) suggeriert lediglich das Ende des Textes. Anders als bei den bisherigen Fällen handelt es sich bei dem fehlenden Schluss des ‚Priesterlebens' allerdings nicht um eine Fragmentierung, wie sie eingangs definiert wurde. Das ‚Priesterleben' bricht nach heutiger Zählung im letzten Drittel[60] von fol. 156$^{vb}$ ab:

> Si ſint als ein dvrcheler ſac
> vil wol ich ſiv alſo hæizzen mac
> Da man oben in ſchivbet
> vnt niden vz ſtivbet
> Jch enwæiz waz den phaffen an in livbe⟨t⟩... (PRL 733–737)

Ob es sich hierbei um ein Werkfragment handelt, ob eine Vorlage defekt war oder andere Gründe für den vorliegenden Befund anzuführen wären, lässt sich nicht mehr rekonstruieren.[61]

---

[58] Vgl. dazu beispielsweise Neuser (Anm. 35), S. 38–41.
[59] Siehe Schröder (Anm. 47), S. 217–220; Neuser (Anm. 35), S. 38–41.
[60] Es fehlen etwa fünf Verse zum Spaltenende.

*Eva Bauer*

Der erhaltene Rest des ‚Priesterlebens' schließt nach heutiger Bindung unmittelbar an die ‚Warnung' und somit an den ursprünglich wohl letzten Text der Sammlung an, welcher die vierte Fragmentierung des Cod. Vind. 2696 aufweist:

> Do genas der arm man (fol. 151$^{vb}$)
> wan er grozze riwe gewan
> Daz ſelbe mære
> leret die ſvndære |
> daz ſein ewiger gerich (fol. 152$^{ra}$)
> vber ſiv mvz ergen
> die ſich nicht wellent enſten
> Deſ der goteſ ſun geſprochen hat
> [...]

Was im Zitat als ein gewöhnliches mittelhochdeutsches Satzgefüge erscheint, ist nicht nur durch das Seitenende zerteilt, sondern sogar doppelt fragmentiert: Die Satzteile gehören zu zwei verschiedenen Werken. Dass man es hier mit zwei Werken zu tun hat, lässt sich an dieser Stelle jedoch weder an der Mise en page noch an Versbau, Syntax oder Semantik eindeutig erkennen. Der zweite Teil des Satzes stammt aus dem ‚Priesterleben' (fol. 152$^{r}$–156$^{v}$), das auf der nächsten Seite (fol. 152$^{ra}$) einsetzt. Der erste Teil hingegen gehört zur eben genannten ‚Warnung' (W 3929–3932; fol. 125$^{v}$–151$^{v}$), die am Spalten- und Seitenende von fol. 151$^{vb}$ abbricht. Sie umfasst eine Reihe von Warnungen vor dem Verlust des Seelenheils, vor Tod und Jüngstem Gericht sowie Hinweise auf die Mittel, mit denen diesen Gefahren begegnet werden kann. Die ‚Warnung' endet auf der 22. Lage, der vermutlich letzten des Codex, wobei diese Lage wiederum fragmentiert wurde. Drei Blätter wurden herausgeschnitten, die Streifenreste am Falz sind weiterhin sichtbar. Was zu diesem Eingriff geführt hat, wird, wie auch in allen anderen beschriebenen Fällen, offenbleiben müssen, ebenso die Frage, ob die Fragmentierung vor oder nach der Anfügung des ‚Priesterlebens' vorgenommen wurde. Auch die Anzahl der verlorenen Verse ist kaum zu erschließen. Die ‚Warnung' ist unikal im Cod. Vind. 2696 überliefert, ihr Inhalt stark additiv und redundant. Aus der Logik des Textes heraus lassen sich möglicherweise fehlende Sinnabschnitte somit nicht erschließen. Überdies mussten insbesondere am Ende eines Textzeugen keineswegs alle Blätter einer Handschrift beschrieben worden sein. So geht Schröder sogar davon aus, dass die letzten drei Blätter der 22. Lage unbeschrieben waren und deshalb herausgeschnitten worden sind.[62] Das würde bedeuten, dass für die ‚Warnung' keine Fragmentierung vorläge. Die ‚Warnung' würde dann entweder mit den Versen *Daz ſelbe mære |*

---

[61] Vgl. überblickshaft mit weiterführender Literatur Peter-Erich Neuser, Art. ‚Der sogenannte Heinrich von Melk', in: ²VL 3 (2010), Sp. 787–797, 789f.
[62] Vgl. Schröder (Anm. 47), S. 217.

*leret die ſvndære* (W 3931–3932) enden – oder der Text bricht, wie für das ‚Priesterleben' anzunehmen ist, aus unbekannten Gründen ab. Für ein reguläres, wenn auch recht abruptes Ende der ‚Warnung' könnte allenfalls die Parallelisierung zum Anfang des Textes sprechen: *Nv vernemt, ſvndære, / div iæmerlichen mære* (W 1–2).

## 4. Sammlungskonzept und Fragmentierung

Ausgehend von den beobachteten vier Fragmentierungen des Cod. Vind. 2696 stellt sich die Frage, wie es zu dieser Überlieferungssituation kommen konnte. Auch wenn eine dezidierte Antwort ausbleiben muss, möchte ich im Folgenden einen Vorschlag präsentieren, wie die vorgestellten Befunde in den Sammlungszusammenhang des Cod. Vind. 2696 integriert werden können.

Wie die kurze ‚Führung' durch den Codex gezeigt hat, lässt sich eine programmatische Anlage der Sammlung trotz Textverlusten erkennen: Das Programm – will man es nun in der aufgezeigten Form oder in anderen Verknüpfungen sehen – funktioniert mit und trotz der Fragmentierungen. Der Grund für diese Beobachtung mag im Blickwinkel der Betrachtung liegen: Es geht gerade nicht um eine Bewertung der fragmentierten Einzeltexte selbst, sondern um das Sammlungskonzept der Handschrift. Eine Sammelhandschrift besteht zunächst einmal aus einer Reihe von Einzeltexten, die je nach Sammlung mehr oder weniger verbunden sein können.[63] Lassen sich Richtlinien für die Auswahl und/oder die Anordnung der Texte erkennen, weist die Sammlung damit, wie für den Cod. Vind. 2696 gezeigt, ein nachvollziehbares Programm auf, so handelt es sich nicht mehr nur um eine einfache Versammlung von Einzeltexten. Vielmehr bilden die Einzeltexte im Verbund ein größeres Ganzes: Der Codex erhält einen neuen Stellenwert. Er wird, wie Stephan Müller festgehalten hat, selbst zur Sinneinheit, selbst zum Text.[64] Die Einzeltexte bleiben dabei zwar jeder für sich rezipierbar, zugleich aber ergänzen sie sich wechselseitig und bilden miteinander eine Sinneinheit, die über den Gehalt des Einzeltextes hinausgehen kann: „The notion of reading experience implies that texts in juxtaposition interpret each other, or resonate together, so that the process of sequential reading adds up to more than the mere sum of random parts."[65]

---

[63] Zum Sammeln als literarische Praxis siehe den einschlägigen Sammelband: Sammeln (Anm. 24).

[64] Vgl. Müller (Anm. 31). Siehe zum Codex als Sinneinheit grundlegend: The Whole Book. Cultural perspectives on the Medieval Miscellany (Recentiores), hg. v. Stephen G. Nichols u. Siegfried Wenzel, Ann Arbor (MI) 1996.

[65] Sarah Westphal, Art. ‚Sammelhandschrift', in: Medieval Germany. An Encyclopedia, hg. von John M. Jeep u. a., New York / London 2001, S. 691–694, hier: 692.

Insbesondere geistliche Sammlungen können solchen Kohärenzerwartungen an ein zusammenhängendes Programm leicht gerecht werden, denn „auf einen gemeinsamen heilsgeschichtlichen Fluchtpunkt hin lassen sich wohl alle Erzählungen des Mittelalters lesen – und sei es, dass ein solcher durch seine Negation affirmiert wird."[66] Der Cod. Vind. 2696 ist diesbezüglich kein Sonderfall. In jüngerer Zeit hat Jürgen Wolf eine Typisierung von Sammelhandschriften vorgelegt,[67] die deutlich macht, dass mehrere derlei planvoll angelegte Sammelhandschriften existieren, wobei als eine der berühmtesten sicherlich die Vorauer Sammelhandschrift[68] gelten kann.[69]

Aufgrund des hier aufgezeigten Sammlungscharakters des Cod. Vind. 2696, des Programms der Handschrift als Ganzer, können folglich – so die These – Verluste in den Einzeltexten überbrückt werden: Mechanische Eingriffe, wie sie die Handschrift aufweist, fragmentieren zwar den Einzeltext, machen also ein womöglich einstmals vollständiges Ganzes überhaupt erst zum Fragment. Der Überlieferungsverbund, die Sammlung als solche, kann jedoch an die Stelle der jeweiligen Einzeltexte treten und das Verlorene damit bis zu einem gewissen Grad kompensieren.

Dies lässt sich exemplarisch am ‚Servatius' illustrieren, der, wie oben ausgeführt, mitten im Bericht des vom Tode zurückgekehrten Sünders abbricht. Der sich heute anschließende Text ‚Von des todes gehugede' beginnt hingegen folgendermaßen (fol. 83$^{ra}$):

> Mich læitet meinef gelouben gelvbde
> daz ich von def todef gehvgde
> Eine rede fvr bringe
> dar an ift aller mein gedinge
> Daz ich werltlichen livten
> befchæidenlichen mvze bedivten

---

[66] Vgl. Müller (Anm. 31), S. 416.
[67] Jürgen Wolf, Sammelhandschriften – mehr als die Summe der Einzelteile, in: Überlieferungsgeschichte transdisziplinär. Neue Perspektiven auf ein germanistisches Forschungsparadigma. In Verbindung mit Horst Brunner u. Freimut Löser hg. v. Dorothea Klein (Wissensliteratur im Mittelalter 52), Wiesbaden 2016, S. 69–82; sowie Wolf (Anm. 24).
[68] Vorau, Stiftsbibl., Cod. 276; siehe auch den Eintrag im Handschriftencensus (https://handschriftencensus.de/1432).
[69] Zum Programm der Handschrift siehe u. a. Klaus Grubmüller, Die Vorauer Handschrift und ihr ‚Alexander'. Die kodikologischen Befunde: Bestandsaufnahme und Kritik, in: Alexanderdichtungen im Mittelalter. Kulturelle Selbstbestimmung im Kontext literarischer Beziehungen, hg. v. Jan Cölln, Susanne Friede u. Hartmut Wulfram (Veröffentlichung aus dem Göttinger Sonderforschungsbereich 529 ‚Internationalität nationaler Literaturen'. Serie A: Literatur und Kulturräume im Mittelalter, 1), Göttingen 2000, S. 208–220; Sarah Bowden, Vorauer Sammlung und Zwettler Federproben. Die Vorauer Sündenklage in der Sammelpraxis des 12. Jahrhunderts, in: Sammeln (Anm. 24), S. 47–59, hier bes. 48–52.

*Sammlungskonzept und Fragmentierung*

> Jr aller vræiſe vnt ir not
> die ůf den tæglichen tot
> Der allen livten iſt gemæine
> ſich beræitet læider ſæine    (TG 1–10)

‚Von des todes gehugede' will *werltlichen livten* (TG 5) – Menschen, die allzu sehr den diesseitigen Dingen verhaftet sind – deutlich machen, welche Gefahren der Tod für sie mit sich bringt. Die Rezipientinnen und Rezipienten des ‚Servatius' erfahren somit zwar nicht, was der Sünder weiterhin zu berichten gehabt hätte, doch wird die Thematik im nunmehr nächsten Text gleichsam fortgeführt. Überdies findet sich eine ausführliche Schilderung von Höllenqualen und Jenseitserfahrungen in Albers ‚Tnugdalus', der den achten Text der Sammlung bildet. War der Codex wirklich, wie oben angedeutet, zum Blättern und Nachlesen bestimmt, hätten sich interessierte Rezipientinnen und Rezipienten, der Gebrauchsanweisung in der ‚Kindheit Jesu' folgend, somit auch dort informieren können.

Demnach ist es zwar auf der Ebene des Einzeltextes bedauerlich, dass der Bericht des Sünders im ‚Servatius' nicht zu Ende geführt und den Rezipientinnen und Rezipienten der Schluss des ‚Servatius' verwehrt wird. Von der Ebene der Sammlung aus betrachtet, ist der Verlust jedoch zu verschmerzen, da andere Texte der Sammlung – ‚Von des todes gehugede', der ‚Tnugdalus', die ‚Warnung' – das Thema einer Warnung vor Sünden und die aus ihnen resultierenden Strafen nach dem Tod wieder aufgreifen und weiter ausführen.[70]

Eingangs wurde davon gesprochen, dass Fragmente in der Forschung nahezu stets in einer Teil-Ganzes-Relation betrachtet werden. Das vorliegende Beispiel des Cod. Vind. 2696 zeigt, wie vermittels der Sammlung gleichsam eine neue Teil-Ganzes-Relation[71] entsteht, wodurch inhaltliche Verluste der Einzeltexte weniger ins Gewicht fallen: Defizite, die durch einen mit den Fragmentierungen einhergehenden Textverlust entstehen, werden von anderen Teilen der Sammlung aufgefangen und kompensiert.

Folgt man der Auffassung, dass die Sammlung an die Stelle der Einzeltexte tritt, so kann man sagen, dass die Sammlung selbst Werkcharakter bekommt. Diesbezüglich hat Jürgen Wolf resümiert:

> Oft haben wir in Sammelhandschriften […] gerade nicht die einfach nur seriell-handwerklich zusammenmontierte Einzeltextreihe vorliegen, sondern es handelt sich im Gegenteil um intelligent, komplex, variabel und bisweilen sogar gegen die Ursprungs-

---

[70] Dies gilt natürlich nur insofern, als der ‚Servatius' tatsächlich ein baldiges Ende gefunden und keine weiteren, heute verlorenen Mirakel mehr enthalten hat.
[71] Zur Problematisierung der Konzepte ‚Teil' und ‚Ganzes' in Bezug auf literarische Werke siehe jüngst Carlos Spoerhase, Teile: Mereologie und Poetik, in: Formen des Ganzen, hg. v. Eva Geulen u. Claude Haas (Literatur- und Kulturforschung 1), Göttingen 2022, S. 177–195.

intentionen von Einzeltexten durchkonstruierte Werkkomplexe eigenen Typs. Die sog. Mitüberlieferung, die Textgemeinschaften, aber auch deren Schöpfer – Redaktoren, Schreiber, Sammler – müssen vor diesem Hintergrund einerseits als selbständige Gesamtkunstwerke und deren Schöpfer andererseits als Sekundärautoren in den Blick genommen werden.[72]

So lassen sich, wie Wolf aufzeigt, Handschriften finden, deren Texte bearbeitet wurden, um sie stärker in den intendierten Sammlungscharakter integrieren zu können.[73] Bekannte Beispiele hierfür gibt es bereits im 12. Jahrhundert, man denke nur an die Bearbeitung von Lambrechts ‚Alexanderroman' in der Vorauer Sammelhandschrift.[74]

Für die Vorauer Sammelhandschrift hat Sarah Bowden nahegelegt, „die Handschrift als Teil eines Prozesses statt als einen eher statischen Gegenstand zu betrachten."[75] Ähnliches lässt sich womöglich auch für den Cod. Vind. 2696 annehmen. Wie die vorausgehende Analyse plausibel gemacht hat, lässt sich an der Wiener Sammelhandschrift ein stufenweiser Textverlust beobachten. Zugleich ließ sich zeigen, dass die Fragmentierungen keine Störung im Programm der Sammlung bewirkten, sondern dass sich die entstandenen ‚Bruchkanten'[76] vielmehr passend in die thematische Abfolge der Texte einfügen lassen. Es bleibt zu fragen, weshalb ausgerechnet das Fragment des ‚Priesterlebens' dem Codex wieder hinzugefügt wurde. Damit einhergehend stellt sich die Frage, wieso das Fragment am Ende des Codex angefügt und nicht an seinem ursprünglichen Platz belassen oder dort wieder eingesetzt wurde. Abschließend werden sich derartige Fragen wohl kaum beantworten lassen. Doch könnte man auch hier mit dem vorgestellten Anordnungsprinzip des Cod. Vind. 2696 argumentieren: Das Ende der ‚Warnung' und der Anfang des ‚Priesterlebens' passen insofern gut zueinander, als sie – obgleich in unterschiedlichen Kontexten – von Sünden (W 3920; W 3–4), von Reue (*grozze riwe*; W 3930) und Strafe beim Jüngsten Gericht (*fein ewiger gerich*; PL 1) handeln. Zudem weisen beide Texte in der Umgebung ihrer ‚Bruchkanten' ein ähnliches Leitvokabular auf, wie zum Beispiel die Lemmata *hœilant* (W 3905), *gotef fun* (PL 4) und *leren* (*leret*; W 3932; *lerent*; PL 12). Das erhaltene Fragment des ‚Priesterlebens' schließt sich damit womöglich passender an die ‚Warnung' an, als es sich zum ‚Servatius' fügen würde – jenem Text, auf den es einst folgte.[77] Doch macht nicht zuletzt die

---

[72] Wolf (Anm. 67), S. 69. Vgl. jüngst auch Wolf (Anm. 24), S. 122.
[73] Vgl. dazu die Beispiele in Wolf (Anm. 67).
[74] Vgl. dazu u. a. Jan Cölln, Arbeit an Alexander. Lambrecht, seine Fortsetzungen und die handschriftliche Überlieferung, in: Alexanderdichtungen (Anm. 69), S. 162–207; Müller (Anm. 31), S. 424.
[75] Vgl. Bowden (Anm. 69), S. 51.
[76] Zum Begriff siehe Glauch (Anm. 3), S. 54–56.
[77] Zu fragen bliebe allerdings, auf welche Bearbeitungsstufe bzw. auf wen diese Anord-

Tatsache, dass die Verszählung der ‚Warnung' im ‚Priesterleben' nicht fortgesetzt wurde, sondern dieses vielmehr überhaupt keine Verszählung aufweist, deutlich, dass das ‚Priesterleben' keinesfalls als Teil der ‚Warnung' wahrgenommen wurde.[78]

## 5. Fazit

Im Zentrum des vorliegenden Beitrags stand der Zusammenhang zwischen Sammlungskonzept und Fragmentierungen. Für den Cod. Vind. 2696 konnte gezeigt werden, dass die Sammlung Werkcharakter angenommen hat und damit selbst zum Text wurde, wodurch eine neue Teil-Ganzes-Relation entsteht. Der Überlieferungsverbund, die Sammlung als solche, tritt somit an die Stelle der jeweiligen Einzeltexte und kann das Verlorene – ein Stück weit – ersetzen. Überdies hat die Analyse einen stufenweisen Textverlust ebenso plausibel gemacht wie eine fortdauernde Arbeit an der Handschrift. Eine lohnende Aufgabe bestünde darin, weitere Anhaltspunkte für eine Arbeit am Sammlungskonzept des Cod. Vind. 2696 zu suchen. Dass Texte des Cod. Vind. 2696 bearbeitet werden konnten, um sie an den vorliegenden Sammlungscharakter anzupassen, hat nicht zuletzt der Verweis in der ‚Kindheit Jesu' auf das ‚Anegenge' gezeigt.[79]

---

nung zurückzuführen ist. Spekulationen zu den Entstehungs- und Besitzverhältnissen des Cod. Vind. 2696 wurden immer wieder angestellt, aber auch immer wieder verworfen. Vgl. beispielsweise Wiesinger (Anm. 15), S. 596: „Sie war auf Grund von Einträgen und Federproben mindestens bis 1431, wahrscheinlich aber noch im 16. Jh. in Wiener Bürgerbesitz und könnte vielleicht auch im Auftrag eines Wiener Bürgers zusammengestellt worden sein." Vgl. dagegen etwa Schneider (Anm. 15), S. 230: „Daß sich die Handschrift im 15. Jahrhundert im Besitz einer Wiener Bürgerfamilie befunden hätte, wie Menhardt vermutet, läßt sich nicht belegen." Heute wird unter anderem aufgrund der Vorsignatur das Zisterzienserkloster Neuberg an der Mürz als Vorbesitzer der ÖNB Wien angenommen (vgl. dazu http://data.onb.ac.at/rec/AL0017 6503).

[78] Dass das ‚Priesterleben' ähnlich wie Teile von ‚St. Katharinen Marter' überhaupt keine Verszählung aufweist, könnte darauf hindeuten, dass es, womöglich aufgrund des fehlenden Anfangs, als problematisch erachtet oder aber erst später zugebunden wurde (vgl. dazu die Ausführungen bei Neuser [Anm. 35], S. 33, Anm. 6).

[79] Überdies hat Nicole Eichenberger, Geistliches Erzählen. Zur deutschsprachigen religiösen Kleinepik des Mittelalters (Hermaea 136), Berlin / München / Boston 2015, S. 144–148, für die Werke Konrads von Fußesbrunnen und Konrads von Heimesfurt gezeigt, dass es vom jeweiligen Überlieferungskontext abhängig ist, ob die weltliche oder geistliche Dimension stärker hervortritt. Auch andere Texte des Cod. Vind. 2696 scheinen Bearbeitungsspuren aufzuweisen: So lässt sich etwa für ‚St. Katharinen Marter' im Vergleich mit anderen, der vorliegenden Fassung nahestehenden Versionen eine Bearbeitung bezüglich der Sprechanteile Katharinas beobachten. Derartige Überlegungen werden zwar dadurch erschwert, dass die meisten Texte der Sammlung

Hierfür müssten die Materialität der Handschrift, ihre Machart, Bearbeitungen und Benutzungsspuren nochmals neu und mit Fokus auf das hier Vorgestellte analysiert werden.[80] Zugleich müssten die Einzeltexte selbst auf mögliche Bearbeitungsspuren untersucht werden, die eine Anpassung an das Sammlungskonzept nahelegen könnten. Zu fragen bliebe nicht zuletzt, wie mit derartigen Erkenntnissen in Bezug auf die Frage nach ‚dem Text' umzugehen ist: Ist der gesamte Codex ‚der Text', würde es sich anbieten, diesen auch als solchen zu edieren. Eine die Einzeltexte verbindende, analoge oder digitale Edition würde die Eigenständigkeit der Einzeltexte nicht negieren, sondern vielmehr als Surplus die Überlieferung, den Sammlungsverbund, abbilden und zugänglich machen.

Abstract: The composite manuscript Cod. Vind. 2696 (14th c.) contains ten spiritual texts. Research has generally confirmed the programmatic nature of this codex. The current condition of Cod. Vind. 2696 is the result of a series of interventions that can be traced through the preserved material itself. The most important editing tendency is what is referred to in this article as 'Fragmentierung': Pages and layers were cut out or removed, leaving clear traces. Those cuttings are largely lost, but one part was added elsewhere to Cod. Vind. 2696. This article argues that, although these mechanical interventions fragment the individual texts, the collection as such can replace the individual texts. To a certain extent, the collection becomes the text itself and thus replaces what was lost.

---

unikal überliefert sind, doch könnte eine eingehendere Untersuchung weitere Erkenntnisse liefern.

[80] Ansatzpunkte ließen sich etwa in den stufenweisen Redaktionen finden oder, sollte sich diese Beobachtung erhärten lassen, in der Überlegung Neusers (Anm. 35), S. 37, Anm. 16, dass die Handschrift erst sehr spät gebunden und somit womöglich auch erst spät auf ihre aktuelle Gestalt festgelegt wurde.

‚Trümmergeschiebe'?

Zum Verhältnis von Ganzheit und Fragmentarität in der Überlieferung der ‚Vier Wachen der minnenden Seele'

von HENRIKE MANUWALD[*]

## 1. Einleitung: Fragmente als Rezeptionsphänomen

Fragmente werden bekanntlich ‚gemacht', indem ihnen bei der Rezeption der Status des Bruchstückhaften oder Unvollständigen zugewiesen wird.[1] Bei Fragmenten, die durch mechanische Beschädigung, also ‚Zertrümmerung', entstanden sind, ist dieser Rezeptionsanteil weniger entscheidend als bei solchen, die semiotisch unvollständig sind oder erst durch Einordnung in einen größeren Zusammenhang einen Fragmentstatus zugewiesen bekommen.[2] In jedem Fall sind Fragmente nur über die Relationierung zu einem Ganzen als solche zu erfassen, wie schon vielfach festgestellt wurde.[3] Bei Textfragmenten haben

---

[*] Für den fruchtbaren Austausch über eine frühere Fassung des Beitrags danke ich Balázs J. Nemes. Danken möchte ich außerdem Christina Jackel und Julia Schön von der Stiftsbibliothek Klosterneuburg, die hilfreiche kodikologische Beobachtungen zu CCl. 251 beigesteuert haben.

[1] Vgl. Kay Malcher / Stephan Müller / Katharina Philipowski / Antje Sablotny, Fragmentarität als Problem der Kultur- und Textwissenschaften. Eine Einleitung, in: Fragmentarität als Problem der Kultur- und Textwissenschaften, hg. v. dens (MittelalterStudien 28), München 2013, S. 9–26, hier: 12–14.

[2] Zu dieser Fragmenttypologie vgl. Paul Zumthor, Le texte-fragment, in: Langue française 40 (1978), S. 75–82, hier: 76–82. Die letztgenannte Perspektive auf Fragmente („le point de vue circonstanciel", S. 76) exemplifiziert Zumthor an der semioralen Textkultur. Dieser Aspekt ist besonders stark rezipiert worden (vgl. z. B. Peter Strohschneider, Art. ‚Fragment$_2$', in: ²RLW 1 [1997], S. 624f., hier: 625). Auch andere soziokulturelle Bedingungen ermöglichen aber eine solche Perspektive.

[3] Vgl. (jeweils mit weiterer Literatur) Lucien Dällenbach / Christiaan L. Hart Nibbrig, Fragmentarisches Vorwort, in: Fragment und Totalität, hg. v. dens. (Edition Suhrkamp 1107), Frankfurt a. M. 1984, S. 7–17, hier: 7; Strohschneider (Anm. 2); Malcher / Müller / Philipowski / Sablotny (Anm. 1), bes. S. 11–13 u. 17 (zu ‚inszenierter Fragmentarität'); Katharina Philipowski, Fragmente/Reste, in: Handbuch Materielle Kultur. Bedeutung – Konzepte – Disziplinen, hg. v. Stefanie Samida, Manfred K. H.

Überlegungen zur Ganzheit eine hermeneutische und editorische Dimension; darüber hinaus können sie Zugang zu historisch und kulturell spezifischen Konzeptionen von Textualität eröffnen.[4]

Für das Erkenntnisinteresse an solchen Auffassungen von Textualität ist ein vielschichtiger Einzelfall besonders aufschlussreich: die Überlieferung eines Texts bzw. Textstücks,[5] der bzw. das zunächst von Adolf Spamer als „größere Abhandlung über die gottminnende Seele mit ihren 4 Wachen"[6] identifiziert wurde, und zwar innerhalb eines ‚Konglomerattextes'[7] mit Versatzstücken aus Meister Eckhart zugewiesenen Texten in der Handschrift München, Staatsbibl., Cgm 627, fol. 243$^{ra}$–246$^{rb}$.[8] Bei diesem Werk[9] stellen sich auf verschiedenen Ebe-

---

Eggert u. Hans Peter Hahn, Stuttgart / Weimar 2014, S. 210–213, hier: 211; Matthias Berning, Einleitung, in: Fragment und Gesamtwerk. Relationsbestimmungen in Edition und Interpretation, hg. v. dems., Stephanie Jordans u. Hans Kruschwitz, Kassel 2015, S. 5–11, hier: 5–7 (zum Relationsbegriff).

[4] Vgl. Strohschneider (Anm. 2), S. 625; Berning (Anm. 3), S. 5f.; Dieter Burdorf, Zerbrechlichkeit. Über Fragmente in der Literatur (Kleine Schriften zur literarischen Ästhetik und Hermeneutik 12), Göttingen 2020, S. 7f.

[5] Zur Überlieferung und Abgrenzungsproblematik s. u. die Abschnitte 2 und 4.

[6] Adolf Spamer, Über die Zersetzung und Vererbung in deutschen Mystikertexten, Diss. Gießen 1908, Gießen 1910, S. 117.

[7] So die Wortwahl Spamers (ebd., S. 100); an anderer Stelle bezeichnet er den Traktat als „stoppeltractat" (Adolf Spamer, Zur Überlieferung der Pfeifferschen Eckharttexte, in: PBB 34 [1909], S. 307–420, hier: 384). Im Folgenden wird der Terminus ‚Komposittraktat' verwendet. Vgl. Kurt Ruh, Einführung, in: ‚Die Blume der Schauung', hg. v. dems. (Kleine deutsche Prosadenkmäler des Mittelalters 16), München 1991, S. 11–38, hier: 22. Vgl. dazu Dagmar Gottschall, Anonyme volkssprachliche Traktatliteratur als eine Form des Weiterwirkens von Meister Eckhart im 14. Jahrhundert, in: Meister Eckharts Werk und seine Wirkung: Die Anfänge, hg. v. Freimut Löser, Hans-Jochen Schiewer u. Regina D. Schiewer (Meister-Eckhart-Jahrbuch 11), Stuttgart 2017, S. 29–53, hier: 31. Zum Problem der Abgrenzung von Mosaik- und Komposittraktaten vgl. Stephen Mossman, ‚Spamers Mosaiktraktate' in literaturgeschichtlicher Perspektive, in: Sammeln als literarische Praxis im Mittelalter und in der Frühen Neuzeit. Konzepte, Praktiken, Poetizität. XXVI. Anglo-German Colloquium Ascona 2019, hg. v. Mark Chinca, Manfred Eikelmann, Michael Stolz u. Christopher Young, Tübingen 2022, S. 209–228, hier: 211–213.

[8] Vgl. Spamer (Anm. 6), S. 108 u. 117, Nr. LXXVI.

[9] ‚Werk' wird hier und weiterhin als Summe aller Textversionen verstanden. Vgl. dazu (aus nicht-mediävistischer Perspektive) u. a.: Rüdiger Nutt-Kofoth, Konzepte der Fragmentedition und ihre Probleme, in: Fragment und Gesamtwerk (Anm. 3), S. 13–27, hier: 14–16; (aus mediävistischer Perspektive) Martin Baisch, Was ist ein Werk? Mittelalterliche Perspektiven, in: Jahrbuch für Internationale Germanistik 34.2 (2002), S. 105–125, hier: 109 (mit Kritik am oben skizzierten Werkbegriff); Balázs J. Nemes, Trampelpfade historischer Textdeutung. Die mittelalterliche Überlieferung und ihre spatialen Ordnungen, in: De l'(id)entité textuelle au cours du Moyen Âge tardif. XIIIe-XVe siècle, hg. v. Barbara Fleith, Réjane Gay-Canton u. Géraldine Veysseyre (Coll. Rencontres 304, Ser. Civilisation médiévale 27), Paris 2017, S. 295–322, hier: 303f.

nen Fragen nach dem Verhältnis von Fragmentarität und Ganzheit: Abgesehen davon, dass es auch auszugsweise überliefert ist, sind die Werkgrenzen unklar: Bilden die ‚Vier Wachen der minnenden Seele' mit dem umgebenden Komposittraktat eine Werkeinheit, und wären dann Versionen ohne diese Einbettung als Teilüberlieferung zu verstehen? Inwieweit kann der Traktat, der auch als „Mosaiktraktat" bezeichnet worden ist,[10] selbst als aus Fragmenten zusammengesetzt gelten?

Die Technik der Kompilation von (meist nicht markierten) Zitaten in solchen Traktaten ist in der Forschung in verschiedener Weise metaphorisch charakterisiert worden, die jeweils ein Licht auf das Verständnis des Verhältnisses von Teilen und Ganzem wirft: Spamer beschreibt den Prozess der kleinteiligen Textzerlegung in Anlehnung an ein Modell aus der Biologie bekanntlich als ‚Zersetzung', die Zusammensetzung als ‚Neubindung'.[11] Er unterscheidet je nach Umfang der wiederverwendeten Textstücke zwischen ‚Zersetzung' (mit ‚Neubindung') und ‚Vererbung'.[12] Eine Unterscheidung zwischen einer „raffiniertgeschickten mosaikmäßigen Traktatbildung" und einer „mehr unbekümmert kompilierenden Arbeitsweise" (mit ‚Kompilationsgebilden' bzw. ‚Konglomerattexten' als Resultat)[13] richtet sich bei Spamer neben dem Umfang offenbar

---

[10] Vgl. Karin Schneider, Die deutschen Handschriften der Bayerischen Staatsbibliothek München. Cgm 501–690. Editio altera (Catalogus codicum manu scriptorum Bibliothecae Monacensis 5.4), Wiesbaden 1978, S. 259 u. 268 (zu Cgm 627 und 628); Eintrag: ‚Anonym: Mystischer Mosaiktraktat (enthält den Traktat von den vier Wachen der minnenden Seele) [Textbestandteil]' in der Datenbank Predigt im Kontext [PiK] (http://pik.ku-eichstaett.de/5430/); erstellt 01.02.2012, letzte Änderung 10.07.2018; sämtliche in diesem Beitrag angeführten digitalen Ressourcen wurden zuletzt abgerufen am 25.02.2024.

[11] Vgl. Spamer (Anm. 6), S. 18–28. Zur Einordnung der Termini vgl. Burkhard Hasebrink, Zersetzung? Eine Neubewertung der Eckhartkompilation in Spamers Mosaiktraktaten, in: *Contemplata aliis tradere*. Studien zum Verhältnis von Literatur und Spiritualität, hg. v. Claudia Brinker, Urs Herzog, Niklaus Largier u. Paul Michel, Bern u. a. 1995, S. 353–369, hier: 368; wieder in: Literarische Formen des Mittelalters: Florilegien, Kompilationen, Kollektionen, hg. v. Kaspar Elm (Wolfenbütteler Mittelalter-Studien 15), Wiesbaden 2000, S. 73–90, hier: 89. Hasebrink zeichnet auch die Rezeptionsgeschichte von Spamers Wortwahl nach und weist darauf hin, dass in der Stuttgarter Eckhart-Ausgabe „‚Zersetztes' [...] als Fragment klassifiziert" wurde (S. 368 bzw. 89). Zu Hasebrinks Kontextualisierung von Spamers Terminologie vgl. Regina D. Schiewer, Gelassenheit ist (k)eine Tugend. Exzerpieren im Dienste der Mystagogik am Beispiel von ‚Spamers Mosaiktraktaten', in: Semantik der Gelassenheit. Generierung, Etablierung, Transformation, hg. v. Burkhard Hasebrink, Susanne Bernhardt u. Imke Früh (Historische Semantik 17), Göttingen 2012, S. 171–204. Zur literaturgeschichtlichen Einordnung der Kompilationstechnik der von Spamer untersuchten Traktate vgl. zuletzt Mossman (Anm. 7).

[12] Vgl. Spamer (Anm. 6), S. 119f.

[13] Vgl. ebd., S. 84 (Zitate) u. 100.

auch nach der Geschlossenheit des ‚Ganzen', das bei der Kompilation entsteht. In diesem Zusammenhang übernimmt Spamer für „eine sehr zersplitterte lagerung der einzelteile" Büttners Ausdruck des „‚trümmergeschiebe'".[14] Während Mosaiksteinen – ähnlich wie Bausteinen – nicht notwendig der Charakter des Fragmentarischen anhaftet,[15] verweist der Ausdruck ‚Trümmer' auf ein zerstörtes Ganzes.[16]

Auch wenn Annahmen über das Verhältnis von Ganzheit und Fragmentarität also der Beschreibungssprache inhärent sind, soll zur besseren Orientierung vor der Diskussion von Fragmentarität zunächst ein möglichst deskriptiver Überblick über den Inhalt und die Überlieferung der bisher wenig erforschten und nicht edierten ‚Vier Wachen der minnenden Seele' gegeben werden.[17] Mit diesem Titel ist durchgängig die von Spamer identifizierte Abhandlung ohne den sie in einigen Handschriften umgebenden Komposittraktat gemeint.

## 2. Zu Inhalt und Überlieferung der ‚Vier Wachen der minnenden Seele'

In dem aus circa 700 Wörtern bestehenden Traktat der ‚Vier Wachen der minnenden Seele' wird die für die Mystik zentrale Frage nach der Vereinigung des Menschen mit Gott behandelt: Dafür ist das Bild der ‚in' Gott sitzenden und ‚auf' Gott entschlafenen Seele gewählt, wobei in manchen Handschriften statt

---

[14] Vgl. Spamer (Anm. 7), S. 385; vgl. dazu Herman Büttner, Anhang, in: Meister Eckeharts Schriften und Predigten. Aus dem Mittelhochdeutschen übers. u. hg. v. dems., Bd. 1, Leipzig 1903, S. 205–239, hier: 230; vgl. auch M[ax] Pahncke, Eckehartstudien. Texte und Untersuchungen (Beilage zum 38. Jahresbericht des Gymnasiums zu Neuhaldensleben), Neuhaldensleben 1913, S. 33 u. 36. Vgl. dazu Lydia Wegener, Wandlungen – Pfeiffers Traktat 11.1 (‚Von der übervart der gotheit 1') und Meister Eckhart, in: Meister Eckharts Werk und seine Wirkung (Anm. 7), S. 55–79.

[15] Vgl. dazu Malcher / Müller / Philipowski / Sablotny (Anm. 1), S. 12f. Das Mosaik kann aber als Sinnbild für „das Verhältnis Totalität-Fragment" dienen (vgl. Lucien Dällenbach, Eine totalisierende Metapher: Das Mosaik Balzacs, in: Fragment und Totalität [Anm. 3], S. 225–243, hier: 230).

[16] Zur Ableitung des Wortes ‚Fragment' „von *frangere* (‚zertrümmern, zerbrechen')" vgl. z. B. Strohschneider (Anm. 2), S. 624.

[17] Zum Forschungsbedarf vgl. Balázs J. Nemes, Eckhart lesen – mit den Augen seiner Leser. Historisch mögliche Eckhart-Lektüren im Augustinerchorherrenstift Rebdorf, in: Meister Eckharts Werk und seine Wirkung (Anm. 7), S. 165–195, hier: 187f. – Die im Folgenden ausgearbeiteten Überlegungen stehen im Kontext des seit Januar 2024 vom Niedersächsischen Ministerium für Wissenschaft und Kultur geförderten Projekts der Verf. ‚*Vier Wachen* vernetzt: Digitale Edition eines mystischen Traktats des Spätmittelalters'.

der Seele ‚der Mensch' oder ‚die Jungfrau' genannt ist.[18] Als Voraussetzung des Entschlafens werden vier sogenannte Wachen aufgeführt: die Abkehr von der Sünde, die Ausrichtung an den Werken Christi, die Angleichung an Christus in seiner menschlichen Natur und die *Visio Dei*, die schließlich ein Versinken in der ‚grundlosen Tiefe Gottes' ermöglicht. Der Traktat zeigt deutliche Anklänge an Meister Eckhart zugewiesene Texte, insbesondere Predigt Q 31, ‚entschärft' diese aber insofern, als die Vereinigung der Seele mit Gott auf dessen Gnade zurückgeführt wird, die es der Seele erlaube, *mit würckerin mit got* zu werden (vgl. Cgm 627, fol. 244[ra], Z. 8–14).[19]

Die ‚Vier Wachen' sind nicht im ‚Verfasserlexikon' erfasst. Im Eintrag zum Werk in der Datenbank Predigt im Kontext hat Marcus Diel 2018 festgehalten: „Da der Text in der Forschung bisher noch wenig Beachtung gefunden hat, ist es ohne weiteres nicht möglich, die Überlieferungslage genau zu rekonstruieren."[20] Zwar können den fünf handschriftlichen Versionen, die im Datenbankeintrag aufgelistet sind, drei weitere erhaltene hinzugefügt werden; außerdem lässt sich eine verlorene Handschrift benennen. Die Existenz weiterer Textzeugen ist aber nicht ausgeschlossen.[21] Nach den bisherigen Erkenntnissen stellt sich die Überlieferungslage folgendermaßen dar:[22]

---

[18] Zur Varianz s. u. S. 269f. Zum Motiv des Schlafs vgl. Michael Egerding, Die Metaphorik der spätmittelalterlichen Mystik, Bd. 2: Bildspender – Bildempfänger – Kontexte: Dokumentation und Interpretation, Paderborn u. a. 1997, S. 493–496. Die für Eckhart (ebd., S. 494) aufgeführten Stellen stimmen am ehesten mit dem Konzept des mystischen Schlafs in den ‚Vier Wachen' überein.

[19] Vgl. Nemes (Anm. 17), S. 188.

[20] Zum Datenbankeintrag s. o. Anm. 10.

[21] Bei der Suche nach weiteren Versionen ist zu berücksichtigen, dass das Werk in Handschriftenbeschreibungen unter leicht variierenden Titeln firmiert: ‚Von den vier Wachen der Seele' (Schneider [Anm. 10], S. 259); ‚Predigt von der minnenden Seele und ihren vier Wachen' (Die Bibliothek des Klosters St. Katharina zu Nürnberg. Synoptische Darstellung der Bücherverzeichnisse, Bd. 1, hg. v. Antje Willing, Berlin 2012, S. 337); ‚Traktat von den vier Wachen der minnenden Seele' (PiK-Datenbankeintrag, s. o. Anm. 10). Vgl. außerdem Franz Lackner unter Mitarbeit v. Alois Haidinger, Martin Haltrich u. Maria Stieglecker, Katalog der Handschriften des Augustiner Chorherrenstiftes Klosterneuburg, Teil 3: Cod. 201–300 (Österreichische Akademie der Wissenschaften, phil.-hist. Klasse, Denkschriften 434; Veröffentlichungen zum Schrift- und Buchwesen des Mittelalters 2.2.3), Wien 2012, S. 164, mit der Bezeichnung einer Teilparaphrase (‚Von der minnenden Seele') und einem Exzerpt (‚Von der Wacht der Liebe'). Siehe dazu unten Abschnitt 3.

[22] Die Handschriften sind in chronologischer Reihenfolge aufgeführt, soweit sie sich rekonstruieren lässt. Angegeben ist jeweils auch die Benennung der Entität, der die Wachen zugeordnet sind (*lieb, mensch, jungfrau, sele*). Aus Gründen der Platzersparnis wird für die Grunddaten der Handschriften in der Regel jeweils nur auf Einträge im Handschriftencensus (https://handschriftencensus.de) verwiesen.

- Einsiedeln, Stiftsbibl., Cod. 278 (1040) (hochalem., 3. Viertel 14. Jh.);[23] in demselben Skriptorium geschrieben wie die oberdeutsche Bearbeitung des ‚Fließenden Lichts der Gottheit' Mechthilds von Magdeburg im Einsiedler Codex 277 [1014]),[24] p. 279$^a$–281$^b$: *mensch*
- Klosterneuburg, Stiftsbibl., Cod. 251 = CCl. 251 (bair.-österr., hier einschlägige Nachträge nach ca. 1378),[25] fol. 72$^v$; 192$^r$: *sele* (fol. 72$^v$) / *lieb* (fol. 192$^r$); Teilüberlieferung, teils paraphrasierend
- Stuttgart, Landesbibl., Cod. theol. et phil. 8° 13 (ostalem., 1. Hälfte 15. Jh.),[26] fol. 20$^r$–23$^r$: *sele*; als Teil des Komposittraktats ‚Spamer, Cgm 627, Nr. LXXVI' mit alternativem Abschluss überliefert (fol. 20$^r$–24$^v$)[27]
- ehem. Nürnberg, Katharinenkloster, E XII (vor 1428):[28] wahrscheinlich *jungfrau*
- Nürnberg, Stadtbibl., Cent. VI, 43$^m$ (nürnbergisch, ca. 1450/60;[29] im Nürnberger Katharinenkloster geschrieben),[30] fol. 147$^r$–149$^r$: *jungfrau*

---

[23] Vgl. den Eintrag im Handschriftencensus (https://handschriftencensus.de/4692); Volldigitalisat zugänglich.

[24] Vgl. Margot Schmidt, Einleitung, in: Rudolf von Biberach, ‚Die sieben strassen zu got'. Die hochalemannische Übertragung nach der Handschrift Einsiedeln 278, hg. u. eingeleitet von ders. (Spicilegium Bonaventurianum 6), Quaracchi 1969, S. 4*–271*, hier: 62*. Zusammen mit Cod. 277 (1014) wurde Cod. 278 (1040) von Heinrich Rumersheim von Basel im Auftrag der Basler Bürgerin Margareta vom goldenen Ring, deren Beichtvater er gewesen war, den Waldschwestern in der Au übergeben (vgl. ebd., S. 55*; Gabriel Meier, Catalogus codicum manu scriptorum qui in bibliotheca monasterii Einsidlensis O. S. B. servantur, Bd. 1, Einsiedeln 1899, S. 246–253). Zu den Entstehungsumständen und der frühen Rezeption von Cod. 277 (1014) und Cod. 278 (1040) vgl. Balázs J. Nemes, Mechthild amongst the friends of God – The friends of God in Mechthild. Or: What have the friends of God got to do with, in: Friends of God. Vernacular Literature and religious elites in the Rhineland and the Low Countries (1300–1500), hg. v. Wybren Scheepsma, Gijs van Vliet u. Geert Warnar (Temi e Testi: Manuscripts – Ideas – Culture 171), Rom 2018, S. 33–63, hier: 36–45 (mit weiterer Literatur). Nicht zuletzt wegen der Textzusammenstellung in Cod. 278 (1040) nimmt Nemes einen dominikanischen Entstehungskontext an (vgl. ebd., S. 37f.).

[25] Vgl. den Eintrag im Handschriftencensus (https://handschriftencensus.de/20150); Teildigitalisat zugänglich.

[26] Vgl. den Eintrag im Handschriftencensus (https://handschriftencensus.de/20391); Volldigitalisat zugänglich.

[27] Vgl. dazu Spamer (Anm. 6), S. 117.

[28] Die Handschrift ist heute verloren, aber in dem zwischen 1455 und 1457 angelegten mittelalterlichen Bibliothekskatalog des Nürnberger Katharinenklosters heißt es dazu: *Item ein permates predigpuch; das helt in im zum ersten ein junkfraw mit den IIII wachen* (Willing [Anm. 21], S. 240; zum Katalog vgl. ebd., S. XIX–XXXI).

[29] Vgl. den Eintrag im Handschriftencensus (https://handschriftencensus.de/9618).

[30] Vgl. Willing (Anm. 21), S. 335.

*‚Trümmergeschiebe'?*

- Stuttgart, Württemb. Landesbibl., Cod. theol. et phil. 2° 283 (schwäbisch, 1445; ‚Großer Tauler von Inzigkofen'),[31] fol. 275$^{vb}$–276$^{vb}$: *sele*; als Teil des Komposittraktats ‚Spamer, Cgm 627, Nr. LXXVI' überliefert (fol. 275$^{vb}$–278$^{va}$)
- München, Staatsbibl., Cgm 627 (nordbair., 1458; ‚Großer Tauler von Rebdorf'),[32] fol. 243$^{ra}$–244$^{ra}$: *sele*; als Teil des Komposittraktats ‚Spamer, Cgm 627, Nr. LXXVI' überliefert (fol. 243$^{ra}$–246$^{rb}$)
- München, Staatsbibl., Cgm 628 (mittelbair., 1468; ‚Kleiner Tauler von St. Quirin in Tegernsee'),[33] fol. 86$^{ra}$–86$^{vb}$: *sele*; als Teil des Komposittraktats ‚Spamer, Cgm 627, Nr. LXXVI' überliefert (fol. 85$^{vb}$–88$^{rb}$)
- Wolfenbüttel, Herzog August Bibl., Cod. 151 Noviss. 4° (Süddeutschland [Nürnberg?], um 1470?),[34] fol. 203$^{r}$–205$^{v}$: *jungfrau*

Die zeitlich vom dritten Viertel des 14. bis zur zweiten Hälfte des 15. Jahrhunderts verteilten Überlieferungszeugen lassen sich anhand der semantisch signifikanten Varianten *mensch*, *sele* oder *jungfrau* zur Bezeichnung der ‚Person', die die Wachen ausgeführt hat, nach Textversionen in Gruppen einteilen:[35] Die Variante *mensch* begegnet nur in der ältesten erhaltenen, alemannischen Handschrift. Die Variante *jungfrau* ist auf drei Handschriften aus dem nürnbergischen Umfeld beschränkt und für die verlorene nürnbergische Handschrift zu vermuten.

Ein relevanteres Gruppierungskriterium für die hier verfolgte Fragestellung ist die Frage der Einbettung in den Komposittraktat ‚Spamer, Cgm 627, Nr. LXXVI' (mit den ‚Vier Wachen' ca. 2 000 Wörter): Bei vier der Handschriften (jeweils mit der Variante *sele*) ist eine solche Einbettung gegeben; in

---

[31] Vgl. den Eintrag im Handschriftencensus (https://handschriftencensus.de/16814); Volldigitalisat zugänglich.
[32] Vgl. den Eintrag im Handschriftencensus (https://handschriftencensus.de/9938); Volldigitalisat von Mikrofilm zugänglich.
[33] Vgl. den Eintrag im Handschriftencensus (https://handschriftencensus.de/6204); Volldigitalisat von Mikrofilm zugänglich.
[34] Vgl. den Eintrag im Handschriftencensus (https://handschriftencensus.de/25584); Volldigitalisat zugänglich.
[35] Ein Wechseln zwischen den Bezeichnungen *mensch* und *sele* ist in mystischer Literatur nicht ungewöhnlich (vgl. dazu z. B. Susanne Bürkle / Daniel Eder, Register des Religiösen. Spielarten des hagiographischen Diskurses in Legende und Mystik, in: Kunst und Konventionalität. Dynamiken sozialen Wissens und Handelns in der Literatur des Mittelalters, hg. v. Udo Friedrich, Christiane Krusenbaum u. Monika Schausten [ZfdPh. Beiheft 20], Berlin 2021, S. 247–288, hier: 278, in Bezug auf Christine Ebner). Bei den Versionen der ‚Vier Wachen' ist die Wortwahl aber jeweils so konsequent erfolgt, dass man von einer semantischen Differenz ausgehen kann. Zu der im ‚Vier-Wachen'-Korpus singulären Bezeichnung *lieb* für die minnende Seele in CCl. 251 s. u. Anm. 49.

dreien davon erscheint der Traktat mit den ‚Vier Wachen' als „fester Bestandteil der Mitüberlieferung des ‚Großen Tauler'".[36] Diese drei Handschriften hängen genetisch zusammen: Auf dem ‚Großen Tauler von Inzigkofen' (Stuttgart, Landesbibl., Cod. theol. et phil. 2° 283), dem Prototyp des ‚Großen Tauler' mit zahlreichen Annotationen nach einer Nürnberger Handschrift, basierte eine heute nicht mehr greifbare Handschrift, vermutlich aus Pillenreuth bei Nürnberg.[37] Diese Handschrift hat wahrscheinlich die Vorlage für den ‚Großen Tauler von Rebdorf' (München, Staatsbibl., Cgm 627) gebildet. Die (indirekte) Abhängigkeit des Cgm 627 vom Stuttgarter Cod. theol. et phil. 2° 283 lässt sich konkret am Text der ‚Vier Wachen' nachvollziehen, da Annotationen der Stuttgarter Handschrift in den Text von Cgm 627 Eingang gefunden haben.[38] Auch die Handschrift München, Staatsbibl., Cgm 628, gehört in den Kontext der Mitüberlieferung des ‚Großen Tauler'. Zwar handelt es sich um den ‚Kleinen Tauler von St. Quirin in Tegernsee', aber dieser wurde komplementär zum ‚Großen Tauler' von St. Quirin in Tegernsee (München, Staatsbibl., Cgm 260) erstellt, einer direkten Abschrift von Cgm 627; dabei wurde die Mitüberlieferung größtenteils in den Cgm 628 übertragen.[39] Wie sich die Überlieferung der ‚Vier Wachen' innerhalb des Komposittraktats, aber mit kürzerem Abschluss[40] im Stuttgarter Cod. theol. et phil. 8° 13 zur Tauler-Mitüberlieferung verhält, ist noch zu klären. Der unmittelbare Überlieferungskontext der ‚Vier Wachen' in dieser Handschrift sind Exzerpte aus Eckharts Predigt Q 4 und aus dem Traktat ‚Von abegescheidenheit'.[41]

Die Versionen der ‚Vier Wachen' ohne Komposittraktat sind nicht in einem festen Textverbund überliefert; es ist aber ein Schwerpunkt auf der Kombina-

---

[36] Nemes (Anm. 17), S. 187.
[37] Vgl. Johannes Gottfried Mayer, Die ‚Vulgata'-Fassung der Predigten Johannes Taulers. Von der handschriftlichen Überlieferung des 14. Jahrhunderts bis zu den ersten Drucken (Texte und Wissen 1), Würzburg 1999, S. 64; Andreas Erhard, Untersuchungen zum Besitz- und Gebrauchsinteresse an deutschsprachigen Handschriften im 15. Jahrhundert nach den Beständen der Bayerischen Staatsbibliothek München, Diss. masch., München 2012 (online abrufbar unter: https://d-nb.info/10213076 02/34), S. 328f.
[38] Vgl. dazu in Bezug auf die gesamte Handschrift Mayer (Anm. 37), S. 76.
[39] Vgl. ebd., S. 80 u. 244.
[40] Eine Passage, in der in den anderen drei Handschriften ein möglicher Häresievorwurf zurückgewiesen wird, findet sich im Stuttgarter Cod. theol. et phil. 8° 13 nicht. Diese Passage ist an Eckharts Predigt Pf. LXXVI 1 angelehnt (vgl. Deutsche Mystiker des vierzehnten Jahrhunderts, Bd. 2: Meister Eckhart, hg. v. Franz Pfeiffer, Leipzig 1857. Nachdruck Aalen 1962, S. 242,33–243,6).
[41] Zur Diskussion um die Frage der Zuweisung an Eckhart vgl. Burkhard Hasebrink, *mitewürker gotes*. Zur Performativität der Umdeutung in den deutschen Schriften Meister Eckharts, in: Literarische und religiöse Kommunikation in Mittelalter und Früher Neuzeit. DFG-Symposion 2006, hg. v. Peter Strohschneider, Berlin / New York 2009, S. 62–88, hier: 81f.

tion mit Texten von Tauler und Eckhart oder diesen zugeschriebenen Texten zu erkennen:[42] So weist die Sammelhandschrift Einsiedeln, Stiftsbibl., Cod. 278 (1040), eine „umfangreichere namentliche Eckhartüberlieferung" auf, außerdem zwei als unecht geltende Tauler-Predigten.[43] Bei der Handschrift Nürnberg, Stadtbibl., Cent. VI, 43$^m$ aus dem Nürnberger Katharinenkloster handelt es sich um eine Eckhart-Tauler-Handschrift (mit geringem Eckhart-Anteil), in der ein Interesse an Brautmystik festzustellen ist.[44] In der Handschrift Wolfenbüttel, Herzog August Bibl., Cod. 151 Noviss. 4°, die ebenfalls aus einem Nürnberger Kontext stammen dürfte, folgen die ‚Vier Wachen' auf Heinrich Seuses ‚Büchlein der ewigen Weisheit' (unvollst.) und eine deutsche Übersetzung weiter Teile des Traktats ‚De contemplatione et vita activa' Heinrichs von Bitterfeld,[45] also auf Texte dominikanischer Autoren. Die frömmigkeitsgeschichtlichen Implikationen der jeweiligen Textensembles und der Überlieferungsorte werden im Kontext des Forschungsprojekts ‚Vier Wachen vernetzt' zu erörtern sein.[46]

## 3. „Fragmente, die keine sind"[47]

Während alle anderen Handschriften die ‚Vier Wachen' mit oder ohne umgebenden Komposittraktat ‚vollständig' überliefern, bietet die Klosterneuburger Handschrift eine ‚Teilüberlieferung', weshalb diese zuerst auf Fragmentarität hin untersucht werden soll. In der ‚zusammengesetzten theologischen Sammelhandschrift'[48] befindet sich auf fol. 192$^r$ (Abb. 1) ein Nachtrag, der folgender-

---

[42] Zu CCl. 251 s. u. Abschnitt 3.
[43] Vgl. den Eintrag zur Handschrift in der Datenbank Predigt im Kontext [PiK] (http://pik.ku-eichstaett.de/4125/); erstellt 11.02.2014, letzte Änderung 08.04.2014.
[44] Vgl. Karin Schneider, Die deutschen mittelalterlichen Handschriften. Beschreibung des Buchschmucks: Heinz Zirnbauer (Die Handschriften der Stadtbibliothek Nürnberg 1), Wiesbaden 1965, S. 112–117; Eintrag zur Handschrift in der Datenbank Predigt im Kontext [PiK] (http://pik.ku-eichstaett.de/14880/); erstellt 25.07.2018, letzte Änderung 25.07.2018.
[45] Vgl. Henrike Manuwald, *Otium sanctum* in einer *vita mixta*? Stand und Lebensform in ‚De contemplatione et vita activa' Heinrichs von Bitterfeld, in: *Vita perfecta*? Zum Umgang mit divergierenden Ansprüchen an religiöse Lebensformen in der Vormoderne, hg. v. Daniel Eder, Henrike Manuwald u. Christian Schmidt (Otium. Studien zur Theorie und zur Kulturgeschichte der Muße 24), Tübingen 2021, S. 89–130, hier: 122, Anm. 116.
[46] S. o. Anm. 17. Vgl. erste Erkenntnisse zu Cgm 627 (Rebdorf) bei Nemes (Anm. 17), S. 187f.
[47] Stephan Müller, Fragmente, die keine sind. Zu einem besonderen Status von Teilüberlieferung deutscher Texte im frühen Mittelalter, in: Fragmentarität (Anm. 1), S. 69–73.
[48] Vgl. Lackner (Anm. 21), S. 160 (zur Lagenstruktur der einzelnen Teile vgl. ebd., S. 160–165).

maßen beginnt: *e daz diz di lieb chöm in süzzen slaf do hat si vor getan vier wacht.*[49] Es folgt eine Textpassage, wie sie sich mit Varianten auch in anderen Handschriften der ‚Vier Wachen' findet (im Mittelteil des Traktats). Jedoch werden nicht alle vier Wachen beschrieben; vielmehr stammen die letzten Sätze auf der Seite noch aus den Erläuterungen zur dritten Wache: In dieser Wache sei der minnenden Seele bewiesen worden, wie Gott aus Liebe die Seele sich gleich mache und genauso dreifaltig sei in seinen Personen, wie sie in ihren Kräften dreifaltig sei. Das Explicit lautet: *vnd daz si vermag mit der / driualtichait*[50] *ir chrefte pegreiffen.*[51] Wenn *ir chrefte* ein *genitivus possessivus* ist, was im Anschluss an die zuletzt genannte Dreifaltigkeit der Seelenkräfte wahrscheinlich ist, fehlt ein Akkusativobjekt.[52]

---

[49] Hier und im Folgenden sind eigene zeilengenaue Transkriptionen zitiert. Abkürzungen sind ohne Markierung aufgelöst, Buchstabenformen wie das Schaft-*S* sind nicht wiedergegeben, verschiedene Arten der Hervorhebung von Buchstaben zu Beginn von Phrasen werden durch Großschreibung angezeigt. Lackner ([Anm. 21], S. 164) transkribiert das Incipit folgendermaßen mit einer stillschweigenden Athetese von *diz*: *E daz di lieb chom in süzzen slaf da hat si vor getan vier wacht.* In der Tat ist ein Demonstrativpronomen der Folge *diz di* syntaktisch überflüssig. Da das Substantiv *lieb* in der Regel Neutrum, seltener auch Maskulinum ist (vgl. Art. *lieb* [Substantiv], in: FWB-Online [http://fwb-online.de/go/lieb.s.2n_1668626296]), wäre wahrscheinlich eher *di* (als Dittographie?) zu streichen, auch wenn im zweiten Teil des Satzes das Subjekt (*si*) Femininum ist. Ausschlaggebend für die Fortsetzung wäre dann nicht das grammatische Geschlecht von *lieb*, sondern das Geschlecht der damit bezeichneten Person. Relevant für die Textstelle ist Bedeutungsansatz 2 im FWB-online: „‚in der mystischen Liebesbeziehung zwischen *got / Christus* einerseits und der *sele / dem* Menschen andererseits sowohl für Gott / Christus wie für die Seele / den Menschen als Ziel der Liebe gebraucht'". Die „erotische Bildlichkeit der Belege" eröffne einen Übergangsraum zum Bedeutungsansatz 1: „‚Geliebte, Liebchen, Geliebter'; meist auf die Frau bezogen" (vgl. ebd.). In der zitierten Textstelle dürfte mit *lieb* die personifiziert als weiblich zu denkende Seele gemeint sein (vgl. dazu Uta Störmer-Caysa, Welches Geschlecht hat die Seele? Überlegungen zu Bernhard von Clairvaux und Mechthild von Magdeburg, in: Geschlecht in Literatur und Geschichte. Bilder – Identitäten – Konstruktionen, hg. v. Heinz Sieburg, Bielefeld 2015, S. 91–106).

[50] Das *d* am Wortbeginn ist im Falz der Handschrift nicht vollständig zu sehen.

[51] Zum Textausschnitt vgl. Nemes (Anm. 17), S. 188, Anm. 80.

[52] Grammatikalisch möglich wäre es auch, dass *ir chrefte* als Akkusativobjekt fungiert. Flektierte Formen von *ir*, die einen Anhaltspunkt für die Konstruktion bieten könnten, sind für die auf fol. 192$^r$ tätige Schreibhand (siehe dazu unten S. 274) nur im Dativ belegt. Die anderen Versionen der ‚Vier Wachen' lesen ‚Seele' statt ‚Kräfte'. In den meisten Fällen handelt es sich eindeutig um einen *genitivus possessivus* (‚Dreifaltigkeit ihrer Seele'), denn nach der Entsprechung zu *pegreiffen* folgt dort jeweils sinngemäß: ‚und in sich ziehen die Dreifaltigkeit Gottes', mit ‚Dreifaltigkeit Gottes' als Akkusativobjekt; in der Einsiedelner Handschrift, in der der Mensch Subjekt ist, scheint *sin sele* Akkusativobjekt zu sein (vgl. fol. 281$^{ra}$, Z. 20f.). Im Anschluss werden jeweils die gnadenhafte Vereinigung der Seele mit Gott und ihre Rolle als ‚Mitwirkerin' beschrieben.

*‚Trümmergeschiebe'?*

Der ‚Text'[53] auf fol. 192ʳ ist damit semiotisch und wohl auch syntaktisch unvollständig, hat also auf inhaltlicher Ebene Fragmentcharakter. Allerdings wäre auf materieller Ebene Raum dafür da gewesen, den Text fortzusetzen: Sowohl in der letzten Zeile als auch unten auf der Seite ist noch Platz;[54] die Versoseite des Blattes trägt nur einen Besitzvermerk. Es sieht so aus, als sei der Text auf der Seite ohne durch das Material gegebene Zwänge beendet worden. Dann wäre der Text zwar aus semiotischer Perspektive als Fragment zu betrachten, im Kontext der Handschrift jedoch als bewusst gewähltes Exzerpt,[55] das nicht unbedingt die Funktion haben muss, auf einen ‚ganzen' Text zu verweisen.[56] Der Zuschnitt des Exzerpts könnte damit zusammenhängen, dass in der Handschrift auf fol. 188ᵛ–191ᵛ der Traktat ‚Schule des Geistes' direkt vorausgeht, in dem die Seelenkräfte ein zentrales Thema sind und in dem abschließend dargelegt wird, dass die Seele in Entsprechung zur Dreifaltigkeit Gottes geschaffen und bis auf ihr Geschaffensein Gott gleich sei.[57] Es ist gut möglich, dass der Auszug aus den ‚Vier Wachen' als thematisch verwandte Erweiterung zu diesem Traktat ergänzt wurde.[58] Das ‚Abbrechen' des Auszugs gerade vor der Schilderung der Vereinigung der Seele mit Gott könnte dogmatische Gründe haben,[59] aber das muss Spekulation bleiben.

---

[53] Hier und im Folgenden wird ‚Text' für eine in den Handschriften abgesetzte Einheit von Schriftzeilen verwendet, ohne dass inhaltliche Abgeschlossenheit und durchgehende Kohärenz vorausgesetzt werden. Zu diesen Kriterien vgl. Maximilian Scherner, ‚Text'. Untersuchungen zur Begriffsgeschichte, in: Archiv für Begriffsgeschichte 39 (1996), S. 103–160, hier: 143f.

[54] Die hier tätige Nachtragshand arbeitet nicht mit einem festen Schriftraum (vgl. Lackner [Anm. 21], S. 163) und hat auf fol. 72ʳ die Seite bis zur unteren Kante beschrieben.

[55] Selbstverständlich kann nicht ausgeschlossen werden, dass bereits die Vorlage die Passage zur vierten Wache nicht überliefert hat.

[56] Mit einer solchen Art von Teilüberlieferung hat sich Müller (Anm. 47) auseinandergesetzt, wobei er insbesondere schriftliche Textvergegenwärtigungen in den Blick genommen hat, die nicht auf Überlieferung eines ‚Ganzen' abzielen. Anders als Müller (ebd., S. 69) halte ich auch für möglich, dass eine solche Teilüberlieferung konzeptionelle Gründe haben kann.

[57] Vgl. Christine Stöllinger-Löser, Art. ‚Schule des Geistes', in: ²VL 8 (1992), Sp. 863–865. Der unikal überlieferte Text ist nicht ediert.

[58] Bei fol. 192 handelt es sich um ein Nachsatzblatt, das dasselbe Wasserzeichen aufweist wie fol. 24 (vgl. Lackner [Anm. 21], S. 166, außerdem den Datenbankeintrag in ‚manuscripta.at' [https://manuscripta.at/?ID=410]). Dass das Exzerpt auf einem Nachsatzblatt eingetragen wurde, schließt eine absichtsvolle Platzierung des Exzerpts jedoch nicht aus. Als im 15. Jahrhundert auf fol. 192ᵛ ein Klosterneuburger Besitzvermerk eingetragen wurde, dürfte das Blatt den Abschluss der Handschrift gebildet haben, obwohl sich auch auf fol. 1ʳ und 103ʳ entsprechende Vermerke finden (vgl. Lackner ebd., S. 160). Rostspuren, die auf Eisenbeschläge und sogar eine Kette hindeuten, sind Indizien dafür, dass fol. 192 die Position am Ende der Handschrift lange innehatte.

[59] Dazu, dass die Seele in CCl. 251 nicht als ‚Mitwirkerin Gottes' (s. dazu o. S. 268f.) bezeichnet wird, vgl. auch Nemes (Anm. 17), S. 188 mit Anm. 80.

In der Katalogbeschreibung ist der gerade diskutierte ‚Auszug' mit einem eigenen Titel (‚Von der Wacht der Liebe') versehen und nicht dem vorausgehenden Text zugeordnet, sondern aus paläographischen und kodikologischen Gründen (dieselbe Nachtragshand, Einspaltigkeit) einer Gruppe nachgetragener mystischer Texte auf fol. 69$^v$–72$^v$.[60] Tatsächlich könnte das Exzerpt auf fol. 192$^r$, wenn man die sonstige Überlieferung der ‚Vier Wachen' als Bezugspunkt nimmt, als direkte Fortsetzung des letzten, deutlich abgesetzten ‚Textes' auf fol. 72$^v$ (Abb. 2) erscheinen.[61] Dieser Text ist eindeutig an den Beginn des Traktats ‚Vier Wachen' (bis zum Einsatz des Exzerpts auf fol. 192$^r$) angelehnt, wie er sich in der übrigen Überlieferung findet. Während es dort aber jeweils heißt, dass die Seele auf bzw. in Gott entschlafen sei, beginnt der Text auf fol. 72$^v$ mit: *die minnend sel schol in got entslaffen*.[62] Die nächsten Absätze setzen jeweils programmatisch mit *Si schol* ein, während in der übrigen Überlieferung der ‚Vier Wachen' gesagt wird, was die Seele bereits getan hat. Das kann eine Gegenüberstellung des letzten Absatzes auf fol. 72$^v$ (rechts) mit der entsprechenden Passage in Cgm 627 (links) verdeutlichen:[63]

| | |
|---|---|
| [...] Sie hat got gefürt in ir aller innerstez | [...] Si schol got füren in ir aller inrists dar vmb daz sey got auch für in sein aller inristz dar vmb so schol si |
| Da von hat er sie auch ge fürt in sein aller innerstez | ruben in der inren chraft des vaters vnd denn so nement di engel wunder an irr schön vnd sprechen quae est ista |
| Da sol sie rŵen in der · innern kraft dez vaters | quae ascendit de deserto deliciis affluens innixa super etc.[64] CCl. 251, fol. 72$^v$, Z. 25–29 |

---

[60] Vgl. Lackner (Anm. 21), S. 163f. Bis auf das erste Stück auf fol. 69$^v$–70$^r$ (‚Von der Gotteserkenntnis') und das letzte auf fol. 72$^v$ (‚Von der minnenden Seele'; Titel jeweils nach Lackner) sind die teils kompilierten Texte, die überwiegend auf Eckhart-Texte zurückgehen, von Quint ediert. Vgl. Josef Quint, Fundbericht zur handschriftlichen Überlieferung der deutschen Werke Meister Eckharts und anderer Mystiktexte (Meister Eckhart. Die deutschen und lateinischen Werke. Untersuchungen 2), Stuttgart u. a. 1969, S. 36–38.

[61] Dementsprechend betrachtet Nemes (Anm. 17), S. 188, Anm. 80, die Partien zur entschlafenen Seele auf fol. 72$^v$ und fol. 192$^r$ als einen zusammenhängenden Text.

[62] Lackner (Anm. 21), S. 164, liest *minnund*. Da in Z. 18 die Form *minnend* belegt ist, wird hier davon ausgegangen, dass der Abkürzungsstrich über *mi* wie sonst auf der Seite bei Formen von *minnen* oder *minne* für ein *n* steht und dass das *e* nicht notiert wurde.

[63] Die Version Cgm 627 ist zum Vergleich gewählt worden, weil sie im Wortlaut derjenigen in CCl. 251 sehr nahesteht.

[64] Für das lateinische Zitat aus dem ‚Hohelied (8,5) ist *innixa* neben *et nixa* als Variante belegt. Vgl. den Apparat zur Stelle in: Biblia sacra, iuxta Vulgatam versionem, adiuvantibus B. Fischer, I. Gribomont, H. F. D. Sparks, W. Thiele. Rec. et brevi apparatu critico instruxit Robert Weber, editionem quintam emendatam retractatam, praeparavit Roger Gryson, Stuttgart 2007. Lackner (Anm. 21), S. 164, transkribiert nur *nixa*.

¶ Die engel nemen wunder
an irr schön vnd sprechen
wer ist dise die da auf get
von der wüste vol zartnüß
vnd hat sich geneiget auf
ir lieb [...]

Cgm 627, fol. 243^(rb), Z. 29
– fol. 243^(va), Z. 9

Der abgedruckte Textauszug lässt außerdem erkennen, dass das den Abschnitt beschließende Zitat aus dem ‚Hohelied' (8,5), das im Cgm 627 wie in allen anderen Versionen der ‚Vier Wachen' auf Deutsch formuliert ist, in der Klosterneuburger Handschrift auf Latein zitiert wird, wobei das *etc.* zu einer Fortsetzung des Zitats aufruft. So wird der ‚Text' auf fol. 72^v markiert auf einen anderen hin geöffnet.[65] Dabei zeigt das *etc.* an, dass die Notation des Zitats unvollständig ist; doch wird der Vers aus dem ‚Hohelied' offenbar als bekannt vorausgesetzt, sodass der Satz als vorhanden[66] und ein syntaktischer Abschluss als erreicht gelten kann. Eine inhaltliche Fortsetzung erfordert der anaphorisch strukturierte deutschsprachige Text auf fol. 72^v nicht. Zwar korrespondiert er inhaltlich durch die Schlafmotivik mit dem Exzerpt auf fol. 192^r, aber Letzteres kann nicht als direkte Fortsetzung gelesen werden, weil auf fol. 72^v nicht gesagt wird, dass die Seele bereits entschlafen ist. Dass die Seele auf fol. 72^v als *die minnend sel* bezeichnet ist, auf fol. 192^r aber als *di lieb*, reduziert die Kohäsion weiter, auch wenn eine Identifikation selbstverständlich möglich ist.

Vom Duktus her schließt der Text auf fol. 72^v an eine Textpassage innerhalb eines auf fol. 71^(r/v) vorausgehenden kompilierten Textes an, der mit *von der hôch der geiste* überschrieben ist.[67] Auf Eckharts Spruch 13 (nach Pfeiffer = Pf. Spr. 13) folgt dort ein Auszug aus Pfeiffers ‚Liber positionum 3'.[68] Darin wird

---

[65] Zur Markierung von Zitaten durch Fremdsprachlichkeit vgl. Caroline Emmelius, Intertextualität, in: Literatur- und Kulturtheorien in der Germanistischen Mediävistik. Ein Handbuch, hg. v. Christiane Ackermann u. Michael Egerding, Berlin / Boston 2015, S. 275–316, hier: 302f.

[66] Vgl. dazu grundsätzlich Burkhard Hasebrink, Dialog der Varianten. Untersuchungen zur Textdifferenz der Eckhartpredigten aus dem ‚Paradisus anime intelligentis', in: ‚Paradisus anime intelligentis'. Studien zu einer dominikanischen Predigtsammlung aus dem Umkreis Meister Eckharts, hg. v. dems., Nigel F. Palmer u. Hans-Jochen Schiewer, Tübingen 2009, S. 133–182, hier: 165f.

[67] Zitiert nach Quint (Anm. 60), S. 36.

[68] Vgl. ebd., S. 36f. Vgl. in der Ausgabe Pfeiffers (Anm. 40) S. 600,31–37 u. 631,29–632,8. Zur Einordnung der von Pfeiffer zum ‚Liber positionum' zusammengefassten Texte vgl. Heidemarie Vogl, Der ‚Spiegel der Seele'. Eine spätmittelalterliche mystisch-theologische Kompilation (Meister-Eckhart-Jahrbuch. Beihefte 2), Stuttgart 2017, S. 92–101; Georg Steer, Meister Eckhart, ‚Buch von geistiger Armut', ‚Liber positio-

die Frage gestellt, was die Seele zu Recht alles haben solle, und mit Formulierungen beantwortet, die ebenfalls das Verb ‚sollen' aufnehmen. Im Kontext der Handschrift scheinen die auf fol. 72$^v$ formulierten Anweisungen an die Seele als Teil des Textensembles auf fol. 69$^v$–72$^v$ zu lesen zu sein.[69] Die wohl bearbeitete Teilüberlieferung der ‚Vier Wachen' hat hier keinen Fragmentcharakter im Sinne der „Bezogenheit [...] auf eine abwesende Ganzheit".[70]

Der Befund stellt sich hier noch eindeutiger dar als bei dem Exzerpt auf fol. 192$^r$, bei dem die vierte Wache eine Leerstelle bleibt. Zu Fragmenten im Sinne bruchstückhafter Überlieferung werden beide Texte nur unter editorischen Gesichtspunkten, wenn man von der Ganzheit der ‚Vier Wachen' ausgeht. Umgekehrt würde eine Edition nur der beiden auf die ‚Vier Wachen' bezogenen Texte in CCl. 251 die „syntagmatische[n] Ebene[n] der Überlieferung eines Textes" fragmentieren.[71] Auch bezogen auf den Befund in der Handschrift wäre es aber aufschlussreich zu bestimmen, was bei den ‚Vier Wachen' als ‚ganzer' Text anzusetzen ist, von dem die Bearbeitung ihren Ausgangspunkt genommen haben könnte und der intertextuell bei der Rezeption zumindest aufgerufen werden kann.

## 4. Auf der Suche nach dem Ganzen: Fragen der Textabgrenzung

Für den Komposittraktat, innerhalb dessen die ‚Vier Wachen' teilweise überliefert sind, ist die Technik der Kompilation charakteristisch. Insofern ist es wahrscheinlich, dass es sich bei der Integration der ‚Vier Wachen' in den Traktat um ein sekundäres Phänomen handelt. Gerade angesichts der Kompilationstechnik kann jedoch nicht vorausgesetzt werden, dass die ‚Vier Wachen' vollständig in den Traktat übernommen wurden. Umgekehrt ist zu prüfen, ob es sich bei der

---

num' und ‚Compendium theologicae veritatis' des Hugo Ripelin von Straßburg, in: Meister Eckhart als Denker, hg. v. Wolfgang Erb u. Norbert Fischer (Meister-Eckhart-Jahrbuch. Beihefte 4), Stuttgart 2017, S. 167–184, hier: 171–174; Mossman (Anm. 7), S. 225.

[69] Dem Text auf fol. 72$^v$ direkt voraus geht (auf fol. 72$^{r/v}$) ein Abschnitt aus Pfeiffers ‚Liber positionum 120' ([Anm. 40], S. 668,20–34), der in der Handschrift mit *von der vnderschaid der geist* überschrieben ist (vgl. Quint [Anm. 60], S. 37f.). Dieser Abschnitt wird von einer ergänzten Aufforderung beschlossen, die zum Inhalt hat, wie ‚wir' uns verhalten sollen, auch gegenüber der Seele. Die inhaltlichen Bezüge wären weiter auszuloten, was hier aus Platzgründen nicht erfolgen kann.

[70] Malcher / Müller / Philipowski / Sablotny (Anm. 1), S. 11.

[71] Vgl. dazu grundsätzlich Nemes (Anm. 9), S. 305–308, Zitat: 307; zu einer Einzeltexte übergreifenden Edition vgl. auch Balázs J. Nemes, Ein neuer Textzeuge des ‚Geistbuchs' und der Eckhart-Predigt Nr. 95A (‚Paradisus' Predigt Nr. 46) aus der Bibliothek der Erfurter Kartause, in: ZfdA 151 (2022), S. 322–343, hier: 325f.

*‚Trümmergeschiebe'?*

Überlieferung der ‚Vier Wachen' ohne den umgebenden Komposittraktat um ein Exzerpt aus dem Traktat oder einem anderen umfangreicheren Werk handelt. Schließlich ist auszuloten, ob sich in der Überlieferung eine Textidentität herausgebildet hat, die Teilüberlieferungen als unvollständig erscheinen lässt.

Hinweise auf eine solche Textidentität könnten Benennungen des Werks in der Überlieferung bieten. Im mittelalterlichen Bibliothekskatalog des Nürnberger Katharinenklosters (zwischen 1455 und 1457) ist mit *ein junkfraw mit den IIII wachen* eine solche Benennung vorhanden.[72] Allerdings fehlt die dazugehörige Handschrift, sodass nicht mit letzter Sicherheit gesagt werden kann, ob damit wirklich die ‚Vier Wachen' gemeint sind, geschweige denn der Textumfang rekonstruiert werden kann. Angesichts der Überlieferung von zwei *jungfrau*-Versionen der ‚Vier Wachen' aus dem Nürnberger Raum[73] und der Tatsache, dass das Motiv der vier Wachen in den Versionen ohne umgebenden Komposittraktat dominierender ist, erscheint es plausibel, dass sich der Eintrag auf eine Version der ‚Vier Wachen' ohne umgebenden Komposittraktat bezogen hat.

Von den erhaltenen Versionen ohne umgebenden Komposittraktat hat nur die der Einsiedler Handschrift eine einleitende Rubrik. Dort heißt es: *Dis ist von dem menschen / der von minen got ze teil ist / worden* (p. 279ᵃ, Z. 31–33). Diese Inhaltsbeschreibung könnte aus der in der Handschrift überlieferten Textversion mit der Variante *mensch* abgeleitet sein. Nach der Rubrik setzt der Text auf p. 279ᵇ, Z. 1 mit *Dirre mensche* ein. Während das Demonstrativpronomen zu Beginn hier einen Bezugspunkt in der Rubrik hat, ist das bei den beiden *jungfrau*-Versionen, die ohne Überschrift mit *Dise junckfraw* (Nürnberg, Stadtbibl., Cent. VI, 43ᵐ) bzw. *Dise junkfraw* (Wolfenbüttel, Herzog August Bibl., Cod. 151 Noviss. 4°) beginnen, nicht der Fall. In allen drei Versionen findet sich außerdem die Spezifizierung, dass der Mensch bzw. die Jungfrau *also* entschlafen sei. Während das Demonstrativpronomen auch auf etwas Folgendes verweisen kann, scheint *also* einen Rückbezug zu implizieren. Könnte das bedeuten, dass die ‚Vier Wachen' einem größeren Textzusammenhang entnommen sind? Auszuschließen ist das nicht, doch war dieser Zusammenhang wohl nicht der erhaltene Komposittraktat. Denn dort wird in allen vier Versionen an der Stelle, der dem Beginn der ‚Vier Wachen' entspricht, die Seele ebenfalls erstmalig als solche benannt, wobei sie als ‚die erleuchtete' bzw. ‚die lichtreiche Seele', die entschlafen sei, eingeführt wird.[74]

---

[72] S. o. Anm. 28.
[73] Nürnberg, Stadtbibl., Cod. Cent. VI. 43ᵐ; Wolfenbüttel, Herzog August Bibl., Cod. 151 Novissimi 4° (s. dazu oben S. 268f.).
[74] Die Erleuchtungs- bzw. Lichtmotivik dürfte vom Ende von Pf. Spr. 13 (vgl. Pfeiffer [Anm. 40], S. 600,36f.) angeregt sein, der den Komposittraktat eröffnet (vgl. Nemes [Anm. 17], S. 188, Anm. 79). In Pf. Spr. 13 ist vom *geist* die Rede, nicht von der *sele*; auch die Schlafmotivik findet sich dort nicht.

Bei den Versionen ohne umgebenden Komposittraktat ist das Ende jeweils deutlich markiert: Sie stimmen weitgehend bis zu der Aussage überein, dass in der vierten Wache der *mensch* bzw. die *jungfrau* in der grundlosen bzw. ewigen Tiefe der Gottheit bzw. Gottes versunken sei. Dann folgt in allen drei Handschriften, allerdings in unterschiedlicher Ausführlichkeit, die mit ‚Amen' abgeschlossene Bitte, dass ‚uns' Gott bzw. die Dreieinigkeit ‚dazu' verhelfen möge. In der Nürnberger und der Wolfenbütteler Handschrift bezieht sich die Bitte auf das Versinken in der grundlosen bzw. ewigen Tiefe der Gottheit bzw. Gottes; in der Einsiedelner Handschrift sind noch zwei Aussprüche von *Dyonisius* und *Sant paulus* dazwischengeschaltet, die das Aufgehen vom *geiste* im Nichts bzw. die Vereinigung des Menschen zu einem *geiste* thematisieren (vgl. p. 281$^b$, Z. 12–23). Die formelhafte Bitte wirkt wie angesetzt. Deshalb ist schwer zu beurteilen, inwieweit sie die Textidentität mitbestimmt hat. In den Versionen mit umgebendem Komposittraktat endet der Text der ‚Vier Wachen' jeweils mit dem Motiv des Versinkens in der grundlosen Tiefe.

Nur in der Stuttgarter Handschrift Cod. theol. et phil. 2° 283 trägt der Komposittraktat eine Überschrift, und zwar *Ain schöne ler oder bredig* (fol. 275$^{vb}$, Z. 8). Die paratextuelle Bezeichnung bezieht sich nicht auf den Inhalt, sondern auf die Qualität und die Funktion des folgenden Textes. Gemeint ist offenbar der gesamte Traktat, dessen kompositer Charakter wie in den anderen Handschriften dieses Traktats (und wie üblicherweise bei solchen Kompositexten) im Layout nicht markiert ist. Mit Blick auf die Handschriften insgesamt hat man es daher letztlich mit zwei ‚ganzen' Werken zu tun, die teilweise (fast) deckungsgleich sind: dem Komposittraktat und den ‚Vier Wachen'. Dabei wirken die ‚Vier Wachen' ‚unvollständiger' als der Komposittraktat, aber nicht, weil ihre Textidentität auf den Komposittraktat bezogen wäre, sondern weil der Text mit Rückbezügen einsetzt.

Wenn für die Textabgrenzung in den einzelnen Handschriften wie hier mit dem Layout kodikologische Argumente herangezogen werden, wirft das die Frage auf, wie weit die Vorstellung von ‚Ganzheit' auf Textsequenzen innerhalb von Handschriften auszudehnen ist.[75] In den Handschriften des ‚Großen Tauler' erscheint der gesamte Komposittraktat als Teilüberlieferung eines festen Ensembles von Tauler-Mitüberlieferung. Damit wird der Komposittraktat nicht zu einem Fragment, das Unvollständigkeit ausstellen würde. Aber der Perspektivwechsel vom Einzeltext auf die Tauler-Mitüberlieferung im ‚Großen Tauler' wirft ein Licht auf Kompilationstechniken, wie sie textintern und textübergreifend zu beobachten sind. In der Gesamtüberlieferung der ‚Vier Wachen' ergeben sich dann interessante Bezüge: Pf. Spr. 13, dessen Text den Komposittraktat eröffnet, ist auch Teil eines seinerseits kompilierten Textes in CCl. 251 (*von der*

---

[75] Vgl. dazu Hasebrink (Anm. 66), S. 181, und s. o. S. 275f.

*hôch der geiste*; fol. 71^(r/v)), der wiederum Teil des Ensembles mystischer Texte auf fol. 69^v–72^v ist.⁷⁶ Sichtbar werden solche Parallelen erst bei der ‚Zerlegung' der jeweiligen Texte. Deshalb sei abschließend ein Blick auf die Textstruktur der ‚Vier Wachen' mit umgebendem Komposittraktat gerichtet.

## 5. Auf der Suche nach dem Fragment: Fragen der Textstruktur

Dass die Spamer'schen Mosaiktraktate und damit auch der hier zu betrachtende Komposittraktat auf die Praktiken des Exzerpierens und Kompilierens verweisen, ist in der Forschung schon vielfach festgestellt worden.⁷⁷ Insbesondere in der Eckhart-Forschung hat sich dabei das Interesse von der Identifikation der Exzerpte und ihrer Zuordnung zum jeweiligen Ursprungstext verschoben zur Untersuchung der Kompilationstechniken und der ‚kreativen Auseinandersetzung' mit Eckharts „Lehre innerhalb eines umfassenden ‚mystischen Diskurses'".⁷⁸ Vor diesem Hintergrund wird der auf eine Zerstörung des Ursprungstextes verweisende Ausdruck ‚trümmergeschiebe' für kleinteilig zusammengesetzte Traktate ebenso kritisch gesehen⁷⁹ wie die ‚Fragmentierung'

---

[76] Siehe dazu oben S. 274 und vgl. Nemes (Anm. 17), S. 188, Anm. 80. Generell zur Schwierigkeit der Textabgrenzung bei mystischer Traktatliteratur, bei der einzelne Segmente immer wieder neu zusammengesetzt werden, vgl. Wegener (Anm. 14), S. 59–63; Nadine Arndt / Lydia Wegener, Überlegungen zur digitalen Edition mystischer Mosaiktraktate des Spätmittelalters, in: Digitale Mediävistik und der deutschsprachige Raum, hg. v. Roman Bleier u. a. (Das Mittelalter 24.1), Berlin 2019, S. 15–30, hier: 18f.

[77] Vgl. Hasebrink (Anm. 11); Hans-Jochen Schiewer, *Uslesen*. Das Weiterwirken mystischen Gedankenguts im Kontext dominikanischer Frauengemeinschaften, in: Deutsche Mystik im abendländischen Zusammenhang. Neu erschlossene Texte, neue methodische Ansätze, neue theoretische Konzepte, hg. v. Walter Haug u. Wolfram Schneider-Lastin, Tübingen 2000, S. 581–603; wieder abgedruckt in: ders., Schriften zur geistlichen Literatur und zur Frömmigkeitskultur des Mittelalters, hg. v. Regina D. Schiewer u. Stefan Seeber (Spätmittelalter, Humanismus, Reformation 128), Tübingen 2022, S. 245–270, hier: 249f. u. 261; Gottschall (Anm. 7), S. 33f.

[78] Vgl. Hasebrink (Anm. 11), bes. S. 90; Wegener (Anm. 14), S. 79 (Zitat); Freimut Löser, Wie weit reicht Meister Eckhart? Zur Überlieferung seiner Werke, in: Reichweiten. Dynamiken und Grenzen kultureller Transferprozesse in Europa, 1400–1520, Bd. 1: Internationale Stile – Voraussetzungen, soziale Verankerungen, Fallstudien, hg. v. Nikolaus Henkel, Thomas Noll u. Frank Rexroth (Abhandlungen der Akademie der Wissenschaften zu Göttingen N. F. 49.1), Berlin / Boston 2020, S. 171–203, hier: 202. Das für Rezeptionsfragen zentrale methodische Problem, inwiefern die ‚Eckhart'-Texte, die in den Traktaten produktiv rezipiert werden, selbst Zeugnisse produktiver Rezeption sind, ist nicht abschließend zu lösen. Vgl. dazu u. a. Hasebrink (Anm. 66), S. 133–138; Löser (ebd.), S. 185.

[79] Vgl. Arndt / Wegener (Anm. 76), S. 17.

der kompilierten Texte in der Forschung, wenn gefordert wird, dass Mosaik- und Komposittraktate nicht mehr ausschließlich „als Steinbruch für Eckhart-Editionen" dienen sollten.[80] Wie die einzelnen Exzerpte im neuen Zusammenhang verbunden sind, bleibt für jeden Einzelfall zu klären.[81] Für den Komposittraktat mit den ‚Vier Wachen' steht eine solche Untersuchung noch aus, doch hat bereits Spamer bei den Exzerpten auf Abweichungen und Zusätze verwiesen, die auf eine Verknüpfung hindeuten.[82]

Auch wenn Brüche weder im Layout zu erkennen sind noch sich an allen Nahtstellen zwischen den einzelnen Exzerpten zeigen, stellt sich die Frage, ob die einzelnen Bestandteile als Fragmente in dem Sinne betrachtet werden können, dass sie auf etwas Ganzes verweisen.[83] Zu diskutieren ist letztlich das Verhältnis von nicht markiertem Zitat und Fragment.[84] In der poststrukturalistischen Intertextualitätstheorie, in der letztlich jeder Text als „Mosaik von Zitaten" angesehen werden kann,[85] wird das Unvollständige der zitierenden Teilhabe an anderen Texten betont.[86] Bei Komposittraktaten liegt darüber hinaus eine spezifischere Form der Intertextualität vor, die ein Wiedererkennen

---

[80] Vgl. Löser (Anm. 78), S. 202. Dazu, dass solche Traktate auch nicht als bloße Rezeptionszeugnisse betrachtet werden sollten, vgl. Mossman (Anm. 7), S. 226f.

[81] Vgl. exemplarisch Hasebrink, Zersetzung? (Anm. 11); Schiewer (Anm. 11); Gottschall (Anm. 7); Wegener (Anm. 14); Mossmann (Anm. 7).

[82] Vgl. Spamer (Anm. 6), S. 117. Spamer mangelt es bei diesem „stoppeltractat" aber offenbar an Kohärenz und Originalität (vgl. dens. [Anm. 7], S. 384).

[83] Nicht übernommen ist hier das Definitionskriterium, dass Fragmente nur kontingent entstehen könnten (so Malcher / Müller / Philipowski / Sablotny [Anm. 1], S. 16f.; Philipowski [Anm. 3], S. 211f.).

[84] Vgl. dazu zusammenfassend (auch in Abgrenzung zum Spruch) Charlotte Schubert, Zitate und Fragmente: Die kulturelle Praxis des Zitierens im Zeitalter der Digitalisierung, in: Das Portal eAqua. Neue Methoden in der geisteswissenschaftlichen Forschung III, hg. v. ders. u. Markus Klank (Working Papers Contested Order 7), Leipzig 2012, S. 3–30, hier: 10–15. Neben den direkten Zitaten wären in einer vertieften Studie zu den ‚Vier Wachen' auch die indirekten Zitate zu untersuchen.

[85] Vgl. Julia Kristeva, Bachtin, das Wort, der Dialog und der Roman, in: Literaturwissenschaft und Linguistik. Ergebnisse und Perspektiven, Bd. 3: Zur linguistischen Basis der Literaturwissenschaft 2, hg. v. Jens Ihwe (Ars poetica. Texte 8), Frankfurt a. M. 1971, S. 345–375, hier: 348 (franz. Original: Bakhtine, le mot, le dialogue et le roman, in: Critique 23 [1967], S. 438–465, hier: 447f.). Vgl. dazu Emmelius (Anm. 65), S. 76f. (mit weiterer Literatur).

[86] Vgl. die überspitzende Formulierung der poststrukturalistischen Position bei Angelika Linke / Markus Nussbaumer, Intertextualität. Linguistische Bemerkungen zu einem literaturwissenschaftlichen Textkonzept, in: Die Zukunft der Textlinguistik. Traditionen, Transformationen, Trends, hg. v. Gerd Antos u. Heike Tietz (Reihe Germanistische Linguistik 188), Tübingen 1997, S. 109–126, hier: 116: „Was uns als Text erscheint, ist ein Fragment, ein Fetzen aus dem unendlichen Strom des Sprechens oder des Diskurses bzw. ein Schnittpunkt vieler Textströme, vieler Stimmen, und wer einen ‚Text' liest, taucht vorübergehend ein in diesen Strom".

konkreter anderer Texte ermöglicht, ohne dass es im Rezeptionsvorgang realisiert werden muss.[87] Dieses Wiedererkennen kann sich auf Teile anderer Texte oder ‚ganze' Texte (wie Pf. Spr. 13) beziehen, die ihrerseits in bestimmten Diskussionszusammenhängen stehen. Die einzelnen ‚Bausteine' des Komposittraktats sind nicht semiotisch unvollständig, können aber im Rezeptionsprozess (im umgekehrten Nachvollzug des Kompilationsprozesses bei der Textproduktion) als Teile des Traktats erkannt werden, über die bei entsprechendem Vorwissen der Zusammenhang des Prätextes aufgerufen werden kann.[88] Im Hinblick auf diese intertextuelle Vernetzung kann den einzelnen Segmenten des Traktats also Fragmentstatus zugesprochen werden. Ohne Aktualisierung der Vernetzungen bleibt selbst der gesamte Traktat ‚texte-fragment'.[89] Fassbar wird hier eine vernetzte Textualität, deren Grundlage nicht Mündlichkeit, sondern Schriftlichkeit ist.[90] Auch wenn heute technische Möglichkeiten existieren, die es erlauben, einzelne Vernetzungen darzustellen, bleibt die Darstellung von ‚Ganzheit' bezogen auf die Vernetzung der Texte eine editorische Herausforderung.[91]

Abstract: Proceeding from the metaphorical expression 'trümmergeschiebe' (debris), which was used in early 20th-century research on Meister Eckhart to describe a text compiled from short excerpts, the article discusses the extent to which the anonymous mystical treatise 'Vier Wachen der minnenden Seele' ('Four Watches of the Loving Soul') and the compilatory treatise that surrounds it in some manuscripts exhibit traits of the fragmentary. Various dimensions of fragmentariness and completeness are illuminated: from excerpt-based transmission and the question of work identity to a text's integration into a compilatory manuscript and intertextual interconnections. The article develops the thesis that, within the framework of intertextual networks, the treatise in its entirety can also be regarded as a fragment and thus seeks to make Paul Zumthor's concept of a 'texte-fragment' fruitful for a writing culture.

---

[87] Vgl. dazu Emmelius (Anm. 65), S. 286.
[88] Vgl. dazu Mossman (Anm. 7), S. 222, in Bezug auf Spamers (Anm. 6), S. 22, Aussage, dass bei einem Mosaiktraktat „in mühseliger und liebevoller Arbeit ein Steinchen an das andere zum Mosaik gesetzt ist und den Beschauer nicht daran denken läßt, daß seine Einzelteile auch ein Eigenleben führen können".
[89] Vgl. Zumthor (Anm. 2), bes. S. 79f.
[90] Das bedeutet nicht, dass Gedächtnisleistungen bei der Entstehung von Mosaik- und auch Komposittraktaten keine Rolle gespielt hätten (vgl. dazu Mossman [Anm. 7], S. 221).
[91] Vgl. dazu Arndt / Wegener (Anm. 76).

# ‚Arabel' *to be continued*?
## Überlegungen zur Fragmentierung serieller Texte

### von LINA HERZ

Bekanntermaßen wurde kaum ein weltlicher Text des beginnenden 13. Jahrhunderts so häufig überliefert wie Wolframs von Eschenbach Fragment gebliebener ‚Willehalm', der viel Forschungsaufmerksamkeit erfahren hat und erfährt. Dies gilt allerdings weitaus weniger für die zeitlich circa 30 Jahre später entstandenen Ergänzungstexte des ‚Willehalm', Ulrichs von dem Türlin ‚Arabel' und Ulrichs von Türheim ‚Rennewart', in denen einerseits die Vorgeschichte von Willehalms späterer Ehefrau Arabel/Gyburc, andererseits im Anschluss an Wolframs Text die Geschichte vom riesenhaften Bruder Gyburcs und dessen Sohn Malefer weitererzählt wird.

Am häufigsten findet sich der ‚Willehalm' als Mittelstück des dreiteiligen Erzählverbundes zwischen ‚Arabel' und ‚Rennewart'; daneben wurde er auch mit Strickers ‚Karl' und weiteren Texten, wie etwa ‚Barlaam und Josaphat', Konrads von Würzburg ‚Herzmære' oder Heinrichs von Hesler ‚Evangelium Nicodemi' kontextualisiert.[1] Abseits zyklischer oder anderer Kontextualisierungen ist der ‚Willehalm' nur in Handschrift K (Köln, Hist. Archiv der Stadt, Best. 7010 [W] 357) einzeln überliefert. Obgleich ‚Arabel' und ‚Rennewart' ebenfalls eine hohe Überlieferungsdichte aufweisen, gibt es auch bei diesen Texten kaum Einzelüberlieferungen: Der ‚Rennewart' wurde nie, die ‚Arabel' lediglich zweimal in anderen Überlieferungszusammenhängen tradiert.

Dass sowohl die Vorgeschichte als auch die Fortsetzung des ‚Willehalm' in Forschung und Lehre immer noch kaum eine Rolle spielen, überrascht. Bereits im Jahr 1991 hielt Peter Strohschneider fest, dass den 14 000 gut erforschten Versen des ‚Willehalm' 46 700 von der Forschung bislang kaum wahrgenommene Verse gegenüberstehen: bei ‚Arabel' sind es knapp 10 000, bei ‚Rennewart'

---

[1] Angila Vetter, Textgeschichte(n). Retextualisierungsstrategien und Sinnproduktion in Sammlungsverbünden. Der ‚Willehalm' in kontextueller Lektüre (PhSt 268), Berlin 2018, S. 35–40.

über 36 000 Verse. An dieser Tatsache hat sich seither kaum etwas geändert.² Was für die Forschung gilt, spiegelt sich auch in der Lehre wider. Stichprobenartige Recherchen nach Seminartiteln von in den letzten Jahren angebotenen Lehrveranstaltungen an deutschsprachigen Universitäten bestätigen den für die Forschung geltenden Befund. Während der ‚Willehalm' im universitären Unterricht omnipräsent ist, stellte gemäß der Internetrecherche immerhin ein Seminar die ‚Arabel' ins Zentrum; der ‚Rennewart' hingegen scheint in der universitären Lehre (noch) gar nicht vorzukommen.

Was für den ‚Rennewart' schon allein aufgrund seiner Länge erklärbar sein mag, kann bei ‚Arabel' kaum als Argument gelten; schließlich ist der Text im Umfang sogar kürzer als der ‚Willehalm'. Der Grund für die Vernachlässigung der ‚Arabel' im universitären Unterricht könnte darin liegen, dass sie eine überaus komplexe Textgeschichte und eine sehr dichte Überlieferung im 13. Jahrhundert aufweist, die eine überlieferungsgeschichtlich orientierte Lektüre des Textes – trotz solider Editionslage – erschwert. Hinzu kommt sicherlich Ulrichs von dem Türlin rhetorisch ambitionierte und mitunter schwer verständliche Sprache,³ mit der er Arabels bzw. Gyburcs Geschichte erzählt – eine Geschichte ohne Vorlage, die sich genuin mit den von Wolfram im ‚Willehalm' zentral behandelten Themen ‚Minne', ‚Verwandtschaft' und ‚Religion' spezifisch auseinandersetzt. Dass das Werk es offenkundig schwer hat, als selbständige, auch ohne Fortsetzungen lesbare Entität wahrgenommen zu werden, darf wohl als Konsequenz seiner jahrzehntelangen Etikettierung als ‚epigonal' interpretiert werden. Die geringe Forschungsaufmerksamkeit dürfte vor allem an der negativen Bewertung seitens der älteren Forschung liegen, die nicht eben gnädig mit der ‚Arabel' verfahren ist.⁴

---

2   Peter Strohschneider, Alternatives Erzählen. Interpretationen zu ‚Tristan'– und ‚Willehalm'-Fortsetzungen als Untersuchungen zur Geschichte und Theorie des höfischen Romans, Habil. masch., München 1991, S. 126 (DOI: https://doi.org/10.5282/ubm/epub.24907; sämtliche in diesem Beitrag angeführten digitalen Ressourcen wurden zuletzt abgerufen am 29.02.2024).
3   Bernd Bastert, Art. ‚Ulrich von dem Türlin', in: Reclams Romanlexikon. Deutschsprachige erzählende Literatur vom Mittelalter bis zur Gegenwart, hg. von Frank Rainer Max u. Christine Ruhrberg, Stuttgart 2000, S. 1049.
4   Als besonders prägnantes Beispiel solcher Abwertungen soll hier nur der mittlerweile überholte Artikel zu Ulrich von dem Türlin aus der ersten Auflage des ‚Verfasserlexikons' genannt werden. Hellmut Rosenfeld wertet darin Ulrich als Wolfram „nicht gewachsen" und moniert seine „stilistische Armut" (Sp. 610); vgl. Hellmut Rosenfeld, Art. ‚Ulrich von dem Türlin', in: VL 4 (1953), Sp. 608–612. Zur Neubewertung des Epigonenbegriffs in der mediävistischen Debatte vgl. insbesondere die Einleitungen zu den Bänden: Jenseits der Epigonalität. Selbst- und Fremdbewertungen im Artusroman und in der Artusforschung, hg. v. Cora Dietl, Christoph Schanze und Friedrich Wolfzettel (SIA 37), Berlin / Boston 2020; ‚Wo die Epigonen wohnen'. Epigonalität in mediävistischer Perspektive, hg. v. Anna Chalupa-Albrecht u. Maximilian Wick (Mikrokosmos 86), Berlin 2020.

*‚Arabel' to be continued?*

## 1. Forschungslage

Der beste Kenner der ‚Arabel' – Werner Schröder – ist dabei gleichzeitig ihr schärfster Kritiker. Während er im Anschluss an Samuel Singer, der die erste Edition der ‚Arabel' bereits Ende des 19. Jahrhunderts verantwortete, intensiv die Überlieferung aufarbeitet, Fassung *A und *R synoptisch neu ediert und eine Vielzahl von textgeschichtlichen Erkenntnissen beisteuert, bewertet er die Erzählung selbst als „Mittelmaß"; ein guter Epigone, so Schröder, ließe wenigstens den Willen erkennen, „es dem vorbildlichen Autor, zwar in seinen Bahnen, aber mit eigenen Einfällen gleichzutun", nur reichten seine poetischen Fähigkeiten („Kräfte") dazu nicht aus.[5] Kurzum sei – so Schröder weiter – „[d]ie ‚Arabel' Ulrichs von dem Türlin [...] weder eine bedeutende Dichtung, noch hat sie das literarische Geschehen im 13. Jahrhundert in irgendeinem Sinne maßgeblich mitbestimmt."[6] Diese Aussage lässt den reichen Überlieferungsbefund der ‚Arabel' vollständig außer Acht, deutet dieser doch auf ein reges zeitgenössisches Interesse am Text. Ebenso werden Ulrichs Präsenz am böhmischen Hof[7] sowie dessen Rühmung durch Ulrich von Etzenbach im ‚Alexander' (*Meister Uolrîch vom Türlîn, / daz iuwer kunst nû wære mîn*, V. 16225f.)[8] als Nebensächlichkeiten abgetan. Somit perpetuieren sich Ulrichs Bewertung und die Wahrnehmung der ‚Arabel' ausschließlich vor der Folie Wolframs.[9] Es steht

---

[5] Werner Schröder, Der Wolfram-Epigone Ulrich von dem Türlin und seine ‚Arabel' (Sitzungsberichte der Wissenschaftlichen Gesellschaft an der Johann Wolfgang Goethe-Universität Frankfurt am Main 22.1), Stuttgart 1985, S. 23.

[6] Ebd., S. 8.

[7] Vgl. hierzu insbesondere: Hans-Joachim Behr, Literatur als Machtlegitimation. Studien zur Funktion der deutschsprachigen Dichtung am böhmischen Königshof im 13. Jahrhundert (Forschungen zur Geschichte der älteren deutschen Literatur 9), München 1989, S. 124–143.

[8] Ulrich von Eschenbach, Alexander, hg. v. Wendelin Toischer (Bibliothek des Litterarischen Vereins in Stuttgart 183), Tübingen 1888.

[9] Die Bemessung der ‚Arabel' an Wolframs ‚Willehalm' ist auch zuvor stets Ausgangspunkt der älteren Forschung gewesen, vgl. dazu Hermann Suchier, Ueber die Quelle Ulrichs von dem Türlin und die älteste Gestalt der prise d'Orenge, Paderborn 1873; Hans Georg Klinkott, Ulrich von dem Türlin als Nachahmer Wolframs von Eschenbach. Eine stilistische Untersuchung, Greifswald 1911; Emil Popp, Die Sprache Ulrichs von dem Türlin, Reichenberg / Leipzig 1937; Roswitha Wildermuth, Ulrich von Türheim und Ulrich von dem Türlin als stilistische Nachahmer Wolframs von Eschenbach, Diss. masch., Tübingen 1952; Ursula Hennig, Frauenschilderung im ‚Willehalm' Ulrichs von dem Türlin, in: PBB 81 (1959), S. 352–370; Rüdiger Schnell / Sjoukje Vedder, *kunic* und *keiser* in der Textüberlieferung von Ulrichs von dem Türlin ‚Willehalm', in: Die Reichsidee in der deutschen Dichtung des Mittelalters, hg. v. Rüdiger Schnell (Wege der Forschung 589), Darmstadt 1983, S. 422–437. Auch spätere Arbeiten operieren weiter (meist zu Ungunsten Ulrichs) im Vergleichsmodus: Holger Höcke, ‚Willehalm'-Rezeption in der ‚Arabel' Ulrichs von dem Türlin, Frank-

außer Frage, dass Ulrich keine andere Geschichte als den ‚Willehalm' erzählen wollte. Die Engführung beider Texte entspricht dem Vorhaben Ulrichs, eine Vorgeschichte zu konzipieren, in der aus wenigen verstreuten Andeutungen im ‚Willehalm' durch selbständig ergänzte Episoden ein durchaus komplexes und poetisch eigenes Handlungsgerüst konstruiert wird.[10] Forschungsgeschichtlich zeigt sich, dass gerade der enge Wolfram-Bezug eine Wahrnehmung der ‚Arabel' als eigenständiger Dichtung mit genuin artifiziell-konzeptionellem Programm lange Zeit gar nicht zuließ; erst seit den späten 1980er-Jahren waren die Voraussetzungen gegeben, dass sich dies ändert. Hier ist vor allem Timothy McFarland zu nennen, der die ‚Arabel' grundlegend neu bewertet und nicht mehr an Wolfram misst, diese gleichwohl aber in Bezug zum ‚Willehalm' und zu der Chanson de geste-Tradition beschreibt.[11] Die wissenschaftliche Zurückhaltung in der Einzeltextbetrachtung gibt sich letztlich als Fortführung des Epigonalitätspostulates zu erkennen, das als wenig adäquat für die mittelalterliche Literaturpraxis gelten muss. Denn gerade bei Texten, die vorgegebenen Traditionen folgen und/oder von Vorlagen abhängig sind, erscheinen literarische Zitate als poetische Werkzeuge, wodurch wohl auch gewisse Erwartungslogiken des zeitgenössischen Publikums erfüllt werden.[12] Trotz einer zunehmenden Gewissheit über diese poetischen Verfahrensweisen und Stilmoden des späten 13. Jahrhunderts bleibt die inhaltliche Neuschöpfung ‚Arabel' als ein Rezeptionszeugnis des ‚Willehalm' in der wissenschaftlichen Betrachtung beinahe vollständig in Relation zu Wolframs Qualitäten dominant.[13]

---

furt a. M. 1996; Susanne Aderhold, *mins hertzen wunne*. Aspekte der Liebe im ‚Willehalm' Wolframs von Eschenbach, in der ‚Arabel' Ulrichs von dem Türlîn und im ‚Rennewart' Ulrichs von Türheim, Diss. masch., Osnabrück 1997.

[10] So enthält die ‚Arabel' beispielsweise die längste Schachspielepisode in der deutschen Literatur des 13. Jahrhunderts, vgl. dazu Christine Stridde, Erzählen vom Spiel – Erzählen als Spiel. Spielszenen in der mittelalterlichen Erzählliteratur, in: Literatur und Spiel. Zur Poetologie literarischer Spielszenen, hg. v. Bernhard Jahn u. Michael Schilling, Stuttgart 2010, S. 27–43; vgl. dazu auch Melanie Urban, Kulturkontakte im Zeichen der Minne. Die ‚Arabel' Ulrichs von dem Türlîn (Mikrokosmos 77), Frankfurt a. M. 2005, S. 170–189, sowie noch unveröffentlicht: Christine Stridde, Über Bande. Erzählen vom Spiel(en) in der höfischen Literatur des Mittelalters, Habil. masch., Zürich 2019; jüngst dazu Hannah Rieger, Das Schachspiel in der ‚Arabel' Ulrichs von dem Türlîn, in: Euphorion 117 (2023), S. 323–350.

[11] Timothy McFarland, Minne-*translatio* und Chanson de geste-Tradition. Drei Thesen zum Willehalm-Roman Ulrichs von dem Türlîn, in: Geistliche und weltliche Epik des Mittelalters in Österreich, hg. von David McLintock, Adrian Stevens u. Fred Wagner (GAG 446), Göppingen 1987, S. 57–73.

[12] Auf diesen Zusammenhang weist für ‚Arabel' und ‚Rennewart' bereits Erich Kleinschmidt, Literarische Rezeption und Geschichte. Zur Wirkungsgeschichte von Wolframs ‚Willehalm' im Spätmittelalter, in: DVjs 48 (1974), S. 585–649, hier: 614–619, hin.

[13] Auf die inhaltlichen und strukturellen Parallelen von Wolframs ‚Parzival' und ‚Wil-

*‚Arabel' to be continued?*

Grundlegend neue Perspektiven eröffnete erst Peter Strohschneider, der in seiner Studie zu den Fortsetzungsromanen das Netz des Erzählkontinuums als Spezifikum mittelalterlichen Erzählens auswies und dies gerade anhand der Fragmentarizität der Texte, die wiederum in ihrer Offenheit ineinandergreifen, zu erhärten strebte.[14] Dabei werden Ambiguitäten und Widersprüche im Erzählen nicht durch den Vergleich mit Wolfram bemessen, sondern aus der ‚Arabel' selbst herausgearbeitet. Es ist hauptsächlich jener Ansatz, Texte nicht isoliert, sondern in ihrer historischen Gegebenheit und Umgebung wahrzunehmen,[15] der die immer noch überschaubare Forschung im Anschluss an Strohschneider beschäftigt. Dass das Publikum des 13. und 14. Jahrhunderts diese Texte nicht einzeln, sondern als Trilogie bzw. als zyklisch verbundenes Erzählkontinuum wahrgenommen hat, zeigt die Überlieferung sehr deutlich.[16]

---

lehalm' ist immer wieder hingewiesen worden, insbesondere im Hinblick auf die jeweiligen Vorgeschichten. Während Wolfram diese in den Gahmuret-Büchern im ‚Parzival' noch selbst auserzählt, setzt im ‚Willehalm' die Handlung erst nach einer ebensolchen Vorgeschichte ein. Diese wird aber nicht vorgeschaltet, sondern sukzessive enthüllt und enthält – parallel zur Gahmuret-Vorgeschichte – eine Enterbung und eine darauffolgende Orientfahrt mit Brautgewinnung als Fremder/Gefangener. Vgl. dazu z. B. Holger Noltze, Gahmurets Orientfahrt. Kommentar zum ersten Buch von Wolframs ‚Parzival' (4,27–58,26) (Würzburger Beiträge zur deutschen Philologie 13), Würzburg 1995, S. 216–220. Auf figurative Parallelen in den Vorgeschichten weist Hubertus Fischer, Tod unter Heiden. Gahmuret und Vivianz, in: Gott und Tod. Tod und Sterben in der höfischen Kultur des Mittelalters, hg. von Susanne Knaeble, Silvan Wagner u. Viola Wittmann (Bayreuther Forum Transit 10), Berlin 2011, S. 135–147, hin. Dass Ulrich diese Parallelen erkennt und bewusst ausbaut, wenn er die Vorgeschichte der ‚Arabel' auf den ‚Willehalm'-Leerstellen aufbaut, würde die häufigen intertextuellen Bezüge zum ‚Parzival' in der ‚Arabel' als konzeptionelle Arbeit an der passgenauen und auf den ‚Willehalm' zugeschnittenen Vorgeschichte verstehbar machen.

[14] Vgl. Strohschneider (Anm. 2), S. 275f.
[15] Ebd., S. 15. Strohschneider folgt hier insbesondere den methodischen Überlegungen von Jürgen Kühnel, Wolframs von Eschenbach ‚Parzival' in der Überlieferung der Handschriften D (Cod. Sangall. 857) und G (Cgm.19). Zur Textgestalt des ‚Dritten Buches', in: Festschrift für Kurt Herbert Halbach zum 70. Geburtstag am 25. Juni 1972. Arbeiten aus seinem Schülerkreis, hg. von Rose Beate Schäfer-Maulbetsch, Manfred Günter Scholz u. Günther Schweikle (GAG 70), Göppingen 1972, S. 145–213, sowie Jürgen Kühnel, Der ‚offene Text'. Beitrag zur Überlieferungsgeschichte volkssprachiger Texte des Mittelalters, in: Akten des V. Internationalen Germanisten-Kongresses Cambridge 1975, Heft 2 (Jahrbuch für Internationale Germanistik A 2.2), hg. von Leonard Forster u. Hans Gerd Roloff, Bern, Frankfurt a. M. 1976, S. 311–321.
[16] Vgl. dazu insbesondere Bernd Bastert, Helden als Heilige. *Chanson de geste*-Rezeption im deutschsprachigen Raum (Bibliotheca Germanica 54), Tübingen 2010; Annelie Kreft, Perspektivenwechsel. ‚Willehalm'-Rezeption in historischem Kontext. Ulrichs von dem Türlin ‚Arabel' und Ulrichs von Türheim ‚Rennewart' (Studien zur historischen Poetik 16), Heidelberg 2014.

## 2. Überlieferung

Zwischen circa 1300 und 1460 entstanden allein acht vollständige Handschriften, die ‚Arabel‘, ‚Willehalm‘ und ‚Rennewart‘ – in dieser Reihenfolge – gemeinsam überliefern; zehn weitere aus dem gleichen Zeitraum sind fragmentarisch durch einzelne Blätter oder Blattreste nachweisbar. Für alle drei Texte bildet somit die zyklische Überlieferung die historische Determinante. Während für den ‚Willehalm‘ neben Einzelüberlieferungen noch weitere Überlieferungszusammenhänge belegt sind, wird der ‚Rennewart‘ zwar zweimal einzeln (München, Staatsbibl., Cgm 42 und Cgm 231) überliefert, aber nicht mit weiteren Texten kontextualisiert. Die ‚Arabel‘ hingegen schon.[17]

Im Hinblick auf die jeweils eigene Textgeschichte kommt der ‚Arabel‘ im Vergleich zu den beiden Folgetexten eine besondere Stellung zu. So liegen heute zwölf vollständige Handschriften und 19 Fragmente der ‚Arabel‘ vor, die sich in drei Hauptgruppen einteilen lassen, wie die Revision Werner Schröders ergab. Gruppe *A, die als ‚autornahe‘ älteste Fassung gilt, umfasst nur die vollständige Handschrift Heidelberg, Universitätsbibl., Cpg 395, und fünf Fragmente. Der Text enthält das sogenannte ‚lange Akrostichon‘ mit Widmung an König Ottokar von Böhmen (7,1–8,31)[18] sowie einen um 933 Verse erweiterten Schluss, bei dem es sich aber um eine nicht vom Autor stammende Fortsetzung handelt,[19] also gewissermaßen um die ‚Fortsetzung der Fortsetzung‘. *R gilt als Bearbeitung von *A, die insbesondere mit Blick auf die zyklische Überlieferung als Vorgeschichte des ‚Willehalm‘ hin redigiert wurde und grobe innerzyklische Widersprüche beseitigte.[20] Sie bildet mit acht Handschriften und zehn Frag-

---

[17] Vgl. dazu insbesondere Bernd Bastert, Rewriting ‚Willehalm‘? Zum Problem der Kontextualisierungen des ‚Willehalm‘, in: Retextualisierung in der mittelalterlichen Literatur, hg. v. Joachim Bumke u. Ursula Peters (ZfdPh 124. Sonderheft), Berlin 2005, S. 117–138; Kreft (Anm. 16), S. 253–256.

[18] MEISTER VLRICH VON DEM TURLIN HAT MIH GEMACHET DEM EDELN CVNICH VON BEHEIM, vgl. dazu auch Kurt Gärtner, Zur Schreibsprache des Akrostichons in der ‚Arabel‘ Ulrichs von dem Türlin, in: Deutsche Literatur des Mittelalters in Böhmen und über Böhmen II. Tagung in Ceské Budjevoice / Budweis 2002, hg. v. Václav Bok u. Hans-Joachim Behr, Hamburg 2004, S. 47–55; Werner Schröder, ‚Arabel‘-Studien I. Prolegomena zu einer neuen Ausgabe Ulrichs von dem Türlin (Akademie der Wissenschaften und der Literatur. Abhandlungen der Geistes- und Sozialwissenschaftlichen Klasse 1982.6), Mainz 1982, S. 88–93.

[19] Ebd., S. 99–102.

[20] Ebd., S. 12. Bastert (Anm. 16), S. 126, weist darauf hin, dass die in *R vorgenommene Beseitigung des Widerspruchs zum Beispiel bezüglich der Narbe Willehalms nur notwendig wird, wenn die Texte zusammenstehen. Für *A, wo ‚Arabel‘ dem ‚Willehalm‘ nicht vorausgeht, würde es letztlich keine Rolle spielen. Weitere kritische Anmerkungen bezüglich des von Schröder vorgeschlagenen Verhältnisses von *A zu *R nimmt Bernd Schirok, Autortext – Fassung – Bearbeitung. Zu Werner Schröders Ausgabe der ‚Arabel‘ Ulrichs von dem Türlin, in: ZfdA 130 (2001), S. 166–196, vor.

*‚Arabel' to be continued?*

menten die größte Gruppe. Der Textbestand von *R umfasst das ‚kleine Akrostichon'[21] und ist insgesamt kürzer, da der Text an seinem Ende in den meisten Handschriften nach Vers 312,10, mitten im Satz, abbricht, auch wenn im Handlungsverlauf einige kurze Partien zusätzlich eingefügt wurden. Nur in der Handschrift Leipzig, Universitätsbibl., Rep. II. 127, liegt eine (von Schröder als Λ bezeichnete) Kurzfassung in 2 617 Versen vor, welche sich auf *A stützt. Ebenfalls nicht klar zuordnen lässt sich die Handschrift Köln, Hist. Archiv der Stadt, Best. 7010 (W) 355, bei der es sich um eine ganz eigenständige, von Schröder noch als Mischredaktion von *A und *R beschriebene Fassung (C) handelt.[22] Diese Fassung scheint aber weit über eine ‚Mischredaktion' hinauszugehen, da an ganz anderen Stellen als in *A und *R gekürzt wird und der Text zudem an anderer Stelle abbricht. Darüber hinaus formuliert diese Fassung durchaus eigenständig und fügt weitere Passagen hinzu, die inhaltlich neue Perspektiven eröffnen.[23]

Bei der hier in aller Kürze vorgestellten Überlieferungssituation der ‚Arabel' soll zweierlei festgehalten werden. Zum einen handelt es sich bei der Heidelberger Handschrift Cpg 395, die sowohl der Erst- als auch der Zweitedition zugrunde liegt, letztlich um eine atypische, für die gesamte ‚Arabel'-Überlieferung nicht repräsentative Handschrift. Während sie – wie oben bereits erwähnt – achtzehn Mal im Zyklusverbund steht, ist sie im Codex Cpg 395 mit Strickers ‚Karl' (Bl. 1–92) und Konrads von Würzburg ‚Heinrich von Kempten' (Bl. 92–98) als Faszikel nachgebunden.[24] Inhaltlich ist sie hier folglich im Karlsstoff verortet, der in diesem Fall die Vorgeschichte bildet. Somit befindet sich einzig in dieser Handschrift die ‚Fortsetzung der Fortsetzung'. Für diese ist immer in Anschlag gebracht worden, dass sie nicht nur den Fragmentstatus der ‚Arabel' auflöse, eben weil der Text nicht mitten im Satz abbricht, sondern gewissermaßen ‚zu Ende' erzählt wird.[25] Weiterhin bilde *A die adäquate Edi-

---

[21] Das ‚kleine Akrostichon' spart die Widmung aus und endet bei GEMACHET, vgl. dazu auch Anm. 18.
[22] Ulrich von dem Türlin, Arabel. Die ursprüngliche Fassung und ihre Bearbeitung, hg. von Werner Schröder, Stuttgart / Leipzig 1999, S. XVII.
[23] Christoph Gerhardt, Der ‚Willehalm'-Zyklus. Stationen der Überlieferung von Wolframs ‚Original' bis zur Prosafassung (ZfdA. Beiheft 12), Stuttgart 2010, S. 65–68.
[24] Matthias Miller / Karin Zimmermann, Die Codices Palatini germanici in der Universitätsbibliothek Heidelberg (Cod. Pal. germ. 304–495) (Kataloge der Universitätsbibliothek Heidelberg 8), Wiesbaden 2007, S. 307–309: „Die Hs. ist früh aus zwei getrennt entstandenen, jedoch in einer Werkstatt geschriebenen Faszikeln zusammengefügt worden (I. Bll. 1–98; II. Bll. 99–182). Hierauf deuten einerseits die Verschmutzungen, die lediglich im zweiten Faszikel vorkommen [...] und das Entfernen der leeren Bll. nach dem zweiten Text hin, andererseits kommt Schreiber I in beiden Teilen vor." (S. 307f.).
[25] Vgl. hier und im Folgenden Schröder (Anm. 18), S. 99f.

tionsgrundlage der ‚Arabel', da sie einen überzeugenderen inhaltlichen Übergang zum ‚Willehalm' schaffe. So erweitere die Fortsetzung das Handlungsarrangement nämlich um wichtige Brückenschläge zum ‚Willehalm', wie beispielsweise um die Schwertleite der im ersten Drittel des ‚Willehalm' zentralen Figur Vivianz und die damit einhergehende Aufklärung von dessen Verhältnis zu seinem Onkel Willehalm und seiner Tante Gyburc. Auch wird der erneut aufkeimende Konflikt mit den Sarazenen, mit dem sich das Publikum im ‚Willehalm' *in medias res* konfrontiert sieht, hier eingeleitet. Diese Fortsetzung sollte „die ‚Arabel' vollenden und den Anschluß an den Einsatz der Handlung in Wolframs Roman herstellen."[26] Was inhaltlich durchaus plausibel erscheint, drückt sich aber nicht in der konkreten Überlieferung aus: Die ‚Arabel' (und mit ihr die Handschrift Cpg 395) endet an dieser Stelle und leitet gerade nicht zum ‚Willehalm' über. Gleichzeitig ließe sich aber so zumindest eine Perspektive auf eine mögliche zeitgenössische Wahrnehmung als eigenständiger Text eröffnen, auch wenn unklar bleiben muss, ob hier noch ‚Willehalm' und ‚Rennewart' folgen sollten.[27] Wie dieser überlieferungsgeschichtliche Sonderfall der ‚Arabel' weist zum anderen auch die Handschrift Hannover, Landesbibl., Ms. IV 489, einen eigenen Überlieferungskontext abseits des Zyklus auf. In dieser Handschrift folgt der Text der Rezension *R, der dementsprechend inmitten des Satzes endet.

## 3. Die ‚Arabel' als Fragment

Dass ein Text, der auf halber Strecke eines Reimpaarverses abbricht, unvollständig ist, erscheint unstrittig. Dadurch, dass Wolframs ‚Willehalm' inmitten der Rede Giberts abbricht, erweist er noch deutlicher seinen Fragmentstatus[28]

---

[26] Ebd., S. 101.
[27] Zur Textreihung ‚Karl', ‚Heinrich von Kempten' und ‚Arabel' im Cpg 395 vgl. Bastert (Anm. 16), S. 216–219.
[28] Textzitate mit der Sigle Wh folgen der Ausgabe: Wolfram von Eschenbach, Willehalm. Text und Kommentar, hg. von Joachim Heinzle (Deutscher Klassiker Verlag im Taschenbuch 39), Frankfurt a. M. ³2017 (entspricht: Bibliothek des Mittelalters 9 [= Bibliothek deutscher Klassiker 69]). – Zum Fragmentbegriff im Hinblick auf die unvollendete Geschichte vgl. zum Beispiel Stephan Müller, Fragmente, die keine sind. Zu einem besonderen Status von Teilüberlieferung deutscher Texte im frühen Mittelalter, in: Fragmentarität als Problem der Kultur- und Textwissenschaften, hg. v. Kay Malcher, Stephan Müller, Katharina Philipowski u. Antje Sablotny (MittelalterStudien 28), München 2013, S. 69–73; Katharina Philipowski, Das Ding aus zwei Artefakten oder: Handschriften und ihre Fragmente, in: Objektepistemologien. Zur Vermessung eines transdisziplinären Forschungsraums (Berlin Studies of the Ancient World 59), hg. v. Markus Hilgert, Kerstin P. Hofmann u. Henrike Simon, Berlin 2018,

als in der Mehrzahl der Textzeugen. Denn in diesen endet der Text einige Verse zuvor mit dem prosaischen Hinweis darauf, dass Willehalm die Provence verlässt (*sus rûmt er Provenzâlen lant*; Wh 467,8), und endet folglich ohne die zarte Hoffnung, die Gibert im letzten Vers ausdrückt, wenn er den verzweifelten Willehalm tröstet, während sie über das blutgetränkte Schlachtfeld reiten (*den got heres hât gewert, / daz er troesten sollte* [...]; Wh 467,22f.; so nur in G und V).[29] Dass der Fragmentbegriff auf diesen Text angewendet wird, der inmitten einer soeben neu begonnenen Handlungsschleife abbricht (Matribleiz-Episode), gründet auf der Erwartung narrativer Vollständigkeit. An diesem Punkt sind noch viele Fäden der Geschichte offen: weder ist bislang der Ausgang des Konflikts insgesamt absehbar, noch sind zentrale Fragen geklärt, wie zum Beispiel jene nach dem Schicksal Rennewarts.[30]

Dass (mechanisch) abgebrochene von ‚komplett' tradierten Fragmenten zu unterscheiden sind und dass erstere im Sinne von Paul Zumthors *texte-fragment*-Begriff als besonderes Signum mittelalterlichen Erzählens verstanden werden können, zeigte bereits Peter Strohschneider in seiner Studie über die Fortsetzungsromane. Zugleich erkannte er in der programmatischen Verknüpfung von Fragmentarischem und Vollständigkeit bei Fortsetzungen ein poetisches Verfahren.[31] In eben jenem Nexus von Fragment und Fortsetzung entstehe „ein offener Möglichkeitsraum des freien Disponierens".[32] Der ästhetische Reiz eines solchen Textes liege dann für den Rezipierendenkreis im Vergnügen des Wiedererkennens von bereits Bekanntem.[33] Was vor allem für Wolframs Text in der Situierung zwischen zwei Fortsetzungen bzw. Ergänzun-

---

S. 263–290. Grundlegend hierzu bereits Peter Strohschneider, Art. ‚Fragment₂', in: ²RLW 1 (1997), S. 624f.

[29] Zur Diskussion über den Schluss des ‚Willehalm' vgl. Heinzle (Anm. 28), S. 793. Zusammenfassend zuletzt nochmals in Joachim Heinzle, Wolfram von Eschenbach. Dichter der ritterlichen Welt. Leben, Werke, Nachruhm, Basel / Berlin 2019, S. 216f. Dazu auch Joachim Bumke, Wolfram von Eschenbach (SM 36), Stuttgart / Weimar ⁸2004, S. 318f.

[30] Siehe dazu den Beitrag von Elke Brüggen in diesem Band.

[31] „[D]er Begriff der Vollständigkeit ist den [...] ‚Willehalm'-Kontinuationen, die [...] statt aufs Zuendeerzählen auf die narrative Amplifikation hinauswollen, gerade nicht der des Stoffes, sondern der den Stoff interpretierenden Geschichte. Mithin liegt das Maß ihrer Kompletion nicht in der Abgeschlossenheit von Geschehniszusammenhängen, sondern in den Logiken erzählerischer Diskurse, die nur partiell direkt über erzählte Handlung laufen, aber allesamt auf das narrative In-Ordnung-Bringen anderer, in Aporien hinein und damit notwendig fragmentarisch erzählter Geschichten abzielen", Strohschneider (Anm. 2), S. 281.

[32] Ebd., S. 279.

[33] Paul Zumthor, Le texte-fragment, in: Langue française 40 (1978), S. 75–82, hier: 81. Im Original: „Le texte, s'intégrant à cet ensemble, engendrait le plaisir d'une reconaissance" (ebd.).

gen gilt, trifft allenfalls partiell auf die ‚Arabel' Ulrichs von dem Türlin zu, gerade weil deren Fragmentstatus nicht vergleichbar zu jenem des ‚Willehalm' ist.

Die am häufigsten überlieferte Fassung *R bricht zwar, wie der ‚Willehalm', mitten im Satz ab und kann aus diesem Grund – formal wie poetologisch betrachtet – als homogen konzipierte nachträgliche Vorgeschichte verstanden werden, die auch den Textschluss adaptiert. Dem ist allerdings entgegenzuhalten, dass die ‚Arabel' eben nicht im offenen Reimpaar endet, sondern an einem Punkt, der eine überaus geeignete ‚Rampe' für den sich anschließenden ‚Willehalm' darstellt. Denn der letzte, offene Satz führt direkt in die Ausgangssituation von Wolframs Textbeginn:

> nv gieng dı̇v kv̇niginne her
> mit der burgrevin, als es zam,
> do der Markis vrloub nam [...]   (317,8–10)[34]

Interessanterweise passen beide genannten Argumente im Hinblick auf den Textabschluss der ‚Arabel' zur Programmatik Ulrichs, die er in seinem Prolog darlegt. Es wird nicht wieder-, neu- oder umerzählt, sondern ergänzt; so heißt es etwa:

> Han ich nu kunst, div zeige sich!
> durch reine hertze, den wise ich
> *dises* bůches rehtez angenge,
> des *materie* vns vil enge
> her Wolfram hat betůtet:
> *div* iv wirt baz belůtet.   (4,1–6)

Was Wolfram zu *enge*, also zu knapp geschildert habe, will Ulrich herausarbeiten, es ‚laut machen' (4,8). Darin besteht seine literarische Programmatik.[35] Er formt die Vorgeschichte Willehalms nicht entlang der französischen Vorlagen (wie etwa der ‚Enfance Guillaumes' oder der ‚Chanson d'Aymeri de Narbonne'), sondern nach dem Vorbild von Wolframs Text.[36] Der sich eng an Wolframs

---

[34] Hier und im Folgenden zitiert nach Version *R in der Edition von Schröder (Anm. 22).

[35] Inwiefern das *baz belůetet* als ausführlichere und/oder qualitativ bessere Erläuterung im Überbietungsgestus gegenüber Wolfram zu verstehen sein kann, diskutierte jüngst Jan Stellmann, Artifizialität und Agon. Poetologien des Wi(e)derdichtens im höfischen Roman des 12. und 13. Jahrhunderts (Andere Ästhetik. Studien 3), Berlin / Boston 2022, S. 280–282.

[36] Diese vorlagenfreie und historisch ungebundene Vorgeschichte ist neu im Vergleich zu anderen Vorgeschichten, die sich für das historische Verständnis der erzählten Geschichte als notwendig erweisen; zu denken wäre hier etwa an den Alexanderroman oder an die ‚Kaiserchronik', vgl. dazu Mathias Herweg, Geschichte erzählen. Die

‚Arabel' to be continued?

‚Willehalm'-Prolog anlehnende Einstieg in den Text mag hierfür als Beispiel dienen. Dabei ist er stets klar in seinen Bezügen zum Prätext: kurz und prägnant in Abschnitten, die bereits von Wolfram erzählt wurden,[37] breit und ausführlich dort, wo im ‚Willehalm' Dinge im Dunklen bleiben.[38] Verwandtschaft, Minne und Religion greift er als Grundthemen auf, wenngleich diese Themen aufgrund der Handlung andere Gewichtungen und Schwerpunktsetzungen erfahren. Gerade darin manifestiert sich Ulrichs eigenständiger Zugriff;[39] formal hingegen folgt er Wolfram, doch sind es bei ihm stets Einheiten zu 31 Versen – und nicht, wie bei Wolfram, 30 Verse. Ohne darüber zu entscheiden, inwiefern ‚Arabel' überhaupt als Textabbruch-Fragment gelten kann, stellt sich im Hinblick auf die Frage nach ihrer Fragmentarizität noch eine viel grundsätzlichere: Kann ein Text, der eine Vorgeschichte zu einem schon existenten Bezugstext entwirft, überhaupt Fragment sein, wenn doch die vollendete Geschichte bereits vorliegt? Der zweite Fall der Einzelüberlieferung der ‚Arabel' wird die Brisanz dieser Frage zum einen am Beispiel der Gestaltung des Textendes aufzeigen, zum anderen durch den spezifischen Sammlungskontext, in den ‚Arabel' hier gestellt ist.

---

‚Kaiserchronik' im Kontext (nebst Fragen an eine historische Narratologie historischen Erzählens), in: ZfdA 146 (2017), S. 413–443. Damit wird einem Erklärungsbedarf nachgekommen, den die ‚Arabel' als Vorgeschichte gar nicht bedienen muss. Das Erzählen der Geschichte der jungen Arabel/Gyburc ist für das Handlungsverständnis des ‚Willehalm' nicht notwendig, sondern mehr ein narratives *sur plus*. Henrike Manuwald hat zuletzt am Beispiel eines ähnlichen Falls für ein solches Verfahren den Begriff ›derivatives Erzählen‹ vorgeschlagen. Inwieweit das auch auf ‚Arabel' zutrifft, müsste noch überprüft werden. Vgl. Henrike Manuwald, Intertextualität als Programm. Derivatives Erzählen im ‚Tobias' des Pfaffen Lambrecht, in: LiLi 47 (2017/2), S. 269–280. Eine auf das zyklische Verständnis aller drei Texte zusammen angelegte Inhaltsangabe der ‚Arabel' bietet zuletzt Joachim Heinzle, Wolfram von Eschenbach. Dichter der ritterlichen Welt. Leben, Werke, Nachruhm, Basel 2019, S. 171–173.

[37] Edition nach Schröder (Anm. 22): 46,18–19 (*A): *davon nenn wir niht die / in hern Wolframes bv̊che*; 332,22–23 (*A): *her Wolfram daz gesaget hat: / sin ist vndvrft, daz ich ez sage* 332,27–28 (*A): *als v̇ daz mere noch kv̇ndet. / her Wolfram hat ez ergrv̇ndet*, 333,8–9 (*A): *her Wolfram daz hat zelőset, / daz wir sin nv̇t dv̇rfen vragen* 341,25 (*A): *als her Wolfram vns giht.*

[38] Ebd.: 28,26–28 (*A): *als ich ivch bewiset han / und her Wolfram urkv̇nde git / wie Willehalm in kindes zit / wart verweist vnd sine brv̊der*; 68, 4: *her Wolfram het sin niht geseit*; 272,2: *alse her Wolfram seit; nv hőrt mich*; 333,28 (*A): *nv hat her Wolfram niemant genant.*

[39] Vgl. dazu insbesondere: Kreft (Anm. 16), S. 172–180.

*Lina Herz*

## 4. Die ‚Arabel' in der Handschrift Hannover, Landesbibliothek, Ms. IV 489

Die Hannoveraner Handschrift Ms. IV 489 beinhaltet Ulrichs von dem Türlin ‚Arabel' in der Fassung *R und den ‚Jüngeren Titurel' Albrechts; sie ist aus mehreren Gründen als ‚Fragment' zu bezeichnen. Während die ‚Arabel' insgesamt fünf Blätter und somit ca. 670 Verse Verlust aufweist,[40] setzt der ‚Jüngere Titurel' erst ab Strophe 3 505 ein;[41] hier fehlt also mehr als die Hälfte des Textes. Beide vormals eigenständig überlieferten Pergamenthandschriften aus dem 14. Jahrhundert entstammen dem südwestdeutschen Raum; bereits im 15. Jahrhundert wurden sie zu einem Folianten zusammengebunden. Der dafür verwendete Einband aus mit Leder beschlagenem Holz, der durch Bildstempel mit Blumen, Bildnissen von der Heiligen Maria und anderen Heiligen verziert war, sowie die Stützpergamente der Spiegel mit lateinischen Urkunden sind nicht erhalten,[42] da die Handschrift im Jahr 1946 durch eine Überschwemmung schwer beschädigt wurde. Bei der Restaurierung in den Jahren 1964 bis 1965 wurde die Handschrift mit einem neuen Einband versehen. Weite Teile des ‚Jüngeren Titurel' waren allerdings durch die Wasserschäden so stark beschädigt

---

[40] Nach Helmar Härtel / Felix Ekowski, Handschriften der Niedersächsischen Landesbibliothek Hannover. Teil 2: Ms I 176a – Ms Noviss. 64 (Mittelalterliche Handschriften in Niedersachsen 6), Wiesbaden 1982, S. 140–141, fehle ein Blatt zwischen fol. 61 und 62. Die Autopsie ergab hingegen einen deutlich höheren Verlust von insgesamt fünf Blättern (zwischen fol. 8 und 9, ca. 142 Verse; zwischen fol. 29 und 30, ca. 137 Verse; zwischen fol. 39 und 40, ca. 137 Verse; zwischen fol. 51 und 52, ca. 117 Verse; zwischen fol. 60 und 61, ca. 150 Verse). Diese Verluste weist bereits Samuel Singer im Apparat der Erstedition von 1893 aus, auch Eschenburg hat sie, folgt man seinem ‚Inhaltsverzeichnis', bereits wahrgenommen.

[41] Die Strophenzählung folgt hier der Erstausgabe: Der jüngere Titurel, hg. v. Karl August Hahn (Bibliothek der gesammten deutschen National-Literatur von der ältesten bis auf die neuere Zeit 24), Quedlinburg / Leipzig 1842 (Abdruck von Heidelberg, Universitätsbibl., Cpg 383), S. 347, da die Handschrift selbst diese sekundär mit Bleistift eingefügte Zählung aufweist. Die aktuelle wissenschaftliche Edition von Werner Wolf und Kurt Nyholm wurde zwischen 1955 und 1995 herausgegeben (Albrecht [von Scharfenberg], Jüngerer Titurel. Nach den ältesten und besten Handschriften kritisch hg. v. Werner Wolf, Bd. 1: Strophe 1–1957, 1.1: Strophe 1958–3236 u. 2.2: Strophe 3237–4394 [DTM 45, 55 u. 61], Berlin 1955, 1964 u. 1968; Albrechts Jüngerer Titurel. Nach den Grundsätzen von Werner Wolf kritisch hg. v. Kurt Nyholm, Bd. 3.1: Strophe 4395–5417 u. 3.2: Strophe 5418–6327 [DTM 73 u. 77], Berlin 1985 u. 1992.). Sie folgt nicht wie Hahns Edition der Heidelberger Handschrift Cpg 383, sondern der Wiener Handschrift Cod. 2675, sodass ihr Text eine andere, erweiterte Zählung ausweist. Nach dieser beginnt der ‚Jüngere Titurel' in der Hannover'schen Handschrift Ms. IV 489 bei Strophe 3558.

[42] Eine ausführliche Beschreibung bietet Werner Wolf, Grundsätzliches zu einer Ausgabe des Jüngeren Titurel, in: ZfdA 76 (1939), S. 64–113, hier: 73–75.

worden, dass zusätzlicher Textverlust nicht verhindert werden konnte. Ungeachtet aller Verschiedenheit der einzelnen Handschriften kann als verbindende Gemeinsamkeit festgehalten werden, dass deren jeweiliger Text ursprünglich vollständig war. Erst die Blattverluste machen sie zu mechanischen Fragmenten, die durch die Zusammenbindung zu einem Codex wiederum neue Fragen über Autorschaft, Schreiber, (Um-)Bindung des Buches etc. generieren.

Bei der ‚Arabel' kommt neben den Blattverlusten eine Besonderheit bezüglich des Fragmentstatus hinzu: Die schreibende Hand setzt am Ende des Textes selbst Auslassungspunkte. Dass es sich dabei schlicht um Zeilenfüllsel handelt, wie sie die schreibende Hand auch an anderen Stellen im Text platziert,[43] entspräche gängiger Praxis der Manuskriptkultur im 14. Jahrhundert. Doch könnten die Auslassungspunkte gerade an dieser Stelle nicht nur als Füllsel, sondern auch als Vollendungsmarkierung des Schreibers verstanden werden, stehen doch – im Unterschied zu den weiteren Füllseln – nur an dieser Stelle die vier Punkte im Textverlauf. Was aber, wenn diese Punkte nicht nur produktionsbedingte Spuren wären, sondern sie sich zudem als inhaltliche Bedingtheit eines noch nicht vollständig vorliegenden, weil eben zyklisch noch zu ergänzenden Textes verstehen ließen? Dann markierten sie auch seine Unabgeschlossenheit und würden auf die Fortsetzung im nächsten sich anschließenden Text verweisen.

Deutet sich durch diese Punkte an, dass es sich um einen Text handelt, der nur zyklisch verstehbar und, von vornherein auf Fortsetzung abzielend, schon solcherart markiert abgeschrieben wurde? Gerade in einem Fall, bei dem es sich um eine Einzelüberlieferung der ‚Arabel' handelt, wäre dies bezeichnend: Als müsse in einem solchen Fall, wo sich der ‚Willehalm' eben nicht unmittelbar anschließt, dieses Ausbleiben markiert werden, ohne dass der Text am Ende noch manipuliert würde. Der Text thematisiert so dann auch seine eigene Offenheit bzw. eine Anschlussoptionalität der Geschichte ohne ‚Abbindungsdruck'.

Gleichzeitig würde durch den bloßen Hinweis auf eine notwendige Fortsetzung das inhaltliche Fragment, die bewusst nicht vollendete Geschichte der ‚Arabel' in Fassung *R, nivelliert. Als an erster Position stehender Text, der eine Teilmenge von drei Texten darstellt, wäre er geradezu defragmentiert. Denn die Fortsetzung der Geschichte ist ja bereits vorhanden, nur eben (gerade) nicht hier, an diesem Ort. Die enge Verzahnung von Fragment und Fort-

---

[43] Zeilenfüllsel mit zwei oder drei Punkten finden sich auf fol. 13$^{va}$, 14$^{va}$, 18$^{rb}$, 18$^{va}$, 19$^{ra}$, 20$^{rb}$, 26$^{ra}$, 32$^{ra}$, 33$^{ra}$, 34$^{va}$, 37$^{rb}$, 38$^{rb}$, 39$^{ra}$, 39$^{va/b}$, 42$^{va}$, 43$^{ra/b}$, 43$^{va}$, 44$^{rb}$, 44$^{va}$, 45$^{ra/b}$, 46$^{va}$, 47$^{va}$, 48$^{ra/b}$, 49$^{rb}$, 50$^{rb}$, 50$^{va/b}$, 51$^{rb}$, 52$^{ra/b}$, 52$^{va/b}$, 54$^{va}$, 55$^{va}$, 56$^{ra/b}$, 57$^{rb}$, 58$^{va}$, 59$^{va}$, 60$^{ra/b}$, 61$^{va}$, 62$^{rb}$, 62$^{va}$, 63$^{va}$, 64$^{rb}$, 65$^{rb}$ u. 65$^{va}$. Es zeigt sich, dass die Zeilenfüllsel in ihrer Häufung vor allem im letzten Viertel des Textes deutlich zunehmen.

setzung materialisiert sich also in vier Punkten und in einer daneben freigelassenen Spalte (65$^{vb}$). Falls es einen sich anschließenden ‚Willehalm' gegeben haben sollte, wäre er in jedem Fall nicht unmittelbar gefolgt. So ist die Fortsetzung zwar (theoretisch) verfügbar, ihr konkretes Vorhandensein für das in der vorliegenden Handschrift Rezipierte und dessen Verständnis jedoch nicht notwendig.

Die programmatische ‚unvollständige Vollständigkeit' eines Zyklus löst die Linearität der Rezeption damit nicht auf. Wenn ein Textzyklus aber Korrespondenzen zu anderen, vorausgehenden oder nachfolgenden Texten signalisiert, scheint die Rezeption in derselben Handschrift keine notwendige Bedingung mehr zu sein.[44] Die vier Punkte bilden dann keine Lesehilfe für den nächsten Textteil, sondern stehen für ein im seriellen Erzählen verhaftetes ‚to be continued'.[45] Wenn dieses Verfahren konzeptionell verstanden und als solches bei Textzyklen vorausgesetzt wird,[46] sind diese immer ‚unvollständig vollständig' als Teil eines Erzählkosmos mit jeweils unterschiedlichen Schwerpunkten der Erzählung.[47]

## 5. Ergänzungs(h)ort um Wolfram von Eschenbach? Die Handschrift Hannover, Landesbibliothek, Ms. IV 489 als Fragmentsammlung

Was aber lässt sich über die Frage nach der ‚unvollständig vollständigen' Überlieferung hinaus an der Materialität dieser Handschrift und ihrer Textzusammenstellung ablesen? Dass es sich hierbei um eine Lesefassung handelt, ist auf-

---

[44] Vgl. dazu Niklas Luhmann, Soziologische Aufklärung 2. Aufsätze zur Theorie der Gesellschaft, Opladen 1975: „Es gibt keinen voraussetzungslosen Anfang und kein erkennbares Ende. Die Selbstlimitierung nimmt im Nachvollzug der internen Interdependenzen zu, zugleich entstehen aber Querperspektiven und neue Abstraktionsmöglichkeiten, die das Erreichte wieder in einen unfertigen Zustand versetzen" (S. 202). Zur Frage der Linearität aus literaturtheoretischer Perspektive vgl. Hektor Haarkötter, Nicht-endende Enden. Dimensionen eines literarischen Phänomens (Epistemata. Würzburger wissenschaftliche Schriften 574), Würzburg 2007, S. 22f.

[45] Dazu aus medienwissenschaftlicher Perspektive Roger Hagedorn, Doubtless to be continued. A brief history of serial narrative, in: To be continued ... Soap operas around the world, ed. by Robert C. Allen, London / New York 1995, S. 27–48.

[46] Zum seriellen Erzählen als Signum der Chanson de geste-Adaptationen vgl. bereits Ute von Bloh, Ausgerenkte Ordnung. Vier Prosaepen aus dem Umkreis der Gräfin Elisabeth von Nassau-Saarbrücken: ‚Herzog Herpin', ‚Loher und Maller', ‚Huge Scheppel', ‚Königin Sibille' (MTU 119), Tübingen 2002. Grundlegend dazu Christine Mielke, Zyklisch-serielle Narration. Erzähltes Erzählen von 1001 Nacht bis zur TV-Serie (spectrum Literaturwissenschaft 6), Berlin / New York 2006.

[47] Mark J. P. Wolf, Building Imaginary Worlds. The Theory and History of Subcreation, New York 2012.

*‚Arabel' to be continued?*

grund der erheblichen Textlücken, die das Verlangen nach einer kohärenten Geschichte enttäuschen, und aufgrund der fehlenden Fortsetzung wohl auszuschließen. Im Fall der Hannover'schen ‚Arabel' scheint ein archivalisches Interesse bei der Zusammenstellung der hier versammelten Texte vorherrschend gewesen zu sein. Die der Handschrift beiliegenden Briefe erlauben diesbezüglich einige Rückschlüsse: Erhalten und in den Vorsatz eingeklebt ist ein Brief von Johann Joachim Eschenburg, der auf den 2. März 1809 datiert ist und der sich darin zu Ulrichs von dem Türlin ‚Willehalm' (i. e. ‚Arabel') äußert.[48] Er gibt an, den Text mit dem bereits 1781 erschienenen und von Wilhelm Casparson herausgegebenen „Abdrucke dieses Gedichts"[49] nach der Kasseler Handschrift verglichen zu haben, verzeichnet eine Reihe von ‚Lücken' (fehlende Verse) und vergibt schließlich das Prädikat ‚mangelhaft'.[50] Gleiches vermeldet er auch über den Zustand des sich anschließenden ‚Jüngeren Titurel', dem sein eigentliches Interesse an der Handschrift gilt, handele es sich doch um Wolframs Text – so die damalige *communis opinio*, drei Jahre vor der Schlegel'schen Aufdeckung der Verfasserfiktion. Nahezu alle vergleichenden Beobachtungen, die Eschenburg zum ‚Jüngeren Titurel' machte, werden in einem auf den 1. Mai 1810 datierten Nachsatz Jakob Grimms erweitert und insbesondere im Hinblick auf die sprachlichen Aspekte zurechtgerückt. Grimms Interesse an diesem Codex ist erkennbar groß, richtet sich aber allein – wie an seinen Ausführungen ablesbar – auf den ‚Titurel': Nur einige Monate später, am 13. Oktober 1810, bittet er den Hofrat der Königlichen Bibliothek Hannover erneut um diese Handschrift und „vielleicht noch weitere altdeutsche Mittheilungen", wie es in seinem Schreiben weiter heißt. Im gleichen Brief bedankt er sich für zwei ihm gerade übersandte altdeutsche Handschriften sowie für Wolfhart Spangenbergs Traktat über den Meistergesang.[51]

---

[48] Die Umbenennung in ‚Arabel' folgt dem Vorschlag von Albrecht Hübner in dessen Ausgabe des Türheim'schen ‚Willehalm' (dann ‚Rennewart'): Ulrich von Türheim, Rennewart. Aus der Berliner und Heidelberger Handschrift, hg. von Alfred Hübner (DTM 39), Berlin 1938. Analog dazu verfuhr Werner Schröder beim Türlin'schen ‚Willehalm' (dann ‚Arabel'): Werner Schröder, Arabel-Studien, 5 Bde (Akademie der Wissenschaften und der Literatur Mainz. Abhandlungen der geistes- und sozialwissenschaftlichen Klasse 1982.6, 1983.4, 1984.9, 1988.6 u. 1988.7), Mainz 1982, 1983, 1984 u. 1988. So auch in der synoptischen Ausgabe von Werner Schröder (Anm. 22). Kritik an diesem Titel äußerte insbesondere Peter Strohschneider, Rez. Werner Schröder: ‚Arabel'-Studien, in: Arbitrium 9 (1991), S. 157–162, hier: 158.

[49] Wilhelm der Heilige von Oranse. Erster Theil, von Tyrlin oder Vlrich Tvrheim, einem Dichter des Schwäbischen Zeitpuncts. Aus einer Handschrift hg. von Wilhelm Johann Christian Gustav Casparson, Cassel 1781. Ein Teilabdruck dieses Briefs findet sich in der Katalogbeschreibung von Eduard Bodemann, Die Handschriften der Königlichen Öffentlichen Bibliothek zu Hannover, Hannover 1867, S. 83–85, Zitat: 85.

[50] Ebd.

[51] Vgl. dazu ausführlich: Hannover, Landesbibl., Noviss. 38, Jakob Grimm, Brief (Au-

Inwiefern sind die Erläuterungen zu diesen Briefen im Hinblick auf die vorliegende Handschrift von Relevanz? Anhand der Ausführungen Jakob Grimms kann eine Tendenz sichtbar gemacht werden, die eben nicht nur die Wertungshierarchien des 19. Jahrhunderts abbildet, sondern auch viel über das historische Verständnis verrät, warum gerade diese beiden Texte zusammengebunden wurden: Diese Handschrift interessiert die frühen Germanisten, weil sie den ‚Titurel' enthält, der noch für Wolframs Text gehalten und daher für bedeutsam erachtet wird, während sich in dieser Zeit (und tendenziell bis heute) niemand wirklich für die ‚Arabel' zu interessieren scheint. Und dies gilt, sicherlich nicht mit der alleinigen Fixierung auf den ‚Titurel', aber doch mit ähnlichem Zugang im Grundverständnis, schon für die Zusammenstellung dieser beiden Texte im 15. Jahrhundert. Es werden diejenigen Werke versammelt, für die Wolfram als Verfasser reklamiert wird oder die zumindest aufs Engste mit ihm in Verbindung stehen. Was hier vorliegt, ist also eine Art ‚Wolfram-Archiv'. Diese Handschrift enthält Fragmente rund um Wolfram und zeigt damit eine starke Fokussierung auf den (vermeintlichen) Autor. Das Erzählkontinuum ‚Arabel'–‚Willehalm'-‚Rennewart', das die ‚Arabel'-Überlieferung sonst durchgängig prägt, lässt sich hier zunächst nicht feststellen.[52] Wenn die ‚Arabel' bereits im 15. Jahrhundert mit dem zeitgenössisch als ‚wolframisch' verstandenen ‚Jüngeren Titurel' zusammengebunden wird, dann liegt der Grund dafür im Verständnis von zwei Texten, die ergänzend bzw. nachträglich mit Wolframs Texten zu tun haben. Das würde nicht zuletzt auch bedeuten, dass das auch später noch dominante Postulat der Überlegenheit eines Wolfram gegenüber den Ulrichs und Albrechts schon früh gegeben gewesen wäre.[53]

Bemerkenswert ist, dass das ‚Unfertige', das ‚Fragmentarische' einer ‚Arabel' nicht stehengelassen wird, sondern in der Diversität eines Sammlungskontextes aufgeht, der mit den zyklischen Erzählungen nichts zu tun hat. Dass diese Sammlung aufgrund der manifesten Fixierung auf Wolframs Autorschaft entsteht, geben zumindest die Rezeptionszeugnisse des 19. Jahrhunderts zu erkennen. Dass die Zusammenstellung von ‚Arabel' und ‚Jüngerem Titurel' auch aufgrund genealogischer Verbindungen über die in beiden Texten präsente Terramerfigur inhaltliche Gründe haben könnte, erscheint weniger wahrscheinlich,

---

tograph) an Hofrat Johann Christian Heinrich Feder (Kgl. Bibliothek Hannover), Kassel / Napoleonshöhe (= Wilhelmshöhe) 13.10.1810, Betreffend ein mhd. Titurel-Handschrift in der Kgl. Bibl. Hannover.

[52] Der ‚Jüngere Titurel' ist fast immer selbständig überliefert. Die Zusammenstellung mit der ‚Arabel' im vorliegenden Fall bildet in der reichen Überlieferung mit 60 Textzeugen eine Ausnahme.

[53] Eine gleiche Tendenz ließe sich auch am Beispiel der ‚Literaturliste' in Püterichs ‚Ehrenbrief' aufzeigen, vgl. dazu Klaus Grubmüller, Art. ‚Püterich, Jakob, von Reichertshausen', in: ²VL 7 (1989), Sp. 918–923.

*‚Arabel' to be continued?*

weil sich die wenigen Textstellen, in denen Terramer im ‚Jüngeren Titurel' vorkommt, sämtlich im vorderen Teil befinden, der hier gar nicht (mehr) vorhanden ist.[54] So bliebe grundsätzlich zu fragen, inwieweit inhaltliche Bezüge innerhalb dieses Codex überhaupt eine Rolle für die Vergesellschaftung von ‚Arabel' mit ‚Jüngerem Titurel' spielen, abseits einer wie auch immer motivierten Archivierung mit fragmentarischem Material.

Es spricht sehr viel dafür, dass diese einzige nicht-zyklische Überlieferung der ‚Arabel' nicht als eigenständiges Kunstprodukt Ulrichs von dem Türlin wahrgenommen und auch nicht als solches produziert wurde. Während der ‚Willehalm' und der ‚Rennewart' zumindest in wenigen Einzelfällen allein überliefert werden, kann dies für die ‚Arabel' mit großer Wahrscheinlichkeit ausgeschlossen werden. Denn im Fall der Hannover'schen ‚Arabel' erhärtet sich dieser Befund nicht zuletzt dadurch, dass im Jahr 2021 in Nordhausen ein Blatt des ‚Rennewart' (Nordhausen, Kreisarchiv, Bestand Heringen [Helme] Cod. XV.4) entdeckt wurde, das eindeutig derselben Hand zuzuordnen ist.[55] Damit liegt ein weiterer Nachweis vor, dass ‚Arabel' (in der Redaktion R*) nie allein ohne belegbare Verbindung zu ‚Willehalm' und ‚Rennewart' steht oder überhaupt so gedacht werden kann – zumindest für die überlieferten Fälle. Denn wenn es einen zugehörigen ‚Rennewart' gegeben hat, liegt die Vermutung nahe, dass die Handschrift auch einen ‚Willehalm' enthalten haben muss.[56]

---

[54] Im ‚Jüngeren Titurel' wird Terramer in einer Passage in den Strophen 2887 (nach Hahn 2836), 2889 (2839), 2891 (2840) sowie zweimal in 2892 (2841) genannt und in eine Linie zum Baruk von Akerin gestellt.

[55] „Hätte der ursprüngliche Codex lediglich den ‚Rennewart' umfasst, müssten 21.000 Verse auf 28 Lagen verteilt sein. Bei 38 Zeilen pro Spalte wären das 152 Zeilen pro Blatt – je 76 auf der Vorder- und Rückseite. Bei 152 Versen pro Blatt hätte der Schreiber also bis zum 21.000. Vers ca. 138 Blätter benötigt. Versucht man jedoch die Anzahl der Blätter pro Lage zu errechnen und teilt hierfür die 138 Blätter durch 28 Lagen, ergeben sich aufgerundet fünf Blätter. Da eine Lage allerdings jeweils aus ineinandergelegten Doppelblättern besteht, ist eine ungerade Zahl eher unwahrscheinlich. Hieraus kann man schlussfolgern, dass im Ursprungscodex vermutlich noch ein oder mehrere Texte vor dem ‚Rennewart' gestanden haben dürften." Vgl. dazu weiter (mit farbigen Abbildungen des Fragments): Jessica Bruns / Christian Speer, Ein neues Fragment des ‚Rennewart' Ulrichs von Türheim in Heringen (Helme), in: Maniculae 2 (2021), S. 37–44 (DOI: https://doi.org/10.21248/maniculae.19), hier: 39f.

[56] Während der ‚Rennewart' nachweislich makuliert wurde, könnte zumindest anhand des oben beschriebenen *mis en page* auf fol. 65$^v$ abgeleitet werden, dass ein auf dem nächsten Blatt neu einsetzender ‚Willehalm' vollständig entnommen wurde.

*Lina Herz*

## 6. Fazit

Die ‚Arabel' wurde nie außerhalb eines Erzählkontinuums, sondern stets im Verbund mit dem ‚Karl' oder mit dem ‚Willehalm' und dem ‚Rennewart' überliefert. Wie stark insbesondere die Fassung *R auf die Überlieferung im Verbund ausgerichtet ist, hat Strohschneider schon früh herausgearbeitet. Die Überlieferungssituation der ‚Arabel' zeigt, dass sie in keinem nachweisbaren Fall Anspruch auf Selbständigkeit erhebt, sondern ganz bewusst ihren Status von Fragment und Fortsetzung ausstellt und stark auf die sich anschließenden Textteile hin erzählt. Dies mag die Nachlässigkeit der ‚Arabel'-Forschung zumindest vordergründig erklären. Dass trotz oder gerade in der zyklischen Gebundenheit ein besonderer Reiz der Poetik eines Einzeltextes innerhalb eines Erzählkontinuums liegt, lässt sich an der romanistischen Erforschung der französischen Prätexte der Chansons de geste um Guillaume d'Orange beobachten, die dem ‚Arabel'-‚Willehalm'-‚Rennewart'-Zyklus durchaus vergleichbar sind. Das offene Ineinanderwirken und Korrespondieren des jeweiligen Einzeltextes ist dabei als Kriterium zyklischen Erzählens geradezu Voraussetzung; es hat in der romanistischen Forschung für die Bewertung der Artifizialität und Literarizität der einzelnen Zyklen stets eine bedeutende Rolle gespielt. Durch die stärkere Berücksichtigung der Überlieferungskontexte hat in den vergangenen Jahren allerdings auch in der Germanistik die Zusammenschau deutschsprachiger, zyklisch-organisierter Texte insofern Früchte getragen, als neben den immer schon bekannten, weil herausgelösten und einzeln betrachteten Texten, nun auch die Erzählkontinuen in den Fokus geraten. Dass diese in ihrer Entstehung und zeitgenössischen Rezeption stets als solche wahrgenommen worden sind, zeigt sich am Beispiel der ‚Arabel' besonders deutlich.

Abstract: The only manuscript in which Ulrich von dem Türlin's 'Arabel' is preserved as an independent text is fragmentary (Hannover Landesbibl., Ms. IV 489). Around 400 verses are missing and the manuscript itself ends in the last verse with three ellipses, which may not only mark the end of the text, but also the incompleteness of its content. Using this example, the article examines the extent to which the transmission of cyclical texts shows that, as a subset, they are always 'conscious' fragments designed to be continued and were always understood as such at the time and were perceived less as an independent artistic product.

# Textverbünde(te)

## Überlegungen zum Textualitätsstatus von Fragment und Fortsetzung

von KATRIN AUF DER LAKE

### 1. Verbündete im Verbund

Fragen, die den Status von Werkfragmenten fokussieren, lassen sich wohl am besten von deren Ende her beantworten. Um den Fragmentstatus eines Werks überhaupt feststellen zu können, braucht es ein abruptes Ende innerhalb der erzählten Handlung. Der Begriff ‚Fragment' erfasst ebendiesen unabgeschlossenen Status auf einer literaturtheoretischen wie auf einer überlieferungsgeschichtlichen Ebene und beschreibt Texte als unvollständig, das heißt als „Bruchstück[e] eines ursprünglich vollständigen Textes".[1] Die Verwendungsweise des Begriffs bemisst sich am Bruchstückhaften, also an der Idee eines ganzen, in sich geschlossenen und abgeschlossenen Kunstwerks beziehungsweise Textes. Der literaturtheoretisch bisweilen unreflektiert gebrauchte Begriff ‚Fortsetzung' impliziert in diesem Verwendungszusammenhang dann sogleich eine beidseitige Unvollständigkeit, insofern die Fortsetzung eines Bruchstücks immer als Bruchteil des erst so geschaffenen Ganzen gilt. Das in der Konstellation ‚Fragment – Fortsetzung' geschaffene ganze Kunstwerk ist ein Ganzes aus Teilen, das heißt ein Text aus Texten. Der von Peter Strohschneider schon für die ‚Tristan'-Fortsetzungen konstatierte Charakter des Gegenentwurfs, der der Fortsetzung damit inhärent ist, insofern „sich Konti-

---

[1] Peter Strohschneider, Art. ‚Fragment²', in: ²RLW I (1997), S. 624f., hier: 624. Vgl. dazu auch Sonja Glauch, Wie ‚macht' man Fragmente? Schrift und Stimme als Träger des Fragmentarischen, in: Fragmentarität als Problem der Kultur- und Textwissenschaften, hg. v. Kay Malcher, Stephan Müller, Katharina Philipowski u. Antje Sablotny (MittelalterStudien 28), München 2013, S. 51–68, hier: 68, die sich dagegen ausspricht, „offene Schlüsse [...] mit dem Begriff des Fragments oder des Fragmentarischen zu belegen", um die „Ebene von erzählerischer ‚Vollständigkeit' und Kompletion" so entschieden vom Fragment „als Kategorie der Äußerlichkeit" und „Überlieferung" abzugrenzen.

nuationen eines Romantorso *eo ipso* als Gegenentwurf zu dessen Fragmentarizität [verstehen]"[2], birgt nun, so der Ansatz des Beitrags, gerade eine Chance, hieraus Aussagen abzuleiten über ein zeitgenössisches Verständnis von Ganzheit und Text.

Im Gegensatz zum Begriff ‚Fortsetzung' wurde der des ‚Fragments' in seiner allgemein- und mediävistisch-literaturwissenschaftlichen Verwendungsweise jüngst weiter konturiert. Seine Auffächerung in die Begriffe ‚Fragmentarität'[3], ‚Fragmentarisierung'[4] und ‚Fragmentarizität'[5] erfassen die unterschiedlichen textuellen Ebenen, die das Phänomen berührt. Als Kategorie von Textualität diskutiert, ließe sich, Strohschneider zufolge, unter einem weit gefassten Fragmentbegriff nahezu jeder mittelalterliche Text als Fragment verstehen, insofern sich dieser an ‚Ganzheit' und ‚Stabilität' bemisst und überdies im Zuge der Überlegungen mittelalterlicher Literatur zwischen Mündlichkeit und Schriftlichkeit als offen und beweglich gedacht wird.[6] Entgegen diesem sehr breit gefassten und sich auf eine mündliche Erzähltradition stützenden Verständnis des Begriffs verwendet Strohschneider den Begriff ‚Fragmentarizität', um eine spezifische Eigenschaft schriftlich archivierter Texte zu kennzeichnen, die fragmentarisch sind; Fragmentarizität grenze „eine gegebene Verschriftlichung von der möglichen Totalität der Verschriftlichung eines ‚Textes'"[7] ab. An eben diesem Punkt setzen meine Überlegungen an. Sie zielen darauf ab, ‚Fragment' als einen kategorialen Begriff von Textualität im Rahmen der höfischen Dichtung auszuloten. Gefragt wird nach dem Einfluss des Verschriftungs- sowie des Verschriftlichungsprozesses auf das ideelle Konstrukt eines ganzen Textes, wobei

---

[2] Peter Strohschneider, Alternatives Erzählen. Interpretationen zu ‚Tristan'– und ‚Willehalm'-Fortsetzungen als Untersuchungen zur Geschichte und Theorie des höfischen Romans, Habil. masch., München 1991, S. 3 (DOI: https://doi.org/10.5282/ubm/epub.24907; sämtliche in diesem Beitrag angeführten digitalen Ressourcen wurden zuletzt abgerufen am 28.02.2024).

[3] Vgl. dazu Katharina Philipowski, Das Ding aus zwei Artefakten oder: Handschriften und ihre Fragmente, in: Objektepistemologien. Zur Vermessung eines transdisziplinären Forschungsraums, hg. v. Markus Hilgert, Kerstin P. Hofmann u. Henrike Simon (Berlin Studies of the Ancient World 59), Berlin 2018, S. 263–289, hier: 271. Fragmentarität wird in dieser den materialen Text fokussierenden Reflexion des Begriffs weniger als primärer denn als „erschlossener Zustand" verstanden. Vgl. dazu auch Kay Malcher / Stephan Müller / Katharina Philipowski / Antje Sablotny, Fragmentarität als Problem der Kultur- und Textwissenschaften. Eine Einleitung, in: Fragmentarität (Anm. 1), S. 9–26.

[4] Der Begriff wird benutzt, um das Prozesshafte im Vorgang, in dem ein Kunstwerk zum Bruchstück wird, zu beschreiben. Vgl. dazu Strohschneider (Anm. 1), S. 624. Vgl. auch Martin Baisch, Textkritik als Problem der Kulturwissenschaft. Tristan-Lektüren (Trends in Medieval Philology 9), Berlin / New York 2006, S. 306–349.

[5] Vgl. dazu Strohschneider (Anm. 1), S. 624.
[6] Ebd.
[7] Ebd.

*Textverbünde(te)*

die „Vorstellungen vom ganzen Text historisch variabel sein können".[8] ‚Fragment' und ‚Fortsetzung' im Verbund können dabei besonders deutlich zeigen, wie Text als Gebilde auch funktioniert: Neben eine grundsätzlich offene, unfeste Beschaffenheit von (Erzähl-)Text, die ihn zu einer veränderbaren Größe macht, tritt im Prozess seiner konservatorischen Verschriftung ein Anspruch auf Ganzheit, der sich, so die These, hauptsächlich in seiner Schriftlichkeit gründet. Aus dieser Blickrichtung lässt sich schließlich „die Frage nach je historischer Fragmentarizität" als „Frage nach je historischer Textualität"[9] stellen und beantworten. Die Verbünde von ‚Fragment' und ‚Fortsetzung' selbst erweisen sich aus dieser Perspektive als Konzeptualisierungsmomente vormoderner Textualität. Sie liefern dem modernen Betrachter wesentliche Einblicke in ein historisches Textverständnis und legen offen, wie die Parameter von Textualität im Prozess der Verschriftlichung auf schrift literarischer und im Prozess der Verschriftung auf schrift materieller Ebene ausgelotet werden. An den Schnittstellen der Textverbünde kristallisieren sich die Relationen von Text als Ganzes und Teil.

Bei Gottfrieds von Straßburg ‚Tristan' handelt es sich kategorial um ein produktionsbedingtes[10] Werkfragment[11]. Die Möglichkeit, ihn als konzeptionell bedingtes Fragment zu werten, wurde erwogen, kann aber kaum Plausibilität beanspruchen.[12] ‚Produktionsbedingt' bedeutet, dass der Status des fragmen-

---

[8] Malcher / Müller / Philipowski / Sablotny (Anm. 3), S. 16. Vgl. zur Differenzierung von Verschriftung und Verschriftlichung Sonja Glauch, An der Schwelle zur Literatur. Elemente einer Poetik des höfischen Erzählens (Studien zur Historischen Poetik 1), Heidelberg 2009, S. 10.

[9] Strohschneider (Anm. 1), S. 625.

[10] Vgl. ebd., S. 624, die Differenzierung von produktionsbedingter, konzeptionell bedingter und rezeptionsbedingter Fragmentarizität.

[11] Philipowski (Anm. 3), S. 280, unterscheidet zwischen ‚Handschriftenfragment', ‚Bruchstück', ‚Text-Fragment' und ‚Werk-Fragment': ‚Handschriftenfragment' meint eine Beschädigung allein auf materieller Ebene, d. h. „[d]ie Beschädigung einer Handschrift wird in dem Moment zur Fragmentierung eines Textes, in dem diese zur Vorlage einer Abschrift wird" (S. 279). ‚Bruchstück' begreift sich als Übergangskategorie, die u. a. Makulatur und Schnipsel umfasst. ‚Text-Fragment' wiederum bezeichnet „Textzeugen, die Bruchstücke eines Textes überliefern, der uns in anderen Handschriften in vollständigerer oder vollständiger Form vorliegt" (S. 280) (z. B. ‚Arabel'). ‚Werk-Fragmente' sind „Texte, die für uns ausschließlich in unvollständiger Form fassbar sind" (ebd.) (z. B. ‚Willehalm', ‚Tristan').

[12] Vgl. dazu zusammenfassend Irene Hänsch, Mittelalterliche Fragmente und Fragmenttheorie der Moderne (am Beispiel des ‚Titurel' und des ‚Tristan'), in: Mittelalter-Rezeption II. Gesammelte Vorträge des 2. Salzburger Symposions ‚Die Rezeption des Mittelalters in Literatur, Bildender Kunst und Musik des 19. und 20. Jahrhunderts' (GAG 358), hg. v. Jürgen Kühnel, Hans-Dieter Mück u. Ursula Müller, Göppingen 1982, S. 45–61, hier: 51f. Vgl. auch Robert Schöller, Zur Einführung: Die Grammatik des Tristanmythos, in: tristan mythos maschine. 20. jh. ff. (Rezeptionskulturen in Literatur- und Mediengeschichte 16), Würzburg 2020, S. XIf. und Anm. 47.

tarischen Textes auf dessen Entstehungsprozess zurückzuführen ist. Solche produktionsbedingte Fragmente differenziert Katharina Philipowski in zwei sich überlagernde Artefakte, die sich als Text manifestieren: einerseits der Text, der im Medium materialisiert ist, und andererseits der Überlieferungsträger, der das Medium eines Textes ist.[13] Diese Differenzierung ist für meine Überlegungen insoweit anschlussfähig, als auch ich mich den Texten auf diesen zwei Ebenen nähern möchte: derjenigen des Textes und derjenigen des Mediums seiner Überlieferung, der Handschrift. Die Differenzierung von Fragmenttypen selbst möchte ich dabei ergänzen um den Umstand, dass diese Texte als ‚Werkfragmente' aber gerade evident werden durch ihre Fortsetzungen – erst die Fortsetzung markiert den Text als ein Werkfragment.

Die ‚Tristan'-Texte eignen sich gleich in zweierlei Hinsicht als überaus aufschlussreiche Beispiele für die hier gestellten Fragen; einerseits bieten sie mit den alternativen Fortsetzungen einen singulären Blick auf das Prinzip des Fortsetzens im Allgemeinen, andererseits schließen sie an einen Text an beziehungsweise einen Text ab, der mit der sinnstiftenden Verwendung einer semantisch aufgeladenen Initialenfolge sich eines Verfahrens bedient, das schon auf seine Schriftlichkeit zielt. Das von Gottfried gestaltete Akrostichon wird nur im schriftlich fixierten Text lesbar und impliziert damit einen Produktions- und Rezeptionsmodus, der auf dem geschriebenen Text basiert. Auch wenn die Handschriften später datieren, ist es doch Gottfried, der das schriftliterarische Prinzip in Gestalt eines Akrostichons initiiert. Mit dem Akrostichon zielt er bereits auf die schriftliterarische Konzeption von Text ab, an welche die Autoren der Fortsetzungen im Rahmen ihrer buchliterarischen Konzepte von Vollständigkeit und Ganzheit anknüpfen und die sie in ihren Prologen ausloten.

Gottfrieds ‚Tristan' ist der erste Fragment gebliebene höfische Roman, dessen Handlung in Texten, die sich an ihn anschließen, weitererzählt wird, und zwar sogar zweimal: durch Ulrich von Türheim und Heinrich von Freiberg. Ulrichs Fortsetzung wird circa 20 Jahre, Heinrichs circa 80 Jahre nach Gottfried datiert. Dass ein Text gleich zwei Fortsetzungen erfährt, ist ein unikales Beispiel in der deutschen mittelalterlichen Literaturgeschichte. Sicherlich mag dies auch bloß praktische Gründe haben, wie beispielsweise die Zugänglichkeit zu Vorlagen; trotzdem scheint es geboten, neben inhaltlichen auch nach konzeptionellen Motivationen für die abermalige Abfassung eines Schlussteils zu Gottfrieds Text zu suchen. Neben diesen beiden existieren weitere Texte, die das Romanfragment ergänzen: Die Handschriften überliefern Gottfrieds Text gemeinsam mit dem Episodengedicht ‚Tristan als Mönch' und Eilharts von Oberg ‚Tristrant'. Stellt man die Schnittstellen von ‚Tristan'-Torso und seinen diversen Anschlusstexten ins Zentrum,[14] lässt sich gezielt danach fragen, ob sich der

---

[13] Vgl. Philipowski (Anm. 3), S. 275.
[14] Vgl. dazu bereits Strohschneider (Anm. 2). Vgl. auch Monika Schausten, Erzählwel-

Anspruch auf Vollständigkeit bloß im Erzählstoff gründet, wie Irene Hänsch vermutet: Sie weist in ihrer Analyse darauf hin, dass Gottfrieds Text „schon im dreizehnten Jahrhundert als nicht vollendet rezipiert" wird, „wobei der Fragmentcharakter des Werks sich definiert anhand eines Vollständigkeitsbegriffs, der sich herleitet vom als übergeordnet verstandenen Stoff, nicht aber [...] von der vom Dichter herangezogenen Vorlage".[15] Strohschneider hingegen richtet den Blick für die Interpretierbarkeit der ‚Tristan'-‚Überlieferungsgefüge' auf ihrer inhaltlichen Ebene bereits in die Richtung der handschriftlichen Ausgestaltung:

> [...] das hieße, im einzelnen Fall Texte als sich gegenseitig erklärende Teile eines konkreten Überlieferungsgefüges zu interpretieren, eine bestimmte handschriftliche Textzusammenstellung als Realisation eines historisch spezifischen Textverständnisses sowie als selektive Aktualisierung der Sinndimensionen der Einzelwerke zu rekonstruieren.[16]

Strohschneider richtet somit das Augenmerk auf die ‚handschriftliche Realisation', die ein ‚historisch spezifisches Textverständnis' erst offenzulegen vermag. Das schriftliche Textgefüge bedingt möglicherweise den Anspruch auf Vollständigkeit. Inwiefern beide Autoren in ihren Prologen im Bild des Textträgermediums ‚Buch' ebendiese schriftmaterielle Ebene von Text thematisch machen, ist die leitende Frage der folgenden Überlegungen.

Bisher wurden die Gründe für die Fortsetzungen fragmentarischer Romane innerhalb der mediävistischen Forschung hauptsächlich in dem Bedürfnis nach Komplettierung von Handlungssträngen gesehen.[17] Dieses als einen Anlass für

---

ten der Tristangeschichte im hohen Mittelalter. Untersuchungen zu den deutschsprachigen Tristanfassungen des 12. und 13. Jahrhunderts (Forschungen zur Geschichte der älteren deutschen Literatur 24), München 1999, insbesondere S. 201–215 u. 251–254.

[15] Hänsch (Anm. 12), S. 50.
[16] Peter Strohschneider, Gotfrit-Fortsetzungen. Tristans Ende im 13. Jahrhundert und die Möglichkeiten nachklassischer Epik, in: DVjs 65 (1991), S. 70–98, hier: 74.
[17] Vgl. ebd. und insbesondere Klaus Grubmüller, Probleme einer Fortsetzung. Anmerkungen zu Ulrichs von Türheim ‚Tristan'-Schluß, in: ZfdA 114 (1985), S. 338–348; Strohschneider (Anm. 16); Jan-Dirk Müller, Tristans Rückkehr. Zu den Fortsetzern Gottfrieds von Straßburg, in: Festschrift Walter Haug und Burghart Wachinger, Bd. 2, hg. v. Johannes Janota u. a., Tübingen 1992, S. 529–548; Alan Deighton, Die Quellen der ‚Tristan'-Fortsetzungen Ulrichs von Türheim und Heinrichs von Freiberg, in: ZfdA 126 (1997), S. 140–165; ders., Ein Anti-Tristan? Gottfried-Rezeption in der ‚Tristan'-Fortsetzung Heinrichs von Freiberg, in: Deutsche Literatur des Mittelalters in und über Böhmen II. Tagung in České Budějovice / Budweis 2002, hg. v. Václav Bok u. Hans-Joachim Behr, Hamburg 2004, S. 111–126; Armin Schulz, Die Spielverderber. Wie ‚schlecht' sind die ‚Tristan'-Fortsetzer?, in: Schlechte Literatur, hg. v. Ute von Bloh u. Friedrich Vollhardt, Mitteilungen des Deutschen Germanistenverbandes 51/3 (2004), S. 262–276.

das Fortsetzen anzunehmen, ist gewiss adäquat, insofern dem Erzählen als Wiedererzählen gegenüber seiner Vorlage ein Anspruch auf Vollständigkeit gewissermaßen per se inhärent ist.[18] Daneben aber, so die Kernthese des Beitrags, ist es zusätzlich auch die Vorstellung eines Textganzen auf schriftliterarischer wie auf schriftmaterieller Ebene, die dieses Bedürfnis schürt. Nicht nur Handlungsstränge werden als unvollständig wahrgenommen, auch der schriftlich konzipierte und fixierte Text entbehrt der Vollständigkeit. Dieses Bewusstsein für eine textmaterielle Unvollständigkeit zeigt sich an den Textgrenzen und im Übergangsbereich von dem einen zum anderen Text.

Hierbei wird im Speziellen die Gestaltung des Textübergangs vom Fragment zum anschließenden Text in den Blick genommen, und zwar sowohl in seiner handschriftlichen Ausgestaltung als auch hinsichtlich der Auseinandersetzung der Autoren mit dem Status ihrer Texte als ‚Fortsetzungen'. Der Begriff des Fragments soll, anhand der am konkreten Beispiel gewonnenen Erkenntnisse und im Anschluss an die jüngsten Bestrebungen der mediävistischen Forschung,[19] systematisch als Kategorie von Textualität diskutiert und weiter profiliert werden. Leitend ist dabei die texttheoretische Frage, welche Rückschlüsse diese Textverbünde für das mittelalterliche Textverständnis erlauben und welches Textbewusstsein sich in den Verbünden, auch und gerade in deren schriftmateriellen Realisierungen, artikuliert.

‚Fragment' und ‚Fortsetzung' werden dabei als ‚Textverbund' und die Textteile jeweils als ‚Texte' gefasst, um dem Begriff der ‚Fortsetzung' eine neutrale Alternative an die Seite zu stellen. Auf diese Weise wird die Hierarchie aufgelöst, die den beiden Bezeichnungen innewohnt. Zudem kann die Passgenauigkeit der Begriffe ausgelotet werden mit dem Ziel, diese entweder mit exakteren Implikationen zu versehen oder neue Begriffe zu finden, die besser geeignet sind, um das Verhältnis dieser Texte im Verbund zu beschreiben. ‚Verbund' meint dabei den Zusammenschluss und eine (feste) Verbindung von Teiltexten. Er lässt sich auch etymologisch an das mittelhochdeutsche Substantiv *verbunt* (‚Bündnis') anschließen, wodurch die Festigkeit der Verbindung noch deutlicher angezeigt wird. Wo die Anschlussrichtung des einen Textes an den anderen ausgewiesen werden soll, wird anstelle des bislang üblichen Terminus ‚Fortsetzung' der Begriff ‚Anschlusstext' gebraucht, der sich gegenüber den wertenden Implikationen von ‚Fortsetzung' neutraler verhält.[20]

---

[18] Anders Hänsch (Anm. 12), S. 50.
[19] Siehe dazu grundlegend Strohschneider (Anm. 1); ders. (Anm. 2); Philipowski (Anm. 3).
[20] Vgl. dazu Karin Cieslik, Ulrichs von Türheim ‚Tristan'-Dichtung. Forschungsgeschichte und Probleme, in: *Ik lerde kunst dor lust*. Ältere Sprache und Literatur in Forschung und Lehre, hg. v. Irmtraud Rösler, Festschrift zum 65. Geburtstag von Prof. Dr. phil. habil. Christa Baufeld (Rostocker Beiträge zur Sprachwissenschaft 7),

## Textverbünde(te)

Die Textverbünde werden unter den folgenden Fragestellungen analysiert: 1) In welchem Verhältnis stehen die Texte zueinander? Reflektieren sie dieses Verhältnis? 2) Wie sind die Textübergänge beziehungsweise -anschlüsse in den Textverbünden gestaltet? Um diesen Fragen nachzugehen, eignen sich die Schnittstellen von Fragment und Anschlusstext besonders gut, da an dieser Stelle eine zeitgenössische Reflexion über den Fragment-Status und das Weiterschreiben ablesbar wird, sowohl auf den Entstehungszeitraum der Handschrift bezogen als auch auf die Entstehungszeit der Texte selbst. Dass die Schnittstellen der Texte als zeitgenössische Reflexion lesbar werden, macht sie relevant für die genannten Fragen, denn hier können Antworten im historischen Kontext gefunden und vor dessen Hintergrund formuliert werden. Auf schriftmaterieller wie auf textkonzeptioneller Ebene reflektieren die Schnittstellen die Textkombinationen. Die Auseinandersetzung der Autoren innerhalb ihrer Prologe legt Zeugnis darüber ab, wie diese selbst die besondere textuelle Konstellation einordnen. Mit dem Prolog schaffen sie ein Übergangsmoment, das die Textzusammenstellung eingangs erst akzentuiert. Die Einrichtung der Text-Kombinationen in den Handschriften kann außerdem darauf hinweisen, wie im Zuge der schriftmateriellen Konservierung von Text mit dieser besonderen textuellen Konstellation umgegangen wird. Der Blick auf das Fragmentende, den Übergang und den Beginn des Anschlusstextes lässt historisch valide Aussagen über die zeitgenössische Wahrnehmung von und den Umgang mit den fragmentarischen Texten zu.[21]

Die ‚Tristan'-Text-Kombinationen sind besonders aufschlussreich, da Ulrichs Text der erste ist, der als Anschlusstext eine feste Verbindung mit einem fragmentarischen Roman eingeht. Daneben bietet Heinrich mit seinem Text eine Alternative zu einem bereits existenten Anschlusstext und gibt so in der Auseinandersetzung mit Ulrich einen einzigartigen Einblick in den zeitgenössischen Umgang mit dem fragmentarischen Text und dessen Potential zur Vervollständigung. Die Text-Kombinationen erlauben dem/der modernen Betrachter:in somit in mehrfacher Hinsicht einen zeitgenössischen Blick auf das mittelalterliche Verständnis von Text und Werk.

---

Rostock 1999, S. 109–123, hier: 112, die den Begriff ‚Fortsetzung' ebenfalls problematisiert und alternativ den Begriff ‚Anschluß-Dichtung' vorschlägt, um den „konzeptionellen Eigenwert" der Texte hervorzuheben.

[21] Glauch (Anm. 1), S. 51–68, nennt diese Stellen „Bruchkanten" (S. 54) und unterscheidet zwischen „Bruchstelle[n] eines Textes" und „Bruchstelle[n] des Textträgers" (S. 56): Jene „Bruchstelle[n] eines Textes" würden „textuell Fragmentierte[s]" erst sichtbar machen, sofern „ein[ ] intakte[r] materielle[r] Träger, auf dem es *als* Fragmentiertes präsentiert wird, auf dem seine Ränder, seine Kanten *als* Bruchkanten ausgestellt werden" (S. 56) ein Fragment erst als solches erwiesen. Da der „Codex als Aufbewahrungsgefäß von Texten […] aber noch nicht selbst das Medium literarischer Kommunikation" (S. 63) ist, Literatur stattdessen sich im Vortrag manifestiert, sei ‚Fragment' einzig als „Kategorie der Äußerlichkeit" (S. 68) zu denken.

## 2. ‚Tristan'-Text(e)

Die handschriftliche Überlieferung gibt deutlich zu erkennen, dass der in den Handschriften bezeugte ‚Tristan' ein ‚Tristan'-Text aus ‚Tristan'-Texten ist. Gottfrieds um 1210 entstandener Roman endet nach etwas mehr als 19 500 Versen; der Roman ist Fragment geblieben – und doch auch nicht, denn es überliefert nur eine Handschrift vom Anfang des 14. Jahrhunderts den Gottfried'schen Text ohne einen Anschlusstext (Abb. 1). Alle anderen Handschriften kombinieren den Text mit anderen Teil-Texten und Textteilen. Was unsere heutigen Textausgaben suggerieren, indem sie Gottfrieds, Ulrichs und Heinrichs Text wie auch den ‚Tristan als Mönch' in je eigenen Ausgaben präsentieren, korrespondiert nicht mit den Textinszenierungen in den Manuskripten. Die handschriftliche Überlieferung bestätigt die konzeptionelle Einheit des Textverbundes, insofern wiederum keiner der Anschlusstexte unabhängig von Gottfrieds Text bezeugt ist – der eingangs erwähnte Sonderfall einer Einzeltextüberlieferung vereinzelt ja gerade Gottfrieds Text und damit den Teil-Text, der den Beginn der erzählten Handlung präsentiert. Das Manuskript ist nicht unvollständig oder beschädigt, sondern enthält nur den Einzeltext; leer bleibt bloß die Rückseite des letzten Blattes. Beschlossen wird der Text von einem Schreiberzusatz, der zwar nicht den Fragment-Status des Textes zum Inhalt hat, den Text aber auf diesem Wege gewissermaßen abschließt und ihm so den Anschein des Unvollständigen nimmt. Diese Handschrift wäre in Anlehnung an Kategorisierungen der Fragment-Theorie als konzeptioneller fragmentarischer Textträger zu fassen, da sie einen Anschlusstext nicht vorsieht und den Gottfried'schen Text als ‚ganzen Text' konserviert.

Ulrichs ‚Tristan' ist in sieben, Heinrichs ‚Tristan' ist in drei Handschriften vollständig überliefert; zwei weitere Fassungen von Heinrichs Text sind nur fragmentarisch auf Einzelblättern erhalten. Die beiden Texte entstehen ausschließlich, weil sie an den ‚Tristan' Gottfrieds anknüpfen können; ohne dessen fragmentarischen Zustand würden sie nicht existieren. Als Anlass ihrer Entstehung erklären beide Autoren den Tod Gottfrieds und das Bedürfnis nach einer vollständigen *geschihte*. Hierin gründet Hänschs These, dass „der Begriff der Vollständigkeit [...] den Fortsetzern der des Stoffes, der Geschichte"[22] ist. Strohschneider versteht dieses in den Prologen artikulierte Bedürfnis einer vollständigen *geschihte* als eine Auseinandersetzung mit dem Stoff:

> Das heißt, der Begriff der Vollständigkeit ist den ‚Tristan'- und ‚Willehalm'-Kontinuationen, die sie statt aufs Zuendeerzählen auf die narrative Amplifikation hinauswollen, gerade nicht der des Stoffes, sondern der den Stoff interpretierenden Geschich-

---

[22] Hänsch (Anm. 12), S. 49.

te. Mithin liegt das Maß ihrer Kompletion nicht in der Abgeschlossenheit von Geschehniszusammenhängen, sondern in den Logiken erzählerischer Diskurse, die nur partiell direkt über erzählte Handlung laufen, aber allesamt auf das narrative In-Ordnung-Bringen anderer, in Aporien hinein und damit notwendig fragmentarisch erzählter Geschichten abzielen.[23]

Dennoch ließe sich ein „fixe[s] Maß für das, was narrative Vollständigkeit wäre, und von dem her relative Fragmentarizität sich umstandslos bestimmen ließe",[24] nicht eindeutig festlegen. Möglicherweise kann der Blick auf die in den Prologen jeweils thematisch gemachte schriftmaterielle Ebene diesbezüglich neue Perspektiven eröffnen. Dementsprechend fordert Monika Schausten „für jeden einzelnen Fall der Fortsetzung eines mittelalterlichen Textes entscheidend zu klären, in welcher Weise und mit welchen Intentionen er die Fragmentarizität des vorgegebenen Textes beschreibt."[25]

Beide Autoren beginnen ihre Texte mit einem Prolog, in dem sie den Status der Texte als Anschlusstexte an Gottfrieds ‚Tristan' thematisieren, und nennen Gottfried namentlich als Autor. Ihre Texte schließen sich explizit an den Fragment gebliebenen Text an, den sie als fragmentarischen Text ausweisen, um in der Folge mit ihm einen Verbund einzugehen. Sie inszenieren sich als Verbündete – sowohl inhaltlich, indem sie die erzählte Geschichte weitererzählen, als auch konzeptionell-schriftliterarisch, indem sie ihren Text an Gottfrieds Text anbinden und zugleich nachdrücklich von diesem abheben –, um sodann eigene Wege zu gehen: Denn sie folgen nicht dem ‚Tristan' Thomas' von Britanje, den Gottfried exklusiv zur wahrheitsgetreuen Vorlage erklärt, auch wenn Heinrich das vorgibt (vgl. V. 6842–6846).[26] Von diesem Befund ausgehend, wurde die Frage nach einem Werkganzen bisher primär im Rahmen der Kategorie ‚Stoff' gestellt. Im Zentrum der folgenden Analysen steht hingegen jeweils der Prolog als Berührungs- und Übergangsmoment der Texte; er arrangiert die Verbindung der Textverbünde(ten).

Allein der schiere Befund, dass beide Anschlusstexte jeweils mit einem Prolog beginnen, ist bedeutsam, insofern diese Prologe nachdrücklich den Übergang von dem einen zum anderen Text markieren. Sicherlich sind sie auch aus einer Tradition heraus zu verstehen, die den Prolog zum Ort von Gönnernennungen macht – was in beiden Prologen der Fall ist. Vor allem aber ist der Prolog sowohl Ort für die Autoren, sich in ihre Texte einzuschreiben, als auch für textkonzeptionelle Aussagen in handlungslogischer wie schriftliterarischer Hin-

---

[23] Strohschneider (Anm. 2), S. 281.
[24] Ebd.
[25] Schausten (Anm. 14), S. 214.
[26] Heinrich von Freiberg, Tristan. Edité avec Introduction et Index par Danielle Buschinger (GAG 270), Göppingen 1982 (Text zitiert nach F).

sicht. Dementsprechend differenzieren beide Autoren schon hier, das sei vorweggenommen, einen Anspruch auf Vollständigkeit des *getihte* und der *geschihte*.

Der Prolog von Ulrichs ‚Tristan' beginnt mit einer Klage: *Uns ist ein schade grôz geschehen, / des mac diz mære zeschaden jehen* (V. 1f.).[27] Mit dem Texteinstieg *Uns* wird gleich eine Gemeinschaft von Rezipienten und Autor gestiftet, die als Kollektiv einen großen Verlust zu beklagen hat – demgegenüber wird die etwas später folgende Überleitung von Prolog zum Handlungsgeschehen deutlich durch das distanzierende Personalpronomen *ir* abgegrenzt: *ir hânt eteswenne / wol vernomen* (V. 40f.). Dieser Verlust für die Gemeinschaft verursacht wiederum den Schaden am *mære* selbst, wenn es im zweiten Vers heißt, dass *diz mære zeschaden* gekommen ist und weiter, dass *ez beliben ist in nôt* (V. 3). Der im ersten Vers noch nicht näher spezifizierte entstandene Schaden für die Gemeinschaft wird also im zweiten Vers im Relativsatz gleich auf den Gegenstand *mære* übertragen; das *mære* selbst wird innerhalb der beiden Verse vom *schaden* syntaktisch eingerahmt. In direktem Anschluss wird Gottfrieds Tod zum Grund für den fragmentarischen Text erklärt – Gottfried wird im Prolog insgesamt drei Mal für tot erklärt (vgl. V. 16 u. 20) und sein Tod in Vers 17 darüber hinaus als Zerbrechen von Lebenszeit in Sprache gefasst, was im Kontext der übrigen sprachlichen Bilder von ‚Schaden nehmen' und ‚Ganzheit' gezielt eingesetzt scheint. Im Zuge dieser Autornennung werden sogleich zwei weitere Schlüsselbegriffe für den schriftlich-konzeptionellen Rahmen von Ulrichs Text eingeführt: *Meister Gotfrît ist tôt, / der dis buoches begunde* (V. 4f.). Das *buoch*, das von Gottfried bloß begonnen wurde, wird einerseits vom zuvor genannten beschädigten *mære* abgegrenzt, indem ein weiterer Begriff eingeführt und damit eine zusätzliche Textebene differenziert wird; andererseits werden die beiden Begriffe in gleicher Weise zueinander in Beziehung gesetzt: Weil das *buoch* nur begonnen, nicht aber vollendet wurde, ist das *mære* beschädigt. Es, das heißt das *mære*, ist zu Schaden gekommen und seither *in nôt*, weil derjenige, der es zu schreiben begonnen hat, tot ist. Sowohl die Rezipientengemeinschaft als auch das *mære* sind daher in Bedrängnis geraten, und diese Notlage resultiert aus der Unabgeschlossenheit des Buchs: Sein Ende ist offen.[28]

Mit dieser gleich zu Beginn des Prologs vorgenommenen Differenzierung von *mære* und *buoch* werden unterschiedliche textuelle Ebenen abgesteckt und deren Verhältnis zueinander ausgelotet. Die Eingangsverse legen es nahe, in der Metapher des begonnenen Buchs Gottfrieds unabgeschlossenen Text zu erken-

---

[27] Ulrich von Türheim, Tristan, hg. v. Thomas Kerth (ATB 89), Tübingen 1979.
[28] Vgl. dazu auch Schausten (Anm. 14), S. 215, die im *buoch*, das „sehr konkret in Gestalt eines unfertig vorliegenden Manuskripts" vorliege, ebenfalls die „Fragmentarizität des Gottfriedschen Textes" konstatiert.

*Textverbünde(te)*

nen, der damit als fragmentarisches Kunstwerk gekennzeichnet wird. Zugleich drückt sich im ‚Buch' sinnbildlich eine schriftmaterielle Textebene aus, insofern das Bild selbst das Textträgermedium inszeniert. Das *mære* zielt in seiner Semantik auf die Ebene der Erzählung und der darin erzählten Handlung ab. Die Not besteht folglich darin, dass die Handlung nicht zu Ende erzählt ist. Das eingangs erwähnte *mære* materialisiert sich nach der Autornennung des fragmentarischen Textes als *buoch* und wird hierdurch als geschriebener Text konkretisiert, dessen Träger das Buch ist. In der Relativsatzkonstruktion wird diese konkrete Buchform des *mære* an den Gottfried'schen ‚Tristan'-Text gekoppelt.

In den Folgeversen werden weitere zentrale Begriffe verwendet und zu den beiden bereits eingeführten in Beziehung gesetzt:

> er hât sîner tage stunde
> mit künste erzeiget wol dar an:
> er was ein künstrîcher man.
> uns zeiget sîn g e t i h t e
> vil künstliche g e s c h i h t e.
> ez ist eben unde g a n z;
> kein g e t i h t e an sprüchen ist sô glanz,
> daz ez von künste gê der vür,
> der ez wiget mit wîser kür.   (V. 6–14)

Eingeflochten in eine Übersteigerung von Gottfrieds Kunstfertigkeit – Vokabeln aus dem Wortfeld *kunst* werden vier Mal gebraucht, daneben solche von ‚Weisheit' und ‚Bedacht' – wird das *getihte* von der darin erzählten *geschihte* getrennt (vgl. V. 9f.) und Gottfried als Autor eben dieses *getihte* akzentuiert: Nach der Nennung von *Meister Gotfrît* (V. 4) wird dieser über das Personalpronomen direkt mit dem *getihte* (*sîn getihte*, V. 9) verknüpft, das *getihte* wiederum beherbergt eine *vil künstliche geschihte*. *Eben unde ganz* ist *ez*, das *getihte*, denn zu Schaden gekommen ist lediglich, wie im Prolog eingangs prononciert, *diz mære*. Gottfrieds *getihte*, das als geschriebener Text in seinem Überlieferungsträger Buch vergegenwärtigt ist, vermag es also in dieser verschrifteten Form, dem Tode seines Autors zum Trotz – hier dem realen Tod, nicht dem Barthes'schen –, weiterhin rezipierbar zu sein, weil der Text in seiner schriftmateriellen Form von seinem Autor getrennt existieren kann. Es prononciert sich hierin ein Bewusstsein für den literarischen Text und für den Text als schriftliches Gebilde. Im vorliegenden Sonderfall von Fragment und Anschlusstext macht diese Aufspaltung aber auch deutlich, dass deren Verbindungsglied zwar die erzählte *geschihte* ist, die Texte im Verbund jedoch voneinander getrennt sind. Dass sich die beiden Autoren in ihren Texten in der Folge nicht an Thomas' ‚Tristan' orientieren, sondern auf andere Vorlagen beziehen, könnte nicht nur rein pragmatisch in der Zugänglichkeit zu den Vorlagentexten begründet, sondern Teil einer Strategie sein, sich nicht (bloß) inhaltlich gegen

Gottfrieds stoffgeschichtliche und handlungslogische Konzeption zu wenden, sondern auch eine Textgrenze zu markieren und den Text gegenüber dem Fragment als eigenen zu separieren.

Das *buoch* beherbergt das *getihte* und das *getihte* wiederum die *geschihte*. Diese im *buoch* erzählte *geschihte*, das *mære*, ist unvollständig und daher beschädigt, das *getihte* allerdings nicht, *ez ist eben unde ganz* (V. 11) – Gottfrieds Text ist, wenn er auch auf der Ebene der *geschihte* unvollständig bleibt, als autonomer literarischer Text *ganz*. Er ist ein Teil-Text, an den sich nun andere Text-Teile anschließen können. Das *buoch*, das als Metapher für den schriftlich fixierten Gottfried-‚Tristan' einsteht, ist deshalb nicht beschädigt, aber dennoch unabgeschlossen, was den Inhalt betrifft. Darin begründet sich nun der Möglichkeitsraum für den Textanschluss, nicht ohne dass deutlich geworden ist, dass es sich dabei um zwei Texte im Verbund handelt, die sich über die Ebene der erzählten Handlung verknüpfen – schließlich gäbe es ohne den fragmentarischen Text auch keine Notwendigkeit für den Folgetext. Zum Anlass des Anschlusstextes wird demzufolge das unvollendete *mære* erklärt, das heißt die erzählte Handlung. Gottfrieds Text dagegen ist in sich vollendet; Ulrich verfasst seinen eigenen Text. Es zeigt sich demnach eine Vorstellung von Ganzheit auf zwei Ebenen: auf derjenigen des Textes als schriftlichem Gebilde und auf derjenigen von Handlung als (auch an ein Wiedererzählen gekoppelter) Abschluss von Handlungssträngen. Die schriftlich fixierte Form aber ist es, die es dem Text offenbar abverlangt, eine vollständige *geschihte* zu beherbergen: *daz ich diz buoch biz an sîn zil / mit sprüchen vollebringen wil* (V. 23f.). Um das beschädigte *mære* zu ‚reparieren', muss das *buoch biz an sîn zil* gebracht werden, nicht das *mære* selbst. Das wiederum kann gelingen, wenn es *mit sprüchen* gefüllt wird. Der schriftlich fixierte Text soll nicht unvollständig sein, die Buchform verlangt ihm die Vollständigkeit ab. Das von Gottfried begonnene Buch schürt in seiner schriftmateriellen Form das Bedürfnis nach Vollständigkeit auf Handlungsebene. Gottfried, *der dis buoches begunde* (V. 5), hat zwar ein ganzes *getihte* hinterlassen, konfrontiert seine Rezipienten aber mit dem Problem, *daz er diz buoch niht vollesprach* (V. 18). Ulrich schließt sich in der Ausdifferenzierung seiner Tätigkeit an diese Unterscheidung an: *daz ich diz buoch biz an sîn zil / mit sprüchen vollebringen wil.* (V. 23f.) Wurde der Prozess des Dichtens kurz zuvor als *volle sprechen* (V. 18) des *getihte* gefasst, kann nun in Abgrenzung hierzu Ulrichs Tätigkeit als *vollebringen* (*mit sprüchen vollebringen*, V. 24) versprachlicht und so sein Text als ein autonomer hervorgehoben werden, insofern das *volle sprechen* auf der Ebene der schriftlichen Fixierung zum *vollebringen* wird. Das *zil* des *buoches* ist also erst dann *vollebrâht*, wenn die darin beherbergte *geschihte mit sprüchen* zu Ende erzählt ist. *Vollebringen* zielt gegenüber *volle sprechen* auf die schriftlich fixierte Textform ab. Dass Ulrich diese Ebenen zunächst differenziert, um sie dann wieder zusammenzuführen, ist bedeutsam vor dem Hintergrund, dass hier die erste Auseinandersetzung mit einem Fragment

*Textverbünde(te)*

gebliebenen Text stattfindet. In der Beschäftigung mit den unterschiedlichen Ebenen manifestiert sich in aller Deutlichkeit ein Bewusstsein für den Text als Gebilde abseits der erzählten Handlung. Hatte Klaus Grubmüller die im Prolog formulierte Aufgabe vom *vollebringen* so gedeutet, dass sie Ulrich „keinen Raum für eigene Ambitionen"[29] lasse, zeigt sich demgegenüber doch eine klare Positionierung des eigenen Textes im Textverbund.

Richtet man den Blick auf die Realisation des Textverbundes in den Handschriften, können diese das im Prolog artikulierte Bedürfnis nach einem schriftmateriellen Textganzen in weiten Teilen stützen. Schon der bloße Befund, dass von den elf vollständigen Textzeugen von Gottfrieds ‚Tristan' zehn im Verbund mit einem Anschlusstext überliefert sind, zeugt von dem Bedürfnis nach Vervollständigung im Zuge seiner schriftlichen Fixierung und Tradierung und damit, im Umkehrschluss, von der bewussten Wahrnehmung des Fragmentarischen des Gottfried'schen ‚Tristan'. In der Münchener und Kölner ‚Tristan'-Handschrift sind beide Texte im Verbund überliefert, ohne dass sie mit weiteren Texten kombiniert wurden;[30] sie präsentieren die vollständige Erzählung als ganzes Buch. Die ältere Münchener Handschrift M, datiert auf die erste Hälfte des 13. Jahrhunderts, kennzeichnet den Textübergang nicht scharf. Zwar markiert eine Initiale den Beginn des Prologs von Ulrichs Text, jedoch hebt sie sich in ihrer Gestaltung nicht von den übrigen, zahlreich eingesetzten Initialen ab (Abb. 1 zum Beitrag von Jan-Dirk Müller).[31] Die Kölner Handschrift B (1323) hingegen markiert den Übergang der beiden Texte mit einer Initiale, die vor allem mit Blick auf den Beginn des Gottfried'schen ‚Tristan'-Textes zu erkennen gibt, dass die reiche Verzierung von G und U die beiden Texte mit den Initialen ihrer Autoren versieht und entsprechend voneinander differenziert (Abb. 2 und Abb. 3). Das gemeinschaftsstiftende *Unz* am Beginn von Ulrichs ‚Tristan'-Text lässt sich aus der Perspektive der schriftmateriellen Umsetzung als eine Raffinesse Ulrichs verstehen, ‚seine' Initiale – wie es auch schon Gottfried im Akrostichon getan hat – als Markierung seines Textbeginns zu setzen. Erkennbar wird diese Angleichung seines Textbeginns an denjenigen Gottfrieds nur in der Niederschrift. In der buchgestalterischen Realisation innerhalb der Handschrift

---

[29] Grubmüller (Anm. 17), S. 339.
[30] Vgl. für eine mögliche Überlieferungskontamination das Stemma von Tomas Tomasek: Gottfried von Straßburg, Tristan und Isolde. Kritische Edition des Romanfragments auf Basis der Handschriften des frühen X-Astes unter Berücksichtigung der gesamten Überlieferung, Textband, hg. v. Tomas Tomasek, Basel 2023. Zu den ‚Tristan'-Fragmenten vgl. auch René Wetzel, Die handschriftliche Überlieferung des ‚Tristan' Gottfrieds von Strassburg untersucht an ihren Fragmenten (Germanistica Friburgensia 13), Freiburg i. Üe. 1992.
[31] München, Staatsbibl., Cgm 51, 1. H. des 13. Jh., fol. 9$^{rb}$. Digitalisat online verfügbar unter: https://daten.digitale-sammlungen.de/bsb00088332/image_1.

B ist die Initiale am Beginn des Gottfried'schen Textes zwar größer und erstreckt sich über fünf Verse, während das *V* als graphisches Zeichen für den u-Laut sich bloß über zwei Verse erstreckt. Doch auch das *V* hebt sich gegenüber den übrigen einzeiligen Initialen durch seine Verzierung deutlich ab und gesellt sich zum G für Gottfried, da allein diese beiden Initialen verziert sind. Der Übergang der beiden Texte ist nicht durch einen Absatz markiert. Beide Texte werden hier fortlaufend verschriftlicht und so innerhalb der Handschrift deutlich als Textverbund präsentiert, dessen Texte gleichermaßen verbunden wie getrennt werden. Das ist sicherlich vor allem darin begründet, dass es sich um reine ‚Tristan'-Handschriften handelt. Handschrift B versieht diese Textkombination mit einer Überschrift zu Beginn des Gottfried'schen Textes, die den Textverbund ‚betitelt': (*hie beginnet der*) nuwe Tristan (Abb. 3). Der Schreiber scheint die Kombination der beiden Texte gezielt zu inszenieren. *Nuwe* ist vor allem die schriftmaterielle Umsetzung, die die ‚Tristan'-Texte gemäß der Konzeption in Ulrichs Prolog im Verbund voneinander trennt.

Die späte Berliner Handschrift P (1461) kombiniert die Texte Gottfrieds, Ulrichs und Eilharts. Hier setzt der Schreiber die ersten 14 Verse von Ulrichs Prolog ein, um einen Textübergang zu markieren (Abb. 4). Stoffgeschichtlich ist das insofern von Interesse, als sich Ulrich bei seinem Text an Eilhart orientiert – und nicht an Gottfrieds Vorlage, dem ‚Tristan' Thomas'. Eine Abschnittsgliederung durch eine Initiale *N* war zwar vorgesehen, wurde jedoch nicht ausgeführt; sie hätte überdies nicht den Beginn von Ulrichs Prolog, sondern den Beginn von Eilharts ‚Tristrant' markiert, der sich hier ab Vers 6103 anschließt. Die Initiale sollte der Höhe von zwei Versen entsprechen; in ihrer Ausgestaltung hätte sie sich mithin nicht von den übrigen Initialen abgehoben. Die Schnittstelle ist hier allein inhaltlich durch Ulrichs Prologverse hervorgehoben; zusätzlich hat der Schreiber noch eine Ergänzung eingefügt: *Sich in letzeten seyten gerichte / Ulrichs von Turhaim getichte / Cünratten dem schencken von wirstartstetten* (fol. 139[rb]; siehe Abb. 4).[32] Anstelle der sich im Prolog Ulrichs hier an-

---

[32] Ich folge mit meiner Lesart des Verses *Sich in letzeten seyten gerichte* der frühen Handschriftenbeschreibung von Ingeburg Kühnhold (Handschriftenarchiv der Berlin-Brandenburgischen Akademie der Wissenschaften: Berlin, Staatsbibl., Ms. germ. qu. 640, beschrieb. von Kühnhold, Ingeburg, o. O. 1941. Digitalisat online verfügbar unter: https://handschriftenarchiv.bbaw.de/id/70028510), sowie der Lesart von Volker Mertens (ders., ‚Wes mag ditz mere zu schaden jenhen?' Eilharts ‚Tristan' als Fortsetzung von Gottfrieds Torso in der Meusebachschen Handschrift zu Berlin, in: Europäische Literaturen im Mittelalter. Mélanges en l'honneur de Wolfgang Spiewok à l'occasion de son 65 ème anniversaire, ed. par Danielle Buschinger (Wodan Greifswalder Beiträge zum Mittelalter 30), Greifswald 1994, S. 279–296, hier: 284). Die Mertens zufolge „offensichtlich verderbte[n] Zeilen" (ebd., S. 283) seien wie folgt zu verstehen: „[S]either hat die Abfassung (*gerichte*) des Gedichts Ulrichs für Konrad den Schaden nicht behoben (*enletzete*)" (ebd., S. 284). In der Diskussion des Beitrags

*Textverbünde(te)*

schließenden Klage über Gottfrieds Tod wird dreierlei artikuliert: 1) Ulrichs Anschlusstext ist ein eigenständiger Text, nämlich sein *getichte*. Verfasst hat er es 2) im Auftrag Konrads von Winterstetten; eine Information, die in Ulrichs Prolog in Vers 26 steht und der Kürzung des Prologs anheimgefallen, offenbar aber von solcher Bedeutung ist, dass sie erhalten bleiben muss. Etwas rätselhaft dagegen ist die Formulierung *Sich in letzeten seyten gerichte*, die, wenn sie so zu verstehen ist, dass sich hier an Gottfrieds Text Ulrichs Text anschließt, 3) eine glatte Lüge wäre. Liest man den Vers nicht als eine Ankündigung des kommenden Textes, sondern bezieht ihn auf die vorangegangenen Verse, markierte er einen Abschluss des Ulrich'schen Textteils und wäre als bewusst inszenierte Abgrenzung gegenüber diesem Text zu verstehen. Er würde dann gezielt abgelehnt und nur anzitiert, um explizit verworfen zu werden.[33] Denn es folgt eine weitere Neuerung: Die Kombination der im deutschen Sprachraum nebeneinander existierenden ‚Tristan'-Texte als eine neue Art von Vervollständigung zu einem Textganzen. Das *sich gerichten* des *getichte* ließe sich darüber hinaus als Anlehnung an Gottfrieds Prolog lesen, wo der Umgang mit der Vorlage wie folgt beschrieben wird:

> Als der von Tristande seit,
> die rihte und die wârheit
> begunde ich sêre suochen
> in beider hande buochen
> walschen und latînen
> und begunde mich des pînen,
> daz ich in sîner rihte
> rihte dise tihte.  (V. 155–162)[34]

---

im Rahmen des Colloquiums wurde vorgeschlagen, anstelle des Wortes *seyten* das Wort *sextern* zu lesen. So gelesen bezögen sich die Verse auf die Lagen des Codex. Für *seyten* spricht allerdings ein Abgleich der Graphie von *y* und *x* innerhalb der Handschrift: Zahlreiche Belege zeigen Übereinstimmungen in der Schreibung mit *y*; die Schreibung von *x* ist innerhalb der Handschrift, soweit ich sehe, nur einmal graphisch umgesetzt: fol. 111[vb], Z. 4: *Obne was ain minxtiure* (normalisiert: *mixtûre*). Insgesamt lässt sich *minxtiure* zwar nur schwer lesen, die graphische Umsetzung des *x*, die sich deutlich von der des *y* abhebt, bekräftigt aber die Lesart *seyten* gegenüber *sextern*. Ein Abgleich der Schreibung der Buchstabenfolge ‚-in-' am Wortanfang von *minxtiure* mit bspw. *ain* im selben und am Ende des folgenden Verses und von ‚-ure' am Wortende mit *glasure* im vorausgehenden Vers macht die Lesart *minxtiure* wahrscheinlich. Das Argument bezüglich der Graphie des *x* wiegt schwerer als die nicht eindeutig zuordenbare Abkürzung als Nasalstrich oder Abbreviatur. Etymologisch betrachtet, würde es sich bei dieser Lesart um einen frühen Beleg des Wortes *seyten* in der Bedeutung Buchseite handeln. Vgl. dazu auch Josua Maaler, Die Teütsch spraach. [...] Dictionarium Germanicolatinum novum, Zürich 1561. Nachdruck Hildesheim / New York 1971, S. 372[c] (*die Seyten eines blatts*).

[33] Vgl. dazu Mertens (Anm. 32), S. 283f., der die Verse als „Zäsur zwischen Gottfrieds und Eilharts Text bezeichnet".

Spielt Gottfried hier, ebenso wie auch Ulrich im Kontext von *buoch* und *tihte*, mit dem Bedeutungsspektrum von *rihte* und *rihten*, so scheint der Schreiber daran anzuknüpfen und mit der reflexiven Verwendung *sich gerihten* in der Bedeutung ‚fertig machen / in Ordnung bringen / schlichten' seine ‚eigene' Textkombination zu bewerten. Der Schreiber setzt sich als Kompilator in Szene und erhebt – in Anlehnung an Gottfrieds Prolog – den Anspruch, dass er *in sîner rihte / rihte dise tihte*, insofern seine Zusammenstellung der beiden Texte die einzig folgerichtige Lösung für die Vervollständigung des Gottfried'schen fragmentarischen *mære* sei. In dieser Kompilation schwingt eine unterschwellige Kritik an dem Ulrich'schen Anschlusstext mit, die die Notwendigkeit eines weiteren, auf Eilhart beruhenden ‚Tristan' als Ergänzung des Gottfried'schen Textes in Frage stellt, da der ‚Tristrant' im deutschen Sprachraum doch bereits existiert. Gegenüber Ulrich würde somit der Vorwurf laut, den Text gewissermaßen zu ‚verdoppeln'. Ulrichs Text wird in dieser Lesart für entbehrlich erklärt. Folgerichtig fügt der Schreiber nun Eilharts Text an. *Sich in letzeten seyten gerichte / Ulrichs von Turhaim getichte* (fol. 139$^{rb}$; siehe Abb. 4) – das *getichte* wird vom Schreiber ‚gerade gemacht', das heißt, in seine ursprüngliche Richtung zurückgelenkt. Im Kolophon der Handschrift nennt sich der Schreiber und gibt sich damit als Autor dieser eingefügten Verse zu erkennen. Interpretiert man die Verse wie vorgeschlagen, dann bekräftigt das Kolophon diese Lesart noch: *Ditz büch ward vß geschriben [...] von wältherin Schônwalthteren von marppach dem Jüngen* (fol. 164$^v$).[35] Erst der Kompilator hat [*d*]*itz büch* in seiner materiellen Form zu einem Ganzen gefügt, hat es *uß geschriben*, wobei sich das Schreiben wiederum vom *volle tihten*, *volle sprechen* und *volle bringen* abhebt und sich explizit auf die schriftmaterielle Ebene des Textes bezieht. Der Schreiber erklärt sich selbstbewusst zum Verantwortlichen für diese Ebene von Text, die er mit [*d*]*itz büch* benennt.

Zwei weitere Handschriften, die überlieferungsgeschichtlich nah beieinanderstehen, integrieren in die Kombination aus Gottfrieds und Ulrichs Text einen weiteren Text aus demselben Stoffkreis. Die beiden elsässischen Handschriften R (1455 bis 1460) und die verschollene Handschrift *S (1489) integrieren den ‚Tristan als Mönch'. In der Brüsseler Handschrift folgt dieser auf den Gottfried'schen ‚Tristan'; den Abschluss bilden die Verse 2855–3661 aus

---

[34] Gottfried von Straßburg, Tristan. Nach dem Text v. Friedrich Ranke neu hg., ins Nhd. übers., mit einem Stellenkommentar u. einem Nachwort v. Rüdiger Krohn, 3 Bde (RUB 4471–4473), Stuttgart 1980.

[35] Köln, Historisches Archiv der Stadt, Best. 7020 (W*) 88, 1323; siehe Abb. 4 und Abb. 5 zum Beitrag von Jan-Dirk Müller. Digitalisat online verfügbar unter: https://historischesarchivkoeln.de/MetsViewer/?url=https%3A//historischesarchivko eln.de/mets%3Fid=0C2E0266–21A4–4221–9872-B1A371DCFF62_88_Mikrofilm_2 0160803173246.xml.

*Textverbünde(te)*

Ulrichs ‚Tristan'.[36] Die Übergänge werden in der Handschrift nicht visualisiert. Die Straßburger Handschrift kombiniert diese drei ‚Tristan'-Texte ebenfalls; da sie verschollen ist, lässt sie keine Rückschlüsse auf die Gestaltung ihrer Textübergänge zu. Die in einer neuzeitlichen Abschrift vorhandene Gliederung, in welcher mit einer Zwischenüberschrift der Beginn von ‚Tristan als Mönch' markiert wird, könnte unter Umständen nachträglich vorgenommen worden sein.[37] Der Übergang vom Episodengedicht zu Ulrichs Text wird hingegen in der Abschrift nicht eigens markiert.[38] Schon Strohschneider zieht die Möglichkeit in Betracht, ‚Tristan als Mönch' als einen weiteren Anschlusstext zu demjenigen Gottfrieds zu bewerten, weil der Text nur in diesen beiden Handschriften überliefert ist.[39] In beiden Textzeugen aber schließt sich hieran ein Teil von Ulrichs Text an, sodass ihm mehr die Funktion eines Textübergangselements zuzukommen scheint, als dass er als gleichrangiger Anschlusstext einzuordnen wäre. Gerade weil er nur in diesen Handschriften überliefert ist, liegt es nahe, ihn in einer direkten Beziehung zu Ulrichs ‚Tristan' zu sehen. Anstelle des Prologs markiert er die Textgrenze. Grundsätzlich aber zeigt sich in dieser Kombination ein Bedürfnis nach Vervollständigung.

Innerhalb von Sammelhandschriften werden die Textübergänge nur inhaltlich durch den Prolog markiert, nicht aber graphisch visualisiert. Die Heidelberger Sammelhandschrift (1275 bis 1299; Abb. 2 im Beitrag von Jan-Dirk Müller)[40] und die Berliner Sammelhandschrift (Mitte bis 3. Viertel 14. Jahrhundert; Abb. 3 im Beitrag von Jan-Dirk Müller)[41] überliefern die Texte im Verbund und markieren den Textübergang mit einer Initiale, die sich aber, wie auch in der Münchener Handschrift, nicht von der übrigen Initialengestaltung ab-

---

[36] Brüssel, Königl. Bibl., ms. 14697, 1455–60, fol. 511$^r$ u. 578$^v$. Digitalisat online verfügbar unter: https://opac.kbr.be/LIBRARY/doc/SYRACUSE/15235110.
[37] Hamburg, Staats- und Universitätsbibl., Cod. germ. 12, 1722, fol. 535. Digitalisat online verfügbar unter: https://resolver.sub.uni-hamburg.de/kitodo/PPN1665981903.
[38] Ebd., fol. 613.
[39] Vgl. Strohschneider (Anm. 2), S. 54.
[40] Heidelberg, Universitätsbibl., Cpg 360, 4. V. 13. Jh., fol. 128$^v$. Digitalisat online verfügbar unter: https://doi.org/10.11588/diglit.166. Die Handschrift beinhaltet folgende Texte: Gottfried von Straßburg: ‚Tristan' (H) [= a], Ulrich von Türheim: ‚Tristan' (h) [= a], Freidank (A) [= a + b] 32 Sangspruchstrophen KLD ‚Namenlos h' = Freidank (alpha) [= b] [Sangspruchstrophe KLD ‚Namenlos h' 35, Federproben: 14. Jh.] [= b].
[41] Berlin, Staatsbibl., mgq 284, Mitte bis 3. V. 14. Jh., fol. 188$^v$. Digitalisat online verfügbar unter: http://resolver.staatsbibliothek-berlin.de/SBB0001F51000000000. Die Handschrift beinhaltet folgende Texte: ‚Sächsische Weltchronik', Rez. A (Hs. 11), Reimpaarfabeln (‚Das schlimmste Tier'; ‚Der Reiher'; ‚Der Löwenanteil'), ‚Der Sperber', ‚Minne und Pfennig', Totenklage auf Graf Wilhelm III. von Holland, ‚Die Brackenjagd', ‚Wappen und Minne', ‚Wahre Freundschaft und Liebe', ‚Bergfried der Minne', Markgraf von Hohenburg (o), Walther von der Vogelweide (o), Minnelied, Gottfried von Straßburg: ‚Tristan' (N), Ulrich von Türheim: ‚Tristan' (N).

hebt; auch werden keine Absätze zwischen den ‚Tristan'-Texten gesetzt. Die Heidelberger Handschrift grenzt demgegenüber die auf den ‚Tristan'-Text folgenden Sprüche Freidanks deutlich gegenüber dem vorangehenden Text ab: Diese beginnen auf einer neuen Seite, die zusätzlich mit einer Überschrift versehen ist: *Diz sint vrigedankes sprühe* (fol. 153ʳ). Auch in der Berliner Sammelhandschrift werden die Grenzen der übrigen Texte durch Leerzeilen markiert. In beiden Handschriften wird der Verbund der beiden Texte in der Einrichtung demnach deutlich ausgestellt. Das textuelle Umfeld und ein sich hieraus gegebenenfalls ableitendes Sammlungsprogramm der Handschriften lässt daneben keine Rückschlüsse auf die Gestaltung der Textübergänge und ihren Grenzmarkierungen zu.

Heinrichs von Freiberg Text ist in drei Handschriften überliefert. Auch dieser markiert seine Textgrenze mit einem Prolog. Dort umrahmt Heinrich Gottfrieds Text im Bild des *richer künste hort* (V. 1 u. 37), der *sin* (V. 5, 20, 22 u. 27), Dichtung (V. 7 u. 13) und Sprachkunst (V. 2–5: *red, wort, spruche, satz*; V. 13: *red*; V. 21: *rede*; V. 28f.: *red, spruchen*) umfasst. Wird der *hort* als Bild wahren Kunstvermögens zu Beginn des Prologs gesucht (*Wo nu richer künste hort*, V. 1), so gilt er mit dem Tod Gottfrieds als verloren, wobei die genauen Zuordnungen erst rückblickend deutlich werden: Denn während vom *hort* bereits in Vers 1 die Rede ist, erfolgt die Verbindung zum verstorbenen Gottfried, und damit die Auflösung des Bildes, erst in den Versen 32 und 37. Mit dessen Tod wird demzufolge der *richer künste hort* zu etwas Unerreichbarem:

> vil reine, luter und glantz
> ist siner richer kunste hort.
> die toten mit den toten dort,
> die lebnden mit den lebnden hie! (V. 36–39)

Der eigene Text ist folglich nicht Ort dieses Schatzes (vgl. auch V. 6: *der aller ich ein weise bin*), und dieser Schatz kann eben deshalb nicht geborgen werden, weil er mit Gottfried unerreichbar geworden ist (*die toten mit den toten dort*). Die vom ‚Schneider' Gottfried , der die *materien* (V. 23) in ein kunstvolles Formgewand (*richer rede cleit*, V. 21) gebracht hat, geschaffene Erzählung wird innerhalb der Beschreibung in Sprachbildern des Mündlichen zunächst verlebendigt (*red, wort, spruche, satz*) und mit Gottfrieds Tod sodann vergegenständlicht: Sein Erbe liegt den Lebenden konserviert in Buchform vor (*sint daz er diz buch verlie*, V. 40). Die Unvollständigkeit als Voraussetzung für das gleich zu Beginn formulierte Bestreben des Sprechers, *zu volbringene dis mere* (V. 11), erwähnt Heinrich erst in den Versen 40f. Dort wird nun aber *diz buch* als unvollständig erklärt, nicht *dis mere*; Gottfried hat es nicht *voltihtet* (V. 41). Über das nach seinem Tod hinterlassene Buch heißt es weiter:

> sint daz er diz buch verlie
> und sin nicht hat voltihtet

*Textverbünde(te)*

    und tihtende berichtet   in E: *und achtende berichtet*; in F' am Rande nachgetragen
    mit dem getihte sinen
    dem reinen und dem finen,   fehlt in E
    so han ich mich genumen an,
    ich tummer kunstenloser man,
    daz ich ez volbringen wil
    mit red untz an daz jamer zil   (V. 40–48)

Gottfried hat *diz buch verlâzen* und es nicht *voltihtet*. Hier nun wiederholt sich im Vokabular die schon in den Eingangsversen vorgenommene Differenzierung von *tichten* und *berichten* wie auch die Zuschreibung des Textes an Gottfried:

    und hab mich doch genumen han
    zu volbringene dis mere,
    daz so blunde hat untz her
    mit schoner red betichtet
    und meisterlich berichtet
    min herre meister Gotfrit
    von Strazburc   (V. 10–16)

Die Ebenen des Erzähltextes werden explizit aufgespalten: Das *mere* wird *betichtet* und *berichtet*. Gottfried wird deutlich als Autor des *getichte* artikuliert und seine Tätigkeit in die Ebenen ‚dichten' und ‚berichten' aufgespalten. Das Verb *tihten* wird hier in der präfigierten Variante *betichten* gebraucht und dem Verb *berihten* angenähert:[42] *betihtet* nämlich wird *dis mere*, und zwar *mit schoner red*. Der Prozess der Vervollständigung auf der Ebene des Erzählten wird durch das gewählte Vokabular zu Beginn noch deutlich von der schriftmateriellen Ebene des Textes abgegrenzt. Diese beiden Ebenen werden dann in der gehäuften Verwendung von Begriffen aus dem Wortfeld des Dichtens in den Versen 40–44 miteinander verschmolzen. Zunächst werden *buch* und *voltihten* enggeführt (*sint daz er diz buch verlie / und sin nicht hat voltihtet*, V. 40f.) und sodann alle signifikanten Begriffe hintereinandergereiht (*sin nicht hat voltihtet / und tihtende berichtet / mit dem getihte sinen*, V. 41–43). Die Metapher vom *buch* wird hier im Zusammenhang mit Gottfrieds Tod eingesetzt, um das Textträgermedium in seiner konservierenden wie tradierenden Funktion auszuweisen. Dieses nicht *voltihtet[e] buch* ist der materielle Textträger, der Gottfrieds Text (*getihte sinen*, V. 43) tradiert, in dem die Erzählung *tihtende berichtet* ist. Die Formulierung *mit schoner red betichtet / und meisterlich berichtet* (V. 13f.) erweist sich, von hier aus betrachtet, als chiastisch anmutender Kunstgriff, der Begriffe des Mündlichen (*mit red*) mit dem Dichten in Verbindung bringt, und

---

[42] Vgl. dazu auch Gottfried von Straßburg (Anm. 34), V. 4943f., 6645f. u. 11431f., wo *betihten* und *(be)rihten* im Reimpaar stehen; Bezüge dieser Textstellen zu der Verwendungsweise Heinrichs sehe ich allerdings nicht.

319

diejenigen Begriffe, welche die Kunstfertigkeit ausstellen (*meisterlich*), mit der Ebene der erzählten Handlung (*berichtet*). Die so vorgenommene Ausdifferenzierung, die sich wiederholt in der Aufspaltung von *volbringen* und *voltihten*, fällt in der formelhaften Verbindung von *tihtende berichtet* in eins. Anders als bei Ulrich, bei dem das Buch sinnbildlich für einen ‚ganzen' Gottfried'schen ‚Tristan' steht, wendet Heinrich das Bild um und erklärt beide Ebenen des Textes – die schriftmaterielle und die inhaltliche – für zusammengehörig. Auch hier werden die textuellen Ebenen zunächst getrennt, um sie dann wieder zusammenzuführen. Wurde zu Beginn das *mere* Heinrich zufolge von Gottfried mit *red betichtet* und *meisterlich berichtet* (V. 11–14), heißt es nun, dass er *tihtende berichtet / mit dem getihte sinen* (V. 42f.). Dieser Zusammenschluss befindet sich bezeichnenderweise exakt in der Prologmitte.

Hatte Heinrich sich zu Beginn als ein ‚Waise der Kunstfertigkeit' (V. 6) und als *erbeloser man* des *getihte* (V. 9) erklärt und sich somit in gespielter Bescheidenheit die Befähigung zur Dichtkunst abgesprochen, wollte er doch zuallererst nicht das *getihte volbringen*, sondern *dis mere* (V. 11), möchte er nun dessen ungeachtet das Gedicht *volbringen* (V. 47). Dieses Vorhaben versteckt er jedoch hier noch gekonnt hinter dem Pronomen *ez*: *so han ich mich genumen an, / ich tummer kunstenloser man, / daz ich ez volbringen wil* (V. 45–47). *Ez* bezieht sich zuallererst auf das letztgenannte *getihte*, suggeriert in der Satzkonstruktion aber auch einen Bezug zum *buch* und bleibt somit zweideutig. Das *zil*, das bei Ulrich unkonkret bleibt (vgl. V. 23) und das sich eher auf die Vorstellung eines Textganzen bezieht, wird von Heinrich explizit auf den Handlungsverlauf bezogen (*daz jamer zil*, V. 48). Im Zuge der Gönnernennung heißt es schließlich: *dem ich diz senecliche mer / mit innecliches hertzen ger / voltichten und volbringen sol* (V. 63–65). Formuliert er zu Beginn des Prologs noch zurückhaltend, dass *dis mere volbringene* will (V. 11), prononciert er am Ende des Prologs, dass er *diz mer* auch *voltichten* wird (V. 65). Mehr noch: Er beschließt den Prolog mit der Nennung seiner eigenen Autorschaft in unmittelbarer Verbindung mit der Tätigkeit des *voltichtens*; im gleichen Zug gibt er seinem Text einen Titel: *dem ich Heynrich von Vriberc / voltichte disen Tristan, / als ich aller beste kan* (V. 82–84). [D]*ise*[r] *Tristan* ist sein ‚Tristan'. Selbstbewusst inszeniert sich Heinrich als Autor dieses ‚Tristan', in dem eben nicht bloß ein Erzählstoff vervollständigt, sondern im Akt des Vervollständigens ein eigenständiger Text geschaffen wird. Der Vers *als ich aller beste kan* ist gleichlautend mit Vers 24 aus Ulrichs Prolog; wenn dieser als direkte Bezugnahme auf Ulrichs Text zu verstehen wäre, artikulierte sich im Personalpronomen eine gezielte Auseinandersetzung wie auch eine Abgrenzung gegenüber Ulrichs Text. Distanziert sich Heinrich zu Beginn vom Akt des Dichtens und benennt seine Tätigkeit lediglich als *volbringen*, so verquickt er beide Tätigkeiten im Zuge der darauffolgenden Gönnernennung und beansprucht das Dichten nun auch für sich. *Volbringen* und *voltihten*, die zuvor in zwei voneinander zu unterscheidende Tätigkeiten aufgespalten wurden, fallen

*Textverbünde(te)*

im Zuge der Autornennung zusammen, werden aber im Prologschluss erneut aufgespalten, um den eigenen Text in Abgrenzung zu Gottfrieds Text als eigenständigen zu exponieren. Und so ist auch die direkt zu Beginn getätigte Distanzierung zu verstehen, derzufolge er das Erbe, das Gottfried mit seinem Text hinterlassen hat, nicht antreten möchte: *getichtes des gar spechen, / des richen und des wechen / bin ich ein erbeloser man* (V. 6–8). Er distanziert sich deutlich von dem *getihte* und schlägt sein Erbe aus! Als Waise und *erbeloser man* macht er deutlich, dass er nicht in einer Tradition mit Gottfrieds *getihte* stehen will, weil es Gottfrieds *getihte* ist und nicht das seine. Was auf einer vordergründigen Ebene als Bescheidenheitstopos erscheint, gibt sich auf einer weiteren Bedeutungsebene zu erkennen als eine ausdrückliche Abgrenzung von Gottfrieds Text, dem *richer kunste hort*, dem *getihte*. Die zu Beginn des Prologs so aufwendig gestaltete Lobpreisung von Gottfrieds Text dient schließlich der Abgrenzung des eigenen von dem Gottfried'schen ‚Tristan' im Sinne einer Selbstbehauptungsstrategie. Erneut zeigt sich im *buch* Gottfrieds ‚Tristan' als Torso, abermals mit dem Bedürfnis nach Vervollständigung, welches allerdings Heinrich offensiver als Ulrich ausgestaltet; Heinrichs Anspruch ist der des *voltichtens*, wohingegen Ulrich *vollesprechen* und *vollebringen* will. Dass Gottfrieds Text in seiner schriftmateriellen Form als defizitär empfunden wird, zeigt sich nach einer kurzen Rekapitulation erneut in der Überleitung zur Handlung; dort heißt es: *nu sulle wir zu der rede kumen, / da sie der meister hat verlan, / der diz buches erste began* (V. 108–110). Hier nun wird durch das Verb *verlâzen* eine Verbindung zu Vers 40 hergestellt, in dem allerdings nicht die *rede*, sondern das *buch* von seinem Autor verlassen wurde. Neben der erzählten Geschichte präsentiert Heinrich hier deutlich auch das *buch* als etwas Unabgeschlossenes. In die Romanhandlung überleitend schafft Heinrich nun erst die Gemeinschaft, die Ulrich bereits im ersten Vers stiftet (*Wir han gehort, wie Tristant*, V. 85). Damit markiert er, deutlicher als Ulrich, seinen Prolog als Übergangsmoment. Der *waise* und *erbelose man* schafft sich den Raum des Erzählens im Weitererzählen. *Voltichten* meint mehr als *volbringen*; das verwaiste Buch, das von seinem *meister* verlassen und unvollendet zurückgelassen wurde, gilt es zu *voltichten*. Der schriftmaterielle Textverbund selbst wird nachdrücklich ausgestellt, indem es über Gottfried heißt, dass er *diz buches erste began*. An dieser Stelle schließt Heinrich nun seinen – den zweiten – ‚Tristan'-Text an.

In zwei der insgesamt drei Handschriften scheint dieser Autonomieanspruch schriftliterarisch visualisiert zu sein. In der Handschrift E (Modena, 1450–65) wird der Beginn von Heinrichs Text gekennzeichnet mit einer großen, acht Verse umfassenden Initiale, wie sie sonst nur am Beginn des Gottfried'schen Textes begegnet.[43] Der Textübergang ist zwar nicht durch einen Absatz gekennzeich-

---

[43] Register Modena, Bibl. Estense, Ms. Est. 57, 1450–65, fol. 124$^r$ u. 2$^r$. Digitalisat online verfügbar unter: https://n2t.net/ark:/65666/v1/10898.

net, doch endet Gottfrieds Text auf der vorangehenden Seite in der letzten Zeile. Anders gestaltet sich der Textübergang in der Florentiner Sammelhandschrift F vom Anfang des 14. Jahrhunderts: Dort werden die beiden Texte deutlich voneinander getrennt, indem Heinrichs von anderer Hand geschriebener Text auf einer neuen Seite beginnt (Abb. 7 zum Beitrag von Jan-Dirk Müller).[44] Gottfrieds Text endet auf der *recto*-Seite, auf welcher in der zweiten Spalte circa zwei Drittel frei bleiben (fol. 102$^r$). Heinrichs Text folgt *verso* mit einer sich über acht Verse erstreckenden, verzierten Initiale. Ob sie derjenigen zu Beginn von Gottfrieds Text angeglichen werden sollte, lässt sich nicht beurteilen, da die Handschrift erst mit Vers 103 des Gottfried'schen ‚Tristan' beginnt, nachdem auf der Seite 22 Zeilen frei gelassen sind. Dem vorangehen sollte sicherlich eine Seite mit den übrigen rund 80 Versen – das entspricht der Einrichtung der ersten Seiten mit 38–40 Zeilen –, die die Initialen G, T, I und das Akrostichon ‚Dietêrich' umfasste. Das macht auch die Gestaltung des nachfolgenden ‚Iwein' wahrscheinlich, dessen Beginn mit einer sich über vier Zeilen erstreckenden Initiale gekennzeichnet ist (fol. 142$^r$). In dieser Sammelhandschrift wird Heinrichs Text schriftvisuell als eigenständiger Text präsentiert, da im Layout deutlich drei Texte voneinander getrennt werden.

In der Kölner Handschrift O (um 1420 bis 1430) scheint demgegenüber die im Prolog formulierte Absicht gezielt getilgt worden zu sein. In ihr sind beide ‚Tristan'-Texte kombiniert, der Textübergang ist jedoch nicht gekennzeichnet (Abb. 5). Heinrichs Text schließt sich nahtlos an jenen Gottfrieds an; er beginnt mit einer auch sonst in der Handschrift zur Abschnittsgliederung üblichen Initiale über zwei Zeilen. Noch schwerer wiegt allerdings, dass diese auf schriftmaterieller Ebene nicht vollzogene Trennung dadurch forciert wird, dass der Prolog fehlt. Mit Blick auf die schriftmaterielle Umsetzung der Text-Kombination in der Handschrift ist es naheliegend, dass der Prolog hier gezielt ausgespart wurde, um in dieser Handschrift e i n e n vollständigen ‚Tristan'-Text zu schaffen. Wo der Prolog und damit die Selbstbehauptung fehlen, schließen die Texte direkt aneinander an, damit der Verbund sich auch optisch als solcher präsentiert. Die Handschriftengestaltung richtet sich also gezielt gegen das von Heinrich im Prolog formulierte Interesse, im Weitererzählen Raum für s e i n e n ‚Tristan' zu schaffen, und löst in der buchmateriellen Umsetzung die von Heinrich forcierte Grenzsetzung zwischen den Texten wieder auf. Es findet hier auf schriftmaterieller Ebene eine Auseinandersetzung mit dem fragmentarischen Gottfried-Text und der Anschlussinszenierung Heinrichs statt. Dass Gottfrieds Text erst mit Vers 525 mit dem Fest Markes beginnt (fol. 1$^v$), auf dem sich Riwalin und Blanscheflur beggenen, ist möglicherweise Teil dieser Strategie.

---

[44] Florenz, Nationalbibl., Cod. B.R. 226, 1. H. des 14. Jh., p. 204/205. Digitalisat online verfügbar unter: https://archive.org/details/banco-rari-226/page/n25/mode/2up.

*Textverbünde(te)*

Die Einblicke in die Prologe und in die handschriftliche Überlieferung zeigen, dass der Ausgangspunkt für beide Anschlusstexte zunächst der Stoff ist;[45] doch erst auf dieser Basis kann jene Ausdifferenzierung der Ebenen von Text stattfinden, die auch die schriftmaterielle Ebene von Text zur Bezugsgröße von Ganzheit macht. Stoffgeschichtlich folgen Ulrich und Heinrich nicht Gottfrieds Vorlage. Obwohl sie jeweils andere Texte zur Vorlage nehmen, verzichten sie darauf, die Autonomie ihrer Texte auszustellen. ‚Stoff' wird in diesem Fall zu einer nur schwer zu fassenden, konturlosen Größe. In Bezug auf den Autonomieanspruch ihrer Texte markieren beide Autoren jedoch klare Grenzen, indem sie die Textübergänge zu i h r e n Textanfängen machen und hierfür die schriftmaterielle Ebene von Text in Szene setzen. Anlass des Erzählens ist zwar jeweils die als unvollständig empfundene erzählte Handlung; Heinrich scheint aber in der Auseinandersetzung mit Ulrich und in der gleichzeitigen Reflexion auch seiner dichterischen Tätigkeit des Fortsetzens eine Unvollständigkeit des schriftlich gefassten Textes in buchmaterieller Form noch offensiver zu erklären. Die von Heinrich im Prolog artikulierte Materialität des Textträgers Buch repräsentiert hier das Verlangen nach dem vollständigen Text in schriftmaterieller Form.

## 3. Text-Verbünde

Sowohl Ulrich als auch Heinrich schaffen sich im Akt des Weitererzählens Raum für ihr Wiedererzählen, und sie nutzen diesen Freiraum, um eigene Texte zu verfassen. Das stofflich-inhaltliche Gebot des Weitererzählens wird funktionalisiert hin auf die Entwicklung eines eigenen Erzählanspruchs, der darüber hinausgeht, ‚Dienstleister' am Gottfried'schen ‚Tristan' zu sein, den es fortzusetzen gilt. Denn sie setzen eben nicht bloß ein Werkfragment fort, sondern grenzen sich bewusst ab. Die Entscheidung, nicht den ‚Tristan' von Thomas und damit die Vorlage Gottfrieds als Quelle zu wählen, sondern eigene Wege zu gehen, wird zu einem gezielten werkautonomen Akt. Dabei gerät die schriftmaterielle Ebene von Text ins Bewusstsein und dient in den Prologen einer Ausdifferenzierung der unterschiedlichen Dimensionen von erzählter Geschichte, Werkautonomie und schriftlichem Text-Gebilde. Ulrichs und Heinrichs Texte markieren mit ihren Prologen das Moment des Textübergangs, der von beiden Autoren als *volbringen* beschrieben und darüber hinaus bei Heinrich auch als selbstbewusstes *voltichten* verstanden wird. Innerhalb der Prologe wird zudem eine Differenzierung von *vollesprechen*, *vol bringen* und *vol tichten* vorgenommen; und auch die handschriftliche Überlieferung spiegelt solche Diffe-

---

[45] So auch bei Hänsch (Anm. 12), S. 49f.

renzierungen wider, insofern die Textgestaltung ebenso unterschiedlichen Strategien der Vervollständigung folgt und Textübergänge deutlich markiert oder gezielt unmarkiert lässt.

Der höfische Roman bietet neben dem hier untersuchten ersten Beispiel mehrfach unvollendete Texte, die – meist wenige Jahrzehnte später – von anderen Autoren vollendet werden. Diese Texte werden als ‚Fortsetzungen von Fragmenten' bezeichnet: Der Text ist ‚Fragment', dessen ‚Fortsetzung' ein ihm angefügter, untergeordneter Text – so die geläufige Formulierungsweise. Beide Begriffe sind problematisch: ‚Fragment' bezeichnet im literaturwissenschaftlichen Sprachgebrauch zunächst das ‚Bruchstück' eines Artefakts; die ‚Fortsetzung', ein literaturwissenschaftlich bisher unreflektiert verwendeter Begriff, impliziert im wissenschaftlichen Sprachgebrauch, dass es sich hierbei um keinen vollständig autonomen Text handelt. Nimmt man die Handschriften zum Maßstab, die die Texte stets im Verbund mit dem fortgesetzten Fragment überliefern, erscheint der Begriff ‚Fortsetzung' vordergründig angemessen zu sein. Anhand des präsentierten Textkorpus konnte jedoch gezeigt werden, dass der Begriff den in den Texten formulierten Ansprüchen nicht gerecht wird. Der hier erprobte Begriff des ‚Textverbundes' kann die Hierarchie, welche die Begriffskombination von ‚Fragment' und ‚Fortsetzung' unmittelbar impliziert, auflösen. Er zielt auf die feste Verbindung der Teil-Texte, wobei zugleich die Eigenständigkeit von Fragment und Fortsetzung berücksichtigt wird. Im Rahmen des Textverbundes können die Texte als ‚Teil-Texte' neutral umschrieben werden; ‚Teil' impliziert dabei, dass die Vorstellung eines Ganzen Voraussetzung für den Teil-Text ist. Von diesen Einzelergebnissen her betrachtet, lassen sich erste, sicherlich noch an weiteren Texten zu prüfende Rückschlüsse für die Modellierung eines mittelalterlichen Textbegriffs ziehen, die die bisher konstatierten Implikationen mittelalterlicher Textualität um einen weiteren Aspekt zu ergänzen vermögen: Die Werkfragmente manifestieren ein Textverständnis, das auch den medialen Status reflektiert. Im Anschluss an die einer Textvarianz und -offenheit verpflichteten Forschung und unter Ausweitung der Kategorie der ‚Autorschaft' kann der Textbegriff schärfer konturiert werden: Eine Beschäftigung mit fragmentarischen Texten kann auf die Kategorie des ‚ganzen Textes' nicht verzichten und muss daher auch und gerade die schriftmaterielle Ebene der Texte berücksichtigen.

Abstract: The article examines the special case of 'fragment' and 'continuation' within a group of textual fragments. It focuses in particular on the textual transition from 'fragment' to 'continuation', examining both its manuscript form and the authors' reflexions on their texts as 'continuations'. Gottfried von Straßburg's 'Tristan' is taken as an example to explore the interfaces between Gottfried's 'Tristan-torso' and the two continuations by Ulrich von Türheim and Heinrich von Freiberg, as well as their combinations with other textual elements from the same narrative context (Eilhart von Oberg's 'Tristrant'

*Textverbünde(te)*

and 'Tristan als Mönch'). Based on the insights derived from the specific example, in alignment with recent tendencies in Medieval Studies, the concept of 'fragment' is systematically explored as a category of textuality. The subsequent focus is then directed to the question which implications textual fragments have for the medieval concept of text, as well as their contributions for textual comprehension and awareness, particularly in the written material form.

# Die Basler Fragmente des ‚Saelden Hort' als Beispiel für den literaturgeschichtlichen Erkenntniswert früher Handschriftenmakulatur (Basel, Universitätsbibliothek, Cod. N I 2:94)[*]

von Linus Möllenbrink

‚Der Saelden Hort' ist eine der wohl interessantesten volkssprachigen religiösen Dichtungen des Mittelalters.[1] In 11 304 überlieferten Versen[2] erzählt der Text eines anonymen Autors von Johannes dem Täufer und Maria Magdalena, deren Lebensbeschreibungen eingebettet sind in den heilsgeschichtlichen Bericht über das Leben und die Passion Christi, die gewissermaßen den Rahmen der Erzählung bilden und die beiden Heiligenviten miteinander verbinden. Es handelt sich also um einen Text, der legendarische und bibelepische Merkmale kombiniert, aber auch Elemente aus ganz anderen literarischen Traditionen integriert. Vor allem die Bezugnahme des ‚Saelden Hort' auf die höfische Literatur, auf Autoren wie Gottfried von Straßburg und Konrad von Würzburg, ist auffällig.[3] Auch im Text selbst wird das Verhältnis zur weltlichen Dichtung

---

[*] Für weiterführende Hinweise und Unterstützung danke ich Monika Studer (Basel).
[1] Zitiert nach: Der Saelden Hort. Alemannisches Gedicht vom Leben Jesu, Johannes des Täufers und der Magdalena. Aus der Wiener und Karlsruher Handschrift, hg. v. Heinrich Adrian (DTM 26), Berlin 1927.
[2] Der Text ist, abgesehen von den frühen Fragmenten, um die es im Folgenden gehen soll, in zwei Handschriften überliefert. Die ältere Handschrift w (Wien, Österr. Nationalbibl., Cod. 2841; alemannisch, um 1380/90) bietet 11 304 Verse, die jüngere Handschrift k (Karlsruhe, Landesbibl., Cod. St. Georgen 66; alemannisch, 1. H. 15. Jh.) nur 2 933 Verse. Auch in w scheint die Geschichte unabgeschlossen, vgl. Peter Ochsenbein, Art. ‚Der Sälden Hort', in: ²VL 8 (1992), Sp. 506–509, hier: 508. Dass es sich möglicherweise um ein Werkfragment handelt, böte im Kontext des vorliegenden Bandes ganz eigene Anschlussfragen, denen ich im Folgenden jedoch nicht nachgehen möchte.
[3] Zum Verhältnis bibelepischen Erzählens zur höfischen Literatur für die Zeit um 1200 vgl. auch Nikolaus Henkel, Religiöses Erzählen um 1200 im Kontext höfischer Literatur. Priester Wernher, Konrad von Fußesbrunnen, Konrad von Heimesfurt, in: Die

wiederholt thematisiert, zum Beispiel wenn der Erzähler sein Buch in eine ausdrückliche Konkurrenz zu bekannten höfischen Klassikern stellt,[4] oder wenn er – subtiler – in einer Publikumsansprache das Incipit eines Liedes Walthers von der Vogelweide zitiert.[5] Dieses Verhältnis wurde in der Forschung wiederholt zum Thema gemacht und insbesondere in neueren Beiträgen intensiv diskutiert.[6]

---

Vermittlung geistlicher Inhalte im deutschen Mittelalter. Internationales Symposium, Roscrea 1994, hg. v. Thimothy R. Jackson, Nigel F. Palmer u. Almut Suerbaum, Tübingen 1996, S. 1–21, der davor warnt, bestimmte Textmerkmale vorschnell mit dem „Personalstil" höfischer Autoren zu identifizieren, insofern es sich dabei lediglich um das Ergebnis einer „Anwendung des litterat-lateinischen Stilinventars in der Volkssprache" handelt (ebd., S. 7).

[4] Vgl. V. 4401–4410: *und gib mir wishait und maht, / daz dis bůch werd volbracht / dir ze loblichem lob, / und als ain violiner clob / fůr nesalan indem mertzen / es smakent rainů hertzen! / fůr Wigoleis, Tristanden / in megten, witwen handen / den usser welten dinen / ez tů lutzellig schinen!*

[5] Vgl. V. 5331: *Ir rainen wip, ir werden man.* Zur Anspielung auf das (annähernd) gleichlautende Incipit von Walthers Lied L 43 siehe Bruno Quast, *Von den ewangelien wil ich tihten. Spielräume des Narrativen in Gundackers von Judenburg ‚Christi Hort' und in ‚Der Sælden Hort'*, in: Fiktion und Fiktionalität in den Literaturen des Mittelalters. Jan-Dirk Müller zum 65. Geburtstag, hg. v. Ursula Peters u. Rainer Warning, Paderborn / München 2009, S. 387–405, hier: 399f.; Susanne Köbele, Registerwechsel. Wiedererzählen, bibelepisch (‚Der Saelden Hort', ‚Die Erlösung', Lutwins ‚Adam und Eva'), in: Inkulturation. Strategien bibelepischen Schreibens in Mittelalter und Früher Neuzeit, hg. v. Bruno Quast u. Susanne Spreckelmeier (Literatur – Theorie – Geschichte 12), Berlin / Boston 2017, S. 167–202, hier: 178, die mit Bezug auf Jan-Dirk Müller darauf hinweist, dass es sich um eine „offenbar gängige[ ] Walther-Formel" (ebd.) handelt, die in der spätmittelhochdeutschen Literatur auch unabhängig von dessen Lied überliefert ist. Siehe dazu Jan-Dirk Müller, Walther von der Vogelweide: *Ir reinen wip, ir werden man*, in: ZfdA 124 (1995), S. 1–25.

[6] Vgl. neben Quast (Anm. 5), S. 397–402 u. 404, und Köbele (Anm. 5), S. 171–176, auch Annette Volfing, John the Evangelist and Medieval German Writing. Imitating the Inimitable, Oxford 2001, S. 169–183; Aleksandra Prica, Ostentation. Zum Verhältnis von Phänomenen und Semantiken des Zeigens bei Thomas von Aquin und in ‚Der Saelden Hort', in: Modelle des Medialen im Mittelalter, hg. v. Christian Kiening u. Martina Stercken (Das Mittelalter. Perspektiven mediävistischer Forschung 15/2), Berlin 2010, S. 80–95, sowie Martina Backes, Zur Rolle weltlicher Literatur in einer literarischen Topographie des deutschsprachigen Südwestens um 1300, in: Sangspruchdichtung um 1300. Akten der Tagung in Basel vom 7. bis 9. November 2013, hg. v. Gert Hübner u. Dorothea Klein (Spolia Berolinensia 33), Hildesheim 2015, S. 55–66, hier: 55–57. Auch in der älteren Forschung wurde die Thematik bereits diskutiert, vgl. Heinrich Adrian, Das alemannische Gedicht von Johannes dem Täufer und Maria Magdalena, Straßburg 1908, S. 73f. u. 138–157; Frieda Eder, Studien zu ‚Der Saelden Hort'. Ein Beitrag zur gesellschaftlichen Bestimmtheit mittelalterlicher Dichtung, Berlin 1938, S. 5–11, 15–24 u. 37; Helmut de Boor, Die deutsche Literatur im späten Mittelalter. Zerfall und Neubeginn. Erster Teil: 1250–1350 (Geschichte der deutschen Literatur von den Anfängen bis zur Gegenwart 3.1), München 1962, S. 507f.; Ochsenbein (Anm. 2), Sp. 508.

*Die Basler Fragmente des ‚Saelden Hort'*

Dabei stellt sich unter anderem die Frage, an wen sich diese Anspielungen auf die höfische Literatur eigentlich richten, wer also das intendierte Publikum des ‚Saelden Hort' darstellt. Darüber wird seit dem Beginn der Beschäftigung mit dem Text am Anfang des 20. Jahrhunderts nachgedacht. Eine besondere Relevanz besitzen in diesem Zusammenhang frühe Fragmente des ‚Saelden Hort', die in den 1970er-Jahren gefunden wurden und deren Niederschrift nahe an der mutmaßlichen Entstehung des Werkes selbst liegt. Diese Fragmente stehen im Zentrum des vorliegenden Beitrags und werden im Folgenden auf ihr text- und überlieferungsgeschichtliches Aussagepotenzial befragt.

Nachdem ich (1) einführend die Diskussion um die literaturgeschichtliche Verortung des ‚Saelden Hort' skizziert habe, möchte ich (2) die Fragmente und ihren Auffindungskontext vorstellen, bevor ich (3) einige Thesen zur Geschichte der verlorenen Handschrift aufstelle und auf dieser Basis grundlegend über die Erkenntnismöglichkeiten früher Makulaturfragmente nachdenke. Abschließend komme ich (4) noch einmal auf die Ausgangsfrage zurück und ziehe ein kurzes Fazit zur literaturgeschichtlichen Verortung des ‚Saelden Hort'.

## 1. Das Publikum des ‚Saelden Hort': Thesen der Forschung

Obwohl wir über die Entstehungsbedingungen des ‚Saelden Hort' nicht viel mehr wissen, als dass er vermutlich um 1300 im alemannischen Raum verfasst wurde,[7] stand die Frage nach seinem ‚Sitz im Leben' von Anfang an im Zentrum der Forschung. Ihre Beantwortung beeinflusst – wie wir noch sehen werden – unter anderem auch, wie der Text heute gelesen wird. Schon der Herausgeber Heinrich Adrian hatte 1927 im Vorwort seiner Ausgabe die Stadt Basel als Entstehungsort des Textes vorgeschlagen. Maßgeblich waren dafür neben der alemannischen Schreibsprache der beiden damals bekannten Handschriften vor allem inhaltliche Anspielungen, die auf regionale Gebräuche hinweisen sollen.[8] Auch wenn diese Indizien relativ dürftig sind, gilt die Lokalisierung des

---

[7] Die Datierung ergibt sich vor allem aus historischen Bezugnahmen im Text: In der Formulierung *git tůt die babst an ander van, / ze tôt an ander kúnig slan* (V. 4867f.) sieht man eine Anspielung auf die Gefangennahme Papst Coelestins V. durch Bonifatius VIII. (1294–1295) sowie den Tod König Adolfs von Nassau in der Schlacht bei Göllheim (1298), vgl. die Einleitung in der Ausgabe Adrian, Saelden Hort (Anm. 1), S. XXVI; Ochsenbein (Anm. 2), Sp. 507.

[8] Vgl. Adrian (Anm. 1), S. XXVI–XXVIII: Vor allem in der Erwähnung der *Strasburger watten* (V. 5023), einer spezifischen Art von Zugnetzen, sowie der dort praktizierten Goldwäscherei (V. 6789f.) erkannte Adrian Bezugnahmen auf den Oberrhein, wobei Basel als „geistige[m] Mittelpunkt" der Region als „Wirkungsfeld" des Textes die größte Wahrscheinlichkeit zukomme (ebd., S. XXVIII). In seiner etwa 20 Jahre älte-

Textes in Basel bis heute in weiten Teilen der Forschung als Konsens und wird auch in einschlägigen Überblickswerken aufgegriffen.[9] In Bezug auf das intendierte Publikum ging Adrian weiterhin davon aus, dass der ‚Saelden Hort' für geistliche Frauen geschrieben worden sei.[10] Er verweist dafür insbesondere auf mehrere Textstellen, in denen sich der Erzähler an ein offenbar weibliches fiktives Publikum wendet.[11]

Darauf aufbauend machte Frieda Eder in ihrer Dissertation von 1938 einen noch weitergehenden Vorschlag für die Verortung des Textes, indem sie den ‚Saelden Hort' nicht nur in Basel lokalisiert, sondern auch konkret die Nonnen des dortigen Dominikanerinnenklosters St. Maria Magdalena an den Steinen als sein intendiertes Erstpublikum identifiziert.[12] Obwohl einige Einwände gegen eine so exakte Lokalisierung geltend gemacht und alternative Verortungen vorgeschlagen wurden,[13] hält sich diese These bis in die aktuellste Forschung: In

---

ren Dissertation hatte Adrian die Aussagekraft der Befunde noch sehr viel vorsichtiger eingeschätzt und die Herkunft des Textes lediglich auf die „Gegend des südlichen Ober-Elsaß" eingeschränkt (Adrian [Anm. 6], S. 62).

[9] Peter Ochsenbeins Artikel im ‚Verfasserlexikon' etwa lokalisiert den ‚Saelden Hort' „im Westalemannischen, wohl in Basel" (Ochsenbein [Anm. 2], Sp. 507). Siehe auch Werner Williams-Krapp, Art. ‚Der Saelden Hort', in: ²Killy Literaturlexikon 10 (2011), S. 156 („aus dem hochalemann[ischen] Bereich, vielleicht aus Basel"); Bruno Jahn, Art. ‚Der Saelden Hort', in: Deutsches Literatur-Lexikon. Das Mittelalter, hg. v. Wolfgang Achnitz, Bd. 1: Das geistliche Schrifttum von den Anfängen bis zum Beginn des 14. Jahrhunderts, Berlin / New York 2011, Sp. 1023–1025, hier: 1023 („vielleicht aus der Gegend von Basel"). In der Literaturgeschichte von Helmut de Boor ist ebenfalls zu lesen, der Text sei „vermutlich in Basel" entstanden (de Boor [Anm. 6], S. 506). Differenzierter und mit anderen Argumenten Henrike Manuwald, Where to Place the Images? The Scribe as ‚Concepteur' in Vienna, Österreichische Nationalbibliothek, Cod. 2841 (‚Der Sælden Hort' and ‚Legend of St. Catherine'), in: Manuscripta 53 (2009), S. 179–211, hier: 211, Anm. 50; Backes (Anm. 6), S. 57f.

[10] Vgl. Adrian (Anm. 6), S. 72: „[V]or allem sind es die Frauen und Klosternonnen, an die sich der Dichter aufklärend und belehrend mit besonderem Eifer wendet."

[11] Vgl. etwa V. 343 (kúsche mægt), V. 704 (die megde), V. 3955 (e lút, witwen, magt), V. 4408 (in megten, witwen handen), V. 4799 (witwen und e frowen). An anderer Stelle werden allerdings auch ganz andere Gruppen erwähnt, vgl. V. 11 (elút, witwan, mægde, knaben), V. 278 (laygen, pfaffen, nunnen), V. 5586f. (raine mágde [die Hs. bietet rain wip], jungú wip / und Gottes kempfen, stark man). – Zur Unterscheidung von fiktivem und abstraktem Publikum vgl. Wolf Schmid, Elemente der Narratologie, 3., erw. u. überarb. Aufl., Berlin / Boston 2014, S. 97–106.

[12] Vgl. Eder (Anm. 6), S. 38–48. Dafür spreche insbesondere die besondere Verehrung von Maria Magdalena und Johannes dem Täufer, den beiden Hauptfiguren der Dichtung, im fraglichen Kloster.

[13] Vgl. Backes (Anm. 6), S. 57; Manuwald (Anm. 9), S. 208f. Grundsätzlich zur Vorsicht vor solchen allzu konkreten Verortungen mahnt auch Timothy R. Jackson, ‚Der Saelden Hort'. ich und du, Wort und Bild, in: Zur deutschen Literatur und Sprache des 14. Jahrhunderts Dubliner Colloquium 1981, hg. v. Walter Haug, Timothy R. Jack-

ihrem Beitrag zu einem 2019 erschienenen Überblickswerk zum legendarischen Erzählen schreibt Nina Nowakowski, der ‚Saelden Hort' sei „sicher [...] in Basel" verfasst worden, entweder „für die Nonnen des Steinenklosters der Stadt oder aber für Basler Beginen"[14]. Den Vorrang gibt Nowakowski der ersten Möglichkeit und verortet den Text im Dominikanerinnenkonvent.[15]
Diese literaturgeschichtliche Lokalisierung hat Konsequenzen für die Deutung des Textes. Für Nowakowski bietet die Maria Magdalena-Erzählung im ‚Saelden Hort' nämlich ein Modell für das Leben der Nonnen im Steinenkloster. Das bezieht sich in erster Linie auf die ursprüngliche Ordenszugehörigkeit des Konvents, der als Reuerinnenkloster gegründet worden war. Der Reuerin-

---

son u. Johannes Janota (Reihe Siegen. Beiträge zur Literatur- und Sprachwissenschaft 45), Heidelberg 1983, S. 141–154, hier: 150: „Wer mit dem *du* vom Dichter gemeint wurde, ob Laien, ob speziell Frauen, ob die Reuerinnen des Steinenklosters zu Basel [...], läßt sich [...] freilich noch nicht sagen." Dass der Text zwar für geistliche Frauen in Basel verfasst wurde, allerdings nicht für Nonnen, sondern für Beginen, glaubt Peter Ochsenbein, ‚Der Saelden Hort'. Neuentdeckte Fragmente einer bisher unentdeckten frühen Handschrift, in: ZfdA 103 (1974), S. 193–199; vorsichtiger Ochsenbein (Anm. 2), Sp. 507: Ob das Werk „für das Maria Magdalena-Kloster an den Steinen in Basel [...] geschrieben wurde [...] oder vielleicht [...] für eine Basler Beginen-Samnung bestimmt war, läßt sich nicht mehr feststellen". An einen „gebildeten, geistlichen Adressatinnenkreis" denkt Prica (Anm. 6), S. 89. Von einem weiblichen Laienpublikum ging dagegen schon Helmut de Boor aus (Anm. 6), S. 506f. So auch Williams-Krapp (Anm. 9); Joachim Bumke, Geschichte der deutschen Literatur im hohen Mittelalter (Geschichte der deutschen Literatur im Mittelalter 2), München ⁵2004, S. 389 („höfisches Adelspublikum"; „er wendet sich besonders an fromme Frauen [...]; damit sind jedoch keine Nonnen gemeint, sondern ‚Ehefrauen, Witwen oder Jungfrauen'"). Dennis H. Green glaubt ebenfalls an ein explizit weibliches Publikum, vgl. Dennis Howard Green, Women Readers in the Middle Ages (Cambridge Studies in Medieval Literature 65), Cambridge 2007, S. 201: „‚Der Saelden Hort' was addressed expressly to women." Ebenso Jahn (Anm. 9), Sp. 1023. Noch ganz offen dagegen Achim Masser, Bibel- und Legendenepik des deutschen Mittelalters (Grundlagen der Germanistik 19), Berlin 1976, S. 85, der allerdings betont, es bräuchte weitere Forschung, „von der man sich interessante Aufschlüsse [...] auch [hinsichtlich] des Publikums erwarten darf, das von dieser Dichtung angesprochen wird."

[14] Nina Nowakowski, Eine biblische Heilige in klösterlicher Gemeinschaft: Maria Magdalena in Basel und Nürnberg, in: Julia Weitbrecht u. a., Legendarisches Erzählen. Optionen und Modelle in Spätantike und Mittelalter (PhSt 273), Berlin 2019, S. 247–267, hier: 251.

[15] Vgl. Nowakowski (Anm. 14), S. 251f. Wenn es zur Begründung heißt, sie folge der Tendenz der jüngeren Forschung, „die Zuordnung der Erzählung zum Steinenkloster als wahrscheinlicher einzustufen", erscheint mir nicht ganz klar, worauf sich das bezieht: Der in der Anmerkung angeführte Beitrag von Martina Backes jedenfalls äußert zwar tatsächlich Zweifel an Ochsenbeins These, der Text könnte für Basler Beginen konzipiert worden sein (Backes [Anm. 6], S. 57, Anm. 5), distanziert sich aber mindestens ebenso deutlich von einer Verortung im Steinenkloster (ebd., S. 57) und schlägt eine alternative Kontextualisierung vor.

nen-Orden verfolgte zumindest in seiner Anfangsphase das Ziel, ehemalige Prostituierte aufzunehmen und ihnen ein neues Leben im Kloster zu ermöglichen.[16] Das passt insofern zu Maria Magdalena, als die Heilige im Mittelalter in erster Linie als Sünderin wahrgenommen wurde, die ein (auch in sexueller Hinsicht) ausschweifendes Leben geführt hat, bevor sie umkehrt, Buße tut, Gnade findet und heilig wird.[17] Die Geschichte von Maria Magdalena, wie sie im ‚Saelden Hort' erzählt wird, bietet damit für Nowakowski ein „Handlungsmodell"[18] für die ehemaligen Prostituierten im Kloster, die sich mit der Heiligen identifizieren und den Prozess von Sünde, Reue und Buße auf ihr eigenes Leben übertragen könnten. Die anderen Schwestern wiederum könnten sich mit Christus identifizieren und lernen, „Prostitution nicht vorschnell zu verurteilen."[19]

Abgesehen davon, dass die komplexe Anlage des ‚Saelden Hort' kaum in einer solchen ‚einfachen' identifikatorischen Lektüre des Textes aufgeht[20] und dass um 1300, als der Text entstand, keine ehemaligen Prostituierten mehr im

---

[16] Zur Geschichte des Steinenklosters vgl. Emil A. Erdin, Das Kloster der Reuerinnen Sancta Maria Magdalena an den Steinen zu Basel von den Anfängen bis zur Reformation (ca. 1230–1529), Freiburg i. Üe. 1956; Angelus M. Walz, Zur Geschichte des Basler Steinenklosters, in: Zeitschrift für Schweizerische Kirchengeschichte. Revue d'Histoire Ecclésiastique Suisse 55 (1961), S. 332–339; Petra Zimmer, Basel, St. Maria Magdalena an den Steinen, in: Die Dominikaner und Dominikanerinnen in der Schweiz, bearb. von Urs Amacher u. a., redigiert von Petra Zimmer unter Mitarbeit von Brigitte Degler-Spengler (Helvetia Sacra Abteilung IV, Die Orden mit Augustinerregel, Bd. 5.2), Basel 1999, S. 584–609.

[17] Vgl. Nowakowski (Anm. 14), S. 254–256.

[18] Ebd., S. 255.

[19] Ebd. Eine ähnlich identifikatorische Lektüre legt bereits Eder nahe, wenn sie davon spricht, ‚Der Saelden Hort' erzähle den Steinenschwestern die „Legende ihrer eigenen Klosterheiligen, mit der sie durch die Art ihrer Lebensführung aufs Engste verbunden waren [...]: Auf Schritt und Tritt, so kann man sagen, führte der ‚Saelden Hort' ihnen ihre eigene Lage vor Augen, wandte er sich an ihre persönliche Not" (Eder [Anm. 6], S. 48). Zu Maria Magdalena als „wichtige[m] Vorbild" und „Identifikationsfigur" der Dominikanerinnen und Dominikaner grundsätzlich auch Klaus-Bernward Springer, Paulus, Maria, Johannes, Maria Magdalena und Katharina von Alexandrien. Vorbilder für Kontemplation und Apostolat, in: Die deutschen Dominikaner und Dominikanerinnen im Mittelalter, hg. v. Sabine von Heusinger, Elias H. Füllenbach OP, Walter Senner OP u. Klaus-Bernward Springer (Quellen und Forschungen zur Geschichte des Dominikanerordens. N. F. 21), Berlin / Boston 2016, S. 443–480, hier: 477.

[20] Auch inhaltliche Gründe sprechen gegen diese identifikatorische Deutung. So erzählt der ‚Saelden Hort' gerade nicht von sexuellen Ausschweifungen Maria Magdalenas: Es ist zwar von der *welt minne* (V. 7412) der Sünderin die Rede, gleichzeitig wird jedoch ganz deutlich betont, dass sie Jungfrau geblieben sei und in dieser Hinsicht nur dem Willen, nie aber den Werken nach gesündigt habe: *daz si gewan ie kainen man, / daz man sie fürbas rûme, / sit wild und ungestûme / si was und doch so den unflat / der werken mait und ir getat.* (V. 7494–7498).

Steinenkloster lebten und der ursprüngliche Zweck des Ordens völlig verblasst war,[21] ist die Verortung in diesem Kloster überhaupt viel unsicherer, als es den Anschein hat. Für Eders ursprünglichen Lokalisierungsvorschlag gab es eigentlich keine belastbaren Indizien. Umso bedeutsamer war deswegen die Entdeckung von neuen Fragmenten des ‚Saelden Hort', weil diese die These auf den ersten Blick geradezu spektakulär zu bestätigen scheinen. Sie bieten einen hervorragenden Anlass, um der Frage nach dem Publikum des ‚Saelden Hort' noch einmal neu aus der Perspektive der *material philology* nachzugehen.

## 2. Die Basler Pergamentstreifen des ‚Saelden Hort' und ihre Trägerhandschrift

Bei den Fragmenten, um die es im Folgenden gehen soll, handelt es sich um fünf schmale Pergamentstreifen, die insgesamt 66 vollständige und einige unvollständige Verse des ‚Saelden Hort' bieten (Basel, Universitätsbibl., Cod. N I 2:94; Abb. 1a–b). Wie der Textbestand verrät, stammen die Streifen aus zwei aufeinanderfolgenden Doppelblättern einer Lage.[22] Der paläographische Befund weist „mit Sicherheit in das frühe 14. Jh.", aber auch eine Entstehung noch vor 1300 hält Peter Ochsenbein für nicht ausgeschlossen.[23] Die Fragmente stellen also Überreste einer Handschrift dar, die nicht lange nach der vermuteten Entstehung des Werkes hergestellt wurde. In der bisherigen Forschung scheint man oft implizit davon auszugehen, es könnte sich um Überreste eines Autographs handeln, denn sonst würde man nicht ohne Weiteres von der Überlie-

---

[21] Bereits im 13. Jahrhundert wurden die Reuerinnen-Klöster mehr und mehr zu einer Institution für Töchter aus reichen und adligen Familien; der Reuerinnen-Orden wurde schließlich ganz aufgelöst und seine Gemeinschaften größtenteils, wie in Basel, dem Dominikanerorden eingegliedert. Siehe dazu Peter Schuster, ‚Sünde und Vergebung'. Integrationshilfen für reumütige Prostituierte im Mittelalter, in: Zeitschrift für Historische Forschung 21 (1994), S. 145–170, hier: 159f.; für das Steinenkloster Erdin (Anm. 16), S. 44f.; Zimmer (Anm. 16), S. 586. Das erkennt auch Nowakowski, spricht jedoch davon, der Text sei dennoch dazu geeignet, „die Gründungsidee des Ordens zu vermitteln" (Nowakowski [Anm. 14], S. 255).

[22] Vgl. Ochsenbein (Anm. 13), S. 194. Die Fragmente a–c stammen von einem Doppelblatt, d und e von einem anderen. In der Mitte der Lage befand sich ursprünglich ein weiteres Doppelblatt.

[23] Ebd., S. 193. Ochsenbein weist selbst auf die Schwierigkeit hin, dass sich gerade Schreiberinnen im monastischen Kontext oft an älteren Buchstabenformen orientieren, weshalb ihre Schriften oft älter erscheinen, als sie tatsächlich sind, vgl. dazu Karin Schneider, Paläographie und Handschriftenkunde für Germanisten. Eine Einführung, 3. durchges. Aufl. (Sammlung kurzer Grammatiken germanischer Dialekte. B: Ergänzungsreihe 8), Berlin / Boston 2014, S. 55 u. 84.

ferung auf die Produktionsinteressen des Autors und sein intendiertes Erstpublikum schließen.[24] Abgesehen von der zeitlichen Nähe gibt es dafür allerdings keine weiteren Hinweise.

Etwa 100 Jahre nach ihrer Entstehung wurde die Pergamenthandschrift des ‚Saelden Hort', aus der die Fragmente stammen, jedenfalls makuliert; die Bögen wurden in Streifen geschnitten und dienten dann als Lagenfalze einer jüngeren Papierhandschrift (Basel, Universitätsbibl., Cod. F IV 43).[25] Dort wurden sie von Martin Steinmann gefunden und anschließend von Ochsenbein untersucht und publiziert.[26]

Einen ersten Hinweis auf die Lokalisierung der Fragmente liefert ihre Schreibsprache, die Ochsenbein als westalemannisch bestimmt, wobei sich „mit Sicherheit behaupten" lasse, „daß keine einzige Schreibung darauf hindeutet, das Fragment sei nicht in Basel geschrieben worden."[27] Dank neuerer Hilfsmittel wie dem ‚Historischen Südwestdeutschen Sprachatlas' (HSS) und der neuen ‚Mittelhochdeutschen Grammatik' lässt sich dieses Ergebnis noch etwas ergänzen und differenzieren, ohne damit allerdings eine systematische sprachhistorische Analyse ersetzen zu wollen:

Die von Ochsenbein angeführte Form *ergeln* (statt *ergern*)[28] passt nach Basel, ist jedoch auch darüber hinaus im Süden des alemannischen Sprachraums zu erwarten.[29] Das gleiche gilt für *swel* (statt *swelch*),[30] das ebenfalls vor allem im Süden belegt ist und

---

[24] Ochsenbein spricht etwas unklar von der „erste[n] Hs." des Textes, „von der die Basler Fragmente stammen könnten und welche möglicherweise die Vorlage für die beiden erhaltenen Hss. war" (Ochsenbein [Anm. 13], S. 198).

[25] Die Fragmente a und b schließen unmittelbar aneinander an, zwischen b und c fehlen zwei, zwischen d und e drei Verse. Hier sind offenbar weitere Streifen verloren gegangen, die möglicherweise anderswo als Makulaturmaterial verwendet wurden.

[26] Siehe https://swisscollections.ch/Record/991170499890605501. Sämtliche in diesem Beitrag angeführten digitalen Ressourcen wurden zuletzt abgerufen am 12.04.2024. Eine Beschreibung der Handschrift bietet Beat Matthias von Scarpatetti, Katalog der datierten Handschriften in der Schweiz in lateinischer Schrift vom Anfang des Mittelalters bis 1550, Bd. 1: Text. Die Handschriften der Bibliotheken von Aarau, Appenzell und Basel, bearb. v. dems. unter Mitwirkung von Paul Bloesch u. a., Dietikon-Zürich 1977, Nr. 516, S. 185f. Siehe außerdem den Katalogeintrag von Martin Steinmann von 1982 mit handschriftlichen Nachträgen bis 2005, online zugänglich unter: https://ub.unibas.ch/digi/a100/kataloge/mscr/mscr_f/BAU_5_000117266_cat.pdf. Ein Digitalisat der Handschrift findet sich unter: https://www.e-codices.unifr.ch/de/searchresult/list/one/ubb/F-IV-0043.

[27] Ochsenbein (Anm. 13), S. 196.

[28] Fragment d^v, Sp. 2 = V. 6563 (gegen w: *ergern*; k: *erckern*).

[29] Vgl. Wolfgang Kleiber / Konrad Kunze / Heinrich Löffler, Historischer Südwestdeutscher Sprachatlas. Aufgrund von Urbaren des 13. bis 15. Jahrhunderts, Bd. 1–2 (Bibliotheca Germanica 22), Bern / München 1979, hier Bd. 1, S. 213–218, und Bd. 2, Karte 114 zur Verbreitung von *kirche* und *kilche*.

[30] Fragment c^r, Sp. 4 = V. 5952 (mit w und k).

## Die Basler Fragmente des ‚Saelden Hort'

sich auch in den beiden anderen Textzeugen des ‚Saelden Hort' findet.[31] Auf den Südwesten verweist außerdem die Form *sunt* (*svnt*).[32] Der Osten des alemannischen Raums ist durch die konsequente Schreibung des Diphthongs *ei* (statt *ai*) ausgeschlossen.[33] Charakteristisch ist weiterhin die Verteilung der Flexionsendungen *-n* und *-nt* in der 1. / 3. Pers. Pl. Präs. (etwa *sin* / *sint*):[34] Der Befund der Fragmente entspricht hier der Basler Überlieferung, wo in der 1. Person – anders als in großen Teilen des Westalemannischen – Formen ohne Dental dominieren (*wir sin*),[35] während in der 3. Person neben einzelnen Schreibungen auf *-n* (*si sin*)[36] solche auf *-nt* vorherrschen ([*si*] *sint*).[37] Anstatt des im HSS für Basel ausschließlich belegten *nút* finden sich in den Fragmenten zwar nur Schreibungen mit *i* (*nit*; *niht*); diese sind allerdings für die unmittelbare Umgebung der Stadt belegt.[38]

Angesichts der enormen methodischen Herausforderungen, denen die schreibsprachliche Lokalisierung von Quellen der Zeit um 1300 grundsätzlich ausgesetzt ist, wird man hier – wie schon Ochsenbein festgestellt hat – wohl keine größere Genauigkeit erreichen können.[39] Der Befund lässt es jedoch zumindest

---

[31] Kleiber / Kunze / Löffler (Anm. 29), Bd. 1, S. 300; Bd. 2, Karte 209. Vgl. dazu schon Käthe Gleißner / Theodor Frings, Zur Urkundensprache des 13. Jahrhunderts, in: Zeitschrift für Mundartforschung 17 (1941), S. 1–157, hier: 56; sowie Thomas Klein / Hans-Joachim Solms / Klaus-Peter Wegera, Mittelhochdeutsche Grammatik, Bd. 1, Teil II: Flexionsmorphologie, Berlin / Boston 2018, S. 538.

[32] Fragment c$^r$, Sp. 4 = V. 5951 (gegen w: *sont*; k: *sond*). Vgl. Gleißner / Frings (Anm. 31), S. 70 u. 72f.; zur Verteilung von *u* und *o* in den Flexionsformen von *suln/soln* auch Klein / Solms / Wegera (Anm. 31), S. 904f.

[33] Vgl. Fragment b$^r$, Sp. 3 (*bescheiden*) = V. 5913 (gegen w und k: *beschaiden*); ebd., Sp. 4 (*keinen*) = V. 5948 (gegen w: *kainen*; k: *kain*); Fragment c$^r$, Sp. 3 (*einander*) = V. 5916 (gegen w: *an andern*; k: *anander*); Fragment c$^v$, Sp. 1 (*alleine meinent*) = V. 5987 (gegen w: *allaine mainet*; k: *allain mainent*); ebd., Sp. 4 (*weide*) = V. 6641 (gegen w und k: *waid*); Fragment e$^v$, Sp. 1 (*kein*) = V. 6535 (gegen w und k: *kain*); ebd., Sp. 3 (*keinen*) = V. 6054 (gegen w und k: *kainen*). Dazu Kleiber / Kunze / Löffler (Anm. 29), Bd. 1, S. 149–155; Bd. 2, Karte 55–63. Vgl. schon Ochsenbein (Anm. 13), S. 196: „Die bei Adrian störende, aber aus w und k handschriftengetreu übernommene *ai*-Schreibung erscheint in B in der richtigen westalemannischen Form *ei*."

[34] Dazu Kleiber / Kunze / Löffler (Anm. 29), Bd. 1, S. 303–305; Bd. 2, Karte 212–214; grundlegend Klein / Solms / Wegera (Anm. 31), S. 755f. u. 758f., für die Formen von mhd. *sîn* auch S. 927–930.

[35] Fragment a$^r$, Sp. 4 = V. 5944 (gegen w: *sint*; k: *sind*).

[36] Fragment c$^r$, Sp. 3 = V. 5916 (gegen w und k: *sint*).

[37] Fragment b$^r$, Sp. 2 = V. 6708 (mit w und k); c$^r$, Sp. 4 = V. 5952 (mit w: *sint*; k: *sind*). Ebenso *meinent* (V. 5987), Fragment c$^v$, Sp. 1 (mit w: *mainent*; gegen w: *mainet*).

[38] *nit*: Fragment c$^v$, Sp. 2 = V. 6021 (mit w und k); *niht*: Fragment e$^r$, Sp. 3 = V. 6468 (gegen w und k: *nit*); Fragment e$^v$, Sp. 1 = V. 6534 (gegen w und k: *nit*). Vgl. dazu Kleiber / Kunze / Löffler (Anm. 29), Bd. 1, S. 119f.; Bd. 2, Karte 24; grundlegend Klein / Solms / Wegera (Anm. 31), Bd. 1, S. 425f. Siehe auch Gleißner / Frings (Anm. 31), S. 141–144, die für 1329 auch einen Basler Beleg für *niet* bieten.

[39] Vgl. Thomas Klein, Ermittlung, Darstellung und Deutung von Verbreitungstypen in der Handschriftenüberlieferung mittelhochdeutscher Epik, in: Deutsche Handschrif-

zu, mit einer gewissen Wahrscheinlichkeit andere literarische Zentren des Oberrheins wie Straßburg, Freiburg und Konstanz als Schreibort auszuschließen.

Den wichtigsten Hinweis auf die Herkunft der Fragmente bietet allerdings ihr Auffindungskontext: Die Trägerhandschrift, in der die Pergamentstreifen gefunden wurden, eine 1429 angefertigte Abschrift des lateinischen ‚Tractatus de moribus et disciplina humanae conversationes' des Johannes von Rheinfelden,[40] stammt nämlich ausgerechnet aus jenem Kloster, das Eder aus ganz anderen Gründen ins Spiel gebracht hatte, also dem Basler Dominikanerinnenkloster St. Maria Magdalena an den Steinen. Darauf verweisen ein Besitzeintrag aus dem 15. Jahrhundert[41] sowie eine Bibliothekssignatur in Form eines stilisierten Salbgefäßes mit einer römischen Zahl (*xliij*), wie wir sie auch aus anderen Bänden der Bibliothek des Klosters kennen (Abb. 2).[42]

Was auf den ersten Blick wie eine geradezu sensationelle Bestätigung der alten These erscheint, erweist sich allerdings bei genauerer buchgeschichtlicher Betrachtung als weniger eindeutig. Für Ochsenbein jedenfalls spricht der Befund ausdrücklich nicht dafür, dass auch die ursprüngliche Handschrift des ‚Saelden Hort', deren Makulatur hier verwendet worden ist, aus dem Steinenkloster stammt; eher im Gegenteil mache der Befund das gerade unwahrscheinlich: „Warum ist nach 1425 eine wertvolle P[ergament]-H[andschrift] dieser ‚Hausdichtung' verschnitten worden, nachdem man weiß, wie sorgfältig die Archivalien und H[andschriften] von den Steinenschwestern im 15. Jh. aufbewahrt wurden?"[43] Stattdessen überlegt er, die Handschrift (und damit auch der

---

ten 1100–1400. Oxforder Kolloquium 1985, hg. v. Volker Honemann u. Nigel F. Palmer, Tübingen 1988, S. 110–167, hier: 111f. Neben dem für die Zeit um 1300 zur Verfügung stehenden Quellenmaterial betrifft das unter anderem die Frage, wie stark die Schreibsprache einer Handschrift neben den lokalen Gewohnheiten möglicherweise auch durch individuelle dialektale Eigenheiten ortsfremder Schreiber:innen geprägt ist. Vgl. dazu schon Gerhard Meissburger, Urkunde und Mundart, in: Vorarbeiten und Studien zur Vertiefung der südwestdeutschen Sprachgeschichte, hg. v. Friedrich Maurer (Forschungen zur oberrheinischen Landesgeschichte 17 / Veröffentlichungen der Kommission für geschichtliche Landeskunde in Baden-Württemberg. Reihe B 33), Freiburg i. Br. 1965, S. 47–103, hier: 65–70.

[40] Auf das Herstellungsdatum der Handschrift (Basel, Universitätsbibl., Cod. F IV 43) verweist ein Kolophon auf fol. 183ʳ: *Anno domini m cccc 29 finitus est liber iste per manus petri Johannis húller alias de wiscellach ciuis et scolaris Basiliensis Sabbato post festum Assumpcionis beatissime et gloriosissime virginis Marie hora vesperarum etc. Deo gracias dentur pro penna scriptori celica regna.* Abkürzungen sind hier und im Folgenden stillschweigend aufgelöst.

[41] Basel, Universitätsbibl., Cod. F IV 43, fol. VIʳ: *Jste liber est sororum ad lapides.*

[42] Vgl. Basel, Universitätsbibl., Cod. A VIII 56 und Cod. A VIII 57. Dazu Albert Bruckner, Scriptoria Medii Aevi Helvetica. Denkmäler Schweizerischer Schreibkunst des Mittelalters, Bd. 12: Das alte Bistum Basel, Genf 1971, S. 35.

[43] Ochsenbein (Anm. 13), S. 198.

‚Saelden Hort') sei für Basler Beginen geschrieben worden und mit der Aufhebung der Beginenhäuser der Stadt in den Jahren 1405 und 1411 unter das Messer eines Basler Buchbinders geraten.[44]

Tatsächlich wurde die Sorgfalt, mit der sich die Dominikanerinnen an den Steinen um ihre Handschriften gekümmert haben, verschiedentlich hervorgehoben.[45] Das betrifft jedoch in erster Linie das pragmatische Schrifttum des Klosters, also Urbare, Urkundenverzeichnisse, Rechnungs-, Zins- und Briefbücher. Ich halte es daher für durchaus vorstellbar, dass die Nonnen am Anfang des 15. Jahrhunderts eine alte Pergamenthandschrift aus ihrer Bibliothek aussortiert haben, etwa weil der Reimpaartext dem literarischen Geschmack oder den frömmigkeitsgeschichtlichen Bedürfnissen nicht mehr genügt hatte,[46] möglicherweise gerade auch vor dem Hintergrund der Observanz, die 1423 im Steinenkloster eingeführt worden war.[47] Unter den erhaltenen Bänden der Klo-

---

[44] Zur weitgehend unbekannten literarischen Kultur der Basler Beginen siehe Johanna Thali, Raum und Medium. Fragestellungen und Bausteine zu einer Literaturgeschichte Basels, in: Raum und Medium. Literatur und Kultur in Basel in Spätmittelalter und Früher Neuzeit, hg. v. ders. u. Nigel F. Palmer (Kulturtopographie des alemannischen Raums 9), Berlin / Boston 2020, S. 13–86, hier: 52–55; grundlegend Brigitte Degler-Spengler, Die Beginen in Basel. Teil 1, in: Basler Zeitschrift für Geschichte und Altertumskunde 69 (1969), S. 5–83; Teil 2: ebd., 70 (1970), S. 29–118.

[45] Vgl. Walz (Anm. 16), S. 333; Bruckner (Anm. 42), S. 34f., und Albert Bruckner, Das Klosterarchiv S. Maria Magdalena an den Steinen zu Basel, in: Mitteilungen des Instituts für Österreichische Geschichtsforschung 68 (1960), S. 156–170. Über die Bibliothek selbst wissen wir kaum etwas, auch ein Bibliothekskatalog ist nicht erhalten, doch wird davon ausgegangen, dass das Steinenkloster ein wichtiges literarisches Zentrum war und ein produktives Skriptorium besaß. Vgl. dazu Bruckner (Anm. 42), S. 33f.; Zimmer (Anm. 16), S. 599; Anne Winston-Allen, Women as scribes and illustrators in the age of reform. The Basel connection, in: Raum und Medium (Anm. 44), S. 177–200, bes. 185–187.

[46] Zu den verschiedenen Gründen, aus denen Bücher ausgesondert und makuliert wurden, besonders Joseph M. M. Hermans, Waarom en wanneer werden handschriften of drukken afgedankt en ‚tot membra' disjecta verwerkt?, in: Het middeleeuwse boek in Groningen. Verkenningen rond fragmenten van handschrift en druck, hg. v. dems., Groningen 1981, S. 30–36; Gerhardt Powitz, Libris inutiles in mittelalterlichen Bibliotheken. Bemerkungen über Alienatio, Palimpsestierung und Makulierung, in: Scriptorium 50 (1996), S. 288–304. Dass geistliche Literatur im Mittelalter „meist nicht weniger makuliert [wurde] als weltliche Epik", beobachtet Schneider (Anm. 23), S. 187.

[47] Das Steinenkloster ist das erste Basler Kloster, das 1423 – auf Wunsch des Rates – reformiert wurde, vgl. zur Einführung der Observanz neben Zimmer (Anm. 16) vor allem Bernhard Neidiger, Selbstverständnis und Erfolgschancen der Dominikanerobservanten. Beobachtungen zur Entwicklung in der Provinz Teutonia und im Basler Konvent (1388–1510), in: Rottenburger Jahrbuch für Kirchengeschichte 17 (1998), S. 67–122, hier: 78; Christine Kleinjung, Konziliare, kuriale und städtische Reformen in den Basler Frauenklöstern und die Bedeutung von sozialen Räumen, in: Raum und Medium (Anm. 44), S. 153–176, hier: 157, 158f. u. 161f.

sterbibliothek finden sich jedenfalls auch sonst keine Handschriften aus der Zeit vor 1400.[48] Das hat allerdings möglicherweise eine äußere Ursache im großen Basler Erdbeben von 1356, bei dem die Gebäude des Steinenklosters fast vollständig zerstört wurden.[49] Es ist völlig unklar, ob überhaupt Buchbestände des Klosters diese Katastrophe überlebt haben können; allgemein sind nur wenige Basler Handschriften aus der Zeit vor dem Erdbeben erhalten, was im vorliegenden Kontext auch grundsätzlich zu bedenken wäre.[50]

Gewichtiger als die bisher genannten Einwände erscheint mir jedoch ein anderer Aspekt, der die Geschichte des Trägerbandes betrifft: Die Handschrift des ‚Tractatus de moribus et disciplina humanae conversationes' stammt nämlich ursprünglich nicht aus dem Dominikanerinnenkloster, sondern wurde den Nonnen von Konrad Schlatter überlassen, einem Basler Dominikaner, dessen Schwester Nonne im Steinenkloster war und der ab 1428 als Beichtvater und später als Vikar des Konvents amtierte, wo er 1458 auch gestorben ist.[51] Darauf

---

[48] Deshalb gibt es auch keine Vergleichsproben, was die Schrift der Fragmente angeht. Für das 15. Jahrhundert hatte Bruckner eine relativ uniforme Schrift der Nonnen beobachtet, die eine Identifizierung von Handschriften aus dem Kloster erleichtere, vgl. Bruckner (Anm. 42), S. 34f.; dazu auch Winston-Allen (Anm. 45), S. 185f.

[49] Der Basler Chronist Christian Wurstisen berichtet im 16. Jahrhundert, durch das Erdbeben seien die Gebäude derartig in Mitleidenschaft gezogen worden, dass die Nonnen *ein guter zeit nit mehr mochten darinn wohnen. So geschah großer schaden von vertragen und verlieren* (Christian Wurstisen, *Analecta*; Basel, UB, A λ II 14, fol. 331ʳ). Zitiert nach Erdin (Anm. 16), S. 10.

[50] Zum desaströsen Einfluss des Erdbebens auf den Basler Literaturbetrieb vgl. Stephen Mossmann, Otto von Passau and the literary history of Basel in the later fourteenth century, in: Raum und Medium (Anm. 44), S. 107–151, hier: 147–149; Thali (Anm. 44), S. 50. Zumindest eine heute verlorene Vita der 1313 verstorbenen Nonne Ida von Rheinfelden war offenbar in der zweiten Hälfte des 16. Jahrhunderts noch im Steinenkloster erhalten, denn Christian Wurstisen erwähnt *büechli irer legend in disem closter*. Zitiert nach Bruckner (Anm. 42), S. 39. Dazu auch Thali (Anm. 44), S. 62f.; Zimmer (Anm. 16), S. 587. Wann diese Vita aufgezeichnet worden sein soll, ist unklar. – Auch das Klosterarchiv scheint das Erdbeben teilweise unbeschadet überstanden zu haben, denn es sind zwar so gut wie keine archivalischen Bücher, wohl aber Urkunden und Rodel aus der Zeit davor erhalten, vgl. dazu Bruckner (Anm. 45), S. 157f.

[51] Zu Konrad Schlatter vgl. Thomas Kaeppeli, Scriptores Ordinis Praedicatorum Medii Aevi, Bd. 1: A-F, Rom 1970, S. 287f.; Hans-Jochen Schiewer, Art. ‚Schlatter, Konrad OP', in: ²VL 8 (1992), Sp. 706–709; Bernhard Neidiger, Basel, in: Die Dominikaner und Dominikanerinnen in der Schweiz, bearb. von Urs Amacher u. a., redigiert von Petra Zimmer unter Mitarbeit von Brigitte Degler-Spengler (Helvetia Sacra. Abteilung IV: Die Orden mit Augustinerregel, Bd. 5.1), Basel 1999, S. 188–284, hier: 249–252; weiterhin Erdin (Anm. 16), S. 29; Angelus M. Walz, Das Basler Steinenkloster und der Predigerorden, in: Zeitschrift für Schweizerische Kirchengeschichte. Revue d'Histoire Ecclésiastique Suisse 25 (1931), S. 161–184, hier: 181. Unsicher ist, ob es sich um denselben Konrad Schlatter handelt, der 1424 als Kaplan am Basler Münster nachgewiesen ist, vgl. dazu Neidiger (wie oben), S. 249f. Für die vorliegenden Überlegungen scheint diese Frage allerdings nicht relevant.

verweist der Besitzeintrag der Handschrift, der laut der Beschreibung Martin Steinmanns von der Hand Schlatters selbst stammt: *Jste liber est sororum ad lapides post obitum fratris Cunradi schlatter de licentia magistri Reuerendissimi ordinis nostri* (fol. V1$^r$).[52] Geschrieben wurde die Handschrift laut Kolophon von einem gewissen Petrus Johannes Hüller *alias de wiscellach*, der sich als *ciuis et scolaris Basiliensis* bezeichnet.[53] Ein Petrus Hüller ist Anfang des 15. Jahrhunderts mehrfach als Mitglied des Basler Dominikanerkonvents belegt.[54] Möglicherweise war er im Skriptorium des Kloster tätig.[55] Es liegt daher nahe,

---

[52] Vgl. Steinmann (Anm. 26), S. 2. Eine Vergleichsprobe, die diese Einschätzung bestätigt, bietet etwa ein von Schlatter geschriebener Abschnitt in der Handschrift Basel, Universitätsbibl., Cod. A VIII 57, fol. 210$^r$–211$^r$. Zu dieser Handschrift siehe unten, Anm. 59. Von der Hand des Münsterkaplans Konrad Schlatter stammt der Text in der Handschrift A XI 67, fol. 64$^r$–110$^r$, siehe das Kolophon auf fol. 110$^r$. Vgl. Gustav Binz, Die Handschriften der Öffentlichen Bibliothek der Universität Basel. Erste Abteilung: Die deutschen Handschriften, Bd. 1, Basel 1907, S. 332–335, hier: 332. Zum Schriftenvergleich, der kein eindeutiges Ergebnis erlaubt, vgl. Neidiger (Anm. 51), S. 249f.; noch deutlicher dann Neidiger (Anm. 47), S. 103, Anm. 189. Ein Nachtrag von anderer Hand weist zwar darauf hin, dass der *capellanus* Schlatter die Handschrift nach seinem Eintritt in den Dominikanerorden dem Kartäuserkloster geschenkt habe, doch das erklärt Neidiger als spätere Verwechslung der beiden Personen.

[53] Basel, Universitätsbibl., Cod. F IV 43, fol. 183$^r$.

[54] Verschiedene Belege für Petrus Hüller bietet Georg Boner, Das Predigerkloster in Basel von der Gründung bis zur Klosterreform 1233–1429, Teil 1, in: Basler Zeitschrift für Geschichte und Altertumskunde 33 (1934), S. 196–303; Teil 2: ebd., 34 (1935), S. 107–259, hier Teil 1, S. 265 u. 301 (für 1400); Teil 2, S. 236 (für 1407). Er hält ihn offenbar für identisch mit einem Petermann Hüller, der ab 1378 als Empfänger einer Leibrente des Klosters belegt ist, vgl. dazu ebd., Teil 2, S. 236, Anm. 34. Zu Petermann Hüller ebd. Teil 1, S. 272, 282 u. 288; Teil 2, S. 118. Es ist freilich möglich, dass es sich um einen anderen Angehörigen derselben ratsfähigen Basler Familie handelt, vgl. dazu ebd., Teil 2, S. 128 u. 130. Das würde auch die chronologischen Probleme lösen, die Steinmann an der Identifikation des Schreibers von Cod. F IV 43 mit dem Dominikaner zweifeln lassen (Steinmann [Anm. 26], S. 1). Petrus Hüller ist außerdem mehrfach im Zusammenhang mit einer Untersuchung gegen den Mitbruder Heinrich von Rheinfelden aus dem Jahr 1416 belegt, vgl. Bernd-Ulrich Hergemöller, Chorknaben und Bäckerknechte. Homosexuelle Kleriker im mittelalterlichen Basel, Hamburg 2004, S. 31, 36, 46 u. 53.

[55] Zum Skriptorium der Dominikaner Bruckner (Anm. 42), S. 44f.; Thali (Anm. 44), S. 43. Eine weitere Handschrift, an deren Entstehung Hüller 25 Jahre später (1452) beteiligt war, stammt aus der Kartause in Mainz. Die Handschrift ist allerdings vermutlich noch in Basel entstanden. Darauf verweist auch die Selbstbezeichnung Hüllers als *clericus Basiliensis*, vgl. Mainz, Stadtbibl., Hs. I 462 (früher I 630), fol. 72$^{va}$. Ein zweiter Schreiber nennt sich *Petrus de Cranach clericus Basileensis* (fol. 216$^{rb}$); er konnte bisher nicht identifiziert werden. Wie der Band nach Mainz gekommen ist, erklärt sich möglicherweise über die Beziehungen der dortigen Kartause zu derjenigen in Basel, wobei ein entsprechender Bücheraustausch bisher vor allem in umgekehrter Richtung bekannt ist: So findet sich in der Universitätsbibliothek Basel eine Reihe von Handschriften, die ursprünglich aus der Mainzer Kartause kamen und wohl im

dass die Handschrift F IV 43 im Basler Dominikanerkloster entstanden ist und zunächst auch für eine gewisse Zeit in der dortigen Bibliothek aufbewahrt wurde, bevor sie Konrad Schlatter dann den von ihm betreuten Nonnen überließ.[56] Schon 1432 hatte Schlatter den Steinenschwestern zehn Bücher geschenkt, worüber eine Urkunde des Klosters informiert:

> Ich Katharina von Uetigen, priolin zů sant Marien Magdalenen an den Steinen ze Basel vnd rattswesteren vnd gantzer conuent geloben mit disem briefe für vns vnd vnser nachkommen daz wir dise noch geschriben bücher, die vns vnser vatter brůder Cůnrat Schlatter geben hett, fürbasser söllent niemant liechen noch geben vsser vnserem hoff vnd jngesesse. [...] dis sind die bücher, zů dem Ersten Compendium sacre theologie; zů dem anderen ein gross Rottbůch von vil bredgen vnd von den tůgenden; Item ein ander Rottbůch von vil exempel; Item ein gross wisbůch genant Thesaurus pauperum; Item fier zilicher bücher mitt wissem leder überzogen in denen vil hüpscher tractatus sind; Item aber ein ein zilich Rotbůch seit von den Römern; Item ein klein Rotbůchlin mit vil exempel.[57]

Bestätigt wird die Schenkung durch Guido Flamochetti, Prior von Chambéry und Vikar des Steinenklosters, sowie durch den Ordensmeister Bartholomeus Texier.[58] Die in der Urkunde genannten Bände konnten bisher nicht identifiziert werden,[59] aber Ochsenbein und andere gehen davon aus, dass Cod. F IV 43 Teil

---

Gepäck von Mönchen den Rhein hinaufgewandert sind (vgl. Basel, Universitätsbibl., Cod. A II 20; Cod. A V 23; Cod. B I 12; Cod. B III 7; Cod. B III 9; Cod. B IV 19; Cod. B VII 29; Cod. B X 6; Cod. C V 16; Cod. F IV 33; Cod. O IV 29). Siehe dazu jetzt das Projekt ‚Bibliotheca Cartusiana Moguntina – digital' zur virtuellen Rekonstruktion der Bibliothek der Mainzer Kartause (https://digi.ub.uni-heidelberg.de/bcm/in dex.html).

[56] Als Bestand der Bibliothek des Dominikanerklosters wird sie auch bei Philipp Schmidt, Die Bibliothek des ehemaligen Dominikanerklosters in Basel, in: Basler Zeitschrift für Geschichte und Altertumskunde 18 (1919), S. 160–254, Nr. 468, aufgeführt.

[57] Basel, Staatsarchiv, Maria Magdalena, Urkunde 458. Zitiert nach Walz (Anm. 16), S. 333.

[58] Vgl. Walz (Anm. 16), S. 333f. Die Lizenz wird auch in einer Dorsalnotiz aus dem 16. Jahrhundert noch einmal hervorgehoben: *Diser brief wiset, wie vns unser Erwirdiger getrüwer vatter vicarie brůder Cůnrat Schlater gemachet het die bücher die dor jnne stond vnd hend es die Erwirdigen der meister ordens vnd meister Guido, der zemol vnser vicarie waz, verwilget vnd versicheret vnd versiglet* (ebd., S. 334). Zur Notwendigkeit solcher Erlaubnisse für die Überlassung von Buchbesitz im Dominikanerorden vgl. Marie-Luise Ehrenschwendtner, Die Bildung der Dominikanerinnen in Süddeutschland vom 13. bis 15. Jahrhundert (Contubernium 60), Stuttgart 2004, S. 239f. mit Anm. 136 (zum vorliegenden Beispiel).

[59] Möglicherweise handelt es sich bei der Handschrift Basel, Universitätsbibl., Cod. A VIII 57 um das in der Urkunde genannte *gross Rottbůch von vil bredgen vnd von den tůgenden*. Dazu passt jedenfalls der rote Ledereinband des 15. Jahrhunderts. Der Codex enthält ‚De eruditione Christi fidelium seu de doctrina christiana' (fol. 1ʳ–288ʳ),

der Schenkung war.[60] Im Besitzeintrag der Handschrift ist allerdings ausdrücklich die Rede davon, der Codex sei erst nach dem Ableben Schlatters (*post obitum*) in den Besitz des Klosters übergangen, weshalb anzunehmen ist, dass es sich um eine separate Besitzübertragung handelt.[61]

Was diese Überlegungen für die Herkunft der Fragmente bedeuten und welche möglichen Szenarien sich aus dem überlieferungsgeschichtlichen Befund ergeben, soll im nächsten Schritt diskutiert werden.

## 3. Einbandherstellung und Makulaturhandel im 15. Jahrhundert: Erkenntnispotenziale und offene Fragen

Grundsätzlich sind verschiedene Szenarien zur Geschichte des Trägerbandes (Cod. F IV 43) denkbar, die jeweils unterschiedliche Konsequenzen für die Verortung der ‚Saelden Hort'-Fragmente mit sich bringen:

Zunächst könnte Konrad Schlatter den von ihm betreuten Dominikanerinnen die Handschrift in ungebundenem Zustand überlassen haben. Das ist auch dann nicht ausgeschlossen, wenn sie – wie oben vermutet – länger in seinem eigenen Gebrauch war, bevor sie den Besitz wechselte; schließlich wurden mittelalterliche Handschriften öfter und länger ungebunden benutzt, als oft angenommen wird.[62] In diesem Fall wäre es vorstellbar, dass die Nonnen selbst die

---

eine Sammlung katechetischer Erklärungen des Dominikaners Johannes Herolt, sowie einen Zusatz aus der Hand Konrad Schlatters (*Quaestio de male dicendi*, fol. 210ʳ–211ʳ). Auf die Provenienz aus dem Steinenkloster verweist neben dem Salbgefäß mit Signatur (*lij*) im Vorderdeckel auch ein Besitzeintrag auf fol. 290ᵛ (*sororibus ad lapides pertinet*). Vgl. dazu die Handschriftenbeschreibung von Martin Steinmann (https://ub.unibas.ch/digi/a100/kataloge/mscr/mscr_a/BAU_5_000108766_cat.pdf). Darauf, dass der Band ursprünglich aus dem Dominikanerkloster stammt, verweist vor allem ein auf dem Deckel aufgeklebtes Pergamentetikett, auf dem sich neben einem Titel auch eine wohl ursprüngliche Signatur der dortigen Klosterbibliothek befindet, vgl. Schmidt (Anm. 56), S. 161. Zur Handschrift weiterhin ebd., S. 202 (Nr. 115), sowie Bruckner (Anm. 42), S. 39 u. 42.

[60] Vgl. Ochsenbein (Anm. 13), S. 194: Schlatter „schenkte dem Frauenkonvent 1432 eine Sammlung von 10 Hss., zu denen auch unser Kodex gehörte". So auch Neidiger (Anm. 47), S. 103, und bereits Erdin (Anm. 16), S. 116.

[61] Vgl. Walz (Anm. 16), S. 335f.; Bruckner (Anm. 42), S. 40; Thali (Anm. 44), S. 63; Ehrenschwendtner (Anm. 58), S. 263. Dort auch allgemein zu solchen Bücherschenkungen durch geistliche Betreuer, S. 296–299. Dass der Besitzeintrag laut Handschriftenbeschreibung von Konrad Schlatter selbst stammt, weist darauf hin, dass die Übertragung schon zu Lebzeiten geplant und vorbereitet war.

[62] Vgl. Eric H. Reiter, Recycling the Written Word. Manuscript Fragments and Late Medieval Readers, in: Interpreting and Collecting Fragments of Medieval Books.

Handschrift gebunden und dafür auf Makulaturmaterial aus ihrem eigenen Bibliotheksbestand zurückgegriffen haben. Ob das Steinenkloster eine eigene Buchbindewerkstatt betrieb, wissen wir nicht. Zwar wird in einer jüngeren Urkunde des Basler Domstifts ein *bůchbinder ad lapides* („an den Steinen') erwähnt, aber das bezieht sich nicht unbedingt auf das Steinenkloster, sondern eher allgemein auf das gleichnamige Basler Stadtviertel, dem wohl auch das Kloster seinen Namen verdankt und das noch heute als Steinenvorstadt bekannt ist.[63] Grundsätzlich sind kaum Buchbindereien aus mittelalterlichen Frauenklöstern nachgewiesen.[64]

Der Einband von Cod. F IV 43 ist völlig unverziert und erlaubt keine weiteren Erkenntnisse.[65] Andere Einbände, die Alfons Schönherr – allerdings zum Teil ohne das zu belegen – dem Steinenkloster zuordnete, sehen anders aus.[66] Ein Pergamentetikett auf dem Vorderdeckel der Handschrift, das laut Albert Bruckner eindeutig „von Frauenhand aus dem späten 15. Jahrhundert"[67] stammt, könnte auf die Bindung im Steinenkloster verweisen, aber ebenso gut später angebracht worden sein – ganz abgesehen davon, dass vielleicht doch

---

Proceedings of The Seminar in the History of the Book to 1500, Oxford, 1998, hg. v. Linda L. Brownrigg u. Margaret M. Smith, Los Altos Hills (CA) / London 2000, S. 189–204, hier: 190–192 u. 203, der allerdings auch darauf hinweist, dass geistliche Institutionen ihre Bücher öfter gebunden haben als private und Benutzer:innen.

[63] Rechnungsbuch der Basler Münsterfabrik für 1475–1476 (Basel, Staatsarchiv, Klosterarchiv Domstift MM 32, Bl. 62): *Item pro ligatura omnium librorum prescriptorum exposui dem bůchbinder ad lapides pro omnibus suis laboribus atque expensis cum eisdem habitis inclusis bibalibus famulo suo datis exposui xii ℔ v β*. Vgl. Karl Stehlin, Regesten zur Geschichte des Buchdrucks bis zum Jahre 1500, Bd. 2: Aus den Büchern des Staatsarchivs, der Zunftarchive und des Universitätsarchivs in Basel, Leipzig 1888, S. 6, Nr. 1127.

[64] Henrike Lähnemann und Eva Schlotheuber sprechen davon, dass „Bucheinbände [...] gelegentlich in den Frauenklöstern gefertigt und repariert" wurden (Henrike Lähnemann / Eva Schlotheuber, Unerhörte Frauen. Die Netzwerke der Nonnen im Mittelalter, Berlin 2023, S. 128).

[65] Vergleichbar erscheint die ebenfalls schlichte, in helles Leder gebundene Handschrift Basel, Universitätsbibl., Cod. A VIII 36, die einem Besitzeintrag zufolge den *fröwen an den steinen* (fol. 179ᵛ) gehörte und vermutlich auch dort geschrieben wurde. Zu der Handschrift Bruckner (Anm. 42), S. 42f.

[66] Es handelt sich um die aus der zweiten Hälfte des 15. Jahrhunderts stammenden Handschriften Mariastein (Kt. Solothurn), Benediktinerkloster, S 353 (ehemals Solothurn, Zentralbibl.) und Solothurn, Zentralbibl., S I 537, deren mit Blinddruckstempeln verzierte Einbände Alfons Schönherr für die „Arbeit eines spätestens seit 1467 für die Dominikanerinnen in Basel und Bern tätigen Meisters" hält, den er mit dem Buchbinder *ad lapides* (siehe oben) identifiziert, vgl. Alfons Schönherr, Die mittelalterlichen Handschriften der Zentralbibliothek Solothurn, Solothurn 1964, S. 28, zur Hs. S I 537 auch S. 190f.

[67] Bruckner (Anm. 42), S. 39f. Der Text auf dem Etikett lautet: *Tractatus de moribus et disciplina hum[anae] conversationis id est ludus cartularum. ad lapi[des]*.

Zweifel angebracht sind am Optimismus von Bruckner, mit dem er meinte, Männer- und Frauenhände unterscheiden zu können.[68]

Einen Hinweis auf die Provenienz der Handschrift bietet das sonstige für ihre Bindung benutzte Makulaturmaterial. Das gilt vor allem für mehrere weitere Lagenfalze, die anders als die ‚Saelden Hort'-Fragmente *in situ* verblieben sind und bis heute nicht näher untersucht wurden. Soweit sich das noch erkennen lässt, handelt es sich um Überreste verschiedener lateinischer Texte, die von unterschiedlichen Händen geschrieben wurden. Aufschlussreich ist vor allem ein schmales, einseitig beschriebenes Fragment zwischen fol. 6ᵛ und 7ʳ, bei dem es sich wohl um einen Streifen einer lateinischen Urkunde handelt: Unter den wenigen noch lesbaren Wörtern lässt sich hier ausgerechnet die Angabe *ad lapides Bas*[*isiliensis*] erkennen. Das Dokument stammt also mit großer Wahrscheinlichkeit entweder aus dem Steinenkloster selbst oder zumindest aus einer Institution, die (rechtliche) Beziehungen mit diesem Konvent pflegte. Damit bietet es das stärkste Indiz für eine Bindung von Cod. F IV 43 im Steinenkloster.

Vorstellbar ist es auch, dass die Nonnen die Handschrift zwar nicht selbst gebunden haben, aber trotzdem eigenes Pergamentmaterial zum Binden beisteuerten.[69] In jedem Fall wären diese beiden Alternativen die einzigen Szenarien, die erklären würden, dass die ursprüngliche ‚Saelden Hort'-Handschrift aus der Bibliothek des Steinenklosters stammt. Vergleichsfälle gibt es bisher nicht. Für die Bindung der anderen Handschriften des Klosters wurde unter-

---

[68] Vgl. grundsätzlich Albert Bruckner, Zum Problem der Frauenhandschriften im Mittelalter, in: Aus Mittelalter und Neuzeit. Gerhard Kallen zum 70. Geburtstag, dargebr. v. Kollegen, Freunden und Schülern, hg. v. Josef Engel u. Hans Martin Klinkenberg, Bonn 1957, S. 171–183; Albert Bruckner, Weibliche Schreibtätigkeit im schweizerischen Spätmittelalter, in: Festschrift Bernhard Bischoff zu seinem 65. Geburtstag, dargebr. v. Freunden, Kollegen und Schülern, hg. v. Johanne Autenrieth u. Franz Brunhölzl, Stuttgart 1971, S. 441–448, hier: 446–448. Dazu etwa Andrea Hofmeister-Winter, Handsigniert: Die Schreiberhände der Clara Hätzlerin als methodisches Korrektiv im Schriftauthentifizierungsprojekt DA*mal*S, in: Handschriften als Quellen der Sprach- und Kulturwissenschaft. Aktuelle Fragestellungen – Methoden – Probleme. Akten der Nachwuchstagung, Bamberg, 4.–5.12.2015, hg. v. Anette Kremer u. Vincenz Schwab (Bamberger interdisziplinäre Mittelalterstudien 13), Bamberg 2018, S. 43–59, hier: 57. Ähnliche Pergamentetiketten besitzen auch die Bücher des Dominikanerklosters, vgl. Schmidt (Anm. 56), S. 161.

[69] Auf ein Beispiel, bei dem das vermutlich der Fall ist, hat mich Meret Wüthrich (Freiburg i. Br.) aufmerksam gemacht: Im Vorderspiegel der Handschrift Karlsruhe, Landesbibl., St. Peter pap. 46, befand sich eine (jetzt abgelöste) Urkunde des Freiburger Reuerinnenklosters, obwohl es keine Belege dafür gibt, dass die Nonnen dieses Klosters selbst Bücher gebunden haben. Vgl. dazu auch die Katalogbeschreibung bei Klaus Niebler, Die Handschriften der Badischen Landesbibliothek in Karlsruhe, Bd. 10: Die Handschriften von St. Peter im Schwarzwald, Teilbd. 1: Die Papierhandschriften, Wiesbaden 1969, S. 69f.

schiedliches Makulaturmaterial benutzt, es überwiegen jedoch Überreste von liturgischen Handschriften.[70] Wahrscheinlicher erscheint es trotz der neuen Entdeckung, dass Cod. F IV 43 bereits gebunden ins Steinenkloster kam. Das wäre dann sicher anzunehmen, wenn die Handschrift, wie Ochsenbein vermutete, zur Bücherschenkung von 1432 gehört hat: In der zitierten Urkunde wird ausdrücklich der Einband aller zehn Bände beschrieben. Es müsste sich bei der Handschrift dann um eines der *ziliche[n] bücher mitt wissem leder überzogen* handeln, was einigermaßen gut zum äußeren Erscheinungsbild des Codex passt.[71] Ob der Band in diesem Fall in einer Buchbinderei der Dominikaner oder in einer anderen (monastischen oder gewerbsmäßigen) Werkstatt gebunden wurde, lässt sich nicht sagen. Eine eigene Buchbinderei des Dominikanerklosters ist jedenfalls nicht nachgewiesen. Natürlich gehört die Einbandherstellung zu den grundlegenden Schritten der Handschriftenherstellung und wurde in vielen mittelalterlichen Klöstern gepflegt; daran hat sich vermutlich auch bis zur Entstehung des gewerblichen Buchmarktes im 15. Jahrhundert nicht viel geändert.[72] In einer ganzen Reihe

---

[70] Für die Einbände des Archivs vgl. Bruckner (Anm. 42), S. 44: „Meist handelt es sich um Liturgica, vorwiegend Gesangbücher, auf Pergament, in gepflegter Textura des 14. und 15. Jahrhunderts, überwiegend mit Quadratnoten. Theologische Texte sind sehr selten, einige Juridica kommen vor. Alles lateinisch. Die frühesten Fragmente [...] stammen von Handschriften des 10., 11., 11./12. und 12., einiges aus dem 13. Jahrhundert." Beispiele aus der Bibliothek des Klosters bieten die Handschriften Cod. A VIII 56 und Cod. A VIII 57, für deren Bindung Teile ehemaliger Kalender verwendet wurden, wobei es sich im ersten Fall um einen sehr großformatigen Codex discissus handelt. In der Handschrift A VIII 36 wurden Reste eines Psalters als Einbandverstärkung genutzt. Im Einband von Cod. F V 42 finden sich Reste eines geistlichen Textes in lateinischer Sprache, möglicherweise einer Predigt. Für die Bindung von Cod. A VIII 55 wiederum wurde eine lateinische Urkunde verarbeitet. Ein Fragment eines bisher nicht identifizierbaren deutschsprachigen Textes dient in Cod. A X 130 als Lagenfalz zwischen fol. 120$^r$ und 121$^r$. Ob die Handschrift allerdings tatsächlich aus dem Steinenkloster stammt, erscheint unsicher; ein Besitzeintrag auf fol. 206$^r$ nennt einen *frater Cûnradus Ebner*. Dass offenbar nicht das gesamte Makulaturmaterial aus den eigenen Beständen des Klosters bezogen wurde, legt die Handschrift F V 41 nahe: Hier findet sich neben einem Fragment einer liturgischen Handschrift (im hinteren Deckel) auch eine lateinische Urkunde über ein Rechtsgeschäft zwischen der Abtei Wiblingen und der Stadt Ulm von 1274 (im Vorderdeckel), vgl. dazu die Handschriftenbeschreibung von Martin Steinmann (https://ub.unibas.ch/digi/a100/kataloge/mscr/mscr_f/BAU_5_000117211_cat.pdf).

[71] *zie[r]lich* bedeutet hier wohl noch ‚schön, prächtig, kostbar' (zu mhd. *zier*) und nicht ‚klein, graziös', vgl. Matthias Lexer, Mittelhochdeutsches Handwörterbuch, Bd. 3, Leipzig 1878, Sp. 1106; Art. ‚zierlich', in: ²DWb 31 (1954), Sp. 1195–1210. Mit etwa 21 × 15 cm ist der Codex F IV 43 nicht von geringer Größe. Steinmann bezeichnet das Einbandleder als „gräulich[ ]" (Steinmann [Anm. 26], S. 2).

[72] Vgl. grundlegend Hellmuth Helwig, Das deutsche Buchbinder-Handwerk. Handwerks- und Kulturgeschichte, Bd. 1, Stuttgart 1962, S. 1–8. Zu solchen „in-house monastery binderies" auch Reiter (Anm. 62), S. 190.

von Männerklöstern sind entsprechende Werkstätten nachgewiesen.⁷³ Das betrifft unter anderem die Dominikanerkonvente in Bamberg, Bern, Eichstätt, Jena, Marienfeld in Westfalen, Nürnberg, Regensburg, Schönau und Wien.⁷⁴ In der Basler Nachbarschaft des Dominikanerklosters waren außerdem die Kartäuser und Barfüßer als Buchbinder tätig und nahmen wohl auch für andere geistliche Institutionen sowie Privatpersonen Aufträge an.⁷⁵ Wer also für die Bindung von Cod. F IV 43 verantwortlich ist, muss vorerst offenbleiben.

Unklar ist auch, was das für die Herkunft der Makulatur bedeutet. Wir wissen noch wenig über die genaue Arbeitsorganisation des Buchbindehandwerks im Spätmittelalter; insbesondere in Bezug auf Fragen der „Beschaffung und Vorratshaltung von Makulaturmaterial in den klösterlichen, kommunalen oder privaten Buchbindewerkstätten besteht noch ein erheblicher Forschungsbedarf."⁷⁶ Diese Einschätzung hat ihre Gültigkeit nicht verloren. Noch 2021 schreibt Claudia Sojer: „Über diesen Handelszweig des Gebrauchtwarenmarktes von Beschreibstoffen ist nahezu nichts bekannt."⁷⁷ Es bleibt zu hoffen, dass sich daran durch den Aufschwung der Fragmentforschung und die zahlreichen

---

[73] Vgl. die Aufzählung bei Helwig (Anm. 72), S. 76.
[74] Vgl. ebd., S. 7. Zu Johannes Vatter, der im Berner Dominikanerkloster als Buchbinder tätig war, vgl. Kathrin Utz Tremp, Bern, in: Die Dominikaner und Dominikanerinnen in der Schweiz (Anm. 51), S. 285–324, hier: 306 u. 320; Johann Lind, Der Dominikanermönch Johannes Vatter. Buchbinder des Predigerklosters in Bern, in: Schweizerisches Gutenbergmuseum 51 (1965), S. 9–16.
[75] Zum Barfüßerkloster vgl. Thali (Anm. 44), S. 43; zur Kartause vgl. Martin Steinmann, Barbara als Margarete. Vorläufiger Bericht über die Buchbinderei der Basler Kartause, in: Einbandforschung. Informationsblatt des Arbeitskreises für die Erfassung und Erschließung Historischer Bucheinbände 10 (2002), S. 43–49, der darauf hinweist, dass sich die Basler Zünfte (im späteren Verlauf des 15. Jahrhunderts) vor der wirtschaftlichen Konkurrenz der Klöster zu schützen versuchten, indem diesen verboten wurde, in größerem Ausmaß für andere Auftraggeber Bücher herzustellen (ebd., S. 44 und Anm. 3). Dazu auch Paul Koelner, Die Buchbinder im alten Basel, in: Festschrift des Buchbindermeistervereins beider Basel, Basel 1934, S. 5–20, hier: 7f.
[76] Hanns Peter Neuheuser, Zu den Perspektiven der Fragmentforschung, in: Fragment und Makulatur. Überlieferungsstörungen und Forschungsbedarf bei Kulturgut in Archiven und Bibliotheken, hg. v. dems. u. Wolfgang Schmitz (Buchwissenschaftliche Beiträge 91), Wiesbaden 2010, S. 1–14, hier: 7. Zur Rekonstruktion der Makulaturbeschaffung auch ebd., S. 13. Vgl. auch Christine Glassner, Zwischen ‚Christherre-Chronik' und ‚Iwein'. Aus zwei Jahrhunderten germanistischer Fragmentenforschung, in: Fragmente. Der Umgang mit lückenhafter Quellenüberlieferung in der Mittelalterforschung. Akten des internationalen Symposiums des Zentrums Mittelalterforschung der Österreichischen Akademie der Wissenschaften Wien, 19.–21. März 2009, hg. v. Christian Gastgeber, Christine Glassner, Kornelia Holzner-Tobisch u. Renate Spreitzer (Österreichische Akademie der Wissenschaften. Philosophisch-historische Klasse. Denkschriften 415), Wien 2010, S. 109–120, hier: 117.
[77] Claudia Sojer, Fragmente – Fragmentkunde – Fragmentforschung, in: Bibliothek – Forschung und Praxis 45 (2021), S. 533–553, hier: 543.

Projekte zur Katalogisierung, Digitalisierung und Erforschung von Makulaturmaterial in den nächsten Jahren etwas ändern wird.
Vorerst sind wir jedoch noch auf punktuelle Informationen und Spekulationen angewiesen. Grundsätzlich wird meist davon ausgegangen, dass monastische Buchbinderwerkstätten das benötigte Makulaturmaterial für Einbandverstärkungen oder Lagenfalze vor allem aus dem eigenen Altbestand bezogen haben. Diese Ansicht vertritt etwa Gerhardt Powitz:

> Klöster, die über eine Hausbuchbinderei verfügten, haben in erheblichem Umfang Bücher der eigenen Bibliothek zerschneiden und zu Einbandmakulatur verarbeiten lassen. [...] Es mag sein, daß der eigene Buchbesitz eines Klosters nicht in jedem Fall die alleinige Quelle war, aus der die Hausbuchbinderei zur Makulierung freigegebene Bände bezog. An dem grundlegenden Sachverhalt ändert diese Feststellung jedoch nichts.[78]

Die wenigen gut erforschten Beispiele scheinen diese Einschätzung zu bestätigen, etwa die Benediktinerabtei Melk[79] oder das in dieser Hinsicht vorbildlich untersuchte Kloster Mondsee, dessen Einbandmakulatur im 15. Jahrhundert beinahe ausschließlich aus Handschriftenmaterial der eigenen Bibliothek besteht.[80] Auch wenn ein Kloster für die Makulatur nicht auf den eigenen Bestand zurückgriff, stammt das Pergament laut Powitz in der Regel zumindest aus geistlichen Institutionen der Umgebung.[81] Ähnliches hatte bereits Bruckner für die Fragmente aus Handschriften der städtischen Klöster in der Basler Universitätsbibliothek vermutet. Es handle sich „ohne Zweifel meist nicht um ortsfremdes Material, das die Buchbinder auf dem Markt erwarben [...], sondern um die Bücherreste ehemaliger geistlicher Bibliotheken Basels."[82] Überhaupt hält es Powitz für „zweifelhaft", ob für das Mittelalter „bereits [...] mit einem regulären Makulaturhandel zu rechnen ist".[83] Tatsächlich scheint Pergament als Recycling-Material im Mittelalter meist nicht weit gewandert zu sein, wie Graham Pollard schon 1970 konstatiert hat: „[W]aste paper or vellum can seldom have strayed from the place where it was first considered to be waste; and only at that place is it likely to have been used in a binding".[84]

---

[78] Powitz (Anm. 46), S. 300.
[79] Vgl. Glassner (Anm. 76), S. 118.
[80] Vgl. Irina Dobcheva, Reading Monastic History in Bookbinding Waste. Collecting, digitizing and interpreting fragments from Mondsee Abbey, in: Fragmentology 2 (2019), S. 35–63, hier: 37.
[81] Vgl. Powitz (Anm. 46), S. 300.
[82] Bruckner (Anm. 42), S. 10. Bruckner hat allerdings vor allem die Zeit nach der Reformation im Blick.
[83] Powitz (Anm. 46), S. 303.
[84] Graham Pollard, The Names of Some English Fifteenth-Century Binders, in: The Library. Transactions of the Bibliographical Society, Fifth Series 25/3 (1970),

## Die Basler Fragmente des ‚Saelden Hort'

Mit der zunehmenden Makulaturforschung hat sich dieses Bild in den letzten Jahren allerdings etwas gewandelt. So geht etwa Sojer davon aus, dass es ganz im Gegenteil bereits im Mittelalter einen geradezu „florierenden Markt für gebrauchte Beschreibstoffe gegeben haben muss", der zum Teil überregional organisiert war.[85] Es lassen sich verschiedene Beispiele anführen, die sogar eine internationale Mobilität von Makulaturmaterial belegen.[86] Auch wenn solche Belege vor allem aus dem Zeitalter des bereits etablierten Buchdrucks stammen, ist es vielleicht gerade in einem kulturellen Zentrum wie Basel durchaus vorstellbar, dass eine gewerbsmäßige Buchbindewerkstatt ihr Pergamentmaterial aus der größeren Region des Oberrheins bezieht. Aber auch das bleibt vorerst spekulativ, denn wir wissen kaum etwas über die kommerziellen Werkstätten der Stadt.[87]

---

S. 193–218, hier: 196. Ähnlich Armin Schlechter noch für das 15. und 16. Jahrhundert: „Es ist in dieser Zeit sehr wahrscheinlich, dass die Handschrift unweit ihres ursprünglichen Aufbewahrungsortes, wenn nicht sogar [...] von ihm selbst makuliert worden ist" (Armin Schlechter, Fragmente – Vorkommen, Konservierung, Erschließung, in: ‚Das Ganze im Fragment'. Handschriftenfragmente aus kirchlichen Bibliotheken, Archiven und Museen, hg. v. Alessandra Sorbello Staub, Petersberg 2015, S. 19–34, hier: 29). Ganz anders noch Ernst Kyriss, Die Einbände der Handschriften der Universitätsbibliothek Erlangen (Katalog der Handschriften der Universitätsbibliothek Erlangen 6), Erlangen 1936, S. 43: „[A]lte beschriebene Pergamente wurden häufig als Makulatur verschickt und außerhalb ihres Herkunftsortes benützt." Man könne daher nicht von der Makulatur auf den Herstellungsort des Einbandes schließen.

[85] Sojer (Anm. 77), S. 543. Für den Papierhandel in der Frühen Neuzeit auch Anna Reynolds, ‚Worthy to Be Reserved': Bookbindings and the Waste Paper Trade in Early Modern England and Scotland, in: The Paper Trade in Early Modern Europe. Practices, Materials, Networks, ed. by Daniel Bellingradt and Anna Reynolds (Library of the Written Word 89), Leiden / Boston 2021, S. 342–368. Eine historische Entwicklung beobachtet Schneider (Anm. 23), S. 185: „Während im 15. Jahrhundert die Pergamentmakulatur noch größtenteils aus dem näheren Umkreis der Buchbinderwerkstätten gestammt haben dürfte, deckten die Buchbinder späterer Zeit ihren Bedarf wohl auch beim Altpergamenthandel; Blätter der gleichen Handschrift wurden gleichzeitig an verschiedenen Orten verarbeitet."

[86] Vgl. Ruth Mullet, *In situ* Manuscript Fragments in the Incunables of the Bodleian Library, Oxford. A Fragment Case Study, in: Fragmentology 1 (2018), S. 111–120, hier: 119f.; Nicholas Pickwood, The Use of Fragments of Medieval Manuscripts in the Construction and Covering of Bindings on Printed Books, in: Interpreting and Collecting Fragments of Medieval Books. Proceedings of The Seminar in the History of the Book to 1500, Oxford, 1998, ed. by Linda L. Brownrigg and Margaret M. Smith, Los Altos Hills (CA) / London 2000, S. 1–20, hier: 2. Ob die Mobilität der Makulatur tatsächlich auf den Pergamenthandel zurückzuführen ist oder nicht vielmehr, wie das Mullett für den von ihr beobachteten Beispielfall annimmt, mit der Mobilität ‚zu Lebzeiten' des jeweiligen Codex discissus erklärt werden kann, müsste im Einzelfall untersucht werden.

[87] Eine Reihe namentlich bekannter Werkstätten aus dem späten 15. Jahrhundert nennt

## 4. Fazit: Zur literaturgeschichtlichen Verortung des ‚Saelden Hort'

Es dürfte deutlich geworden sein, dass die Überlieferungslage sehr viel weniger klar ist, als es in der literaturwissenschaftlichen Forschung zum ‚Saelden Hort' mitunter den Anschein hat. Solange wir nicht mehr über die genauen Arbeitsabläufe und die Materialbeschaffung der mittelalterlichen Buchbinderwerkstätten wissen, erlaubt die kodikologische Analyse keine genaueren Erkenntnisse als die paläographische und sprachhistorische Untersuchung der Fragmente. Eindeutige Aussagen, wie sie in der literaturwissenschaftlichen Diskussion mitunter nahegelegt werden, lassen sich nach heutigem Forschungsstand nicht halten. Allerdings können bestimmte Szenarien mit unterschiedlicher Wahrscheinlichkeit skizziert werden:

1) Dass die Handschriftenfragmente des ‚Saelden Hort' tatsächlich aus dem Steinenkloster stammen, stellt vor dem Hintergrund der geschilderten Überlegungen nur eine von mehreren Möglichkeiten dar. Dieses Szenario erscheint jedenfalls nicht überzeugend genug, um darauf literaturwissenschaftliche Deutungen aufzubauen – zumal es sich bei den Fragmenten, auch daran sei noch einmal erinnert, nicht unbedingt um Überreste eines Originals handeln muss.

2) Plausibler erscheint die Annahme, dass der Trägerband, den Konrad Schlatter den Nonnen des Steinenklosters überlassen hat, im Dominikanerkloster geschrieben und dort oder in der Nähe gebunden wurde. Dass deshalb auch die ursprüngliche ‚Saelden Hort'-Handschrift der Bibliothek des Männerklosters zuzurechnen ist, wäre zwar überraschend, aber nicht unmöglich.[88]

---

Ernst Kyriss, Deutsche Buchbinder der Spätgotik und Renaissance, in: Archiv für Geschichte des Buchwesens 3 (1960), Sp. 181–204 (Nr. 18, 43, 47, 78 u. 98). Ein Friedrich von Helmut ist schon 1434 als Buchbinder in die Basler Händlerzunft zum Safran aufgenommen worden, vgl. Koelner (Anm. 75), S. 5.

[88] Aus der Bibliothek des Klosters sind kaum volkssprachige Text bekannt, vgl. Schmidt (Anm. 56). Eine Ausnahme bildet der ‚Basler Dialog zwischen Seele und Leib' in der Handschrift Basel, Universitätsbibl., Cod. B X 14, fol. 189$^{va}$–190$^{vb}$, der etwa zur gleichen Zeit wie ‚Der Saelden Hort' entstanden ist und einen (wenn auch im Umfang her sehr viel kleineren) Vergleichsfall für volkssprachige Literaturproduktion im Umfeld der Basler Dominikaner bieten könnte. Vgl. dazu Corinna Virchow, Der ‚Basler Dialog zwischen Seele und Leib', in: Medium Ævum 71 (2002), S. 269–285. Dazu gehört auch ein Reimgebet an Maria Magdalena in der Sammelhandschrift Basel, Universitätsbibl., Cod. D IV 4, fol. 73$^{va}$, vgl. dazu Erich Kleinschmidt, Art. ‚Basler Sammlung lateinischer Gedichte', in: $^2$VL 1 (1978), Sp. 629–632; J. Jakob Werner, Poetische Versuche und Sammlungen eines Basler Klerikers aus dem Ende des 13. Jahrhunderts, in: Nachrichten von der Königlichen Gesellschaft der Wissenschaften zu Göttingen. Philologisch-historische Klasse (1908), S. 449–496, hier: 479 (Nr. 35); Backes (Anm. 6), S. 60. Zu erwähnen ist im vorliegenden Kontext auch ein Basler Dominikanerprior namens Heinrich (*Henricus*), von dem es in der Kolmarer

## Die Basler Fragmente des ‚Saelden Hort'

Wahrscheinlicher ist im Sinne der Überlegungen von Powitz und Bruckner davon auszugehen, dass das Makulaturmaterial aus einer geistlichen Institution der näheren (städtischen) Umgebung stammt, was zu einigen Überlegungen der bisherigen Forschung passen und auch Ochsenbeins Verortung des ‚Saelden Hort' im Milieu der Basler Beginen nicht ausschließen würde.[89] Das wäre auch dann naheliegend, wenn die Werkstatt einer anderen geistlichen Institution der Stadt (etwa der Barfüßer oder Kartäuser) für den Einband verantwortlich ist.

3) Ebenfalls nicht ausgeschlossen ist es, dass der Codex in einer gewerbsmäßigen Werkstatt gebunden wurde. Dann kämen auch andere, weltliche Rezipient:innengruppen in Basel und darüber hinaus als ursprüngliche Besitzer:innen der makulierten Pergamenthandschrift infrage – was im Übrigen ebenfalls von Teilen der neueren Forschung zum ‚Saelden Hort' favorisiert wird.[90] Auch die Erscheinungsform des Codex discissus, soweit sie sich aus den Fragmenten rekonstruieren lässt,[91] weist – bei aller Vorsicht vor unzulässigen Verallgemeinerungen – eher auf höfisch-weltlichen Besitz hin: Mit etwa 13,5 × 17 cm handelt es sich zwar nicht um eine besonders großformatige Handschrift, aber das zweispaltige Layout mit etwa 35 abgesetzten Versen pro Seite sowie das mögliche Vorhandensein von Illustrationen[92] entsprechen kaum den üblichen Buchtraditionen von geistlichen Institutionen um 1300.[93]

---

Chronik heißt, er habe deutsche Texte für Frauen verfasst (*fecit rithmos Theutonicus bonis mulierculis ac devotis*). Vgl. dazu im vorliegenden Kontext Ochsenbein (Anm. 13), S. 198f. Adrian hatte ihn 1908 noch als möglichen Autor des ‚Saelden Hort' ins Spiel gebracht, was jedoch aus chronologischen Gründen eher unwahrscheinlich ist, vgl. Adrian (Anm. 6), S. 73.

[89] Vgl. Prica (Anm. 6), S. 89.

[90] Susanne Köbele etwa spricht von „laienchristlichen Rezipienten" des Textes (Köbele [Anm. 5], S. 178). Mit Blick auf die höfischen Elemente des Textes verortet auch Henrike Manuwald den Text primär bei den laikalen Eliten in Basel: „[T]he author might have had the courtly life in the city in mind" (Manuwald [Anm. 9], S. 211, Anm. 50). Siehe weiterhin Williams-Krapp (Anm. 9); Bumke (Anm. 13), S. 389, und bereits de Boor (Anm. 6), S. 506f.

[91] Vgl. dazu Ochsenbein (Anm. 13), S. 194.

[92] Zur Frage, ob der Codex discissus der Basler Fragmente wie die beiden anderen Handschriften des ‚Saelden Hort' einen Illustrationszyklus aufgewiesen hat, siehe Ochsenbein (Anm. 13), S. 197; Manuwald (Anm. 9), S. 183. Da aufgrund des rekonstruierten Versbestandes im innersten Bogen der Lage ein paar Verse fehlen und hier in den anderen Textzeugen eine Illustration steht, geht Ochsenbein vorsichtig davon aus, dass auch die verlorene Handschrift illustriert gewesen sein könnte. Der Befund lässt sich freilich auch anders erklären, etwa indem der Versbestand des Codex discissus nicht mit demjenigen der anderen Handschriften übereinstimmt, oder – wie Ochsenbein selbst überlegt – die Anzahl der Verse pro Seite nicht einheitlich ist. – Zu Illustrationen als Sonderfall innerhalb der monastischen Legendenüberlieferung vgl. etwa Werner Williams-Krapp, Die deutschen und niederländischen Legendare des Mittelalters. Studien zu ihrer Überlieferungs-, Text- und Wirkungsgeschichte (Texte und Textgeschichte 20), Tübingen 1986, S. 368.

Insgesamt wird vor allem deutlich, dass wir es mit einer ausgesprochen unbestimmten Überlieferungslage zu tun haben. Möglicherweise liegt allerdings gerade in dieser Offenheit des überlieferungsgeschichtlichen Befundes ein Hinweis auf die literaturgeschichtliche Verortung des ‚Saelden Hort': Gehen wir zumindest davon aus, dass der Text in Basel entstanden ist, dann haben wir es mit einem sehr dynamischen literarischen Resonanzraum zu tun, in dem verschiedene geistliche und weltliche Interessengruppen aufeinandertreffen und sich überschneiden.[94] Gerade die städtischen Klöster bildeten kein hermetisches Umfeld, sondern waren in vielfältige familiäre und literarische Netzwerke eingebunden.[95] Insbesondere die literarische Kultur der südwestdeutschen Dominikanerinnen und Dominikaner ist im Spätmittelalter eng mit derjenigen weltlicher Eliten verbunden.[96]

Vor diesem Hintergrund erscheint es nicht sinnvoll, die Interpretation des ‚Saelden Hort' aus den vermeintlichen Interessen einer literatursoziologisch klar abgegrenzten Gruppe erklären zu wollen. Vielmehr verdankt sich die Anlage des Textes, wie schon Martina Backes vorgeschlagen hat, gerade dem Austausch zwischen unterschiedlichen literarischen Interessen und Traditionen.[97] Auch der überlieferungsgeschichtliche Befund der Basler Fragmente erlaubt in diesem Sinne verschiedene Deutungen und ist möglicherweise das Ergebnis eines Zusammenspiels von unterschiedlichen geistlichen und weltlichen Akteuren des städtischen Literaturbetriebs.

Abstract: Research on the 'Saelden Hort' has focussed on its intended audience. The prevailing view suggests that it was written for the Dominican nuns of St Mary Magdalen in Basel, the so-called "Steinenkloster". The discovery of new fragments in the 1970s appeared to reinforce this view, as they were found in a manuscript from the library of

---

[93] Zu geistig-hagiographischen Buchtraditionen um 1300 vgl. etwa Jürgen Wolf, Buch und Text. Literatur- und kulturhistorische Untersuchungen zur volkssprachigen Schriftlichkeit im 12. und 13. Jahrhundert (Hermaea. N. F. 115), Tübingen 2008, S. 93, 108f., 198 sowie 153–170 (speziell zur Predigtüberlieferung) u. 172–177 (zur Überlieferung von Ordensregeln).
[94] Vgl. Nigel F. Palmer / Hans-Jochen Schiewer, Literarische Topographie des deutschsprachigen Südwestens im 14. Jahrhundert, in: Regionale Literaturgeschichtsschreibung. Aufgaben, Analysen und Perspektiven, hg. v. Helmut Tervooren u. Jens Haustein (ZfdPh 122. Sonderheft), Berlin 2003, S. 178–202, hier: 184–191, sowie die Beiträge in: Raum und Medium (Anm. 44).
[95] Vgl. am Beispiel Nürnbergs Johanna Thali, Beten – Schreiben – Lesen. Literarisches Leben und Marienspiritualität im Kloster Engelthal (Bibliotheca Germanica 42), Tübingen / Basel 2003, S. 282–285.
[96] Vgl. Hans-Jochen Schiewer, Die beiden Sankt Johannsen, ein dominikanischer Johannes-Libellus und das literarische Leben im Bodenseeraum um 1300, in: Oxford German Studies 22 (1993), S. 21–54. Zur volkssprachigen Literaturproduktion im Umfeld der Basler Dominikaner siehe auch oben, Anm. 88.
[97] Vgl. Backes (Anm. 6), S. 57f.

this Dominican convent. However, this article challenges such assumptions, reviewing the evidence through the lens of material philology, considering the complex history of the host volume and analysing more generally what evidence fragments can offer. Drawing on insights from medieval bookbinding and the waste parchment trade, the article explores a range of scenarios for the origin of the *codex discissus*, highlighting the inherent openness of the material evidence. It is precisely this openness that could point to the origins of the text, because it suggests that it was shaped by the literary interest of different social groups and institutions. As a result, the article provides a fresh perspective on the localisation of the 'Saelden Hort' and contributes to research on manuscript fragments more generally.

## Zensur und Fragment

### Zu den deutschen Predigten Meister Eckharts in Mittelalter und Moderne (Paul Celan)

VON BEATRICE TRÎNCA

Bei Gott gibt es keine Fragmente. Meister Eckhart denkt ihn als radikal andere Realität, als absolute Einfalt[1] im Gegensatz zur Vielfalt der Schöpfung. Gottes Ununterschiedenheit schließt Fragmentarität aus. Er ist der ungeteilte Kern: *daz geschaffen ist, daz muoz gebrochen sîn, sol daz guot her ûz komen. Diu schal muoz enzwei sîn, sol der kerne her ûz komen* (Q 13, DW I, S. 212,4–6).[2] Will man zur göttlichen Natur vordringen, *so müssent die gleychnuß alle zerbrechenn* (Q 51, DW II, S. 473,7f., Hervorhebung B. T.).[3] Zerstörung führt vor Augen, wie man Ganzheit, also die göttliche Einfalt, erreicht. Die Seele, die sich mit Gott vereint – die im Seelenfunken ihre Identität mit Gott erkennt –,[4] hinterlässt

---

[1] Vgl. auch, mit Bezug auf den Häresieprozess, Tiziana Suárez-Nani, Philosophie- und theologiehistorische Interpretationen der in der Bulle von Avignon zensurierten Sätze, in: Eckardus Theutonicus, homo doctus et sanctus. Nachweise und Berichte zum Prozess gegen Meister Eckhart, hg. v. Heinrich Stirnimann in Zusammenarbeit mit Ruedi Imbach (Dokimion 11), Freiburg i. Üe. 1992, S. 31–96, hier: 79–89.

[2] Eckhart wendet hier eine Metapher der Bibelexegese auf die Schöpfung an. – Trotz ihres überholten Text- und Echtheitsverständnisses sind wir weiterhin auf die Ausgabe von Quint angewiesen, die hier zitiert wird: Meister Eckhart, Deutsche Werke [DW], Bd. I u. II: Predigten, hg. u. übers. v. Josef Quint (Meister Eckhart. Die deutschen und lateinischen Werke. Die deutschen Werke 1 u. 2), Stuttgart 1958 u. 1971.

[3] Eckhart bezieht sich auf Gleichnisse aus der Bibel und aus seinen eigenen Predigten: „Während die klassische Lehre vom mehrfachen Schriftsinn auf einen statischen Sachverhalt verweist, verfolgt Eckhart eine Bildlehre, die dynamisch konzipiert ist: Bilder, die den Sachverhalt fortwährend aufdecken u n d verbergen, so daß mit der Gleichzeitigkeit und Unabschließbarkeit dieses Vorgangs jede analoge Konstruktion notwendig gesprengt ist" (Susanne Köbele, Bilder der unbegriffenen Wahrheit. Zur Struktur mystischer Rede im Spannungsfeld von Latein und Volkssprache [Bibliotheca Germanica 30], Tübingen / Basel 1993, S. 62f., Hervorhebung im Original).

[4] „[E]s gibt angesichts der absoluten Differenz nur die absolute Identität", Köbele (Anm. 3), S. 61.

demnach Scherben. Wenn sie sich vom Geschaffenen distanziert, bleiben Bruchstücke zurück. Eckhart veranschaulicht seine radikale Position, die *via negationis*, indem er von Abfall spricht. Diesen Resten steht nicht die Wertschätzung zu, die beschädigte Gegenstände aus einer Vergangenheit erfahren, an die man sich erinnern möchte.

Eckharts Sprechen konstituiert die *unio*, aus der heraus er predigt[5] bzw. verstanden werden will. Er versichert, das Seelenfünkchen sei, wie Gott, *weder diz noch daz* (Q 2, DW I, S. 39,4; Q 9, DW I, S. 146,2f.) und *got sî ungesprochen* (Q 36a, DW II, S. 189,4). Propheten seien sprachlos geworden: *So ges‹ch›ach in, das si verstvmeten, das si nicht enkonden gesprechen* (Q 50, DW II, S. 454,7f.). Stammeln oder Verstummen könnten mithin Fragmente hervorbringen und dabei – im Sprechakt oder in der Verschriftung – kundtun, dass sich die Konzeption eines Textes „als aporetisch, überkomplex oder uneinlösbar"[6] erwiesen hat. Eckhart setzt aber Aphasie nirgends in Szene.[7] Er reiht sich vielmehr in die mystische Tradition ein, die „von einer Emphase des Wortes geprägt"[8] ist. Dabei wechseln sich apophatische und kataphatische Sprechweise ab. Gleichnisse

---

[5] Vgl. ebd., S. 63. – „Eckharts deutsche Predigten, die ihren primären Ort in der Mündlichkeit der gottesdienstlichen Praxis haben, sind uns heute als mehrfach redigierte Lesepredigten überliefert" (Susanne Köbele, Avignon 1329. Zensur als medialer Ernstfall, in: Medialität. Historische Konstellationen, hg. v. Christian Kiening u. Martina Stercken [Medienwandel – Medienwechsel – Medienwissen 42], Zürich 2019, S. 107–117, hier: 112).

[6] Peter Strohschneider, Art. ‚Fragment$_2$', in: RLW 1 (1997), S. 624f., hier: 624. Ein ‚Fragment' ist – textwissenschaftlich gedacht – ein „Bruchstück eines ursprünglich vollständigen Textes; allgemeiner ein Ausdruck für unabgeschlossene Texte überhaupt, also auch solche, die es nie anders denn in unvollständiger Form gab" (ebd.). Das „Fragment wird über ein größeres Ganzes definiert, dem gegenüber es einen Mangel aufweist" (Kay Malcher / Stephan Müller / Katharina Philipowski / Antje Sablotny, Fragmentarität als Problem der Kultur- und Textwissenschaften. Eine Einleitung, in: Fragmentarität als Problem der Kultur- und Textwissenschaften, hg. v. dens. [MittelalterStudien 28], München 2013, S. 9–32, hier: 11).

[7] Ein Beispiel dafür wäre Ernst Jandls Gedicht ‚fortschreitende räude', das mit folgenden Versen beginnt: „him hanfang war das wort hund das wort war bei / gott hund gott war das wort hund das wort hist fleisch". Obgleich es zum graphisch markierten Fragment tendiert, findet es doch zum Schlusswort „flottsch" (Ernst Jandl, Gesammelte Werke, Bd. 1: Gedichte 1, hg. v. Klaus Siblewski, Frankfurt a. M. 1990, S. 473). Vgl. zum Gedicht Johannes Keller, *abyssus abyssum invocat*. Mystische Philologie am Abgrund, in: Der Dichter und sein Germanist. In Memoriam Wendelin Schmidt-Dengler, hg. v. Stephan Kurz, Michael Rohrwasser u. Daniela Strigl, Wien 2012, S. 70–80. Zur Fragmentarität im Buchdruck vgl. Sonja Glauch, Wie ‚macht' man Fragmente? Schrift und Stimme als Träger des Fragmentarischen, in: Fragmentarität (Anm. 6), S. 51–68, hier: 56–60.

[8] Niklaus Largier, Kommentar, in: Meister Eckhart, Werke I, Texte und Übersetzungen von Josef Quint, hg. u. komm. v. Niklaus Largier (Deutscher Klassiker Verlag im Taschenbuch 24), Frankfurt a. M. 2008, S. 713–1106, hier: 990.

*Zensur und Fragment*

zerbrechen weder im Verstummen noch „durch Reduktion der Bildsprache auf den eigentlichen Kern, sondern durch Variation, Negation, Bedeutungsverschiebung, Steigerung, Überbietung und Zurücknahme."[9]

In diese Dynamik griff die Zensur ein. Es stellt sich die Frage, ob sich repressive Maßnahmen destruktiv auf die Überlieferung auswirkten und Fragmente hervorbrachten, die sich bis heute erhalten haben. Für Mittelalter wie Neuzeit gilt, dass Zensiertes über die Zeiten hinweg Aufmerksamkeit erregt.[10] Paul Celan interessierte sich im 20. Jahrhundert für eine zensierte Eckhart-Predigt (Q 14) und nahm seinerseits eine Fragmentierung vor, die mit der Entstehung eines neuen, lyrischen Textes in eins fiel.

## 1. Zensur

Meister Eckhart wurde bekanntlich in einem spektakulären Häresieprozess verurteilt.[11] Nach Beschwerden in Straßburg wurde das Verfahren in Köln eröffnet und kam nach Eckharts Tod in Avignon zum Abschluss, und zwar nachdem er widerrufen, das heißt sich als Gelehrter rehabilitiert hatte.[12] Im Laufe des Verfahrens entstanden vorschriftgemäß Listen mit *articulis extractis* (LW V, S. 275,7),[13] eine Verteidigungsschrift,[14] Gutachten und schließlich die päpstliche

---

[9] Karl Heinz Witte, Predigt 14: ‚Surge illuminare Iherusalem', in: Lectura Eckhardi III. Predigten Meister Eckharts von Fachgelehrten gelesen und gedeutet, hg. v. Georg Steer u. Loris Sturlese, koordiniert von Dagmar Gottschall, Stuttgart 2008, S. 1–31, hier: 18.

[10] Vgl. Beatrice Trînca, Zensur – Überlieferung – Edition. Williams von Ebersberg ‚Hohelied'-Übersetzung und „ein Sträußchen Myrrhe" (Hl 1,12) zwischen 11. Jahrhundert und Gegenwart, in: Kulturelles Nachhalten, hg. v. Jutta Eming, Darmstadt (ersch. 2025). Die – im Rahmen des gleichnamigen Berliner Forschungsverbunds entwickelte – Frage nach ‚kulturellem Nachhalten' richtet den Fokus auf Prozesse, die das Fortbestehen kultureller Artefakte sichern und diese im gleichen Zuge transformieren. Zensur zählt paradoxerweise zu den Praktiken des kulturellen Nachhaltens.

[11] Dabei wurde nicht berücksichtigt, dass die „Unaussprechlichkeit Gottes [...] eine prinzipielle Fehlerhaftigkeit des Sprechers [bedingt], die jede Rede von Irrtum oder Ketzerei weit übersteigt; denn hier kann nicht nur diese oder jene Einzelaussage falsch sein, sondern grundsätzlich jede Aussage ist es" (Freimut Löser, Meister Eckhart und der Irrtum, in: Irrtum – Error – Erreur, hg. v. Andreas Speer u. Maxime Mauriège [Miscellanea Mediaevalia 40], Berlin / Boston 2018, S. 589–602, hier: 597).

[12] Vgl. Winfried Trusen, Zum Prozeß gegen Meister Eckhart, in: Eckardus Theutonicus (Anm. 1), S. 7–30, hier: 23.

[13] Meister Eckhart, Acta Echardiana, hg. v. Loris Sturlese, in: Meister Eckhart, Lateinische Werke [LW], Bd. V, hg. v. Albert Zimmermann u. Loris Sturlese (Meister Eckhart. Die deutschen und lateinischen Werke. Die lateinischen Werke 5), Stuttgart 2006, S. 149–617.

[14] Eckhart wurde im Laufe des Prozesses auch durch seinen Schüler Heinrich Seuse im

Bulle ‚In agro dominico' (27.03.1329). Sie listet 28 Artikel auf,[15] das heißt Exzerpte[16] aus Eckharts Schriften, die heute in seinem Œuvre nachweisbar sind. In ihrer Konzentration auf die Vorstellung vom Göttlichen im Menschen erfassen die Artikel – simplifiziert und manchmal missverstanden – dennoch „die Gesamtheit des Eckhartschen Denkens",[17] das Wesentliche – das uns wiederum aus einer Edition vertraut ist, die sich maßgeblich nach dem Prozessmaterial richtet.

Zensur setzt sich zum Ziel, Kommunikation zu unterbinden.[18] Doch obwohl die Bulle umfassende Verbote formuliert, ist es ihr nicht gelungen, den Autor Eckhart zum Schweigen zu bringen. Die Anklage konzentriert sich auf Eckharts deutschsprachige Texte. Papst Johannes XXII. hält fest:

‚Buch der Wahrheit' verteidigt. Seuse selbst musste sich in einem Gerichtsverfahren verantworten. Er wurde nicht verurteilt, verlor aber sein Lektorenamt, vgl. Susanne Köbele, *Emphasis, überswanc, underscheit*. Zur literarischen Produktivität spätmittelalterlicher Irrtumslisten (Eckhart und Seuse), in: Literarische und religiöse Kommunikation in Mittelalter und Früher Neuzeit. DFG-Symposion 2006, hg. v. Peter Strohschneider, Berlin / New York 2009, S. 969–1002, hier: 992–997, sowie Trusen (Anm. 12), S. 24. Im Vergleich zu anderen Seuse-Schriften findet sich das ‚Buch der Wahrheit' in weit weniger Handschriften überliefert, vgl. Werner Williams-Krapp, Mystikdiskurse und mystische Literatur im 15. Jahrhundert, in: Neuere Aspekte germanistischer Spätmittelalterforschung, hg. v. Freimut Löser, Robert Steinke, Klaus Vogelsang u. Klaus Wolf (Imagines Medii Aevi. Interdisziplinäre Beiträge zur Mittelalterforschung 29), Wiesbaden 2012, S. 261–285, hier: 264.

[15] Zu weiteren Eckhart-Passagen, die im Laufe des Prozesses diskutiert, aber nicht in die Bulle aufgenommen wurden, siehe Largier (Anm. 8).

[16] Anders als ein Zitat muss ein ‚Exzerpt' nicht wörtlich mit dem Primärtext übereinstimmen, vgl. Rudolf Helmstetter, Art. ‚Zitat', in: RLW 3 (2003), S. 896–899; Konrad Ehlich, Zur Analyse der Textart ‚Exzerpt', in: Pragmatik. Theorie und Praxis, hg. v. Wolfgang Frier (Amsterdamer Beiträge zur neueren Germanistik 13), Amsterdam 1981, S. 379–401. Viel konkreter als Exzerpte rufen Zitate den Autor oder das Werk in Erinnerung.

[17] Suárez-Nani (Anm. 1), S. 93. „Die Kritik an der Lehre der Gottessohnschaft oder der Gottesgeburt [im Seelenfunken, B. T.] umfaßt somit die Gesamtheit des Eckhartschen Denkens" (ebd., S. 94).

[18] Unter ‚Zensur' verstehe ich, über die Blockade hinaus, „text- und diskursverändernde Verfahren der Kontrolle und Selektion" (d. h. Maßnahmen und Texte, die in einem repressiven System ideologisch begründet sind, aber Willkür und Inkonsequenzen nicht ausschließen. Reichweite und Methoden variieren kultur- sowie situationsspezifisch. Zensur kann Textgut zerstören, erweitern oder selbst welches produzieren (Beatrice Trînca, Zensur und Kompromiss. Elsbeth von Oye, ‚Offenbarungen', in: Kompromissfindung in der Literatur und Kultur des Mittelalters. Strategien und Narrative zwischen Zweifel, Dissens und Aporie, hg. v. Christiane Witthöft, unter redaktioneller Mitarbeit v. Sandra Hofert, Berlin / Boston 2023, S. 175–201, hier: 176). Zum spätmittelalterlichen Verständnis von *censura* vgl. Freimut Löser, Resisting Censorship. Cases of the Early Fourteenth Century, in: Censorship and Exile, hg. v. Johanna Hartmann u. Hubert Zapf (Internationale Schriften des Jakob-Fugger-Zentrums 1), Göttingen 2015, S. 97–111, hier: 97f.

## Zensur und Fragment

Damit nun derartige Artikel oder ihr Inhalt die Herzen der Einfältigen, denen sie gepredigt worden sind, nicht weiter anstecken und bei ihnen oder anderen nicht irgendwie in Schwang kommen können, verdammen und verwerfen Wir ausdrücklich auf den Rat Unserer genannten Brüder die ersten fünfzehn angeführten Artikel sowie die beiden letzten als häretisch, die anderen elf angeführten aber als übelklingend, verwegen und der Häresie verdächtig, und ebenso alle Bücher und kleineren Schriften dieses Eckehart, welche die angeführten Artikel oder einen von ihnen enthalten.[19]

Den Einfältigen wurde in der Volkssprache gepredigt. Für die letzten beiden Artikel (Zusatzartikel) gibt es aus Sicht des Papstes keine ausreichenden Belege für Eckharts Autorschaft (was aber der Fall ist). Die Bulle zählt nicht auf, woher die Artikel genau stammen – im Gegensatz zu früheren Prozess-Dokumenten und „entgegen der sonst anzutreffenden Praxis".[20] Der um Vollständigkeit bemühte Zensurakt läuft insofern ins Leere, als er weitere Recherchen erfordert.

Zensiertes bleibt, auch im Manuskriptzeitalter, häufig erhalten. In Avignon wurde ‚In agro dominico' wohl zunächst an der Tür der Kathedrale angebracht, wodurch jedoch die Bekanntheit der inkriminierten Artikel erhöht wurde. Allerdings legte die Kurie keinen großen Wert auf die Verbreitung der Bulle: „Während andere Verurteilungen überall hin an die Christenheit versandt wurden, kennen wir nur die Anweisung des Papstes, sie in der Kirchenprovinz Köln bekannt zu machen".[21] Der Papst reagierte damit (nach fast einem Jahr) auf die Rückfrage des Kölner Erzbischofs nach dem Ausgang des Prozesses. Offenbar maß er dem Verfahren keine große Bedeutung bei; vielleicht wollte er einen der berühmtesten Gelehrten des Dominikanerordens nicht weiter diskreditieren.[22] Zensur wurde durch Desinteresse entschärft.

Irrtumslisten halten Heterodoxes fest, damit es aus dem religiösen Gedächtnis verschwindet.[23] Besser, man nimmt es gar nicht zur Kenntnis. In der (Teil-)

---

[19] Meister Eckehart, Deutsche Predigten und Traktate, hg. u. übers. v. Josef Quint, München ⁵1978, S. 454. Original: *Ne articuli huiusmodi seu contenta in eis corda simplicium, apud quos predicati fuerunt, ultra inficere valeant, neve apud illos vel alios quomodolibet invalescant, nos de dictorum fratrum nostrorum consilio prefatos quindecim primos articulos et duos alios ultimos tanquam hereticos, dictos vero alios undecim tanquam male sonantes, temerarios et suspectos de heresi, ac nichilominus libros quoslibet seu opuscula eiusdem Ekardi, prefatos articulos seu eorum aliquem continentes, dampnamus et reprobamus expresse* (LW V, S. 600). Eine kurze Zusammenfassung der Artikel, die in der Zusammenstellung eigene Kohärenzen bilden, findet sich bei Köbele (Anm. 14), S. 994.

[20] Trusen (Anm. 12), S. 21f.

[21] Ebd. S. 22.

[22] Vgl. ebd., S. 21–23.

[23] Vgl. Köbele (Anm. 5), S. 110. Auch darin besteht die Paradoxie der Zensur als Praktik des kulturellen Nachhaltens (siehe zum Begriff oben Anm. 10).

*Beatrice Trînca*

Überlieferung der Bulle[24] bildete das Lateinische eine „Zugangsbarriere"[25] zum häretischen Gedankengut. Eine fragmentarische Übersetzung ins Frühneuhochdeutsche findet sich wiederum in einem größtenteils lateinischen Inquisitionshandbuch aus der zweiten Hälfte des 14. Jahrhunderts. Es handelt sich um ein „Expertenbuch",[26] das mit Sicherheit eingeschränkt zugänglich war.[27] Die Übersetzung ist durch Blattverlust und Wurmfraß (zufällig vor allem Art. 13, dazu siehe unten) beschädigt (Abb. 1). Aufgrund der Artikel-Nummerierung erkennt man auf den ersten Blick, dass die Sätze 1–11 fehlen. Mechanische Schäden können demnach der Zensur selbst im Wege stehen (sollte sie zum Zeitpunkt der Zerstörung noch über Relevanz verfügen).

Nach dem Prozess wurde Eckhart von der offiziellen Autorenliste der Dominikaner gestrichen.[28] Kurt Ruh vermutet, dass sich das Fehlen einer zeitge-

---

[24] Vgl. LW V, S. 596f.
[25] Köbele (Anm. 14), S. 999; vgl. auch Kurt Ruh, Volkssprachliches über Häresien, in: ZfdA 110 (1981), S. 221–239, hier: 221 u. 239.
[26] Ebd., S. 224; vgl. ebd., S. 231, zu einer weiteren Übersetzung von zwei Bullenartikeln ins Deutsche.
[27] ‚Manuale inquisitionis haereticae pravitatis. Richardus Armachanus. Rogerus Conway. Bartholomaeus de Bolsenheim. Documenta de beginis et mendicantibus', Papier, Straßburg (?), heute in Wolfenbüttel, Herzog August Bibl., Cod. Guelf. 311 Helmst., fol. 125ʳ (letztes Blatt im Codex). Siehe dazu die Beschreibung von Bertram Lesser: „Die einzelnen Teile der Handschrift entstanden sukzessive im dritten Viertel des 14. Jh. sehr wahrscheinlich in Straßburg [...]. Laut Patschovsky [...] kommt als Auftraggeber und wohl auch erster Besitzer der aus Bernburg stammende Arzt und Basler Domkanoniker Henricus de Saxonia in Frage, der [...] im Entstehungszeitraum des Bandes mehrfach in verantwortlicher Position in Straßburg tätig war, z. B. 1366 und ab 1374 als Generalvikar des Bischofs, 1373 als *iudex* der städtischen Mendikantenkonvente. Er dürfte die Faszikel auch in den gegenwärtigen Verbund gebracht und dabei die Blatt- und Spaltenzählung und die Marginalglossen hinzugefügt haben." (Bertram Lesser, Die mittelalterlichen Helmstedter Handschriften der Herzog August Bibliothek, Teil II: Cod. Guelf. 277 bis 370 Helmst. Mit einem Anhang: Die mittelalterlichen Handschriften und Fragmente der Ehemaligen Universitätsbibliothek Helmstedt, Wiesbaden 2022 [online abrufbar unter: https://diglib.hab.de/?db=mss&list=ms&id=311-helmst&catalog=Lesser; sämtliche in diesem Beitrag angeführten digitalen Ressourcen wurden zuletzt abgerufen am 17.04.2024]).
[28] Im 15. Jahrhundert entstanden dann Schriften, „in denen mit drastischen Worten und Beispielen vor den Gefahren einer Beschäftigung mit *subtilitäten* – gemeint ist vor allem das Œuvre Eckharts – gewarnt wird und die keineswegs nur an Klosterfrauen gerichtet waren. Bei der Herstellung solcher Mahnschriften gehörten die Nürnberger Dominikaner zu den Produktivsten überhaupt" (Williams-Krapp [Anm. 14], S. 264, Hervorhebung im Original). Zur eingeschränkten Eckhart-Rezeption im Nürnberger Katharinenkloster vgl. Burkhart Hasebrink, Tischlesung und Bildungskultur im Nürnberger Katharinenkloster. Ein Beitrag zu ihrer Rekonstruktion, in: Schule und Schüler im Mittelalter. Beiträge zur europäischen Bildungsgeschichte des 9. bis 15. Jahrhunderts, hg. v. Martin Kinzinger, Sönke Lorenz u. Michael Walter (Beihefte zum Archiv für Kulturgeschichte 42), Köln 1996, S. 187–216, hier: 198f. u. 211.

nössischen Sammlung deutscher Eckhart-Predigten durch die Verurteilung erklärt, wenngleich das deutschsprachige Œuvre breiter überliefert ist als das lateinische.[29] Loris Sturlese schreibt dazu: „Doch ein großes Problem bleibt nach wie vor bestehen: die desolate Überlieferungssituation der deutschen Predigten Eckharts, die ein ungewöhnlich hohes Maß an Zersplitterung aufweist".[30] Die Überlieferung verschweigt in vielen Fällen Eckharts Autorschaft oder schreibt ihm Texte zu, deren Echtheit später angezweifelt wurde. Manche Predigten sind nur einmal (beinahe) vollständig überliefert; die meisten Handschriften enthalten Ausschnitte: „Splitter und Splitterchen (wenige Zeilen!)".[31] Dieser Zustand lässt sich unter anderem (wenngleich nicht in jedem Fall nachweisbar) auf Zensur zurückführen.

Zum Überlieferten zählen vollständige bzw. (auch in mehreren Fassungen) als vollständig markierte Predigten sowie Exzerpte, die in ihrer Kürze abgeschlossen wirken oder die sich in längere Texte einfügen.[32] Lücken oder Kor-

---

[29] Vgl. Kurt Ruh, Art. ‚Meister Eckhart', in: ²VL 2 (1980), Sp. 327–348, hier: 331. Vgl. auch Freimut Löser, Wie weit reicht Meister Eckhart? Zur Überlieferung seiner Werke, in: Reichweiten. Dynamiken und Grenzen kultureller Transferprozesse in Europa, 1400–1520, Bd. 1: Internationale Stile – Voraussetzungen, soziale Verankerungen, Fallstudien, hg. v. Nikolaus Henkel, Thomas Noll u. Frank Rexroth (Abhandlungen der Akademie der Wissenschaften zu Göttingen N. F. 49.1), Berlin / Boston 2020, S. 171–203, hier: 174.

[30] Loris Sturlese, Hat es ein Corpus der deutschen Predigten Meister Eckharts gegeben? Liturgische Beobachtungen zu aktuellen philosophiehistorischen Fragen, in: Meister Eckhart in Erfurt, hg. v. Andreas Speer u. Lydia Wegener (Miscellanea Mediaevalia 32), Berlin / New York 2005, S. 393–408, hier: 406. Quint spricht von „der fatalen ‚Zersetzung' seines [Eckharts, B. T.] Geistesguts in der handschriftlichen Überlieferung" (Josef Quint, Textbuch zur Mystik des deutschen Mittelalters. Meister Eckhart, Johannes Tauler, Heinrich Seuse, Halle / Saale 1952, S. VIII).

[31] Ruh (Anm. 29), Sp. 332; vgl. auch Georg Steer, Echtheit und Authentizität der Predigten Meister Eckharts. Schwierigkeiten und Möglichkeiten einer kritischen Edition, in: Germanistik – Forschungsstand und Perspektiven. Vorträge des Deutschen Germanistentages 1984, Teil 2: Ältere Deutsche Literatur, Neuere Deutsche Literatur, hg. v. Georg Stötzel, Berlin / New York 1985, S. 41–50, hier: 45.

[32] Vgl. z. B. München, Staatsbibl., Cgm 411, fol. 12$^{ra-vb}$ aus Pr. Q 5b, siehe die Handschriftenbeschreibung in der Datenbank Predigt im Kontext [PiK] (http://pik.ku-eichstaett.de/8665/); erstellt 03.07.2013, letzte Änderung 03.07.2013; Berlin, Staatsbibl., Ms. theol. lat. oct. 89, fol. 52$^v$, siehe Informationen zur Handschrift in der Datenbank Handschriftencensus (https://handschriftencensus.de/23127; als Exzerpt aus Predigt S 108 [DW IV, S. 747] bezeichnet); Rom, Bibl. Apostolica Vaticana, Cod. Ross. 749, fol. 139$^r$, 140$^{rv}$, 141$^r$, vgl. hierzu den Handschriftencensus (https://handschriftencensus.de/26188; als Exzerpt bezeichnet). Berlin, Staatsbibl., mgq 1132, fol. 90$^r$–90$^v$, überliefert, eingebettet in einer anonymen Predigt, zwei Sätze aus Q 9, die unterschiedlichen anonymen Meistern zugeschrieben werden. Die Integration in die Predigt spricht gegen einen Abbruch, also gegen die Bezeichnung ‚Fragment', vgl. Predigt im Kontext [PiK] (http://pik.ku-eichstaett.de/6030/); erstellt 18.02.2013,

ruptelen sind „in der mittelalterlichen Handschrift geradezu die Norm".[33] Sie können unbemerkt bleiben, den ersten Eindruck der Vollständigkeit beeinträchtigen; sie können diesen aber auch gar nicht aufkommen lassen. Josef Quint unterscheidet in seiner Eckhart-Ausgabe in der Regel nicht zwischen Exzerpten und Fragmenten. Im Anschluss an ihn nimmt die Eckhart-Forschung bis heute nicht konsequent diese Differenzierung vor.[34] Versucht man als Herausgeber, Eckhart-Predigten in ihrer (vermeintlichen) ursprünglichen Vollständigkeit zu rekonstruieren, sieht man tatsächlich jedes Exzerpt als Fragment an. Unter Umständen handelt es sich um durchlässige Kategorien: Stand einem mittelalterlichen Schreiber eine fragmentarische Handschrift zur Verfügung, konnte dies dazu führen, dass er ein Exzerpt abschrieb. Fragmente im engeren Sinn des Begriffs setzen – so meine ich – Versehen, physische Beschädigung[35] oder einen unterbrochenen Schreibprozess (am deutlichsten mitten im Wort) voraus. Die Störung sollte als solche erkennbar sein.[36] Zensur zählt zu den möglichen Gründen für einen Abbruch der Schreibarbeit.

Das, was die Prozessakte als zensurwürdig erfassen, diente später dazu, Eckharts Œuvre zu rekonstruieren. In der Vorbereitung der Gesamtausgabe avancierte das erhaltene Prozessmaterial zum philologischen Instrument, um bei den Bemühungen um ‚den ganzen' Eckhart über Authentizität zu entscheiden – ein freilich kaum erreichbares Ziel. Volker Leppin vermutet, dass „der wissenschaftlich rekonstruierte Meister Eckhart [...] so um einiges radikaler erschei-

---

letzte Änderung 01.06.2016 (als Fragment bezeichnet), siehe das Digitalisat unter: https://digital-beta.staatsbibliothek-berlin.de/werkansicht?PPN=PPN783128231&PHYSID=PHYS_0185&DMDID=DMDLOG_0032.

[33] Glauch (Anm. 7), S. 62. – Handschriften überliefern Texte und bezeugen ihre Zerstörung.

[34] Vgl. etwa Steer (Anm. 31); Georg Steer, Die dominikanische Predigtsammlung ‚Paradisus anime intelligentis'. Überlieferung, Werkform und Textgestalt, in: ‚Paradisus anime intelligentis'. Studien zu einer dominikanischen Predigtsammlung aus dem Umkreis Meister Eckharts, hg. v. Burkhard Hasebrink, Nigel F. Palmer u. Hans-Jochen Schiewer, Tübingen 2009, S. 17–67, hier: 19f. – Es wäre im Rahmen einer größeren Untersuchung zu überprüfen, wie sich Exzerpte und Fragmente im Allgemeinen zu heterodoxen Formulierungen verhalten.

[35] Vgl. z. B. Berlin, Staatsbibl., mgf 736, fol. 16ᵛ, Fragment aus Predigt S 115 B, Digitalisat unter: https://digital.staatsbibliothek-berlin.de/werkansicht?PPN=PPN66501970X&PHYSID=PHYS_0037&DMDID=DMDLOG_0009; siehe die Handschriftenbeschreibung in der Datenbank Predigt im Kontext [PiK] (https://pik.ku.de/13146/); erstellt 14.03.2017; letzte Änderung 15.08.2017. – Eine materielle Beschädigung in der Vorlage konnte sich jederzeit „in einen Defekt in der textuellen Konsistenz der Abschrift" (Glauch [Anm. 7], S. 62) verwandeln, so dass ein intaktes Schriftbild ein Fragment im Sinne einer defekten Sinneinheit überlieferte.

[36] Fragment und Exzerpt lassen sich nicht voneinander unterscheiden, wenn man frühzeitig, z. B. aus Zensurgründen, mit dem Schreiben aufhört, aber ein Textstück hinterlässt, das den Eindruck der Vollständigkeit erweckt.

nen [mag], als der historische war".[37] Er geht davon aus, dass der Prozess und somit die Ausgabe die gewagtesten Positionen Eckharts dokumentieren – was sich aber nicht belegen lässt. In der Edition gibt es außerdem einzelne Stellen, an denen der Herausgeber Quint „mit zarter Hand"[38] (durch Anführungszeichen bzw. ein ersetztes Wort) Eckharts Radikalität zensiert.

## 2. Verluste

Inhaltlich gesehen sind Eckharts Texte gleichermaßen fragil und widerstandsfähig. Josef Quint spricht von einer „großartige[n] Eintönigkeit".[39] Redundanz lässt darauf schließen, dass nichts Wesentliches fehlt. Die Ausrichtung auf die *unio* in der Einfalt, die Gottesgeburt in der Seele als „Kernpunkt im Denken Eckharts"[40] und mithin die Divinität des abgeschiedenen Menschen dominieren sein deutsches Predigtwerk – vermutlich auch alles, was verloren ging. Eckhart selbst erklärt, dass sich seine Predigten leicht auf eine einfache Formel bringen lassen,[41] die, so würde man denken, in der Überlieferung das Ganze, seine Positionen vollständig mittransportiert und zu deren Fortbestand beiträgt.

Obgleich die Predigt Q 9 ‚Quasi stella matutina' (Sir 50,6f.) laut Bulle nicht frei von Häresie ist, haben sich über 20 Textzeugen[42] erhalten. Die Predigt zeichnet sich durch einen hohen Synthesegrad aus. Mit Bezug auf das *bîwort* (das Adverb) heißt es: *Diz ist, daz ich in allen mînen predigen meine* (Q 9, DW I, S. 154,8f.). Im Prozess störte sich niemand am *bîwort*, sehr wohl jedoch an der apophatischen Zuspitzung: *Got enist guot noch bezzer noch allerbeste. Wer dâ spræche, daz got guot wære, der tæte im als unrehte, als ob er die sunnen swarz hieze* (Q 9, DW I, S. 148,5–7).[43] Tatsächlich kommen diese Sätze in mehreren

---

[37] Volker Leppin, Ruhen in Gott. Eine Geschichte der christlichen Mystik, München 2021, S. 255.

[38] Kurt Flasch, Predigt 52: ‚Beati pauperes spiritu', in: Lectura Eckhardi I. Predigten Meister Eckharts von Fachgelehrten gelesen und gedeutet, hg. v. Georg Steer u. Loris Sturlese, Stuttgart / Berlin / Köln 1998, S. 163–199, hier: 188, vgl. auch S. 196.

[39] Josef Quint, Einleitung, in: Deutsche Predigten und Traktate (Anm. 19), S. 9–50, hier: 22; vgl. auch Köbele (Anm. 3), S. 194.

[40] Largier (Anm. 8), S. 815. Gebärende sind Gottvater bzw. die Seele, die auch als Sohn geboren wird.

[41] Susanne Köbele spricht von einer „Teil-Ganzes-Gleichgültigkeit im Verhältnis zu seinem eigenen Text". Köbele (Anm. 14), S. 1001.

[42] Vgl. die Angaben in Predigt im Kontext [PiK] (http://pik.ku-eichstaett.de/8885/); erstellt 02.07.2013, letzte Änderung 02.07.2013; (http://pik.ku-eichstaett.de/6748/); erstellt 08.06.2012, letzte Änderung 08.06.2012; (http://pik.ku-eichstaett.de/4780/); erstellt 14.12.2011, letzte Änderung 20.03.2012. Quint waren nicht alle Textzeugen bekannt.

[43] Der Satz findet sich im 2. Zusatzartikel der Bulle wieder: *Quod „deus non est bonus*

Überlieferungszeugen nicht (vollständig) vor, einerseits weil sich die – laut Quint – Fragmente bzw. Exzerpte aus anderen Passagen zusammensetzen.[44] Andererseits überliefert das Exzerpt B$_8$ (Berlin, Staatsbibl., mgq 1486, fol. 112$^v$–113$^v$, um 1385) nur einen Teil des inkriminierten Artikels.[45] „Quint konnte an dieser Stelle bei der Textkonstituierung nur auf den Basler Taulerdruck (BT), auf OH2 und die Hs. B6 zurückgreifen."[46] In der situativen Selektion, die Exzerpte hervorbringt, zeichnet sich unter Umständen Zensur ab.

Eckhart selbst legt hingegen den Schwerpunkt auf das *bîwort* und versichert seinen Zuhörerinnen und Zuhörern, es handele sich um die Quintessenz seiner Lehre. Werden wir tatsächlich über seine Philosophie in Kenntnis gesetzt, wenn wir uns auf das *bîwort* in seinem unmittelbaren Kontext beschränken? Dieser setzt sich (in der Edition) im Wesentlichen aus vier Absätzen zusammen. Er lautet in Quints Rekonstruktion – ohne in dieser Form in einem der Überlieferungsträger belegt zu sein –:[47]

,Als ein morgensterne miten in dem nebel'. Ich meine daz wörtelîn ,quasi', daz heizet ,als', daz heizent diu kint in der schuole ein bîwort.[48] Diz ist, daz ich in allen

---

[44] *neque melior neque optimus. Ita male dico, quandocunque voco deum bonum, ac si ego album vocarem nigrum."* (LW V, S. 599,93f.) Vgl. Kurt Flasch, Predigt 9: ,Quasi stella matutina', in: Lectura Eckhardi IV. Predigten Meister Eckharts von Fachgelehrten gelesen und gedeutet, hg. v. Georg Steer u. Loris Sturlese, Stuttgart 2017, S. 1–28, hier: 20–26. – „Der systematische Kontext dieser Abweisung des *bonum* ist in Eckharts Transzendentalienlehre zu suchen, in der das *bonum* dem *unum* nachgeordnet ist" (Burkhard Hasebrink, Dialog der Varianten. Untersuchungen zur Textdifferenz der Eckhartpredigten aus dem ,Paradisus anime intelligentis', in: ,Paradisus anime intelligentis' [Anm. 34], S. 133–182, hier: 145, Anm. 46). – Nicht inkriminiert wurde die vergleichbare Aussage: *Ich spræche als unrehte, als ich got hieze ein wesen, als ob ich die sunnen hieze bleich oder swarz* (Q 9, DW I, S. 146,1f.).

[44] Vgl. z. B. die Exzerpte Ka$_1$: Karlsruhe, Landesbibl., Cod. St. Peter perg. 85, fol. 45$^v$, siehe das Digitalisat unter: https://digital.blb-karlsruhe.de/blbhs/content/pageview/1054656; S$_1$: Salzburg, Universitätsbibl., Cod. M I 476, fol. 234$^r$, siehe das Digitalisat in der Datenbank ,manuscripta.at' (https://manuscripta.at/diglit/AT7400MI476/0473?sid=4020e0d010b335ec42177ced7d17430a).

[45] Zur Handschrift vgl. Carmen Stange, Art. 130 ,Tiroler Predigtsammlung', in: Aderlass und Seelentrost. Die Überlieferung deutscher Texte im Spiegel Berliner Handschriften und Inkunabeln, hg. v. Peter Jörg Becker u. Eef Overgaauw, Mainz 2003, S. 255–257, hier: 256; siehe die Handschriftenbeschreibung in Predigt im Kontext [PiK] (https://pik.ku.de/4661/); erstellt 22.12.2011, letzte Änderung 11.06.2012.

[46] Hasebrink (Anm. 43), S. 160. Zu diesen Überlieferungsträgern s. u. S. 364. Der Basler Taulerdruck stammt von 1521.

[47] Quint vermerkt: „Ich habe [...] den kritischen Text im wesentlichen auf den Texten O (H$_2$) B$_6$ und BT aufgebaut und dabei der vermittelnden Stellung von B$_8$ Rechnung getragen" (DW I, S. 140).

[48] *Quasi* galt zeitgenössisch als Adverb. Vgl. Susanne Köbele, *bîwort sîn.* „Absolute" Grammatik bei Meister Eckhart, in: ZfdPh 113 (1994), S. 190–206, hier: 190.

mînen predigen meine. Daz aller eigenlîcheste, daz man von gote gesprechen mac, daz ist wort und wârheit. Got nante sich selber ein wort. Sant Johannes sprach: ‚in dem anevange was daz wort', und meinet, daz man bî dem worte sî ein bîwort. [...] Vor allen sternen ist er [der Morgenstern] alwege glîch nâhe der sunnen; er enkumet ir niemer verrer noch næher und meinet einen menschen, der hie zuo komen wil, der sol gote alle zît bî und gegenwertic sîn, alsô daz in niht von gote müge geverren weder glücke noch unglücke noch kein crêatûre.

[...] Der mensche, der hie zuo komen wil, dâ von hie vor gesprochen ist – hie gât alliu diu rede zemâle ûf – der sol sîn als ein morgensterne: iemermê gote gegenwertic und iemermê bî und glîch nâhe und erhaben über alliu irdischiu dinc und bî dem worte sîn ein bîwort.

Ez ist ein vürbrâht wort, daz ist der engel und der mensche und alle crêatûren. Ez ist ein ander wort, bedâht und vürbrâht, dâ bî mac ez komen, daz ich in mich bilde. Noch ist ein ander wort, daz dâ ist unvürbrâht und unbedâht, daz niemer ûzkumet, mêr ez ist êwiclich in dem, der ez sprichet; ez ist iemermê in einem enpfâhenne in dem vater, der ez sprichet, und inneblîbende. Vernünfticheit ist allez înwert würkende. [...] Gotes sælicheit liget an der înwertwürkunge der vernünfticheit, dâ daz wort inneblîbende ist. Dâ sol diu sêle sîn ein bîwort und mit gote würken ein werk, in dem însweben den bekantnisse ze nemenne ir sælicheit in dem selben, dâ got sælic ist.

Daz wir alle zît bî disem worte müezen sîn ein bîwort, des helfe uns der vater und diz selbe wort und der heilige geist. Âmen.

(Q 9, DW I, S. 154,7–158,9, Hervorhebungen B. T.)

Die Predigt Q 9 (‚Quasi stella matutina') könne, so Eckhart, nicht nur für sein ganzes Predigtwerk stehen; sie enthält auch eine Zusammenfassung ihrer selbst (*dâ von hie vor gesprochen ist – hie gât alliu diu rede zemâle ûf* [DW I, S. 156,9f.]): Der Mensch soll ein *bîwort* des Wortes sein und wie der Morgenstern bei der Sonne in Gottes Gegenwart bleiben. Der Sprecher arbeitet sich vor bis zur *unio*. Man könne Gott als *wort* bezeichnen, da er sich selbst als *ein wort* bezeichnete. Das Johannes-Zitat *in dem anevange was daz wort* (S. 155,2) meine, *man* solle neben dem *worte* ein *bîwort* sein, das heißt ein Adverb zum *verbum*. Tatsächlich spricht Johannes vom Wort, das im Anfang bei Gott (dem Wort) war; der Mensch kommt aber bei Johannes nicht vor. Eckhart erklärt weiter, es gebe ein *wort* (Sohn), welches der Sprecher (Vater) bei sich behält, und *ez ist iemermê in einem enpfâhenne in dem vater* (S. 157,7). Die väterliche Empfängnis assoziiert die Gottesgeburt, auf die der Redner in anderen Predigten detailliert eingeht. Das *wort* (der Sohn) bleibe in der Vernunft, in der die Seele *bîwort* sein soll. Wenngleich Eckhart dies in der zitierten Passage nicht weiter erläutert, ist damit die Einfalt gemeint, in der kein Unterschied zwischen *bîwort* und *wort* bestehen kann: *got ist etwas, daz dâ würket in êwicheit ungeteilet in im selber* (S. 144,4f.).[49]

---

[49] Vgl. ebd., S. 195.

Er wirkt im Seelenfunken, in dem sich Empfängnis und Gottesgeburt ereignen.[50] Der *bîwort*-Kontext verfügt, wie sich zeigt, über Synthesekraft erst dann, wenn man andere Passagen und Predigten bereits kennt.[51]

In der Überlieferung blieb Eckharts Resümee – das *cum grano salis* das gepredigte Ganze aktualisiert – nicht immer intakt (gesetzt den Fall, Quint hat den Archetyp rekonstruiert). Das Exzerpt $B_8$ stimmt zum Beispiel bis zur Mitte des ersten Resümee-Absatzes (DW I, S. 155,6) mit anderen Überlieferungsträgern (größtenteils) überein und endet zudem auf dem gleichen Blatt mit einem kurzen Plusstück.[52] Die „Zwillingsh[andschriften]"[53] der Predigtsammlung ‚Paradisus anime intelligentis' (O und $H_2$)[54] lassen die gesperrten Abschnitte aus. Sie verzichten also, wie auch die Handschrift $B_6$,[55] auf den Satz, der Eckharts

---

[50] Gott ist Vernunft und der unerschaffene Seelenfunke ein *tröpfelîn* […] *vernünfticheit*, vgl. Q 9, DW I, S. 150,5; Zit.: S. 151,1. Dabei handelt es sich um eine der zwei Vernunft-Instanzen im Menschen, vgl. dazu Q 13; Largier (Anm. 8), S. 844–853. In der Bulle wurde der unerschaffene *intellectus* (aus Q 13) inkriminiert, s. u. S. 370.

[51] Ein weiterer Synthese-Anspruch, der nach mehr Kontext verlangt, findet sich in der Predigt Q 16a (einem mittelniederländischen Exzerpt, vgl. die Beschreibung in Predigt im Kontext [PiK] [https://pik.ku.de/13330/]; erstellt 28.06.2017, letzte Änderung 28.06.2017): *Een meester sprect: ware alle middel af tusscen mi ende dien muer, soe waric ane den muer, nochtan en waric in den muer niet. aldus en eest niet in gheesteliken dingen, want dat een es emmer in den anderen; dat daer ontfaet, dat es dat daer ontfangen wert, want en ontfaet niet dan hē seluem. Dit es subtijl. die dit verstaet, hē es gnoech ghepredecht* (DW I, S. 258,1–10). Übersetzung von Quint, DW I, S. 491: „Ein Meister sagt: Wäre jedes ⟨trennende⟩ Mittel weg zwischen mir und der Mauer, so wäre ich *an* der Mauer, gleichviel wäre ich nicht *in* der Mauer. So ⟨aber⟩ ist es nicht bei ⟨geistigen⟩ Dingen, denn ⟨bei denen⟩ ist immer das eine *in* dem andern; was da empfängt, das ist ⟨dasselbe⟩, was da empfangen wird, denn es empfängt nichts als sich selbst. Dies ist schwierig. Wer dies versteht, dem ist genug gepredigt" (Hervorhebungen im Original). Das bedeutet, dass derjenige, der versteht, dass Empfangender und Empfangener identisch sind, keine Predigt mehr hören muss.

[52] Vgl. fol. 113ᵛ unten und DW I, S. 139.

[53] Kurt Ruh, Art. ‚Paradisus anime intelligentis (Paradis der fornuftigen sele)', in: ²VL 7 (1989), Sp. 298–303, hier: 298. ‚Quasi stella matutina' ist im Register der Sammlung „nicht nur namentlich Meister Eckhart zugeschrieben, sondern auch als Dokument seiner *meisterschaft* […] eigens hervorgehoben" (Hasebrink [Anm. 43], S. 145).

[54] Es handelt sich um die Handschriften O: Oxford, Bodleian Libr., MS Laud Misc. 479, fol. 58ᵃʳ–61ᵛ, zweites Viertel bis Mitte des 14. Jh.; $H_2$: Hamburg, Staats- und Universitätsbibl., Cod. theol. 2057, fol. 86ᵛ–91ᵛ, Mitte des 14. Jh. Siehe die Digitalisate der Handschriften unter: https://digitalisate.sub.uni-hamburg.de/recherche/detail?tx_d lf%5Bid%5D=251107&tx_dlf%5Bpage%5D=1&cHash=f71cb225873c5ca7c921871d 529d53f4; https://digital.bodleian.ox.ac.uk/objects/3d773133-2ecd-4dcb-b330-6879 de4250ec/ und die Informationen unter: https://handschriftencensus.de/16622 sowie https://handschriftencensus.de/3691; ‚Paradisus anime intelligentis' (‚Paradis der fornuftigen sele'), hg. v. Philipp Strauch (Deutsche Texte des Mittelalters 30), Berlin 1919, S. 73–77.

[55] Es handelt sich um die Handschrift Berlin, Staatsbibl., mgq 1084, fol. 25ᵛ–29ᵛ, ent-

## Zensur und Fragment

Predigtwerk im *bîwort* auf ein Minimum reduziert. Aus dem ‚Paradisus' fehlt außerdem die Formulierung, die Rede laufe auf den Menschen als *morgensterne* in naher Umgebung der Sonne hinaus. Galten die Aussagen als inadäquat, oder wurde etwa der Verweis auf das Ganze für nicht notwendig erachtet?

Der ‚Paradisus' lässt zudem den Kulminationspunkt des *bîwort*-Gedankens aus, der im gemeinsamen Wirken der Seele mit Gott und in ihrer Seligkeit besteht. Die Änderung fand stillschweigend statt: Der Text bleibt kohärent, das Schriftbild intakt. Durch den Titel ‚(Sermo) de sanctis' und das abschließende *etc.* markieren beide Handschriften, dass die Predigt vollständig ist. Sollte es sich bei der Auslassung des Gedankens vom ‚Wirken mit Gott' um Zensur handeln, fällt sie nur im Vergleich der Fassungen auf.[56] Zugleich würde sie sich nicht gegen das richten, was in ‚Quasi stella matutina' als häretisch diagnostiziert wurde: das Postulat, Gott sei keineswegs gut.

Dieses ist wiederum im ‚Paradisus anime intelligentis' (O: fol. 59$^v$, H$_2$: fol. 88$^v$) durchaus überliefert[57] – und auch seine Vorläufigkeit in einer Argumentation, die vom Unaussprechlichen handelt, sich widerspricht und redundant wirkt, ist erhalten. Eckhart zitiert zunächst Augustin: *got ist wîse âne wîsheit, guot âne güete, gewaltic âne gewalt* (Q 9, DW I, S. 147,1f.), ergänzt: *Got enist niht wesen noch güete* (S. 148,3), formuliert dann im Sinne der Emphase[58] die inkriminierte Passage: *Got enist guot noch bezzer noch allerbeste. Wer dâ spræche, daz got guot wære, der tæte im als unrehte, als ob er die sunnen swarz hieze* (S. 148,5–7), um dies gleich im Anschluss zu dementieren: *Nû sprichet doch got: nieman enist guot dan got aleine. Waz ist guot? Daz ist guot, daz sich gemeinet. [...] Got ist daz aller gemeineste* (S. 149,1–5). Später kommt Eckhart darauf zurück:

> Er [ein heidnischer Meister, B. T.] sprichet: diu sêle, diu got minnet, diu nimet in under dem velle der güete. Vernünfticheit ziuhet gote daz vel der güete abe und nimet in blôz, dâ er entkleidet ist von güete und von wesene und von allen namen. (S. 152,5–8)

---

standen Ende des zweiten bis drittes Viertel des 15. Jh. Siehe das Digitalisat unter: https://digital.staatsbibliothek-berlin.de/werkansicht/?PPN=PPN63212573X, fol. 28$^r$, 28$^v$, 29$^r$, und die Handschriftenbeschreibung unter: https://handschriftencensus.de/4514.

[56] Der ‚Paradisus' enthält mehrere (auch weniger brisante) Kürzungen sowie zusätzliches Textmaterial; vgl. Hasebrink (Anm. 43), S. 160, 173 u. 177–179.

[57] „Es ist die einzige Eckhartpredigt aus dem ‚Paradisus', aus der ein inkriminierter Satz entnommen ist" (ebd., S. 145).

[58] Vgl. Suárez-Nani (Anm. 1), S. 94; Köbele (Anm. 14); Loris Sturlese, *Locutio emphatica*: Argumentative Strategies in Meister Eckhart's German Sermons, in: Contemplation and Philosophy: Scholastic and Mystical Modes of Medieval Philosophical Thought. A Tribute to Kent Emery, Jr. (Studien und Texte zur Geistesgeschichte des Mittelalters 125), hg. v. Roberto Hofmeister Pich u. Andreas Speer, Leiden / Boston 2018, S. 584–596.

Vernünfticheit nimet got blôz, als er entkleidet ist von güete und von wesene. (S. 153,4f.)

Eckhart weicht, im Grunde genommen, kaum von Augustins Position ab. In ihrem Exzerpt haben die Ankläger eine derartige Dynamik der Argumentation[59] ebenso wenig berücksichtigt[60] wie der Autor selbst in dessen *bîwort*-Zusammenfassung.

Wie in anderen Predigten zeichnet sich auch in ‚Quasi stella matutina' zudem ein Prozess ab, in dem Eckhart – in Vergleichen, die über den Text verteilt sind – bildhaftes Sprechen hinterfragt. Er ist im ‚Paradisus' vollständig überliefert, anders als zum Beispiel in $B_8$.[61] Zunächst heißt es, Gott als Wesen zu bezeichnen, würde bedeuten, die Sonne als *bleich oder swarz* zu beschreiben (DW I, S. 146,1f.). Ähnlich falsch wäre es, Gott gut zu nennen: *Wer dâ spræche, daz got guot wære, der tæte im als unrehte, als ob er die sunnen swarz hieze* (S. 148,6f.). Dann aber unterstreicht Eckhart den Unterschied zwischen Sonne und Gott: *Diu sunne gibet irn schîn und blîbet doch dâ stânde [...]; aber got gemeinet daz sîne, wan er von im selber ist, daz er ist, und in allen den gâben, die er gibet, sô gibet er sich selben ie zem êrsten* (S. 149,7–10). Hier wird die Analogie zwischen Sonne und Gott brüchig. Eckhart verwendet sie dennoch ein weiteres Mal: Der Morgenstern sei *alwege glîch nâhe der sunnen* und bezeichne den Menschen, der bei Gott bleibt (S. 155,7–11); wie der Mond in naher Umgebung der Sonne sei auch die Seele kräftiger, wenn sie sich vom Irdischen entfernt (S. 156,1–7). Die Hin-, Ab- und erneute Hinwendung zum/vom Bild kommt in der Zusammenfassung des Autors ebenfalls nicht vor.

Eckharts Predigtwerk lässt sich zwar leicht resümieren; jedoch erfordern seine Synthesen Ergänzungen, und sie sind defizitär überliefert. Die monothematische Anlage seiner Texte,[62] die auf die unaussprechliche Divinität im Menschen hinausläuft, machte ihn indessen immun gegenüber einer Zensur, die

---

[59] Sie ist in Eckharts Œuvre weitreichender, als sich hier andeuten lässt, vgl. Köbele (Anm. 48), S. 195–205; Köbele (Anm. 14), S. 988f.; Köbele (Anm. 5), S. 112 u. 116; Witte (Anm. 9), S. 12; Burkhard Hasebrink, *mitewürker gotes*. Zur Performativität der Umdeutung in den deutschen Schriften Meister Eckharts, in: Literarische und religiöse Kommunikation (Anm. 14), S. 62–88, hier: 68.

[60] Zu inkriminierten Artikeln, die aus dem Kontext gerissen sind, vgl. Suárez-Nani (Anm. 1), S. 44, 46f. u. 68f. Die Inquisition ist auf Eindeutigkeit angewiesen. „Wo sie sie nicht vorfindet, stellt sie sie selbst her, zum Beispiel über ‚Irrtumslisten'" (Köbele [Anm. 14], S. 995). Vgl. auch ebd. S. 1001.

[61] In $Ka_1$ (Karlsruhe, Landesbibl., Cod. St. Peter perg. 85) sind Predigt-Passagen in einem Mosaiktraktat inkorporiert. Vgl. DW I, S. 138; Digitalisat unter: https://digital.blb-karlsruhe.de/blbhs/content/pageview/1054565, fol. 45$^v$. Es wäre zu überprüfen, welche Dynamiken das bildhafte Sprechen im neuen Kontext entwickelt.

[62] Zu Entwicklungen innerhalb des Œuvres vgl. Flasch (Anm. 38), v. a. S. 196, und Löser (Anm. 29).

nicht alles vernichten konnte (und wollte). Dass er aber in seinem Predigtwerk mit Variation arbeitet, sich widerspricht und ausladende Denkbewegungen vollführt, setzt längere Textpassagen voraus, durch die seine Argumentationsweise erst nachvollziehbar wird. In einem fragmentarisch überlieferten Œuvre geht nicht zuletzt die Anzahl der Gleichnisse zurück, die zersplittern. Aber es *müssen die gleichnuß alle zerbrechenn* (was sich im Gesamtwerk ebenfalls nicht umsetzen ließ; Q51, DW II, S. 473f., Hervorhebung B. T.). Zugleich leisteten gerade die Defekte in der Überlieferung ihren Beitrag dazu, diese destruktive Erwartung zu erfüllen.

## 3. Fragmente

Es gibt Fragmente wie den Londoner Abschnitt aus Predigt Q 14, die nicht mehr erahnen lassen, wovon der Text handelt. Trotzdem galten sie Zeitgenossen aufgrund des abwesenden Ganzen als gefährlich. Der ripuarische Papier-Codex London, University College, MS Germ. 11 besteht aus zwei zusammengebundenen Handschriften. Er enthält Predigten von Bernhard von Clairvaux (Teil A), Eckhart, Bernhard, ‚St. Georgener Predigten' etc. (Teil B, „nach der Ordnung des Kirchenjahres"[63]), aber auch Leseempfehlungen und -verbote. Der Codex (Eckhart-Sigle Lo$_1$) stammt aus der Laienbibliothek im Kölner Kartäuserkloster St. Barbara[64] und wird auf das dritte Viertel des 15. Jahrhunderts datiert. Eine spätere Hand hat an den Rand einer St. Georgener Predigt folgenden Vermerk eingetragen: *dit soll men in dem Reiffender leissen*. Die Sammlung „wurde also zur gemeinsamen Tischlesung im Refektorium der Laienbrüder und zur Lesung im *werckûs*, dem Gebäude für die klösterlichen Werkstätten, benutzt."[65] Andere Lektüreszenarien, gemeinschaftliche wie private, sind ebenfalls denkbar.

---

[63] Kurt Otto Seidel, Die St. Georgener Predigten. Untersuchungen zur Überlieferungs- und Textgeschichte (MTU 121), Tübingen 2003, S. 91. Vgl. die Beschreibung der Handschrift London, University College, MS Germ. 11, in Predigt im Kontext [PiK] (https://pik.ku.de/7351/; erstellt 16.08.2012, letzte Änderung 07.03.2014. – Ich danke Rafa C. Siodor, UCL, Special Collections, sehr herzlich für die Unterstützung bei der Arbeit mit der Handschrift.

[64] Nach einem Brand am 06.11.1451 bemühten sich die Kartäuser darum, ihre Bibliothek wiederherzustellen. Lo$_1$ entstand in diesem Zusammenhang, vgl. dazu Seidel (Anm. 63), S. 96.

[65] Seidel (Anm. 63), S. 96. Von der gleichen Hand stammt auch der Eintrag „auf der Innenseite des zweiten vorderen Vorsatzblattes [...]: *In desem buch steyt der sermon des vireden sondags in dem aduent miserunt iudei, diesen sal men in dem Reiffender dieser gelesen werden* [!] *dat ander wirdt all in dem werckûs* [!] *gelesen*" (ebd.).

Hinweise, man solle einzelne Texte nicht (laut) lesen (zum Beispiel *dit en sal men neit lesen,* fol. 94$^r$; *dit neit lesen,* fol. 124$^v$; *dit en sal men neit lesen,* fol. 126$^v$, Abb. 2), gehen auf den Schreiber zurück.[66] In der privaten Lektüre konnten sie das Gegenteil bewirken, weil sie die Leser neugierig machten.[67] Als kurze Paratexte flankieren sie drei St. Georgener Predigten (3, 4 und 27)[68] sowie Predigten, die sicher (Q 13, fol. 124$^v$, Q 14, fol. 126$^v$) bzw. möglicherweise[69] (‚Van sent nycolaes buschoff', Strauch Nr. VIII,1, 386,18–387,22,[70] fol. 85$^r$, sowie eine Bearbeitung der Predigt Jundt Nr. 12, 270,8–30,[71] fol. 94$^r$) von Eckhart stammen. Die Appelle, auf eine Lektüre (im Plenum) zu verzichten, liefern keine Begründung, weshalb die Texte unangemessen seien.[72] Die Verbote können un-

---

[66] DW I, S. 211 u. 227. Die Handschrift enthält mehr Leseverbote, als bisher von der Eckhart-Forschung verzeichnet wurden. Diese finden sich auf fol. 85$^r$, 87$^r$, 94$^r$, 117$^v$, 124$^v$, 126$^v$, 160$^v$, radiert auf fol. 104$^v$ (dazu s. u., Anm. 75, und die Angaben in Predigt im Kontext [PiK] (https://pik.ku.de/7503/); erstellt 30.07.2012, letzte Änderung 13.08.2012. Sie gerieten aus dem Blick, weil man sich nur für Predigten interessierte, die Eckhart zweifelsfrei verantwortet hat. Vgl. aber Wolfgang Frühwald, Der St. Georgener Prediger. Studien zur Wandlung des geistlichen Gehaltes (Quellen und Forschungen zur Sprach- und Kulturgeschichte der germanischen Völker N. F. 9), Berlin 1963, S. 75.

[67] Ein weiteres Beispiel, in dem Zensiertes nicht vorgelesen, aber gelesen werden konnte, registriert Astrid Breith, Textaneignung. Das Frauenlegendar der Lichtenthaler Schreibmeisterin Schwester Regula (Studien und Texte zum Mittelalter und zur frühen Neuzeit 17), Münster u. a. 2010, S. 61f.

[68] Die St. Georgener Predigten, hg. v. Regina D. Schiewer u. Kurt Otto Seidel (DTM 90), Berlin 2010.

[69] Vgl. die Beschreibung in Predigt im Kontext [PiK] (https://pik.ku.de/7351/); erstellt 16.08.2012, letzte Änderung 07.03.2014.

[70] Philipp Strauch, Zur Überlieferung Meister Eckharts. I., in: PBB 49 (1925), S. 355–402.

[71] Vgl. Seidel (Anm. 63), S. 92; Auguste Jundt, Histoire du Panthéisme populaire au moyen âge et au seizième siècle, Paris 1875, S. 270.

[72] Die Schreibmeisterin Regula von Lichtenthal hat z. B. im 15. Jahrhundert in eigenen und älteren Handschriften Begründungen für Leseverbote formuliert. Sie vermerkt, dass etwas nicht als Tischlektüre eignet (ohne zu schreiben, warum, oder mit dem Hinweis, dass es sich um einen Sonntagstext handelt), vgl. dazu Breith (Anm. 67), S. 157 u. 252; Karlsruhe, Landesbibl., Cod. Lichtenthal 82, fol. 69$^r$; Cod. Lichtenthal 11, fol. 27$^r$ u. 30$^v$. Die Angabe des passenden Lektürezeitpunkts spricht gegen Zensur. In Cod. Lichtenthal 11, einer lateinischen Bibel, die um 1300 entstand, vermerkt Schwester Regula aber auf einem eingenähten Zettel bei 2 Sm 13 (fol. 35$^r$): *Diß Capitel mit eim crützlyn gezeichent biß an das nehst nachgend Cap. sol fürbas im Convent nymer me gelesen werden von geheiß unser öbern. Wan sölichs unbesserlich ist zu lesend und zu hörend von Jungkfrawen. Da von laß mans gantz blyben* (zitiert nach: Felix Heinzer / Gerhard Stamm, Die Handschriften von Lichtenthal. Mit einem Anhang: Die heute noch im Kloster Lichtenthal befindlichen Handschriften des 12. bis 16. Jahrhunderts [Die Handschriften der Badischen Landesbibliothek in Karlsruhe 11], Wiesbaden 1987, S. 93 [mit unkorrekter Bibelstellenangabe], siehe das Digitalisat unter:

*Zensur und Fragment*

terschiedlich motiviert sein und auch mehrere Gründe gleichzeitig haben. Für Zensur spricht, dass sich in den meisten Lo$_1$-Predigten, die mit Lesewarnungen versehen sind, entweder Streichungen[73] oder Aspekte der eckhartschen Heterodoxie finden.

In den Eckhart-(nahen) Predigten dieser Handschrift bestand wohl ein Zensur-Kriterium darin, dass sie die Gottesgeburt in der Seele thematisieren.[74] Auch die St. Georgener Predigt 27 streift dieses Thema.[75] Andererseits handelt ‚Van sent nycolaes buschoff' von der Vollkommenheit, Ewigkeit und Gottheit, die der Sohn und der Heilige Geist vom Vater erhielten und die dieser nun allen Seelen anbietet. Davon distanzierte sich der Schreiber ebenfalls durch ein Leseverbot. Zwei weitere Eckhart-Predigten, die in Lo$_1$ weder die Gottesgeburt noch die Divinität der Seele ansprechen, wurden vom Verbot ausgenommen.[76] Von Q 14 überliefert Lo$_1$ nur den unverfänglichen Anfang.

---

https://digital.blb-karlsruhe.de/blbhs/content/pageview/1167922). Weil das Kapitel nicht zur moralischen Besserung beiträgt, hätten die Oberen entschieden, dass es die Religiosen (die *Jungkfrawen*) nicht mehr lesen oder hören sollen. Die Zensur richtet sich gegen die Episode, in der Amnon seine Halbschwester Tamar vergewaltigt und aus Rache getötet wird. Aus Regulas Arbeitsweise lässt sich keine Norm rekonstruieren. Bei einer Aufforderung zum Nichtlesen, die nicht explizit begründet wird, ist nicht eindeutig zu erschließen, ob es sich um einen Akt der Zensur handelt, aber diese Möglichkeit besteht.

[73] In der St. Georgener Predigt 3 (MS Germ. 11, fol. 91$^r$) ist eine Stelle durchgestrichen, die besagt, dass für Sünder Maria die gnädigste Instanz sei. Insofern übertrifft sie Gott, wodurch sich vermutlich das Leseverbot erklärt. Warum Predigt 4 nicht (vor)gelesen werden sollte, lässt sich nicht mehr rekonstruieren. Zu Predigt 27 s. hier: S. 372. Außerdem wurde in der St. Georgener Predigt 15 auf fol. 205$^r$ eine Passage mit Rubrizierungstinte durchgestrichen (in der Ausgabe Schiewer / Seidel [Anm. 68], S. 81), die behauptet, es könne nicht sein, dass man jeden Menschen liebt wie sich selbst, das würde auch Gott nicht befehlen, und es handele sich um keine Sünde, wenn man andere weniger liebt. Diese Predigt ist nicht mit einem Leseverbot versehen. Auf fol. 97$^r$ wurde aber eine völlig unauffällige Stelle durchgestrichen. – Zensur findet in der mittelalterlichen Handschriftenkultur situativ statt. Sie muss nicht konsequent und kann willkürlich sein. Eingegriffen wird stillschweigend (z. B. in Übersetzungen oder Abschriften), durch Radierungen, Streichungen, Einschwärzungen (vgl. Trînca [Anm. 10]) oder durch Leseverbote mit oder ohne Begründung (wie hier).

[74] In den Predigten Jundt 12 und Q 13 findet die Geburt aus dem Vater in der Seele statt. Außerdem s. u., S. 370f., zu Pr. Q 13 und Q 14.

[75] Vgl. Die St. Georgener Predigten (Anm. 68), S. 199, Lo$_1$: fol. 162$^{ra}$. – Das ausradierte Leserverbot bezieht sich auf eine Bernhard-Predigt, die den Zuhörern empfiehlt, selbst Bethlehem zu werden, um Jesus zu empfangen, vgl. Lo$_1$: fol. 106$^v$.

[76] Es handelt sich um Pr. Q 68: fol. 91$^v$–94$^r$; Pr. S 107: fol. 208$^r$–209$^r$. Meister Eckhart, Deutsche Werke [DW], Bd. IV: Predigten, hg. u. übersetzt v. Georg Steer (Meister Eckhart. Die deutschen und lateinischen Werke. Die deutschen Werke 4), Stuttgart 2003. Vgl. Seidel (Anm. 63), S. 92f. Beide Predigten sind nicht direkt im Prozessmaterial bezeugt.

,In agro dominico' bezeugt sowohl Predigt Q 13 ,Vidi supra montem Syon agnum stantem etc.' (Apc 14,1–4) als auch Predigt Q 14 ,Surge illuminare iherusalem etc.' (Is 60,1). In der Bulle stammt der erste Zusatzartikel aus ,Vidi supra montem Syon': *Ein kraft ist in der sêle, von der ich mêr* [Lo$_1$: *wail ee*] *gesprochen hân, – und wære diu sêle alliu alsô, sô wære si ungeschaffen und ungeschepflich* [...] *– vernünfticheit* (Q 13, DW I, S. 220,4–7, Hervorhebung B. T.).[77] Lo$_1$ überliefert die Predigt als Volltext mit der Rubrik: *In der kynder dage eyn sermoyn*.[78] Im inkriminierten Passus fehlt (ohne Lücke im Schriftbild) das hier gesperrte Wort (*alliu*, fol. 126$^v$). Der Text verliert an Präzision, bleibt aber verständlich.[79]

Q 14 ,Surge illuminare iherusalem etc.' ist (fast) vollständig in der ripuarischen Handschrift Berlin, Staatsbibl., mgq 1261, fol. 299$^v$–302$^r$ (B$_{16}$) überliefert, die in der zweiten Hälfte des 15. Jahrhunderts entstand.[80] Sie weist Korruptelen (missverstandene Schriftzeichen) sowie Tilgungen auf, denn einige Fehler wurden während des Schreibens korrigiert. Quint entscheidet sich für einen „Abdruck des von B$_{16}$ gebotenen Textes, der allerdings im Eingang mit Hilfe von Lo$_1$ ergänzt und gebessert wurde."[81] Darüber hinaus existiert ein kurzes mittelniederländisches Exzerpt (entstanden ab 1390, Wi$_1$, Wiesbaden, Hauptstaatsarchiv, Abt. 3004 Nr. B 10, fol. 60$^r$).[82] In Lo$_1$ folgt Q 14 unter der Rubrik *vp der heilger drij konyncge dach*[83] unmittelbar auf Q 13. Die Predigt bricht mitten im Wort ab (Abb. 3) – immerhin am Ende einer Spalte, die vollständig beschrieben ist (fol. 127$^{ra}$). Die Bruchstelle richtet sich nach der Mise en page.[84] Am Ende

---

[77] Der Satz lautet in der Bulle: *„Aliquid est in anima, quod est increatum et increabile. Si tota anima esset talis, esset increata et increabilis." Et hoc est intellectus* (LW V, S. 599,91f.). Vgl. Suárez-Nani (Anm. 1), S. 90f.

[78] Seidel (Anm. 63), S. 93. Vgl. zur Parallelüberlieferung den Eintrag in Predigt im Kontext [PiK] (http://pik.ku-eichstaett.de/7514/); erstellt 11.07.2012, letzte Änderung 19.11.2013; DW I, S. 207; zur Textkonstituierung von Q 13 vgl. DW I, S. 208.

[79] Nur im Vergleich der Handschriften erkennt man eine Lakune. Quint zeigt weitere Lücken auf, die z. T. als Bearbeitungen verstanden werden können.

[80] Vgl. die Informationen unter: https://handschriftencensus.de/11969; siehe das Digitalisat unter: https://digital.staatsbibliothek-berlin.de/werkansicht?PPN=PPN6711852 5X&PHYSID=PHYS_0612&DMDID=DMDLOG_0017.

[81] DW I, S. 227.

[82] Vgl. die Handschriftenbeschreibung in Predigt im Kontext [PiK] (http://pik.ku-eich staett.de/15661/); erstellt 01.11.2018, letzte Änderung 01.11.2018; Het Wiesbadense handschrift. Hs. Wiesbaden, Hessisches Hauptstaatsarchiv, 3004 B 10, kritische editie, ingeleid en bezorgd door Hans Kienhorst en Kees Schepers. Met bijdragen aan de inleiding van Amand Berteloot en Paul Wackers (Middeleeuwse Verzamelhandschriften uit de Nederlanden 11), Hilversum 2009, S. 354.

[83] Seidel (Anm. 63), S. 93.

[84] Zu den „Gesetze[n] des Schreibraums" vgl. Stephan Müller, Fragmente, die keine sind. Zu einem besonderen Status von Teilüberlieferung deutscher Texte im frühen Mittelalter, in: Fragmentarität (Anm. 6), S. 69–73, hier: 72f.

der Spalte markiert das unvollendete Wort *we-[der]*, dass das Geschriebene unfertig ist. Insgesamt wurde das Fragment sorgfältig abgeschrieben.
In Lo₁ endet die Predigt lange vor der Formulierung, die – in viel kürzerer und weniger provokanter Form – in der Bulle verzeichnet ist: (Art. 21) *Homo nobilis est ille unigenitus filius dei, quem pater eternaliter genuit* (LW V, S. 599,70f.). Die Stelle lautet in Q 14:

> ich hayn mych dich inde dich mych eweclichen geboren.[85] nochtant in genoeget den edelen oitmoedegen[86] mynschen da myt neit, dat hey der eynege geboren sun is, den der vader ewenclichen geboren hait, hey in wylt och vader syn inde treden in de selue gelicheit der eweger vaderschafft inde geberen den, van dem ich [...] Ewenclichen geboren byn [...]. (Q14, DW I, S. 239,3–7)

Eckhart geht an dieser Stelle weiter als in Q 13, wo sich nur eine Identität zwischen Mensch und Sohn andeutet. Q 14 ist kühner formuliert:

> Eckharts Zentralgedanke der Gottesgeburt in der Seele wird hier weitergeführt: Die Kernaussage ist, daß der demütige Mensch nicht nur als Gottes Sohn geboren ist, sondern zugleich den gebiert, „von dem ich ewig geboren bin". Aus dieser Reziprozität des Gebärens und Geborenwerdens entfaltet der Prediger die Dynamik der Einheit.[87]

Die Gottessohnschaft des Menschen wird auch in Artikel 22 verurteilt: *Pater generat me suum filium et eundem filium* (LW V, S. 599,72f.). Und dass der Mensch seinerseits Gott gebiert, wie ‚Surge illuminare iherusalem etc.' behauptet, klingt in der Bulle (bezogen auf die Zeugung) in Artikel 13 an: Der gerechte und göttliche Mensch *est generator verbi eterni* (LW V, S. 598,54).[88] Meister Eckhart hat die Predigt Q 14 kurz vor Prozessbeginn in Köln gehalten, „obwohl unter seinen Zuhörern vermutlich Spitzel" saßen.[89]

Zum aus Köln stammenden Londoner Fragment, das mehr als 100 Jahre nach dem Prozess entstand, bemerkt Josef Quint:

> Weshalb der Schreiber unseren Predigttext nicht zu Ende schrieb, sondern mit der neuen Spalte eine andere Predigt begann, ist nicht ersichtlich. Denkbar wäre es, daß er deshalb nicht weiter schrieb, weil ihm der Text inhaltlich zu heikel schien, wie er ja doch am Anfang dieser wie der voraufgehenden Predigt auf den Rand das Leseverbot schrieb: *dit en sal men neit lesen* [...].[90]

---

[85] Vgl. dazu Köbele (Anm. 3), S. 42.
[86] Vgl. zum demütigen Menschen Köbele (Anm. 14), S. 982 u. 987; Hasebrink (Anm. 59), S. 73–75.
[87] Witte (Anm. 9), S. 9.
[88] Vgl. Suárez-Nani (Anm. 1), S. 69–71 u. 78–80. – Weitere strittige Passagen aus Q 14 finden sich in früheren Prozessdokumenten; dazu sowie zum Verhältnis zur Predigt Q 15 vgl. Largier (Anm. 8), S. 889–893; Witte (Anm. 9), S. 14f.
[89] Ebd., S. 10.
[90] DW I, S. 227.

Folgt man Quint, dann bildet Zensur hier eine „kommunikative Rahmung", die die Lektüre verhindert. Es könnte sich um einen „Paratext der Nicht-Vollendung" handeln, der „Abbruch und Absicht"[91] signalisiert. Nicht der Autor, sondern der Schreiber von $Lo_1$ hat ein Fragment hinterlassen, weil ihm der Text zu problematisch erschien.[92] Die Steigerung, dass der Mensch Gott gebiert, ließ sich wohl nicht mehr zu Papier bringen; der Schreiber wollte diese Stelle selbst mit beigegebener Lektürewarnung nicht im Codex archivieren. Vielleicht erfuhr er erst während der Arbeit an Q 14 (oder es fiel ihm erst dann auf), dass der nicht namentlich erwähnte Verfasser verurteilt war und dass Variationen der Gottesgeburt in der Seele als häretisch galten, woraufhin er mehrere Predigten zensierte. Das würde aber nicht alle Leseverbote erklären, die unterschiedlich motiviert zu sein scheinen, und erst recht nicht, warum der Kopist die St. Georgener Predigt 27 weiter hinten in der Handschrift vollständig notiert und daraufhin deren Lektüre untersagt hat. Wird hier Unachtsamkeit greifbar, die im Korrekturgang[93] durch den Eintrag *dit sal men neit lesen* (auf fol. 160$^v$) behoben wurde? Denkbar ist ebenfalls, dass alle Leseverbote erst während der Korrektur eingefügt wurden, im Wissen um die Autorschaft des Q 14-Fragments.

Ohne den Hinweis: *dit en sal men neit lesen* hätten Zeitgenossen im Falle von Q 14 mit Sicherheit nicht an Zensur gedacht. Man war daran gewöhnt, Fragmente vorzufinden, die etwa aus beschädigten Vorlagen resultierten.[94] Auch $B_{16}$ bietet keinen Volltext von ‚Surge illuminare iherusalem etc.'. Hier weist die Predigt einige Lücken auf, die im Schriftbild nicht auffallen (fol. 300$^r$, 301$^r$,[95] 302$^r$). Es handelt sich um einen halben Chiasmus (Q 14, DW I, S. 240,9), einen unvollständigen Satz (S. 231,10–232,1) und eine inkomplette Aufzählung (S. 231,9).

Die letzten beiden Mängel befinden sich unmittelbar nach der Stelle, an der die Predigt in $Lo_1$ abbricht. Eckhart thematisiert zu Beginn zweimal drei Seelenkräfte: die obersten nach Augustin, also Gedächtnis (*gehochnysse*), Vernunft (*inteligencia*) und Wille (*wylle*) (DW I, S. 230,8–231,3), sowie die Vorstellung Galens, „die die *tzornege kraft* (*irascibilis*) von der *begerunge* (*concupiscibilis*) und der *verstendicheit* bzw. *bescheidenheit* (*rationalis*) unterscheidet".[96] Beide Ternare entsprechen der Dreifaltigkeit. Die Erklärung für die *tzornege craft* (S. 231,6–9) als Entsprechung für Gottvater ist lückenhaft. Im fehlenden Text-

---

[91] Zitate aus Glauch (Anm. 7), S. 57, 64 u. 61. Sie bezieht sich nicht auf Zensur.
[92] Davon ist Burkhard Hasebrink überzeugt. Vgl. Hasebrink (Anm. 59), S. 74.
[93] Zu Zensur im Korrekturprozess vgl. Breith (Anm. 67), S. 61 u. 64.
[94] Vgl. Glauch (Anm. 7), S. 63.
[95] Hier ist der Text auch dann verständlich, wenn man keine Lücke annimmt, vgl. DW I, S. 235,3.
[96] Largier (Anm. 8), S. 890, vgl. auch 846.

*Zensur und Fragment*

abschnitt hat sich Eckhart vermutlich auch über die anderen zwei Seelenkräfte nach Galen geäußert. Die *tzornege craft* bzw. Gottvater bekämpft etwas – doch was? Er bekämpft das Böse, aber das steht nur noch in $B_{16}$.

Die gemeinsame Vorlage[97] von $B_{16}$ und $Lo_1$ war offenbar defekt. Vielleicht machte der Schreiber von $B_{16}$ eine weitere Quelle für den restlichen Text ausfindig, während sich der Kopist von $Lo_1$ mit der vollständigen Spalte (fol. 127$^{ra}$) zufriedengab oder erfolglos nach einer Fortsetzung suchte. Der Appell, die Predigt zu übergehen, könnte aus dieser Perspektive darauf hinweisen, dass sich die Lektüre nicht lohne, weil der Text vorzeitig abbricht. Der „Paratext der Nicht-Vollendung" würde in diesem Fall einen „Abbruch", aber keine „Absicht" oder Heterodoxie signalisieren. Sollte der Schreiber später erfahren haben, dass er ein problematisches Fragment notiert hatte, hätte er ebenso gut erst zu diesem Zeitpunkt mit dem Leseverbot reagieren können. Ebenfalls denkbar ist, dass der Schreiber während der Suche nach einer anderen Quelle für Q 14 darüber in Kenntnis gesetzt wurde, dass es sich um heterodoxes Überlieferungsgut handelte. Es könnte ihm aber auch von vornherein ein längerer Q 14-Text (mit Lücken) zur Verfügung gestanden haben, der ihm aber zu problematisch erschien.[98] Fest steht nur, dass von allen Predigten in $Lo_1$, die man nicht lesen soll, einzig Q 14 fragmentarisch blieb, und zwar ausgerechnet die Predigt, die, theologisch gesehen, am kühnsten war. Man kann Peter Geimer nur zustimmen: „Die Vergangenheit ist unbeobachtbar. [...] Das Rekonstruierte bleibt bruchstückhaft, unscharf, unvollendet – Fragment auf der Suche nach der verlorenen Zeit."[99]

## 4. Zitat

Manchmal gilt es, eine frühere Fragmentierung fortzusetzen. Der „große Ketzer und Mystiker Eckhart"[100] begegnete Paul Celan in Gustav Landauers ‚Skepsis und Mystik'. Die sich daran anschließende Beschäftigung mit der Quint-

---

[97] Vgl. DW I, S. 227.
[98] Gerade Kartäuser vertraten die Auffassung, „der Schreiber [von Handschriften, B. T.] nehme am Heilsdienst der Kirche teil" (Marc-Aeilko Aris, Grübelnde Mönche. Wissenschaft in spätmittelalterlichen Kartausen, in: ‚Herbst des Mittelalters'? Fragen zur Bewertung des 14. und 15. Jahrhunderts [Miscellanea Mediaevalia 31], hg. v. Jan A. Aertsen und Martin Pickavé, Berlin / New York 2004, S. 173–183, hier: 177). Heterodoxes Überlieferungsgut kam diesem Vorhaben in die Quere.
[99] Peter Geimer, Die Farben der Vergangenheit. Wie Geschichte zu Bildern wird, München 2022, S. 7.
[100] Gustav Landauer, Skepsis und Mystik. Versuche im Anschluß an Mauthners Sprachkritik, Berlin 1903, S. 19. Vgl. Barbara Wiedemann, Kommentar, in: Paul Celan, Die Gedichte. Neue kommentierte Gesamtausgabe in einem Band, mit den zugehörigen

Ausgabe, die in der École normale supérieure zur Verfügung stand,[101] regte das Zitat aus Q 14 ‚Surge illuminare iherusalem etc.' an. Das Gedicht ‚Du sei wie du'[102] entstand in Paris am 3. Dezember 1967:

> DU SEI WIE DU, immer.
>
> *Stant vp Jherosalem inde*
> *erheyff dich*
>
> Auch wer das Band zerschnitt zu dir hin,
>
> *inde wirt*
> *erluchtet*
>
> knüpfte es neu, in der Gehugnis,
>
> Schlammbrocken schluckt ich, im Turm,
>
> Sprache, Finster-Lisene,
>
> *kumi*
> *ori.*[103]

Q 14 nimmt in der Ausgabe insofern eine Sonderrolle ein, als Quint das Leseverbot *dit en sal men neit lesen* gut sichtbar vermerkt. Celan interessierte sich sicherlich auch aufgrund des Titels für die Predigt. Er übernimmt sowohl Eckharts Übersetzung des Jesaja-Zitats (Is 60,1): *stant vp jherosalem inde erheyff dich inde wirt erluchtet* (DW I, S. 230,4), „Steh auf, Jerusalem, und erhebe dich und werde erleuchtet",[104] als auch das Gedächtnis, *gehochnysse, de ment eyne*

---

Radierungen v. Gisèle Celan-Lestrange, hg. u. komm. v. Barbara Wiedemann, Berlin 2018, S. 611–1248, hier: 1022. – Warum die Bezeichnung ‚Ketzer' für Meister Eckhart falsch ist, erläutert Trusen (Anm. 12), S. 22. Über die Bezeichnung ‚Mystiker' streitet die Forschung bis heute.

[101] Vgl. Wiedemann (Anm. 100), S. 1022. – Der Beginn der Arbeiten an der Ausgabe stand im Zusammenhang mit der nationalsozialistischen Vereinnahmung Eckharts; vgl. Maxime Mauriège / Martina Roesner, Vorwort, in: Meister Eckharts Rezeption im Nationalsozialismus. Studien zur ideologischen Ambivalenz der ‚deutschen' Mystik, hg. v. dens., Leiden / Boston 2022, S. VII–XX, hier: VIII. Eckhart wurde gerade wegen der Bulle „zu einem Märtyrer für die germanische Sache" stilisiert (ebd., S. XVI).

[102] Das Gedicht gehört zum sogenannten Eckhart-Triptychon, in dem Celan auch die Predigt Q 52 und ‚Von abegescheidenheit' zitiert.

[103] Zitiert nach: Paul Celan, DU SEI WIE DU, in: Gedichte (Anm. 100), S. 308f. (Hervorhebungen im Original).

[104] Übersetzung von Quint, DW I, S. 485.

*heymeliche, verborgen konst* (DW I, S. 230,8–231,1), „womit ein geheimes, verborgenes Wissen gemeint ist" (S. 485), im Neologismus ‚Gehugnis'.[105] Als kursiviertes Relikt[106] aus einer früheren Sprachstufe springt das Mittelhochdeutsche sofort ins Auge. Es ist „ins vertraute Material eingebrochen".[107] Das Gedicht besteht aus vielen leeren Zeilen, aus Schweigen, das eine sprachliche Entwicklung begleitet. Die ripuarischen Verse stemmen sich gegen den (langsamen) Redefluss, zum einen aufgrund ihrer Fremdheit, zum anderen, weil sie unerwartete Brüche (Enjambements) aufweisen. Celan zerstückelt das eckhartsche Sprachmaterial und spricht zwischen den beiden ripuarischen Zitaten von einem zerschnittenen Band. Zerstörung fällt mit der Entstehung des Gedichts in eins und vollzieht sich, anders als in Lo$_1$, vor den Augen des Publikums.[108]

Auch Eckhart „zerlegt" im Laufe seiner Predigt die Bibelstelle: *stant vp jherosalem inde erheyff dich inde wirt erluchtet* (DW I, S. 230,4) – *Stant vp jherosalem inde wirt erluchtet* (S. 231,5) – *jherosalem* (S. 233,1) „und gibt diesem Satz jeweils eine neue Bedeutung".[109] Wörter und Abschnitte zu isolieren, stellt ein gängiges exegetisches Verfahren dar, „*litteram punctare* ist der Fachbegriff für diese Bibelauslegungspraxis".[110] Allerdings geht es Eckhart dabei nicht um Zerstörung. Celan hingegen zerschlägt[111] den ripuarischen Jesaja-Vers, dem er skeptisch gegenübersteht:

> Die kursiv gesetzten Bibelworte werden als etwas Deutsches gelesen, als etwas Deutsch-Christliches oder als ein christianisiertes Deutsch, es sind harte „Brocken",

---

[105] Celan und Eckhart haben gemeinsam, dass sie zahlreiche Neologismen verwenden.
[106] Ein Relikt kann vollständig oder fragmentarisch sein, vgl. den Art. ‚Relikt', in: Deutsches Fremdwörterbuch, begonnen v. Hans Schuld, fortgeführt von Otto Basler, weitergeführt im Institut für deutsche Sprache, bearbeitet von Alan Kirkness u. a., Bd. 3, Berlin / New York 1977 (online abrufbar unter: https://www.owid.de/artikel/320918). – Handschriftliche Bruchstücke wurden in lateinischen Handschriftenkatalogen vor 1400 als „*reliquiae, ruinae, excidia, vestigia*" bezeichnet, siehe Claudia Sojer, Fragmente – Fragmentkunde – Fragmentforschung, in: Bibliothek. Forschung und Praxis 45 (2021), S. 533–553, hier: 534.
[107] Werner Weber, Zum Gedicht ‚Du sei wie du', in: Über Paul Celan, hg. v. Dietlind Meinecke, Frankfurt a. M. 1970, S. 277–280, hier: 277.
[108] Sie repräsentiert eine weitere Form des kulturellen Nachhaltens. – Zur lyrischen „Performativitätsfiktion" siehe Klaus W. Hempfer, Lyrik. Skizze einer systematischen Theorie (Text und Kontext 34), Stuttgart 2014, S. 34.
[109] Witte (Anm. 9), S. 11.
[110] Köbele (Anm. 14), S. 990, vgl. LW II, S. 247,11 (Meister Eckhart, Lateinische Werke, Bd. II, hg. u. übersetzt v. Konrad Weiß, Heribert Fischer, Joseph Koch u. Loris Sturlese [Meister Eckhart. Die deutschen und lateinischen Werke. Die lateinischen Werke 2], Stuttgart 1992).
[111] Zu diesem gängigen, äußerst kunstvollen Verfahren bei Celan vgl. Christine Waldschmidt, „Dunkles zu sagen": Deutschsprachige hermetische Lyrik im 20. Jahrhundert (Studien zur historischen Poetik 9), Heidelberg 2011, S. 139–153 u. 479–486, und Jean Bollack, Paul Celan. Poetik der Fremdheit, Wien 2000, S. 242–314.

die man zu kauen hat, Brocken einer Sprache, die wie Meister Eckhart in den Dienst der Verbrechen gestellt wurde, während des Dritten Reichs und schon vorher [...].[112]

Die durch Enjambements und Zweiteilung erzeugten Fragmente setzen sich nicht wieder zusammen. Aber das Band wird neu geknüpft, und zwar in dem von Eckhart übernommenen Wort „Gehugnis", welches das Gegenwartsdeutsch mit dem Mittelhochdeutschen neu verbindet. Celan dichtet gegen und mit Meister Eckhart. Sind die Sprachbrocken („Schlammbrocken") ‚geschluckt', zeichnet sich eine Vertikale ab („Finster-Lisene"),[113] die sich in den zwei hebräischen Wörtern, dem für Außenstehende „Ganzfremde[n]"[114] (sie bedeuten: „erhebe dich, leuchte"),[115] semantisch und typographisch realisiert.[116]

Jean Bollack notiert: „Die Stadt wird hier, im Gedicht, zu einem neuen Jerusalem, es verkörpert das Bekenntnis zur jüdischen Identität des Du", das „niemand anders als eben das *Alter ego*"[117] ist. Zu ihm wird das Band neu geknüpft in einem Deutsch, das durch Zerstörung und Erneuerung (Neologismus) hindurchgeht, um zuletzt im Hebräischen anzukommen. Als Celan das Gedicht seiner Jerusalemer Freundin Ilana Shmueli schenkt (und für „*kumi / ori*" hebräische Schriftzeichen verwendet),[118] fallen im „DU" Frau und Stadt in eins. Aber das Gedicht erschöpft sich nicht in diesen Lektüren, es bleibt dunkel.[119]

---

[112] Jean Bollack, Dichtung wider Dichtung. Paul Celan und die Literatur, hg. u. übers. v. Werner Wögerbauer, unter Mitwirkung v. Barbara Heber-Schärer, Christoph König u. Tim Trzaskalik, Göttingen 2006, S. 135f.
[113] Der Turm kann als Gefängnis oder als Turm zu Babel aufgefasst werden. Er bereitet die Vertikale vor.
[114] Weber (Anm. 107), S. 278.
[115] Wiedemann (Anm. 100), S. 1024.
[116] Vgl. Bollack (Anm. 112), S. 152.
[117] Ebd., S. 135 u. 132 (Kursivierung im Original).
[118] Vgl. Paul Celan / Ilana Shmueli, Briefwechsel, hg. v. Ilana Shmueli u. Thomas Sparr, Frankfurt a. M. 2004, S. 189; Wiedemann (Anm. 100), S. 1024. Beide stammten aus Czernowitz, dem ‚Jerusalem des Ostens'.
[119] Vgl. Felix Christen, „Mystik als Wortlosigkeit / Dichtung als Form". Celans Poetik der Dunkelheit, in: „Wovon man nicht sprechen kann ...". Ästhetik und Mystik im 20. Jahrhundert. Philosophie – Literatur – Visuelle Medien, hg. v. Cornelia Temesvári u. Roberto Sanchiño Martínez, Bielefeld 2010, S. 67–83, hier: 79; Felix Christen, „ins Sprachdunkle". Theoriegeschichte der Unverständlichkeit 1870–1970 (Philologien. Theorie – Praxis – Geschichte 7), Göttingen 2021, S. 283–347.

*Zensur und Fragment*

## 5. Schluss

Eckharts Predigt ‚Surge illuminare iherusalem etc.' stieß auf Ablehnung – im Spätmittelalter und im 20. Jahrhundert, und dies aus ganz unterschiedlichen Gründen. Ein Exzerpt ging 1329 in die Bulle ‚In agro dominico' ein. Im dritten Viertel des 15. Jahrhunderts wurde die Predigt möglicherweise durch den Kölner Schreiber von $Lo_1$ zensiert, der sich gegen Eckharts Häresie positionierte. Im Paris des Jahres 1967 wurde dann ein in $Lo_1$ überliefertes Q 14-Zitat[120] zerschlagen, weil es in einer Sprache verfasst war, zu der Celan ein ambivalentes Verhältnis hatte. Zensur wertet Fragmente für eine andersdenkende Nachwelt auf, die sich in der Folge umso mehr für deren Bewahrung einsetzt. Celan setzt hingegen im kreativen Prozess die Zerstörung fort, und sie resultiert in hochangesehener Poesie.

Abstract: Censorship can both destroy texts and produce them. This is the case with the papal bull 'In agro dominico', which excerpted and listed the very content from Meister Eckhart's works it was explicitly prohibiting. The present article examines whether the censorship of Meister Eckhart's works had a destructive impact on their manuscript transmission and whether it generated fragments. Censored content, after all, attracts attention – and may continue to attract attention centuries later: in the 20th century, Paul Celan was interested in a censored sermon by Meister Eckhart (Q 14), and continued its fragmentation with his poetic composition.

---

[120] In $Lo_1$ sind sowohl das Zitat als auch die *gehochnysse* überliefert.

## Ein ‚heimatloser' Quaternio
### Eine unbeachtete deutsche Übersetzung des Osterhymnus des Venantius Fortunatus aus dem 15. Jahrhundert

von NIKOLAUS HENKEL

Den Begriff des Fragments haben die auf Schriftzeugnisse und Texte ausgerichteten Disziplinen aus der Klassischen Archäologie übernommen und gleichzeitig metaphorisiert, denn ‚zerbrochen' im Sinne des zugrunde liegenden *frangere / fractum / fragmentum*[1] ist bei dem auf dieser Tagung untersuchten Material ja nichts. So ist es denn auch nicht erstaunlich, dass sowohl das methodische Verfahren wie auch das wissenschaftliche Ziel der Klassischen Archäologie nahezu exakt bezeichnen, was wir als Aufgabe literaturwissenschaftlicher, an Materialität und Paläographie ausgerichteter Fragmentforschung angeben können.

Ein aktuelles Handbuch der Archäologie beschreibt Arbeitsfeld, Methode und Ziel dieser Disziplin wie folgt:

> Archaeology is partly the discovery of the treasures of the past, partly the meticulous work of the scientific analyst, partly the exercise of the creative imagination. [...] But it is also the painstaking task of interpretation so that we come to understand what these things [sc. the (broken) treasures of the past, N. H.] mean for the human story. And it is the conservation of the world's cultural heritage – against looting and against careless destruction.[2]

---

[1] Siehe zusammenfassend Peter Strohschneider, Art. ‚Fragment$_2$', in: ²RLW 1 (1997), S. 624f. Hierzu ein ergänzender philologischer Hinweis: Das dort nicht erwähnte Suffix *-mentum* bezeichnet einerseits das Werkzeug oder Mittel der im zugrunde liegenden Verb, hier *frangere*, bezeichneten Handlung (*orna-mentum* etc.), oder das Ergebnis einer Handlung, so bei *frag-mentum*, siehe Raphael Kühner und Friedrich Holzweissig, Ausführliche Grammatik der lateinischen Sprache, Teil I: Elementar-, Formen- und Wortlehre, Darmstadt 2021. Nachdruck der 2. Aufl., Hannover 1912, bes. § 219; siehe auch Peter Stotz, Handbuch zur lateinischen Sprache des Mittelalters, 5 Bde (Handbuch der Altertumswissenschaft II.5.1–5), München 1996–2004, hier: Bd. 2: Bedeutungswandel und Wortbildung, 2000, § 64.

[2] Colin Renfrew / Paul Bahn, Archaeology. Theories, Methods and Practice, 8th ed., London 2020, S. 12 (ebenso bereits in der ersten Auflage, ebd., 1991, S. 9, ohne den letzten Satz).

Als eines unter Tausenden von Beispielen können wir eine Gruppe Tonscherben des 6. Jahrhunderts v. Chr. nehmen, die im 19. Jahrhundert bei Ausgrabungen im etruskischen Vulci entdeckt, als Reste des Formtyps einer Amphore erkannt, geordnet und datiert, teilweise ergänzt und in ihren historischen Gebrauchszusammenhang gestellt wurden.³

Es ist leicht erkennbar, dass das Verfahren der literaturwissenschaftlichen Fragmentforschung in den Schritten der Entdeckung, Ordnung, Datierung, der Herstellung von Zusammenhängen und der Sicherung, wie es etwa in den einschlägig orientierten Segmenten der Textwissenschaften, ebenso auch in den Handschriftenzentren der Bibliotheken praktiziert wird, durchaus vergleichbar ist mit dem Verfahren der Archäologie.⁴ Und so können wir, die oben zitierte Definition dieser Disziplin aufnehmend, Gegenstand, Methode und Ziel literaturwissenschaftlicher Fragmentforschung beschreiben als Archäologie auf den Feldern von Materialität, Scripturalität/Paläographie und Textualität.⁵

Dabei scheint der Fragment-Begriff, metaphorisch bezogen auf die Reste von Schriftlichkeit auf Papyrus, Pergament bzw. Papier, im Deutschen erst eine Errungenschaft des 17. Jahrhunderts zu sein.⁶ Im Lateinischen taucht der Be-

---

3   Als eines unter vielen Tausenden Beispielen verweise ich auf eine schwarzfigurige Amphore des Exekias (6. Jh. v. Chr.) aus dem etruskischen Vulci, heute im Alten Museum Berlin, F 1720 (https://commons.wikimedia.org/wiki/File:Black-figure_amphora_with_depicting_of_Herakles_fighting_with_the_Nemeian_Lion,_from_Vulci,_around 540_BC,_by_the_potter_and_painter_Exekias,_Altes_Museum_Berlin_(13 718506723).jpg). Sämtliche in diesem Beitrag angeführten digitalen Ressourcen wurden zuletzt abgerufen am 14.11.2023). Deutlich erkennbar ist hier das Verfahren, aus den aufgefundenen Scherben zunächst auf die Form der ‚zerbrochenen' Amphore zu schließen, sodann das erhaltene Material dieser Form zuzuordnen und zusammenzufügen und abschließend die verbleibenden Lücken mit deutlicher Markierung des Sekundären zu füllen.
4   Das ist bereits, freilich ohne weitere Explizierung, erwogen worden in dem Tagungsband: Fragmentarität als Problem der Kultur- und Textwissenschaften, hg. v. Kay Malcher, Stephan Müller, Katharina Philipowski u. Antje Sablotny (MittelalterStudien 28), München 2013, wo einleitend von einer „basalen Unterscheidung zwischen mehr archäologischen und mehr ästhetischen Fragmentbegriffen" gesprochen wird (ebd., S. 10).
5   An anderem Ort hatte ich, auf Renfrew und Bahn (Anm. 2) gestützt, den Begriff der Archäologie bereits im Zusammenhang der Wissenskultur um 1500 eingeführt (Nikolaus Henkel, Sebastian Brant. Studien und Materialien zu einer Archäologie des Wissens um 1500, Berlin 2021, hier zur Begrifflichkeit: S. 15–17 und passim). Möglicherweise hat das schon Wirkung gezeigt. Im Gefolge unserer Tagung fand vom 09.–11.10.2023 in Freiburg i. Br. eine ursprünglich von Martina Backes initiierte Konferenz der deutschen Handschriftenzentren statt, die den Titel ‚Archäologie der Handschrift' trug. Zu den Aufgaben und zur Leistung der Handschriftenzentren an deutschen Bibliotheken siehe den Beitrag von Christoph Mackert im vorliegenden Band.
6   Der einzige Beleg im DWb 4 (1863) bezieht sich auf Gegenständliches, erst die Neu-

*Ein ‚heimatloser' Quaternio*

griff *fragmentum* für Reste von Schriftüberlieferung schon früher, offenbar zuerst bei den italienischen Humanisten um 1450 auf, die den Begriff, metaphorisch übertragend, im Anschluss an die Archäologie verwenden.[7] Frühere Belege wie etwa der von Petrarca für seinen ‚Canzoniere' gewählte Titel ‚Rerum vulgarium fragmenta' beziehen sich hingegen n i c h t auf den literaturwissenschaftlichen Fragment-Begriff, sondern nehmen metaphorisch Bezug auf die neutestamentliche Erzählung von den übrig gebliebenen ‚Brocken' (*fragmenta*) nach der Speisung der 5 000 und auf das Jesuswort *Colligite quae superaverunt fragmenta ne pereant* (Io 6,12b). Petrarca meint mit *fragmenta* also seine kleineren Dichtungen, die als verstreute ‚Brocken' mit dem Ziel einer Corpus-Bildung zusammenzutragen seien, keinesfalls eine fragmentierte/fragmentarische Textüberlieferung.[8] Denn diese bezeichnet Petrarca als *reliquiae*; *fragmenta* hingegen ist bei ihm und seinen Zeitgenossen die geläufige Bezeichnung für die Ruinen des alten Rom.[9] Soweit zur Begrifflichkeit.[10]

Der folgende Beitrag gilt einem Quaternio, der sich im 19. Jahrhundert unter den Fragmenten der Königlichen Hofbibliothek München befand, in einem leichten Pappeinband dieser Zeit gesichert und mit anderen Fragmenten mittels Sammelsignatur in die ‚Codices germanici Monacenses' eingeordnet wurde. Im Jahr 2005 wurde er von Karin Schneider erstmals beschrieben: Cgm 5249/66.[11]

---

bearbeitung ²DWb bietet eine hinreichende Belegmenge, die die oben gemachte Aussage bestätigt (https://www.woerterbuchnetz.de/DWB2?lemid=F03790); Gleiches trifft zu auf die deutsche Bezeichnung ‚Bruchstück' als Übersetzung von ‚Fragment' ins Deutsche (siehe ebd.: https://woerterbuchnetz.de/?sigle=DWB2&lemid=B05544).

[7] Siehe den Beitrag von Anna Carlotta Dionisotti, On fragments in classical scholarship, in: Collecting Fragments – Fragmente sammeln, ed. by Glenn W. Most (Aporemata 1), Göttingen 1997, S. 1–33, hier bes. 16–24, wo auch die zuvor für Fragment geläufigen lateinischen Bezeichnungen referiert werden.

[8] Auch Sebastian Brant wollte, freilich ohne Kenntnis von Petrarcas Entscheidung, seine kleineren lateinischen Dichtungen nicht als *carmina*, sondern als *fragmenta* bezeichnet wissen mit dem impliziten Appell an seinen Basler Freund und Verleger Johannes Bergmann, sie zu sammeln und zu publizieren: *colligite fragmenta*, siehe Henkel (Anm. 5), S. 321–323.

[9] Dionisotti (Anm. 7), S. 16–18. Diesen Begriff von *fragmenta* verwendet auch etwa Konrad Peutinger bei der Veröffentlichung der inschriftlichen Überreste in Stein aus römischer Zeit in seiner Heimatstadt Augsburg: Romanae vetustatis fragmenta in Augusta Vindelicorum, Augsburg 1505 (VD16 P 2079), und nochmals: Inscriptiones vetustae romanae et earum fragmenta, Mainz 1520 (VD16 P 2080), hier zusätzlich versehen mit bildhaften Darstellungen der steinernen Originale einschließlich der Bruchkanten.

[10] Der Faszination des ‚Zerbrechlichen' widmet sich in geistvoll-essayistischer Verknüpfung von Gedanken zu Sappho bis hin zu Friederike Mayröcker: Dieter Burdorf, Zerbrechlichkeit. Über Fragmente in der Literatur (Kleine Schriften zur literarischen Ästhetik und Hermeneutik 12), Göttingen 2020.

[11] Karin Schneider, Die deutschen Handschriften der Bayerischen Staatsbibliothek

Er enthält, neben einem weiteren Text (siehe unten), den österlichen Festhymnus ‚Salve festa dies', gebildet aus Versen des Venantius Fortunatus (530–609), mit einer deutschen Bearbeitung in Reimpaaren. Weder Herkunft und Funktion dieses ‚heimatlosen' Quaternio noch der Zusammenhang der Überlieferung sind bislang bekannt, können aber im Folgenden geklärt werden.

Einleitend stelle ich exemplarisch zwei Beispiele von zunächst ‚heimatlosen' Faszikeln vor, deren Zusammenhang mit bekannten Handschriften indes nachgewiesen werden konnte (1). Es folgen knappe Ausführungen zum Autor und ‚Gelegenheitsdichter' Venantius Fortunatus und den unterschiedlichen Funktions- und Überlieferungstypen seiner Dichtungen (2). Dem ‚heimatlosen' Quaternio, seiner Beschreibung (3) und der Suche nach seinem kodikologischen Kontext, seiner ‚Heimat' also, gilt der Hauptteil der Untersuchung (4), ergänzt durch die Rekonstruktion seiner kulturellen und historischen Wirkungsfelder und der Beschreibung der bilingualen Kohärenz zwischen Latein und Volkssprache (5). Ein Anhang (6) bietet die kodikologischen Daten zu zwei Handschriften, deren ‚Familie' der ‚heimatlose' Quaternio zuzuordnen ist. Zunächst aber exemplarisch zu zwei gelungenen Kontextualisierungen von ebenfalls zunächst ‚heimatlosen' Fragment-Faszikeln.

## 1.

Ende der 1860er-Jahre war der junge Wilhelm Meyer (aus Speyer, 1845–1917)[12] mit der Inventarisierung der großenteils aus bayerischem Klosterbesitz akquirierten lateinischen Handschriften der Königlichen Hofbibliothek in München beschäftigt, unter anderem mit der Gruppe der Benediktbeurer Codices.[13] Nach

---

München. Die mittelalterlichen Fragmente Cgm 5249–5250 (Catalogus codicum manu scriptorum Bibliothecae Monacensis 5.8), Wiesbaden 2005, S. 118 (http://bil der.manuscripta-mediaevalia.de/hs//katalogseiten/HSK0576_a118_jpg.htm).

[12] Wegen seines in der wilhelminischen Zeit ubiquitären Namens ergänzte ihn Meyer stets durch seinen Geburtsort Speyer; siehe zu ihm: Gabriel Silagi, Art. ‚Meyer, Wilhelm', in: Neue Deutsche Biographie 17 (1994), S. 376f.; Fidel Rädle, Wilhelm Meyer, Professor der Klassischen Philologie 1886–1917, in: Die Klassische Altertumswissenschaft an der Georg-August-Universität Göttingen. Eine Ringvorlesung zu ihrer Geschichte, hg. v. Carl Joachim Classen (Göttinger Universitätsschriften A 14), Göttingen 1989, S. 128–148.

[13] Catalogus codicum latinorum Bibliothecae Regiae Monacensis. Editio altera emendatior. T. 1.2, Codices num. 2501–5250 compl. (Catalogus codicum manu scriptorum Bibliothecae Regiae Monacensis 3.2), München 1871, S. 226 (https://daten.digitale-sammlungen.de/bsb00008252/images/index.html?fip=193.174.98.30&seite=5&pdfseit ex=). Die erste Auflage dieses Katalogs war 1871 erschienen und nennt Meyer als Mitarbeiter der Bibliothek und gleichzeitig als Lehrer am Münchener Gymnasium

*Ein ‚heimatloser' Quaternio*

Abschluss dieser Arbeiten fiel ihm bei der Durchsicht der noch ungeordneten lateinischen Fragmente der Bibliothek ein Konvolut von sieben Blättern auf, auf denen er eine der Schreiberhände wiedererkannte, die nach seinen Beobachtungen auch am Schluss der Sammlung der ‚Carmina Burana' tätig war, jetzt als Clm 4660 signiert, eine Handschrift, der im 18. Jahrhundert ohne ordnenden Sachverstand ein neuer Einband verpasst worden war. Dieser Handschrift konnte Meyer das bis dahin ‚heimatlose' Konvolut zuordnen, es waren die von ihm später so genannten ‚Fragmenta Burana', jetzt signiert als Clm 4660a.[14] Zu diesem Konvolut notierte Meyer:

> Als wir an der Münchener Bibliothek um das Jahr 1880 mit dem grossen Werke der Beschreibung der lateinischen Handschriften zu Ende gekommen waren, ordnete ich die Masse von Bruchstücken und einzelnen Blättern [...]. Unter den Bruchstücken von Handschriften zog mich ein Blatt an, welches ein Emaus-Spiel [sc. CB 26*] enthielt [...]. Diese Schrift glaubte ich schon gesehen zu haben, und nach einigem Suchen fand ich, dass in dem Cod. Lat. 4660 die letzte Blätterlage [...] genau von derselben Hand und in derselben Weise beschrieben ist.[15]

Die Frage, ob diese Blätter tatsächlich zum ‚Codex Buranus' gehörten, konnte Meyer durch akribische Untersuchung lösen:

> Allein alle Zweifel werden durch die Thatsache beseitigt, dass die Einschnitte, welche der Buchbinder zum Heften in diese Blätter gemacht hat, auf das Haar zusammenfallen mit jenen der Carmina Burana selbst. Diese 7 Blätter müssen also einst mit den jetzigen Carmina Burana éinen Band gebildet haben.[16]

In der Masse der ‚heimatlosen' Fragmente der Münchener Sammlung das genannte Konvolut in einen nachweisbaren Überlieferungszusammenhang eingeordnet zu haben, ist nur eine von Meyers bedeutenden Leistungen in der Ana-

---

Maximilianeum („Guilelmus Meyerus magistrorum collegio in gymnasio Maximilianeo huius urbis adscriptus"), ebd., S. VI.

[14] Fragmenta Burana, hg. v. Wilhelm Meyer (Festschrift zur Feier des hundertfünfzigjährigen Bestehens der königlichen Gesellschaft der Wissenschaften zu Göttingen. Abhandlungen der philologisch-historischen Klasse), Berlin 1901. Eine minutiöse neuere Beschreibung der Handschrift mit den Fragmenten bietet: Katalog der lateinischen Handschriften der Bayerischen Staatsbibliothek München. Die Pergamenthandschriften aus Benediktbeuern. Neu beschrieben von Günter Glauche, Wiesbaden 1994, S. 300–304; siehe zur jüngeren Geschichte der Handschrift auch ebd., S. VIIf. (http://bilder.manuscripta-mediaevalia.de/hs//katalogseiten/HSK0448_a007_JPG.htm).

[15] Meyer (Anm. 14), S. 3. Meyer war an der Katalogisierung der entsprechenden Signaturenstrecke, zu der auch der ‚Codex Buranus' gehörte, beteiligt (Catalogus codicum [Anm. 13]; Meyers Mitwirken ist hier: S. VI erwähnt, siehe: https://www.digitale-sammlungen.de/de/view/bsb00008252?page=8,9).

[16] Meyer (Anm. 14), S. 4.

lyse mittelalterlicher Handschriftenüberlieferung. Die dabei zum Einsatz gebrachte paläographisch-kodikologische Methodik hat bis heute ihre Gültigkeit bewahrt.[17]

Mein zweites Beispiel ist die älteste große Sammelhandschrift deutscher höfischer Epik, Cod. 857 der Stiftsbibliothek St. Gallen.[18] Lange Zeit blieb unbemerkt, dass zu dieser Handschrift ein heute unvollständiger Quaternio gehört, der dem vermeintlich weltlich ausgerichteten ‚Programm' einer Sammlung höfischer Epik vom Anfang des 13. Jahrhunderts eine neue Note gibt. Dieser Quaternio, seit dem 19. Jahrhundert im Bestand der Staatsbibliothek zu Berlin, stammte aus dem Besitz Friedrich Heinrich von der Hagens, der ihn wohl in St. Gallen bei einem Besuch der Bibliothek entwendet hatte, und überliefert Konrads von Fußesbrunnen ‚Kindheit Jesu'.[19] Anfang der 1970er-Jahre stellten die beiden Herausgeber dieses Textes zu dem Berliner Quaternio noch fest: „Über eine mögliche Vergesellschaftung der KJ mit anderen Texten in L läßt sich nichts sagen."[20] Karin Schneider, die bedeutendste Paläographin deutscher Texte der letzten Jahrzehnte, hat die Verknüpfung des Berliner Fragments mit dem St. Galler Codex aufgrund des Schriftbefundes hergestellt,[21] Bernd Schirok den

---

[17] Ein nun schon wissenschaftsgeschichtlich einzuordnendes Exemplar eines ungemein erfolgreichen Fragmentforschers ist der Münchener Literaturwissenschaftler und Mittellateiner Paul Lehmann (1884–1964), der 1943, schon im Bombenhagel des Kriegs, ein Résumé seiner fast 40jährigen Arbeit mit Zeugen der Überlieferung vom 4.–16. Jahrhundert zusammenstellte (Paul Lehmann, Fragmente. Vorgetragen am 8. Januar 1943 [Abhandlungen der Bayerischen Akademie der Wissenschaften. Philosophisch-Historische Abteilung. Neue Folge 23], München 1944). Lehmanns Schüler Bernhard Bischoff (1906–1991), seit 1953 Lehmanns nicht minder erfolgreicher und vielfach ausgezeichneter Nachfolger auf dem Münchener Lehrstuhl, trug die Begeisterung für die Erforschung der Handschriftenüberlieferung in den international besetzten Kreis seiner Studierenden weiter.

[18] Siehe dazu Joachim Heinzle, Art. ‚St. Galler Handschrift 857', in: ²VL 11 (2004), Sp. 481–485 (mit weiterer Literatur); Gisela Kornrumpf, Heldenbuch – oder Sammelhandschrift? Zum Codex discissus K des ‚Nibelungenliedes', in: Scrinium Berolinense. Tilo Brandis zum 65. Geburtstag, hg. v. Peter Jörg Becker u. a., 2 Bde (Beiträge aus der Staatsbibliothek zu Berlin – Preußischer Kulturbesitz 10), Wiesbaden 2000, Bd. 1, S. 287–296, hier: 290f.; Hans Fromm, Überlegungen zum Programm des St. Galler Codex 857, in: Der Ginkgo-Baum. Germanistisches Jahrbuch für Nordeuropa 13 (1995), S. 181–193; Robert Schöller und Gabriel Viehhauser: Das Skriptorium des Sangallensis 857, in: Schreiborte des deutschen Mittelalters. Skriptorien – Werke – Mäzene, hg. v. Martin Schubert, Berlin / New York 2013, S. 691–716.

[19] Heute Berlin, Staatsbibl., mgf 1021.

[20] Konrad von Fußesbrunnen, Die Kindheit Jesu. Kritische Ausgabe von Hans Fromm und Klaus Grubmüller, Berlin / New York 1973, S. 36. Siehe zu dieser Ausgabe auch die Kenntnisstand und Horizont wesentlich erweiternde Rezension von Kurt Gärtner, Zur neuen Ausgabe und zu neuen Handschriften der ‚Kindheit Jesu' Konrads von Fussesbrunnen, in: ZfdA 105 (1976), S. 11–53.

[21] Karin Schneider, Gotische Schriften in deutscher Sprache. Bd. 1,1: Vom späten

Zusammenhang mit der Entwendung in St. Gallen ermittelt,[22] und schließlich konnte Klaus Klein aufgrund eines Zufallsfundes noch den Nachweis erbringen, dass auch das Karlsruher Fragment von ‚Unser vrouwen hinvart' Konrads von Heimesfurt noch zum Bestand des St. Galler Cod. 857 gehört hatte.[23] Damit war der Nachweis erbracht, dass die St. Galler Handschrift keineswegs ein früher Zeuge für die programmatische Sammlung ausschließlich weltlich-höfischer Literatur darstellt, sondern dass die Tradition geistlicher Verserzählungen der Zeit um 1200 dazugehört.[24] Wichtig ist in diesem Zusammenhang auch Nigel F. Palmers Beobachtung, dass die Handschrift aus fünf Teilen („booklets") zusammengesetzt und nicht von Anfang an in der heutigen Abfolge geplant war.[25]

Diese beiden Beispiele zeigen exemplarisch Methode und Verfahren einer paläographisch-kodikologischen und überlieferungskritischen Arbeit am Material. Es gilt dabei für einen großen Teil der Schriftlichkeit des Mittelalters, nicht nur der deutschsprachigen, dass sie fragmentarisch überliefert ist.[26] Man kann noch einen Schritt weiter gehen: Wenn man einmal vom Medium der Schriftlichkeit und der Methodik der Paläographie und Kodikologie absieht und einen übergreifenden kulturwissenschaftlichen Standpunkt einnimmt, stellt man fest, dass die mittelalterliche Kultur als Ganze – die Literatur eingeschlossen – dem gegenwärtigen wissenschaftlichen Zugriff nur als ‚Fragment' im umfassenden Sinne erhalten ist, dessen Leerstellen einzig mit dem Instrument der Hypothesenbildung zu füllen sind.[27] Das gilt etwa für den Aufführ-

---

12. Jahrhundert bis um 1300, Wiesbaden 1987, Textband, S. 136–138, Tafelband, Abb. 72–74. – Siehe zu einem vergleichbaren Fall auch Kornrumpf (Anm. 18).

[22] Bernd Schirok, Der Raub der ‚Kindheit Jesu'. Codex St. Gallen 857 und Konrad von Fußesbrunnen, in: ZfdA 116 (1987), S. 230–234.

[23] Bei Klaus Klein, Der Sangallensis 857. Konrad von Heimesfurt und der Kommissar Zufall, in: ZfdA 123 (1994), S. 76–90, hier: 81f., finden sich wichtige, aus Autopsie gewonnene Beobachtungen zu Gliederung, Anlage und Herstellungsweise des Codex.

[24] Siehe auch Nikolaus Henkel, Religiöses Erzählen um 1200 im Kontext höfischer Literatur. Priester Wernher, Konrad von Fußesbrunnen, Konrad von Heimesfurt, in: Die Vermittlung geistlicher Inhalte im deutschen Mittelalter. Internationales Symposium, Roscrea 1994, hg. v. Timothy R. Jackson, Nigel F. Palmer u. Almut Suerbaum, Tübingen 1996, S. 1–21.

[25] Siehe Nigel F. Palmer, Der Codex Sangallensis 857: Zu den Fragen des Buchschmucks und der Datierung, in: Probleme der Parzival-Philologie. Marburger Kolloquium 1990, hg. v. Joachim Heinzle, L. Peter Johnson u. Gisela Vollmann-Profe, Wolfram-Studien 12 (1992), S. 15–31. Die beiden genannten geistlichen Erzählungen bilden, Wolframs ‚Willehalm' folgend, solch ein „booklet" (ebd., S. 19–21).

[26] Zum Umfang der (handschriftlichen) Fragmentüberlieferung in der deutschsprachigen Literatur siehe den Beitrag von Nathanael Busch und Daniel Könitz im vorliegenden Band.

[27] Auf einer interessanten abstrakten, freilich bewusst gegenstandsfernen Ebene geht

rungscharakter und die Modalitäten beim Vortrag von höfischer Epik oder Minnesang um 1200 vor einer höfischen Adelsgesellschaft. Für die altgriechische und lateinische Literatur hat Bernhard Zimmermann Vergleichbares festgestellt: „die Materie, mit der wir uns beschäftigen, ist ein großer Trümmerhaufen. [...] Angesichts dieses eklatanten Missverhältnisses von Erhaltenem und Verlorenem kommt natürlich den Fragmenten [...] eine enorme Bedeutung zu."[28]

## 2.

Damit komme ich zum Gegenstand des folgenden Beitrags. Der Verfasser, dem die meisten Strophen des österlichen Festhymnus ‚Salve festa dies' zugehören, ist Venantius Fortunatus, ein am kulturellen Erbe seiner Zeit umfassend gebildeter Autor, der seine Heimat in Norditalien um 565 verließ und weite Teile Europas nördlich der Alpen, vor allem im merowingischen Gallien bereiste: Neben Augsburg, Mainz, Köln und Trier sind Metz, Verdun, Reims, Paris, Soissons und schließlich Tours Stationen, die in seinen Dichtungen belegt sind. Längere Zeit hielt sich Venantius in Poitiers auf, wo er gegen Ende seines Lebens zum Bischof geweiht wurde und bald nach 600 starb.[29] Neben der weitverbreiteten epischen Hexameterdichtung der ‚Vita s. Martini' bilden das Gros seiner Werke kleinere, manchmal nur wenige Verse umfassende Gelegenheitsdichtungen, gewidmet oftmals bekannten Persönlichkeiten, kleineren unbedeutenden oder auch höchst bedeutenden Ereignissen wie der Translatio einer Kreuzreliquie in das Benediktinerinnenkloster in Poitiers.[30] Bemerkenswert für

---

Hans Ulrich Gumbrecht auf ein verwandtes Problem ein: Hans Ulrich Gumbrecht, Literaturgeschichte – Fragment einer geschwundenen Totalität?, in: Fragment und Totalität, hg. v. Lucien Dällenbach u. Christiaan Hart Nibbrig (Edition Suhrkamp 1107), Frankfurt a. M. 1984, bes. S. 34–36.

[28] Bernhard Zimmermann, Mosaiksteinchen der Literaturgeschichte, in: Heidelberger Akademie der Wissenschaften, Jahrbuch 2017, Heidelberg 2018, S. 46–53, hier: 46 (https://digi.hadw-bw.de/view/jbhadw2017/0046/image,info).

[29] Siehe dazu die ausführliche Darstellung mit Würdigung der Dichtungen von Franz Brunhölzl, Geschichte der lateinischen Literatur des Mittelalters, Bd. 1: Von Cassiodor bis zum Ausklang der karolingischen Erneuerung, München 1975, S. 118–128 und 525f. (Literatur); von nur geringfügigem Informationswert ist der Artikel von Gernot Krapinger, Art. ‚Venantius Fortunatus', in: Der Neue Pauly 15 (2006) (https://referenceworks.brill.com/display/entries/NPOG/e12200020.xml).

[30] Siehe dazu die Einleitung der maßgeblichen kritischen Ausgabe: Venance Fortunat, Poèmes. Texte établi et traduit par Marc Reydellet, 3 t., Paris 1994, 1998, 2004, hier: Bd. 1, S. VII–XXVIII, zur Vita und den einzelnen Stationen. Siehe dazu auch die Würdigung des Werks durch Wilhelm Meyer aus Speyer, Der Gelegenheitsdichter Venantius Fortunatus (Abhandlungen der Königlichen Gesellschaft der Wissenschaf-

die Zeit am Ende des 6. Jahrhunderts ist der Zustand der Überlieferung. Auf Anregung des befreundeten Gregor von Tours (540–594) sammelte und ordnete Venantius seine Dichtungen zu einer Werkausgabe. Elf Bücher sind erhalten, von denen die Bücher I-VIII, vielleicht auch IX, von Venantius selbst zusammengestellt wurden, die übrigen unmittelbar nach seinem Tode. Das so geordnete Werk ist als autorisiertes Corpus in mehreren Handschriften seit dem ausgehenden 8. Jahrhundert überliefert, ein Glücksfall für die Gewinnung einer autornahen Edition.[31]

Im Werk des Venantius lassen sich drei Überlieferungstypen unterscheiden, zum einen die genannte autornahe, im 8. Jahrhundert einsetzende Corpus-Überlieferung in XI Büchern, zum anderen ausgewählte Werke, die in den liturgischen Gebrauch eingegangen sind und überliefert werden in Handschriften, die auf gesungenen Vortrag hin ausgelegt sind (Prozessionalien, Tropare, Gradualien, Antiphonarien, Hymnare etc.), und eine dritte Gruppe, in der die Texte des liturgischen Gebrauchs in den Kontext der Lateinschulen der Klöster und Domstifte überführt werden und hier als Unterrichtsmaterial in der Erziehung des künftigen Klerus dienen.

Zunächst zur liturgienahen Überlieferung. Zwei Hymnen des Venantius haben in der vorösterlichen Liturgie der Kirche bis ins 20. Jahrhundert ihre Geltung behalten, zunächst ‚Pange, lingua, gloriosi / proelium certaminis';[32] die Bedeutung dieses Gesangs wird dadurch betont, dass Thomas von Aquin ihn für das 1264 eingesetzte Fronleichnamsfest umgearbeitet hat. Dazu kommt der für die Karwoche bestimmte Prozessionshymnus ‚Vexilla regis prodeunt, / fulget crucis mysterium'.[33] In den Raum der Liturgie gehört auch das ‚Salve festa dies', eine auswählende und erweiternde Umarbeitung wohl des 9./10. Jahrhunderts, gewonnen aus dem strophischen, in elegischen Distichen abgefassten Osterhymnus, den Venantius dem Bischof Felix von Nantes gewidmet hat

---

ten zu Göttingen. Philologisch-historische Klasse IV,5), Berlin 1901; eine Auswahlausgabe liegt vor: Venantius Fortunatus, Gelegentlich Gedichte. Das lyrische Werk. Die Vita des hl. Martin, eingeleitet, übersetzt und kommentiert von Wolfgang Fels (Bibliothek der Mittellateinischen Literatur 2), Stuttgart 2006.

[31] Siehe Marc Reydellet, Introduction, in: Venance Fortunat (Anm. 30), Bd. 1, S. LXVIII–LXXXIX.

[32] In der Ausgabe von Reydellet, Venance Fortunat (Anm. 30), II, 2, Bd. 1, S. 50–52; Analecta Hymnica medii aevi (im Folgenden AH), hg. v. Clemens Blume u. Guido Maria Dreves, 55 Bde, Leipzig 1888–1922, sowie 3 Registerbände, Bern / München 1978, hier: Bd. 50, Nr. 66, S. 71–73. Siehe auch: Lateinische Lyrik des Mittelalters, lateinisch und deutsch, ausgewählt, übers. u. komm. von Paul Klopsch, Stuttgart 1985, S. 52–55. Zu den deutschen Bearbeitungen siehe Burghart Wachinger, Art. ‚Pange lingua gloriosi' (deutsch), in: ²VL 7 (1989), Sp. 288f.

[33] In der Ausgabe von Reydellet, Venance Fortunat (Anm. 30), II, 6, Bd. 1, S. 57f.; AH (Anm. 32), Bd. 50, Nr. 67, S. 74f.

(III,9).³⁴ Der so hergestellte Hymnus ‚Salve festa dies' ist, wie die Eingangsstrophe, also das erste Distichon zeigt, zunächst der Höllenfahrt Christi am Ostersamstag (*Sabbato sancto*) gewidmet:³⁵

| Salve festa dies toto venerabilis aevo, | (‚Sei gegrüßt, festlicher Tag, dem ganzen |
| Qua Deus infernum vicit et astra tenet. | Erdkreis verehrungswürdig, an dem Gott die Hölle bezwungen hat und den Himmel besitzt.') |

Der Gebrauch als Prozessionshymnus auch am Ostertag selbst sowie in der Woche nach dem Fest sah vor, dass die eben zitierte Eingangsstrophe nach jeder einzelnen weiteren Strophe als Responsion zu wiederholen sei.³⁶ Dabei schwankt der Umfang des Gesangs, offenbar orientiert an den je örtlichen Begebenheiten, zwischen 3 und 15 Strophen.

Die Textgeschichte dieses Überlieferungs- und Gebrauchstyps ist von einer bemerkenswerten Vielfalt. Zum einen bot der Eingangsvers ‚Salve festa dies [...]' einen Aufruf, dem im zweiten Vers auch eine andere Festtagsbestimmung als die österliche angehängt werden konnte, so für Christi Himmelfahrt: *Salve festa dies* [...] *Qua Deus ascendit victor et astra tenet* (‚[...] an dem Gott als Sieger aufgestiegen ist und den Himmel einnimmt/beherrscht'). Oder für Pfingsten: [...] *Qua sacer accendit spiritus igne suos* (‚[...] an dem der Heilige Geist mit Feuer die Seinen entflammt hat'). Guido Maria Drewes stellt dazu fest: „Die ins Unendliche variierende Auswahl ins Einzelne zu verfolgen ist untunlich; wir müssen es uns an einigen Beispielen genügen lassen."³⁷ Mehrere deutschsprachige Bearbeitungen des ‚Salve festa dies' sind nachweisbar, die sich mit der liturgischen Verwendung verbinden lassen.³⁸

---

[34] Ebd., III, 9, Bd. 1, S. 99–104; AH (Anm. 32), Bd. 50, Nr. 69, S. 76–79. Eine relativ freie deutsche Versübersetzung ist verfügbar: Venantius Fortunatus (Anm. 30), S. 63–66.

[35] Text: AH (Anm. 32), Bd. 50, Nr. 69, S. 79f., mit der Zuweisung *Sabbato sancto ad processionem*; es wird aber dieses Initium auch für den Prozessionshymnus am Ostertag und in der folgenden Woche eingesetzt, siehe AH (Anm. 32), Bd. 50, S. 82–84.

[36] Ein Beispiel des gregorianischen Gesangs mit der Responsion der Einleitungsstrophe bietet die Schola gregoriana des Mailänder Doms: https://www.youtube.com/watch?v=_sAybXJ27CA.

[37] AH (Anm. 32), Bd. 50, S. 80. In der Tat findet das Initium *Salve festa dies* Anwendung auf zahlreiche liturgische Anlässe, in der Regel als Prozessionshymnen, wie das Register der AH (Anm. 32), Bd. 1.2, Nr. 23723–23769, S. 844–846, mit nahezu 50 Einträgen belegt: Neben den Hauptfesten des Kirchenjahres (Weihnachten, Epiphanias, Ostern, Trinitatis, Mariae Geburt und Himmelfahrt, Allerheiligen, Kirchweih, Kreuzauffindung etc.) sind es auch Heiligentage, deren zugeordnete Gesänge dieses Initium aufweisen (Alban, Georg, Hugo von Lincoln, Jacobus minor, Patricius, Peter und Paul, Stephanus). Eine umfassende Übersicht bietet der Datenbankeintrag in ‚Cantus Database for Latin ecclesiastical chant' (https://cantus.uwaterloo.ca/).

[38] Siehe Johannes Janota, Art. ‚Salve festa dies' (deutsch), in: ²VL 8 (1992), Sp. 549f.; zur

Ein dritter Überlieferungstyp liegt vor in Handschriften, die dem Unterrichtsbetrieb der klösterlichen und domstiftischen Lateinschulen des 12.–15. Jahrhunderts zugehören und unter dem auf den liturgischen Zusammenhang verweisenden Initium *Salve festa dies* mehr oder weniger umfangreiche Partien aus dem Felix-Hymnus III,9 herauslösen und durch weitere neuere Strophen auf insgesamt 34–35 Strophen ergänzen.[39] Handschriften dieses Typs zielen n i c h t auf liturgischen Gebrauch oder gesungenen Vortrag, sondern auf die Erarbeitung eines genauen W o r t verständnisses des lateinischen Textes mithilfe eines in der Regel interlinear angeordneten Erschließungsinstrumentariums. Die Verbreitung dieses Überlieferungstyps ist für das ‚Salve festa dies' bislang noch nicht erhoben; es sind jedoch drei Handschriften aus der 2. Hälfte des 15. Jahrhunderts bekannt, in denen die Strophen des lateinischen Textes ergänzt werden durch eine deutsche Paraphrase in je zwei Reimpaaren; eine davon ist der Quaternio Cgm 5249/66, dem wir uns jetzt zuwenden.

## 3.

Der ‚heimatlose' Quaternio Cgm 5249/66, vom Schreiber am Schluss seiner Einträge auf das Jahr 1478 datiert (fol. 6$^v$; die Blätter 7–8 sind nicht beschrieben), ist in der zweiten Hälfte des 19. Jahrhunderts in einen Umschlag aus blaugrauer Pappe eingebunden und von dem Münchener Bibliotheksmitarbeiter Friedrich Keinz mit einer knappen Inhaltsangabe versehen worden.[40] Dieser

---

Verwendung im Rahmen der Frauenfrömmigkeit im norddeutschen Raum siehe Carolin Gluchowski und Henrike Lähnemann, ‚Salve festa dies'-Bearbeitungen in den Medinger Andachtsbüchern, in: Vom Hymnus zum Gebet. Gattungs- und Gebrauchswechsel liturgischer Lieder in Mittelalter und Früher Neuzeit, hg. v. Pavlina Kulagina u. Franziska Lallinger (Liturgie und Volkssprache 6), Berlin / Boston 2022, S. 127–158.

[39] Es fehlt eine Bestandsaufnahme dieses Überlieferungstyps; das Material dürfte sehr umfangreich sein. Ich führe nur zwei Beispiele aus dem süddeutsch-österreichischen Raum an: Rom (Vatikanstadt), Bibl. Apostolica Vaticana, Cod. Pal. lat. 1791, fol. 71$^v$–74$^v$, eine durchgängig mit Glossen und Marginalkommentar ausgestattete humanistische Schulhandschrift, 2. H. 15. Jh. (https://digi.ub.uni-heidelberg.de/diglit/bav_pal_lat_1791/0148/image,info). Oder eine ähnliche, aber mit mehr deutschen Glossen ausgestattete Handschrift aus der Stiftsbibliothek St. Florian, Cod. XI 117, siehe Nikolaus Henkel, Deutsche Übersetzungen lateinischer Schultexte. Ihre Verbreitung und Funktion im Mittelalter und in der frühen Neuzeit. Mit einem Verzeichnis der Texte (MTU 90), München / Zürich 1988, S. 104–109 und Abb. 11, mit Abdruck der lateinisch-deutschen Glossierung der ersten Strophe.

[40] Die bibliothekarische Aufschrift lautet: „Deutsche Bruchstücke | a) Der Oster-Hymnus i[nc.] Salve festa dies lat. u. deutsch | b) Carmen lat.: quomodo ars liberalis prae omn[ibus] aliis est affectanda, inc. Laus honor pueris solet evenire | 8 Bl. Pap. kl. 4°

Umschlag gab das Format vor, nach dessen Maßen (20 × 16,3 cm) der Quaternio seitlich und wohl auch oben und unten beschnitten worden ist, wobei die stellenweise am Rand notierten Kommentare mehr oder weniger stark beschädigt wurden.[41] Der Quaternio enthält zum einen das ‚Salve festa dies' im Umfang von 35 in elegischen Distichen abgefassten Strophen. Grundlage ist eine Auswahl aus dem oben erwähnten Carmen III,9 des Venantius, ergänzt durch weitere später zugedichtete Strophen. Jeder Strophe folgt eine deutsche Reimpaarversion in vier Versen (fol. 1$^r$–4$^v$).[42] Damit ist diese Fassung wesentlich umfangreicher als die in liturgischem Gebrauch überlieferten Versionen (siehe oben). Ausgehend vom ersten Distichon mit der Erwähnung der Höllenfahrt gelten die folgenden Strophen dem Osterfest und der erwachenden Natur, dem Fest von Christi Himmelfahrt, der Taufe und schließlich dem Pfingstfest. Ziel ist offensichtlich, im Rahmen der Texterarbeitung das Spektrum der behandelten Feste über den Umfang eines österlichen Prozessionshymnus hinaus zu erweitern.

Das zweisprachig angelegte Layout folgt einem im 13. Jahrhundert durch die lateinisch-deutschen ‚Disticha Catonis' und im Folgenden durch zahlreiche weitere Schultexte etablierten, funktional begründeten Formtyp, der im deutschen Sprachraum weit verbreitet war und bis in die Drucküberlieferung des 16. Jahrhunderts Bestand hatte: Die lateinischen Verse werden in größerem Zeilenabstand notiert, damit interlineare lateinische und deutsche Lernelemente und Verständnishilfen eingefügt werden können, die deutschen Reimpaarverse werden abschnittsweise angehängt; im Regelfall werden zwei lateinische Verse durch vier deutsche wiedergegeben, so etwa bei den genannten ‚Disticha Catonis' und ähnlichen didaktisch ausgerichteten Texten.[43] Das ‚Salve festa dies' im Cgm 5249/66 nimmt dieses im 15. Jahrhundert bereits fest etablierte Muster auf.[44] Bis auf eine Ausnahme ist hier für den interlinear zu positionie-

---

XV Jh." (https://daten.digitale-sammlungen.de/0010/bsb00103130/images/index.html?fip=193.174.98.30&id=00103130&seite=1). – Der langjährigen Erfahrung und der freundlichen Hilfsbereitschaft von Herrn Dr. Günter Glauche, BSB München, verdanke ich die Identifizierung des Schreibers dieser Angaben, Friedrich Keinz, tätig an der Bibliothek von 1865–1898 († 1901).

[41] Siehe Schneider (Anm. 11), S. 118.
[42] Einen Textabdruck nach dem Clm 19695, fol. 67$^r$–75$^r$, bietet Edwin Habel, Altdeutsche Übersetzung aus Venantius Fortunatus, in: ZfdA 53 (1911), S. 199–207.
[43] Siehe zum umfangreichen Textbestand dieses Typs Henkel (Anm. 39), S. 9–64 und passim. Auch in der frühen Drucküberlieferung von Schul- und Studientexten werden die Zeilen des lateinischen Textes vielfach mit Durchschuss gesetzt, damit interlinear Glossen eingetragen werden können, siehe Wolfgang Schmitz, Grundriss der Inkunabelkunde. Das gedruckte Buch im Zeitalter des Medienwechsels, 2., verb. Aufl., Stuttgart 2023, S. 138f.; Textkünste. Buchrevolution um 1500, hg. v. Ulrich Johannes Schneider, Darmstadt 2016, S. 43–45 (mit Abb. 72–74).
[44] Siehe das oben Anm. 40 nachgewiesene Digitalisat.

renden Erklärungs- und Studienapparat Raum gelassen, der jedoch nicht ausgeführt wurde, wohl aber sind den Strophen an einigen Stellen knappe lateinische, marginal angeordnete Kommentare beigegeben.

Angehängt ist auf den freien Blättern des Quaternio (hier jedoch ohne deutsche Verse) der ‚Liber moralis' (‚Consilium patris ad filium'), ein lehrhaft-launiger Verstext über Sinn und Vorteile des Lernens in Form einer Vater-Sohn-Lehre: Die Stufen einer möglichen Karriere nach fleißigem Studium der *litterae* werden, beginnend mit dem Bischofsamt und absteigend über mehrere geistliche Standesstufen, beschrieben; schließlich, wenn der Sohn zu nichts Rechtem tauge, solle er wenigstens Küster werden, der in der Messe nur an den richtigen Stellen ‚Amen' zu sagen brauche. In einem zweiten Durchgang werden sodann die Mühsalen der Handarbeit geschildert, vom Schmied über den Steinhauer bis hin zum Soldaten, denen am Schluss die Kleriker als wünschenswertes Ziel gegenübergestellt werden; sie müssen nicht arbeiten, gehen in Purpurgewändern einher, speisen und trinken in Geruhsamkeit, was sie mögen. Deshalb, so der ‚Vater', lohne sich die Mühe des Lernens, gipfelnd in dem Aufruf an den ‚Sohn', er solle sich unverzüglich dem Lernen/Studieren zuwenden: *Quare tu ad studium festina sine mora* (fol. 5$^r$–6$^v$; fol. 7 und 8 sind leer).[45]

Die dem ‚Salve festa dies' strophenweise beigegebenen deutschen Verse sind Abschrift aus einer unbekannten Vorlage. Dabei sind die lateinischen Verse in größerem Schriftgrad und großem Zeilenabstand notiert, die deutschen Verse kleiner und ohne Zeilenabstand. Sie weisen in ihrer Schreibsprache in die bairisch-schwäbische Grenzregion etwa auf der Höhe von Augsburg. Ihr Verfasser ist unbekannt. Formal sind sie bis auf wenige Ausnahmen nachlässig gefertigt und von einer bemerkenswerten literarischen Anspruchslosigkeit. Die vom Formtyp der oben genannten Schultextübersetzungen vorgegebene Vierhebigkeit der Verse wird nicht immer eingehalten, die Reime sind mehrfach nicht rein, fehlen zuweilen auch; dazu ein Beispiel (Abb. 1):

| | |
|---|---|
| Salue festa dies toto venerabilis euo<br>Qua deus infernum vicit et astra tenet. | (‚Gegrüßt seist du festlicher Tag,<br>verehrungswürdig in alle Ewigkeit, an dem<br>Gott die Hölle besiegt hat und den Himmel<br>innehat.') |
| Gar loblich ist die oster zeit<br>Die aller welt fröden geyt | |

---

[45] Dieser Text ist im Cgm 5249/66 nur in einer gekürzten Version notiert. Mehrere Handschriften und Frühdrucke bieten neben dem lateinischen Text, wie beim ‚Salve festa dies', eine abschnittsweise folgende deutsche Reimpaar-Version. Siehe zu diesem Text und seiner Überlieferung Henkel (Anm. 39), S. 271–273, sowie ders., Art. ‚Liber moralis', in: ²VL 5 (1985), Sp. 763–765. Einen Textabdruck bietet Rudolf Peiper, Beiträge zur lateinischen Cato-Litteratur, in: ZfdPh 5 (1874), S. 165–186, hier: 179–186.

Da got zer steret hat helische macht
Vnd die verdampte welt zuo gnaden bracht.

Ecce renascentis testatur gratia mundi  ('Sieh, der Dank der neu erstehenden Welt
Omnia cum domino dona redisse suo  bezeugt, dass alle Gaben mit ihrem Herrn
  [dem Auferstandenen] zurückgekehrt
  sind.')

Der walt der in dem winter kalt
Vnfruchtber was vnd on gestalt
Wider grönet vnd wonne geyt
Zuo diser lieben oster zeit.

Jamque triumphanti post tristia tartara  ('Schon jubeln allenthalben dem nach der
    christo  traurigen Höllenfahrt triumphierenden
Vndique fronde nemus gramina flore fauent  Christus der Wald mit seinem Laub und
  die Flur mit ihrer Blütenpracht zu.')

Als gottes sun die höll zuo brach
Vnd sich an tewflischen gewalt gerach
Laub vnd graß in lob sich newen
Die alle so wunnecliche plüe*n*.[46]

Qui crucifixus erat deus, ecce, per omnia  ('Schau, Gott, der gekreuzigt war, herrscht
    regnat  über alles und alles, das geschaffen ist/die
Dantque creatori cuncta creata precem  ganze Schöpfung betet ihn an.')

Der an dem crewtz nun ward erhangen
Hatt aller ding gewalt entpfangen
Alle creatur im lobe sagen
In disen österlichen tagen.

Der emphatisch-appellative Ton (*Salve*, *Ecce*) des lateinischen Textes am Eingang von Str. 1 und 2 ist in den deutschen Versen hier wie auch sonst nicht übernommen, der Gestus der Natur in Str. 3, die dem über den Tod triumphierenden Christus entgegenjubelt, ist nicht ansatzweise nachgestaltet, sondern wird vielmehr – hier und nahezu durchgehend – durch eine eher nüchterne ‚Berichterstattung' über die nach dem Winter auflebende Natur ersetzt. Der unbekannte Verfasser der deutschen Verse lässt sich nicht nachweisen. Die Suche nach der Geschichte des ‚heimatlosen' Quaternio endet bei dem Pappumschlag aus der zweiten Hälfte des 19. Jahrhunderts und der die Blattränder beschneidenden Schere.

Es gibt aber einen Weg zu ermitteln, welche Intention hinter der Anfertigung dieser Lage ursprünglich stand, in welche Zusammenhänge kulturellen und das meint hier: des wissens- und bildungsgeschichtlichen Gebrauchs das hier über-

---

[46] Hs. *plüe*.

lieferte ‚Salve festa dies' gehörte und welche Funktion diesem bilingualen Ensemble im Nutzungsraum der Lateinschule des 15. Jahrhunderts zugedacht war. Es ist die in umfassenderen Codex-Zusammenhängen stehende Parallelüberlieferung des zweisprachigen Textensembles. Dem soll im Folgenden nachgegangen werden.

## 4.

Es existieren, wie erwähnt, zwei weitere Textzeugen, die das ‚Salve festa dies' zusammen mit der gleichen deutschen Reimpaarversion bieten, und hier eingebunden in Zusammenhänge von umfangreichen Sammelhandschriften.[47] Es handelt sich um den Clm 7678 aus der Lateinschule des Augustiner-Chorherrenstifts Indersdorf sowie um den Clm 19695 aus der Mitte des 15. Jahrhunderts, der zum Bücherbestand der Lateinschule des Benediktinerstifts Tegernsee gehörte.

Besondere Beachtung gilt für die folgenden Ausführungen einem bislang nicht erkannten kodikologischen Faktum: Beiden Handschriften ist gemein, dass sie aus ursprünglich selbständigen Faszikeln zusammengesetzt sind, deren offenbar intensive Benutzung als ungebundene Hefte an den Außenseiten deutliche Spuren des Gebrauchs hinterlassen hat. Das Zusammenfügen dieser Faszikel in einem festen Bucheinband gegen Ende des 15. Jahrhunderts markiert ein auf eine erste Phase aktiver Benutzung folgendes, deutlich sekundäres, bewahrendes, den Bestand der einzelnen Faszikel sicherndes Stadium im gemeinsamen Verbund zwischen zwei Buchdeckeln. Dieser Verbund ist gekennzeichnet durch den gemeinsamen Gebrauchsraum der Faszikel und der darin enthaltenen Texte im Unterricht der spätmittelalterlichen Lateinschule.

Der Indersdorfer Clm 7678 ist ein typischer Vertreter dieses Überlieferungstyps. Er enthält, aus einzelnen Faszikeln gegen Ende des 15. Jahrhunderts zusammengestellt, lateinische Schultexte in Versform, die zum größten Teil dem Spätmittelalter entstammen und deren breite, oftmals bis in den Frühdruck reichende Überlieferung einen hohen Grad an Repräsentativität bezeugt.[48] Abgesehen von dem ‚Salve festa dies' mit einer deutschen Reimpaarversion und

---

[47] Siehe knapp dazu Henkel (Anm. 39), S. 261, wieder aufgenommen und ergänzt um den zwischenzeitlich beschriebenen Cgm 5249/66 in dem Beitrag von Janota (Anm. 38), Sp. 550; dass es sich bei den jedem Distichon beigegebenen vier Reimpaarversen um eine „Strophe" (ebd.) handele, also Sangbarkeit intendiert bzw. möglich sei, trifft indes nicht zu.

[48] Eine detailliertere Übersicht über den Inhalt der Handschrift mit den nötigen Angaben zu den einzelnen Texten und zum Forschungsstand bietet Abschnitt 6. Hier sind auch die einzelnen Faszikel markiert.

einer Wort-für-Wort-Übersetzung des ‚Physiologus Theobaldi' sind die Texte lateinisch. Kennzeichen der im Clm 7678 überlieferten Schultexte ist ihre Ausstattung mit interlinear eingetragenen Glossen, meist lateinisch, seltener deutsch, oft auch mit Wortfolgeziffern (dazu weiter unten) sowie stellenweise auch marginal eingetragenen kommentierenden Anmerkungen. Der Band enthält unter anderem die ‚Quinque claves sapientiae', dazu den auch im Quaternio Cgm 5249/66 überlieferten ‚Liber moralis' (hier als ‚Dogmatile puerorum' bezeichnet, inc. *Laus et honor pueris solent evenire*), sodann den ‚Cato novus' und den ‚Cato antiquus', weiterhin Frowins von Krakau ‚Antigameratus', die weit verbreitete, Johannes de Garlandia zugeschriebene Bußunterweisung in Versform (‚Poenitentiarius', inc. *Peniteas cito*), Ps.-Bernhards von Clairvaux ‚Contemptus mundi', die ‚Proverbia' des Alanus ab Insulis, den ‚Cornutus antiquus' und seine Weiterführung, den ‚Cornutus novus' sowie den ‚Facetus', inc. *Moribus et vita*. In diesem Verbund bildet auch der österliche Hymnus ‚Salve festa dies' mit seiner deutschen Reimpaarbearbeitung einen eigenen, ursprünglich selbständigen Faszikel aus, was die Benutzungsspuren an den Außenseiten dieses Hefts einwandfrei erweisen (Abb. 2).

Im Clm 7678 sind lateinischer und deutscher Text in gleich großem Schriftgrad notiert, der lateinische wie beim Cgm 5249/66 in großem Zeilenabstand. Hier ist der Raum zwischen den Zeilen genutzt für eine direkt über den lateinischen Wörtern stehende Bezifferung, durch die die Abfolge der Wörter im Vers neu nach dem Prinzip syntaktischer Deszendenz geordnet wird, dazu für eine oft zwei Zeilen beanspruchende interlineare Glossierung, eine Einrichtung, die für den Gebrauchsraum der mittelalterlichen Lateinschule generell verbreitet ist und uns auch in der nächsten Handschrift begegnen wird.

Auch der Clm 19695 ist aus einzelnen, ehemals selbständigen Faszikeln zusammengesetzt. Die Vereinigung in einem Einband hat wahrscheinlich der Tegernseer Bibliothekar Ambrosius Schwerzenbeck gegen Ende des 15. Jahrhunderts veranlasst und, ganz nach seiner Gewohnheit, den Inhalt des Bandes auf einem Vorsatzblatt verzeichnet. Überliefert sind hier unter anderem die gesammelten Carmina aus der ‚Consolatio Philosophiae' des Boethius, dazu mehrere Texte, die auch der Clm 7678 enthält, zunächst fol. 67$^r$–75$^v$ das ‚Salve festa dies' auf einem eigenen Faszikel (Quinternio), dazu der ‚Liber parabolarum' des Alanus ab Insulis, der ‚Poenitentiarius' des Ps.-Johannes de Garlandia, der ‚Antigameratus' des Frowin von Krakau und der ‚Minor fabularius', außerdem noch eine für den Schulgebrauch verfasste, selten überlieferte Versfassung der alttestamentlichen Genesis. In der Einrichtung entspricht der Clm 19695 dem, was beim Clm 7678 zu beobachten war.

Nicht in den Schulbetrieb gehört am Schluss des Bandes ein umfangreicher Faszikel mit Prosatexten, der offenbar mit eingebunden wurde, weil er in den Abmessungen passte und untergebracht und so gesichert werden musste.

*Ein ‚heimatloser' Quaternio*

Bevor wir uns der Detailanalyse des texterschließenden Instrumentariums in beiden Handschriften zuwenden, ist noch kurz einzugehen auf die spezifischen Rahmenbedingungen des Benutzungsraums, dem die Texte dieser Sammlungen zuzuordnen sind. Markantes Merkmal des mittelalterlichen Schulbetriebs ist, dass Schreiben wie Lesen ausschließlich anhand der lateinischen Sprache gelehrt und gelernt wurde, in der auch der Unterricht ablief; eine bewährte Praxis, die etwa – intentional – auch den Unterricht in den modernen Fremdsprachen bis heute prägt.[49]

Skripturale Merkmale mittelalterlicher Schultextüberlieferung sind, dass die Textzeilen deshalb in der Regel lateinisch, seltener deutsch glossiert werden, eine Praxis, die seit dem ausgehenden 8. Jahrhundert zu beobachten ist und die, bezogen (und eingeschränkt) auf die deutschsprachige Glossierung vor 1200, seit dem 19. Jahrhundert intensiv erforscht wird: die althochdeutschen (und altsächsischen) Glossen.[50] Dazu kommt, dass mithilfe von Ziffern über den lateinischen Wörtern die poetische, von Metrum und Versbau bestimmte Wortfolge zugunsten einer syntaktisch ausgerichteten (Prosa-)Abfolge nach den Prinzipien syntaktischer Deszendenz, dem sogenannten Ordo naturalis, geordnet wird.[51] Dieses Instrumentarium ermöglichte es, den Inhalt eines Verses bzw. Textabschnitts im Medium der Zielsprache, Latein, zu paraphrasieren und zu erklären; dabei konnte an bestimmten Stellen, an denen offenbar Bedarf bestand, auch eine volkssprachliche Glossierung integriert werden.

Dazu ein Beispiel aus dem Clm 19695, fol. 72ʳ (Abb. 3). Der auferstehende Christus wird von dem gläubigen Sänger aufgerufen:

---

[49] Siehe auch die einzelnen Beiträge in: Schule und Schüler im Mittelalter. Beiträge zur europäischen Bildungsgeschichte des 9. bis 15. Jahrhunderts, hg. v. Martin Kintzinger (Beiheft zum Archiv für Kulturgeschichte 42), Köln / Weimar / Wien 1996.

[50] Siehe etwa einige der auf die Glossierung bis gegen 1200 ausgerichteten neueren Publikationen: Mittelalterliche volkssprachige Glossen. Internationale Fachkonferenz des Zentrums für Mittelalterstudien der Otto-Friedrich-Universität Bamberg, 2.–4. August 1999, hg. v. Rolf Bergmann (Germanistische Bibliothek 13), Heidelberg 2001; Katalog der althochdeutschen und altsächsischen Glossenhandschriften, 3 Bde, bearb. v. Rolf Bergmann u. Stefanie Stricker, Berlin / Boston 2005; Glossenstudien. Ergebnisse der neueren Forschung, hg. v. Rolf Bergmann u. Stefanie Stricker (Germanistische Bibliothek 70), Heidelberg 2020.

[51] Instrumente der Wortfolge-Ordnung für lateinische Verstexte sind seit dem 8. Jh. zu beobachten. Vor der Einführung der leicht zu handhabenden sog. arabischen Ziffern im 14. Jahrhundert wurden dafür Punktsysteme oder auch Minuskelbuchstaben eingesetzt, siehe dazu Michael Korhammer, Mittelalterliche Konstruktionshilfen und altenglische Wortstellung, in: Scriptorium 34 (1980), S. 18–58; Henkel (Anm. 39), S. 78–86; Anna A. Grotans, Reading in Medieval St. Gall (Cambridge Studies in Palaeography and Codicology 13), Cambridge 2006, S. 199–227.

*Nikolaus Henkel*

>Lithea tolle, precor, sudaria linque sepulcro
>Tu satis es nobis et sine te nihil est.

(‚Tu die Leintücher hinweg und lass die Schweißtücher im Grabe zurück / Du bist uns genug, und nichts ist ohne Dich.')

Diese Strophe wird mithilfe des interlinear notierten Instrumentariums wie folgt erschlossen:

```
lintheam lintheamina remoue scilicet o Christe pannos corpori circumdatos
die leinin tuoch        supplico        die schuoß tiecher  dimitte  in tumulo
    3                  2      1              5                4         6
Linthea              tolle  precor        sudaria           linque  sepulcro


scilicet  sufficiens scilicet Christi        absque te
Christe              fidelibus            scilicet Christo  nullo inens  scilicet satis est
   1        3         2    4      5           8      8         6               7
  Tu       satis    es   nobis   et          sine   te       nichil          est.
```

Der interlinearen Bezifferung folgend, ergibt sich für die beiden Verse folgender syntaktisch geordneter Satz: *precor, tolle linthea, linque sudaria sepulcro / Tu es satis nobis et nihil est sine te.* Zusammen mit der über den Wörtern stehenden Glossierung (siehe Abb. 3) ergibt sich in der durch die Bezifferung angegebenen Reihung folgendes Instrumentarium (Abfolge: Wortfolgeziffer, Textlemma, Glosse; in Klammer gebe ich eine Übersetzung bei):

>*1 precor – supplico, scilicet o Christe* (,ich bitte kniefällig, ergänze: „Dich, o Christus"')
>*2 tolle – remoue* (,entferne')
>*3 linthea – lintheam, lintheamina die leinin tuoch* (,das Leinen, die Leintücher')
>*4 linque – dimitte* (,lass zurück/tu hinweg')
>*5 sudaria – pannos corpori circumdatos, die schuoß tiecher* (,die um den Körper gewickelten Tücher')
>*6 sepulcro – in tumulo* (,im Grab')
>*1 Tu – scilicet Christe* (,Du, ergänze: „Christus"')
>*2/3 es satis – sufficiens* (,reichst aus/bist genug')
>*4 nobis – Christi fidelibus* (,uns, den an Christus Glaubenden')
>*5 et*
>*6/7 nihil est – nullo inens* (,keinem innewohnend/in nichts seiend')
>*scilicet satis est* (,das heißt: „es ist genug"')
>*8 sine te – absque te, scilicet Christo* (,ohne Dich, zu ergänzen „Christus"')

Neben der neuen Reihung des Wortmaterials der Verse in der Abfolge ihrer syntaktischen Erschließung bietet die lateinische Glossierung zunächst einfache Wortgleichungen wie *precor – supplico; tolle – remove; sine te – absque te.* Sie dienen, neben der Bedeutungserschließung durch Umschreibung in der Zielsprache, Latein, vor allem dazu, den Verstext in der Abfolge des durch die Ziffern angegebenen Ordo naturalis in syntaktisch geordneter Deszendenz lateinisch zu paraphrasieren, aber außerdem auch dazu, den Wortschatz und damit die aktiv zu nutzenden Ausdrucksmöglichkeiten (*copia verborum*) im Lateinischen zu erweitern. Daneben stehen umschreibende Erklärungen: Was sind *sudaria*? Was *linthea*? Leinentücher, die um den toten Körper gewickelt sind: *pannos corpori circumdatos*, dazu, in der Muttersprache (auf *sudaria* bezogen): *die schweyß tiecher*.[52] Mithilfe des Sprachwechsels werden zwei unterschiedliche Komponenten der lemmabezogenen Erschließung eingesetzt, zum einen eine sachbezogene, der Vorgang des Einhüllens des Leichnams (lateinisch), zum andern der Bedeutungstransfer von *sudaria* in die Volkssprache. Dieses Codeswitching ist seit dem 9. Jahrhundert in der Glossierung lateinischer Texte ungemein häufig zu beobachten, freilich unter dieser Perspektive wenig erforscht.[53] Schließlich wird auch noch angegeben, wer mit den Pronomina *Tu* bzw. *sine te* gemeint ist: Christus.

Anders als der auf Übersetzungskompetenz und Textverständnis ausgerichtete moderne Lateinunterricht zielt der Unterricht der mittelalterlichen Lateinschulen grundsätzlich auf eine Mündlichkeit wie Schriftlichkeit umfassende Sprachkompetenz, zu der auch das Lateinische als verpflichtende Sprache des Unterrichts sowie der Textparaphrasierung und -erklärung beizutragen hatte, wie sie hier geboten wird.

Es folgt auf das so aufbereitete Verständnis der lateinischen Strophe die deutsche Version:

> Herr lauß es alles in dem grab
> Daz dich totten vmbe gab
> Erzaig dich selbs vns allein
> Wann aun dich nichcz mag gesein

---

[52] Die Lesung *schuoß tiecher* für *sudaria* ist fehlerhaft, der Clm 7678 bietet an dieser Stelle richtig: *sweyß tiecher*.

[53] Für die Frühzeit des Althochdeutschen siehe Nikolaus Henkel, Deutsche Glossen. Zum Stellenwert der Volkssprache bei der Erschließung lateinischer Klassiker, in: Theodisca. Beiträge zur althochdeutschen und altniederdeutschen Sprache und Literatur in der Kultur des frühen Mittelalters. Eine internationale Fachtagung in Schönbühl bei Penzberg vom 13. bis zum 16. März 1997, hg. v. Wolfgang Haubrichs u. a. (Ergänzungsbände zum Reallexikon für Germanische Altertumskunde 22), Berlin 2000, S. 387–413; Hans Ulrich Schmid, *Ich mêino facta et dicta*. ‚Code switching' im frühen Mittelalter (Sitzungsberichte der Sächsischen Akademie der Wissenschaften zu Leipzig. Philologisch-historische Klasse Band 142, Heft 1), Stuttgart / Leipzig 2017. – Immerhin wird das für die Gegenwartssprachen vielfach untersuchte Phänomen jetzt auch in seiner historischen Dimension erkannt, siehe: Historisches Codeswitching mit Deutsch. Multilinguale Praktiken in der Sprachgeschichte, hg. v. Elvira Glaser, Michael Prinz u. Stefaniya Ptashnyk, Berlin / Boston 2021. Das Phänomen zweisprachiger Textglossierung liegt freilich außerhalb der Beobachtungen der hier versammelten Beiträge.

Hier ist die deutsche Reimpaardichtung nur in einem Punkt näher am lateinischen Text bzw. auch an dessen Glossierung: Die Anrede an den Auferstandenen (siehe Glossierung: *sc. Christe*) wird aufgenommen: *Herr lauß es alles* [...]; ansonsten fehlen aber aus Raumgründen – ein lateinischer Vers muss durch zwei deutsche wiedergegeben werden – die Tücher, die um den Körper gehüllt sind (Glossierung: *pannos corpori circumdatos*) wie auch die *sudaria*, die doch, vom Evangelium nach Johannes vorgegeben (Io 20,7), markante Bestandteile der Osterfeiern und Osterspiele sind.[54]

Ganz vergleichbar, jedoch durchaus eigenständig verfährt die zweite Schulhandschrift, der Indersdorfer Clm 7678, mit dem lateinisch-deutschen ‚Salve festa dies'. Die Glossierung ist hier vom Schreiber, zumeist lateinisch, seltener deutsch, notiert und weicht von der Ausführung in der Tegernseer Handschrift ab, sie folgt aber den gleichen Prinzipien, ebenso hinsichtlich der Wortfolge-Ordnung. In den deutschen Versen stimmt sie mit der Fassung im Clm 19695 und im Cgm 5249/66 überein, abgesehen von Unachtsamkeiten des Schreibers. Wie der Clm 19695 besteht auch der Clm 7678, ausweislich der Benutzungsspuren an den jeweiligen Außenseiten, aus ehemals selbständigen Faszikeln, die nachträglich in einem Codex zusammengefügt worden sind. Eines dieser Hefte, hier ein Quinternio, enthält das lateinisch-deutsche ‚Salve festa dies' (fol. 67$^r$–75$^v$).

## 5.

Das hier vorgestellte Verfahren, dem isoliert überlieferten ‚heimatlosen' Quaternio des Cgm 5249/66 einen funktionalen kulturhistorischen Kontext zuzuweisen, besteht nicht in der Suche nach weiteren Fragmenten der gleichen Handschrift. Der hier vorgestellte Ansatz zielt vielmehr auf die Rekonstruktion einer Gruppenzusammengehörigkeit, in die sich der Quaternio einfügen lässt. Sie ist bestimmt einerseits durch ein klar umrissenes Layout-Schema, andererseits durch den damit zusammenhängenden Funktionstyp ‚Schultext(-sammlung)' im Feld spätmittelalterlicher Wissensvermittlung.

---

[54] Die Szene ist seit dem 12. Jahrhundert verbunden mit dem Jüngerlauf in den Osterfeiern des Typs II und III; ich zitiere die ‚Regieanweisung' zu dieser Stelle, einer Feier aus einem Breviarium des Salzburger Doms aus dem 14. Jahrhundert: Johannes und Petrus kommen zum Grab ‚und sollen die Leintücher und das Schweißtuch wegtun, in die das Bild des Herrn eingehüllt war': *et auferant lintheamina et sudarium, quibus Ymago Domini erat involuta* (Lateinische Osterfeiern und Osterspiele, hg. v. Walther Lipphardt, Bd. 4, Berlin / New York 1976, Nr. 695, 34f., S. 1273). Die Szene wird in gleicher Ausführung, nur leicht im Wortlaut unterschieden, auch in die Osterspiele übernommen und gewinnt dadurch eine breite Repräsentanz.

Als Ziel der lateinisch-deutschen Anordnung des ‚Salve festa dies' lässt sich die Förderung sprachlicher Kompetenzen definieren. Der nähere Einblick in die Fassung in der Tegernseer Schulhandschrift Clm 19695 zeigt, dass die Arbeit am lateinischen Material offenbar den Vorrang hatte. Ziel war die Vermittlung von Praktiken im Umgang mit lateinischen Texten, insbesondere ihre syntaktische und semantische Erschließung. Hinzu kommt die lexikalische Arbeit am Wortschatz als Instrument zur Erweiterung der lateinischen Sprachkompetenz in Wort und Schrift. Die (lateinischen) Strophen von ‚Salve festa dies' dienen aber auch als Schulungsmaterial für die liturgische Praxis der Kirche und die Vorbereitung auf das Textverstehen bei der Mitwirkung im liturgischen Gesang.

Zu fragen ist, welcher Stellenwert in diesem Zusammenhang der deutschen Reimpaar-Bearbeitung zukommt. Es handelt sich um keine Übersetzung im eigentlichen Sinne, die etwa das Textverständnis erleichtern oder den lateinischen Text gar ersetzen sollte, denn das Textverständnis wird mit größter Genauigkeit am lateinischen Wortlaut durch syntaktische Ordnung und Glossierung, lateinisch und in der Volkssprache, erreicht. Vielmehr sollen die deutschen Verse als eigenständige Reformulierung des lateinischen Hymnus gelesen werden, sichtbar etwa an der Aufgabe der Sprecherperspektive des lateinischen Hymnus mit ihrem durchaus emotionalen und appellativen Gestus zugunsten eines berichtend-darstellenden in der deutschen Bearbeitung. Ziel dieser Reformulierung ist ganz offensichtlich, eine eigenständig perspektivierende Aussage zu dem aus der Liturgie bekannten Text zu bieten, möglicherweise auch im Rahmen einer Instruktion von Laien, die den Hymnus und seine Versionen nur durch den Klang des gregorianischen Chorals kannten, seine je tagesbezogene Botschaft aber nicht verstehen konnten.

Zu klären bleibt die Frage, warum der Quaternio Cgm 5249/66 isoliert geblieben ist, ‚heimatlos'. Die Parallelüberlieferung von ‚Salve festa dies' im Clm 7678 und Clm 19695 zeigt, für welchen Kontext er eigentlich bestimmt war. Das Fehlen des für die Verwendung im Unterricht der Lateinschule nötigen interlinearen Instrumentariums zur Erschließung des lateinischen Textes fällt auf im Vergleich mit den beiden anderen Handschriften. Das ist als Signal zu werten für den mangels der notwendigen ‚Ausstattung' nicht vollzogenen Einsatz im praktischen Unterrichtsbetrieb einer Lateinschule; der Prozess der Fertigstellung ist nicht an sein Ziel gekommen, sichtbar wohl auch daran, dass die beiden letzten Blätter des Quaternio leer geblieben sind. Die Gründe für den Abbruch der weiteren Ausarbeitung bis zu einer in den beiden Parallelhandschriften ausgeführten didaktischen ‚Funktionstüchtigkeit' sind nicht erkennbar, auch kaum zu erschließen. Es ist aber offensichtlich, dass dieses Fehlen des texterschließenden Instrumentariums für die fragmenthafte Isolierung des Quaternio Cgm 5249/66 maßgeblich war. Bestätigt wird das durch den am Material gewonnenen kodikologischen Befund. Die beiden Schulhandschriften Clm 7678 und Clm 19695 sind aus einzelnen, jeweils selbständigen Faszikeln zusammen-

gesetzt, deren Außenseiten Spuren einer intensiven Benutzung aufweisen und
die erst, darauf folgend und in einem zeitlichen Abstand, in einem festen Einband zusammengestellt und gesichert wurden. Der Quaternio des Cgm 5249/66
hingegen weist an den Außenseiten keine solchen Spuren intensiver Benutzung
auf, was zeigt, dass er nicht in den praktischen Einsatz im Unterrichtsbetrieb
gelangt ist. Der Grund dafür wurde oben dargelegt: Es fehlt die für dieses Feld
der Benutzung notwendige Ausstattung durch Glossierung und Wortfolgeziffern. Die stellenweise zu beobachtende marginale Kommentierung bietet zwar
einen Ansatz dazu, die weitere Ausarbeitung mit dem elementaren Erschließungsinstrumentarium ist aber unterblieben. Der ‚heimatlose' Quaternio hat
erst im ausgehenden 19. Jahrhundert seine sichernde und identifizierende Bergung erfahren in dem vom Münchener Bibliothekar Keinz beschrifteten Pappumschlag.

## 6. Anhang

Im folgenden Abschnitt soll der Materialbefund, auf dem die Beobachtungen
zum Cgm 5249/66 ruhen, anhand einer knappen Beschreibung von Clm 7678
und Clm 19695 dargestellt werden. In aller Kürze ist nur noch die buchtechnische Position des kodikologischen Bausteins ‚Faszikel' im Zusammenhang
der Verfahrensschritte bei der Anfertigung einer Handschrift zu markieren. Zunächst werden Doppelblätter gleicher Größe lagenweise durch Zirkelmarkierung und folgende Linierung für Schriftspiegel und Zeilenabstand formatiert,
sichtbar auch in den beigegebenen Abbildungen. Dann folgt die Beschriftung in
der Abfolge der Blätter und Seiten innerhalb einer Lage. Je nach Umfang der
abgeschriebenen Texte bilden eine (so bei ‚Salve festa dies') oder mehrere Lagen
eine durch inhaltliche Zusammengehörigkeit markierte selbständige Einheit,
den Faszikel – oder, in Nigel Palmers englischer Terminologie, ein „booklet".[55]
Die sachlich begründete Ordnung und Abfolge der Faszikel ist Voraussetzung
für ihre Sicherung in einem Einband. Im Falle von Clm 7678 und Clm 19695 ist
mit Sicherheit davon auszugehen, dass die hier vereinigten Faszikel erst n a c h
einem Prozess intensiver Nutzung, wohl gegen Ende des 15. Jahrhunderts, in
einem festen Einband gesichert wurden.[56] Der Faszikel des Cgm 5249/66 war,
wie sein Layout erkennen lässt, für eine solche Nutzung vorbereitet und vorgesehen, ist aber offenkundig – auch mangels der entsprechenden Ausstattung –

---

[55] Siehe Palmer (Anm. 25).
[56] Abgesehen von den oben genannten knappen inventarisierenden Katalogeinträgen
sind noch keine den gegenwärtigen DFG-Normen entsprechenden Beschreibungen
verfügbar, die auch Aussagen über die Datierung der Einbände umfassen müssten.

*Ein ‚heimatloser' Quaternio*

nie in den Gebrauchsraum der spätmittelalterlichen Lateinschule integriert worden, ‚heimatlos' geblieben.

Die folgende Übersicht über die Zusammensetzung der beiden Schulhandschriften Clm 7678 und Clm 19695 beruht auf Autopsie. Sie wäre hinsichtlich ihrer Faszikelstruktur auf der Grundlage der Digitalisate nicht möglich gewesen.

Clm 7678, aus der Bibliothek des Augustiner-Chorherrenstifts Indersdorf[57]

Gebrauchshandschrift aus der Mitte des 15. Jhs. (datierte Einträge: 1449, 1450, 1454). Beschreibstoff: Papier. 265 Bll. Buchblock: circa 21,5 × 15,5 cm. Vorsatzblatt mit einem Inhaltsverzeichnis aus der 2. Hälfte des 15. Jahrhunderts; Anlass dafür war die Zusammenfassung der ehemals selbständigen Faszikel in einem gemeinsamen Einband.[58] Der Band enthält, abgesehen vom letzten Eintrag, ausschließlich kleinere Verstexte, die dem Unterrichtsbetrieb der mittelalterlichen Lateinschule zuzuordnen sind.[59] Es sind dies die folgenden (die Faszikelverbünde sind im Einzelnen markiert):

*Selbständiger Faszikel fol. 1–18*
- fol. $1^r$–$18^r$: ‚Quinque claves sapientiae' (‚fünf Schlüssel zur Weisheit'),[60] datiert: *anno 1449 in die thome Apostoli* [21.12.]; es folgt die Bitte des Schreibers: *O maria poli scriptorem liquere noli* (fol. $18^r$). Es folgen fol. $18^{r/v}$ lat. Rätselverse.

*Selbständiger Faszikel fol. 18a–41*
- fol. 18a: Leeres Deckblatt.
- fol. $19^r$–$37^v$: ‚Minor fabularius' (‚Lupus in claustro'), inc. *Musa refer clausas levium rerum mihi causas* (fol. $37^v$: *explicit lupus in claustro*).[61]

---

[57] Die mittelalterlichen Indersdorfer Bücherverzeichnisse sind nur bis zur ersten Hälfte des 15. Jahrhunderts erhalten; der Clm 7678 ist deshalb hier nicht verzeichnet. Siehe zu den erhaltenen Indersdorfer Verzeichnissen: Mittelalterliche Bibliothekskataloge Deutschlands und der Schweiz, Bd. 4.2: Bistum Freising, bearbeitet von Günter Glauche, München 1979, S. 660–672.

[58] Die Handschrift ist eng gebunden, deshalb konnte der Lagenaufbau nicht immer deutlich genug ermittelt werden. Die Eigenständigkeit der eine oder mehrere Lagen umfassenden Faszikel ist in der Regel an der stärkeren Beschmutzung der je ersten bzw. abschließenden Seite erkennbar. Einzelne Faszikel haben deswegen ein leeres Schutzblatt zu Beginn.

[59] Die Beschreibung von Karl Felix Halm in Catalogus codicum latinorum Bibliothecae Regiae Monacensis. Editio altera emendatior. T. 1.3, Codices num. 5251–8100 compl. (Catalogus codicum manu scriptorum Bibliothecae Regiae Monacensis 3.3), München 1873, S. 186 (https://www.digitale-sammlungen.de/de/view/bsb00008267?page=190,191), ist lückenhaft.

[60] Text: Qvinqve claves sapientiae incerti autoris, Bonvicini de Ripa, Vita scolastica, rec. Anežka Vidmanová-Schmidtová (Bibliotheca scriptorvm graecorvm et romanorvm Tevbneriana), Leipzig 1969; der Clm 7678 ist hier erfasst: S. X.

[61] Hans Walther, Initia carminum ac versuum medii aevi posterioris latinorum. Alphabetisches Verzeichnis der Versanfänge mittellateinischer Dichtungen, 2., verb. Aufl. Göttingen 1969, 11508. Der Text ist auch überliefert im Clm 19695, fol. $111^v$ (nur der

- fol. 38ʳ: Einzelne Merkverse, darunter
- *Ycarii fati memores estote parati*
- *Iussa paterna pati, medium tenuere beati.*
- *All sun sullen merken eben*
- *wie ycarus verlor sein leben*
- *wan er nit volget seins vaters ler*
- *darumb ertranck er in dem mer*[62]
- fol. 38ᵛ–41ʳ: ‚Ethica Ludolphi' (‚Consilium patris pro iuvenibus'), inc. *Laus et honor pueris solet euenire.*[63]

*Selbständiger Faszikel fol. 42–67*
- fol. 42ʳ–66ᵛ: ‚Disticha Catonis' mit Ergänzungen aus dem ‚Cato novus' eines Martinus.[64] Datiert fol. 66ᵛ: *1449*. Interlineare Glossierung von mehreren Händen, Wortfolgeziffern; am Rand Anzeige der jeweils behandelten Eigenschaften wie *Fortitudo, Prudentia, Modestia, Temperantia* etc.

*Selbständiger Faszikel fol. 68–92*
- fol. 68ʳ–92ʳ: Frowin von Krakau, ‚Antigameratus'.[65] Durchgängige interlineare Glossierung und Wortfolgebezifferung. Auf die Versoseite der vorangehenden Lage (fol. 67ᵛ) ist von anderer Hand, offenbar in Vorbereitung der Zusammenfügung der einzelnen Textfaszikel, noch der Accessus zum ‚Antigameratus' notiert worden.

*Selbständiger Faszikel fol. 93–107a*
- fol. 93: Ursprünglich leeres Deckblatt für den folgenden, eigenständigen Faszikel.
- fol. 94ʳ–101ʳ: Ps.-Johannes de Garlandia, ‚Poenitentiarius', inc. *Peniteas cito.*[66] Intensive interlineare Glossierung und Wortfolgebezifferung, stellenweise Marginalkommentierung. *Explicit Summa penitenciarum* (fol. 101ʳ).
- fol. 102ʳ–107ʳ: Religiöse und moraldidaktische Merkverse, u. a. zu *Decem precepta, Septem peccata mortalia, Species mortalium peccatorum, Quinque sensus, Septem dona spiritus sancti, Octo beatitudines* etc. Abschließend, in Merkverse gefasst, folgt das Apostolische Credo in Zuordnung zu den einzelnen Aposteln, inc. *Credo canit Petrus.*[67] Datierungseintrag: *Anno 1450*.

---

Anfang), sowie in Wolfenbüttel, Herzog August Bibl., Cod. Quodl. 130, fol. 30–40. Siehe Gerd Dicke, Art. ‚Minor fabularius', in: ²VL 6 (1987), Sp. 599–601. Text: Minor fabularius, a cura di Caterina Mordeglia (Favolisti latini medievali e umanistici 8), Genova 2000. Hier ist der Clm 7678 als Leithandschrift gewählt; Abbildungen im nicht paginierten Abbildungsteil S. 1–3.

[62] Hans Walther, Proverbia sententiaeque latinitatis medii aevi. Lateinische Sprichwörter und Sentenzen des Mittelalters in alphabetischer Anordnung, Bd. 2: F-M, Göttingen 1964, Nr. 11344.

[63] Text: Rudolf Peiper, Beiträge zur lateinischen Cato-Litteratur, in: ZfdPh 5 (1874), S. 165–186. Siehe Franz Josef Worstbrock, Art. ‚Ludolphus, Verfasser der ‚Ethica'', in: ²VL 5 (1985), Sp. 986f.; Henkel (Anm. 39), S. 271–272.

[64] Henkel (Anm. 39), S. 228–231, 274–276.

[65] Hedwig Heger, Art. ‚Frowin von Krakau', in: ²VL 2 (1980), Sp. 988–990; Henkel (Anm. 39), S. 255–257.

[66] Siehe Franz Josef Worstbrock, Art. ‚Johannes de Garlandia', in: ²VL 4 (1983), Sp. 612–623, hier: 619f.; Henkel (Anm. 39), S. 268f.

[67] Walther (Anm. 61), 3419 (ohne diese Handschrift).

*Ein ‚heimatloser' Quaternio*

*Selbständiger Faszikel fol. 108–118 (Sexternio mit herausgeschnittenem letzten Blatt)*
- fol. 108$^r$–116$^v$: Ps.-Bernhard von Clairvaux, ‚Contemptus mundi', inc. *Cartula nostra tibi*.[68] Am Schluss freie Gestaltung eines bekannten Schreiberverses: *Explicit expliciunt sprach die katz czu dem hunt / peiß du mich so kracz ich* [erg. *dich*] */ So wol auf geluck es ist* [radiert] */ mich hat das vngeluck lang* [radiert]. *Far hin far vber mer si vis comedere mer.*[69]
- fol. 117$^r$–118$^v$: Kleinere Einträge und Federproben von verschiedenen Händen (2. Hälfte 15. Jahrhundert) auf den anfangs noch freien Blättern des Faszikels.

*Selbständiger Faszikel fol. 119–130*
- fol. 119$^r$–130$^v$: Sammlung von Merkversen zu verschiedenen Wissensfeldern (Glaube, Fünf Sinne etc.), nur anfangs, bis fol. 124, intensiv interlinear glossiert und mit Wortfolgeziffern versehen.

*Selbständiger Faszikel fol. 131–153*
- fol. 131$^r$–145$^v$: ‚Physiologus Theobaldi',[70] mit interlinearer Glossierung und Wortfolgeziffern; es folgt:
- fol. 146$^r$–153$^v$: Wort-für-Wort-Übersetzung des ‚Physiologus Theobaldi', begleitet von einem Kommentar (bricht ab).[71] Es handelt sich um einen eigenständigen Quaternio, dessen Hand wohl auch den Faszikel mit den Kommentaren zu den beiden ‚Cornutus'-Fassungen geschrieben hat (fol. 194$^{ra}$–218$^{vb}$).

*Selbständiger Faszikel fol. 154–193*
- fol. 154$^r$: Ursprünglich leer; trägt einen aufgeklebten Holzschnitt mit der Darstellung des Verrats des Judas, dazu einzelne Federproben.[72]
- fol. 154$^v$–188$^v$: Alanus ab Insulis, ‚Liber parabolarum'.[73] Am Schluss Schreibervers: *Explicit Alanus qui est mente provanus* (lies: *profanus*; ein anderer Schreiber hat nach *qui* ein *non* eingefügt, was den Hexameter metrisch vervollständigt, ihm aber die satirische Note nimmt). Zwei ungezählte Blätter der letzten Lage bleiben frei, mehrere sind herausgeschnitten.
- fol. 189$^r$–193$^r$: Johannes de Garlandia, ‚Cornutus (antiquus)',[74] sowie Otto von Lüneburg, ‚Cornutus novus',[75] jeweils mit weitem Zeilenabstand, aber ohne Glossierung oder Kommentierung.[76]

---

[68] Henkel (Anm. 39), S. 235f.
[69] Der Grund für die radierten Reimwörter könnte möglicherweise deren obszöner Inhalt gewesen sein.
[70] Text: Theobaldi ‚Physiologus', ed. with introduction, critical apparatus, translation and commentary by Peter T. Eden (Mittellateinische Studien und Texte 6), Leiden / Köln 1972, zum Clm 7678 hier: S. 8; siehe auch Henkel (Anm. 39), S. 283–285.
[71] Nikolaus Henkel, Studien zum Physiologus im Mittelalter (Hermaea N. F. 38), Tübingen 1976, S. 112f.
[72] Offenbar ursprünglich zu einer Reihe von Passionsdarstellungen gehörig. – Das Einkleben von Holzschnitten in Handschriften ist eine geläufige Praxis; siehe dazu Peter Schmidt, Gedruckte Bilder in handgeschriebenen Büchern. Zum Gebrauch von Druckgraphik im 15. Jahrhundert (Pictura et poesis 16), Köln / Weimar / Wien 2003; der Holzschnitt im Clm 7678 ist hier nicht berücksichtigt.
[73] Henkel (Anm. 39), S. 215–217.
[74] Worstbrock (Anm. 66), hier: Sp. 618f.; Henkel (Anm. 39), S. 267f.
[75] Siehe Franz Josef Worstbrock, Art. ‚Otto von Lüneburg', in: $^2$VL 7 (1989), Sp. 225–228, hier: 225f.; Henkel (Anm. 39), S. 280.

*Selbständiger Faszikel fol. 194–218/218a (von anderer, geübter, wohl etwas älterer Hand, zweispaltig)*
- Ausführliche Kommentare zum ‚Cornutus antiquus' (fol. 194$^{ra}$–202$^{va}$) und ‚Cornutus novus' (fol. 202$^{vb}$–218$^{vb}$, am Schluss unvollständig).

*Selbständiger Faszikel fol. 219–232*
- fol. 219$^v$–232$^v$: ‚Facetus', inc. *Moribus et vita*,[77] nur Text, keine interlineare Glossierung oder Wortfolgeziffern, ganz selten sparsame Randeinträge.

*Selbständiger Faszikel fol. 233–241*
- fol. 233$^r$–241$^v$: ‚Salve festa dies' mit einer auf jedes Distichon folgenden deutschen Fassung in vier Reimpaarversen. Überschrift: *Assit in principio sancta maria* (fol. 233$^r$); Schlussschrift/Datierung: *Explicit Salve festa dies a Anno domini MCCCC 54 in die vincencij I* [22.01.] *hora octava post cenam*.[78] Lateinischer Text mit lateinischen, selten deutschen Interlinearglossen und Wortfolgebezifferung.

*Selbständiger Faszikel fol. 242–265*
- fol. 242$^r$–260$^r$: Berthold von Eisenach, ‚De rarissimis vocabulis', inc. *Ad me transire, si vis proverbia scire, / debes*.[79] Intensive lateinische und z. T. deutsche Interlinearglossierung, gegen Ende stark nachlassend.
- fol. 260$^v$–265$^v$: Nicht identifizierter lat. Prosatext, am Schluss unvollständig, beginnend auf den zunächst noch freien Seiten des letzten Sexternio der Blätter 254–265.[80]

Clm 19695, aus der Bibliothek des Benediktinerklosters Tegernsee, Mitte/2. Hälfte 15. Jahrhundert

Roter Schweinsledereinband der Zeit, aufgeklebtes Titelschild: *Magistri Alani Proverbia et alia multa* [Rest weitgehend zerstört]. Beschreibstoff: Papier. 213 Bll. Abmessung des Buchblocks: circa 22 × 15,5 cm. Auf dem ungezählten Vorsatzblatt notiert der Tegernseer Bibliothekar Ambrosius Schwerzenbeck Ende 15. Jahrhundert: *Istud volumen attinet venerabili cenobio sancti Quirini in Tegersee* und gibt anschließend eine Liste mit Angaben der enthaltenen Texte.[81] Der Band enthält, abgesehen von den letzten Faszikeln, aus-

---

[76] Dieser Faszikel sollte die Texte in sich geschlossen bereitstellen, die in dem etwas älteren, offenbar schon vorhandenen nächsten Faszikel fol. 194–218 (+ 218a) abschnittsweise kommentiert werden. Deshalb konnte hier offenbar auf erschließende Hilfen verzichtet werden.

[77] Henkel (Anm. 39), S. 248f.

[78] Also nach dem Mittagsmahl, eine Stunde vor dem Stundengebet der nachmittäglichen None.

[79] Walther (Anm. 61), 381. Siehe Franz Josef Worstbrock, Art. ‚Berthold von Eisenach', in: $^2$VL 11, 2004, Sp. 245f.; Heinrich Hänger, Mittelhochdeutsche Glossare und Vokabulare in schweizerischen Bibliotheken bis 1500 (Quellen und Forschungen N. F. 44), Berlin / New York 1972, S. 35f.

[80] Auch der Schreiber des Inhaltsverzeichnisses am Anfang des Bandes wusste keinen Rat und notiert: *Item Alius autor in fine*.

[81] In dem von Schwerzenbeck 1483 angelegten Katalog des Tegernseer Bestandes ist diese Handschrift noch nicht verzeichnet, ein Hinweis darauf, dass die Faszikel des

*Ein ‚heimatloser' Quaternio*

schließlich kleinere Verstexte, die dem Unterrichtsbetrieb der mittelalterlichen Lateinschule zuzuordnen sind und die entsprechende Ausstattung aufweisen.[82] Es sind dies die folgenden (die Faszikelverbünde sind im Einzelnen markiert):

*Selbständiger Faszikel fol. 1–34*
- fol. 1ʳ–34ʳ: Boethius, ‚Consolatio Philosophiae' (Auszug: nur die Carmina),[83] mit Kommentar, Text interlinear lateinisch, seltener deutsch glossiert, Wortfolgeziffern.

*Selbständiger Faszikel fol. 35–66*
- fol. 35ʳ–66ᵛ: Alanus ab Insulis, ‚Liber parabolarum', interlinear lateinisch, selten deutsch glossiert, Wortfolgeziffern.[84] Auf der unteren Hälfte von fol. 66ᵛ folgt ein Accessus zum ‚Antigameratus', dessen Text auf einem neuen Faszikel an dieser Stelle folgen sollte. Er ist jetzt erst nach fol. 89 eingebunden, ein Versehen in der Ordnung der Faszikel vor dem Einbinden.

*Selbständiger Faszikel fol. 67–76*
- fol. 67ʳ–75ᵛ: ‚Salve festa dies', interlinear lateinisch, selten deutsch glossiert, Wortfolgeziffern. Strophenweise folgt die deutsche Reimpaarversion. Es folgt auf fol. 76, das zunächst leer geblieben ist bis auf den zeitnahen, aber nachträglichen Eintrag von lateinischen Sprichwörtern unter dem Motto *Ocia dant vicia* auf fol. 76ᵛ.

*Selbständiger Faszikel fol. 77–83*
- fol. 77ʳ–83ʳ: (Ps.-)Johannes de Garlandia, ‚Poenitentiarius',[85] einzelne Marginalkommentierungen, interlinear lateinisch, selten deutsch glossiert, Wortfolgeziffern.

*Selbständiger Faszikel fol. 84–89*
- fol. 84ʳ–88ᵛ: Merkversreihen zu verschiedenen Themen, u. a.: *Decem precepta*, *Septem peccata mortalia* (mit Untergliederung *De speciebus superbie/Avaricie* etc.), *Septem dona spiritus sancti*, *Novem peccata aliena*, *Octo beatitudines* etc.; interlinear lateinisch, selten deutsch glossiert, Wortfolgeziffern. Zu dem ehemals selbständigen Faszikel (Ternio) gehört noch fol. 89 als letztes Blatt hinzu.
- fol. 89ʳ leer, fol. 89ᵛ: Accessus zum folgenden ‚Antigameratus', offenbar im Zusammenhang mit der Bindung eingetragen (zuvor schon einmal auf fol. 66ᵛ notiert, s. o.).

*Selbständiger, aber unvollständiger Faszikel fol. 90–111*
- fol. 90ʳ–111ʳ: Frowin von Krakau, ‚Antigameratus', interlinear lateinisch, selten deutsch glossiert, Wortfolgeziffern.[86] – Auf der letzten Seite dieses Faszikels (fol. 111ᵛ) beginnt die Sammlung des ‚Minor fabularius' *Incipit lupus in claustro*.[87] Hier

---

späteren Clm 19695 noch nicht zu einem Band vereinigt worden waren; siehe Bibliothekskataloge (Anm. 57), S. 751–863.

[82] Die inventarisierende Beschreibung von Karl Felix Halm (Anm. 59), S. 186, ist lückenhaft.
[83] Die ‚Carmina' aus der ‚Consolatio' sind mehrfach separat im Schulkontext überliefert, denn sie boten Muster für unterschiedliche Strophenformen, die im Mittelalter vielfach eingesetzt wurden.
[84] Siehe Henkel (Anm. 39), S. 215–217.
[85] Ebd., S. 268f.
[86] Zur Schultextüberlieferung siehe Henkel (Anm. 39), S. 255–257.
[87] Zu diesem Text siehe die Angaben oben, Anm. 61. Eine Abbildung dieser Seite findet sich im Abbildungsteil der Ausgabe von Mordeglia (Anm. 61), ohne Seitenzählung.

sind nur der Prolog und die ersten 10 Verse überliefert, aber intensiv interlinear glossiert, dazu mit Wortfolgeziffern und einer Marginalkommentierung versehen; offensichtlich ist eine Lage mit der Fortsetzung dieses Textes verloren.

*Selbständiger Faszikel fol. 112–130*
– fol. 112$^r$ bleibt frei; fol. 112$^v$–130$^v$ folgt, von anderer, feinerer und disziplinierterer Hand geschrieben, eine gleichfalls für die Verwendung in der Schule notierte Versfassung der Genesis bis zur Josephsgeschichte in circa 370 paarig gereimten Hexametern, ebenfalls interlinear glossiert, und stellenweise mit Wortfolgeziffern versehen, inc. *Principio deitas celum terramque creavit / Terra fuit vacua sed celum mox radiavit* [...]; expl. *Sic minime mundi variat sors omnia mundi.*[88]

*Mehrere selbständige Faszikel fol. 131–213*
– Lateinische Texte, die nicht zum Schultextkanon gehören und hier offenbar wegen des passenden Formats eingebunden wurden, darunter Johannes von Pisa, ‚Ars perspectiva'; ein ‚Tractatus de sphaera' sowie der Brief des Priesterkönigs Johannes.

Abstract: The starting point of the following article is the concept of the fragment developed in the scientific discipline of archaeology and its contextualisation with the steps of discovery, classification in cultural-historical fields of use and the determination of its functional instrumentation. Two examples illustrate the method of palaeographic-codicological 'archaeology' (Fragmenta Burana in Clm 4660a and Cod. 857 of the Abbey Library of St. Gall). For the hymn 'Salve festa dies' in a Latin-German version of the 15th century, transmitted in isolation in the 'homeless' quaternio Cgm 5249/66, a cultural and historical area of use will be investigated. Two complete manuscripts with texts for the medieval Latin school (Clm 7976 and 19695) indicate the way to a functional and historical contextualisation of the quaternio.

---

[88] Walther (Anm. 61), 14696, weist nur noch eine weitere Handschrift nach: Erfurt, Universitätsbibl., Cod. Ampl. qu. 49, f. 59$^r$–66$^v$, 14. Jh.

# Verstextfragmente des 13. Jahrhunderts im Überblick

## von Nathanael Busch und Daniel Könitz

Der amerikanische Schriftsteller Ernest Hemingway ging einmal eine Wette ein. Er behauptete, eine Kurzgeschichte mit nur sechs Wörtern schreiben zu können. Sein Versuch lautete: „For sale: Baby shoes. Never worn."[1] Auch wenn Hemingways Text kaum den gängigen Definitionen von Kurzgeschichten entsprechen dürfte, muss die Wette dennoch als gewonnen angesehen werden, da mit nur sechs Wörtern ein Imaginationsprozess ausgelöst wird. Der Reiz des Textes besteht darin, dass er ergänzt werden muss, und er macht dadurch einen kognitiven Vorgang bewusst, der sich bei jedem literarischen Werk vollzieht: Die „Leerstelle", so Wolfgang Iser, „ermöglicht [...] die Beteiligung des Lesers am Vollzug des Textgeschehens".[2] Hemingway zeigt das Potential der Leerstelle eindrücklich auf. Ein Fragment ist sein Text indes nicht.

Nach Friedrich Schlegel sind „[v]iele Werke der Alten [...] Fragmente geworden. Viele Werke der Neuern sind es gleich bei der Entstehung."[3] Schlegel benennt in dem bekannten Diktum zwei Pole. Was er als die Werke „der Neuern" identifiziert, ist der in den Geisteswissenschaften überwiegend gebrauchte Fragmentbegriff, der auf ein unvollendetes Kunstwerk abzielt. Zudem werden damit Werke bezeichnet, die darauf angelegt sind, unvollendet zu erscheinen, gleich einer künstlichen Ruine in den Schlossparks des 18. und 19. Jahrhunderts. Das Fragment steht in einem Spannungsverhältnis zwischen

---

[1] Zitiert nach Oliver Scheiding, The American Short Story, in: Handbook of Transatlantic North American Studies, hg. v. Julia Straub (Handbooks of English and American Studies 3), Berlin / Boston 2016, S. 234–250, hier: 245. Die Echtheit der Geschichte ist umstritten, vgl. den Eintrag zum Zitat auf der Plattform ‚Quote Investigator' (https://quoteinvestigator.com/2013/01/28/baby-shoes/; sämtliche in diesem Beitrag angeführten digitalen Ressourcen wurden zuletzt abgerufen am 29.02.2024).

[2] Wolfgang Iser, Der Akt des Lesens. Theorie der ästhetischen Wirkung (UTB 636), München 1976, S. 314.

[3] Friedrich Schlegel, Fragmente, in: ders., Charakteristiken und Kritiken I (1796–1801), hg. u. eingel. v. Hans Eichner (Kritische Friedrich-Schlegel-Ausgabe 1.2), München / Paderborn / Wien 1967, S. 165–255, ‚Athenäums-Fragmente', Nr. 24, S. 169.

dem, was von ihm zu sehen ist, und einem nur gedachten Ganzen oder Vollendeten.[4]

Den folgenden Ausführungen dagegen liegt jener in der mediävistischen Überlieferungsforschung überwiegend gebrauchte Fragmentbegriff zugrunde, der sich auf das Ergebnis einer nachträglichen Zerstörung des Beschreibmaterials bezieht. Wir gehen von folgendem Modell aus: Vollständige Codices, die ursprünglich ein oder mehrere Werke enthielten, wurden nach einer gewissen Zeit nicht mehr benötigt. Weil der Wert des Materials jenen der darin überlieferten Texte überstieg, verwendete man es für neue Zwecke. Durch das Zerschneiden des Beschreibstoffs (Pergament oder Papier) entstanden unterschiedlich dimensionierte B r u c h s t ü c k e , wie etwa Querstreifen, kleine Falzstreifen oder Doppelblätter. Die Überreste aus einem Fundort – zum Beispiel jene Ausschnitte, die zur Stärkung des Einbands eines weiteren Codex Verwendung fanden – werden nach ihrer Ablösung aus dem Trägerband heute in der Regel unter einer einzigen Signatur in den Bibliotheken und Archiven geführt. Mit B r u c h s t ü c k wird daher nicht der einzelne Ausschnitt bezeichnet, sondern die Gesamtheit der unter einer Signatur aufbewahrten Funde, die zumeist von einem einzigen Fundort stammen. Die Verwendung des Begriffs F r a g m e n t wird zusätzlich dadurch erschwert, dass mit ihm sowohl das defekte Material als auch das unvollständige Werk bezeichnet wird. Der Begriff umfasst die Reste der makulierten Handschrift wie auch den durch sie überlieferten Text, der überdies an anderer Stelle (vollständig oder teilweise) bezeugt sein kann. Wir werden im Folgenden entgegen der üblichen Verwendung die Termini unterscheiden, indem wir den Begriff F r a g m e n t für ein ausschließlich unvollständig, als Makulatur erhaltenes Werk und B r u c h s t ü c k für den defekten materiellen Gegenstand verwenden. Ausgeklammert bleiben unvollendete Werke, sofern sie vollständig überliefert sind.

Anders als bei der Miniatur Hemingways sind die ‚Ränder' der mittelalterlichen Fragmente nicht auf Vervollständigung angelegt; sie sind schlicht abgeschnitten. Es entstehen keine Leerstellen im Sinne Isers; vielmehr mangelt es an jener Kohärenz, die ein Werk üblicherweise zusammenhält, etwa wenn im Werk

---

[4] Die Vorstellung eines unerreichbaren Ganzen ist dem Mittelalter nicht fremd. Die Forschung ist sich uneins darüber, ob Gottfrieds von Straßburg ‚Tristan' oder Wolframs von Eschenbach ‚Titurel' bewusst nicht vollendet wurden. Siehe dazu auch den Beitrag von Britta Bußmann und Albrecht Hausmann in diesem Band. Peter Strohschneider ging sogar so weit, „alle auf Ganzheit und Stabilität zielenden Textbegriffe mittelalterlicher Literatur gegenüber anachronistisch" zu nennen (Peter Strohschneider, Art. ‚Fragment,', in: RLW 1 [1997], S. 624f., hier: 624), wogegen zahlreiche Gegenbeispiele anzuführen wären; vgl. z. B. Klaus Grubmüller, Verändern und Bewahren. Zum Bewusstsein vom Text im deutschen Mittelalter, in: Text und Kultur. Mittelalterliche Literatur 1150–1450. DFG-Symposion 2000, hg. v. Ursula Peters (Germanistische Symposien. Berichtsbände 23), Stuttgart / Weimar 2001, S. 8–33.

*Verstextfragmente des 13. Jahrhunderts im Überblick*

thematisch oder sprachlich auf andere Textteile Bezug genommen wird. Hemingways Minimalgeschichte wie auch die mittelalterlichen Fragmente bieten einen willkommenen Anlass, über Leerstellen und Kohärenz, oder allgemeiner: über den Begriff des Lesens nachzudenken. Als soziale Praxis folgt Lesen – je nach Kontext – verschiedenen Spielregeln. Gegenwärtig werden mittelalterliche Texte primär im Rahmen universitärer Forschung und Lehre gelesen. Lektüreeindrucke, Interpretationen und Analysen sollten, den akademischen Konventionen entsprechend, u. a. widerspruchsfrei und nachvollziehbar formuliert sein. „[D]ie interne Kohärenz des Textes", so Umberto Eco, muss „als Parameter für seine Interpretation genommen werden".[5]

Ecos Annahme einer ‚internen Kohärenz' stößt jedoch bei Fragmenten an seine Grenzen. Das Einzelne kann nicht aus dem Ganzen verstanden werden, da das Ganze nicht verfügbar ist. An die Stelle des Ganzen tritt das Fragment. Seine Unvollständigkeit geht nicht auf ein Textkonzept zurück, sondern ist einem historischen Zufall geschuldet. Bei konsequenter Anwendung von Ecos Postulat bliebe die Interpretation des mittelalterlichen Fragments grundsätzlich verwehrt. Diese Konsequenz ist unbefriedigend, da sie kontraintuitiv erscheint. Das zum Fragment Gewordene stellt eine Herausforderung für die Literaturwissenschaft dar, weil das Lesbare nicht mehr als Teil eines Werks zu bestimmen ist, sondern vielmehr selbst zu einem Werk wird, das eine ungewöhnliche, extravagant anmutende neue Kohärenz generiert. Wie ist mit diesem Befund umzugehen? Wir möchten im Folgenden vorschlagen, das stigmatisierte Material zunächst in seiner Breite wahrzunehmen und für künftige Studien einen Referenzrahmen abzustecken. Dazu werden wir zunächst (1.) ein Korpus präsentieren, sodann (2.) die Berücksichtigung dieses Korpus in einschlägigen Literaturgeschichten untersuchen und zuletzt (3.) die bisherigen Kriterien zur Beschreibung von Bruchstücken auf ihre Verlässlichkeit überprüfen.

## 1. Korpus

Will man die deutschsprachigen Fragmente des Mittelalters exhaustiv beschreiben, sieht man sich mit kaum zu bewältigenden Größenordnungen konfrontiert.[6] Es gibt ebenso wenig eine vollständige Auflistung der Fragmente wie

---

[5] Umberto Eco, Streit der Interpretationen (Konstanzer Bibliothek 8), Konstanz 1987, S. 46 bzw. Nachdruck Berlin 2005, S. 75, sowie ders., Grenzen der Interpretation, aus dem Italienischen v. Günter Memmert (dtv 2690), München 1995, S. 51.
[6] An dieser Stelle möchten wir den Mitarbeiterinnen und Mitarbeitern des Handschriftencensus, ohne die dieser Beitrag in der vorliegenden Form nicht zustande gekommen wäre, für ihre große Unterstützung danken.

eine zuverlässige Methode, diese ausfindig zu machen. Eine Durchsicht des Handschriftencensus (HSC) ergab eine Menge von mehr als tausend Texten, die aufgrund von Makulierung nicht vollständig überliefert sind. Bei knapp der Hälfte von ihnen handelt es sich um Verstexte. Diese Zahl ist allerdings eine Momentaufnahme. Zum einen lagern in den Archiven noch zahlreiche (vom HSC) unerfasste Fragmente; zum anderen wurden Textzeugen, die der Altgermanistik bereits bekannt sind, nicht erschöpfend ausgewertet.[7] Die gezielte Beschäftigung mit dem Material, vor allem aber auch neue Recherchemöglichkeiten werden es künftig möglich machen, die in zahlreichen Bruchstücken überlieferten, nicht identifizierten Texte bekannten und andernorts vollständig überlieferten Werken zuzuordnen.[8]

Die genannten mehr als tausend Fragmente erlauben Rückschlüsse auf die Wahrnehmung der mittelalterlichen deutschen Literatur. Zwar ist durchaus von einer großen Anzahl n i c h t überlieferter Werke auszugehen,[9] über die nur Vermutungen angestellt werden können. Bei den Fragmenten liegt der Fall jedoch anders: Sie repräsentieren über 15 Prozent der etwa 6 400 im HSC verzeichneten Werke, die in den Jahren 800–1520 entstanden sind. Obgleich die Fragmente rudimentär bekannt sind und vielfach auch im 19. Jahrhundert einen Abdruck erfahren haben, ist insgesamt zu konstatieren, dass deren überwiegender Teil in der Mediävistik nach einem ersten Fundbericht kaum noch beachtet wurde. In einem Überblick ist diese große Zahl nicht zu bewältigen. Wir haben daher den Fokus unserer Auswahl, die im Anhang dokumentiert wird, auf deutschsprachige Versfragmente – unter Ausschluss der niederländischen Textzeugen – gelegt, die in Bruchstücken des 13. Jahrhunderts erhalten sind. Das Korpus wurde somit formal, sprachlich und zeitlich eingegrenzt. Da die vorgelegte Liste in vielerlei Hinsicht einen Kompromiss darstellt, seien im Folgenden die fünf Tabellenspalten erläutert:

1) *Umfang der Texte*. Man könnte meinen, Fragmente seien zu kurz für eine zusammenhängende Lektüre. Tatsächlich aber ist bei knapp drei Viertel aller Fragmente ein mindestens dreistelliger Versbestand vorhanden. Substanzielle

---

[7] Die Zahlen stellen lediglich Annäherungswerte dar. Eine innovative Methode zur Berechnung von Gesamtzahlen erproben Mike Kestemont u. a., Forgotten books. The application of unseen species models to the survival of culture, in: Science 375, Nr. 6582 (2022), S. 765–769.

[8] Während der vorbereitenden Arbeiten zu diesem Beitrag konnten mehrere nicht identifizierte Bruchstücke einem bekannten Werk zugeordnet werden. Vgl. zuletzt Mathias Herweg / Rainer Leng, Neues vom mittelalterlichen Buddha. Ein weiterer Textzeuge des ‚Barlaam und Josaphat' Rudolfs von Ems, in: Maniculae 4 (2023), S. 72–76.

[9] Vgl. z. B. Horst Brunner, Dichter ohne Werk. Zu einer überlieferungsbedingten Grenze mittelalterlicher Literaturgeschichte, in: ders., Annäherungen: Studien zur deutschen Literatur des Mittelalters und der Frühen Neuzeit (PhSt 210), Berlin 2008, S. 291–303.

*Verstextfragmente des 13. Jahrhunderts im Überblick*

Textstrecken dieser Fragmente sind also lesbar; Motive, Figuren, Erzählhaltungen usw. können einer umfassenden Analyse zugeführt werden. Auch wenn die Werke nicht vollständig überliefert sind, reichen die erhaltenen Reste oftmals aus, damit man sich ein angemessenes Bild von dem Text machen kann.

2) *Gruppierung*. Angeordnet ist die Liste nach Textsorten, die von den einschlägigen Handbüchern und Literaturgeschichten übernommen wurden. Die Kategorisierung ist diskutabel, denn sie suggeriert eine Systematik, die historisch in dieser Form nicht gegeben ist.[10] Trotz aller Vorbehalte gegenüber der Systematisierbarkeit ermöglicht sie eine erste Differenzierung: Unter den Fragmenten überwiegen geistliche Texte (39 Werke). Am häufigsten, nämlich elf Mal, sind legendarische Werke verzeichnet (Nr. 23–33); hinzu kommt eine erstaunliche Anzahl an Bibeldichtungen (Nr. 1–7) und an Leben Jesu-Darstellungen (Nr. 19–22). Bei den höfischen Stoffen dominiert die – von uns summarisch benannte – Ritterepik (Nr. 58–66), der wir die überlieferten Minne-, Aventiure- oder Kreuzzugsdichtungen zugeschlagen haben.[11] Stärker konturiert sind die zahlreichen Fragmente arthurischer Dichtung (Nr. 42–48), die in der einschlägigen Forschung zwar bekannt sind, aber bislang kaum Gegenstand vertiefter Beschäftigung wurden.[12]

3) *Inhalt*. Der Versuch, den teilweise handlungs- oder ereignisarmen Inhalt der Fragmente in knapper und übersichtlicher Form wiederzugeben, ist grundsätzlich mit der Schwierigkeit behaftet, eine Festlegung zu treffen, welche Informationen für eine rasche Orientierung erforderlich sind.[13] Der Vorteil un-

---

[10] Der jüngste Versuch (mitsamt Verweisen auf die ältere Literatur) stammt von Katharina Zeppezauer-Wachauer / Marco Heiles, Eine digitale Textreihentypologie für deutschsprachige Texte des Mittelalters und der Frühen Neuzeit. Showcase eines kontrollierten Vokabulars in SKOS, in: Mittelalter. Interdisziplinäre Forschung und Rezeptionsgeschichte 6 (2023), S. 6–39 (DOI: https://doi.org/10.58079/rhbs).

[11] Kürzlich zu Nr. 58: Christine Putzo, ‚Ainune' oder: Von fern und auf den ersten Blick geliebt? Erzählte Minnekasuistik in einem Fragment des 13. Jahrhunderts. Mit Textedition und Übertragung, in: ZfdA 151 (2022), S. 431–465.

[12] Vgl. Matthias Meyer, Intertextuality in the Later Thirteenth Century. Wigamur, Gauriel, Lohengrin and the Fragments of Arthurian Romances, in: The Arthur of the Germans. The Arthurian Legend in Medieval German and Dutch Literature, hg. v. William H. Jackson u. Silvia A. Ranawake (Arthurian Literature in the Middle Ages 3), Cardiff 2000, S. 98–114. Die einschlägige Forschungsbibliographie zur Artusliteratur enthält seit 2015 lediglich einen einzigen Eintrag zu den Fragmenten, vgl. die ‚Bibliography of the International Arthurian Society [BIAS]' (https://bias.internationalarthuriansociety.com/).

[13] Für unser Vorhaben nicht brauchbar war der Motif-Index von Stith Thompson (Motif-Index of Folk-Literature: A Classification of Narrative Elements in Folk-Tales, Ballads, Myths, Fables, Mediaeval Romances, Exempla, Fabliaux, Jest-Books, and Local Legends, revised and enlarged edition, 6 volumes, Copenhagen 1955–58). Die Zuordnung von Erzählmotiven wäre nicht angemessen, weil z. B. die Erzählmotive

serer Korpuswahl liegt darin, dass das Gros der Stücke bereits ediert ist. Andere Bereiche der Textüberlieferung wären schwieriger zu erarbeiten; Prosafragmente des 14. Jahrhunderts etwa sind nicht gleichermaßen erschlossen. Da die in der Liste genannten Fragmente weitgehend bekannt sind, reicht die Angabe des Titels oftmals aus, um den Inhalt zu erfassen (‚Herzog Ernst A', ‚Alexius I', ‚Osterspiel von Muri'). Obwohl sich die bereits eingeführten Werktitel bei der Verständigung als nützlich erweisen, greifen sie doch zugleich der Interpretation vor. Ob etwa die Erzählung ‚Von Christi Geburt' (Nr. 22) auch weitere Teile des Lebens oder der Passion Jesu umfasst oder gar Teil einer umfassenden Reimweltchronik ist, muss aufgrund des Textabbruchs offenbleiben. Bei zahlreichen epischen Fragmenten wurde für die Titelgebung ein Name herausgegriffen, der als Protagonist angenommen wird, wie es bei ‚Segremors' (Nr. 47) oder ‚Almuosa' (Nr. 59) der Fall ist. Hinlänglich bekannt ist die irreführende Benennung von Wolframs ‚Titurel' nach dem ersten Namen, der im Text erscheint, der jedoch kaum die zentrale Figur bezeichnet. Für die Interpretation des Gesamttexts ist von besonderer Relevanz, dass die überwiegende Anzahl der Fragmente ein Sujet bietet, das auch in anderen Werken überliefert ist, etwa in den diversen (lateinischen oder französischen) Vorlagen. Die marginale Beschäftigung mit Fragmenten in der mediävistischen Forschung verwundert, da das Wiedererzählen von Stoffen eine gängige Praxis der mittelalterlichen Literatur darstellt. Wie beispielsweise ein Fragment einer Johannes Baptista-Legende enden würde, kann man sich leicht ausmalen.

4) *Namen.* Die Nennung von Eigennamen stellt eine wichtige Orientierung für die Identifikation neu aufgefundener Bruchstücke bereit; sie dient aber auch der Gruppenbildung der vorhandenen Fragmente, da Textsorten oftmals über wiederkehrende Namen aufgerufen werden. Das bestätigt sich darin, dass dieselbe Figur in mehreren Texten erscheint, etwa Artus, Maria, Moses oder Salomon. Selbst unbekannte Namen können zuweilen dank Benennungskonventionen einem Raum oder einer Gruppe zugeordnet werden. Zum Beispiel enthalten einige der Namen im antikisierenden Roman ‚Athis und Prophilias' (Nr. 41) lateinisch-romanische Wortbildungselemente.

5) *Kodikologie.* Auf konkrete Angaben zu den Bruchstücken – wie Signatur oder materielle Besonderheiten – wird verzichtet, da diese Informationen leicht über den HSC ermittelt werden können.

---

bei der Passion Christi als bekannt vorausgesetzt werden können. Die Beschränkung auf weltliche Erzähltexte war auch ein Hindernis für die Verwendung des Motif index of German secular narratives from the beginning to 1400, hg. v. Helmut Birkhan u. a., 7 Bde, Berlin / New York 2005–2010.

## 2. Literaturgeschichte

Spektakuläre Funde mittelalterlicher Fragmente sind geeignet, die Aufmerksamkeit der medialen Öffentlichkeit zu generieren.[14] Allerdings folgt in der Regel keine adäquate Wahrnehmung in der Wissenschaft, die sich in verstärkter Publikationstätigkeit niederschlagen würde. Das ist eigentlich überraschend, denn die Entdeckung vollständiger Handschriften und gänzlich unbekannter Werke vom Rang Wolframs ist nicht mehr zu erwarten. Daher kommt den erhaltenen Fragmenten ein umso höherer Stellenwert zu, der auch in den Literaturgeschichten zu berücksichtigen wäre. Im Folgenden möchten wir danach fragen, inwiefern literaturhistorische Befunde modifiziert werden müssten, wenn die Fragmentüberlieferung in die Betrachtung miteinbezogen würde.

Indes wird die Literaturgeschichtsschreibung aktuell vernachlässigt. Wer nach Empfehlungen für Studienanfängerinnen und Studienanfänger sucht, findet Titel, die – im günstigsten Fall – ein Vierteljahrhundert alt sind. Man würde den Studierenden wohl zu den Werken von Bumke (nicht lieferbar), Johnson/Heinzle (kostspielig), Brunner (knapp) oder Wehrli (knapp und veraltet) raten.[15] All diese Bücher sind auf der Grundlage der Interessen und der Datenlage ihrer Zeit geschrieben. Eine moderne Geschichte der mittelalterlichen Literatur müsste nicht nur den aktuellen Interessen gerecht werden, sondern auch verstärkt die digitalen Recherchemöglichkeiten nutzen.

---

[14] Einige Beispiele: Der Fund eines ‚Erec'-Fragments in Zwettl 2002/2003 erhielt vor allem als vermeintlich frühes ‚Nibelungenliedfragment' große Aufmerksamkeit. In Mainz wurde 2012 das Fragment einer unbekannten Verserzählung über das Leben der heiligen Elisabeth von Thüringen entdeckt, vgl. Daniel Könitz, Die vielen Leben der heiligen Elisabeth von Thüringen. Ein neues Fragment einer unbekannten deutschen Elisabeth-Dichtung in Mainz, in: ZfdA 141 (2012), S. 486–490. Im Jahr 2019 löste die Identifizierung eines unerwartet frühen Bruchstücks des ‚Rosendorn' ein weltweites Medienecho aus, vgl. Nathanael Busch, Höfische Obszönitäten? Ein ‚Rosendorn'-Fund und seine Folgen, in: ZfdA 148 (2019), S. 331–347. Schließlich strahlte der Fernsehsender ‚Arte' im Jahr 2023 die Dokumentation ‚Le Chevalier au Dragon. Le roman disparu de la Table Ronde' aus, in der Emanuele Arioli die Suche nach dem altfranzösischen ‚Ségurant' erzählt.

[15] Joachim Bumke, Geschichte der deutschen Literatur im hohen Mittelalter, 4., aktual. Aufl. (dtv 30778), München 2000; L. Peter Johnson, Die höfische Literatur der Blütezeit (1160/70–1220/30) (Geschichte der deutschen Literatur von den Anfängen bis zum Beginn der Neuzeit 2.1), Tübingen 1999; Joachim Heinzle, Wandlungen und Neuansätze im 13. Jahrhundert (1220/30–1280/90) (Geschichte der deutschen Literatur von den Anfängen bis zum Beginn der Neuzeit 2.2), 2., durchges. Aufl., Tübingen 1994; Horst Brunner, Geschichte der deutschen Literatur des Mittelalters im Überblick (RUB 17680), Stuttgart 1997; Max Wehrli, Geschichte der deutschen Literatur vom frühen Mittelalter bis zum Ende des 16. Jahrhunderts (RUB 10294 [Geschichte der deutschen Literatur von den Anfängen bis zur Gegenwart 1]), Stuttgart ²1984.

Wir werden uns im Folgenden auf die Darstellungen von Bumke und Johnson/Heinzle beschränken, die in Auseinandersetzung mit der damals aktuellen Methodik einer Sozialgeschichte der Literatur entstanden.[16] In diesen Darstellungen werden Fragmente in unterschiedlicher Intensität berücksichtigt, was damit zu tun haben dürfte, dass eine historische Einbindung im Rahmen einer Literaturgeschichte gerade bei unvollständigen Textstücken schwierig ist. Erwähnt werden zumeist solche Fragmente, die prominenten Textsorten angehören. Beispielsweise behandelt Bumkes Literaturgeschichte im Abschnitt zur Artusliteratur durchaus die einzelnen Fragmente; bei anderen Textsorten geht er hingegen summarisch vor, ohne ein einziges Fragment zu nennen. Heinzle wiederum erwähnt einzelne Fragmente – vor allem der höfischen Literatur – generell eher beiläufig. Hingegen würdigt er Spieltextfragmente ausführlich, wohl auch, da aus diesem Zeitraum nur wenig Material erhalten ist.

Alle drei Bände setzen ihren Schwerpunkt jeweils auf die weltlich-höfische Literatur, während sie den gesamten Bereich geistlicher Dichtung (insbesondere der Epik) nur randständig behandeln; diese wird in den Zusammenhang mit den neuen Frömmigkeits- und Armutsbewegungen gestellt, doch bleiben die Angaben insgesamt vage. Bumke fasst die geistliche Epik auf zwanzig Seiten zusammen; bei Johnson sind es doppelt so viele, wobei ein Viertel allerdings allein auf Hartmanns ‚Gregorius' entfällt, der zwar bekannt, aber in vielerlei Hinsicht nicht repräsentativ für geistliche Literatur ist. Heinzle behandelt Legendenepik auf zweieinhalb und geistliche Erzählungen auf einer Seite. Das überrascht, sagt er doch selbst:

> Wir müssen annehmen, daß ein Strom geistlicher Erzählungen aller Art – Heiligenlegenden, Wundergeschichten (Mirakel), Geschichten von Buße und Bekehrung reuiger Sünder, Jenseitsvisionen, Teufelsgeschichten u. a. – ungebrochen und ständig anschwellend von der frühmhd. Zeit ins Spätmittelalter geflossen ist, wo die Legendenüberlieferung dann, seit der Wende vom 13. und 14. Jahrhundert, von riesigen zyklischen Sammelwerken bestimmt wurde (‚Buch der Märtyrer', ‚Väterbuch', ‚Passional'). Gerade für das 13. Jahrhundert tun wir uns allerdings nicht ganz leicht, diese Annahme zu belegen.[17]

Die Daten unserer Tabelle bestätigen Heinzles Annahme. Es stellt sich die Frage, wie einzelne Fragmente im Rahmen der Literaturgeschichtsschreibung hätten berücksichtigt werden können. Wir möchten für zwei Beispiele – Bibeldichtung und Legende – die Darstellung in den Literaturgeschichten genauer in den Blick nehmen.

---

[16] Vgl. auch Joachim Heinzle, Wie schreibt man eine Geschichte der deutschen Literatur des Mittelalters?, in: Der Deutschunterricht 41 (1989), S. 27–40. Joachim Bumke, Geschichte der mittelalterlichen Literatur als Aufgabe (Rheinisch-Westfälische Akademie der Wissenschaften. Geisteswiss. Vorträge G 309), Opladen 1991.

[17] Heinzle (Anm. 15), S. 137.

## Verstextfragmente des 13. Jahrhunderts im Überblick

Die wenig beachtete Bibeldichtung ist in unserem Korpus gut vertreten. Die Anzahl von sieben Fragmenten ist unerwartet hoch und lässt auf eine Verbreitung schließen, die in den Literaturgeschichten nicht zum Ausdruck kommt.[18] Die bisherige Wahrnehmung beschränkt sich auf Texte mit neutestamentlichen Stoffen, insbesondere auf Leben und Passion Christi. Bumkes Feststellung, dass es „nur wenige Bearbeitungen alttestamentlicher Stoffe aus dem 13. Jahrhundert"[19] gibt, wäre aufgrund des hier präsentierten Korpus zu modifizieren.[20]

Aus der Gruppe der Bibeldichtungen sei der ‚Halberstädter Makkabäer' (Nr. 4) herausgegriffen. Er erzählt eine kurze Episode aus dem Ersten Makkabäerbuch und wird üblicherweise noch in das späte 12. Jahrhundert datiert,[21] was weder bewiesen noch widerlegt werden kann. Die Breite der Darstellung lässt vermuten, dass die heute gut 120 Verse zählende Dichtung ursprünglich um ein Vielfaches umfangreicher gewesen sein muss und das Fragment womöglich auf ein umfassendes Makkabäer-Epos zurückgeht, was insofern bemerkenswert wäre, als der Stoff selten Eingang in die deutsche Literatur fand.

In der erhaltenen Episode (1 Mcc 13,12ff.) wird der Makkabäer Jonatan von seinem Widersacher Typhon gefangen genommen. Sein Bruder Simon zahlt ein hohes Lösegeld und schickt ihm Jonatans Söhne als Geiseln; dennoch lässt Typhon Jonatan töten. Was in der Bibel nur knapp erzählt wird, gestaltet der Dichter des Halberstädter Fragments weiter aus. Auffällig sind die Reden Simons an die Israeliten sowie deren Klage nach dem Tod Jonatans, aber auch die Beschreibung seines Grabmals. Interessant ist zudem die Verschiebung der Entscheidungsverantwortung. In der Vulgata wird aus Simons Perspektive berichtet, der den Beschluss selbst fasst: *et cognovit Simon quia cum dolo loquitur secum iussit tamen dari argentum et pueros ne inimicitiam magnam sumeret ad Israhel populum dicentem quia non misit argentum et pueros propterea periit* (1 Mcc 13,17f.). Simon hält das Angebot Typhons zwar für verräterisch, stimmt

---

[18] Am ausführlichsten ist Johnson, der in einem eigenen Kapitel drei Bibelepen bespricht: Priester Wernher: ‚Driu liet von der maget', Konrad von Fußesbrunnen: ‚Kindheit Jesu' sowie die ‚Pilatus'-Versdichtung aus der Straßburg-Molsheimer-Handschrift, siehe Johnson (Anm. 15), S. 419–430.

[19] Bumke (Anm. 15), S. 386.

[20] Auch das mit Fragezeichen versehene Fragment Nr. 6, bei dem lediglich einzelne Wörter zu erkennen sind, könnte diesem Bereich zuzuordnen sein. Es enthält das auffällige Wort [...]*machati*, das wohl als Name zu lesen ist (vgl. Ios 12,5 oder 1 Par 6,20).

[21] Nähere Informationen bietet Edgar Papp, Art. ‚Halberstädter Makkabäer', in: ²VL 3 (1981), Sp. 412f. Aufgrund einer angenommenen Datierung ins 12. Jahrhundert wird das Makkabäer-Fragment überdies knapp erwähnt von Gisela Vollmann-Profe, Wiederbeginn volkssprachiger Schriftlichkeit im hohen Mittelalter (1050/60–1160/70) (Geschichte der deutschen Literatur von den Anfängen bis zum Beginn der Neuzeit 1.2), 2., durchges. Aufl., Tübingen 1994, S. 156.

aber dennoch der Forderung zu, um sich vom ‚Volk' keine Vorwürfe einzuhandeln. Im deutschen Fragment hingegen äußert er zunächst seine Bedenken: *ich wæ⟨ne mit grozeme⟩ meine / sie wollint uns beswichen* (V. 20f.).[22] Zudem bringt er seine Sorge darüber zum Ausdruck, dass seinen Verwandten etwas zustoßen könnte. Allerdings wird ihm die Entscheidung über die Auslieferung der Geiseln aus der Hand genommen: *die Judin ime die re⟨de benamin, / die k⟩int sie leidir dar bevalin* (V. 29f.). Mithin bietet der ‚Halberstädter Makkabäer' eine eigenständige Version der Handlung und der Figurenmotivation; die „Nähe zu heroischen Stoffen"[23] wäre weiter zu untersuchen.

Es lohnt sich ferner – das betrifft unser zweites Beispiel – die fragmentarisch erhaltenen Legenden literaturgeschichtlich in den Blick zu nehmen. Spätestens seit dem 14. Jahrhundert kann die Beliebtheit der Legendendichtung an der Verbreitung von umfangreichen Einzellegenden und Legendaren festgemacht werden. Die heute noch erhaltenen Handschriften, beispielsweise des ‚Passionals' (108 Einträge im HSC), des ‚Väterbuchs' (31) oder des ‚Buchs der Märtyrer' (21), sprechen eine eindeutige Sprache. Daneben gibt es im ausgehenden 13. Jahrhundert einerseits Sammlungsverbünde in der Art des Münchner Cgm 16 (HSC 1311).[24] Auf der anderen Seite findet sich eine nur durch einen Querstreifen nachgewiesene Wolfenbütteler Handschrift (HSC 1976), die wenige Verse einer Margareta- und einer Daniel-Legende überliefert. Vermutlich ist die Handschrift Anfang des 14. Jahrhunderts entstanden; somit läge sie knapp jenseits der zeitlichen Begrenzung unseres Korpus. Es ist allerdings nicht ausgeschlossen, dass Sammlungsverbünde von Einzellegenden auch schon im 13. Jahrhundert verbreitet waren.

Dass Verslegenden im 13. Jahrhundert häufig abgeschrieben wurden, bestätigt der Blick in unsere Tabelle, die elf Fragmente (Nr. 23–33) unter der Textsorte ‚Legende' versammelt. Ein Abgleich dieses Befundes mit den erwähnten Literaturgeschichten sorgt jedoch für Ernüchterung. Der Schwerpunkt bei Johnson und Heinzle liegt vornehmlich auf den vollständig erhaltenen, literaturgeschichtlich herausragenden Vertretern der geistlichen Literatur des behandelten Zeitraumes: Veldekes ‚Servatius', Hartmanns ‚Gregorius', Reinbots ‚Georg', die Legenden Konrads von Würzburg. Fragmente werden, wenn überhaupt, meist nur am Rande einbezogen, wobei die dabei gebotenen Informationen kaum über Grundsätzliches hinausgehen.[25] Dazu zwei Beispiele: Zum

---

[22] Zitiert nach: Die religiösen Dichtungen des 11. und 12. Jahrhunderts, nach ihren Formen besprochen u. hg. v. Friedrich Maurer, Bd. 3, Tübingen 1970, S. 595–603.
[23] Papp (Anm. 21), Sp. 413.
[24] Es handelt sich um einen Codex mit Rudolfs von Ems ‚Barlaam und Josaphat', Strickers kleineren Reimpaardichtungen, Konrads von Würzburg ‚Der Welt Lohn' und der um 1300 nachgetragenen ‚Thomas'-Legende; vermutlich enthielt der Codex ursprünglich auch eine Abschrift der ‚Christherre Chronik'.
[25] Zu Beginn seiner Ausführungen zu den Heiligenlegenden widmet Johnson (Anm. 15)

‚Albanus' (Nr. 25), der durch ein Doppelblatt aus dem zweiten Viertel des 13. Jahrhunderts bekannt ist, macht Johnson lediglich Angaben zum Textumfang und zur Sprachheimat; zudem hebt er die „außerordentliche Länge mancher Verse" hervor.[26] Die Legende erzählt vom Inzest eines Königs mit seiner Tochter, aus der Albanus hervorgeht; dieser wird seine Mutter heiraten und schließlich seine Eltern ermorden. Die augenfällige Parallele zu Hartmanns ‚Gregorius' hebt Johnson an späterer Stelle prominent hervor, nämlich bei seinen Ausführungen der Geschichte vom *guoten sündære*, doch die Gelegenheit für eine intensive inhaltliche Beschäftigung mit dem Krakauer Fragment bleibt ungenutzt. Johnson geht es bei seiner literaturgeschichtlichen Einordnung vor allem um die „vollständige Kenntnis der Albanuslegende",[27] weshalb er für die inhaltliche Erschließung auf die lateinische Vorlage zurückgreift. Der in dem deutschsprachigen Bruchstück überlieferte Wortlaut wird dagegen an keiner Stelle einbezogen; eine textgeschichtliche Einordnung des Fragments wird ebenfalls nicht geboten. Die „[f]rüheste bekannte dt. Bearbeitung der Albanuslegende"[28] hätte mehr literaturwissenschaftliche Aufmerksamkeit verdient.[29]

Ein weiteres Beispiel: Unter den im Anhang aufgeführten Texten finden sich gleich zwei Fragmente der Lebensgeschichte Johannes' des Täufers. Ein Klagenfurter Bruchstück aus dem ersten Viertel des 13. Jahrhunderts bewahrt knapp fünfzig Verse einer anonymen Verslegende (Nr. 28).[30] Das zweite Fragment, ein St. Pauler Bruchstück vom Anfang des 13. Jahrhunderts, überliefert eine von Priester Adelbrecht[31] wohl bereits um die Mitte des 12. Jahrhunderts[32] verfasste Täufer-Legende. Die auf einem Doppelblatt erhaltenen 267 Verse berichten, unterbrochen durch mehrere fehlende Blätter, von der Jugend und dem Tod des Johannes.

---

den drei fragmentarisch erhaltenen Legenden von Albanus, Alexius und Andreas lediglich zwei kurze Absätze, die in das Fazit münden, dass der Stand der Überlieferung für alle drei Legenden „ähnlich" sei (S. 395).

[26] Ebd.
[27] Ebd., S. 412.
[28] Karin Morvay, Art. ‚Albanus', in: ²VL 1 (1978), Sp. 106–108, Zitat: 106, und Art. ‚Albanus [Korr.]', in: ²VL 11 (2004), Sp. 34.
[29] Kurz vorgestellt wird das ‚Albanus'-Fragment von Vollmann-Profe (Anm. 21), S. 160, da für die volkssprachige Legende eine Entstehung im 12. Jahrhundert angenommen wird.
[30] Die Bruchstücke wurden bereits 1930 bekannt gemacht und abgedruckt, vgl. Hermann Menhardt, Frühmittelhochdeutsche Bruchstücke aus Klagenfurt, in: ZfdA 67 (1930), S. 257–262.
[31] Karl-Ernst Geith, Art. ‚Priester Adelbrecht', in: ²VL 1 (1978), Sp. 62f. u. Art. ‚Priester Adelbrecht [Korr.]', in: ²VL 11 (2004), Sp. 18 u. S. XIII.
[32] Vgl. Vollmann-Profe (Anm. 21), S. 156.

Bei dieser Materiallage überrascht es, dass keine der für den vorliegenden Beitrag konsultierten Literaturgeschichten dieses zu Beginn des 13. Jahrhunderts nachweislich vorhandene literarische Interesse an der Person des Johannes Baptista erwähnt. Aufgrund der erhaltenen Bruchstücke können wir begründet von einer Popularität dieses Legendenstoffs ausgehen. Friedrich Maurer stellte vor knapp sechs Jahrzehnten mit Blick auf Adelbrechts Text fest: „Das verhältnismäßig gut und in größerem Umfang erhaltene Stück ist bisher nicht nach Gebühr beachtet worden."[33] In Maurers Aussage sollte die Fragmentforschung einen Aufruf wahrnehmen, das Desiderat zu erfüllen und Adelbrechts Legende angesichts ihrer literaturgeschichtlichen Bedeutung künftig stärker berücksichtigen.

## 3. Beschreibungskriterien

Die bisherigen Ausführungen gehen von einem inhaltlichen Zugang aus, dessen Grenzen dort liegen, wo geschichtliche Zusammenhänge aufgezeigt werden sollen. Zumeist fehlen aber bei Fragmenten just jene Textteile, die Hinweise darauf geben würden, wie etwa Angaben zur Provenienz- und Besitzgeschichte oder Kolophone. Man ist umso mehr auf eine detaillierte Beschreibung des erhaltenen Materials angewiesen. Eine solche Beschreibung ist mit deutlich mehr Unwägbarkeiten verbunden als jene von unversehrten Codices. Ein Bruchstück muss folglich anders beschrieben werden als ein Codex.

Im Gegensatz zu einem vollständigen Codex fehlen bei einem Bruchstück für eine umfassende Einordnung und Bewertung häufig Informationen, die aufgrund der Makulierung verloren gegangen sind. Grundlegende kodikologische Angaben wie Gesamtumfang der Handschrift, Blattgröße, Schriftspiegel oder die Zahl der Spalten und Zeilen sind nicht mehr oder nur annäherungsweise zu rekonstruieren. Allgemeine Richtlinien sind schwer zu entwickeln, denn Bruchstücke begegnen in allen erdenkbaren Ausformungen. Manchmal sind Einzel- oder Doppelblätter vollständig erhalten, in anderen Fällen wiederum ist die Handschrift nahezu bis zur Unkenntlichkeit entstellt. Auch Aussagen über mögliche Mitüberlieferung und Sammlungsverbünde lassen sich bei Bruchstücken kaum treffen. Ebenso erschwert sind Rückschlüsse auf den Entstehungsort der Handschrift, die mögliche Bindewerkstatt oder auf Provenienz und Rezeption, da übliche Informationsträger wie Einband, Nutzerspuren oder Register fehlen.

---

[33] Die religiösen Dichtungen des 11. und 12. Jahrhunderts, nach ihren Formen besprochen u. hg. v. Friedrich Maurer, Bd. 2, Tübingen 1965, S. 329.

*Verstextfragmente des 13. Jahrhunderts im Überblick*

Trotz dieser Einschränkungen war es dank der seit dem 19. Jahrhundert etablierten Form des ‚Fundberichts' möglich, die Mehrzahl der Fragmente inhaltlich zu erfassen und einzuordnen. Im Mittelpunkt einer Fragmentbeschreibung steht die präzise äußere Beschreibung des Bruchstücks sowie eine verlässliche Transkription des überlieferten Textes. Zudem ist mit der Zeit ein Bewusstsein dafür entstanden, nach Möglichkeit die Entstehungsgeschichte des Bruchstücks zu berücksichtigen. Der Aufwand dafür kann groß sein. Will man Makulaturumstände und -zeitpunkte rekonstruieren, aber auch Angaben zu Trägerbänden, Einbänden, Bindewerkstätten und zu den restauratorischen Umständen (Auslösung, Behandlung mit Reagens usw.) machen, ist die Zusammenarbeit unterschiedlichster Fachdisziplinen erforderlich. Da die ältere Forschung die Makulaturumstände zumeist nicht dokumentierte, gingen wesentliche Informationen zur Rekonstruktion der Provenienz verloren. Unbefriedigend bleibt der häufige Vermerk in Katalogen, die Herkunft sei unbekannt.

Doch selbst die gängigen Fundberichte kommen nur begrenzt den spezifischen Bedürfnissen der Makulaturforschung entgegen, die im Folgenden am Beispiel der Sammelhandschriften in den Blick genommen werden. Zunächst ist – über unser Korpus hinaus – die Größenordnung der fragmentarischen Überlieferung festzuhalten.[34] 755 Handschriften stammen aus dem 13. Jahrhundert. Vollständig erhalten sind davon 226 Codices (circa 30 Prozent), von denen lateinisch-deutsche Sammelhandschriften mit häufig nur geringen volkssprachigen Anteilen in Form von einzelnen Faszikeln, Nachträgen oder Marginalien einen nennenswerten Teil ausmachen (zum Beispiel HSC 1734). Die übrigen 529 Handschriften sind lediglich bruchstückhaft erhalten.[35] Von der überwiegenden Mehrheit (440 Handschriften) ist nach heutigem Forschungsstand nur noch ein einziges Bruchstück vorhanden. In 89 Fällen konnten mehrere Bruchstücke als Teile derselben Handschrift identifiziert werden (‚Codex discissus').[36] Die Handschriften des 13. Jahrhunderts sind somit mehrheitlich makuliert überliefert (circa 70 Prozent), wovon wiederum mehr als 80 Prozent nur noch durch ein einziges Bruchstück bezeugt sind.

---

[34] Die Datenbasis des HSC ist für diesen Zeitraum vergleichsweise fortgeschritten, da sie auf den im ‚Marburger Repertorium des 13. Jahrhunderts' geleisteten Arbeiten basiert, die mitunter weit über Kurzkatalogisate hinausgehen. Die im Marburger Institut vorhandenen umfangreichen Materialien kamen unserer Arbeit zugute.

[35] Vgl. dazu einschlägig Jürgen Wolf, Buch und Text. Literatur- und kulturhistorische Untersuchungen zur volkssprachigen Schriftlichkeit im 12. und 13. Jahrhundert (Hermaea N. F. 115), Tübingen 2008, bes. S. 24.

[36] Das Spektrum reicht von häufig zwei (HSC 1691) über vier (HSC 1336), fünf (HSC 1088) oder sieben (HSC 1121) bis hin zu maximal zwölf Bruchstücken (HSC 1131) derselben Handschrift.

Ein ähnliches Verhältnis stellt sich ein, wenn man die Textüberlieferung unter inhaltlichen Aspekten ordnet. Circa 85 Prozent der bruchstückhaft überlieferten Handschriften des 13. Jahrhunderts bezeugen ein einziges Werk (455 von 529); in 74 Fällen beinhalten sie zwei oder mehr Werke (zum Beispiel HSC 1060). In seltenen Fällen kann ein einziges Bruchstück mehrere Werke enthalten (HSC 1077, 1163); zumeist handelt es sich aber um aus mehreren Bruchstücken bestehende Codices discissi. Unter den genannten Fällen finden sich auch die der Forschung überaus bekannten Überlieferungsverbünde ‚Nibelungenlied' und ‚Klage' (HSC 1087) oder die sogenannte ‚Willehalm'-Trilogie (HSC 1132). Kurz gesagt: Das 13. Jahrhundert bietet überwiegend Einzelbruchstücke, die in der Regel ein einziges Werk beinhalten.

Zum Vergleich gilt es, einen Blick auf die vollständig erhaltenen Handschriften des 13. Jahrhunderts zu werfen. Von den 226 Codices enthalten 132 nur ein einziges Werk.[37] Dieser Befund vermag nicht zu überraschen, da die Handschriften in diesen Fällen umfangreiche Texte wie beispielsweise Rudolfs von Ems ‚Weltchronik', ‚Barlaam und Josaphat', das ‚Passional' oder Wolframs von Eschenbach ‚Parzival' überliefern.[38] Handschriften mit mehr als einem Werk finden sich dagegen in 94 Fällen.[39] Für das Verhältnis von Eintext- zu Sammelhandschriften unter den vollständig erhaltenen Codices lässt sich eine Relation von etwa 3:2 bestimmen. Daraus ist die Feststellung abzuleiten, dass gemeinschaftliche Textüberlieferung im 13. Jahrhundert eine etablierte Überlieferungsform darstellt. Nimmt man für die Bruchstücke des 13. Jahrhunderts eine ähnliche Relation wie bei den vollständigen Handschriften an, so ist davon auszugehen, dass viele der Bruchstücke stellvertretend für unerkannte Sammlungsverbünde stehen.

Doch es ist auch eine andere Deutung der Überlieferungsverhältnisse möglich. Wenn für die hier im Anhang aufgeführten Werke nicht das Verhältnis zwischen Sammel- und Einzelhandschriften in der Relation 3:2 angenommen wird, dann müsste man stattdessen von einer hohen Zahl von mehr oder weniger umfangreichen Eintexthandschriften ausgehen. Beide Hypothesen – ein

---

[37] Die kodikologische Terminologie dieses Kapitels folgt Jürgen Wolf, Alles in Einem. Sammeln als literarische Praxis im Mittelalter und in der Frühen Neuzeit. Werk – Handschrift – Sammlung – Bibliothek, in: Sammeln als literarische Praxis im Mittelalter und in der Frühen Neuzeit. Konzepte, Praktiken, Poetizität. XXVI. Anglo-German Colloquium, Ascona 2019, hg. v. Mark Chinca, Manfred Eikelmann, Michael Stolz u. Christopher Young, Tübingen 2022, S. 121–139.

[38] HSC 1055, 1133, 1700, 1332.

[39] Neben Überlieferungsgemeinschaften wie ‚Nibelungenlied' und ‚Klage' (HSC 1482) oder den ‚Tristan'-Dichtungen (HSC 1286) finden sich nicht minder bekannte Sammelhandschriften wie die ‚Millstätter Handschrift' (HSC 1481), die ‚St. Galler Handschrift 857' (HSC 1211), die ‚Wiener Kleinepikhandschrift' (HSC 1285), der Wiener Sammelcodex 2696 (HSC 1216) oder der Cgm 16 (HSC 1311).

*Verstextfragmente des 13. Jahrhunderts im Überblick*

größerer Anteil an Sammelhandschriften oder umfangreichere Texte in Eintexthandschriften – verändern den Blick auf das behandelte Fragmentkorpus. Wenn es unter den 440 fragmentarischen Handschriften des 13. Jahrhunderts unentdeckte Zusammengehörigkeiten gibt, hätte dies Auswirkungen auf die bisher angenommene Zahl der Handschriften in diesem Zeitraum und auf deren Kompilationskonzeptionen. Es stellt sich daher die Frage nach dem tatsächlichen Zeugniswert der angenommenen Überlieferungszahlen in Bezug auf das Verhältnis von Eintext- und Sammelhandschriften. Kann bei den oben genannten 455 Eintextbruchstücken für jeden Fall von einer Eintexthandschrift ausgegangen werden?

Diesen Überlegungen ist mit einer methodisch konsequenten Herangehensweise zu begegnen. Zu überprüfen ist, ob Fragmente unterschiedlichen Inhalts ursprünglich derselben Handschrift angehört haben könnten. Bei Neufunden wird mittlerweile die Möglichkeit der Zusammengehörigkeit von Bruchstücken zumindest innerhalb des Werkkontextes geprüft. Erweitert wird das Blickfeld in Ausnahmefällen, wenn ein Text traditionell in feste Überlieferungsgemeinschaften eingebunden ist, beispielsweise in die sogenannte ‚Willehalm'-Trilogie oder in den Verbund von ‚Nibelungenlied' und ‚Klage'. Die Grundlagenarbeiten des ‚Marburger Repertoriums deutschsprachiger Handschriften des 13. Jahrhunderts' haben auch dazu geführt, dass Entdeckungen von Zusammengehörigkeiten bekannter Bruchstücke innerhalb eines Werkes kaum noch zu erwarten sind.[40] Hingegen könnte der werkübergreifende Abgleich zu aufschlussreichen Resultaten führen.

Will man herausfinden, ob einzelne Bruchstücke derselben Handschrift entstammen, sind verschiedene Aspekte zu berücksichtigen. Zum einen sind ausgewählte kodikologische und paläographische Merkmale wie auch die Umstände der Makulatur zu vergleichen. Erste Hinweise liefern ähnliche Formate, Sprachgeographien und Entstehungszeiträume. Ist der durch ein Fragment überlieferte Text bekannt, bietet sich zusätzlich zum materiellen Befund ein inhaltlicher Abgleich mit der übrigen fragmentarischen Überlieferung des Werks an. Es ist zu prüfen, ob und wie die auf den Fragmenten erhaltenen Textbereiche zueinander passen. Mögliche Indizien für eine Zusammengehörigkeit sind beispielsweise direkt anschließende Textpassagen oder Fassungsgemeinsamkeiten. Überliefern Bruchstücke dagegen identische Verse oder sich überschneidende Versbereiche, so ist dies ein eindeutiges Ausschlusskriterium für eine kodikologische Zusammengehörigkeit.

---

[40] Zuletzt konnten jedoch zwei in der Forschungsliteratur bekannte Fragmente der ‚St. Georgener Predigten' aus dem 13. Jahrhundert als Teile derselben Handschrift identifiziert werden. Vgl. Daniel Könitz, Ein unbemerkter Codex discissus mit ‚St. Georgener Predigten', in: Maniculae 5 (ersch. 2024).

Um hingegen werkübergreifende Zusammengehörigkeiten aufzudecken, scheidet der eben beschriebene inhaltliche Ansatz aus. In diesem Fall muss überprüft werden, welche wiederkehrenden oder zumindest vereinzelt belegten Text- oder Überlieferungsgemeinschaften, in die der Text an anderer Stelle eingebunden ist, von der Forschung bislang festgestellt wurde bzw. welche Überlieferungsgemeinschaften grundsätzlich vorstellbar wären, auch wenn diese noch nicht nachgewiesen wurden. Im Hinblick auf das Korpus wäre zu fragen: Finden sich darunter Texte, die möglicherweise in einer Handschrift zusammengestellt wurden? Gab es eine Sammelhandschrift mit mehreren Texten der Artus- und Ritterepik? Wäre es vorstellbar, dass Legenden, Gebete und Bibeldichtungen gemeinsam in einer Handschrift des 13. Jahrhunderts standen?

Kodikologische Bezugsgrößen (wie Format, Zeilen- und Spaltenzahl) können mitunter nicht gleichermaßen für die Argumentation herangezogen werden, da deren Aussagekraft durch den Zustand der Bruchstücke herabgesetzt sein könnte. Ergänzend muss daher nach Merkmalen gesucht werden, die unabhängig vom Zustand des einzelnen Bruchstücks anwendbar sind. Hierbei sind Aspekte von Schrift und Schreibtechnik hilfreich. Anhand der Schreiberhand ist zumindest feststellbar, ob mehrere Fragmente von derselben Person geschrieben wurden. Weiterhelfen können charakteristische Buchstabenformen, Abkürzungen, aber auch Formen der Textauszeichnung wie Rubrizierung, Einrückung von Zeilenanfängen und die Gestaltung von Lombarden oder Majuskeln. Besonderheiten bei Blatt- oder Lagenzählungen sind bei der Beschäftigung mit Fragmenten ebenfalls zu berücksichtigen, da sie Aufschluss über die Position des Bruchstücks innerhalb der ehemaligen Handschrift geben können. Auch die Form der Bruchstücke bzw. die Art der Makulatur kann Hinweise auf eine mögliche gemeinsame Herkunft von Bruchstücken liefern. Es gibt beispielsweise Codices discissi, die sich ausschließlich aus Querstreifen zusammensetzen; bei großformatigen makulierten Handschriften ist mitunter ein ähnlicher Zuschnitt von Doppelblättern feststellbar, wenn die Bruchstücke als Einbände von Akten und Verwaltungsschriften gleichen Formats verwendet wurden.

Besondere Bedeutung kommt den Makulierungs- und Auffindungsumständen zu, weshalb der Bestimmung des Trägerbandes erhöhte Aufmerksamkeit zu widmen ist. Nach Armin Schlechter stellen zeitgenössische Einbände, die einer Bindewerkstatt zugeordnet werden können, überaus wichtige Informationsquellen dar:

> Die in verschiedenen heutigen Bibliotheken aufbewahrten Bände aus derselben Buchbinderwerkstatt wären die Grundlage für eine weiterführende Suche nach Fragmenten einer bestimmten Handschrift, da man davon ausgehen kann, dass eine zu makulierende Handschrift von einer einzigen Werkstatt aufgebraucht worden ist.[41]

---

[41] Armin Schlechter, Fragmente – Vorkommen, Konservierung, Erschließung, in: „Das

*Verstextfragmente des 13. Jahrhunderts im Überblick*

Mit dieser Zielsetzung müssen die 529 Fragmente des 13. Jahrhunderts überprüft und die Ergebnisse dokumentiert werden; wünschenswert wäre zudem eine Ausweitung auf die nachfolgenden Jahrhunderte. Der dafür zu investierende Aufwand ist jedoch enorm. Daher soll zuletzt anhand des Beispiels von dreispaltigen Handschriften skizziert werden, wie die Arbeit am Korpus im Anschluss an unsere Ausführungen fortgesetzt werden könnte. In anderem Zusammenhang erbrachte die Beschäftigung mit dreispaltigen Handschriften wichtige Erkenntnisse für die Überlieferungsgeschichte:[42] Eine dreispaltige Einrichtung von Handschriften wird in vielen Fällen über den gesamten Codex hinweg beibehalten. Daneben zeichnen sich dreispaltige Handschriften inhaltlich meist durch eine bestimmte Textauswahl oder -zusammenstellung aus. Weltchroniken und ähnlich umfangreiche Verstexte wie Wolframs ‚Parzival' oder das ‚Passional' werden mehrfach dreispaltig aufgeschrieben, damit beispielsweise die einzelne Pergamenthandschrift im Vergleich zu einer zweispaltig eingerichteten Handschrift gleichen Formats nicht zu umfangreich und damit zu kostspielig wird. Wendet man das Merkmal der Dreispaltigkeit auf die handschriftliche Überlieferung des gewählten Zeitraumes an, so finden sich drei vollständige Codices (HSC 1062, 1084, 1223), darunter die illustrierte Berliner Abschrift des ‚Eneasromans' Heinrichs von Veldeke, die als das früheste erhaltene Beispiel einer deutschsprachigen Epenhandschrift in drei Spalten gilt. Darüber hinaus verzeichnet der HSC weitere 28 (!) bruchstückhaft erhaltene Handschriften. Fünf von ihnen sind Sammelhandschriften bzw. Codices discissi, die mehr als ein Werk enthalten.[43] Von den übrigen 23 Handschriften ist bis auf eine Ausnahme[44] jeweils nur ein Bruchstück mit einem Text erhalten. Bei diesen Fällen könnte es sich also theoretisch um Eintexthandschriften handeln. Gesichert ist damit lediglich, dass die Berliner ‚Eneas'-Abschrift von den 31 dreispaltigen Handschriften des 13. Jahrhunderts das einzige erhaltene Beispiel für eine dreispaltige Eintexthandschrift ist.

Sammlungsverbünde finden sich damit in sieben vollständig oder bruchstückhaft erhaltenen Handschriften. In einem nächsten Schritt wären die ver-

---

Ganze im Fragment'. Handschriftenfragmente aus kirchlichen Bibliotheken, Archiven und Museen, hg. im Auftrag der Altbestandskommission der kirchlichen Bibliotheksverbände v. Alessandra Sorbello Staub, Bearbeitung: Christoph Winterer, Petersberg 2015, S. 19–34, hier: 29.

[42] Klaus Klein, Französische Mode? Dreispaltige Handschriften des deutschen Mittelalters, in: Scrinium Berolinense. Tilo Brandis zum 65. Geburtstag, 2 Bde, hg. von Peter Jörg Becker u. a. (Beiträge aus der Staatsbibliothek zu Berlin. Preußischer Kulturbesitz 10), Berlin 2000, Bd. 1, S. 180–201; Wolf (Anm. 35), S. 89.

[43] HSC 1060, 1077, 1088, 1132 u. 1220.

[44] ‚Parzival'-Fragment 31 (HSC 1038). Bei dreispaltiger Einrichtung der Handschrift mit 408 Versen pro Blatt würden für den ‚Parzival' ‚nur' ca. 59 Blätter benötigt. Es ist also durchaus möglich, dass die Handschrift noch weitere Texte enthalten hat.

bleibenden 23 fragmentarisch erhaltenen Handschriften anhand der oben skizzierten Vorgehensweise auf mögliche Zusammengehörigkeiten zu überprüfen. Es ist zu erwarten, dass auf diesem Weg neue Einsichten sowohl in die Text- und Überlieferungsgeschichte als auch in die mittelalterliche Literaturgeschichte gewonnen werden.

## 4. Für eine Literaturgeschichte des Fragments

Die in diesem Aufsatz gestellten Fragen können abschließend wie folgt zusammengefasst werden:

1) Inwiefern sind Fragmente Werke? Man könnte meinen, Fragmente hätten nur vorläufigen Charakter und könnten so lange nicht recht gelesen werden, bis eine vollständige Handschrift von ihnen gefunden wird. Als zufälliges und in sich unvollständiges Abfallprodukt scheinen sie vordergründig mit den traditionellen literaturwissenschaftlichen Analysekategorien kaum zu fassen zu sein. Doch Fragmente stellen einen ebenso integralen wie vernachlässigten Bestandteil der mittelalterlichen Literaturgeschichte dar. Sie gewinnen werkartigen Charakter nicht nur durch den Verweis auf das ursprünglich vollständige Werk, sondern vielmehr durch eine Zuschreibung in der heutigen Lektürepraxis, die sie als in sich geschlossene literarische Produkte von dauerhafter Form behandelt. Der Sonderstatus von Fragmenten resultiert aus der spezifischen Relation des Teils zu einem Ganzen, die in der mittelalterlichen Literatur auch bei vollständiger Textüberlieferung in anderer Form begegnet (etwa bei Exzerpten, Florilegien oder Teilabschriften).

2) Wie können Fragmente gelesen werden? Die Inhalte mittelalterlicher Texte sind meist vorgängig bekannt, wodurch fehlende Handlungsstrecken aus der Tradition extrapoliert werden können. Von den meisten Fragmenten sind substanzielle Textmengen vorhanden, sodass einer formalen Untersuchung oder einem Close Reading nichts entgegensteht. Zu den Besonderheiten der Fragmentforschung ist der Umstand zu zählen, dass die Textanalyse in erhöhtem Maß durch Material- und Sprachanalysen ergänzt werden muss.[45]

3) Wie sollen Fragmente beschrieben werden? Die Aspekte, unter denen das Korpus beschrieben wurde, dienen einer möglichst effizienten Erfassung großer Textmengen. Für eine weiterführende Untersuchung wurden zusätzliche Kriterien genannt, die vorgängig auf dieses Korpus bereits angewendet wurden.

---

[45] Ein erfreuliches erstes Beispiel für eine solche neu ausgerichtete Fragmentuntersuchung ist der im Druck befindliche Beitrag von Christine Putzo, ‚Almuosa'. Bruchstücke einer unbekannt gebliebenen geistlichen Verserzählung des 13. (oder frühen 14.) Jahrhunderts, in: ZfdA 153 (ersch. 2024).

*Verstextfragmente des 13. Jahrhunderts im Überblick*

Am Beispiel von Sammelhandschriften wurde gezeigt, dass durchaus auch anhand einzelner Bruchstücke Vermutungen über Umfang und Zusammensetzung der ursprünglichen Handschrift angestellt und damit Thesen zur Kontextualisierung eines Fragments formuliert werden können.

4) Wie schreibt man eine Literaturgeschichte des Fragments? Die Forderung nach einer stärkeren Berücksichtigung von Fragmenten für literaturhistorische Zusammenhänge kann leicht missverstanden werden. Deren Ziel kann nicht allein darin bestehen, bisher unbekannte Werke zu kanonisieren oder „zusammenzutragen und zu registrieren, was es an Literatur gegeben hat", sondern es muss stets darum gehen, „geschichtliche Zusammenhänge sichtbar zu machen".[46] Die angemessene Erfassung und Analyse von Fragmenten ist nicht nur bzw. nicht ausschließlich von einem Mehr an Daten abhängig. Vielmehr sind Fragmente als historische Tatsachen ernst zu nehmen, auch wenn sie sich häufig einer umfassenden Kontextualisierung entziehen. Sie haben im Rahmen einer überlieferungsgeschichtlich fundierten Literaturwissenschaft einen nicht zu unterschätzenden Wert und dürfen in der Literaturgeschichtsschreibung nicht länger marginalisiert werden.

Abstract: In contrast to manuscripts which are fully preserved, fragments are largely overlooked in medieval research. The fact that they are physically damaged and that their content is incomplete makes them unsatisfactory objects of study that have hitherto received little attention in literary history. This is particularly true of texts that cannot be read in full in other manuscripts, but which we only know in part. These fragments are seemingly not suitable for a hermeneutic approach. It is rare for these fragments to be included in literary-historical assessments, even though they are, for the most part, well indexed and easily accessible from a philological point of view. This paper aims to challenge such disregard. It presents a threefold approach a selected corpus of 13th-century verse fragments: 1.) a catalogue is provided itemising the basic data of 67 works that have survived exclusively in fragmentary form. 2.) The way these works are treated in relevant literary histories is analysed. 3.) The previous criteria for the description of fragments are examined for their reliability. The overall aim of the analysis is that these works no longer be regarded as isolated and separately perceived exceptions to the tradition, and instead be considered as fully-fledged components of a tradition-based history of medieval literature.

---

[46] Bumke (Anm. 16), S. 10.

# Anhang

Anhang I: Verzeichnis der deutschsprachigen Versfragmente des 13. Jahrhunderts
(ohne Berücksichtigung der mittelniederländischen Textzeugen und der unvollständigen Werke in vollständigen Handschriften)

Angaben:
1. HSC = Nummer im Handschriftencensus. Aufzurufen unter ⟨https://handschriftencensus.de/⟩ und Zufügung der ID in der Adresse.
2. Textsorte.
3. Inhalt = Titel (falls vorhanden) und gegebenenfalls knappe Angaben zur Handlung.
4. Eigennamen (Personen, Orte, ohne Christus, Gott, Minne, Teufel), alphabetisch sortiert, geringfügig normalisiert (Großschreibung, möglichst i/j und u/v-Ausgleich, oblique Kasus in Nominativ übertragen).
5. Umfang = Anzahl vollständiger und unvollständiger Verse. Pro Dezimalstelle steht ein Kästchen, das schwarz ist, wenn sich die Anzahl in der oberen Hälfte befindet (Beispiel: ■■■ = hohe dreistellige Versanzahl. □□ = niedrige zweistellige Anzahl).

Folgende HSC-Nummern wurden nicht eingesehen, weil uns weder ein Abdruck noch eine Reproduktion vorliegt: 1697, 15797, 18260, 18672, 19008, 19789, 19886, 19956, 19968, 20323, 22469, 22553, 23432, 25923.

## a) Geistlich

| [Nr.] | Textsorte Umfang HSC | Inhalt | Eigennamen |
|---|---|---|---|
| [1] | Bibel □□□ 1582 | Aposteleben (hier: Thomas, Jacobus, Philippus, Matthäus, Simon und Judas) | Alexander, Alpheus, Annianus, Arfaxat, Asya, Bablilone, Bethsayda, Citia, Edesa, Eglippus, Exerses, Gundoforus, Ieropolis, Indya, Irtacus, Jacob, Jherusalem, Judas, Maria, Mathaeus, Neor, Nicaron, Persya, Philipus, Rom, Salomon, Sathana, Simon, Suanic, Symon, Syria, Thomas, Wardach, Xerses, Zaroes, Zelotes |
| [2] | Bibel ■■ 1565 | ‚Esau und Jacob', ‚Die zehn Gebote' (mit Deutung) | Abel, Egiptenlant, Esau, Israelite, Jacob, Juden, Laban, Rachele, Ysaaches |

*Verstextfragmente des 13. Jahrhunderts im Überblick*

| | | | |
|---|---|---|---|
| [3] | Bibel<br>□□□<br>19040 | Fragment einer Reimbibel (Sprüche Salomonis 10,4–12,15, Abdruck fehlt) | ? |
| [4] | Bibel<br>■■<br>1460 | ‚Halberstädter Makkabäer' | Asia, Jherusalem, Jonatham, Judin, Modin, Symon, Triphon |
| [5] | Bibel<br>□□□<br>1163 | Pfaffe Lambrecht: ‚Tobias' | Anna, Assur, Ezechiel, Gabel, Ierusalem, Iuda, Paffe Lambrecht, Naason, Neptalym, Niniue, Ninus, Noe, Raguel, Salmanasar, Salomon, Sennacherip, Thobyas, Trire, Ysoyas, Zabulon |
| [6] | Bibel?<br>■<br>21752 | Ohne Titel, Bibeldichtung (?) | Machati (?) |
| [7] | Bibel<br>□□□<br>1401 | ‚Von der Babylonischen Gefangenschaft', mit typologischer Deutung | Hieremias, Israhele |
| [8] | Gebete<br>□□<br>1283 | Gereimte Gebete | Maria |
| [9] | Gebete<br>□□□<br>1549 | ‚Mitteldeutsche Magnificat-Paraphrase' | Iudhin, Marie, Ysrahele |
| [10] | Gebete<br>□□<br>1404 | ‚Psalter-Paraphrase' (gereimt) | Abraham |
| [11] | Gebete<br>■■<br>1474 | ‚Uppsala-Wiener Gebetbuch', Prosimetrum, Gebete an Maria | Nur Versgebete: Gabriel, Johannes Baptiste, Johannes Ewngeliste, Maria, Maria Magdalena, Michael, Raphael |
| [12] | Geistliche Dichtung<br>■■<br>1437 | ‚Bernhardstraktat', Marienklage als Antwort an einen Fragenden | (H)Annas, Galylea, Maria, Maria Magdalena, Jerusalem, Juden, Pylatus |
| [13] | Geistliche Dichtung<br>■<br>1624 | Geistliches Reimpaargedicht; Marienlied | Maria |
| [14] | Geistliche Dichtung<br>□□□<br>1508, 6728, 22141 | Heinrich von Hesler: ‚Erlösung' (Prolog, Marienlob, Sündenfall) [Langversion des ‚Evangelium Nicodemi'?] | Adam, Damascenes, David, Eva, Heinrich von Hasiliere, Johannes, Peter, Salomon |

| | | | |
|---|---|---|---|
| [15] | Geistliche Dichtung ▢▢▢ 1484 | ‚Idsteiner Sprüche der Väter', religiös-moralische Sprüche aus Patristik und Bibel | Adam, Gregorius, Jacobus, Jeronimus, Salomon, Ysidorus |
| [16] | Geistliche Dichtung ▪▪ 1675 | Mariendichtung und ‚Tochter Sion' | David, Salomon, Syon, Ysaias |
| [17] | Geistliche Dichtung ▢▢▢ 7558 | ‚Trost in Verzweiflung', Reimpredigt über Sünde und Rettung | — |
| [18] | Geistliche Dichtung ▢▢▢ 1509 | ‚Von der Dreifaltigkeit', Trinitätslehre, Schöpfung, Engelsturz, Sündenfall (Teilabdruck) | — |
| [19] | Leben Jesu ▢▢▢ 1577 | ‚Friedberger Christ und Antichrist' | Ba[bilonia], Barraban, Cleophas, Emaus, Gabriel, Galilea, Jerusalem, Johannes, Joseph, Juden, Leviathan, Lucas, Maria, Maria Magdalena, Nazaret, Nicodemus, Oli[veti], Peter, Thomas |
| [20] | Leben Jesu ▢▢▢ 1618 | ‚Passion Christi in Reimversen: Münchner Passionsgedichtfragmente' (Abdruck fehlt) | Ambrosius, Marie, Pilatus, Symeon |
| [21] | Leben Jesu ▢▢▢ 1573 | ‚Passion Christi in Reimversen: Passionsgeschichte in Reimprosa' | Centurius, David, Galylea, Herodes, Joseph von Aromathia, Juden, Kaifas, Messias, Moyses, Nicodemus, Pylatus |
| [22] | Leben Jesu ▢▢▢ 1391 | ‚Von Christi Geburt', Abbruch mit Jugendgeschichte, womöglich vollständige Erlösungsgeschichte | David, Moyses, Nabuchodonosor, Noe, Tygris |
| [23] | Legende ▢▢▢ 1402 | Priester Adelbrecht: ‚Johannes Baptista', Anfang und Ende der Vita | Adelbreht, Elisabeth, Gabriel, Israhele, Johannes, Montana, Zacharias |
| [24] | Legende ▢▢▢▢ 1608, 2332 | ‚Ägidius' (Trierer/Höxterer Ägidius) | Egidius, Flavius, Karl, Kerlingen, Kriechen, Lateran, Paulus, Petrus, Rom, Tiber |
| [25] | Legende ▢▢▢ 1544 | ‚Albanus', Inzestgeschichte ähnlich ‚Gregorius' | — |
| [26] | Legende ▢▢▢ 1752 | ‚Alexius I' | Eufemian, Lateran, Rom |

*Verstextfragmente des 13. Jahrhunderts im Überblick*

| | | | |
|---|---|---|---|
| [27] | Legende ■■ 1430 | ‚Amicus und Amelius' (Verslegende) | Aerderich, Amicus, Amelius, Raphahel |
| [28] | Legende ■■ 1404 | ‚Johannes Baptista' (Verslegende) | [Da]vid, Johannes, [Zacha]rias |
| [29] | Legende □□□ 1649, 4404 | ‚Margareta von Antiochien' (Verslegende VII) | Antioch, Asia, Margareta, Olibrius |
| [30] | Legende □□□ 1564 | ‚Patricius' | Patricius |
| [31] | Legende ■■■ 1608 | ‚Trierer Silvester' | Abiatar, Constantin, David, Egipten, Helena, Helenen, Isaacke, Israhel, Italien, Jherusalem, Juden, Lateran, Moyses, Paulus, Peter, Rome, Romere, Salomon, Silvester, Tarquinius |
| [32] | Legende ■■ 1402 | ‚Veit (Maria Saaler Bruchstücke)', eng an der Vorlage | Diocletian, Hylas, Leviatan, Licia, Maximian, Vitus |
| [33] | Legende □□□ 1089 | ‚Zürcher Barlaam' | Avennir, Barlam, Eva, Inden, Josafat, Nachor |
| [34] | Spiel □□□ 1511 | ‚Amorbacher (alemannisches) Spiel von Mariae Himmelfahrt', mit Disput zwischen Ecclesia, Synagoga und Dominus | Maria, Peter, Salomon, Syon |
| [35] | Spiel □□ 5463 | ‚Himmelgartner (südostfälische) Passionsspielfragmente', umfasste vermutlich ursprünglich das ganze Leben Jesu. | Andreas, Betlehem, Galilea, Herodes, Jacobus, Johannes, Maria, Petrus |
| [36] | Spiel ■■■ 1550 | ‚Osterspiel von Muri' | Antonius, Cumpreht, Galilea, Johannes Chru(m)be, Maria, Maria Magdalena, Nasaret, Pilatus, Ruolin Stacin |
| [37] | Vision □□□ 1541 | ‚Hamburger Jüngstes Gericht', darin: Erscheinen Christi und der Engel beim Gericht mit zahlreichen Reden und Erzählerkommentaren | — |
| [38] | Vision ■■■ 1558 | ‚Niederrheinischer Tundalus', Übersetzung der ‚Visio Tnugdali' | Abysse, Acheron, Archamacha, Britten, Crocagensis, Engelant, Ferrugius, Galenses, Hispangen, Jordan, Sonalius, Tundalus, Yberne |
| [39] | Vision □□ 1587 | ‚Visio Sancti Pauli II', ‚Von der Zukunft nach dem Tode' | Sanctus Paulus, Satanas |

429

## b) Weltlich

| [Nr.] | Textsorte<br>Umfang<br>HSC | Inhalt | Eigennamen |
|---|---|---|---|
| [40] | Antike<br>□□□<br>1462 | Albrecht von Halberstadt:<br>‚Metamorphosen' | Achilles, Anxarete, Ceyx, Eacus, Emonyen, Esyona, Focus, Herculues, Iphis, Jupiter, Kypre, Laomedon, Myda, Neptun, Pan, Pandyony, Peleo, Phebus, Philomena, Protheus, Telamon, Tereus, Thetis, Tracyam, Tynolus, Venus |
| [41] | Antike<br>□□□□<br>1429, 2223,<br>2750, 25133 | ‚Athis und Prophilias', Bearbeitung einer afrz. Erzählung über zwei Freunde im antiken Rom | Absterne, Aimon, Alemandinin, Alixandir, Androcheus, Androin, Anthicheus, Anthonius, Athene, Athis, Bilas, Brinus, Dimothenes, Dionisin, Dorilaus, Driens, Engris, Evas, Florentinus, Gaytin, Gracius, Julion, Kardiones, Kassidorus, Kolibas, Korilaus, Laumacors, Lucegwie, Margoz, Margwet, Marques, Messine, Montir, Orsin, Palatinin, Palerne, Pandaron, Peritheus, Phedrias, Pise, Prophilias, Riuzin, Rom, Salustine, Spruzvale, Tarquin, Tripe, Venus, Walfaram |
| [42] | Artus<br>□□□<br>1326, 2237 | ‚Edolanz', mit diversen Kämpfen gegen Riesen, Drachen, Löwen; um eine Stadt und um einen Sperber | Artus, Catani, De Letvrs, Edolanz, Engelloys, Franchreich, Gawan, Grysalet, Letvrs, Lv̊rteuns walt, Pontschur, Punturtoys, Purguntsoys, Spaniol, Tenebrach, Tsampani |
| [43] | Artus?<br>□□□<br>1805 | ‚König Tirol', episches Fragment zu einem Rätseltext | Baldewîn, Fridebrant/Vridebrant, Galferât, Lûzifer, Marroch, Massidam, Maymete, Megram, Sigeram, Tervigant, Tîrol, Velsiane |
| [44] | Artus<br>□□□<br>1322 | ‚Loccumer Artusroman', Kampf und Reden mit orientalischen Helden | Artuses, Asurye, Birtanien, Esurye, Galant, Gamuret, Gardelake, Hameliahter, Hardenis, Haulir, Isenhart, Linti[...], Moren, Punturtois, Spanyerol, Spanyol, Szanpenois, Vanasurye, Ysenyac |
| [45] | Artus<br>□□□<br>1218, 1691 | ‚Mitteldeutscher Erec' | Arthus, Crestien, Dannuz, Enide, Erek, Gyvreiz lipytiz, Karsinefide, Keye, Koraye, Kuradiun, [Orguellus de la lande], Quesius, Riel, Tyntalion, Waliwan, Wintwalitin, Yder, Yrlande, Yunnalun |

*Verstextfragmente des 13. Jahrhunderts im Überblick*

| | | | |
|---|---|---|---|
| [46] | Artus<br>☐☐☐<br>1366 | ‚Niederfränkischer Tristan',<br>Episode aus der Schlusspartie des<br>Thomas von Britanje | Armenye, Artus, Cornewalie, Irebant,<br>Kaerdine, Tristant, Ysolt |
| [47] | Artus<br>■■■<br>1320, 1708 | ‚Segremors', gemeinsam mit<br>Minnedame unterwegs, um Gawein<br>zu helfen. | Bonkovereye, Candis, Flandis,<br>Gawan, Grimoalt, Karmente,<br>Karnoyt, Malgrin, Maurin,<br>Munpholie, Nimmural, Nyobe,<br>Segremors, Sirikirsan |
| [48] | Artus<br>☐☐☐<br>1321 | Ulrich von Türheim: ‚Kliges' | Artus, Britanie, Constenopel, Jehan,<br>Kawein, Kliges, Kriech, Maria,<br>Tessala, Ulrich, Venix |
| [49] | Helden<br>☐☐<br>1233 | ‚Dietrich und Fasold', wenige Verse<br>aus einem Dietrichepos | Berner, Diterich, Liegevant<br>(Siegevant?), Vasolt |
| [50] | Helden<br>☐☐☐<br>1232 | ‚Dietrich und Wenezlan', deren<br>Kampf um Wolfhart und<br>Hildebrant | Bernaere, Bolan, Ditrich, Ezel,<br>Hildeb[rant], Riuze, Roemisch,<br>Rud[eger], Salza, Wenezlan, Wolfhart |
| [51] | Helden<br>■<br>1440 | ‚(Salzburger) Heldenepos-<br>Fragment' mit Kämpfen | Hiltebrant |
| [52] | Helden<br>☐☐☐<br>1400, 1422 | ‚Walther und Hildegund', Ende des<br>Epos: Ankunft in Lengers und<br>gerechte Herrschaft | Alker, Arragoun, Burgonde,<br>Chaerlingen, Engellant, Etzel,<br>Gunther, Hagene, Helche, Hiltegunt,<br>Lengers, Metze, Navarre, Ortwin, Rin,<br>Spanyge, Volker, Walther, Wasechen<br>walt |
| [53] | Historische<br>Dichtung<br>☐☐☐<br>1567 | ‚Rudolf von Hürnheim und die<br>bayerisch-augsburgische Fehde von<br>1296' mit Rats- und<br>Botendialogen | Dilingen, Hurnenhaeim, Maria,<br>Ruodolf, Wolfharten |
| [54] | Karl<br>■■■<br>1454 | ‚Alischanz', Bearbeitung der<br>‚Bataille d'Aliscans' | Acrapars, Adam, Aimeri, Alexandre,<br>Alexans, Anjou, Appelgra, Archant,<br>Babilone, Batres, Baudins, Baudus,<br>Bertran, Beuuon, Bordel, Borel,<br>Bornus, Bosindant, Bruiens, Candoie,<br>Clariaus, Claudubais, Comarcis,<br>Desrame, Diebaus, Elinant, Estele,<br>Franzoisen, Gantiers, Gaubus,<br>Gaudin, Geraert, Girart, Giuborg,<br>Guielin, Guillam, Guinemant, Guion,<br>Guizars, Hurepe, Jiouse, Loquiferne,<br>Lucifer, Mahom(et), Malaties,<br>Malqidant, Margot, Marie, Maulaerz,<br>Maulars, Milon, Monsorel, Morgans,<br>Morinde, Orcasse, Palerne, Percegues,<br>Reinier, Renoart, Samuant, Samuel,<br>Samul, Sinagon, Spanie, Stors,<br>Tenebres, Termes, Turke, Vivians,<br>Vrankeriche, Walegrape |

| | | | |
|---|---|---|---|
| [55] | Karl ▢▢▢▢ 1212, 1314, 1315, 1316 | ‚Karl und Galie', Jugendgeschichte Karls, Bedrängung des Paars durch den Sarazenenfürsten Orias | Affriche, Bremont, Diederiche, Eynart, Florette, Francriche, Franzois, Galaffer, Galie, Girfein, Girnas, Godin, Johannes, Karkasone, Karl Meinet, Mahumet, Maria, Morant, Orie, Oriette, Ortun, Owag, París, Termis, Tollet, Vail |
| [56] | Minne-dichtung ? 18671 | Fragmente aus einem Liederbuch (Abdruck fehlt) | ? |
| [57] | Minne-dichtung ▢ 1629 | Liebesgruß/Dienstversicherung | — |
| [58] | Ritterepik ▢▢▢ 1466 | ‚Ainune', Reden eines Liebespaares und eines Ratgebers um Minne | Ainune, Galizium, Ovid, Willehalm de Punt |
| [59] | Ritterepik ▢▢▢ 26869 | ‚Almuosa' | Almuosa, Lucifer |
| [60] | Ritterepik ▢▢▢ 1586 | ‚Blanschandin', Bearbeitung des franz. ‚Blancandin et l'Orgueilleuse d'Amour' | Blanschandin, Ferefiz, Parze[val] |
| [61] | Ritterepik ▢▢▢ 1160 | ‚Flors inde Blanzeflors' (= Flore-Stoff) | Amirale, Blanzeflors, Claricia, Florse, Zarrezine |
| [62] | Ritterepik ▢▢▢▢ 1475 | ‚Graf Rudolf' kämpft in Jerusalem für König Gilot gegen den heidnischen Herrscher Halap; später wirbt er um dessen Tochter | Agar, Agarrain, Appollinart, Arraz, Beatris, Bethlehem, Bonifait, Bonthart, Constinopele, Gaiol Gruwin, Gilot, Girabobe, Halap, Inzam von Flandirn, Irmengart, Jerusalem, Maria, Rome, Rudolf, Scalun |
| [63] | Ritterepik ▢▢▢ 1613 | ‚Henric und Claredamie', Heidenkampf, Rückkehr in die Normandie | Amerade, Amye, Claredamye, Henric, Jerusalem, Mec, Melantwier, Normandye, Vrancrike |
| [64] | Ritterepik ▢▢ 1480 | ‚Minnewerbung I', Liebesversicherung an Herrin und Bitte um Gnade | — |
| [65] | Ritterepik ▢▢▢ 1608 | ‚Trierer Floyris' (= Flore-Stoff) | Babilonien, Bernhart, Blantseflůr, Cloris, Dammiral, Daries, Floyres, Wandilot |
| [66] | Ritterepik ▢▢▢ 1157, 1946 | ‚Tybalt', Sprechender Sittich wirbt für Tybalt um Minnedame; Tybalt schreibt ihr einen Brief | Helene, Hercules, Jole, Ovid, Paris, Portimunt, Psitacus, Tibul, Tybalt |

*Verstextfragmente des 13. Jahrhunderts im Überblick*

[67[ Vorhöfische ‚Herzog Ernst A' Crippya, Ernest, Franken, Heinrich,
Epik Merine (?), Otto, Witener
■■■
1146, 1165,
1393

Anhang II: Namenregister

Verzeichnet sind alle in Anhang I in der Spalte ‚Eigennamen' genannten Namen und Geographica. Bei der Sortierung sind I, J und Y, Ch und K sowie F und V am Wortanfang als gleichwertig behandelt. Die Zahlen entsprechen den Nummern im Anhang.

| | | |
|---|---|---|
| Abel 2 | Anna 5 | Bethlehem 35, 62 |
| Abiatar 31 | Annianus 1 | Bethsayda 1 |
| Abraham 10 | Anthicheus 41 | Beuuon 54 |
| Absterne 41 | Anthonius 41 | Bilas 41 |
| Abysse 38 | Antioch 29 | Birtanien 44 |
| Acheron 38 | Antonius 36 | Blanschandin 60 |
| Achilles 40 | Anxarete 40 | Blantsefluor 65 |
| Acrapars 54 | Appelgra 54 | Blanzeflors 61 |
| Adam 14, 15, 54 | Appollinart 62 | Bolan 50 |
| Adelbreht 23 | Archamacha 38 | Bonifait 62 |
| Aerderich 27 | Archant 54 | Bonkovereye 47 |
| Affriche 55 | Arfaxat 1 | Bonthart 62 |
| Agar 62 | Armenye 46 | Bordel 54 |
| Agarrain 62 | Arragoun 52 | Borel 54 |
| Aimeri 54 | Arraz 62 | Bornus 54 |
| Aimon 41 | Artus 42, 44, 45, 46, 48 | Bosindant 54 |
| Ainune 58 | Asia 1, 4, 29 | Bremont 55 |
| Alemandinin 41 | Assur 5 | Brinus 41 |
| Alexander 1, 41, 54 | Asurye 44 | Britanie 44, 48 |
| Alexans 54 | Athene 41 | Britten 38 |
| Alker 52 | Athis 41 | Bruiens 54 |
| Almuosa 59 | Avennir 33 | Burgonde 52 |
| Alpheus 1 | Babilone 1, 19, 54, 65 | Damascenes 14 |
| Ambrosius 20 | Baldewîn 43 | Dammiral 65 |
| Amelius 27 | Barlam 33 | Dannuz 45 |
| Amerade 63 | Barraban 19 | Daries 65 |
| Amicus 27 | Batres 54 | David 14, 16, 21, 22, 28, 31 |
| Amirale 61 | Baudins 54 | |
| Amye 63 | Baudus 54 | De Leturs 42 |
| Andreas 35 | Beatris 62 | Desrame 54 |
| Androcheus 41 | Bernaere 49, 50 | Diebaus 54 |
| Androin 41 | Bernhart 65 | Dilingen 53 |
| Anjou 54 | Bertran 54 | Dimothenes 41 |

433

| | | |
|---|---|---|
| Diocletian 32 | Florentinus 41 | Guizars 54 |
| Dionisin 41 | Florette 55 | Gundoforus 1 |
| Diterich 49, 50, 55 | Florse 61 | Gunther 52 |
| Dorilaus 41 | Floyres 65 | Gyvreiz lipytiz 45 |
| Driens 41 | Focus 40 | Hagene 52 |
| Eacus 40 | Volker 52 | Halap 62 |
| Edesa 1 | Francriche 42, 54, 55, 63 | Hameliahter 44 |
| Edolanz 42 | | Hannas 12 |
| Egidius 24 | Franken 67 | Hardenis 44 |
| Egipten 31 | Franzois 54, 55 | Haulir 44 |
| Egiptenlant 2 | Fridebrant 43 | Heinrich 67 |
| Eglippus 1 | Gabel 5 | Heinrich von Hasiliere 14 |
| Elinant 54 | Gabriel 11, 19, 23 | |
| Elisabeth 23 | Gaiol Gruwin 62 | Helche 52 |
| Emaus 19 | Galaffer 55 | Helena 31 |
| Emonyen 40 | Galant 44 | Helene 31, 66 |
| Engellant 38, 52 | Galenses 38 | Henric 63 |
| Engelloys 42 | Galferât 43 | Hercules 40, 66 |
| Engris 41 | Galie 55 | Herodes 21, 35 |
| Enide 45 | Galilea 12, 19, 21, 35, 36 | Hieremias 7 |
| Erek 45 | | Hildebrant 50, 51 |
| Ernest 67 | Galizium 58 | Hiltegunt 52 |
| Esau 2 | Gamuret 44 | Hispangen 38 |
| Estele 54 | Gantiers 54 | Hurepe 54 |
| Esurye 44 | Gardelake 44 | Hurnenhaeim 53 |
| Esyona 40 | Gaubus 54 | Hylas 32 |
| Etzel 50, 52 | Gaudin 54 | Jacob 1, 2, 15, 35 |
| Eufemian 26 | Gawan 42, 47, 48 | Yberne 38 |
| Eva 14, 33 | Gaytin 41 | Yder 45 |
| Evas 41 | Geraert 54 | Jehan 48 |
| Exerses 1 | Gilot 62 | Jeronimus 15 |
| Eynart 55 | Girabobe 62 | Ieropolis 1 |
| Ezechiel 5 | Girart 54 | Jerusalem 1, 4, 5, 12, 19, 31, 62, 63 |
| Vail 55 | Girfein 55 | |
| Vanasurye 44 | Girnas 55 | Jiouse 54 |
| Vasolt 49 | Giuborg 54 | Inden 33 |
| Velsiane 43 | Godin 55 | Indya 1 |
| Venix 48 | Gracius 41 | Inzam von Flandirn 62 |
| Venus 40, 41 | Gregorius 15 | Johannes 14, 19, 23, 28, 35, 55 |
| Ferefiz 60 | Grimoalt 47 | |
| Ferrugius 38 | Grysalet 42 | Johannes Baptiste 11 |
| Vitus 32 | Guielin 54 | Johannes Chrumbe 36 |
| Vivians 54 | Guillam 54 | Johannes Ewngeliste 11 |
| Flandis 47 | Guinemant 54 | Jole 66 |
| Flavius 24 | Guion 54 | Jonatham 4 |

*Verstextfragmente des 13. Jahrhunderts im Überblick*

| | | |
|---|---|---|
| Jordan 38 | Clariaus 54 | Maria 1, 8, 11, 12, 13, 19, |
| Josafat 33 | Claricia 61 | 34, 35, 36, 48, 53, 55, 62 |
| Joseph 19 | Claudubais 54 | Maria Magdalena 11, |
| Joseph von Aromathia 21 | Cleophas 19 | 12, 19, 36 |
| | Kliges 48 | Marie 9, 20, 54 |
| Iphis 40 | Cloris 65 | Marques 41 |
| Irebant 46 | Kolibas 41 | Marroch 43 |
| Yrlande 45 | Comarcis 54 | Massidam 43 |
| Irmengart 62 | Constantin 31 | Mathaeus 1 |
| Irtacus 1 | Constinopele 48, 62 | Maulaerz 54 |
| Isaacke 2, 31 | Koraye 45 | Maulars 54 |
| Ysaias 16 | Korilaus 41 | Maurin 47 |
| Isenhart 44 | Cornewalie 46 | Maximian 32 |
| Ysenyac 44 | Crestien 45 | Maymete 43 |
| Ysidorus 15 | Kriech 48 | Mec 63 |
| Ysolt 46 | Kriechen 24 | Megram 43 |
| Ysoyas 5 | Crippya 67 | Melantwier 63 |
| Israelite 2 | Crocagensis 38 | Merine (?) 67 |
| Israhel 7, 9, 23, 31 | Cumpreht 36 | Messias 21 |
| Italien 31 | Kuradiun 45 | Messine 41 |
| Iuda 5 | Kypre 40 | Metze 52 |
| Judas 1 | Laban 2 | Michael 11 |
| Juden 2, 4, 9, 12, 19, 21, 31 | Paffe Lambrecht 5 | Milon 54 |
| | Laomedon 40 | Modin 4 |
| Julion 41 | Lateran 24, 26, 31 | Monsorel 54 |
| Yunnalun 45 | Laumacors 41 | Montana 23 |
| Jupiter 40 | Lengers 52 | Montir 41 |
| Kaerdine 46 | Leturs 42 | Morant 55 |
| Kaifas 21 | Leviathan 19, 32 | Moren 44 |
| Candis 47 | Licia 32 | Morgans 54 |
| Candoie 54 | Liegevant 49 | Morinde 54 |
| Kardiones 41 | Linti[...] 44 | Moyses 21, 22, 31 |
| Karkasone 55 | Loquiferne 54 | Munpholie 47 |
| Karl 24 | Lucas 19 | Myda 40 |
| Karl Meinet 55 | Lucegwie 41 | Naason 5 |
| Karmente 47 | Lucifer 43, 54, 59 | Nabuchodonosor 22 |
| Karnoyt 47 | Luorteuns walt 42 | Nachor 33 |
| Karsinefide 45 | Machati 6 | Navarre 52 |
| Kassidorus 41 | Mahumet 54, 55 | Nazaret 19, 36 |
| Catani 42 | Malaties 54 | Neor 1 |
| Centurius 21 | Malgrin 47 | Neptalym 5 |
| Kerlingen 24, 52 | Malqidant 54 | Neptun 40 |
| Keye 45 | Margareta 29 | Nicaron 1 |
| Ceyx 40 | Margot 54 | Nicodemus 19, 21 |
| Citia 1 | Margoz 41 | Nimmural 47 |
| Claredamye 63 | Margwet 41 | Niniue 5 |

435

Ninus 5
Noe 5, 22
Normandye 63
Nyobe 47
Oliveti 19
Olibrius 29
Orcasse 54
Orguellus de la lande 45
Orie 55
Oriette 55
Orsin 41
Ortun 55
Ortwin 52
Otto 67
Ovid 58, 66
Owag 55
Palatinin 41
Palerne 41, 54
Pan 40
Pandaron 41
Pandyony 40
Paris 55, 66
Parzeval 60
Patricius 30
Paulus 24, 31, 39
Peleo 40
Percegues 54
Peritheus 41
Persya 1
Petrus 14, 19, 24, 31, 34, 35
Phebus 40
Phedrias 41
Philipus 1
Philomena 40
Pilatus 12, 20, 21, 36
Pise 41
Pontschur 42
Portimunt 66
Prophilias 41
Prothcus 40
Psitacus 66
Punturtois 42, 44
Purguntsoys 42
Quesius 45

Rachele 2
Raguel 5
Raphael 11, 27
Reinier 54
Renoart 54
Riel 45
Rin 52
Riuze 41, 50
Roemisch 50
Rom 1, 24, 26, 31, 41, 62
Romere 31
Rudeger 50
Rudolf 53, 62
Ruolin Stacin 36
Salmanasar 5
Salomon 1, 5, 14, 15, 16, 31, 34
Salustine 41
Salza 50
Samuant 54
Samuel 54
Samul 54
Satanas 1, 39
Scalun 62
Segremors 47
Sennacherip 5
Siegevant (?) 49
Sigeram 43
Silvester 31
Simon 1
Sinagon 54
Sirikirsan 47
Sonalius 38
Spanie 52, 54
Spaniol 42, 44
Spanyerol 44
Spruzvale 41
Stors 54
Suanic 1
Symeon 20
Symon 1, 4
Syon 16, 34
Syria 1
Szanpenois 44

Tarquin 31, 41
Telamon 40
Tenebrach 42
Tenebres 54
Tereus 40
Termes 54, 55
Tervigant 43
Tessala 48
Thetis 40
Thobyas 5
Thomas 1, 19
Tiber 24
Tibul 66
Tirol 43
Tollet 55
Tracyam 40
Tripe 41
Triphon 4
Trire 5
Tristant 46
Tsampani 42
Tundalus 38
Turke 54
Tybalt 66
Tygris 22
Tynolus 40
Tyntalion 45
Ulrich 48
Walegrape 54
Walfaram 41
Waliwan 45
Walther 52
Wandilot 65
Wardach 1
Wasechen walt 52
Wenezlan 50
Willehalm de Punt 58
Wintwalitin 45
Witener 67
Wolfhart 50, 53
Xerses 1
Zabulon 5
Zacharias 23, 28
Zaroes 1
Zarrezine 61
Zelotes 1

# Handschriftenfragmente im Niemandsland zwischen Bibliothek und Universität
## Ein Parcours zu verteilten Kompetenzen anhand einiger Beispiele aus der Arbeit des Leipziger Handschriftenzentrums

von CHRISTOPH MACKERT

Welche Bedeutung Handschriftenfunde für die Erforschung der deutschen Literatur und Sprache des Mittelalters haben, darf – zumindest in den überlieferungsgeschichtlich ausgerichteten Fachkreisen – als mediävistisches Allgemeinwissen gelten. Um nur einige zentrale Aspekte zu nennen:[1] Neu entdeckte Handschriftenzeugnisse geben immer wieder den Blick frei auf bislang völlig unbekannte Texte.[2] Sie ergänzen bei schon bekannten Texten unser Bild der

---

[1] Die einzelnen Aspekte illustriere ich im Folgenden mit Beispielen aus dem Leipziger Arbeitskontext, ich beschränke mich dabei nicht auf Fragmentfunde und strebe keine systematische Vollständigkeit an. Den Kolleg:innen des Leipziger Handschriftenzentrums danke ich für Feedback und Hinweise zu meinem Beitrag, insbesondere Werner J. Hoffmann und Katrin Sturm für die ergänzenden Hinweise auf Beispiele in den folgenden Fußnoten. Ich verwende im Folgenden grundsätzlich die offiziellen Bezeichnungen und Abkürzungen der handschriftenbesitzenden Institutionen und ihre offiziellen Zitiersignaturen, wie sie auch im Handschriftenportal (HSP) verwendet werden, nicht die Ansetzungen der Institutionsbezeichnungen und der Handschriftensignaturen im Handschriftencensus.

[2] In Publikationen aufgearbeitete Funde: Falk Eisermann / Christoph Mackert, Vom Handel mit Gebeten – ‚Der Wingarte Jesu', eine neue Quelle zur planmäßigen Verbreitung von Gebetstexten im späten Mittelalter, in: Zur Erforschung mittelalterlicher Bibliotheken. Chancen – Entwicklungen – Perspektiven, hg. v. Andrea Rapp u. Michael Embach (Zeitschrift für Bibliothekswesen und Bibliographie, Sonderband 97), Frankfurt a. M. 2009, S. 61–99 (zu Bautzen, Diözesan- und Domstiftsbibliothek, M I 27, Bl. 1ʳ–26ᵛ); Werner J. Hoffmann, Leipziger Handschriftenfunde II. Eine deutsche Brevier-Übersetzung in Dresden, in: ZfdA 145 (2016), S. 232–240 (zu Dresden, SLUB, Theol.ev.asc.536, Einband); Matthias Eifler / Werner J. Hoffmann, Mittelalterliche Handschriften und Fragmente aus dem Stadtarchiv in Meißen. Ergebnisse eines Erschließungsprojektes am Leipziger Handschriftenzentrum, in: Neues Archiv für sächsische Geschichte 89 (2018), S. 39–71, hier: 53–71, zum lat.-dt. Manuale eines

Überlieferungsgeschichte und zeigen, wann und wo und in welcher Form ein Text gelesen wurde. Sie können textkritisch bedeutsam sein oder auch spätere Veränderungen der Textgestalt im Lauf der Bearbeitungs- und Rezeptionsgeschichte erhellen.[3] Die Entdeckung besonders früher Textzeugen kann den Kenntnisstand über die Entstehungsumstände auch des Textes selbst beeinflussen, von der Werkdatierung und -lokalisierung bis hin sogar zu Fragen der Autorschaft.[4] Handelt es sich um neues Material zu einer schon bekannten

---

wohl Meißner Stadtarztes (Meißen, Stadtarchiv, H6, Bl. 75ᵛ–81ᵛ), das u. a. ein unbekanntes gereimtes Pestregimen enthält, Open Access-Zweitveröffentlichung: https://doi.org/10.52411/nasg.Bd.89.2018.S.39–71 (sämtliche in diesem Beitrag angeführten digitalen Ressourcen wurden zuletzt abgerufen am 24.04.2024). Vgl. auch die Handschriftenbeschreibung von Katrin Sturm zu Karlsruhe, BLB, Cod. Donaueschingen 292, der ein außerordentlich frühes ‚Zisterziensisches Erbauungsbuch' in deutscher Sprache mit zahlreichen sonst nicht belegbaren Teiltexten überliefert: https://resolver.staatsbibliothek-berlin.de/HSP0006301A00000000. Siehe auch unten Abschnitt 3 zum ‚Dessauer Mariengruß'.

[3] Etwa das sehr frühe, autornahe Fragment von Bruder Philipps ‚Marienleben' (Leipzig, Deutsche Nationalbibliothek, Deutsches Buch- und Schriftmuseum, Klemm-Sammlung, I, 8), vgl. die Beschreibung von Werner J. Hoffmann: https://resolver.staatsbibliothek-berlin.de/HSP0005C26300000000; jüngst identifiziert wurde der wohl älteste Textzeuge des ‚Mondwahrsagebuchs', vgl. die Beschreibung zu Leipzig, UB, Deutsche Fragmente 85 von Christoph Mackert und Katrin Sturm: https://resolver.staatsbibliothek-berlin.de/HSP0006820A00000000. Siehe auch unten Abschnitt 3 zu den Annaberger Fragmenten eines deutschen Lektionars und zur ‚Windberger Interlinearversion zu Psalter, Cantica u. a.' sowie zum Wittenberger ‚Evangelium Nicodemi'-Fragment und zum Dresdner Fragment von ‚Der König im Bad'.

[4] Vgl. Matthias Eifler / Werner J. Hoffmann / Beate Umann, Freiberger Handschriftenschätze gehoben. Ergebnisse eines Kooperationsprojektes der Andreas-Möller-Bibliothek mit dem Leipziger Handschriftenzentrum, in: Mitteilungen des Freiberger Altertumsvereins 115 (2021), S. 79–138, hier: 128–133, zu Fragmenten der Passionshistorie ‚Do es nahet das zit' im Freiberger Trägerband VIII 2° 72, die über ein halbes Jahrhundert älter sind als der bisher einzige bekannte Textzeuge und damit auch ein besonders frühes Zeugnis der Gattung ‚Passionstraktat' darstellen. Auswirkungen auf die Textdatierung des ‚Vocabularius Brevilogus' hatte die Identifizierung des ältesten datierten Überlieferungszeugen Stralsund, Stadtarchiv, HS 1049, der 1379 begonnen wurde und damit die Entstehung des Vokabulars ins 3. Viertel des 14. Jahrhunderts zurückverlegt, siehe dazu künftig Werner J. Hoffmann, Deutschsprachige Handschriften des 14. und frühen 15. Jahrhunderts in den historischen Buchbeständen Stralsunds. Einige Funde aus dem Leipziger DFG-Projekt zur Erschließung der Handschriften des Stadtarchivs Stralsund, in: Seit 650 Jahren: Warum Stralsund? Warum Frieden?, hg. v. Nils Jörn, Kerstin Petermann u. Anja Rasche (Coniunctiones – Beiträge des Netzwerks Kunst und Kultur der Hansestädte 4), Petersberg (ersch. 2024). Die notwendige Umdatierung des ‚Brevilogus' wird gestützt durch das fragmentarische Doppelblatt Leipzig, UB, Deutsche Fragmente 538, das paläographisch sogar ins 2. Drittel des 14. Jahrhunderts führt, vgl. die Beschreibung von Katrin Sturm: https://resolver.staatsbibliothek-berlin.de/HSP0005C9FA00000000. Das Fragment Karlsruhe, BLB, Cod. Donaueschingen B VI 9, erwies sich als ein neuer

Handschrift, etwa bei Codices discissi oder geplünderten Codices, kann ein ergänzender Fund zum besseren Verständnis der Entstehungs- und Besitzgeschichte des ursprünglichen Manuskripts beitragen[5] oder auch unsere Vorstellungen über den einstigen Gesamtcodex entscheidend verändern.[6] Die sprachhistorische Forschung schließlich erhält durch Handschriftenfunde Zugang zu neuem Wortmaterial und grammatikalischen Phänomenen, gerade für die Frühzeit der deutschsprachigen Überlieferung und für bestimmte schlecht dokumentierte Regionen, und sie erweitert ihr Wissen über lokale Ausprägungen von Schreibweisen und über die mittelalterlichen Schreiblandschaften.[7]

Auch wenn hin und wieder immer noch zuvor unbekannte vollständige Codices mit volkssprachigen Texten auftauchen,[8] ist es doch heutzutage in aller

---

und zugleich als der älteste Überlieferungszeuge für die Legende der hl. Juliana aus dem bislang teilweise Marquard Biberlin zugeschriebenen Legendar und bestätigt die Problematik dieser Autorzuweisung, vgl. die Beschreibung von Katrin Sturm: https://resolver.staatsbibliothek-berlin.de/HSP00062FFA00000000. Siehe auch unten Abschnitt 3 zum Wittenberger Hesler-Fragment des ‚Evangelium Nicodemi'.

[5] Vgl. beispielsweise Werner J. Hoffmann, Deutsche Psalter-Fragmente aus Stralsund und Hamburg ... am Leipziger Handschriftenzentrum zusammengeführt, https://blog.ub.uni-leipzig.de/deutsche-psalter-fragmente-aus-stralsund-und-hamburg/, 2. Juli 2018; siehe auch die zugehörige Handschriftenbeschreibung: https://resolver.staatsbibliothek-berlin.de/HSP0006604B00000000.

[6] Der Neufund eines ‚Heliand'-Fragments 2006 an der UB Leipzig (jetzt: Ms Thomas 4073) erwies dieses und das zugehörige Berliner (ehem. Prager) Fragment mit größter Wahrscheinlichkeit als Reste des untergegangenen Praefatio-Exemplars, vgl. Hans Ulrich Schmid, Ein neues ‚Heliand'-Fragment aus der Universitätsbibliothek Leipzig, in: ZfdA 135 (2006), S. 309–323; Christoph Mackert / Hans Ulrich Schmid, Der ‚Heliand', in: Credo. Christianisierung Europas im Mittelalter, Bd. 2: Katalog, hg. v. Christoph Stiegemann, Martin Kroker u. Wolfgang Walter, Petersberg 2013, S. 452–456.

[7] Vgl. etwa Christoph Mackert / Hans Ulrich Schmid, Ein spätmerowingisches Handschriftenfragment mit frühen althochdeutschen Glossen – Zum Fragmentum latinum 430 der UB Leipzig, in: athe in palice, athe in anderu sumeuuelicheru stedi. Raum und Sprache. Festschrift für Elvira Glaser zum 65. Geburtstag, hg. v. Andreas Nievergelt u. Ludwig Rübekeil, Heidelberg 2019, S. 143–161. Siehe auch unten Abschnitt 3 zu den ‚Annaberger Predigtexempeln' sowie zum Wittenberger Hesler-Fragment des ‚Evangelium Nicodemi' und zum Dresdner Fragment von ‚Der König im Bad', die beide Beiträge zum mittelhochdeutschen Wortschatz leisten.

[8] Beispielsweise im DFG-Projekt ‚Inventarisierung der Handschriften des 14.–17. Jahrhunderts der Domstiftsbibliothek St. Petri in Bautzen' die Handschrift M I 5 mit dem ‚Compendium theologicae veritatis, dt.', vgl. Ulrike Spyra u. Birgit Mitzscherlich unter Mitarbeit von Christoph Mackert u. Agnes Scholla, Katalog der Handschriften der Domstiftsbibliothek Bautzen. Mit einer Einführung von Enno Bünz (Quellen und Materialien zur sächsischen Geschichte und Volkskunde 4), Leipzig 2012, S. 64f. Im DFG-Projekt ‚Erschließung von Kleinsammlungen mittelalterlicher Handschriften in Ostdeutschland' wurden im Stadtarchiv Stralsund drei deutschsprachige Codices identifiziert, die bis dato in der Forschung unbekannt waren: HS 975 (‚Spiegel des

Regel der Sektor der Fragmentüberlieferung,[9] in dem Neufunde gelingen. Über die Frage, wer auf welche Weise an solchen Fragment-Neufunden, ihrer Aufarbeitung und Verbreitung beteiligt ist und wie diese Prozesse des Findens, Bearbeitens und Publizierens im Spannungsfeld zwischen den bestandshaltenden Gedächtnisinstitutionen und der universitären Forschung derzeit ablaufen und in Zukunft eventuell ablaufen könnten, handelt der folgende Beitrag.

## 1. Akteure

### 1.1. Informationsstrukturen der Altgermanistik

Aufseiten der Altgermanistik hat die Bedeutung der handschriftlichen Überlieferung für das Fach dazu geführt, dass für den Nachweis und die Veröffentlichung von Handschriftenfunden feste Strukturen und Publikationsorte etabliert wurden, die schwerpunktmäßig im Umkreis des Instituts für Deutsche

---

Herzens'), HS 980 (Heinrich Seuse, ‚Büchlein der ewigen Weisheit'; Traktat über Tugenden von Klosterfrauen; ‚Messerklärung Man findet vil buechlein vnd lere'), HS 996 (‚Greifswalder Abecedar'), vgl. die Handschriftenbeschreibungen von Werner Hoffmann im Handschriftenportal: https://resolver.staatsbibliothek-berlin.de/HSP00 056E2700000000; https://resolver.staatsbibliothek-berlin.de/HSP00056E1E00000000; https://resolver.staatsbibliothek-berlin.de/HSP00056E2500000000.

[9] Eine aktuelle Einführung zu zentralen Aspekten der Fragmentüberlieferung und zu methodischen Fragen bei der Arbeit mit Fragmenten ist mir nicht bekannt. Ich verweise auf folgende Monographien, die trotz der programmatischen Titel aber keine systematischen Darstellungen bieten, sondern Einzelstudien versammeln und diese mit einer Einführung verbinden: Interpreting and Collecting Fragments of Medieval Books. Proceedings of the Seminar in the History of the Book to 1500 (Oxford, 1998), ed. by Linda L. Brownrigg and Margaret M. Smith (Proceedings of The Seminar in the History of the Book to 1500, Oxford 1998), Los Altos Hills, CA 2000; Fragmente. Der Umgang mit lückenhafter Quellenüberlieferung in der Mittelalterforschung, Akten des internationalen Symposiums des Zentrums Mittelalterforschung der Österreichischen Akademie der Wissenschaften, Wien, 19.–21. März 2009, hg. v. Christian Gastgeber, Christine Glassner, Kornelia Holzner-Tobisch u. Renate Spreitzer (Österreichische Akademie der Wissenschaften, Philosophisch-Historische Klasse, Denkschriften 415), Wien 2010; Fragment und Makulatur. Überlieferungsstörungen und Forschungsbedarf bei Kulturgut in Archiven und Bibliotheken, hg. v. Hanns Peter Neuheuser u. Wolfgang Schmitz (Buchwissenschaftliche Beiträge 91), Wiesbaden 2015. In der Open Acccss Online-Zeitschrift ‚Fragmentology' werden seit 2018 neben thematischen Fallstudien immer wieder auch Beiträge mit übergreifender Perspektive publiziert, so zuletzt: William Duba, Finding the Prior Leaf. Manuscript Fragments and Original Codices, in: Fragmentology 6 (2023), S. 5–65 (DOI: https://doi.org/10.24446/j9en). Einen Überblick zum Umgang mit Fragmenten aus v. a. auch bibliothekarischer Perspektive bietet Claudia Sojer, Fragmente – Fragmentkunde – Fragmentforschung, in: Bibliothek. Forschung und Praxis 45 (2021), S. 533–553.

Philologie des Mittelalters an der Philipps-Universität Marburg angesiedelt sind. In der ‚Zeitschrift für deutsches Altertum und deutsche Literatur' (ZfdA) wurde 1969 eigens die Rubrik ‚Handschriftenfunde zur Literatur des Mittelalters' eingerichtet, die inzwischen 256 Beiträge umfasst.[10] Seit 2020 wird diese ZfdA-Rubrik ergänzt durch die eigene Open Access-Zeitschrift ‚Maniculae' (https://maniculae.de/), die in Wiederbelebung der Textsorte der Miszelle für kurze Beiträge geschaffen wurde, mit denen man „sich rasch und verlässlich über Neuigkeiten auf dem Gebiet der Handschriftenforschung [...] informieren" kann, insbesondere durch „Fundbericht[e] bisher unbekannter Handschriften und Fragmente", „Identifikation bisher unbekannter Fragmente" und „Allgemeine Neuigkeiten zu Handschriften und Fragmenten".[11] Die Herausgeberschaft für ‚Maniculae' liegt beim Handschriftencensus (HSC, https://handschriftencensus.de/), dem zentralen Onlineportal für die grundlagenbezogene Altgermanistik mit dem Anspruch, die handschriftliche Überlieferung der deutschsprachigen Literatur des Mittelalters vollständig zu erfassen. Entsprechend werden neue Fragmentfunde im HSC fortlaufend nachgetragen. Mit dem Dreiklang von HSC, ZfdA-Handschriftenfunden und ‚Maniculae' ist es für die germanistische Forschung eine Selbstverständlichkeit geworden, stets den aktuellen Stand zu den verfügbaren Überlieferungsträgern eines Textes abrufen zu können. So jedenfalls die Selbstwahrnehmung des Faches.

## 1.2. Handschriftenfunde und die Rolle der Bibliotheken

Die Rolle der Gedächtnisinstitutionen, um den Blick nun auf die andere Seite zu richten, wirkt in dieser selbstorganisierten fachwissenschaftlichen Informationsstruktur eher marginal. Überblickt man zum Beispiel die Reihe der Beiträger:innen für die ZfdA-Rubrik ‚Handschriftenfunde', fällt eine absolute Dominanz von Universitäts- und Akademieangehörigen auf, während Personal von Bibliotheken und Archiven nur selten als Autor:innen in Erscheinung tritt, und wenn, dann häufig in Co-Autorschaft mit universitären Forscher:innen.[12] Vergleichbares gilt für die Beiträge bei ‚Maniculae'. Der Eindruck, dass Neufunde primär durch Forschende gemacht werden, drängt sich in solchen Formaten auf. Gleichzeitig sind es die Gedächtnisinstitutionen – und hier ist neben den Bibliotheken gerade für den Fragmentbereich insbesondere auch an die Archive zu denken und, allzu oft vergessen, an die Museen mit ihren Graphischen Sammlungen –, die der genuine Ort für Neufunde sind, da bei ihnen die

---

[10] Vgl. http://www.zfda.de/inhalt.php?mode=hssfunde. Handschriftenfunde wurden daneben immer wieder auch in der ZfdPh publiziert.
[11] https://maniculae.de/index.php/maniculae/Zeitschrift.
[12] Vgl. oben Anm. 10.

historischen Bestände aufbewahrt werden. Wie also kommen die Forschenden an die Informationen über neuentdecktes Material?

Damit stellt sich die Frage nach der Rolle derjenigen, die in solchen Institutionen arbeiten und für die Bestände verantwortlich sind. Sie sind nach dem eigenen Berufsbild – und entsprechend in der Wahrnehmung der universitären Fachwissenschaft – in erster Linie professionalisierte ‚Keeper and Provider': zuständig für die fachgerechte Bewahrung und für die Zugänglichkeit durch Erschließung, Benutzungsmöglichkeiten und digitale Bereitstellung. Sie unterstützen und ermöglichen damit die Forschungen in den Fachwissenschaften, sie sind im besten Fall forschungsaffin, ihre eigene Fachexpertise aber liegt im Bestands- und Informationsmanagement. Es sind allerdings zugleich diejenigen Personen, die den Zugang zu den Magazinen haben und deren Arbeit vielfältigen Kontakt mit historischen Materialien bedingt. Sie wären also die idealen Vermittler von Neufunden an die Wissenschaft, sofern sie über eine entsprechende Mindest-Kompetenz für die Einschätzung des Materials und auch ein Bewusstsein für das fachliche Interesse an solchen Fund-Informationen verfügen.

Ob ein Fund innerhalb einer institutionellen Sammlung auffällt und ob es zu einer Kontaktaufnahme mit der einschlägigen Forschung kommt, hängt also stark vom persönlichen Profil der Bestandsbetreuenden und auch von der aktiven Beziehungspflege zwischen Forschung und Gedächtnisinstitution an den einzelnen Standorten ab. Dass bei den Sammlungsverantwortlichen an den wissenschaftlichen Bibliotheken in Deutschland in den letzten Jahrzehnten zunehmend eine Verlagerung von mediävistisch geschulten ‚Handschriftenleuten' hin zu Personal mit Kompetenzen für die breite Masse gedruckter und neuzeitlich-handschriftlicher Altbestandsmaterialien und insbesondere für digitale Informationsprozesse stattgefunden hat, wirkt sich natürlich auch auf die Kommunikation zwischen bestandshaltenden Einrichtungen und der überlieferungsgeschichtlich arbeitenden Forschung aus.

Eine gewisse Kompensation dieser Situation ist für Forschende mit der fortschreitenden Digitalisierung der Altbestände verbunden. Sie bietet eine große Chance, beim Flanieren in den Digitalen Sammlungen der Bibliotheken selbständig Entdeckungen zu machen. Allerdings ist dafür gerade im Bereich der Fragmentüberlieferung beispielsweise ein Durchblättern zahlloser Digitalisate von Alten Drucken erforderlich, für deren historische Einbände oft Makulatur aus Handschriften als Bindematerial verwendet wurde. Eine gezielte Recherche ist hier meist nicht möglich, da Fragmentmakulatur in Druckbänden in den bibliothekarischen Abläufen aufgrund mangelnder Vor-Ort-Expertise üblicherweise nicht oder nur extrem flach erschlossen und dementsprechend nicht in den Struktur- und Metadaten verankert wird, weshalb man auf glückliche Zufallsfunde angewiesen ist. Man muss zudem das Glück haben, dass der Einband bei historischen Drucken überhaupt mitdigitalisiert wurde.

## 1.3. Sonderfall Handschriftenzentren

Der Eindruck grundsätzlich getrennter Welten zwischen Forschung hier und Bestandshaltung und -bereitstellung dort ist aber zumindest für den deutschen Bibliotheksbereich – und um ihn soll es im Folgenden gehen – so pauschal nicht aufrechtzuerhalten. Mit der Einrichtung von sogenannten Handschriftenzentren hat sich auf Initiative der Deutschen Forschungsgemeinschaft (DFG) seit den 1970er-Jahren eine bibliothekarische Forschungsinfrastruktur entwickelt,[13] die einen eigenständigen Beitrag zur wissenschaftlichen Aufarbeitung des Handschriftenerbes leistet und die an einzelnen Häusern mit bedeutenden Handschriftensammlungen zur Bildung von Arbeitsgruppen mit hochspezialisierten Kompetenzen im Bereich der Handschriftenkunde und der mit ihr assoziierten Grundwissenschaften geführt hat. Das Besondere an der Funktion von Handschriftenzentren ist dabei, dass ihre Erschließungs- und Digitalisierungsaktivitäten dezidiert nicht auf die hauseigenen Bestände beschränkt sind, sondern dass sie in erster Linie als Serviceeinrichtungen für andere Institutionen mit Handschriftenbesitz fungieren, um im Rahmen von Drittmittelprojekten die fachgerechte Aufarbeitung solcher Handschriftenfonds zu übernehmen. An einem Handschriftenzentrum werden im Lauf der Jahre daher viele verschiedene Bestände vorübergehend zusammengezogen und bearbeitet, und über Projekte zu diesen Handschriftenbeständen aus diversen Institutionen, die parallel an einem Zentrum durchgeführt werden, formt sich dort ein wissenschaftliches Team von Handschriftenfachleuten.

Die Art der Erschließung, wie sie an den Handschriftenzentren durchgeführt wird, ist als eine Form der geisteswissenschaftlichen Grundlagenforschung zu begreifen: Mithilfe verschiedener kodikologischer, materialkundlicher, paläographischer, kunst- und sprachhistorischer sowie fachwissenschaftlich-inhaltlicher Verfahren ermitteln die Bearbeiter:innen die Entstehungs- und Besitzgeschichte einer Handschrift oder eines Fragments, schlüsseln den Informationsgehalt der spezifischen und unikalen Materialität für den historischen Produktions- und Rezeptionskontext auf und identifizieren die textlichen und künstlerisch-visuellen Inhalte.[14] Bei bereits in der Forschung bekannten Stücken kann nicht selten der bestehende Kenntnisstand im Zuge der wissenschaftlichen Erschließung signifikant ergänzt oder korrigiert werden. Und na-

---

[13] Zu den deutschen Handschriftenzentren vgl. https://www.handschriftenzentren.de/ mit Unterseite ‚Publikationen' sowie: Handschrift öffne dich. 20 Jahre Handschriftenzentrum Leipzig, hg. v. Christoph Mackert (Schriften aus der Universitätsbibliothek Leipzig 51), Leipzig 2022, S. 14–16; ders., Die Arbeitsgruppe der deutschen Handschriftenzentren – Servicezentren für Handschriftenerschließung und -digitalisierung, in: o-bib 2 (2015), Nr. 1, S. 1–14 (DOI: https://doi.org/10.5282/o-bib/2015H1S1–14).

[14] Vgl. Mackert (Anm. 13), S. 22–51.

türlich bedingt die systematische Aufarbeitung von Handschriftenbeständen und der mit ihnen verbundenen Fragmentüberlieferung immer wieder Neufunde. Fragmente begegnen dabei vor allem als Buchbindemakulatur in einem Codex oder als ausgelöste und unter eigener Signatur laufende Bruchstücke innerhalb eines Handschriftenfonds. Die Erschließungsprojekte greifen aber zunehmend auch auf selbständige Fragmentsammlungen und auf Fragmentmakulatur in Beständen Alter Drucke aus.

Was an Handschriftenzentren als Arbeitsweise praktiziert wird, ist also eine interdisziplinär hermeneutische Verständnisbildung über Handschriftenobjekte – insofern sind sie Teil des wissenschaftlichen Diskurses –, gleichzeitig sind Handschriftenzentren Organisationseinheiten in Bibliotheken und Dienstleister für Bibliotheken (und andere Institutionen mit Handschriftenbesitz) und insofern Teil der Welt der bestandshaltenden Gedächtnisinstitutionen.

### 1.4 Zwei Blickrichtungen auf Handschriften und Handschriftenfragmente

Zwischen der Handschriftenerforschung an den bibliothekarischen Zentren und jener im Universitätsmilieu bestehen zwar vielfach Berührungspunkte,[15] doch ist es wichtig, sich auch die gravierenden Unterschiede zwischen den jeweiligen Arbeitsweisen bewusst zu halten. Akademische Forschungsarbeiten sind zumeist inhalts- oder themengeleitet und richten sich im Bereich der Philologien auf einzelne überlieferte Texte oder Textgruppen aus. Entsprechend gehen wissenschaftliche Profile im universitären Kontext in der Regel mit hoher Spezialisierung und ausgeprägter Expertise innerhalb ausgewählter Bereiche einher. Das erschließende Durcharbeiten von Handschriftenbeständen bedeutet dagegen, dass die Codexobjekte in schneller Folge die Themen vorgeben und mit jeder neuen Handschrift oder jedem neuen Fragment andere Textinhalte, andere materielle Manifestationsformen, andere Jahrhunderte, Regionen und Gebrauchskontexte als Forschungsaufgabe entgegentreten. Die Anforderungen und Kompetenzen in beiden Bereichen sind also alles andere als deckungsgleich: Der fachlich-inhaltlichen Spezialisierung in der Forschung steht an den Handschriftenzentren eine handschriftenkundlich-grundwissenschaftliche Spezialisierung quer über die disziplinären Fächergrenzen gegenüber. Das eine ist dem anderen nicht überlegen, beide Forschungsbereiche können sich vielmehr gegenseitig bereichernd ergänzen und unterstützen, aber der Blick auf den Gegenstand Handschrift oder Fragment ist eben ein jeweils eigener.

---

[15] Vgl. den programmatischen Beitrag von Freimut Löser, Überlieferungsgeschichte(n) schreiben, in: Überlieferungsgeschichte transdisziplinär. Neue Perspektiven auf ein germanistisches Forschungsparadigma, hg. v. Horst Brunner, Dorothea Klein u. Freimut Löser (Wissensliteratur im Mittelalter 52), Wiesbaden 2016, S. 1–20.

## Handschriftenfragmente im Niemandsland zwischen Bibliothek und Universität

Geht es um die Schnittmengen und die abweichenden Perspektiven speziell zwischen Altgermanistik einerseits und bestands- bzw. objektbezogener Handschriftenbearbeitung andererseits, ist insbesondere das unterschiedliche Verhältnis zur Sphäre der Latinitas zu bedenken. Die Berücksichtigung der lateinischen Literatur im Rahmen germanistischer Fragestellungen war nie Mainstream und sie wird aktuell aufgrund der schwindenden Sprachkenntnisse immer mehr zur Randerscheinung. In der erschließenden Tätigkeit an den Handschriftenzentren dominiert dagegen aufgrund der Zusammensetzung der Bestände die lateinische Überlieferung: Die bearbeiteten Stücke sind zumeist Codices mit lateinischen Texten, und auch neue Handschriften- und Fragmentfunde beziehen sich überwiegend auf Bereiche außerhalb des altgermanistischen Interessenhorizonts. Erschließungsprojekte zu rein deutschsprachigen Fonds bilden dagegen mit Abstand eine Minderheit. Entsprechend wird eine besonders profilierte germanistische Expertise nicht an allen Handschriftenzentren angeboten, auch wenn an allen Handschriftenzentren bei der Bearbeitung lateinischer Bestände volkssprachige Textzeugen durchaus üblicher ‚Beifang' sind. Die Einbettung der handschriftlichen Überlieferung deutscher Texte in die grundlegend lateinisch geprägte Buchschriftlichkeit ist hier also eine selbstverständliche Alltagserfahrung.

Diese Unterschiede spiegeln sich auch im Bereich der zentralen Onlineangebote: Während der Handschriftencensus als fachwissenschaftliches Portal die deutschsprachige Handschriftenüberlieferung für die mittelalterliche Literatur erfasst, und zwar weltweit und mit dem Ziel der Vollständigkeit, ist aus der deutschen Zentrenstruktur mit einstmals Manuscripta Mediaevalia[16] und nun aktuell dem Handschriftenportal (HSP, https://handschriftenportal.de/) eine bibliothekarische Informationsinfrastruktur erwachsen, die auf Handschriftenbestände primär in deutschen Institutionen ausgerichtet ist und hierfür einen Gesamtnachweis anstrebt, unabhängig von fachwissenschaftlichen Eingrenzungen wie etwa der Sprachenzugehörigkeit. HSC und HSP sind daher in den angebotenen Daten und in ihren Zielstellungen jeweils eigenständige Services mit nur partiellen Überschneidungen. Für Funde, die an den Handschriftenzentren gelingen, ist systemisch das Handschriftenportal der primäre Publikationsort, nicht der Handschriftencensus. Für die Altgermanistik existiert eine Handschrift andererseits in aller Regel nur dann, wenn sie im HSC verzeichnet ist.

Angesichts dieser unterschiedlichen Ausrichtungen und Arbeitsschwerpunkte stellt sich die Frage, wie die Handschriftenforschung des universitär-akademischen und die des bibliothekarischen Bereichs bei der Entdeckung und Aufarbeitung deutschsprachiger Fragmente derzeit miteinander kommunizieren

---

[16] Vgl. https://de.wikipedia.org/wiki/Manuscripta_Mediaevalia.

und kooperieren und wie sie jenseits der üblichen persönlichen Verbindungen in Zukunft strukturell kommunizieren und kooperieren könnten und sollten. Welche Potentiale bestehen grundsätzlich und welcher Gewinn wäre für beide Seiten mit einer systematischen Zusammenarbeit verbunden? Hierfür möchte ich im Folgenden aus den Erfahrungen am Handschriftenzentrum der Leipziger Universitätsbibliothek berichten und einen exemplarischen Einblick in deutschsprachige Fragmentfunde geben, die sich in den letzten circa 15 Jahren in verschiedenen Arbeitsvorhaben ergeben haben. Das Hauptaugenmerk liegt dabei jeweils auf dem Aspekt, inwieweit der einzelne Fund in der altgermanistischen Forschung als bekanntgemacht gelten darf und auf welchem Weg dies erfolgt ist.

Das Leipziger Zentrum eignet sich für eine solche Bestandsaufnahme deshalb besonders, weil es derzeit als einziges unter den deutschen Handschriftenzentren ein ausgeprägtes altgermanistisches Profil aufweist:[17] Seit seiner Gründung im Jahr 2000 werden in Leipzig kontinuierlich wissenschaftliche Tiefenerschließungsprojekte zu deutschsprachigen Handschriftenbeständen durchgeführt, entsprechend gehören aktuell vier Wissenschaftler:innen mit entsprechender Ausbildung und Spezialisierung zum Team. Die Zahl der bearbeiteten deutschsprachigen Überlieferungszeugen ist also überdurchschnittlich hoch neben dem ‚Normalgeschäft' der Erschließung lateinischer Bestände, und dank des besonderen Teamprofils ist die Aufmerksamkeit für deutschsprachige Zeugnisse auch quer über die ‚lateinlastigen' Projekte und Aktivitäten sehr ausgeprägt.

## 2. Vier Wolfram-Funde und ihre unterschiedliche Fachrezeption

Um die Spannbreite der Möglichkeiten zu verdeutlichen, wie und in welcher Ausprägung Funde für die Fachwissenschaft wahrnehmbar werden (oder auch nicht), können vier Entdeckungen als Beispiel dienen, die das Werk Wolframs von Eschenbach betreffen.

### 2.1.

Am 8. Juli 2013 wurden im Zuge des DFG-Projekts ‚Erschließung von Kleinsammlungen mittelalterlicher Handschriften in Sachsen und dem Leipziger Umland' in einer Papierhandschrift der Naumburger Domstiftsbibliothek vier Pergamentstreifen aus einer ‚Parzival'-Handschrift entdeckt, die als Falzverstärkungen in den Lagenmitten dienten (Abb. 1).[18] Dank der Angaben im HSC

---

[17] Vgl. Mackert (Anm. 13), S. 16–22 u. 54f.
[18] Jetzt selbständig aufbewahrt: Naumburg, Domstiftsbibliothek Naumburg, Fragm. 64.

zur Zeilen- und Spaltenzahl von Fragmenten lag schnell nahe, dass die Naumburger Streifen aus derselben Handschrift wie die beiden Doppelblätter des Breslauer ‚Parzival'-Fragments stammen dürften (Wrocław/Breslau, Biblioteka Uniwersytecka [ehem. Görlitz, Milichsche Bibl.], Cod. Mil. II 441; Sigle Fr. 23 [G$^e$]). Die Kontaktaufnahme mit dem Berner ‚Parzival'-Projekt (https://parzival.unibe.ch/) konnte dies anhand der dort vorliegenden Aufnahmen aus Breslau bestätigen.

Im Rahmen der Leipziger Erschließungsarbeiten gab der Naumburger Neufund Gelegenheit, die zugrunde liegende Wolfram-Handschrift, die bislang in die „1. Hälfte oder Mitte 13. Jh." datiert und deren Sprachcharakter als „bair. mit md. Spuren" bestimmt worden war,[19] neu zu bewerten. Wie sich zeigte, handelt es sich um einen besonders frühen Textzeugen, der paläographisch noch in das ausgehende erste Viertel des 13. Jahrhunderts, etwa um 1220, gesetzt werden kann und der eine Mischung bairischer und mitteldeutscher Schreibsprachenformen aufweist, wie sie typisch für deutschsprachige Denkmäler des früheren 13. Jahrhunderts aus den nordbairisch-ostfränkisch-ostmitteldeutschen Übergangsgebieten ist. Das Naumburger ‚Parzival'-Fragment (Nr. 64) erwies sich damit als Rest einer der ältesten Wolfram-Handschriften.

Auch der letzte Aufenthaltsort dieses frühen ‚Parzival'-Codex und der Zeitpunkt seiner Makulierung ließen sich anhand des neuentdeckten Materials (und eines weiteren Codex, der in einem anderen Leipziger Projekt bearbeitet wurde) klären: Die Nachnutzung des Manuskripts für Buchbindezwecke dürfte um 1410 wohl in Görlitz durch die dortigen Franziskaner erfolgt sein.

Der Fund erregte große Aufmerksamkeit: Die Vorstellung bei einem Medientermin fand überregional Beachtung. In der ZfdA schloss sich 2014 eine ausführliche wissenschaftliche Auswertung an, bei der Kollegen des Handschriftenzentrums mit Michael Stolz vom Berner ‚Parzival'-Projekt zusammenarbeiteten.[20] Der HSC verzeichnete das neue Fragment umgehend nach der Pressemitteilung, allerdings bis heute unter den damals noch vorläufigen Bestimmungsdaten, die sich durch den ZfdA-Artikel überholt haben, obwohl dieser im HSC natürlich aufgeführt ist.[21] Ebenso verweist der HSC auf die ausführliche Handschriftenbeschreibung, die Matthias Eifler als wissenschaftlicher

---

Die folgenden Angaben nach Matthias Eifler / Christoph Mackert / Michael Stolz, Leipziger Handschriftenfunde I: Ein neu aufgefundenes Fragment von Wolframs ‚Parzival' aus Naumburg, in: ZfdA 143 (2014), S. 306–332; dort auch Informationen zum DFG-Projekt.

[19] Gesa Bonath / Helmut Lomnitzer, Verzeichnis der Fragment-Überlieferung von Wolframs ‚Parzival', in: Studien zu Wolfram von Eschenbach. Festschrift für Werner Schröder zum 75. Geburtstag, hg. v. Kurt Gärtner u. Joachim Heinzle, Tübingen 1989, S. 87–149, hier: 111.

[20] Siehe Anm. 18.

[21] https://handschriftencensus.de/1003.

Mitarbeiter im Rahmen des Kleinsammlungen-Projekts erstellt hat und die über Manuscripta Mediaevalia veröffentlicht wurde. Sie wurde inzwischen ins Handschriftenportal überführt, ist aber weiterhin über ihren früheren Permalink anzusteuern.[22] 2014 wurde eine Vorstellung des Neufunds zudem als Abendangebot kurzfristig in das Programm der Rostocker Wolfram-Tagung aufgenommen.[23]

Beim ‚Naumburger Parzival' wurden also sehr viele Optionen der Verbreitung ausgeschöpft, und es fand eine intensive Kooperation sowie ein gezielter Informationsaustausch zwischen Handschriftenzentrum und altgermanistischer Fachseite statt, auch wurde der Fund über die verschiedenen einschlägigen Publikationsplattformen beider Seiten veröffentlicht. Von entscheidendem Vorteil dabei war, dass die Entdeckung im Rahmen eines Drittmittelprojekts gelang, in dem ein eigener Mitarbeiter ausschließlich für die intensive wissenschaftliche Erschließung eingesetzt wurde, und dass zumindest die Publikation einer ausführlichen Handschriftenbeschreibung auf diesem Weg garantiert war (während weitere Aktivitäten wie ZfdA-Aufsätze für projektfinanzierte Handschriftenbearbeiter:innen Privat- und Freizeitvergnügen sind). Der Naumburger Fund zeigt darüber hinaus anschaulich, dass Neufinden oft auch Neubewerten von Bekanntem bedeutet.

2.2.

Bereits im Spätjahr 2009 war in Leipzig noch ein weiteres ‚Parzival'-Fragment entdeckt worden, diesmal im Bestand der UB Leipzig selbst (Abb. 2a–d).[24] 2008 hatte das Handschriftenzentrum begonnen, die umfangreiche hauseigene Sammlung ausgelöster Handschriftenfragmente zu ordnen und zu inventarisieren, die bis dahin weitgehend unaufgearbeitet war. In einer Mappe mit Materialien aus einer Restaurierung fanden sich die beiden Querstreifen von zwei Doppelblättern einer Pergamenthandschrift des ‚Parzival', die sich ebenfalls als Teil eines bereits bekannten Codex erwiesen, von dem man zuvor nur durch Fragmente im Erfurter Bistumsarchiv (Deutsche Fragmente 2) Kenntnis hatte.

---

[22] Permalink im HSP: https://resolver.staatsbibliothek-berlin.de/HSP0005E48A00000000.

[23] Siehe das Programm unter: https://jimdo-storage.global.ssl.fastly.net/file/fe05246e-37da-4be1-8d49-a45aa9c823f7/Wolfram-Tagung_Rostock_2014.pdf. Die Präsentation ist nicht als Beitrag in den Wolfram-Studien erschienen.

[24] Leipzig, UB, Deutsche Fragmente 28, vgl. https://resolver.staatsbibliothek-berlin.de/HSP0005235300000000. Die folgenden Ausführungen referieren Christoph Mackert, Zur Fragmentsammlung der Leipziger Universitätsbibliothek, in: Das Buch in Antike, Mittelalter und Neuzeit. Sonderbestände der Universitätsbibliothek Leipzig, hg. v. Thomas Fuchs, Christoph Mackert u. Reinhold Scholl (Schriften und Zeugnisse zur Buchgeschichte 20), Wiesbaden 2012, S. 91–120, hier: 113–116.

*Handschriftenfragmente im Niemandsland zwischen Bibliothek und Universität*

Der Leipziger Neufund erweiterte das Bild dieses makulierten ‚Parzival'-Codex insofern, als einer der beiden Querstreifen den Beginn von Buch XIV überliefert, der hier mit einer historisierten O-Initiale markiert wird: Sie dient als Bildrahmen für die Figur eines gewappneten Ritters mit Kettenhemd, Nasalhelm und einem nach unten spitz zulaufenden sogenannten ‚Normannenschild' sowie mit Schwert in der linken und einer über die Initiale hinausragenden Lanze in der rechten Hand. Bei dem Dargestellten dürfte es sich um Gawan handeln, der im Einleitungsvers von Buch XIV genannt wird und der in diesem Teil der Dichtung der Protagonist ist.

Abgesehen davon, dass figurale Illustrationen in deutschen Epen-Handschriften des 13. Jahrhunderts generell äußerst selten und auf wenige Luxusexemplare mit Bildzyklen begrenzt sind, war die Ausschmückung mit historisierten Initialen bis zu diesem Zeitpunkt nur aus der französischen Überlieferung bekannt. Im deutschsprachigen Bereich tritt sie allein im Codex Sangallensis 857 auf, der aber aufgrund seiner Entstehung im südlichen Übergangsbereich zur Romania an oberitalienischen Vorbildern orientiert ist und daher eine Sonderstellung einnimmt. Der Erfurt-Leipziger Discissus, dessen Schreibsprache thüringische Merkmale aufweist, gilt dagegen als frühestes Wolfram-Zeugnis aus dem ostmitteldeutschen Raum. Er könnte damit ein Schlaglicht auf die Rezeption der vorbildlichen französischen Buchkultur an einem laienadligen Zentrum des deutschen Bereichs werfen, wobei natürlich in erster Linie an den Thüringer Landgrafenhof zu denken wäre, wo Wolfram einst einen seiner wichtigsten Mäzene hatte. In diesem Zusammenhang ist es von Interesse, dass der Wolfram-Codex, der durch die Erfurt-Leipziger Fragmente bezeugt ist, älter sein dürfte als bislang angenommen. Dass die bisherige Datierung in die Mitte des 13. Jahrhunderts wohl zu spät ist und die Handschrift eher im zweiten Jahrhundertviertel entstanden ist, zeigen sowohl der paläographische Befund der Leipziger Streifen, wo eine zweite Schreibhand mit deutlich archaischeren Schriftformen begegnet, als auch die Helm- und Schildformen von Gawans Ausrüstung, die im Lauf der ersten Hälfte des 13. Jahrhunderts zunehmend außer Gebrauch kamen. Die Leipzig-Erfurter Bruchstücke mit ihrem französisch beeinflussten Illustrationsmodus reihen sich damit in die exklusiv kleine Gruppe von frühen Handschriften mit Bildschmuck für die höfische Literaturpflege ein.

Unmittelbar nach der fachlichen Auswertung am Handschriftenzentrum wurde der Leipziger Neufund im Jahr 2011 der Altgermanistik mitgeteilt, indem das Berner ‚Parzival'-Projekt und der HSC direkt entsprechende Informationen erhielten. Der HSC konnte sich bei der Aufnahme des neuen Fragments in seine Datenbank auf eine Publikation zur Fragmentsammlung der UB Leipzig stützen, die 2012 erschien und eine Bündelung zentraler Aspekte des Funds enthielt.[25] Die Forschung ist also im Grundsatz unterrichtet. Weiterge-

---

[25] Siehe Anm. 24.

hende Informationen sind freilich bis heute nicht verfügbar: Der 2012 angekündigte ZfdA-Artikel ist nie erschienen, und auf der Seite der bibliothekarischen Infrastrukturen fehlt ebenso eine ausführliche wissenschaftliche Beschreibung zum Fragment wie die Bereitstellung des Digitalisats, obwohl Digitalisate natürlich vorliegen – darunter sogar eine zweite Version mit UV-Beleuchtung, die Text und Initiale besser sichtbar macht – und das Wissen als solches erarbeitet ist. Grund für diese mehr als unbefriedigende Situation ist schlicht, dass das gesamte Vorhaben zur Ordnung und ersten Aufarbeitung der Leipziger Fragmentsammlung ohne Drittmittel mit Eigenkapazitäten der Bibliothek durchgeführt wurde und die sehr beschränkten nicht-drittmittelfinanzierten Personalkapazitäten des Leipziger Handschriftenzentrums für das Ausarbeiten wissenschaftlicher Tiefenerschließungsbeschreibungen, wie es hier nötig wäre, wenig Raum bieten. Bereitgestellte Beschreibungsdaten aber sind erforderlich, um die Präsentation von Digitalisaten mit Metadaten und weiterführenden Informationen zu versehen. Während also in einem DFG-Projekt wie der Kleinsammlungserschließung, die zur Entdeckung des ‚Naumburger Parzivals' geführt hat, die Anfertigung von Handschriftenbeschreibungen finanziell unterlegt ist und das Kerngeschäft des wissenschaftlichen Personals bildet, fehlt eine solche systemische Absicherung bei allen Vorhaben, die das Hauspersonal eigenständig durchführt. Das Vergnügen, sich wissenschaftlich vertieft mit ‚Parzival'-Funden zu beschäftigen, steht hier in oft aussichtslos unterlegener Konkurrenz zu einer Vielfalt von strukturellen Dauer- und Ad hoc-Aufgaben.

2.3.

Eine nochmals andere Art der Informationsverbreitung und der Arbeitsteilung zwischen Bibliothek und Wissenschaft fand bei einer Gruppe von Neufunden zu Wolframs ‚Willehalm' statt.[26] Dass die UB Leipzig über ein fragmentarisches Doppelblatt aus einer ‚Willehalm'-Handschrift der Zeit um 1300 verfügt, war seit 1840 bekannt. Im Zuge verschiedener Leipziger Arbeitsvorhaben war ab den späten 1990er-Jahren eine Reihe ergänzender Entdeckungen zu diesem Überlieferungszeugen gelungen (Abb. 3a–c). Am Anfang stand die Identifizierung des Trägerbands, aus dem das Fragment kurz vor 1840 ausgelöst worden war. Sie gelang in einem ab 1996 laufenden DFG-Projekt zur Erschließung theologischer Handschriften der UBL und erwies, dass die Verwendung der

---

[26] Das Folgende im Wesentlichen nach Michael Rupp, Der ‚Willehalm' Wolframs von Eschenbach in Altzelle. Neue Bruchstücke des ostmitteldeutschen Fragments 43, in: ZfdA 137 (2008), S. 57–65. Vgl. https://handschriftencensus.de/1121, mit Hinweis auf ein weiteres zugehöriges Fragment.

‚Willehalm'-Blätter als Buchbindemakulatur im Zisterzienserkloster Altzelle verortet werden kann. In den Folgejahren wurden dann sukzessive weitere Fragmente derselben Wolfram-Handschrift in anderen Altzeller Einbänden entdeckt: Mehrfach dienten kleine rechteckige Blattausschnitte dazu, die Ösen von Buchketten in Einbanddeckeln zu überdecken, um den Buchblock vor Rost zu schützen. Anhand der verschiedenen Trägerbände, die sich hier summierten, ließ sich der Zeitpunkt der Makulierung und Wiederverwertung auf die Zeit des späten 15. und frühen 16. Jahrhunderts eingrenzen. Als Michael Rupp bei den Forschungen für seine Habilitationsschrift schließlich in einer weiteren Altzeller Handschrift neue Fragmente fand, die als Falzverstärkungen in den Lagenmitten dienten, legte er 2008 eine Auswertung des gesamten Fundkomplexes in der ZfdA vor, für die das Handschriftenzentrum die eigenen Arbeitsergebnisse sowie seine paläographische, kodikologische und bestandsgeschichtliche Expertise bereitstellte. Dank dieses wissenschaftlichen Fachartikels ist der Codex discissus mit seinen Teilen auch im HSC verzeichnet. Von Bibliotheksseite wiederum wurden in Manuscripta Mediaevalia Beschreibungen zu einzelnen Fragmenten im Kontext ihrer Trägerbände online publiziert, die heute ins HSP überführt sind.[27]

Die ergänzenden Funde zum Leipziger ‚Willehalm'-Fragment sind also ein Beispiel für eine Zusammenarbeit von Gedächtnisinstitution und Wissenschaft, bei der die Bibliotheksseite auf die gesonderte Darstellung und Verbreitung ihrer Funde in fachwissenschaftlichen Organen verzichtete und stattdessen das angesammelte Wissen zur gebündelten Publikation an einen Vertreter der Fachdisziplin übergab. Die Wahrnehmung seitens der universitären Adressat:innen war gewährleistet, indem deren eigene Informationsstrukturen bedient wurden.

### 2.4.

Ein zweiter ‚Willehalm'-Fund dagegen, diesmal 15 Falzstreifen aus einer bislang nicht bezeugten ostfränkischen Pergamenthandschrift des ersten Drittels des 14. Jahrhunderts (Abb. 4a–c), wurde von der Altgermanistik erst anlässlich der Präsentation auf der Wolfram-Tagung 2023 registriert, obwohl er bereits neun Jahre zuvor publiziert worden war. 2014 erschien ein ausführlicher Katalog des Inkunabelbestands der UB Leipzig, Ergebnis eines von der Fritz-Thyssen-Stiftung geförderten Drittmittelprojekts.[28] Als Eigenleistung hatte das Leipziger

---

[27] Vgl. etwa https://resolver.staatsbibliothek-berlin.de/HSP000519DC00000000; https://resolver.staatsbibliothek-berlin.de/HSP00051BBC00000000; https://resolver.staatsbibliothek-berlin.de/HSP00051BBB00000000.

[28] Thomas Thibault Döring u. Thomas Fuchs unter Mitarbeit von Christoph Mackert, Almuth Märker u. Frank-Joachim Stewing, Die Inkunabeln und Blockdrucke der Universitätsbibliothek Leipzig sowie der Deposita Stadtbibliothek Leipzig, der Kir-

Handschriftenzentrum in diesem Projekt die Aufgabe übernommen, die reichlich vorhandene Handschriftenmakulatur in den historischen Einbänden fachgerecht kurzzuerschließen, da die bereitgestellten Informationen zu Fragmenten in Druckbänden sonst oft extrem oberflächlich und wenig aussagekräftig sind.[29] Unter den circa 600 Fragmenten aus knapp 500 Bänden, die in diesem Rahmen kodikologisch-paläographisch und inhaltlich bestimmt wurden, war auch eine kleine Gruppe von deutschsprachigen Zeugnissen: Bruchstücke aus Buchhandschriften und aus Urkunden, darunter die Längsstreifen aus insgesamt drei Blättern der zuvor unbekannten ‚Willehalm'-Handschrift.

Die Beschreibung der ‚Willehalm'-Fragmente mit den ermittelbaren Daten zur Ursprungshandschrift und Angaben zu den überlieferten Textstellen wurde wie alle anderen Fragmentbeschreibungen im Inkunabelkatalog bei den exemplarspezifischen Informationen zum Trägerband publiziert. Im Katalogregister ist der ‚Willehalm' mit dem Lemma ‚Wolfram ⟨von Eschenbach⟩' verankert.[30] In den Folgejahren wurden die Daten der Druckfassung des Inkunabelkatalogs in den zentralen Onlinekatalog für Inkunabeln INKA (https://www.inka.uni-tuebingen.de/) eingespielt, die Beschreibungen der Handschriftenfragmente wurden außerdem in Manuscripta Mediaevalia eingespeist und mit den Digitalisaten der Fragmente verknüpft, nachdem ein Projekt im Rahmen des Landesdigitalisierungsprogramms Sachsen die Digitalisierung des Gesamtbestands der Einbandmakulatur in Leipziger Inkunabeln ermöglicht hatte.[31] Der ‚Willehalm'-Fund wäre also einfach zu recherchieren gewesen. Dass er gleichwohl von der Altgermanistik nicht zur Kenntnis genommen wurde und im HSC erst im Februar 2024 als Folge des Austauschs auf der Freiburger Wolfram-Tagung verzeichnet wurde,[32] macht deutlich, wie sehr die fachwissenschaftliche Wahrnehmung auf die eigenen Informationsinfrastrukturen ausgerichtet ist und dass es derzeit der gezielten Kommunikation in diese Kanäle bedarf, um neue Ergebnisse aus den Informationssystemen der Gedächtnisinstitutionen in den Fachcommunities bekannt zu machen.

---

chenbibliothek von St. Nikolai in Leipzig und der Kirchenbibliothek von St. Thomas in Leipzig (UBL-Ink), 4 Bde, Wiesbaden 2014.

[29] Vgl. Ivana Dobcheva / Christoph Mackert, Manuscript Fragments in the University Library, Leipzig: Types and Cataloguing Patterns, in: Fragmentology 1 (2018), S. 83–110 (DOI: https://doi.org/10.24446/rx89), hier: 83f., 88f.

[30] Siehe UBL-Ink (Anm. 28), S. 331, Nr. C–73 sowie S. 1522.

[31] Vgl. https://sachsen.digital/das-programm. Daten zu den Fragmenten im HSP: https://resolver.staatsbibliothek-berlin.de/HSP0005236E00000000.

[32] Vgl. https://handschriftencensus.de/26825.

## 3. Systemische Aspekte der Wahrnehmung und Nichtwahrnehmung

Der unbeachtete Leipziger ‚Willehalm'-Fund ist kein Einzelfall. Es lässt sich schnell eine ganze Reihe durchaus bedeutender Fragmentfunde zur deutschen Literatur des Mittelalters am Leipziger Handschriftenzentrum benennen, die bislang keinen Eingang in den germanistischen Radarbereich gefunden hat. Einige Beispiele mögen zur Illustration genügen:
- Unter den deutschsprachigen Fragmenten, die im Leipziger Inkunabelkatalog und danach auch über die zentralen Handschriftenplattformen publiziert wurden,[33] ist unter anderem das Bruchstück eines offenbar unbekannten (Weihnachts-?)Spiels hervorzuheben (Abb. 5),[34] das paläographisch in die erste Hälfte des 14. Jahrhunderts – wohl in den Übergang vom ersten zum zweiten Jahrhundertviertel – führt und in Reimpaarversen Partien aus der Verkündigungsszene sowie aus einem Dialog zwischen Lucifer und Sathanas überliefert, mit Regieanweisungen in lateinischer Sprache. Die Schreibsprache ist niederdeutsch geprägt, weist aber zahlreiche ostmitteldeutsche Elemente auf. Es könnte sich um die Abschrift eines ursprünglich niederdeutschen Spiels handeln.
- Ebenfalls über den Inkunabelkatalog bekanntgemacht waren seit 2014 zwei Querstreifen aus einer deutschsprachigen Handschrift, die damals mit folgenden Angaben charakterisiert wurde: „Schreibsprache: mitteldeutsch, 4. Viertel 13. Jh./1. Viertel 14. Jh., Inhalt: theologischer/mystischer Text".[35] Anstelle einer Textidentifikation waren Transkriptionen lesbarer Partien beigegeben. Das Material war also für die weitere Erforschung grundsätzlich bereitgestellt, blieb aber unrezipiert.

---

[33] So auch umfangreiche Fragmente einer frühen Handschrift der wenig überlieferten Fassung A des ‚Stimulus amoris, dt.', vgl. UBL-Ink (Anm. 28), S. 72f., Nr. A–218.

[34] Siehe ebd., S. 991, Nr. P–165. Die ausgelösten Fragmente tragen die Signatur: Deutsche Fragmente 74. Digitalisat-Link und Beschreibung durch Christoph Mackert u. Katrin Sturm im HSP: https://resolver.staatsbibliothek-berlin.de/HSP00051CFB00 000000. Die erhaltenen Textstücke lassen sich keinem bekannten Spiel zuordnen, vgl. Rolf Bergmann, Katalog der deutschsprachigen geistlichen Spiele und Marienklagen des Mittelalters, München 1986; ders., Geistliche Spiele des Mittelalters: Katalogerfassung und Neufunde, in: Osterspiele. Texte und Musik, Akten des 2. Symposiums der Sterzinger Osterspiele (12.–16. April 1992), hg. v. Max Siller (Schlern-Schriften 293), Innsbruck 1994, S. 13–32, sowie das Literaturverzeichnis bei Cornelia Heberichs, Geistliche Lesespiele. Exemplarische Lektüren mittelalterlicher Passions- und Weihnachtsspiele im Kontext ihrer Überlieferung (MTU 151), Wiesbaden 2022.

[35] UBL-Ink (Anm. 28), S. 184, Nr. B–80. Die Bearbeitung dieses Fragments im Inkunabelprojekt erfolgte durch Katrin Sturm, der ich für die Zusammenarbeit bei der Neubewertung 2023 herzlich danke.

Ein neuer Blick auf die beiden Pergamentstreifen[36] (Abb. 6) in Vorbereitung des Vortrags auf der Wolfram-Tagung 2023 führte nun rasch zu einer genaueren Bestimmung des Inhalts: Bei Teilen der hier überlieferten Textsnippets handelt es sich um Passagen aus dem sogenannten ‚Traktat von zweierlei Wegen',[37] einer Predigt, die von der Forschung bislang meist Johannes Franke (Franko) von Köln oder einem anonymen Schüler aus dem Umkreis von Meister Eckhart zugewiesen wurde. Daneben existiert aber auch, gestützt durch Überlieferungszeugen wie die frühe Berliner Handschrift Ms. germ. oct. 12, die Position, dass Eckhart selbst als Autor anzusehen ist.[38]

---

[36] Die Fragmente wurden ausgelöst und tragen die Signatur: Deutsche Fragmente 86a; vgl. mit Digitalisat-Link https://resolver.staatsbibliothek-berlin.de/HSP0006800400 000000.

[37] Bisherige Abdrucke der Predigt: Franz Pfeiffer, Predigten und Sprüche deutscher Mystiker I, in: ZfdA 8 (1851), S. 209–258, hier: 243–251; Wilhelm Preger, Ein neuer Tractat Meister Eckharts und die Grundzüge der Eckhartischen Theosophie, in: Zeitschrift für die historische Theologie 34 (1864), S. 163–204, hier: 166–180; zur Neuedition in Vorbereitung siehe unten. Im Folgenden gebe ich eine Transkription des Leipziger Neufunds, wobei die Blattstreifen mit der Predigt ‚Von zweierlei wegen' pragmatisch als Bl. 1 gezählt sind und die Streifen des Gegenblatts als Bl. 2, ohne Sicherheit zu haben, wie das einstige Doppelblatt innerhalb der ursprünglichen Lage positioniert war; Abkürzungen werden in runden Klammern aufgelöst, eckige Klammern dienen zur Ergänzung von Angaben und von durch Beschnitt Verlorenem; die handschriftliche Gliederung durch Hochpunkte ist beibehalten, Vertikalstrich markiert Zeilenwechsel: [Bl. 1ʳ, oben: ...] *de*[m] *wesine vn*[de] *von den p(er)sonin · noch is v*[n?]*birichtit* | *waz p*[er]*sone si vn*(de) *waz wesin si · Dit sult ir mit* [?, oder zu lesen *nut*?] | [... Bl. 1ʳ, unten:] *wesin der wesine · vn*(de) *is lebin d(er) lebine · vn*(de) *is licht* | [... Bl. 1ᵛ, oben:] *sinis selbis · he gibar eine andere p(er)sonin uz sinir p(er)* | *sonen · nicht uze dem wesine mer mit dem wesine in* | [... Bl. 1ᵛ, unten:] *uluz* [?, oder zu lesen *nluz*?] *hat he sine mugi*(n)*theit wesili bislozzi*(n) [interlinear eingefügt: *an*] *sin*(er) | [... Bl. 2ʳ, oben:] *wizze vn*[de] *bikenne inunwizzine · vn*[de] *in vnbikennine* | *wen swer von ime selbir icht wizze wil · d(er) inmac vo*(n) | [... Bl. 2ʳ, unten:] *daz minne gibutit zu tune · vn*(de) *sullin di nidirstin* | [... Bl. 2ᵛ, oben:] *da is sundir was · vn*[de] *sund*[?] *giwerdin · so schinit uze* | *d(er) einueldikeit ein licht in daz einueldige wesin d(er)* | [... Bl. 2ᵛ, unten: ...] *daz da h*[...] | *vn*(de) *allin menschin vurlorn · daz was in eime gi* | [...]. Parallelstellen zur Predigt ‚Von zweierlei wegen': Bl. 1ʳ oben: Pfeiffer (siehe oben), S. 246, letzter Absatz; Bl. 1ʳ unten: Pfeiffer, S. 247, Z. 14f.; Bl. 1ᵛ oben: Ebd., Z. 19f.; Bl. 1ᵛ unten: zu Pfeiffer, S. 247, Ende erster Absatz. Katrin Sturm, Markus Vinzent und Jana Ilnicka danke ich für den Austausch über die Transkription.

[38] Zum bisherigen Stand der Diskussion um die Autorfrage siehe mit weiterführender Literatur Maxime Mauriège, Die dominikanische Prägung des ‚Lehrsystems' der deutschen Mystik, in: Die deutschen Dominikaner und Dominikanerinnen im Mittelalter, hg. v. Sabine von Heusinger, Elias H. Füllenbach, Walter Senner u. Klaus-Bernward Springer (Quellen und Forschungen zur Geschichte des Dominikanerordens N. F. 21), Berlin / Boston 2016, S. 225–259, hier: 242–244. Vgl. aber darüber hinausgehend bes. Anm. 40.

Um in der Autorschaftsfrage eine einschlägige Fachexpertise einzuholen, kontaktierte ich am 15. August 2023 Markus Vinzent von der Forschungsstelle ‚Meister Eckhart' am Max-Weber-Kolleg der Universität Erfurt,[39] der, wie sich herausstellte, zusammen mit Jana Ilnicka aktuell an der Edition gerade dieser Predigt arbeitet und eine Zuweisung direkt an Meister Eckhart vor allem aufgrund der „Nähe dieser Predigt mit den kürzlich wiederentdeckten Pariser Quästionen Eckharts" als zwingend ansieht.[40] Gestützt wird dies nach Vinzent / Ilnicka durch zahlreiche stilistische und gedankliche Unterschiede zu sonstigen Predigten des Johannes Franke.

Mit der Identifizierung der Predigt ‚Von zweierlei Wegen' als genuinem Eckhart-Text gewinnt die genaue Datierung und Lokalisierung des Leipziger Fragments große Tragweite. Paläographisch weist die Schrift der Leipziger Streifen eine spezifische Mischung von Merkmalen des späteren 13. und des frühen 14. Jahrhunderts auf, die eine Eingrenzung auf die Zeit um 1290–1310 erlaubt.[41] Schreibsprachlich erweist sich der Text des Fragments eindeutig als

---

[39] Siehe https://www.uni-erfurt.de/max-weber-kolleg/forschung/forschungsgruppen-und-stellen/forschungsstellen/meister-eckhart-forschungsstelle.

[40] Markus Vinzent und Jana Ilnicka, denen mein herzlicher Dank für den kollegialen Austausch gilt, haben mir bereitwillig Einsicht in ihre Einführung zur Edition der Predigt gegeben, aus der ich hier zitiere. Auf diese Ausführungen stütze ich mich auch bei allen Aussagen zu Text und Autorschaft.

[41] Bei der Schrift handelt es sich um eine vollentwickelte, geübt und geschmeidig ausgeführte Textualis auf gutem kalligraphischen Niveau, trotz der geringen Buchstabengröße (Zeilenhöhe ca. 7 mm, Höhe des Mittelbands der Buchstaben ca. 3 mm). Die doppelte Brechung ist vollständig durchgeführt, meist nicht kantig, sondern eher geschwungen, was die Eleganz des Schriftbilds unterstützt. Bogenverbindung begegnet nur bei *de*. Insgesamt ist die Schrift noch der Tradition des 13. Jahrhunderts verpflichtet und weist kaum Merkmale auf, die in Richtung der Weiterentwicklung der Textualis im Lauf des ersten und beginnenden zweiten Viertels des 14. Jahrhunderts weisen. Zu den konservativen Elementen zählen insbesondere: (1) das einstöckige *a*, dessen Schaft kaum Ansätze zu einer Wölbung über den Bauch zeigt und das durchweg im Mittelband bleibt; (2) das *g*, dessen Bogen zwar bereits deutlich verkürzt, aber noch entfernt ist von der verkümmerten, auf die Zeile hochgezogenen Form des 14. Jahrhunderts; (3) das *k*, dessen Bogenabstrich weiterhin bis auf die Zeile reicht und keine Anzeichen einer Anhebung zeigt; (4) das *h*, dessen Bogen konvex gebogen ist und noch keine bzw. höchstens erste Ansätze zu einer konkaven Einwölbung aufweist. Modern sind die vertikalen Zierstriche am *t*-Balken, außerdem zeigen *o/b/d* eine beginnende Tendenz, nicht mehr spitzwinklig, sondern tropfenförmig nach unten absackend auf der Zeile zu enden. Diese Merkmalkombination, zu der die vielfach, aber nicht konsequent gesetzten langen *i*-Striche, die teilweise Gabelung der Oberschäfte und das Fehlen von Worttrennung am Zeilenende passen, führt in die spätere Zeit des letzten Viertels des 13. Jahrhunderts, eine Datierung im (sehr) frühen 14. Jahrhundert ist aber ebenfalls nicht auszuschließen, vgl. Karin Schneider, Gotische Schriften in deutscher Sprache, Bd. 1.1. Vom späten 12. Jahrhundert bis um 1300, Textband, Wiesbaden 1987, S. 205–209, 270–277; dies., Gotische Schriften in deutscher Sprache,

thüringisch.⁴² Damit aber rückt der Leipziger Fund in unmittelbare zeitliche und räumliche Nähe zu Meister Eckhart selbst, so nah wie kein anderes Handschriftenzeugnis bisher: Von 1294 bis 1310 wirkte Eckhart im Erfurter Dominikanerkloster, zunächst als Prior des Klosters, später als Verantwortlicher für die dominikanische Ordensprovinz Saxonia.⁴³ Es könnte also sein, dass die beiden schmalen Streifen in das direkte Umfeld Eckharts führen. Mehrere Abweichungen im Wortlaut gegenüber den bislang bekannten Text-

---

Bd. 2.1. Die oberdeutschen Schriften von 1300 bis 1350, Textband, Wiesbaden 2009, S. 5–11, 39–51. Im Grundcharakter gut vergleichbar ist die Schrift der Jenaer Handschrift des ‚Jenaer Martyrologiums' (Jena, ThULB, Ms. Bos. q. 3), für die Schneider (Gotische Schriften Bd. I.1, S. 273) „eine Datierung ins Ende des letzten Jahrhundertviertels oder um 1300" vertritt; die Jenaer Handschrift weist allerdings deutlich modernere doppelstöckige *a*-Formen auf, die über das Mittelband hinausragen. Einer solchen Datierung zu widersprechen scheint zunächst, dass in *gibar* rundes *r* auch nach *a* geschrieben wird, eine Erscheinung, die nach Schneider (Gotische Schriften II, S. 25, 42 u. 76) noch im ersten Viertel des 14. Jahrhunderts selten und erst ab ca. 1320 sicher nachweisbar ist. Rundes *r* auch nach anderen Buchstaben als *o* scheint sich nach Durchsicht von Digitalisaten zuerst in Frankreich schon im Lauf des 13. Jahrhunderts etabliert zu haben. Im ostmitteldeutschen Bereich findet sich rundes *r* nach *a* bereits in der lateinischen Handschrift Leipzig, UB, Ms 847, die zur Gründungsausstattung des um 1300 gegründeten Dominikanerklosters Pirna gehört haben dürfte, vgl. https://resolver.staatsbibliothek-berlin.de/HSP000519F700000000 und künftig den Artikel zu Pirna OP im Sächsischen Klosterbuch, hg. v. Enno Bünz (erscheint voraussichtlich 2024). Es ist also gut möglich, dass solche paläographischen Neuerungen sich über die dominikanischen Studien- und Vernetzungswege schneller nach Osten ausgebreitet haben. In jedem Fall ist rundes *r* nach *a* damit um oder kurz vor 1300 auch in Ostmitteldeutschland belegt. Freimut Löser und Hans-Jochen Schiewer danke ich herzlich für den Austausch zu den anderen frühen Eckhart-Fragmenten (Göttingen, Georg-August-Universität, Diplomatischer Apparat, 10 E IX Nr. 18; Nürnberg, Germanisches Nationalmuseum, Bibliothek, Hs. 18537; Zürich, Zentralbibl., Ms. Z XIV 35), die nach paläographischem Vergleich jünger sein dürften als die Leipziger Streifen.

⁴² Die Schreibsprache ist durch die Kombination folgender Merkmale charakterisiert: (1) sehr häufig Hebung von mhd. *e* zu *i* in den tonschwachen Silben, vgl. hierzu Wolfgang Beck, Deutsche Literatur des Mittelalters in Thüringen. Eine Überlieferungsgeschichte (ZfdA, Beiheft 26), Stuttgart 2017, S. 277; (2) anstelle des mhd. Diphthongs *ie* steht u. a. vgl. ebd., S. 282 (die anderen von den nhd. Monophthongierung betroffenen Diphthonge sind auf den Fragmentstreifen nicht belegt); (3) *n*-loser Infinitiv in *wizze*, vgl. ebd., passim sowie S. 33 und 119 mit Bezug auf die zeitlich nahestehende Jenaer Handschrift des ‚Jenaer Martyrologiums'; (4) Pronominalform *he*, vgl. ebd.; (5) das Wortmaterial enthält keine Belege für Senkung von mhd. *o* zu *u* und *e* zu *i*, vgl. ebd.; (6) Rundung von mhd. *i* zu *u* (*sund*, wohl auch *vurlorn*), vgl. ebd., S. 278; (7) Schwund von mhd. *t* im Auslaut (*is*), vgl. ebd., S. 289; (8) zu unverschobenem *t* in *Dit* vgl. ebd., S. 43 u. 291.

⁴³ Vgl. Georg Steer, Art. ‚Eckhart von Hochheim, auch Meister Eckhart', in: Deutsche Biographische Enzyklopädie (DBE), 2. überarb. u. erw. Ausg., hg. v. Rudolf Vierhaus, Bd. 2, München 2005, S. 825–827, hier: 826.

zeugen werden damit textkritisch besonders interessant (siehe oben Anm. 37).

Wie sich bei der erneuten Untersuchung außerdem ergab, war die Kodikologie der makulierten Handschrift in den alten Kurzangaben (Streifen von Einzelblättern, zweispaltig, [Groß?–]Folioformat) irrig rekonstruiert worden.[44] Tatsächlich sind die beiden Querstreifen Reste eines Doppel-, nicht eines Einzelblatts und stammen demgemäß aus einer kleinformatigen Handschrift mit einspaltigem Schriftraum. Das Doppelblatt muss einst innerhalb des Lagenverbunds eines der äußeren Teile der Lage gewesen sein, denn zwischen seinen beiden Hälften besteht kein Textanschluss: Während die erhaltenen Zeilen auf Vorder- und Rückseite des einen Einzelblatts problemlos mit der Eckhart-Predigt in Deckung zu bringen sind, konnten die Textstücke der anderen Doppelblatthälfte bislang nicht identifiziert werden.[45] Sie überliefern Zeilen aus einem Text über Wissen und Unwissen, dessen Diktion es zumindest denkbar erscheinen lässt, dass er ebenfalls aus Eckharts Umfeld – oder gar von Eckhart selbst? – stammt. Mit diesen neuen Metadaten wurden die Fragmente von der UB Leipzig online gestellt.[46]

Eine gemeinsame Pressemitteilung von UB Leipzig und Eckhart-Forschungsstelle am 11. September 2023 fand überregional enorme Aufmerksamkeit.[47] Auf der sich anschließenden Wolfram-Tagung war das Interesse ebenfalls sehr lebendig. Der HSC nahm den Neufund unmittelbar im An-

---

[44] Korrekturbedürftig sind auch die Angaben im Leipziger Inkunabelkatalog zur Einbandwerkstatt, in der die Fragmente für Bindezwecke verwendet wurden: Der Einband des Trägerbands Leipzig, UB, Ed.vet.s.a.m.26, weist nicht die typische Blindlinienführung der Leipziger Flechtbandwerkstatt auf, der bei UBL-Ink (Anm. 28), S. 183, die Bindung zugewiesen wird, vielmehr legt das vom Buchbinder verwendete Vorsatzpapier aufgrund seiner Wasserzeichen nahe, dass die Bindung nicht in Leipzig erfolgt sein kann, sondern im Raum Erfurt vorgenommen worden sein könnte: Parallelbelege zu den Wasserzeichen aus in Leipzig verwendeten Materialien liegen trotz der sehr guten Aufarbeitung dieser Papiere nicht vor. Das Papier des Hinterspiegels weist dagegen ein Ochsenkopf-Wasserzeichen auf, zu dem eine Variante in der Handschrift Göttingen, SUB, 2° Cod. Ms. jurid. 161 belegt ist, die nach Patrizia Carmassi wohl in Erfurt geschrieben wurde, vgl. die vorläufige Beschreibung in der Wolfenbütteler Digitalen Bibliothek: https://diglib.hab.de/?db=mss&list=ms&id=goe-sub-jurid-161&catalog=Carmassi&mode=print. Wenn die Annahme einer Erfurter Bindung stimmt, stützt das die Lokalisierung des Fragments und zeigt gleichzeitig, dass die Handschrift seit ihrer Entstehung in Eckharts Umfeld weitgehend ortsfest geblieben war, bis sie makuliert wurde. Ich danke Katrin Sturm und Franz Schollmeyer für ihre Hinweise und Untersuchungen zum Papier des Trägerband-Einbands.

[45] Auch hier geht mein Dank an Markus Vinzent und Jana Ilnicka für die Überprüfung und Bestätigung des in Leipzig ermittelten Befunds.

[46] https://digital.ub.uni-leipzig.de/object/viewid/0000051482.

[47] Pressemitteilung verfügbar unter: https://www.uni-leipzig.de/newsdetail/artikel/aeltestes-zeugnis-von-meister-eckharts-werk-entdeckt-2023-09-11.

schluss auf.⁴⁸ Auch hier bedurfte es also einer gezielten Außenkommunikation, damit ein Fragmentfund von der universitären Seite rezipiert wird. Die Bereitstellung ausschließlich über die bibliothekarische Informationsinfrastruktur war nicht erfolgreich.
- Im Sommersemester 2019 fand am Institut für Germanistik der Universität Leipzig eine Lehrveranstaltung unter meiner Leitung statt, die ein kollaboratives Erforschen bislang unbekannter deutschsprachiger Fragmente in der Anhaltischen Landesbücherei Dessau zum Ziel hatte.⁴⁹ Den Lehrauftrag an den Leiter eines bibliothekarischen Handschriftenzentrums hatten die Professuren für Germanistische Mediävistik (Sabine Griese) und Historische deutsche Sprachwissenschaft (Hans Ulrich Schmid) ermöglicht. Aus der Reihe der in Dessau ermittelten unaufgearbeiteten Fragmente wurden von den Teilnehmenden vier Stücke ausgewählt und im Lauf des Semesters möglichst weitgehend auf Entstehungszeit und -region, Kodikologie und Inhalt hin untersucht. Unter anderem fand sich dabei ein Doppelblatt aus einer Handschrift der durchaus schmal überlieferten ostmitteldeutschen ‚Catena aurea'-Übersetzung (HSC: elf Textzeugen), das aus demselben Codex stammt wie das Fragment Cgm 5250/64 der Bayerischen Staatsbibliothek und nun darüber Auskunft geben kann, wo sich die Ursprungshandschrift bei ihrer Makulierung befunden haben dürfte, nämlich im sachsen-anhaltinischen Bernburg.⁵⁰ Noch folgenreicher war die Entdeckung eines offenbar noch nicht bezeugten gereimten Mariengrußes (Abb. 7),⁵¹ da der Neufund dem geläu-

---

⁴⁸ Siehe https://handschriftencensus.de/26814.
⁴⁹ Die folgenden Angaben nach: Marvin Bazanava u. a., Neufunde aus dem Mittelalter in der Anhaltischen Landesbücherei Dessau, in: Dessauer Kalender 65 (2021), S. 18–41, OA-Zweitveröffentlichung: https://nbn-resolving.org/urn:nbn:de:bsz:15-qucosa2-744246.
⁵⁰ Dessau-Roßlau, Stadtarchiv, Anhaltische Landesbücherei Dessau (Wissenschaftliche Bibliothek), Fragmentsammlung, derzeit noch ohne Signatur, vgl. Bazanava u. a. (Anm. 49), S. 25–29. Zur handschriftlichen Überlieferung vgl. https://handschriftencensus.de/werke/1739 (ohne diesen Textzeugen) sowie zum Münchner Fragment Karin Schneider, Die deutschen Handschriften der Bayerischen Staatsbibliothek München. Die mittelalterlichen Fragmente Cgm 5249–5250 (Catalogus codicum manu scriptorum Bibliothecae Monacensis V.8), Wiesbaden 2005, S. 231f.
⁵¹ Bazanava u. a. (Anm. 49), S. 34–39. Das Fragment ist auf den hinteren Innendeckel des Bandes BB 3612 geklebt. Eine Transkription des gesamten erhaltenen Textes mit Ergänzungen des Rekonstruierbaren, erstellt von Richard Krabi und mir, sei hier nachgeholt. Erhalten sind vier Strophen (die letzte unvollständig), die jeweils mit *Ave Maria, gegrut sis tu Maria* eingeleitet werden und im Anschluss zwei weitere paargereimte Verspaare umfassen. Das erste dieser weiteren Verspaare enthält zunächst eine mit dem Wort *Aller* eröffnete Anrufung Marias sowie im Anschluss eine mit *Wes* eingeleitete Bitte, das zweite Verspaar beginnt jeweils mit dem Wort *Durch* und besteht aus einer zweiten Bitte: [1. Au]*e maria. Gegrut sis tu maria. aller* [gen]*aden ein wluat*

## Handschriftenfragmente im Niemandsland zwischen Bibliothek und Universität

figen Handbuchwissen nicht entspricht: Während die Literaturgeschichtsschreibung das Aufkommen der Mariengrüße in die erste Hälfte des 14. Jahrhunderts setzt, datiert das Dessauer Bruchstück klar noch ins 13. Jahrhundert, vielleicht in das letzte Viertel oder Drittel.

Aus der Lehrveranstaltung ging, um spätere Anforderungen im Berufsleben einzuüben, eine Sammelpublikation hervor, die an ein breiteres Publikum adressiert war und im Periodikum ‚Dessauer Kalender' erschien (siehe oben Anm. 49). Eine Zweitveröffentlichung dieses Beitrags im Open Access erfolgte 2021 über die UB Leipzig, so dass die Ergebnisse der Fragmentuntersuchungen seitdem frei zugänglich und in den wissenschaftlichen Katalogverbünden nachgewiesen sind. Für weitergehende Verbreitungsaktivitäten oder auch das Einarbeiten in Informationssysteme fehlten bibliotheksseitig die Kapazitäten, zumal die Arbeitsergebnisse der Lehrveranstaltung an einzelnen Stellen vorläufig oder unvollständig waren. Eine Rezeption der Publikation zu den Dessauer Neufunden in der Altgermanistik außerhalb Leipzigs ist nach meinem Wissen bislang ausgeblieben.[52]

- 2023 ging an der UB Leipzig ein DFG-Projekt in seine Schlussphase, dessen Ziel es war, die bedeutende Bibliothek der Evangelisch-Lutherischen Kirchgemeinde Annaberg-Buchholz im Erzgebirge zu erschließen.[53] Das Projekt zielte primär auf die Katalogisierung der historischen Druckschriften, die sich aus verschiedenen Vorgängersammlungen speisen und daher in beeindruckendem Umfang bis in die Inkunabelzeit zurückreichen. Ein am Handschriftenzentrum angesiedeltes Teilprojekt ergänzte diese Katalogisierungsarbeiten aber um eine Basiserschließung der Handschriftenmakulatur in den Druckbänden, die aufgrund des hohen Anteils historischer Bindungen in großer Zahl vorkommt.

Die zahlreichen Entdeckungen bei der Erschließung dieses bislang unaufgearbeiteten Fragmentfundus betreffen naturgemäß hauptsächlich die latei-

---

[wohl mhd. vlât]. *wes miner selen* [ein] *tuuerlat. durch alle dine true.* [...] *ware rue.* [2.] *Aue maria. Gegrut sis* [tu] *maria. Aller dogeden ein ture s*[ch]*rine.* [We]*s miner selen ein morghenschin. durch dines liues benedide vrucht. hal* [...i?]*nder dogeze tucht.* [3.] *Ave maria. Gegrut* [sis] *tu maria. Aller werlde ein trosterinne. wes miner selen ein suze minne. durch* [di]*nes liuen sones benedide blut. wes im*[?] [...] *minem ende gut.* [4.] *Aue maria. Gegrut* [si]*s tu maria. Aller heiligen ein clare cro*[ne]. *wes miner selen ein war sone. durch* [...].

[52] Der Gemeinschaftsaufsatz zu den Dessauer Funden wurde dem HSC gemeldet, ist dort unter ‚Forschungsliteratur' aufgeführt, aber noch nicht für den HSC ausgewertet.

[53] Das Folgende nach: Thomas Thibault Döring und Katrin Sturm unter Mitarbeit von Thomas Fuchs und Christoph Mackert, Buch auf! Zu Tage geförderte Schätze aus der Annaberger Kirchenbibliothek, Katalog zur Ausstellung in der Universitätsbibliothek Leipzig 26.5.–27.8.2023 (Schriften aus der Universitätsbibliothek Leipzig 54), Leipzig 2023.

nische Überlieferung, umfassen aber auch einzelne deutschsprachige Funde. Unter ihnen ragt insbesondere ein Blatt mit Teilen zweier Predigtexempel in deutscher Prosa hervor (Abb. 8a und b), das um 1200 zu datieren ist und schreibsprachlich wie auch aus bestandsgeschichtlichen Gründen aus dem Übergangsbereich Ostthüringen/Südsachsen stammen dürfte.[54] Es stellt damit das mit Abstand älteste Zeugnis deutschsprachiger Literatur in einem Raum dar, der bislang erst in den Folgejahrhunderten langsam ins Licht der Überlieferung trat. Diesem Fragment zur Seite stellt sich ein annähernd gleich altes Stück aus demselben Entstehungsgebiet, das als neuer Textzeuge zur ‚Windberger Interlinearversion zu Psalter, Cantica u. a.' identifiziert werden konnte (Abb. 9).[55] Entdeckt wurden weiterhin Fragmente eines deutschen Lektionars in ostmitteldeutscher Schreibsprache aus der Zeit um 1320–1340, das in den Evangelienlesungen zwar Übereinstimmungen mit dem unikal überlieferten ‚Berliner Evangelistar' aufweist, darüber hinaus aber auch Lesungen aus dem Alten Testament enthält: Es repräsentiert also einen bislang unbekannten Text.[56] Die Reihe germanistisch relevanten Materials, das in diesem Projekt zutage gefördert wurde, ließe sich noch fortsetzen.

Eine Auswahl der besonders prominenten Neufunde aus dem Annaberg-Projekt wurde von der UB Leipzig im Frühjahr und Sommer 2023 in einer Ausstellung präsentiert, zu der ein gedruckter und inzwischen im Open Access bereitgestellter Katalog vorliegt (siehe oben Anm. 53). In Zusammenhang mit der Ausstellungseröffnung wurden am 24. Mai bei einem Medientermin unter anderem die ‚Annaberger Predigtexempel' der Öffentlichkeit vorgestellt. Die Universität Leipzig veröffentlichte begleitend eine Pressemitteilung, der MDR berichtete in einem eigenen Beitrag, die UB Leipzig verbreitete die Meldung über ihre Social Media-Kanäle. In den altgermanistischen Informationsstrukturen ist die Nachricht meines Wissens bislang noch nicht rezipiert.[57]

Die hier angeführten Beispiele verdeutlichen, welche Faktoren dazu führen, dass Fragmentfunde, die an einem Handschriftenzentrum gelingen, nicht in den Fokus der Fachwissenschaft geraten: wenn nämlich nur biblio-

---

[54] Annaberg-Buchholz, Evangelisch-Lutherische Kirchgemeinde, Kirchenbibliothek, C 26, Spiegel, vgl. ebd., S. 104. Digitalisat: https://nbn-resolving.org/urn:nbn:de:bsz:15–0026–570757.

[55] Annaberg-Buchholz, Evangelisch-Lutherische Kirchgemeinde, Kirchenbibliothek, C 23, Ansetzfalz vorn und hinten, vgl. ebd. S. 105. Digitalisat: https://nbn-resolving.org/urn:nbn:de:bsz:15–0026–564181.

[56] Annaberg-Buchholz, Evangelisch-Lutherische Kirchgemeinde, Kirchenbibliothek, C 1230, Ansetzfalz vorn und hinten, vgl. ebd., S. 107. Digitalisat: https://nbn-resolving.org/urn:nbn:de:bsz:15–0026–570729.

[57] Vgl. https://handschriftencensus.de/hss/Annaberg-Buchholz_(Erzgebirge).

thekarische Informationsinfrastrukturen bespielt werden; wenn Drittmittelkapazitäten fehlen, um ausführliche wissenschaftliche Beschreibungen zu generieren; wenn Funde außerhalb von Drittmittelprojekten erfolgen, die aufgrund ihrer altgermanistischen Relevanz von der Forschung gut wahrgenommen werden; wenn keine direkte Meldung an den HSC erfolgt; wenn Publikationen außerhalb der universitären Fachorgane angesiedelt sind; wenn keine Kapazitäten für einen zusätzlichen Beitrag in der ZfdA oder in ‚Maniculae' geschaffen werden; wenn die Aufarbeitung nicht zusammen mit universitären Wissenschaftler:innen durchgeführt wird; wenn man auf die natürliche Reichweite von Pressemitteilungen und Social Media setzt. Das bedeutet auch, dass die Bibliotheksseite nicht darauf vertrauen kann, dass es automatisch zu einer fachwissenschaftlichen Rezeption kommt, wenn sie in ihren Systemen Material mit basalen Erschließungsdaten für eine weitere Aufarbeitung durch die Forschung bereitstellt.

Wenige weitere, eher zufällig gewählte Beispiele von Fragmentfunden, bei denen es unmittelbar oder sehr zeitnah zur Rezeption durch die Altgermanistik kam, bestätigen diesen Befund auf positive Weise:
- Im Zuge der Vorbereitungen des bereits erwähnten DFG-Projekts zur Erschließung von Kleinsammlungen stieß ich bei einer Bestandssichtung in der Domstiftsbibliothek Naumburg auf zwei Querstreifen eines Doppelblatts, dessen deutschsprachiger Text sich als weiteres Zeugnis des ‚Jenaer Martyrologiums' erwies (Abb. 10), das zuvor ausschließlich durch die bekannte illustrierte Jenaer Handschrift (Jena, ThULB, Ms. Bos. q. 3) bezeugt gewesen war.[58] Im Rahmen des Projekts entstand die übliche wissenschaftliche Handschriftenbeschreibung, die 2016 online ging.[59] Noch vor deren Publikation erschien 2011 eine Jenaer Dissertation, die das neue Fragment ebenfalls behandelte, allerdings nur anhand von Leipziger Arbeitsmaterial aus einer Korrespondenz zwischen Christoph Fasbender und mir.[60] In den HSC dürfte das neue Naumburger Fragment aufgrund der fachwissenschaftlichen Dissertation gelangt sein, wie die kodikologischen Angaben nahelegen.[61] Die Handschriftenbeschreibung mit ihren aktuelleren Angaben zu Kodikologie und Entstehung ist dort aber ebenfalls vermerkt, dies wiederum, weil es Teil der Abläufe in den Drittmittelprojekten am Leipziger Zentrum ist, dass pu-

---

[58] Naumburg, Domstiftsbibliothek, Fragm. 21 a/b. Zum Fragment vgl. https://resolver.staatsbibliothek-berlin.de/HSP0005453700000000.
[59] Beschreibung von Matthias Eifler / Christoph Mackert: https://resolver.staatsbibliothek-berlin.de/HSP0005E49F00000000.
[60] Iryna Merten, Das Mitteldeutsche Martyrologium. Studien zu seiner Genese, seinen Tradierungsformen und seiner Rezeption, Diss. phil., Jena 2011 (URN: urn:nbn:de:gbv:27-20120417-144627-2).
[61] Vgl. https://handschriftencensus.de/25861.

blizierte Beschreibungen zu deutschsprachigen Handschriften gebündelt an den HSC gemeldet werden.
- Zwischen 2008 und 2018 wurde der Gesamtbestand deutschsprachiger und niederländischer Handschriften der Sächsischen Landesbibliothek – Staats- und Universitätsbibliothek Dresden in einem DFG-Projekt wissenschaftlich erschlossen.[62] Durch die gedruckten älteren Handschriftenkataloge der Bibliothek, die zwischen 1882 und 1986 erschienen waren, durfte die Sammlung als solche als bekannt gelten. Gleichwohl gelang – neben vielen Neubewertungen scheinbar gut erforschter Handschriften – im Projektverlauf auch eine Reihe von Neufunden. Dazu gehörte die Identifikation eines neuen Textzeugen des verbreiteten Pseudo-Stricker'schen Versexempels ‚Der König im Bad', der die Dichtung fast vollständig überliefert und sich als textkritisch durchaus wertvoll erwies, da er eine frühe unbearbeitete Fassung bietet (Dresden, SLUB, Mscr.Dresd.App.186,7).[63] Das Fragment aus der Mitte des 14. Jahrhunderts im Umfang von zwei Pergamentblättern war im Handschriftenkatalog von 1986 als „mhd. Lehrgedicht[.] Ende 14. Jh."[64] verzeichnet gewesen. Für eine angemessene Verbreitung des Neufunds in der Altgermanistik sorgten die Online-Publikation der wissenschaftlichen Beschreibung, die Meldung dieser und der anderen Beschreibungen aus dem Projekt an den HSC und insbesondere die ausführliche Auswertung durch den wissenschaftlichen Bearbeiter Werner J. Hoffmann in einem Sammelband, der als Beiheft zur ZfdA 2022 erschien, schließlich die Online-Publikation des abgeschlossenen Handschriftenkatalogs im Open Access im selben Jahr.[65]
- Bei einer Sichtung der Einbandmakulatur in der Reformationsgeschichtlichen Forschungsbibliothek Wittenberg wurde 2019 unter anderem (und ne-

---

[62] Zum Projekt und seinen Ergebnissen siehe Werner J. Hoffmann, Die mittelalterlichen deutschen und niederländischen Handschriften der Sächsischen Landesbibliothek – Staats- und Universitätsbibliothek Dresden (Archivum Medii Aevi Digitale, Studies: Catalogues 1), Frankfurt a. M. 2022, S. 5–61 (DOI: https://doi.org/10.25716/amad-85248).

[63] Vgl. Werner J. Hoffmann, Eine Dresdner Handschrift des ‚König im Bad'. Untersuchungen und Textabdruck, in: Auf den Schwingen des Pelikans. Studien zur deutschen Literatur des Mittelalters, hg. v. Ralf Plate, Niels Bohnert, Christian Sonder u. Michael Trauth (ZfdA. Beiheft 40), Stuttgart 2022, S. 257–282.

[64] Katalog der Handschriften der Sächsischen Landesbibliothek zu Dresden, Bd. 5 (Mscr. Dresd. App. 184–1928), bearb. v. Christian Alschner u. Christa Krause, Dresden 1986, S. 7.

[65] Beschreibung von Werner J. Hoffmann im HSP: https://resolver.staatsbibliothek-berlin.de/HSP0005CD7A00000000; auf Mitteilung durch Werner J. Hoffmann im HSC aktualisiertes Dokument: https://handschriftencensus.de/18920; wissenschaftliche Auswertung: siehe oben Anm. 63; Handschriftenkatalog: siehe oben Anm. 62.

ben einem neuen Textzeugen des ‚St. Trudperter Hohen Lieds') ein Fragment des ‚Evangelium Nicodemi' Heinrichs von Hesler entdeckt.[66] Für die wissenschaftliche Bewertung kontaktierte die Reformationsgeschichtliche Forschungsbibliothek das Leipziger Handschriftenzentrum.[67] Wie sich schnell zeigte, macht der Wittenberger Fund eine literaturgeschichtliche Neupositionierung Heinrichs von Hesler notwendig und korrigiert alle bisherigen Einordnungen: Hesler, früher im Kontext der Deutschordensdichtung um 1300 gesehen und zuletzt aufgrund von Fragmentfunden in die Zeit um 1260 gesetzt, war tatsächlich ein Zeitgenosse Wolframs von Eschenbach, dessen ‚Willehalm'-Prolog er in der ‚Apokalypse' aufnimmt. Denn das Fragment ist paläographisch klar in die Zeit um 1215–1225 zu datieren und weist in seinen Schriftformen engste Übereinstimmungen mit dem Heidelberger ‚Rolandslied' (Heidelberg, UB, Cod. Pal. germ. 112) auf, dessen bisherige (Früh-) Datierung angesichts dessen nun auch zu überdenken wäre.

Obwohl ein ausführlicher Gemeinschaftsbeitrag von vier Mitgliedern des Handschriftenzentrums über die Wittenberger Neufunde aktuell noch auf seine Publikation in einem Sammelband der Reformationsgeschichtlichen Forschungsbibliothek wartet (siehe oben Anm. 67), und – abgesehen von einem Blog-Beitrag – auch noch keine Daten in den bibliothekarischen Systemen bereitgestellt wurden, sind die Fragmente im HSC bereits verzeichnet.[68] Der HSC konnte sich dabei auf eine direkte Mitteilung vonseiten des Handschriftenzentrums stützen, da der ZfdA ein eigener Beitrag zu den Funden angeboten wurde. Ein Medientermin mit der Vorstellung der Fragmente und ihre Präsentation in einer Ausstellung der Forschungsbibliothek 2020 und 2022[69] haben hingegen überregional offenbar wenig Beachtung durch die Fachwissenschaft gefunden.

---

[66] ‚Evangelium Nicodemi': Wittenberg, Reformationsgeschichtliche Forschungsbibliothek, PS 8°Ph70, abgelöste Einbandmakulatur; ‚St. Trudperter Hohes Lied': ebd., PS 8°SW128, abgelöste Einbandmakulatur.

[67] Das Folgende referiert Ergebnisse eines Gemeinschaftsbeitrags von Leipziger Kolleg:innen, dessen Erscheinen für 2024/25 angekündigt ist: Werner J. Hoffmann, Matthias Eifler, Christoph Mackert u. Katrin Sturm, Fragmente schreiben Literaturgeschichte. Neue Textfunde zur deutschsprachigen geistlichen Literatur des 12. und 13. Jahrhunderts in der Reformationsgeschichtlichen Forschungsbibliothek Wittenberg, in: Wissenskulturen. Beiträge aus der Reformationsgeschichtlichen Forschungsbibliothek, hg. v. Matthias Meinhardt.

[68] Vgl. Werner J. Hoffmann / Matthias Eifler / Katrin Sturm, Fragmente schreiben Literaturgeschichte. Neue Textfunde zur deutschsprachigen geistlichen Literatur des 12. und 13. Jahrhunderts, https://blog.ub.uni-leipzig.de/fragmente-schreiben-literaturgeschichte/, 20. Feb. 2020; https://handschriftencensus.de/26231 (,Evangelium Nicodemi'); https://handschriftencensus.de/26230 (,St. Trudperter Hohes Lied').

[69] Wiederverwendet. Wiederentdeckt. Mittelalterliche Handschriftenfragmente als Bucheinbände, Kabinettausstellung, Reformationsgeschichtliche Forschungsbibliothek Wittenberg 21. Februar–20. Mai 2020; wiederholt 24. März–9. Juni 2022.

In all den Beispielen erfolgreicher Vermittlung neuer Fragmentfunde von der Bibliotheks- an die Forschungsseite spielte es also eine zentrale Rolle, dass eine gezielte und direkte Kommunikation mit den Marburger Informationsangeboten erfolgte, weil Marburg die zentrale Weiterverbreitungsfunktion für das Fach einnimmt. Eine solche Kommunikation muss nicht unbedingt von der Bibliothek selbst ausgehen. Der HSC wertet zum Beispiel auch einschlägige Forschungsliteratur aus (wie im Fall des ‚Jenaer Martyrologiums' geschehen). Darüber hinaus gibt es noch einzelne engagierte Forschende, die für ihr eigenes Spezialgebiet regelmäßig die Bibliothekssysteme prüfen und bei den bibliothekarischen Fachabteilungen nachfragen, um so Neuentdeckungen zu erfassen und zu kommunizieren. Hier ist beispielsweise Ulrich-Dieter Oppitz zu nennen, der das Leipziger Handschriftenzentrum regelmäßig kontaktiert und jeweils die jüngsten Fragment- und Handschriftenfunde zu den deutschen Rechtstexten erfragt, diese in seinen periodisch erscheinenden ‚Ergänzungen zu ‚Deutsche Rechtsbücher des Mittelalters und ihre Handschriften'' in der Zeitschrift der Savigny-Stiftung für Rechtsgeschichte publiziert und parallel die Informationen an den HSC liefert.[70]

## 4. Fazit: zum Status quo

Wenn man das bisher Gesagte zusammenfasst, lässt sich Folgendes festhalten:
– Dank der von der DFG angestoßenen Forschungsinfrastruktur der Handschriftenzentren werden im deutschen Bibliotheksbereich außerhalb germanistischer Forschungszusammenhänge immer wieder Fragmentfunde zur deutschen Literatur des Mittelalters gemacht.
– Die Zahl dieser Fragmentfunde ist größer als gemeinhin bewusst, zugleich werden die Funde nur partiell von der Forschung rezipiert. Denn während sich die Bibliotheksseite auf die Informationsbereitstellung über die bibliothekarischen Infrastrukturen konzentriert, existiert für einen Gutteil der Alt-

---

[70] Siehe zuletzt Ulrich-Dieter Oppitz, Ergänzungen zu ‚Deutsche Rechtsbücher des Mittelalters und ihre Handschriften', in: Zeitschrift der Savigny-Stiftung für Rechtsgeschichte, Germ. Abt. 139 (2022), S. 253–263, hier: 254, Nr. 68b (Bautzen, Domstiftsbibliothek, Cod. L$^e$3: ‚Meißner Rechtsbuch'); ders., Ergänzungen zu ‚Deutsche Rechtsbücher des Mittelalters und ihre Handschriften', in: Zeitschrift der Savigny-Stiftung für Rechtsgeschichte. Germ. Abt. 140 (2023), S. 411–421, hier: 411, Nr. 68c (Bautzen, Stadtarchiv, Bestand 65002 Innungen, Einbandbezug [früher R6977]: Eike von Repgow, ‚Sachsenspiegel') und S. 416f., Nr. 879a (Leipzig, UB, Deutsche Fragmente 84: Eike von Repgow, ‚Sachsenspiegel'). Vgl. auch ders., Rechtsbücherforschung in sächsischen Archiven. Texte in Dresden, Leipzig und Nürnberg, in: Neues Archiv für sächsische Geschichte 93 (2022), S. 223–229.

germanistik ein Fragmentfund erst dann, wenn er in den Marburger Informationsangeboten verzeichnet ist.
- Die Medienkompetenz im Umgang mit den verschiedenen Angeboten ist unbefriedigend. Die Nutzung der mit großen Ressourcen aufgebauten Informationssysteme der Bibliotheken kann in Fachkreisen nicht als selbstverständlich vorausgesetzt werden. Dass in ihnen germanistisch relevantes Material bereitgestellt sein kann, für das es noch keinen Eintrag im HSC gibt, ist im Bewusstsein des Faches, der Lehrenden und Studierenden kaum verankert, auch nicht, dass die HSC-Einträge das Ergebnis einer redaktionellen Auswertung sind, die entsprechend Zeit und Personal erfordert und daher auch von Verzögerungen betroffen sein kann. Dass im HSC wiederum aufgrund seiner internationalen Ausrichtung weit mehr Handschriften mit deutschen Texten recherchierbar sind als im HSP, wird oft nicht als strukturell angelegt wahrgenommen, sondern schlicht als Defizit des bibliothekarischen Angebots.
- Die Kommunikation zwischen den beiden Sphären Universität/Forschung und Gedächtnisinstitutionen basiert derzeit schwerpunkthaft auf individuellem Engagement. Eine strukturell-organisatorische Verzahnung fehlt.
- Die Vermittlung von Funden von der Bibliotheks- an die Forschungsseite gelingt besser im Rahmen von Drittmittelprojekten, da hier Wissenschaftler:innen allein für die Handschriftenerschließung und Informationsbereitstellung beschäftigt sind und sie die Ergebnisse der wissenschaftlichen Erschließung oft aktiv kommunizieren. Das bibliothekarische Hauspersonal außerhalb der Drittmittelprojekte ist dagegen in zahlreiche andere Pflichten eingebunden, sodass Funde aus nicht projektfinanzierten Aktivitäten immer wieder ungenügend aufgearbeitet, publiziert oder verbreitet werden. Sie werden allerdings in der Regel zumindest in basaler Form zur forschenden Nachnutzung bereitgestellt, warten dabei aber aufgrund der kommunikativ getrennten Sphären oft vergeblich auf eine Rezeption in der Fachcommunity.
- ‚Finden' muss nicht unbedingt heißen, dass man auf Handschriftenbruchstücke stößt, die noch nie beachtet wurden. ‚Finden' bedeutet vielmehr nicht selten: Neubewertung bereits bekannter Überlieferungszeugen mit aktuellen grundwissenschaftlichen Methoden.[71]

---

[71] Zwei weitere Beispiele aus dem Leipziger Arbeitskontext: Falk Eisermann, Zur Datierung der ‚Würzburger Kleinepiksammlung' (Forschungsbibliothek Gotha, Chart. A 216), in: ZfdA 134 (2005), S. 193–204; Katrin Sturm, Alte Handschrift – Frühes Papier. Eine der ältesten deutschsprachigen Papierhandschriften im Bestand der ehemaligen Donaueschinger Handschriften der Badischen Landesbibliothek in Karlsruhe entdeckt, https://blog.ub.uni-leipzig.de/alte-handschrift-fruehes-papier/, 13. Mai 2019.

– Für solche kodikologisch-paläographischen und insgesamt handschriftenkundlichen Untersuchungen sind Kompetenzen erforderlich, die an den Universitäten infolge der Strukturveränderungen der letzten Jahrzehnte immer weniger gelebt und ausgebildet werden. Hierzu gehört auch – ein besonders schmerzhafter Verlust im Kontext germanistisch relevanter Überlieferung – die sprachhistorische Expertise, die für eine Schreibsprachenanalyse benötigt wird. Einzelinitiativen an wenigen Instituten konnten den Gesamttrend bislang nicht umkehren. Die ungenügende kommunikative Verzahnung zwischen universitärer und bibliotheksgestützter Handschriftenforschung zeigt sich auch darin, dass die handschriftenkundliche Expertise der wissenschaftlichen Teams an den Handschriftenzentren im akademischen Kontext nur ausschnitthaft wahrgenommen wird.

## 5. Was folgt daraus?

Stimmt man dieser Bestandsaufnahme zu, stellt sich die Frage, wie eine bessere Zukunft aussehen könnte. Denn dass es wünschenswert ist, die Handschriftenforschung der Universitäten enger mit derjenigen an den Gedächtnisinstitutionen zu verzahnen, scheint mir bei allen Unterschieden in der Herangehensweise und der Arbeitsschwerpunkte angesichts der Gewinne, die für beide Seiten damit verbunden wären, unstrittig. Die folgenden Punkte bilden eine persönliche Gedankensammlung, die aus der Diskussion auf der Wolfram-Tagung ergänzt wurde; einzelne Beiträge aus der Diskussion weise ich dabei namentlich und fallweise mit wörtlichen Zitaten aus:
– Eine zentrale Aufgabe ist die Verbesserung der gegenseitigen Wahrnehmung. Hierzu gehören im Bereich der Informationsstrukturen schnittstellenbasierte Austauschprozesse zwischen den fachwissenschaftlichen und bibliothekarischen Portalsystemen (HSC und HSP haben diesbezüglich bereits erste Schritte eingeleitet) ebenso wie die Einbeziehung der Bibliotheksangebote in die Lehre. Hierzu könnte im Bereich der gelebten Interaktion beispielsweise auch die Etablierung von persönlicher Begegnung und Austausch gehören, um die beschränkende Fokussierung auf die eigene ‚Peergroup' zu überwinden, zum Beispiel über periodisch stattfindende Tagungen/Workshops, bei denen beide Seiten zusammengeführt werden.
– Generell ist die Entwicklung von Strukturen und Kooperationsformaten anzustreben anstelle des bisherigen individuellen Einzelengagements und der aktuell häufig ausschlaggebenden persönlichen Beziehungen (auch wenn deren Bedeutung bestehen bleiben wird).
– Die jetzigen bestandsausgerichteten Erschließungsprojekte an den Handschriftenzentren könnten künftig von kooperativen themenorientierten Projekten flankiert werden, die aus der Forschung heraus angestoßen und ge-

meinsam mit ihr durchgeführt werden (Franz-Josef Holznagel: „themeninduzierte Handschriftenerschließung"[72]). Gleichzeitig sollten Erfassungsprojekte, die auf universitär-wissenschaftlicher Seite durchgeführt werden, über die entsprechenden Strukturen in den Gedächtnisinstitutionen nachhaltig werden, wobei sie etablierte Normdaten und Standards nutzen. Insgesamt sind also wissenschaftliche und infrastrukturelle Aktivitäten, Angebote und Potentiale als Gesamtsystem zu denken (Daniel Könitz[73]).

– Ein solcher Ausbau der Beziehungen über die Grenzen von Wissenschaft und Bibliothek hinweg wird notwendigerweise mit Mehraufwand verbunden sein. Auf beiden Seiten sind die Beteiligten schon jetzt mehr als ausgelastet. Lösungen werden schwierig sein, wären aber eventuell zusammen mit Stiftungen anzudenken.

– Eine zentrale Rolle spielt die Ausbildung, und zwar für beide Seiten: Die Universitäten benötigen entsprechend ausgebildeten Nachwuchs, um das im Zuge der Digitalisierung rasant wachsende Angebot neuen handschriftenbezogenen Materials überhaupt nutzen, auswerten und in die Entwicklung des Faches einbringen zu können. Ein Bewusstsein dafür auszubilden und zu trainieren, dass Handschriften mehr sind als Container für Texte und dass die Materialität einen eigenständigen und gewichtigen Informationsgehalt hat, wird Teil der dabei erforderlichen Kompetenzen sein. Die Gedächtnisinstitutionen ihrerseits benötigen entsprechend ausgebildetes Personal, um ihre Bestände auch künftig angemessen erschließen und Neufunde der Forschung bereitstellen zu können; außerdem sind sie auf nutzende Forscher:innen mit den nötigen Kompetenzen angewiesen: Die finanzintensiven Aktivitäten der Bibliotheken mit ihren Handschriftenzentren müssen in der wissenschaftlichen Welt ‚da draußen' auch tatsächlich gebraucht werden.

– Der akademischen Lehre kommt daher eine entscheidende Bedeutung für eine Umorientierung zu. Handschriften bilden ein Faszinosum für Studierende. Gleichzeitig hat die Bologna-Reform mediävistische Lehrangebote massiv zurückgedrängt. Gegen die heutige Studienplanlogik sollten an Universitäten Strukturen geschaffen werden, die überlieferungsbezogene Aktivitäten belohnen und honorieren. Dabei ist es unrealistisch und auch nicht erforderlich, an allen Universitäten solche Angebote anzustreben. Denkbar aber sind einzelne handschriftenkundliche ‚Stützpunkte' an denjenigen Universitäten, wo bereits, zumindest in Ansätzen, handschriftenaffine Schwerpunkte bestehen (Franz-Josef Holznagel[74]).

– Das bedeutet, dass Ausbildungsinhalte über Lehrveranstaltungen und Abschlussarbeiten qualifiziert verankert oder dass zumindest ergänzende Ange-

---

[72] Beitrag in der Diskussion des Vortrags.
[73] Beitrag in der Diskussion des Vortrags.
[74] Beitrag in der Diskussion des Vortrags.

bote außerhalb der regulären Curricula entwickelt und in Strukturen etabliert werden müssten, wie sie jetzt schon in Form von (viel zu wenigen) Sommerschulen prekär existieren. Auch bei solchen Aus- und Fortbildungsaktivitäten sollten beide Seiten zusammenarbeiten, sofern es Konsens ist, dass eine hohe handschriftenkundliche Spezialisierung außerhalb der Universitäten – etwa an den Handschriftenzentren – besteht. Die Rolle der Handschriften-Sommerschulen als impulsgebende ‚Erlebniswelten', als ‚Augenöffner' für den Nachwuchs ist dabei unbestritten (Caroline Emmelius[75]). Die Frage, wie für solche Ausbildungskooperationen zusätzliche Kapazitäten beim Personal geschaffen werden und wie eine Finanzierung möglich sein kann, stellt sich natürlich auch hier.

– Speziell in Hinblick auf die Frage, wie neue Handschriftenfunde gut und zeitnah an die Forschung vermittelt werden können, wäre zu überlegen, ob Plattformen oder Formate denkbar sind, bei denen Funde von der Bibliotheksseite der Forschung zur gemeinsamen Auswertung bereitgestellt werden, um schneller aussagekräftige Daten publizieren zu können. Ein Anfang, so eine Anregung von HSC-Seite (Daniel Könitz[76]), könnten RSS-Feeds vonseiten der Bibliotheken sein, um neue Digitalisate und Neufunde abrufbar zu machen. Hier läge eventuell auch ein Potential für den Aufbau eines Pools, der zum Beispiel für die Vergabe von Qualifikationsarbeiten genutzt werden könnte, die dann wirklich Neues erarbeiten könnten. Freilich ist auch hier die entsprechende handschriftenkundliche Ausbildung des Nachwuchses (und der betreuenden Universitätslehrer:innen) eine entscheidende Voraussetzung.

– Ein Ziel bei all dem sollte auch sein, den isolierten Blick auf die deutschsprachige Überlieferung aufzubrechen und die Verortung des deutschsprachigen Mittelalters in seinem lateinischen Kontext erlebbar zu machen und regulär mit einzubeziehen. Ebenso sollte es Ziel sein, auch andere Kontexte schärfer oder überhaupt erstmals wahrzunehmen: deutschsprachige Fragmente in lateinischen Handschriften, in Einbänden von Alten Drucken, nicht nur der Inkunabelzeit, sondern bis weit in die Neuzeit hinein. Und natürlich ist der Blick über die Institutionsgrenzen hinaus zu weiten hin auf Fragmente in Archiven und in anderen Gedächtnisinstitutionen.

Abstract: How and with whose involvement are manuscripts and manuscript fragments found? And in what form and by whom is information on such finds published? The article discusses these questions regarding the relationship between, on the one hand, research by philologists at universities specializing in medieval German and, on the other

---

[75] Beitrag in der Diskussion des Vortrags.
[76] Beitrag in der Diskussion des Vortrags.

hand, institutions, especially libraries, which own manuscripts. It sheds light on the special role of the so-called 'Handschriftenzentren' (Manuscript Centers) at libraries in Germany which serve as hubs for expertise in manuscript studies and which contribute to basic research on manuscript heritage within the framework of cataloguing projects. Using as an example the discovery of various fragments of medieval German literature that have been made at the Manuscript Center of Leipzig University Library over approximately the last fifteen years, it becomes clear when such discoveries attract the attention of scholars of German and when they do not. This in turn reveals structural deficiencies in the network linking these institutions, to which in conclusion alternatives are considered.

# Workshopbericht: ‚Fragmentologie – Aktuelle Ansätze der wissenschaftlichen Analyse mittelalterlicher Handschriftenfragmente mit einem anwendungsorientierten Praxisteil zur digitalen Erschließung'

von INCI BOZKAYA und LENA STOCKBURGER

## 1. Fragmentologie als Gegenstand

Die Erforschung mittelalterlicher Handschriftenfragmente hat in den letzten Jahrzehnten in besonderem Maße von der fortschreitenden Digitalisierung profitiert. Gegebenenfalls bekannte, aber nicht oder nur schwer einsehbare Textzeugen, die fragmentarisch überliefert sind, werden durch deren digitale Faksimilierung leichter zugänglich. Diese veränderte Erschließungs- und Aufbereitungssituation der materiellen Grundlage der Altgermanistik war Ausgangspunkt des von Dr. Inci Bozkaya (Freiburg/Schweiz) und Lena Stockburger, M.A. (Karlsruhe) organisierten Workshops.[1]

Dieser fand am 13. September 2023 als ganztägige Veranstaltung an der Universität Freiburg (Schweiz) statt. Er war dem XXVIII. Kolloquium der Wolfram von Eschenbach-Gesellschaft zeitlich vorgelagert und thematisch verbunden. Widmete sich die Tagung ‚Fragmente und Fragmentierungen. Neue Zugänge zur mittelalterlichen deutschsprachigen Überlieferung' übergeordneten texttheoretischen und literaturgeschichtlichen Fragestellungen und methodischen Überlegungen zum Umgang mit hoch- und spätmittelalterlichen Handschriften- wie Werkfragmenten,[2] so fokussierte der Workshop dezidiert auf

---

[1] Näheres kann der Ausschreibung des Workshops entnommen werden: https://www.unifr.ch/mediaevum/de/veranstaltungen/nachwuchsworkshop-fragmentologie.html. Sämtliche in diesem Beitrag angeführten digitalen Ressourcen wurden zuletzt abgerufen am 08.06.2024.

[2] Vgl. die Einleitung von Cornelia Herberichs in diesem Band.

mittelalterliche deutschsprachige Handschriftenfragmente und deren digitale Erschließung.

Die Veranstaltung fand in Zusammenarbeit mit dem Zentrum für Handschriftenforschung, dem Mediävistischen Institut der Universität Freiburg (Schweiz) und dem am Karlsruher Institut für Technologie angesiedelten DFG-Projekt ‚Rudolf von Ems, ‚Barlaam und Josaphat': Edition, Übersetzung, Kommentar'[3] statt; als Gastvortragender konnte PD Dr. William Duba von der an der Universität Freiburg angesiedelten digitalen Plattform ‚Fragmentarium. Laboratory for Medieval Manuscript Fragments' (https://fragmentarium.ms/) gewonnen werden.

Der Fragment-Begriff im Sinne von „Bruchstück eines Textes"[4] ist Gegenstand intensiver Forschungsdiskussion. Bei den Fragmenten, die dem Workshop zugrunde gelegt wurden, handelt es sich allerdings um den unstrittigen Fall von ‚Handschriftenfragmenten' in Form von Einzelblättern, Doppelblättern, abgeschnittenen Blättern, Schnipseln und Makulatur. Die Auswahl der Fragmente erfolgte werkorientiert. Auf allen ausgewählten Pergamentstücken sind mittelhochdeutsche Verse oder Textpassagen enthalten, die Rudolfs von Ems ‚Barlaam und Josaphat' zugeordnet werden.

Traditionell innerhalb der etablierten Handschriftenforschung als ‚Fragmentkunde' bzw. ‚Fragmentforschung' eingeordnet, wurde in den letzten Jahren unter der Bezeichnung ‚Fragmentologie' das Konzept eines eigenen Forschungsfeldes formuliert.[5] Dieses konzentriert sich auf die spezifischen Bedürfnisse der Katalogisierung und Erforschung von mittelalterlichen Handschriftenfragmenten und den Prozessen, die ihrer Entstehung zugrunde liegen.[6] Die Erschließung der unikalen Herkunftsgeschichte verlangt hierbei nach einer dezidiert inter- und transdisziplinären Arbeitsweise. Eine wichtige Komponente der ‚Fragmentologie' ist die Zusammen- und Bereitstellung der Daten über das materielle Objekt im digitalen Raum. Durch diesen Schritt ist es möglich, auf digitalen Plattformen wie ‚Fragmentarium' räumlich zerstreute Bruchstücke als Einheit virtuell zu rekonstruieren und darstellbar zu machen. Für die Arbeit an und mit Fragmenten sind daher Kenntnisse und Kompetenzen aus der jungen Disziplin der Digital Humanities vonnöten. Basierend auf diesen

---

[3] Siehe https://gepris.dfg.de/gepris/projekt/406120036?context=projekt&task=showDetail&id=406120036&.
[4] Peter Strohschneider, Art. ‚Fragment$_2$', in: ²RLW 1 (1997), S. 624f., hier: 624.
[5] Zum Konzept ‚Fragmentology' siehe Christoph Flüeler / William Duba, Editorial: Fragments and Fragmentology, in: Fragmentology. A Journal for the Study of Medieval Manuscript Fragments 1 (2018), S. 1–5 (DOI: https://doi.org/10.24446/a04a).
[6] Siehe hierzu Claudia Sojer, Fragmente – Fragmentkunde – Fragmentforschung, in: Bibliothek. Forschung und Praxis 45 (2021), S. 533–553 (DOI: https://doi.org/10.1515/bfp–2021–0047), hier: 541 u. 543.

Überlegungen, bestand ein Ziel des Workshops darin, Nachwuchswissenschaftler:innen die Möglichkeit zu bieten, sich mit Ansätzen und Methoden der ‚Fragmentologie' vertraut zu machen und aktuelle Techniken und Instrumente für die Identifizierung, Beschreibung, Analyse und Veröffentlichung von Handschriftenfragmenten am Praxisbeispiel zu erlernen.

## 2. Vorarbeiten

Die Zusammensetzung des Plenums und der praktische Teil des Workshops bestimmten seine konzeptionelle Ausrichtung. So war zu berücksichtigen, dass sich der Workshop sowohl an junge Forschende richtete, welche im Zuge ihrer eigenen Projekte bereits an Fragmenten arbeiten, als auch an Nachwuchswissenschaftler:innen, die sich mit dem Thema erstmals vertraut machen wollten. Letztlich präsentierte sich das Plenum heterogen hinsichtlich Qualifikation wie Vorwissen, da sowohl fortgeschrittene Masterstudierende, Promovierende als auch Post-Docs teilnahmen. Um einen grundlegenden gemeinsamen Wissensstand zu garantieren, wurde zur vorbereitenden Lektüre ein digitaler Reader mit Überblicksartikeln, aktuellen Forschungsbeiträgen zur Fragmentforschung sowie spezifischen Forschungsartikeln zu den Fragmenten des ‚Barlaam und Josaphat' zur Verfügung gestellt.

In Vorbereitung auf den Workshop wurde den 20 Teilnehmenden jeweils ein Fragment zugewiesen, sodass diese sich mit dem Erschließungszustand des Fragments auseinandersetzen und anhand ausgewählter Literatur die für den Praxisteil im Workshop notwendigen Metadaten – beispielsweise Informationen aus dem Handschriftencensus sowie Handschriftenbeschreibungen aus Katalogen und einschlägigen Studien – zusammentragen konnten.

Zu Beginn der Workshopvorbereitungen waren weniger als die Hälfte der bis zu diesem Zeitpunkt bekannten ‚Barlaam und Josaphat'-Fragmente als Digitalisate verfügbar. In einer umfassenden Recherche wurden daher von den Workshoporganisatorinnen in den entsprechenden Bibliotheken und Sammlungen Digitalisate dieser Fragmente angefragt bzw. in Auftrag gegeben. Dies führte dazu, dass insgesamt 14 Digitalisate als Grundlage für den praktischen Teil des Workshops zur Verfügung standen,[7] von denen elf für die Einträge in ‚Fragmentarium' ausgewählt wurden.

---

[7] Digitalisiert wurden die Fragmente f3 (Basel, Universitätsbibl., Cod. N I 4, Bl. S), f4a (Berlin, Staatsbibl., mgf 720a), f4b (Herdringen, Archiv des Freiherrn von Fürstenberg-Herdringen, AFH 7800), f5 (Berlin, Staatsbibl., mgf 720b), f6 (Berlin, Staatsbibl., mgf 737, Bl. 16–18), f7 (Berlin, Staatsbibl., mgf 737, Bl. 20–21), f10 (Berlin, Staatsbibl., Fragm. 93b), f15 (Hannover, Kestner-Museum, Inv. Nr. 3979/a+b), f16 (Augsburg, Universitätsbibl., Cod. I.3.4° 1), f20 (München, Staatsbibl., Cmg 5249/21), f30b (Zürich, Zentralbibl., Ms. C 79c, Bl. 3–4), f32 (Berlin, Staatsbibl.,

## 3. Aufbau und Ablauf des Workshops

Der Workshop umfasste zwei Sektionen. Die erste Sektion diente der Auseinandersetzung mit aktuellen theoretischen Ansätzen zum Umgang mit mittelalterlichen deutschsprachigen Handschriftenfragmenten und der praktischen Arbeit am Fragment. Zwei Impulsvorträge der Workshoporganisatorinnen führten in Theorie und Praxis der Fragmentforschung ein und dienten als Grundlage für eine erste Diskussionsrunde. Eine Rekapitulation bestehender theoretischer Ansätze zu Stellenwert, Methoden und Techniken der Fragmentforschung und eine Zuspitzung hin auf das Workshopthema leistete der Vortrag ‚Mosaike bauen. Fragmentkunde und Literaturwissenschaft' von Inci Bozkaya. Lena Stockburger berichtete in ihrem Beitrag ‚Die Forschung an Fragmenten am Beispiel des ‚Barlaam und Josaphat" anhand der Fragmente f6 und f14 über Erfahrungen, Erkenntnisse, Herausforderungen und Probleme bei der Analyse und Beschreibung deutschsprachiger Handschriftenfragmente. Anschließend wurden offene Fragen diskutiert. Diese ergaben sich sowohl aus eigenen Erfahrungen der Teilnehmenden mit der Arbeit an Handschriftenfragmenten als auch aus den Chancen wie Problemen bestehender theoretischer Zugänge zur Fragmentforschung. Danach führte William Duba in Geschichte, Absicht, Funktionsweise und Benutzung von ‚Fragmentarium' ein. Bei ‚Fragmentarium' handelt es sich um eine international ausgerichtete Plattform, deren Ziel es ist, „to develop a digital laboratory specialized for medieval manuscript fragment research".[8] Unter anderem enthält die Plattform

   – A cataloging tool that enables libraries, collectors, researchers and students to gather and describe fragments via a CMS [i e. custom content management system].
   – A tool for tags, facets and keywords, allowing efficient research through comparison and cross-checking.
   – A tool to link and assemble fragments offers the possibility to arrange cuttings, fragments of leaves, and individual leaves in any order.[9]

Ein zentrales Ziel des Workshops bestand darin, die Teilnehmenden in dem Maße mit der Plattform vertraut zu machen, dass diese im Anschluss dazu befähigt waren, selbstständig weitere Einträge vorzunehmen. Die Einführung in den Umgang mit ‚Fragmentarium' bildete die Grundlage für die praktische Arbeit am Nachmittag in der zweiten Sektion. In dieser speisten die Teilneh-

---

   Nachlaß Grimm 132,12), f33 (Aarau, Kantonsbibl., WaF 235), f37 (München, Staatsbibl., Cgm 5249/68) und f40 (München, Staatsbibl., Cgm 5249/49d). Zur Überlieferung des ‚Barlaam und Josaphat' siehe den Eintrag im Handschriftencensus (https://handschriftencensus.de/werke/321).
[8]  Siehe https://fragmentarium.ms/pages/about/digital-laboratory.
[9]  Ebd.

menden die Daten des von ihnen im Vorfeld recherchierten Fragments aus dem ‚Barlaam und Josaphat'-Komplex in gemeinsamer Arbeit in die Datenbank ein. Die Präsentation der auf ‚Fragmentarium' eingestellten Fragmente und eine längere Diskussion zum Stellenwert des Erlernten für die eigene Forschung, zu Analysemöglichkeiten von Handschriftenfragmenten, zu Defiziten und positiven Entwicklungen in der Fragmentforschung wie auch zu Konsequenzen für die Analyse und Interpretation von Handschriftenfragmenten rundeten den Workshop ab.

## 4. Ergebnisse

Angeregt wurde in den Diskussionen die Frage nach Voraussetzungen, Profil des Untersuchungsgegenstandes sowie Herausforderungen und Chancen der Forschung an mittelalterlichen Handschriftenfragmenten.

Die Spannbreite der akademisch erworbenen Vorkenntnisse der Teilnehmenden aus verschiedenen deutschen, schweizerischen, nordamerikanischen und spanischen Universitäten reichte vom Besuch mehrerer handschriftenzentrierter Lehrveranstaltungen hin zu einem germanistischen Curriculum ohne bisherigen Kontakt mit mittelalterlichen Handschriften. Spezifika der Fragmentforschung hatte keiner der Teilnehmenden während seines Studiums kennengelernt. Das Format des Workshops wurde daher als Vorbild für die mögliche Gestaltung von Studierendenworkshops als Ergänzung eines bisher unterrepräsentierten Teilbereichs der Handschriftenkunde in der Lehre wahrgenommen. Bei entsprechender didaktischer Aufbereitung des Inhalts könne das universitäre Lehrangebot gewinnbringend um die Vermittlung von Kompetenzen ergänzt werden, die für die Analyse von mittelalterlichen deutschsprachigen Handschriftenfragmenten notwendig sind.

Die Frage, ob es sich bei Fragmenten um einen angemessenen Forschungsgegenstand für junge Forschende handelt, wurde unterschiedlich bewertet. Einerseits sei das mitunter stark begrenzte Material auf den ersten Blick überschaubar. Die Untersuchung des individuellen Fragments kann zu Beginn geradezu standardisiert anhand eines Fragekatalogs organisiert werden. Andererseits führt die Erschließung schnell in kodikologische Spezialgebiete, was zu einem Gefühl der Überforderung führen kann. Mitunter erweist sich die Beschreibung eines Fragments trotz der geringeren Textmasse gegenüber derjenigen einer vollständigen Handschrift als komplexer. So sind für dessen vollumfängliche Erschließung nicht nur Kenntnisse von Bedingungen der Literaturproduktion und -rezeption aus der Entstehungszeit des ursprünglichen Objektes, sondern auch aus der Zeit der Fragmentierung – oft Jahrhunderte später – vonnöten.[10]

---

[10] Siehe hierzu insbesondere Flüeler / Duba (Anm. 5), S. 2f., sowie Sojer (Anm. 6), S. 542.

Für manche Promovierende bot der Workshop eine der ersten Möglichkeiten, sich in einer themenspezifischen Peergroup über die Eigenheiten ihres Forschungsprojektes auszutauschen. Dementsprechend unterschiedlich wurde die Frage beantwortet, wie die Erschließung und Neuveröffentlichung von Fragmenten in die eigene Forschung integriert werden könnte. Der Vergleich der Forschungsprojekte zeigte, dass es sich zwar bei allen um ‚Forschung am Fragment' handelt, jedoch unterschiedliche Leitfragen und Erkenntnisinteressen den Umgang mit dem Gegenstand, dessen Wahrnehmung und die Erkenntniserwartung beeinflussen.

Über Fragmente zu forschen bedeutet zugleich immer auch, mit Leerstellen konfrontiert zu sein. Anders als die modernen Editionen mittelalterlicher Texte machen Handschriftenfragmente auf die Fragilität aufmerksam, welche die Überlieferung mittelalterlicher Literatur kennzeichnet. Damit einhergehend vermögen sie es auch, an die Bruchstückhaftigkeit des Wissens zu erinnern, welches mit den Analysen geschaffen wird. Jedes Fragment, jeder Aspekt einer Erschließung bildet einen Mosaikstein, der Aufschlüsse über räumliche, zeitliche und situative Produktions- und Rezeptionsumstände literarischer Werke geben kann. Der potenzielle Fund eines weiteren Fragments aus dem Ursprungscodex könnte Annahmen, die anhand des ersten Fragments aufgestellt wurden, nicht nur ergänzen, sondern möglicherweise auch revidieren. Umso sorgfältiger müsse jedes Teilchen auch darauf hin geprüft werden, wie es gerade nicht in das passt, was als das große Ganze imaginiert wird.

Die Sensibilisierung für die Fragmentarizität und historisch variable Wertigkeit des Gegenstandes und die Entwicklung eines Bewusstseins für die Vorläufigkeit der Erschließungsergebnisse wurden als Besonderheiten gegenüber der Forschung an der vollständigen Handschrift hervorgehoben. So gibt Fragmentforschung auch Einblick in die Praxis der ‚Entliterarisierung' literarischer Texte durch Wiederverwendung des Materials etwa in Makulatur oder im Palimpsest. Fragmentierungen wohnt eine Zerstörung des Vorgängigen inne, in der Wiederverwendung wird aber zugleich etwas Neues geschaffen.[11]

Neben dem Austausch und der Vernetzung der Teilnehmenden untereinander zeitigte der Workshop auch konkrete wissenschaftliche Arbeitsergebnisse. Durch die Digitalisierungen, die im Vorfeld des Workshops in Auftrag gegeben wurden, liegen nun Faksimiles von Fragmenten aus dem ‚Barlaam und Josaphat'-Komplex vor, die in die digitalen Sammlungen der jeweiligen Bibliotheken eingespeist wurden und daher für die Scientific Community erstmals leicht zugänglich online verfügbar sind. Im Workshop wurde die Veröffentlichung der Fragmente f4a, f5, f6, f7, f10, f16, f20, f30b, f32 und f33 und ihrer Beschrei-

---

[11] Für mehrere eindrückliche Beispiele derartiger ‚Handwerker'- bzw. *in situ*-Fragmente siehe Sojer (Anm. 6), S. 535–540.

bungen auf ‚Fragmentarium' vorbereitet.[12] Für manche der Teilnehmenden stellt diese ‚Mikropublikation' den ersten veröffentlichten Forschungsbeitrag dar. Insbesondere für Dissertationsprojekte, welche aus öffentlichen Mitteln gefördert werden, ist die Frage nach der Nachnutzungsmöglichkeit von Forschungsdaten bzw. die Veröffentlichung derselben auf öffentlich zugänglichen Datenarchiven Teil des Forschungsvorhabens. Da ‚Fragmentarium' die Kriterien der Politik des Schweizer Nationalfonds bezüglich Open Research Data (ORD) erfüllt, kann die Plattform auch zukünftig für die Forschung an Fragmenten als offizielles Datenarchiv genutzt werden.

Unser herzlicher Dank gilt der Zeno-Karl-Schindler-Stiftung, dem Fakultären Aktionsfonds der Philosophischen Fakultät sowie dem Forschungsfonds zur Hundertjahrfeier der Universität Freiburg (Schweiz) für die finanzielle Förderung des Nachwuchsworkshops.

---

[12] Siehe die Projektseite auf Fragmentarium: https://fragmentarium.ms/courses/Fragmentologie_FR.

# Abkürzungsverzeichnis

| | |
|---|---|
| ABäG | Amsterdamer Beiträge zur älteren Germanistik |
| AH | Analecta Hymnica medii aevi, hg. v. Guido M. Dreves, Clemens Blume u. Henry M. Bannister, 55 Bde, Leipzig 1886–1922. Nachdruck Frankfurt a. M. 1961. Register hg. v. Max Lütolf, 2 Bde, Bern u. a. 1978 |
| ATB | Altdeutsche Textbibliothek |
| BmE | Beiträge zur mediävistischen Erzählforschung |
| BMZ | Mittelhochdeutsches Wörterbuch, 3 Bde in 4 Teilbde, mit Benutzung des Nachlasses von Georg Friedrich Benecke ausgearb. v. Wilhelm Müller u. Friedrich Zarncke, Leipzig 1854–1866. Nachdruck Stuttgart 1990 [= https://woerterbuchnetz.de/BMZ/] |
| CB | Carmina Burana. Texte u. Übersetzungen. Mit den Miniaturen aus der Handschrift u. einem Aufsatz v. Peter u. Dorothee Diemer, hg. v. Benedikt Konrad Vollmann (Bibliothek des Mittelalters 13 [= Bibliothek deutscher Klassiker 16]), Frankfurt a. M. 1987 |
| DTM | Deutsche Texte des Mittelalters |
| dtv | Deutscher Taschenbuchverlag |
| DVjs | Deutsche Vierteljahrsschrift für Literaturwissenschaft und Geistesgeschichte |
| DWb | Deutsches Wörterbuch von Jacob Grimm und Wilhelm Grimm, 33 Bde, Leipzig 1854–1971 [= https://www.woerterbuchnetz.de/DWB/] |
| ²DWb | Deutsches Wörterbuch von Jacob Grimm und Wilhelm Grimm. Neubearbeitung (A–F), 9 Bde, Stuttgart 1965–2018 [= https://www.woerterbuchnetz.de/DWB2/] |
| GAG | Göppinger Arbeiten zur Germanistik |
| GLMF | Germania Litteraria Mediaevalis Francigena. Handbuch der deutschen und niederländischen mittelalterlichen literarischen Sprache, Formen, Motive, Stoffe und Werke französischer Herkunft (1100–1300), hg. v. Geert H. M. Claassens, Fritz Peter Knapp u. René Pérennec, 7 Bde, Berlin / Boston 2010–2015 |
| GRM | Germanisch-Romanische Monatsschrift |
| HWPh | Historisches Wörterbuch der Philosophie, hg. v. Joachim Ritter, Karlfried Gründer u. Gottfried Gabriel, 13 Bde, Basel 1971–2007 |

*Abkürzungsverzeichnis*

| | |
|---|---|
| IASL | Internationales Archiv für Sozialgeschichte der deutschen Literatur |
| JOWG | Jahrbuch der Oswald von Wolkenstein-Gesellschaft |
| Lexer | Matthias Lexer, Mittelhochdeutsches Handwörterbuch. Zugleich als Supplement und alphabetischer Index zum mittelhochdeutschen Wörterbuche von Benecke-Müller-Zarncke, 3 Bde, Leipzig 1872–1878 [= http://woerterbuchnetz.de/Lexer/] |
| LexMA | Lexikon des Mittelalters, hg. v. Norbert Angermann u. a., 9 Bde, München / Zürich 1980–1998 |
| LiLi | Zeitschrift für Literaturwissenschaft und Linguistik |
| Mlat.Jb. | Mittellateinisches Jahrbuch. Internationale Zeitschrift für Mediävistik und Humanismusforschung |
| MTU | Münchener Texte und Untersuchungen zur deutschen Literatur des Mittelalters |
| OGS | Oxford German Studies |
| PBB | Beiträge zur Geschichte der deutschen Sprache und Literatur |
| PhSt | Philologische Studien und Quellen |
| PL | Patrologia Latina, hg. v. Jaques-Paul Migne, 217 Bde, Paris 1844–1855 |
| PIGS | Publications of the Institute of Germanic Studies, University of London |
| ²RLG | Reallexikon der deutschen Literaturgeschichte. Begründet v. Paul Merker u. Wolfgang Stammler. 2., neu bearb. Aufl. unter redaktioneller Mitarbeit v. Klaus Kanzog sowie Mitwirkung zahlreicher Fachgelehrter hg. v. Werner Kohlschmidt u. Wolfgang Mohr, 5 Bde, Berlin 1958–1988 |
| RLW | Reallexikon der deutschen Literaturwissenschaft. Neubearbeitung des Reallexikons der deutschen Literaturgeschichte, unter Mitarbeit v. Georg Braungart, Klaus Grubmüller u. Friedrich Vollhardt hg. v. Klaus Weimar, Harald Fricke u. Jan-Dirk Müller, 3 Bde, Berlin / New York 1997–2003 |
| RUB | Reclams Universal-Bibliothek |
| SIA | Schriften der Internationalen Artusgesellschaft |
| SM | Sammlung Metzler |
| stw | suhrkamp taschenbuch wissenschaft |
| TMP | Trends in Medieval Philology |
| VL | Die deutsche Literatur des Mittelalters. Verfasserlexikon, hg. v. Wolfgang Stammler (Bde 1 u. 2) u. Karl Langosch (Bde 3–5), 5 Bde, Berlin / Leipzig 1933–1955 |
| ²VL | Die deutsche Literatur des Mittelalters. Verfasserlexikon. Begründet v. Wolfgang Stammler, fortgef. v. Karl Langosch, 2., völlig neu erarb. Aufl. unter Mitarbeit zahlreicher Fachgelehrter, hg. v. Kurt |

*Abkürzungsverzeichnis*

|         |                                                                                   |
|---------|-----------------------------------------------------------------------------------|
|         | Ruh (Bde 1–8) u. Burghart Wachinger (Bde 9–14), 14 Bde, Berlin / New York 1978–2008 |
| WdF     | Wege der Forschung                                                                |
| ZfdA    | Zeitschrift für deutsches Altertum und deutsche Literatur                         |
| ZfdG    | Zeitschrift für digitale Geisteswissenschaften                                    |
| ZfdPh   | Zeitschrift für deutsche Philologie                                               |
| ZfGerm  | Zeitschrift für Germanistik                                                       |
| ZfrPh   | Zeitschrift für romanische Philologie                                             |
| ZfSL    | Zeitschrift für französische Sprache und Literatur                                |

# Adressen

PD Dr. Stefan Abel, Universität Bern, Institut für Germanistik, Länggassstr. 49, CH-3012 Bern

Dr. Eva Bauer, Ludwig-Maximilians-Universität München, Institut für Deutsche Philologie, Schellingstr. 3 RG, D-80799 München

Prof. Dr. Ricarda Bauschke-Hartung, Heinrich-Heine-Universität Düsseldorf, Germanistisches Institut, Abteilung für Germanistische Mediävistik, Universitätsstr. 1, D-40225 Düsseldorf

Dr. Inci Bozkaya, Universität Freiburg, Departement für Germanistik, Av. de l'Europe 20, CH-1700 Freiburg

Prof. Dr. Elke Brüggen, Universität Bonn, Institut für Germanistik, Vergleichende Literatur- und Kulturwissenschaft, Rabinstr. 9, D-53111 Bonn

Prof. Dr. Nathanael Busch, Philipps-Universität Marburg, Institut für Deutsche Philologie des Mittelalters, Deutschhausstr. 15, D-35032 Marburg

Dr. Britta Bußmann, Carl von Ossietzky Universität Oldenburg, Institut für Germanistik, Ammerländer Heerstr. 114–118, D-26129 Oldenburg

PD Dr. Julia Frick, Universität Zürich, Deutsches Seminar, Schönberggasse 9, CH-8001 Zürich

Prof. Dr. Albrecht Hausmann, Carl von Ossietzky Universität Oldenburg, Institut für Germanistik, Ammerländer Heerstr. 114–118, D-26129 Oldenburg

Prof. Dr. Nikolaus Henkel, Universität Hamburg, Fakultät für Geisteswissenschaften, Fachbereich Sprache, Literatur, Medien I, Institut für Germanistik, Von-Melle-Park 6, Postfach #15, D-20146 Hamburg

Prof. Dr. Cornelia Herberichs, Universität Freiburg, Departement für Germanistik, Av. de l'Europe 20, CH-1700 Freiburg

Prof. Dr. Mathias Herweg, Karlsruher Institut für Technologie, Institut für Germanistik, Departement für Germanistische Mediävistik und Frühneuzeitforschung, Englerstr. 2, D-76131 Karlsruhe

*Adressen*

Jun.-Prof. Dr. Lina Herz, Universität Hamburg, Fakultät für Geisteswissenschaften, Fachbereich Sprache, Literatur, Medien I, Institut für Germanistik, Von-Melle-Park 6, Postfach #15, D-20146 Hamburg

Dr. Daniel Könitz, Philipps-Universität Marburg, Institut für Deutsche Philologie des Mittelalters, Deutschhausstr. 15, D-35032 Marburg

Prof. Dr. Norbert Kössinger, Otto-Friedrichs-Universität Bamberg, Fakultät Geistes- und Kulturwissenschaft, Institut für Germanistik, Ältere deutsche Literaturwissenschaft, An der Universität 5, D-96047 Bamberg

Dr. Christoph Mackert, Universitätsbibliothek Leipzig, Bibliotheca Albertina, Beethovenstr. 6, D-04107 Leipzig

Prof. Dr. Henrike Manuwald, Georg-August-Universität Göttingen, Seminar für Deutsche Philologie, Käte-Hamburger-Weg 3, D-37073 Göttingen

Dr. Linus Möllenbrink, Universität Heidelberg, Germanistisches Seminar, Hauptstr. 207–209, D-69117 Heidelberg

Prof. Dr. Jan-Dirk Müller, Ludwig-Maximilians-Universität München, Institut für Deutsche Philologie, Schellingstr. 3 RG, D-80799 München

PD Dr. Robert Schöller, Universität Freiburg, Departement für Germanistik, Av. de l'Europe 20, CH-1700 Freiburg

Cyril Senn, M.A., Universität Freiburg, Departement für Germanistik, Av. de l'Europe 20, CH-1700 Freiburg

Lena Stockburger, M.A., Karlsruher Institut für Technologie, Institut für Germanistik, Departement für Germanistische Mediävistik und Frühneuzeitforschung, Englerstr. 2, D-76131 Karlsruhe

Prof. Dr. Michael Stolz, Universität Bern, Institut für Germanistik, Länggassstr. 49, CH-3012 Bern

PD Dr. Beatrice Trînca, Humboldt-Universität zu Berlin, Sprach- und literaturwissenschaftliche Fakultät, Institut für deutsche Literatur, Unter den Linden 6, D-10099 Berlin

Ass.-Prof. Dr. Katja Weidner, Universität Wien, Institut für Klassische Philologie, Mittel- und Neulatein, Universitätsring 1, A-1010 Wien

Abbildungen

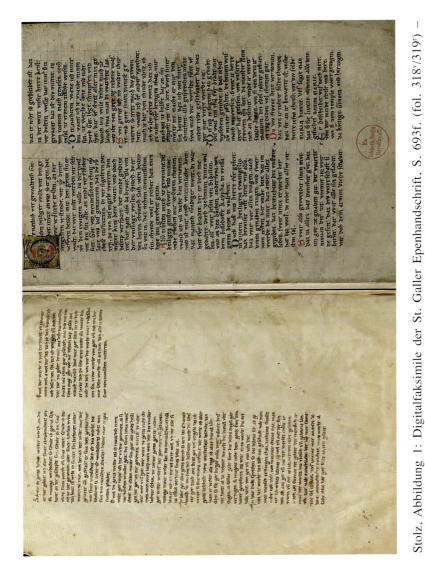

Stolz, Abbildung 1: Digitalfaksimile der St. Galler Epenhandschrift, S. 693f. (fol. 318ᵛ/319ʳ) – https://parzival.unibe.ch/cod857/Daten/KJ.html.

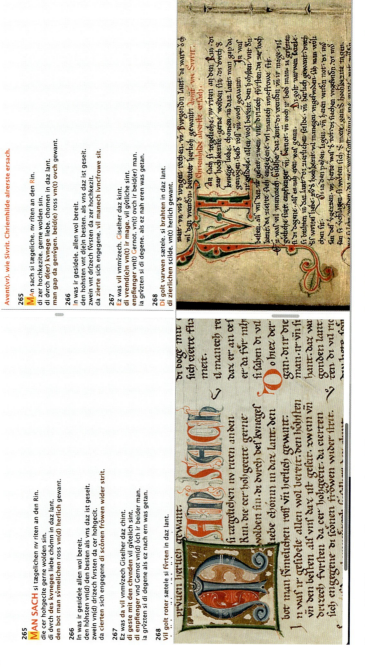

**265** Aventi(vr), wie Sivrit. Chriemhilde alrerste ersach.

**265**
MAn sach si tageliche. nv riten an den Rin.
di zer hochkezite. gerne wolden sin.
di dvrch d(er) kvneges liebe. chomen in daz lant.
man gap da genvgen. beide(r) ross vn(d) ovch gewant.

**266**
In was ir gesidele. allen wol bereit.
den hohsten vnt d(e)n besten. als vns daz ist geseit.
zwein vnt drizech fvrsten da zer hochkezit.
da zierte sich engegene. vil manech ivncfrowe sit.

**267**
Ez was vil vnmvzech. Giselher daz kint.
di vremd(e)n vn(t) ir mage. vil gvtliche sint.
enpfienger vn(t) Gernot. vn(t) ovch ir beider) man.
ia grvzten si di degene. als ez nah eren was getan.

**268**
Di golt varwen saetele. si brahten in daz lant.
di zierlichen scilde. vn(t) herlich gewant.

Stolz, Abbildung 2: Synopse der ‚Nibelungenlied'-Strophen 265–268 in der St. Galler Epenhandschrift und in Berlin, Staatsbibliothek, Fragm. 44 – https://parzival.unibe.ch/cod857/Daten/NL_Synopse/NLSynopse_frm.html.

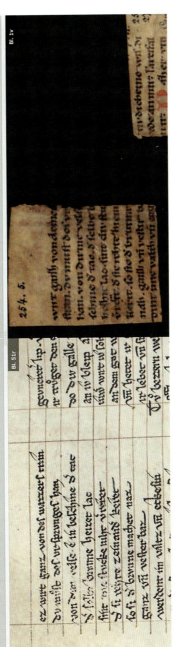

Stolz, Abbildung 3: Gegenüberstellung der Handschrift T und des Fragments 26 – https://parzival.unibe.ch/parzdb/parzival.php?page=hssyn&hs1=T&hs2=Fr26&begDr=254&begVers=6&endDr=255&endVers=30.

Stolz, Abbildung 4: Epilog von Wolframs ‚Parzival' und Beginn des Epilogs des ‚Rappoltsteiner Parzifal' in der Handschrift Karlsruhe, Landesbibliothek, Cod. Donaueschingen 97, fol. 317ᵛ – https://parzival.unibe.ch/rapp/index.html#/transkription/V/317v/826.29.

| Handschriften: | D m n o G I L M O Q R T U V V' W Z Fr39 | | Download Einstellungen 336 337 338 Startseite |
|---|---|---|---|
| •D 337.23 ze machene nem diz mære ein man, | •m 337.23 ze machen neme diz mære ein man, | •G 337.23 | •T 337.23 Ze machene nem diz mære ein man, |
| •D 337.24 der âventiure prüeven kan | •m 337.24 der âventiure prüeven kan | •G 337.24 | •T 337.24 der âventiure erkennen kan |
| •D 337.25 unt rîme kunne sprechen, | •m 337.25 und rîme künne sprechen, | •G 337.25 | •T 337.25 unde der schône künne sprechen, |
| •D 337.26 beidiu samnen unt zerbrechen. | •m 337.26 beidiu samen und brechen. | •G 337.26 | •T 337.26 beidiu samnen unde brechen. |
| •D 337.27 ich tæte zu gerne vürbaz kunt, | •m 337.27 ich tæte ez gerne vürbaz kunt, | •G 337.27 | •T 337.27 ich tætez iu gerne vürbaz kunt, |
| •D 337.28 wolt ez gebieten mir ein munt, | •m 337.28 wolt ez gebieten mir ein munt, | •G 337.28 | •T 337.28 wolt ez gebieten mir ein munt, |
| •D 337.29 den doch ander vüeze tragent, | •m 337.29 den doch ander vüeze tragent, | •G 337.29 | •T 337.29 den doch ander vüeze tragent, |
| •D 337.30 denne die mir ze stegreifen wagent. | •m 337.30 danne die mir ze stegereifen wagent. | •G 337.30 | •T 337.30 danne die mir ze stegreife wagent. |
| •D 338.1 Der nie gewarb nâch schanden, | •m 338.1 Der nie gewarp nâch schanden, | •G 338.1 | •T 338.1 Der nie gewarp nâch schanden, |
| •D 338.2 eine wîle zuo sînen handen | •m 338.2 eine wîle ze sînen handen | •G 338.2 | •T 338.2 Eine wîle ze sînen handen |
| •D 338.3 sol nû dise âventiure hân | •m 338.3 sol nû dise âventiure hân | •G 338.3 | •T 338.3 sul nû dis âventiure hân |
| •D 338.4 der werde erkante Gawan. | •m 338.4 der werde erkante Gawan. | •G 338.4 | •T 338.4 der werde erkante Gawan. |
| •D 338.5 diu prüevet manegen âne haz | •m 338.5 die brüefent manigen âne haz | •G 338.5 | •T 338.5 Daz prüevet maneger âne haz |
| •D 338.6 dâr neben oder vür in baz | •m 338.6 dâr neben oder vür m baz | •G 338.6 | •T 338.6 dâr neben oder vürbaz |

Stolz, Abbildung 5: Fassungsedition des Berner ‚Parzival'-Projekts, 337,23–338,6 – https://parzival.unibe.ch/parzdb/parzival.php?page=fassungen&dreissiger=337.

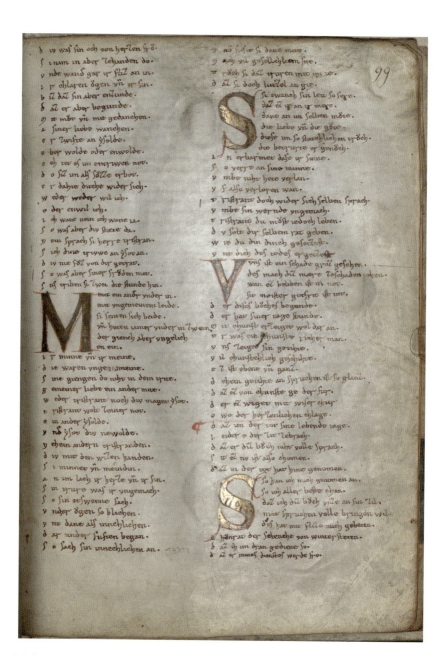

Müller, Abbildung 1: Gottfried von Straßburg, ‚Tristan' (M), Ulrich von Türheim, ‚Tristan' (M) (2. V. 13. Jh.) – München, Staatsbibliothek, Cgm 51, fol. 99ʳ.

Müller, Abbildung 2: Gottfried von Straßburg, ,Tristan' (H), Ulrich von Türheim, ,Tristan' (h) (4. V. 13. Jh.) – Heidelberg, Universitätsbibliothek, Cpg 360, fol. 128ᵛ.

so bin ich in den landen
da vunde man Tristanden
Ja de is begründe
Ynde tüchte · bis mã vnd vünde
Want we den varende süchen sal
dene is geyn grunt zil
an siner süche vor gelen
want he müys sine vnmüysigeyt
ovel · of wal bewenden
wilt he da mede eir enden
Mme brauwe an der mm leue hr
weis got de sulde na mir syt
vil dugendchen han besant
Kurnewal vnde engelant
Franze vnde normandie
de lant zu parmanie
of wa man sechte mere
dat ir brume Tristan were
da sulde sir seder ham versucht
hedde si um eit gerücht
su ruchet si min cleyne
de ich nume mde meyne
su e · dan sele vnde lif
durch si vnde ich · alle ander wif
Ynde müys ir seluer ovch inbere
yn mach van ir neit des begeren
dat mir zer werlde müge geuen
vroude vnde vrolches leuen
ych alde in wunderlicher dage
sine iair · vnde mine dage
Uns is eyn schade grois geschen
des mach des mere zu schade gei
Want is bleuen is in noit
su meister godes ist is doit
de das büches begünde
he hait sines dages stünde
mit künsten erzunet wale da an
he was eyn künste richer man
Vns zugent sine gedichte
vil künstelche richte
Ja is euen vnde gantz

s eyn gedichte an spruche · is so gelsnig
dat mit künsten ge dar vur
de id wiget mit vnser kun
Owe der herzelichen dage
dat eme der doit sine leue dage
leider · e · der zit zu brach
dat he dit büch neit volle sprach
So mir id nu also is komen
dat in der doit hait genomen
so han ich mich genomen an
so ich aller beste kan
dat ich dit büch · bis an sin zil
mit sprüchen vollbrengen wil
das hait mir vluse mich gebeden
Urman der schenke va winernede
dat ich eme da an deyne also
dat he muns demster werde vro
Ynde eme genade van ir geschen
der sin herze zu vrouden geit
wolde ich in mir loue rümen
Ynde mit hoen spruchen blumen
des hedden lichte ir genüch has
Jd in deit mir güden neyman bas
Ir hait wale vernome wat Tristã
grosser arbeit goven
Ynde wat Yroten geschach
Tristan weder sich selue sprach
Tristan hoze · is · is genüch
la desen vngeuüch
des de werilt neit in rücher
Ynde ovch der selen blucher
la dime oheyme
Sme Yroit da heyme
deme werden konmge Marke
Ynde mme dey van kerlze
de dir zu noyte bestant
herze is dir an rait
ych wille Yroit vlein
Ynde mich zu Yroten zein
ych meyne de Yris gehanden
Yroit van Yrlanden

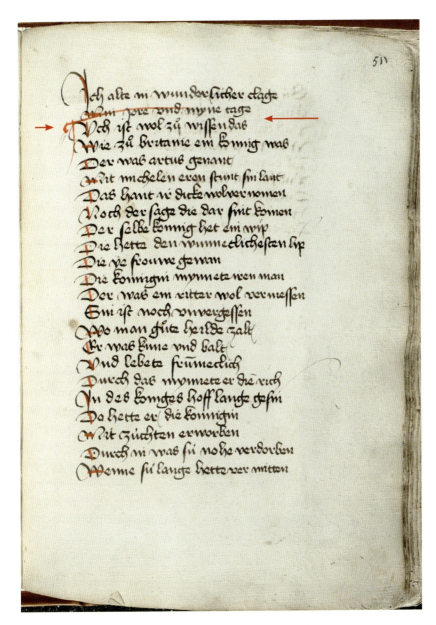

Müller, Abbildung 4: Textübergang von Gottfrieds von Straßburg ‚Tristan' (R) zu ‚Tristan als Mönch' (1455–60) – Brüssel, Königl. Bibliothek, ms. 14697, fol. 511ʳ.

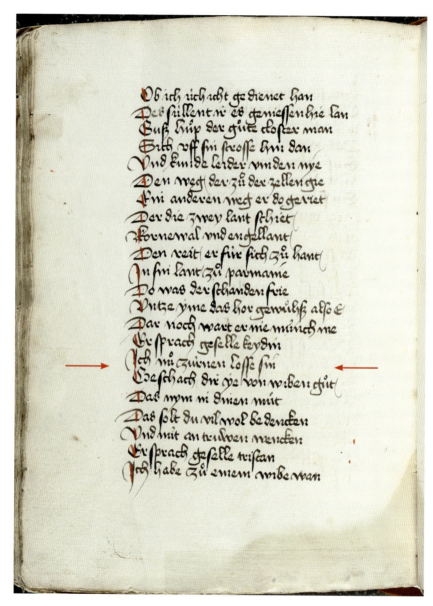

Müller, Abbildung 5: Textübergang von ‚Tristan als Mönch' (R) zu Ulrichs von Türheim ‚Tristan' (R) (1455–60) – Brüssel Königl. Bibliothek, ms. 14697, fol. 578ᵛ.

Müller, Abbildung 6: Gottfried von Straßburg, ‚Tristan' (E), Heinrich von Freiberg, ‚Tristan' (E) (1450–65) – Modena, Biblioteca Estense, Ms. Est. 57, fol. 124ʳ.

Müller, Abbildung 7: Gottfried von Straßburg, ‚Tristan', Heinrich von Freiberg, ‚Tristan' (F) (Anfang bzw. 1. H. 14. Jh.) – Florenz, Nationalbibliothek, Cod. B.R. 226, p. 204/205.

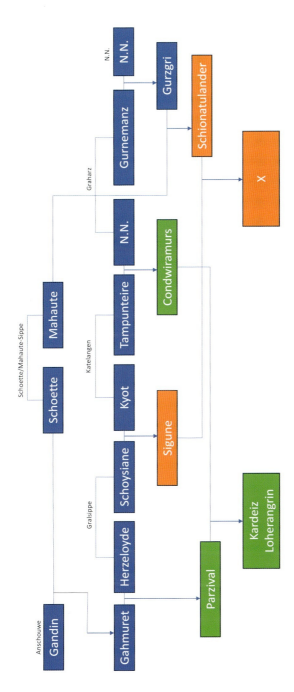

Bußmann/Hausmann, Abbildung 1: Die Paare Sigune/Schionatulander und Parzival/Condwiramurs als ‚genealogische Alternativen' – Graphik: Albrecht Hausmann.

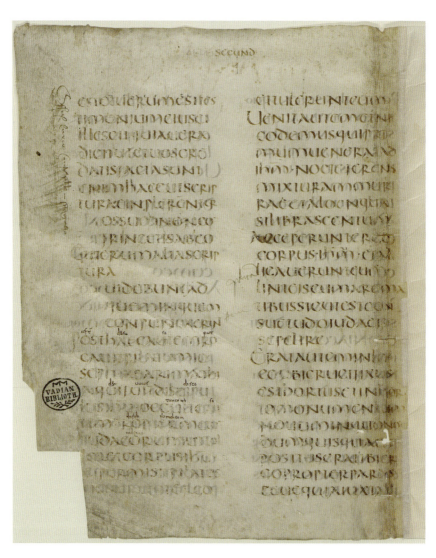

Kössinger, Abbildung 1: Linke Spalte, 10. Zeile von unten ab *POST*: ‚Althochdeutsche Interlinearversion zu Joh. 19,38' – St. Gallen, Kantonsbibliothek, Vadianische Sammlung, VadSlg Ms. 70a, fol. 2ᵛ.

Kössinger, Abbildung 2: ‚Summa theologiae' – Vorau, Stiftsbibliothek, Cod. 276, fol. 97ʳ.

grandib; oculis ueru acie hebetiore. [refea pulcher ac
decens maxime in iuuenta. &quide toto corpore exceptis
pedib; quoru digitos restrictiores habebat. postea caluu
tio quoq; deformis. &obesitate uentris. ...uru gracilitate.
que tam ei ualitudine longa remanserat. ... m dari
se ...recundia oris adeo sentiebat ut ap... ... sic quonda
iacta uerit. usq; adhoc certe &animu meu ... & uultu.
Caluitio ita offendebat. ut in contumelia sua traheret. et si
cui alii ioco ut turpio obiectaref. Quauis libello que de cu
ra capilloru ad amicu edidit. hec etia simul illu seq; c solens
inseruerit. oyχω pacoio e katω kaλocte metacte.
Ead e me tam manent capilloru fata. &forti anim... fer
coma. in adolescentia senescente. ferasnec gratu... ua
decore nec breuius. Laboris impatiens pe... pur be
n temere ambulaut. In expeditione & agmine equo ra
rius. lecti ca assidue uectus e. Armoru nullo. sagittaru ut
pcipuo studio tenebat. Centenas uarii generis feras sepe
in albano secessu conficiente spectauere plerique; atq; etia
ex industria ita quarunda capita figente. ut duob; ictib;
quasi cornua efficeret. Non nunquam in pueri proculstan
tis pbentisq; pro scopulo dispassa dextere manus palma
sagittas tanta arte direxit. ut omis pintualla digitoru
innocue euaderem. Liberalia studia imperii initio ne
glexit. qua qua bibliotecas incendio absuptas impensissime
reparare curasset. exemplarib; undiq; petitis. missisq;
alexandria qui describerent. emendarentq; Nunqua

matthei

Kössinger, Abbildung 3: ‚Summa theologiae' – Wolfenbüttel, Herzog August Bibliothek, Cod. 268 Gud. Lat. 4°, fol. 172ᵛ.

Kössinger, Abbildung 4: ‚Summa theologiae' – Wolfenbüttel, Herzog August Bibliothek, Cod. 268 Gud. Lat. 4°, fol. 173ʳ.

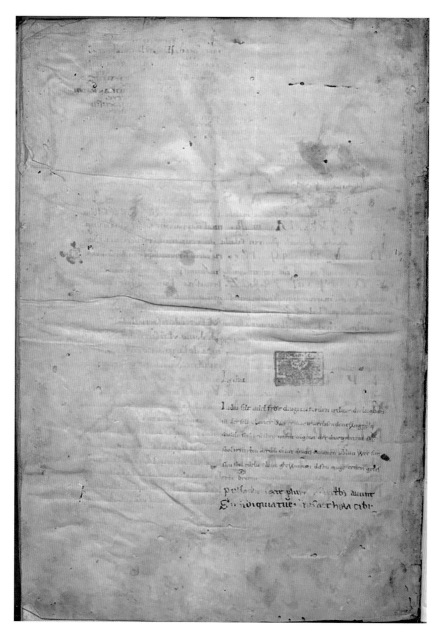

Kössinger, Abbildung 5: ‚Summa theologiae' – Nürnberg, Germanisches Nationalmuseum, Bibliothek, Hs. 1966, fol. 122ᵛ.

Kössinger, Abbildung 6: ‚Straßburger Ezzolied' – Straßburg, National- und Universitätsbibliothek, ms. 1 [früher L germ. 278.2º], fol. 74ᵛ.

Abel, Abbildung 1: Ambraser Heldenbuch: ‚Bruchstelle' zwischen ‚Mantel' und ‚Erec' – Wien, Österreichische Nationalbibliothek, Cod. Ser. Nova 2663, fol. 30rb.

Abel, Abbildung 2: Handschriftenstemma der ‚Möttuls saga' nach Kalinke (Anm. 10), S. CXLIII.

Manuwald, Abbildung 1: Klosterneuburg, Stiftsbibliothek, CCl. 251, fol. 192ʳ –
Mit freundlicher Genehmigung der Stiftsbibliothek Klosterneuburg.

Manuwald, Abbildung 2: Klosterneuburg, Stiftsbibliothek, CCl. 251, fol. 72ᵛ – Mit freundlicher Genehmigung der Stiftsbibliothek Klosterneuburg.

auf der Lake, Abbildung 1: Gottfried von Straßburg, ‚Tristan' (W) (Anfang 14. Jh.) – Wien, Österreichische Nationalbibliothek, Cod. 2707, fol. 129ʳ.

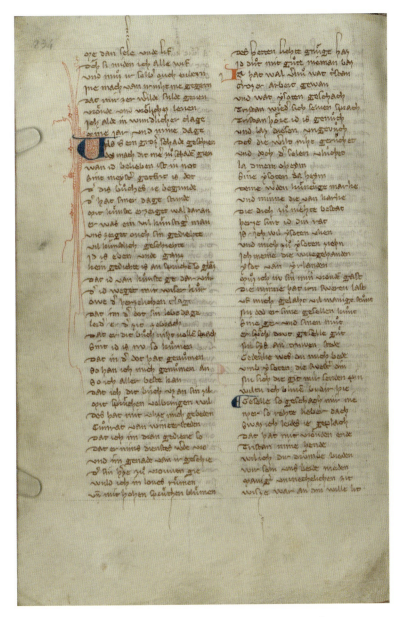

auf der Lake, Abbildung 2: Gottfried von Straßburg, ‚Tristan' (B), Ulrich von Türheim, ‚Tristan' (B) (1323) – Köln, Historisches Archiv der Stadt, Best. 7020 (W\*) 88, fol. 117ʳ.

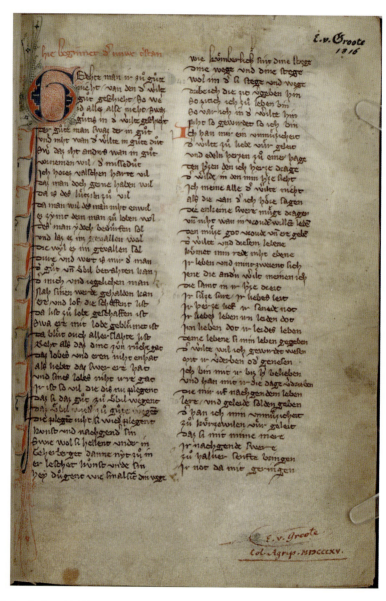

auf der Lake, Abbildung 3: Gottfried von Straßburg, ,Tristan' (B), Ulrich von Türheim, ,Tristan' (B) (1323) – Köln, Historisches Archiv der Stadt, Best. 7020 (W\*) 88, fol. 1ʳ.

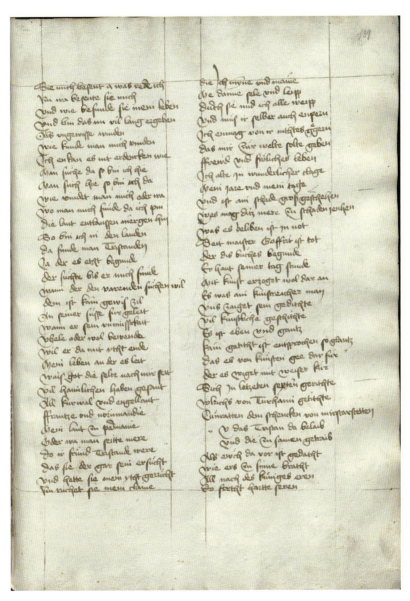

auf der Lake, Abbildung 4: Gottfried von Straßburg, ‚Tristan' (P), Ulrich von Türheim, ‚Tristan' (P) [14 Verse], Eilhart von Oberg, ‚Tristrant' (B) [ab v. 6103] (1461) – Berlin, Staatsbibliothek zu Berlin – Preußischer Kulturbesitz, mgf 640, fol. 139r.

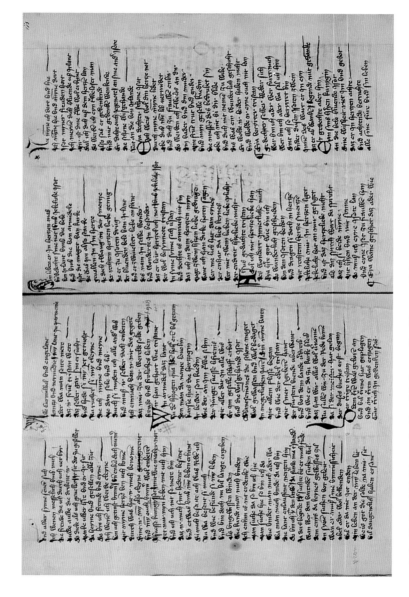

auf der Lake, Abbildung 5: Gottfried von Straßburg, ‚Tristan'; (O), Heinrich von Freiberg, ‚Tristan'; (O) (um 1420–1430) – Köln, Historisches Archiv der Stadt, Best. 7020 (W*) 87, fol. 114ᵛ.

Möllenbrink, Abbildung 1a: Basler Fragmente des ‚Saelden Hort' (um 1300) – Basel, Universitätsbibliothek, Cod. N I 2:94 (Fragment a–d, recto-Seite).

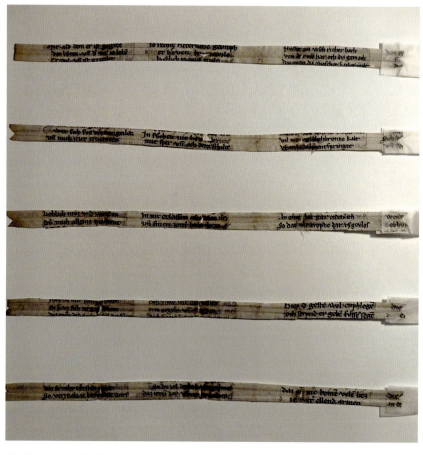

Möllenbrink, Abbildung 1b: Basler Fragmente des ‚Saelden Hort' (um 1300) – Basel, Universitätsbibliothek, Cod. N I 2:94 (Fragment a–d, verso-Seite).

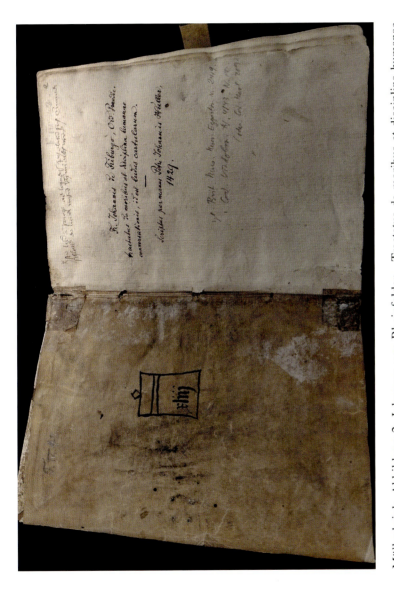

Möllenbrink, Abbildung 2: Johannes von Rheinfelden, ‚Tractatus de moribus et disciplina humanae conversationis' (Basel, 1429), mit Bibliothekssignatur und Besitzeintrag des Steinenklosters – Basel, Universitätsbibliothek, Cod. F IV 43 (vordere Innenseite und fol. V1ʳ).

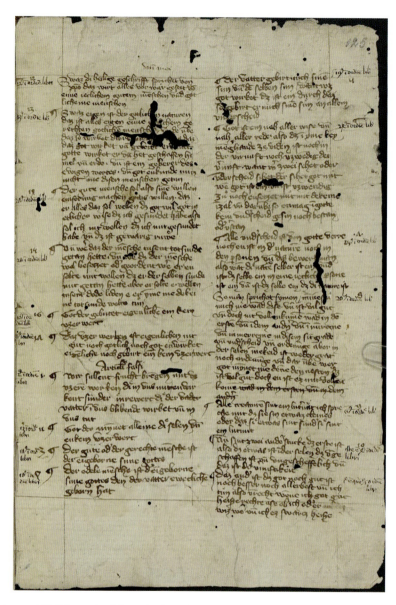

Trînca, Abbildung 1: Manuale inquisitionis haereticae pravitatis. Richardus Armachanus. Rogerus Conway. Bartholomaeus de Bolsenheim. Documenta de beginis et mendicantibus (3. V. 14. Jh.) – Wolfenbüttel, Herzog August Bibliothek, Cod. Guelf. 311 Helmst., fol. 125[r].

wie it stürcker louft. Der
grunt iaget sy alle wysheit
und gode leget etzwat zo
ene. und en leget neit zo.
dan de grunt des wesens.
In wem monde en is geyn
begen vonden. De wil ich
creatur haue und mych creatur heit. dat is begen.
des en is neit vonden in
wem monde. It is eyn teich
en eyns golden mynschen
dat hei louet golde lude. so
uet mych eyn boese mynsche
so byn ich werlichte geschat.
Schilt mych eyn boise mynsche so byn ich werlichte ge-
louet. Wes dat hertze vol
is dar aff spricht mvr der
mont. Dat is alle wege en
tzeichen eyns golde mynsche
dat hei gerrne van gode
spricht. Wa myt de lude
umb gurn da van sprechen
sy gerne. De nyt perden
umb geit de spricht gerne
dar van. und eyn ander van
syne hantwercke. Eyn gort
mynsche en spricht neit da
van gode. Eyne craft is in
der selen van der ich wail

ee gesprochen hain. Wer
de sele also so wer sy ungeschaffen. und unscheplich.
und nu en is des neit. In
dem anderen deile so hait
sy eyn zo hangen. Zo der
tzijt so rout sy geschaffen
heit. Ind is geschaffen ver-
nunfticheit. Deser kraft
en is geyn dinck verre
noch buissen ir. Dat vp
dem mer is. off ouer du-
sent milen. dat is ir also
intgegenwordich als da
ich stayn. Dese kraft is eyne iunffrauwe und volget
desem lame so war it geit.
Dese kraft neynet got zo
maile blois in syne itzigen
wesen. Sy is in der eynich-
eit myt neit gelich myt
der gelicheit. **vp der** Du en sal-
**heilger drij koninge** lesen
vr ge illuname dach
therusalem. etc. Dit
wort dat ich haynt gesprochen in dem latine. Dat
steit geschreuen in der epis-
telen de man lesst in der
missen. Der pphete ysai-
as spricht. Staint vp itzliin

ind verheiff dich, ind werde
verluchtet. Hye synt dry sy
ne zo verstayn. Bidder got
vmb genade. Stant vp Iherusalem, ind verheiff dich,
ind werde verluchtet. De
meistere ind de heilge sprech
en gemeynliche dat de sele
have dry krefte dar sy mit
gelich sy der dryvuldicheit.
De eirste kraft is gehoich-
nisse. It meynt eyne heym-
liche verborgen kunst. Der
nomynpt den vader. Die
ander kraft intelligencia.
dat is eyne intgegenwor-
dicheit, eyn bekennen, eyne
wysheit. De dirde kraft
heischt wille. Eyne vloit
des heilgen geistes. Hye
by en wille wir neit blivē.
Want it en is neit neu ma
terie. Stant vp Iherusalē
ind werde verluchtet. It
spricht ander meistere de
ouch de sele an dry deilen.
Sy noemen de ouerste
kraft eyne tzornige kraft
de gelichen sy dem vader,
de hait alle wege eynen
kreich ind eynen tzorn we

vp sent pauwels auch
do hey bekeirt wart
So homine in xpo etc.
Dese wort spricht
sent pauwels, ind kudiget
vns eyn dail der genaden
de eime vnse here vertzoy-
te do hei bekeirt wart, ind
hei vp dem wege neder
veil. Do was hei dry dage
ind dry nacht sunder esse
ind drincken. Ind en sach
noch en sprach. Ind wart
getzuckt in den dride he-
mel. Dar hei got sach als
in de heilge selen seynt. De
zo hemelryche geuaren
synt. Ind da leirde hei all
dat hei de cristenheit vort
leirde. Ind dat hei also getzuckt wart spricht hei.
Off dat in dem licham ge-
scheyge off buyssen dem
licham des en weis ich neit
dat weis got wail spricht
hei. Hye an sole wir mir-
ken. dat wir ouch getzu-
ckt sollen werden als set
pauwels wart. Wir sol-
len tzweer ley wijs getzuckt
werde. Vnder vns. Ind

Trînca, Abbildung 3: London, University College, MS Germ. 11 (3. V. 15. Jh.), fol. 127ʳ.

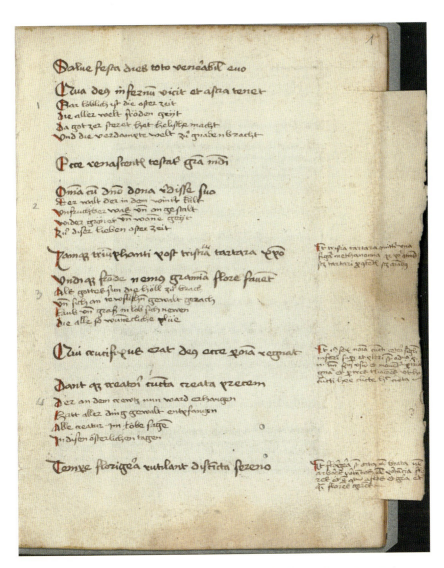

Henkel, Abbildung 1: ‚Salve festa dies', Str. 1–3 mit deutscher Reimpaar-
bearbeitung – München, Bayerische Staatsbibliothek, Cgm 5249/66, fol. 1ʳ.

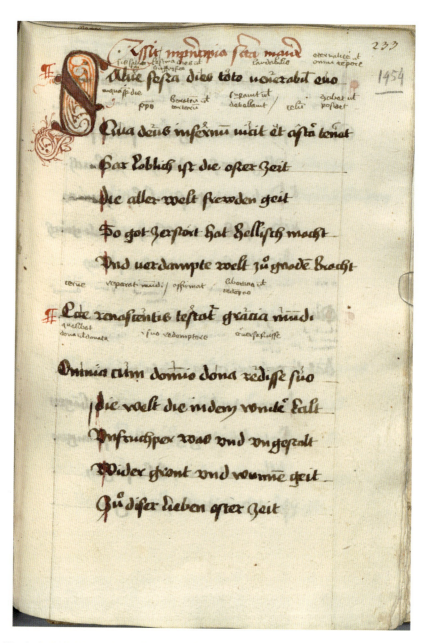

Henkel, Abbildung 2: ‚Salve festa dies', Str. 1–2 mit deutscher Reimpaarbearbeitung – München, Bayerische Staatsbibliothek, Clm 7678, fol. 233ʳ.

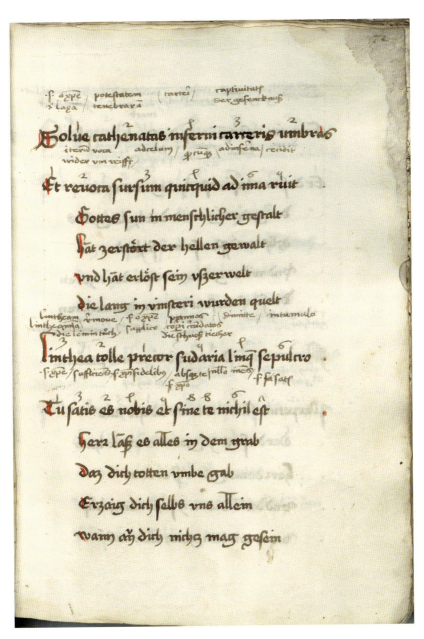

Henkel, Abbildung 3: ‚Salve festa dies', Str. 22 mit interlinearem Erschließungsinstrumentarium – München, Bayerische Staatsbibliothek, Clm 19695, fol. 72ʳ.

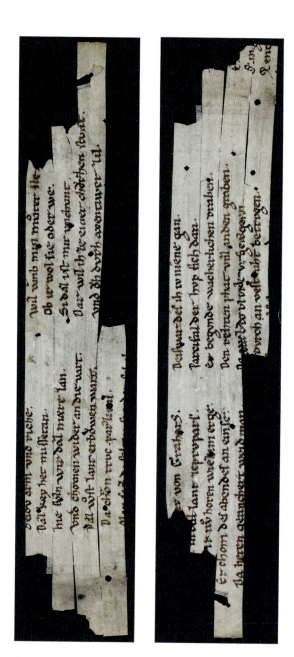

Mackert, Abbildung 1: Naumburger ‚Parzival', Montage der ausgelösten Streifen – Naumburg, Domstiftsbibliothek, Fragm. 64. Foto: UB Leipzig.

Mackert, Abbildung 2a: Streifen 1 des Leipziger ‚Parzival'-Fragments mit Passagen aus den Büchern VII und VIII von der moderneren Schreibhand 1 (Vorderseite); Aufnahmen unter Normallicht und unter UV-Licht – Leipzig, Universitätsbibliothek, Deutsche Fragmente 28-1. Fotos: UB Leipzig.

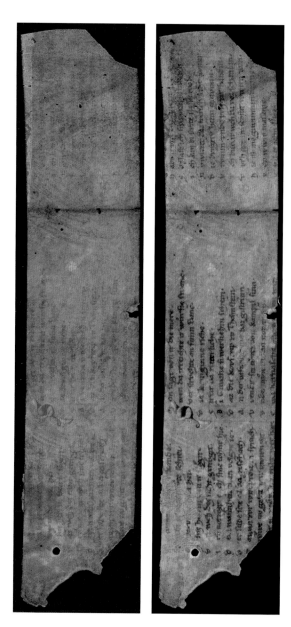

Mackert, Abbildung 2b: Streifen 1 des Leipziger ‚Parzival'-Fragments (Rückseite) – Leipzig, Universitätsbibliothek, Deutsche Fragmente 28-1. Fotos: UB Leipzig.

Mackert, Abbildung 2c: Streifen 2 des Leipziger ‚Parzival'-Fragments mit Passagen aus den Büchern XIII und XIV von der altertümlicheren Schreibhand 2 (Vorderseite), mit Gawan-Initiale; eine Aufnahme unter Normallicht und eine zweite unter UV-Licht – Leipzig, Universitätsbibliothek, Deutsche Fragmente 28-2. Fotos: UB Leipzig.

Mackert, Abbildung 2d: Streifen 2 des Leipziger ‚Parzival'-Fragments (Rückseite) – Leipzig, Universitätsbibliothek, Deutsche Fragmente 28-2. Fotos: UB Leipzig.

Mackert, Abbildung 3a: Ergänzende Funde zum Leipziger ‚Willehalm'-Fragment Leipzig, Universitätsbibliothek, Ms 1614, Bl. 12–13: Abklatsche der Kettenlochüberklebung in Ms 496 und Ms 1114 (Abbildungen gespiegelt). Fotos: UB Leipzig.

Mackert, Abbildung 3b: Ergänzende Funde zum Leipziger ‚Willehalm'-Fragment Leipzig, Universitätsbibliothek, Ms 1614, Bl. 12–13: Abklatsch der Kettenlochüberklebung in Ms 1410 (Abbildung gespiegelt) und Reststreifen der Kettenlochüberklebung in Ms 820 (*waren sage* [13,3]). Fotos: UB Leipzig

Mackert, Abbildung 3c: Ergänzende Funde zum Leipziger ‚Willehalm'-Fragment Leipzig, Universitätsbibliothek, Ms 1614, Bl. 12–13: Falzstreifen in Ms 739 zwischen fol. 6ᵛ/7ʳ und 164ᵛ/165ʳ (jeweils zwei Aufnahmen für die Außenseite des Falzstreifens, eine Aufnahme für die Innenseite). Fotos: UB Leipzig

Mackert, Abbildung 4a: Streifen aus einer bislang unbekannten ‚Willehalm'-Handschrift aus dem Inkunabelband Leipzig, Universitätsbibliothek, Ed.vet.1472,7, ein Streifen noch *in situ*, die anderen ausgelöst: Leipzig, Universitätsbibliothek, Deutsche Fragmente 56. Montage gemäß der ursprünglichen Position auf den Blättern der ‚Willehalm'-Handschrift, hier Streifen aus einem Blatt mit Partien aus den Versen 29,18–35,9, Vorder- und Rückseite. Fotos: UB Leipzig.

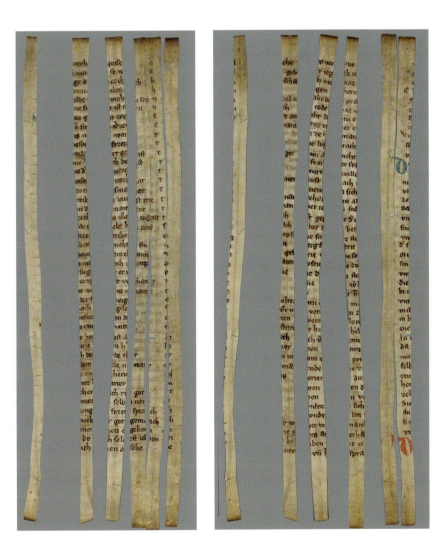

Mackert, Abbildung 4b: Streifen aus einer bislang unbekannten ‚Willehalm'-Handschrift, hier Streifen von einem Blatt mit Partien aus den Versen 48,8–52,14 (Vorder- und Rückseite). Fotos: UB Leipzig.

Mackert, Abbildung 4c: Streifen aus einer bislang unbekannten ‚Willehalm'-Handschrift, hier Streifen von einem Blatt mit Partien aus den Versen 87,1–92,23 (Vorder- und Rückseite). Fotos: UB Leipzig.

Mackert, Abbildung 5: Zwei Streifen aus einer bisher unbekannten Handschrift mit einem geistlichen Spiel, jeweils Vorder- und Rückseite – Leipzig, Universitätsbibliothek, Deutsche Fragmente 74. Fotos: UB Leipzig.

Mackert, Abbildung 6: Leipzig, Universitätsbibliothek, Deutsche Fragmente 86a; Streifen mit Partien aus Meister Eckharts Predigt ‚Von zweierlei wegen' und einem unbekannten geistlichen Text, Montage gemäß der Abfolge auf dem ursprünglichen Doppelblatt. Fotos: UB Leipzig.

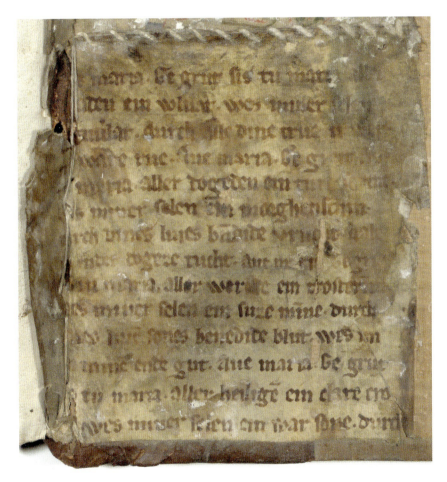

Mackert, Abbildung 7: ‚Dessauer Mariengruß' – Dessau-Roßlau, Stadtarchiv, Anhaltische Landesbücherei Dessau (Wissenschaftliche Bibliothek), BB 3612, hinterer Innendeckel. Foto: Dessau-Roßlau, Stadtarchiv, Anhaltische Landesbücherei Dessau (Wissenschaftliche Bibliothek).

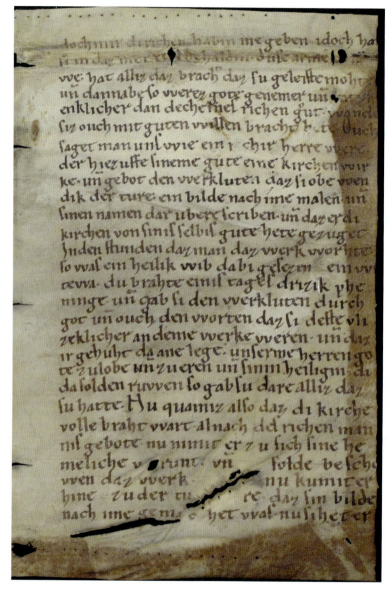

Mackert, Abbildung 8a: ‚Annaberger Predigtexempel', Ausschnitt mit den deutschen Texten des Spiegel-Doppelblatts (Vorderseite) – Annaberg-Buchholz, Evangelisch-Lutherische Kirchgemeinde, Kirchenbibliothek, C 26, Spiegel vorne, heute abgelöst. Foto: UB Leipzig.

Mackert, Abbildung 8b: ‚Annaberger Predigtexempel' (Rückseite) – Annaberg-Buchholz, Evangelisch-Lutherische Kirchgemeinde, Kirchenbibliothek, C 26, Spiegel vorne, heute abgelöst. Foto: UB Leipzig.

Mackert, Abbildung 9: Neuer Textzeuge der ‚Windberger Interlinearversion zu Psalter, Cantica u.a.', Ansetzfalze (jeweils Vorder- und Rückseite) vorne und hinten im Einband von Annaberg-Buchholz, Evangelisch-Lutherische Kirchgemeinde, Kirchenbibliothek, C 23. Fotos: UB Leipzig.

Mackert, Abbildung 10: Naumburger Fragmente des ‚Jenaer Martyrologiums' (‚Mitteldeutsches Martyrologium') – Naumburg, Domstiftsbibliothek, Fragm. 21 a/b. Foto: UB Leipzig.